FRANCHE-COMTÉ JURA

Direction	David Brabis
Rédaction en chef	Nadia Bosquès
Édition	Françoise Klingen
Rédaction	Caroline Rabourdin
Informations pratiques	Catherine Rossignol, Jean-François Branchet, Nicolas Borg, Isabelle Foucault
	Eugenia Gallese, Yvette Vargas, www.insee.fr (chiffres population)
Cartographie	Alain Baldet, Michèle Cana, Philippe Cochard, Evelyne Girard, Patrick Matyja, Denis Rasse, Jean-Daniel Spies, DzMap Algérie
Iconographie	Cécile Koroleff, Stéphane Sauvignier
Préparation de copie	Anne Duquénoy, Pascal Grougon, Danièle Jazeron, Jacqueline Pavageau, Annabelle Lebarbé
Relecture	Stéphanie Hourcade
Maquette intérieure	Agence Rampazzo
Création couverture	Laurent Muller
Pré-presse/fabrication	Didier Hée, Jean-Paul Josset, Frédéric Sardin
	Renaud Leblanc, Sandrine Combeau
	Cécile Lisiecki
Marketing	Ana Gonzalez, Flora Libercier
Ventes	Gilles Maucout (France), Charles Van de Perre (Belgique), Fernando Rubiato (Espagne, Portugal), Philippe Orain (Italie), Jack Haugh (Canada), Stéphane Coiffet (Grand Export)
Communication	Gonzague de Jarnac
Remerciements	Patrick Berger
Régie pub et partenariats	michelin-cartesetguides-btob@fr.michelin.com
	Le contenu des pages de publicité insérées dans ce guide n'engage que la responsabilité des annonceurs.
Pour nous contacter	Michelin Cartes et Guides
	Le Guide Vert
	46, avenue de Breteuil 75324 Paris Cedex 07
	✆ 01 45 66 12 34 – Fax : 01 45 66 13 75
	LeGuideVert@fr.michelin.com
	www.ViaMichelin.fr
	Parution 2007

Note au lecteur

L'équipe éditoriale a apporté le plus grand soin à la rédaction de ce guide et à sa vérification. Toutefois, les informations pratiques (prix, adresses, conditions de visite, numéros de téléphone, sites et adresses Internet…) doivent être considérées comme des indications du fait de l'évolution constante des données. Il n'est pas totalement exclu que certaines d'entre elles ne soient plus, à la date de parution du guide, tout à fait exactes ou exhaustives. Elles ne sauraient de ce fait engager notre responsabilité.

Le Guide Vert,
la culture en mouvement

Vous avez envie de bouger pendant vos vacances, le week-end ou simplement quelques heures pour changer d'air ? Le Guide Vert vous apporte des idées, des conseils et une connaissance récente, indispensable, de votre destination.

Tout d'abord, **sachez que tout change**. Toutes les informations pratiques du voyage évoluent rapidement : nouveaux hôtels et restaurants, nouveaux tarifs, nouveaux horaires d'ouverture... Le patrimoine aussi est en perpétuelle évolution, qu'il soit artistique, industriel ou artisanal... Des initiatives surgissent partout pour rénover, améliorer, surprendre, instruire, divertir. Même les lieux les plus connus innovent : nouveaux aménagements, nouvelles acquisitions ou animations, nouvelles découvertes enrichissent les circuits de visite.

Le Guide Vert **recense** et **présente ces changements** ; il réévalue en permanence le niveau d'intérêt de chaque curiosité afin de bien mesurer ce qui aujourd'hui vaut le voyage (distingué par ses fameuses 3 étoiles), mérite un détour (2 étoiles), est intéressant (1 étoile). Actualisation, sélection et appréciation sur le terrain sont les maîtres mots de la collection, afin que Le Guide Vert soit à chaque édition le reflet de la réalité touristique du moment.

Créé dès l'origine pour **faciliter et enrichir vos déplacements**, Le Guide Vert s'adresse encore aujourd'hui à tous ceux qui aiment connaître et comprendre ce qui fait l'identité d'une région. Simple, clair et facile à utiliser, il est aussi idéal pour voyager en famille. Le symbole 👥 signale tout ce qui est intéressant pour les enfants : zoos, parcs d'attractions, musées insolites, mais également animations pédagogiques pour découvrir les grands sites.

Ce guide vit pour vous et par vous. N'hésitez pas à nous faire part de vos remarques, suggestions ou découvertes ; elles viendront enrichir la prochaine édition de ce guide.

L'ÉQUIPE DU GUIDE VERT MICHELIN
LeGuideVert@fr.michelin.com

ORGANISER SON VOYAGE

OÙ ET QUAND PARTIR
Nos conseils de lieux de séjour 8
Nos propositions d'itinéraires 10
Nos idées de week-end 15
Escapade en Suisse 18
Les atouts de la région au fil
  des saisons 22

S'Y RENDRE ET CHOISIR SES ADRESSES
Où s'informer avant de partir..... 24
Pour venir en France 25
Transports 26
Budget 30
Se loger........................ 32
Se restaurer 34

À FAIRE ET À VOIR
Les activités et loisirs de A à Z 38
La destination en famille......... 52
Que rapporter 52
Événements..................... 55
Nos conseils de lecture 57

COMPRENDRE LA RÉGION

NATURE
Une géologie tourmentée 60
Un cadre préservé 62
Faune et flore 67

HISTOIRE
Quelques faits historiques 69
Les aventuriers de l'esprit 73

ART ET CULTURE
Architecture 76
ABC d'architecture.............. 79
Architecture rurale 85
Arts et lettres 86

LA FRANCHE-COMTÉ AUJOURD'HUI
Économie 90
Gastronomie 97

VILLES ET SITES
À l'intérieur du premier rabat de couverture, la carte générale intitulée
« **Les plus beaux sites** » donne :
  - une **vision synthétique** de tous les lieux traités ;
  - les **sites étoilés** visibles en un coup d'œil ;
  - les **circuits de découverte**, dessinés en vert, aux environs des destinations principales.

Dans la partie « **Découvrir les sites** » :
  - les **destinations principales** sont classées par ordre alphabétique ;
  - les **destinations moins importantes** leur sont rattachées sous les rubriques « Aux alentours » ou « Circuits de découverte » ;
  - les **informations pratiques** sont présentées dans un encadré vert dans chaque chapitre.

L'**index** permet de retrouver rapidement la description de chaque lieu.

SOMMAIRE

DÉCOUVRIR LES SITES

Abbaye d'Acey 102
Alaise 103
Ambronay 104
Arbois 106
Saline royale d'Arc-et-Senans 113
Château d'Arlay 117
Massif du Ballon d'Alsace 119
Baume-les-Dames 122
Baume-les-Messieurs 126
Belfort 130
Bellegarde-sur-Valserine 139
Belley 142
Château de Belvoir 145
Besançon 147
Le Bugey 160
Lac de Chalain 168
Crêt de Chalam 170
Champagnole 172
Champlitte 175
Château-Chalon 177
Chauvirey-le-Châtel 179
Forêt de Chaux 181
Cirque de Consolation 184
Divonne-les-Bains 188
Dole 191
Saut du Doubs 198
Faverney 201
Ferney-Voltaire 203
Château de Filain 205
Fondremand 207
Fougerolles 209
Barrage de Génissiat 211
Gigny 212
Grand Colombier 214
Gray 217
Gy 221
Cascades du Hérisson 223
Château de Joux 226
Région des Lacs 229
Lons-le-Saunier 234
Lure 240
Luxeuil-les-Bains 241
Maîche 244
Musée des Maisons comtoises . . 248
Malbuisson 250
Métabief-Mont d'Or 253
Plateau des Mille Étangs 257
Château de Moncley 259
Montbéliard 261
Montbenoît 270
Monts Jura 274
Morez 278
Morteau 281
Val de Mouthe 284
Mouthier-Haute-Pierre 287
Nans-sous-Sainte-Anne 290
Nantua 293
Nozeroy 300
Ornans 302
Passavant-la-Rochère 309
Pesmes 311
Poligny 313
Pontarlier 316
Ray-sur-Saône 322
Ronchamp 324
Les Rousses 326
Saint-Claude 332
Église de Saint-Hymetière 340
Salins-les-Bains 342
Route des Sapins 347
Vesoul 351
Villersexel 357
Lac de Vouglans 360

Index 364
Cartes et plans 371
Votre avis nous intéresse 383

Accrobranche au-dessus de la Loue.

ORGANISER SON VOYAGE

ORGANISER SON VOYAGE

OÙ ET QUAND PARTIR

La Franche-Comté est une région touristique à multiples facettes. Sous la rudesse de son climat se cache une nature généreuse qui se révèle à ceux qui prennent le temps de la découvrir. L'été, elle dévoile ses mystérieuses forêts-cathédrales, ses capricieuses rivières, ses éblouissantes cascades, ses vignobles paisibles. Ressourcez-vous au bord de ses lacs mystérieux, frais refuge contre les ardeurs du soleil ! Si vous êtes sportif, de nombreuses possibilités de canyoning, de VTT, de via ferrata s'offrent à vous. L'hiver venu, enveloppées par la neige et le froid, les montagnes du Doubs et du Jura vous invitent à de superbes promenades au milieu de vastes étendues immaculées. Les stations de Métabief-Mont d'Or, des Monts Jura ou encore des Rousses-Haut-Jura attireront les amoureux de grands espaces et d'air pur. Et en toute saison, la région comblera les gastronomes de savoureuses salaisons et de moelleux fromages arrosés de vins du terroir.

Nos conseils de lieux de séjour

Pour plus d'informations sur les types d'hébergement, les services de réservation, les adresses que nous avons retenues dans ce guide, reportez-vous au chapitre « S'y rendre et choisir ses adresses ».

SÉJOUR SPORTIF

Comment ne pas penser aux sports d'hiver ? En saison, de belles pistes de ski de fond et de ski alpin de tous niveaux attendent les sportifs aux **Monts Jura**. La station **Métabief-Mont d'Or** accueille volontiers les fondeurs, tout comme celle des **Rousses-Haut-Jura**. L'or blanc fondu et transformé en vert, les stations deviennent un véritable paradis pour les randonneurs. Via ferrata, canyoning, parcours accrobranches vous réserveront quelques sensations fortes.

Gouffre de Poudrey.

Si vous n'avez pas beaucoup de temps, laissez-vous séduire le temps d'un week-end par les villes-étapes de Belfort, Montbéliard, Besançon, Dole ou Pontarlier, ou n'hésitez pas à franchir les portes des espaces-détente des stations thermales pour vous faire dorloter. En ce qui concerne l'hébergement, la région est bien équipée : gîtes ruraux, hôtels, centres de vacances, camping à la ferme… Vous n'aurez que l'embarras du choix !

En été, les amateurs de sports nautiques apprécieront les nombreux lacs de la région, comme ceux de **Chalain**, de **Vouglans** ou de **Saint-Point**, qui disposent d'infrastructures et de points de location pour satisfaire toutes les envies sportives.

Et si les défis à vélo ne vous font pas peur et que vous vous sentez d'attaque, pourquoi ne pas vous lancer à l'assaut du **Grand Colombier** ou du **Ballon d'Alsace** ?

OÙ ET QUAND PARTIR

SÉJOUR REPOS

Vous aimez ces moments paisibles au bord de l'eau pour vous adonner aux plaisirs de la pêche ? Alors, pensez au **plateau des Mille Étangs** ou aux nombreux lacs de Franche-Comté, en choisissant les moins connus pour mieux préserver votre tranquillité. Les grottes vers **Arbois** et **Besançon** et les superbes cascades du Hérisson vers **Ilay** vous réserveront d'agréables moments de détente, à moins que vous ne préfériez goûter à la quiétude des **sources de la Loue** ou du **Lison**. Ceux qui apprécient la marche se laisseront tenter par des régions comme **le Bugey**, sauvage et accidenté. Ils pourront également explorer les **forêts** comtoises pour d'agréables balades en famille, et ne négligeront pas les stations de sports d'hiver, dotées d'une multitude de sentiers de randonnée. Et pourquoi ne pas tenter le tourisme fluvial ? La ville de **Dole** accueille par exemple un port où vous pourrez louer un bateau le temps d'un week-end ou plus…

SÉJOUR CULTUREL

Ne quittez pas la Franche-Comté sans avoir visité **Montbéliard**, **Belfort**, **Besançon** ou **Dole**, dont l'originalité du patrimoine bâti et la richesse de l'histoire sont à découvrir. Les fanas d'architecture découvriront avec bonheur les **châteaux** et **ouvrages militaires** de Franche-Comté. Ils se devront de visiter la **Saline royale d'Arc-et-Senans**, conçue par Claude-Nicolas Ledoux, ainsi que la chapelle de **Ronchamp**, chef-d'œuvre incontournable du Corbusier. Enfin les amateurs de musées profiteront de la proximité avec la Suisse pour visiter **Genève** et faire un saut aux « Délices », demeure où vécut quelque temps notre Voltaire national.

Château-Chalon.

SÉJOUR GASTRONOMIQUE

La Franche-Comté tient à son terroir. Quand vous y aurez goûté, vous comprendrez pourquoi… Ainsi les villes de **Morteau**, **Luxeuil-les-Bains** ou encore **Montbéliard** vous invitent à découvrir leurs délicieuses salaisons. Un détour par les fermes à tuyé s'imposera si vous êtes de passage dans le Doubs, notamment dans le village de **Grand'Combe Châteleu** qui compte à lui seul 78 fermes traditionnelles.
Si vous n'êtes pas pressé par le temps, vous pourrez faire étape à **Château-Chalon** ou **Arbois** afin d'en découvrir les vignobles, les caves et les alentours. Les amateurs de bon fromage préféreront visiter les fromageries de **Morbier** et de **Gex**, sans oublier les caves d'affinage de comté ou encore la Maison du comté à **Poligny**.

SÉJOUR THERMAL

Chic et branchée, la ville de **Divonne-les-Bains** sait accueillir ses visiteurs, avec son lac artificiel, son casino et bien sûr, ses thermes. Profitez de votre escapade dans cette jolie ville pour flâner le long du lac Léman et découvrir le charme des villes suisses. À **Lons-le-Saunier**, n'hésitez pas à prolonger votre séjour pour visiter Baume-les-Messieurs, à quelques kilomètres de là, ou encore le château d'Arlay. Si vous êtes à **Salins-les-Bains**, ne manquez pas de découvrir les somptueux bâtiments de la Saline royale d'Arc-et-Senans. Quant à **Luxeuil-les-Bains**, c'est une ville qui dégage un charme particulier, avec ses pierres de grès rose. Toutes ces stations proposent, outre les soins thérapeutiques classiques, des espaces bien-être et de détente ouverts à tous. Profitez-en !

Château de Cléron.

ORGANISER SON VOYAGE

Nos propositions d'itinéraires

Si vous souhaitez visiter dans le détail un secteur limité, mais marqué par une identité particulière, les propositions d'itinéraires suivantes pourront vous servir de base pour composer votre propre voyage. N'oubliez pas de consulter également la carte des plus beaux sites *(dans le rabat de la couverture)*, qui vous invitera sans doute à faire tel ou tel crochet en fonction de vos propres goûts. Ces itinéraires peuvent évidemment être combinés entre eux. Le meilleur itinéraire sera le vôtre.

Pour vos étapes, consultez notre sélection d'adresses d'hébergement et de restauration dans l'**encadré pratique** des villes ou sites de la partie « Découvrir les sites ».

LE BUGEY SAUVAGE ET TOURISTIQUE

Circuit de 3 jours au départ de Nantua

1er jour – Promenez-vous quelques heures dans **Nantua** et visitez l'abbatiale Saint-Michel, à la curieuse architecture en anse de panier, ainsi que l'ancienne maison d'arrêt, transformée en un musée départemental d'Histoire de la Résistance et de la Déportation de l'Ain et du Haut-Jura.
Après un déjeuner bucolique au bord du lac de Nantua, encadré par les hauteurs du Haut-Bugey, quittez la ville vers le nord par la N 84 pour découvrir les **grottes du Cerdon**, à Labalme-sur-Cerdon. Vous parcourrez le lit d'une ancienne rivière souterraine, aujourd'hui disparue, et découvrirez d'énigmatiques concrétions rocheuses, comme la statue cambodgienne, célèbre stalagmite.
Empruntez ensuite le val d'Enfer pour rejoindre **Cerdon**, joli petit village aux nombreuses fontaines et où l'on produit un vin rosé réputé. Terminez votre journée par la visite de la **cuivrerie artisanale**.

2e jour – Commencez votre journée par la visite, à Jujurieux, des **Soieries Bonnet**, avant de vous lancer à l'assaut du Bugey sauvage. Après un détour par l'église d'Ambronay, ne manquez pas le très riche **musée du Cheminot** à Ambérieu-en-Bugey.
Ensuite, à vous les splendides paysages des gorges escarpées ! Prenez la N 504 et suivez l'impressionnante **cluse de l'Albarine**, puis dans la continuité de la route, la sauvage **cluse des Hôpitaux**. Rejoignez **Belley** en fin de journée.

3e jour – Quittez Belley par le nord en direction de Champagne-en-Valromey, puis Virieu-le-Petit, pour attaquer enfin l'ascension du **Grand Colombier**. Attardez-vous à ce belvédère grandiose et déjeunez à l'**observatoire du Fenestrez**. Rejoignez ensuite Culoz, puis suivez vers le nord la vallée du Rhône, en direction du **barrage de Génissiat**. Rejoignez ensuite **Bellegarde-sur-Valserine** : c'est dans l'après-midi que les berges de la Valserine révèlent le mieux leur beauté. Prenez le temps d'explorer à pied les **pertes de la Valserine** et leurs spectaculaires marmites de géants. Si vous avez encore du temps, explorez aussi le fort de l'Écluse avant de rejoindre Nantua par la N 84 et le lac de Sylans.

LE HAUT-JURA

Circuit de 3 jours au départ de Morez

1er jour – Commencez votre journée par la visite du Viséum - musée de la Lunette de **Morez**, puis faites vos emplettes de morbier dans une fromagerie locale, en prévision des pique-niques de la journée. Prenez la D 69 en direction de Saint-Claude.
À **Saint-Claude**, visitez la cathédrale Saint-Pierre et son étonnante abside fortifiée, ou encore l'exposition de pipes, diamants et pierres fines, retraçant l'histoire d'un artisanat qui a fait la célébrité de la ville. Prenez ensuite la D 124 et suivez la direction des Bouchoux, puis de La Pesse, avant de vous lancer dans l'ascension du **crêt de Chalam**, où une pause pique-nique récompensera vos efforts.
Revenez à La Pesse, et partez vers le sud en direction de Champfromier où vous rejoindrez la D 14 pour vous rendre à Chézery-Forens, puis à **Lélex** sur la D 991. Vous pourrez passer la nuit dans ce village de la station des **Monts Jura**. Finissez la journée en prenant la télécabine de la Catheline. De la station supérieure, à 1 450 m d'altitude, un sentier mène au **crêt de la Neige** d'où la vue sur les Alpes est saisissante.

2e jour – Quittez Lélex par le nord, et commencez la journée par une visite de la **Maison du parc du Haut-Jura**,

www.toyota.fr

Toyota Prius.
La première berline dont la motorisation électrique se recharge toute seule.

Toyota Prius. Technologie HSD hybride essence/électricité.

Grâce à sa technologie hybride, la TOYOTA PRIUS est une voiture dont la motorisation électrique est entièrement autonome. Alliance d'un moteur essence et d'un moteur électrique, la TOYOTA PRIUS permet de combiner les performances d'une berline familiale et les consommations d'une petite citadine (**4,3 L/100 km** en cycle mixte). De plus, en produisant **une tonne de CO_2 en moins par an** [1], la TOYOTA PRIUS vous permet de faire un véritable geste pour l'environnement qui vous fera bénéficier **de 2 000 € de crédit d'impôt**[2].

TODAY TOMORROW TOYOTA
Aujourd'hui, demain.

     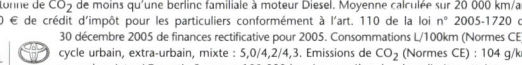

(1) Une tonne de CO_2 de moins qu'une berline familiale à moteur Diesel. Moyenne calculée sur 20 000 km/an.
(2) 2000 € de crédit d'impôt pour les particuliers conformément à l'art. 110 de la loi n° 2005-1720 du 30 décembre 2005 de finances rectificative pour 2005. Consommations L/100km (Normes CE) : cycle urbain, extra-urbain, mixte : 5,0/4,2/4,3. Emissions de CO_2 (Normes CE) : 104 g/km en cycle mixte. *Garantie 3 ans ou 100 000 km. La première des deux limites atteinte.

ORGANISER SON VOYAGE

à Lajoux. Vous y découvrirez un « grenier fort » et des expositions interactives sur la nature et la vie rurale du Haut-Jura. Partez ensuite vers Mijoux, puis le **col de la Faucille**. Laissez-y votre voiture et partez à pied explorer les balcons du Léman, suite de crêts desquels une vue imprenable sur Genève et son lac s'offrira à vous. Commencez par l'ascension du **Mont-Rond**, puis poussez en direction du **Colomby de Gex**. Avant de partir, prenez les précautions d'usage : bonnes chaussures de randonnée, vêtement de pluie, pull, aliments énergétiques et eau en quantité suffisante dans le sac à dos. En fin de journée, descendez le col de la Faucille pour rejoindre **Divonne-les-Bains** où vous dormirez. Certes, la ville ne fait plus partie du Haut-Jura, mais la descente du col de la Faucille, avec la vue sur le lac Léman et l'impérial massif alpin, vaut vraiment le déplacement. Avec un peu de chance, vous surplomberez la mer de nuages. Le coucher du soleil rend le spectacle inoubliable !

3ᵉ jour – Pourquoi ne pas faire un jogging matinal… au bord du lac Léman, après avoir passé la frontière suisse ? Faites ensuite demi-tour pour regagner Lajoux, puis Lamoura, en repassant le col de la Faucille. À partir de ce village, partez explorer la forêt du Massacre, l'un des plus belles du Jura. Rejoignez ensuite **Les Rousses** pour y découvrir le fort désaffecté, ses parcours aventure et ses caves d'affinage du comté. Faites ensuite un crochet par le lac des Rousses, puis par Bois-d'Amont où un sympathique musée de la Boissellerie, témoin du passé artisanal du village, vous attend. Regagnez Morez par la N 5.

LE JURA FRANCO-SUISSE

▶ Circuit de 4 jours au départ de Pontarlier

1ᵉʳ jour – Commencez votre journée en flânant dans les rues de **Pontarlier**. Visitez son Musée municipal, présentant le passé archéologique de la ville. Partez ensuite vers le sud pour grimper la montagne du Larmont et atteindre le belvédère du Grand Taureau, où vous pourrez pique-niquer en toute quiétude, en profitant du panorama sur le Jura et les Alpes bernoises. En début d'après-midi, le **château de Joux**, perché au-dessus d'une profonde cluse, vous accueillera, et vous découvrirez l'histoire de ce fort et des malheureux, parfois célèbres comme Toussaint Louverture, qui y furent incarcérés. Finissez la journée par une escapade au bord du **lac de Saint-Point**, réputé pour l'extraordinaire couleur bleue de ses eaux. Si vous en avez le temps, poussez vers **Malbuisson**, puis la réserve naturelle du lac de Rémoray. La ludique **Maison de la réserve**, consacrée à sa faune, laissera un merveilleux souvenir aux petits comme aux grands. Revenez à Pontarlier, où vous passerez la nuit.

2ᵉ jour – Avez-vous pensé à prendre votre passeport avec vous ? Car vous croiserez peut-être des douaniers lors de votre traversée de la minuscule république du Saugeais. Rendez-vous à **Montbenoît** par la D 437, et faites une halte pour admirer son église et son cloître. Continuez votre route jusqu'à **Morteau**. Une visite du musée de l'Horlogerie du Haut-Doubs, au château Pertusier, vous permettra d'être incollable sur la fabrication d'une montre et d'admirer le savoir-faire des artisans de la région.

3ᵉ jour – Quittez Morteau par la D 461 en traversant Villers-le-Lac et passez la frontière suisse au col des Roches. Prenez la direction de La Chaux-de-Fonds et arrêtez-vous dans cette cité atypique, ville natale de Le Corbusier, dont l'architecture abonde en éléments décoratifs Art nouveau. Ne manquez pas de visiter le **musée international d'Horlogerie**, véritable joyau avec ses quelque 3 000 pièces. Revenez par le même chemin, arrêtez-vous à Villers-le-Lac et finissez la journée par une promenade en bateau qui vous mènera au **saut du Doubs**. Passez la nuit à Morteau.

4ᵉ jour – C'est une journée très « nature » qui vous attend. Quittez Morteau par le nord et la D 437, puis la D 461 pour rejoindre le magnifique **belvédère de la Roche du Prêtre**, surplombant la vallée du Dessoubre et le **cirque de Consolation**, et où vous pourrez pique-niquer. Prenez ensuite la direction de **Maîche**, et engagez-vous dans la Franche Montagne, par Cernay-l'Église. Si vous en avez le courage, faites l'ascension des **Échelles de la Mort**, à Fournet-Blancheroche. Parcourez la vertigineuse corniche de **Goumois**, et rejoignez tranquillement Pontarlier, pour vous remettre de toutes ces émotions autour d'une dégustation d'absinthe (en toute modération).

LE PLATEAU DES MILLE ÉTANGS

▶ Circuit de 3 jours au départ de Giromagny

1er jour – Vous pourrez commencer ce circuit en visitant le petit musée de la Mine et des Techniques minières de Giromagny. Prenez ensuite la D 465 vers le nord en direction du **Ballon d'Alsace**. En chemin, arrêtez-vous aux roches du Cerf et à la cascade du Rummel. Prenez environ 2h pour faire l'ascension du sommet et parcourir le sentier de découverte… plus si vous décidez de pique-niquer sur place. Faites demi-tour vers Giromagny et prenez la D 12, puis la D 4 vers **Ronchamp**, où vous visiterez Notre-Dame-du-Haut, ouvrage d'architecture religieuse moderne réalisé par Le Corbusier. Si vous avez le temps, arrêtez-vous en chemin à **Champagney**, pour visiter l'émouvante Maison de la négritude et des droits de l'homme. Prenez enfin la N 19 pour gagner **Lure**, où vous passerez la nuit.

2e jour – Promenez-vous dans la cité du sapeur Camember, puis prenez la D 486 vers Mélisey. Passez la journée sur le **plateau des Mille Étangs**, splendide constellation de plans d'eau bleutés de formation glaciaire, encadré par les vallées de l'Ognon et du Breuchin. Vous pourrez par exemple parcourir à votre rythme les 70 km de la « route des Étangs », fléchée à partir de Lure. Regagnez Lure en fin de journée, puis Luxeuil-les-Bains, qui constituera votre étape du soir, par la D 64.

3e jour – Visitez la vieille ville de **Luxeuil-les-Bains** et imprégnez-vous de l'atmosphère particulière dégagée par la couleur du grès des Vosges. La maison du cardinal Jouffroy retiendra particulièrement votre attention, tout comme l'abbaye Saint-Colomban. Si vous le souhaitez, vous pourrez aussi passer une matinée de détente aux thermes. Reprenez la D 6 vers Faucogney, puis le col du mont de Fourche. La D 57, puis la D 16 vous mèneront au **Ballon de Servance**. Revenez au col des Croix et prenez la direction du Thillot, puis de Saint-Maurice. La D 465 vous ramènera à Giromagny, en passant au pied de l'impressionnant Ballon d'Alsace.

À L'ASSAUT DES LACS

▶ Circuit de 3 jours au départ des Rousses

1er jour – Avant de partir, faites un tour dans **Les Rousses** où vous découvrirez son fort, son lac et la magnifique forêt du Risoux, qui le surplombe. Prenez la N 5 vers le nord, en direction de Morez, et tournez à gauche à Saint-Laurent-en-Grandvaux. Vous rejoindrez ainsi Grande Rivière et le lac de l'Abbaye qui attend paisiblement les pêcheurs. Faites demi-tour et rejoignez le splendide belvédère du **pic de l'Aigle**, qui procure une vue exceptionnelle sur les lacs et les chaînes du Jura. Gagnez Bonlieu, son lac et le **belvédère des Quatre Lacs**, situé à La Chaux-du-Dombief. Consacrez l'après-midi à la découverte des nombreux lacs du site. Le **lac d'Ilay** a la particularité de comporter en son centre une petite île qui abritait autrefois un monastère. Celui de **Narlay** est, quant à lui, le plus petit lac de la région, mais également le plus profond. Le magnifique **lac de Chalain** est le joyau de la région : il recèle des vestiges d'une cité lacustre, témoignant de l'ancienneté du peuplement de ses berges, mais aussi nombre d'aménagements plus modernes, dont une base nautique. Votre hébergement se situera à **Doucier** ou à **Clairvaux-les-Lacs** en fin de journée.

2e jour – Si vous n'y avez pas passé la nuit, rejoignez Doucier et partez à la découverte de la vallée du Hérisson, en empruntant la D 236. Vous rencontrerez successivement les lacs de Chambly et du Val, puis les **cascades du Hérisson** proprement dites : ne manquez pas la cascade de l'Éventail, mur impressionnant de 65 m de hauteur, ou celle du Grand Saut, derrière laquelle vous pourrez passer. Gagnez ensuite Clairvaux-les-Lacs, puis Pont-de-Poitte, par la N 78.

Luxeuil-les-Bains.

ORGANISER SON VOYAGE

Ce sera l'occasion de pique-niquer, puis de passer le restant de la journée au bord du **lac de Vouglans**, pourvu de nombreuses infrastructures. Logez-vous aux alentours d'Orgelet ou de Pont-de-la-Pyle.

3ᵉ jour – Prenez la direction de **Saint-Claude** par la D 470 et faites une halte à la **cascade des Combes** et à celle de la **Queue de cheval**. Vous pourrez aussi consacrer une partie de la journée à l'exploration des **gorges du Flumen**. Après une visite de la ville, de sa cathédrale et de son exposition de pipes, diamants et pierres fines, continuez votre route vers **Lamoura** où un sympathique petit lac accueille pêcheurs et amoureux du calme. Puis regagnez tranquillement Les Rousses.

AU PAYS DES SOURCES ET DE COURBET

▶ Circuit de 3 jours au départ de Salins-les-Bains

1ᵉʳ jour – Vous pourrez consacrer une demi-journée à la visite de la ville et des anciennes salines qui ont fait sa renommée : les galeries souterraines datent du 13ᵉ s. et sont surplombées de voûtes médiévales. Les thermes de la ville peuvent également vous proposer des séances de remise en forme et relaxation.
Les alentours offrent deux curiosités : le fort Saint-André, construit en 1674 sur des plans de Vauban et le mont Poupet, superbe belvédère, bien connu des amateurs de parapente.
Quittez **Salins-les-Bains** par la D 492 vers l'est et rejoignez l'extraordinaire **source du Lison**. Passez-y le reste de votre journée. Vous vous sentirez comme coupé du monde, dans un univers merveilleux. Le cours du Lison, en partie souterrain, sur lequel donnent de surprenantes fenêtres rocheuses, telles le Creux Billard ou la Roche Sarrazine, vous fascinera.
Vous pouvez aussi prévoir de visiter la taillanderie du village de Nans-sous-Sainte-Anne, tout proche, avant de revenir à la réalité en prenant la route menant à **Mouthier-Haute-Pierre** où vous passerez la nuit. Et si vous aimez avoir peur, traversez donc le pont du Diable…

2ᵉ jour – Après un détour par la **roche de Haute-Pierre**, empruntez la D 67 en direction de Pontarlier. Vous traverserez les **gorges de Nouailles**, où la sagesse populaire affirme que la Vouivre, féroce représentant du bestiaire mythologique comtois, prenait ses quartiers.
Vous parviendrez finalement à la **source de la Loue**, résurgence impressionnante issue d'une vaste grotte située au pied d'une falaise. Si vous avez un peu de temps, profitez-en pour aller jusqu'au belvédère du Moine de la Vallée. Puis descendez la **vallée de la Loue** et admirez ce paysage à couper le souffle. Désormais, vous n'aurez de cesse de longer la Loue, qui inspira de nombreux peintres. Faites une escale à Lods où vous visiterez le musée de la Vigne et du Vin, avant de terminer votre journée à **Ornans**.

Village d'Ornans.

3ᵉ jour – Prenez le temps d'apprécier cette charmante ville, célèbre pour sa double rangée de maisons à pilotis, sur la Loue, et son **musée Gustave-Courbet**. Installé dans la maison natale de l'artiste, celui-ci retrace l'attachement du peintre à sa région d'origine, à travers une exposition d'environ 80 œuvres (tableaux, dessins, sculptures).
Si le cœur vous en dit, avant de rentrez à Salins-les-Bains, poussez votre chemin jusqu'à **Cléron** par la D 9 pour y découvrir son superbe château.

LES VINS JURASSIENS

▶ Circuit de 4 jours au départ de Lons-le-Saunier

1ᵉʳ jour – Promenez-vous dans la vieille ville de **Lons-le-Saunier** et amusez-vous à retracer son passé. Retrouvez la porte des anciennes salines qui ont fait le renom de la cité et partez à la recherche de la source du Puits-Salé, déjà utilisée dans l'Antiquité romaine et à l'origine de son développement. Parcourez les 146 arcades de la rue du Commerce et arrêtez-vous au n° 24 : c'est la maison natale de Rouget de Lisle, enfant du pays, célèbre auteur de *La Marseillaise*. Après le déjeuner, prenez la D 471 vers l'est, en direction de **Baume-les-Messieurs**. Visitez l'exceptionnel site naturel constitué par la reculée du **cirque de Baume**, né du confluent minéral de trois vallées. L'extraordinaire **belvédère des roches de Baume**, formé par le bord de la falaise, vous laissera une impression inoubliable. Les courageux pourront descendre au fond de l'abîme par les **Échelles de Crançot**. Ne manquez pas, dans le village même, l'abbatiale et son retable anversois. Revenez à Lons-le-Saunier et prenez la N 83 vers le nord en direction d'**Arbois**, qui sera votre étape du soir.

2ᵉ jour – Consacrez l'essentiel de votre journée à un autre site naturel unique : celui de la **reculée des Planches** et de ses **grottes**, superbe laboratoire de l'érosion souterraine. Ne manquez pas non plus de vous arrêter pour découvrir l'univers magique des concrétions des **grottes des Moidons** à 12 km au sud d'Arbois, où vous dormirez.

3ᵉ jour – Après vous être promené de bon matin dans les vignes et fait quelques dégustations, découvrez Arbois et visitez la **maison de Louis Pasteur** et le **musée de la Vigne et du Vin**. Reprenez la route pour rejoindre **Arlay**, son domaine et son château. N'oubliez pas de visiter le centre de reproduction des espèces de la faune sauvage du Jura, qui met l'accent sur la préservation des rapaces diurnes et nocturnes. Vous pourrez assister, dans le cadre romantique des ruines du château, à une démonstration de vol des rapaces de Jurafaune. Revenez vers **Lons-le-Saunier**.

4ᵉ jour – Quittez Lons-le-Saunier vers le nord par la D 70 et visitez **Château-Chalon**. Le charme de ce village et les vues magnifiques sur les vignes vous enchanteront. Faites ensuite un détour vers le **belvédère du cirque de Ladoye** en prenant la D 5 avant de revenir à Lons-le-Saunier.

Nos idées de week-end

Voici quelques propositions pour aller à l'essentiel et profiter pleinement d'une ville ou de la région le temps d'un week-end.

DOLE

À environ deux heures de Paris par le TGV, Dole n'est rien de moins que l'ancienne capitale de la Comté. Elle a perdu ses privilèges, souffert du temps et des guerres, mais a gardé sa fierté, à l'image de son imposante **collégiale** qui domine la ville. À ses pieds, la **place Nationale** s'anime régulièrement de marchés. Vous n'aurez pas trop d'une journée pour découvrir le riche patrimoine de la ville qui jalonne les rues étroites et pentues descendant vers le **Doubs**. Votre promenade vous emmènera certainement à la **maison natale de Pasteur** et sur les pittoresques passerelles aménagées autour du **quai des Tanneurs**.

Le dimanche, vous pourrez découvrir la gigantesque **forêt de Chaux** qui commence dès les faubourgs de la ville. Louez des VTT, préparez un bon pique-nique et partez à l'aventure dans ce gigantesque massif forestier. Mais ne vous éloignez pas trop des célèbres colonnes Guidon : ce sont des repères bien utiles pour une première découverte de la forêt. Quant au **tourisme fluvial**, sachez que Dole est doté d'un charmant port. Rien de tel pour apprécier le calme de l'eau, ne serait-ce que pour quelques heures…

Halte fluviale devant la collégiale Notre-Dame de Dole.

MONTBÉLIARD

Besoin de dépaysement ? Bienvenue à Montbéliard ! Cette ancienne enclave wurtembergeoise vous surprendra par son patrimoine original mariant avec succès l'esprit germanique et l'influence italienne pour offrir une architecture à la fois sobre et chaudement colorée. Commencez le samedi en douceur, par la visite du **château des ducs de Wurtemberg**. À midi, baladez-vous au cœur du

vieux Montbéliard, en remarquant au passage les nombreuses « yorbes » et « tchâfas », typiques de la région. Début d'après-midi studieux, avec la visite du **musée d'Art et d'Histoire**, qui vous dévoilera l'histoire de la cité des princes.
Après avoir flâné entre la **place Saint-Martin** et l'**église Saint-Maimbœuf**, où tout rappelle les conflits qui ont opposé catholiques et protestants, prenez le temps d'apprécier le **parc du Près-la-Rose** tout en réfléchissant aux énigmes scientifiques qui y sont posées.
Le lendemain, descendez un peu au sud, à Sochaux. Ce faubourg industriel abrite le passionnant **musée de l'Aventure Peugeot** où, si vous vous sentez l'âme d'un champion de Formule 1, vous pourrez tester le simulateur de course !
De retour à Montbéliard, ne ratez pas l'occasion, avant la fin du week-end, de déguster la fameuse **saucisse montbéliarde**, jalousement défendue par la Confrérie des compagnons du boitchu…

BESANÇON

Capitale de la Franche-Comté, Besançon est une destination idéale pour un week-end de découverte. Pour mieux comprendre et connaître la ville, il faut tout d'abord admirer la célèbre **boucle du Doubs**, que l'on peut suivre en bateau-mouche.
Les rues piétonnes de la vieille ville sont une invitation à la flânerie, au milieu des belles façades gris-bleu et ocre et des hôtels particuliers. Allez saluer le majestueux **palais Granvelle** et la discrète, mais étonnante **cathédrale Saint-Jean**.
Le deuxième jour, prenez de la hauteur pour visiter la **Citadelle**. Un petit tour sur les remparts dévoile l'ampleur et la beauté du site. Ce cadre exceptionnel ne manquera pas de combler votre curiosité grâce à ses nombreux musées qui peuvent être complétés, à votre retour en ville, par la visite du **musée des Beaux-Arts**.
S'il vous reste encore du temps et que vous disposez d'un moyen de transport, rendez-vous au passionnant **musée de plein air des Maisons comtoises**, à une quinzaine de kilomètres à l'est de Besançon, ou au **gouffre de Poudrey** qui vous étonnera par son impressionnante salle souterraine d'effondrement et sa grande variété de concrétions.

REMISE EN FORME À LONS-LE-SAUNIER

Détente, bien-être, anti-stress, soins de beauté… La capitale du Jura, desservie par le TGV, dispose d'**installations thermales** qui vous feront oublier en un rien de temps tous vos soucis. Au programme : de bénéfiques séances de remise en forme (bains, massages, sauna, etc.), bien sûr, mais aussi une agréable promenade dans la pittoresque rue du Commerce, dotée de 146 arcades, une visite du passionnant **musée d'Archéologie du Jura**, et peut-être aussi une incursion dans le **vignoble** jurassien, tout proche. Si le temps s'y prête, vous pourrez profiter, à l'heure du déjeuner, des agréables **terrasses** des brasseries du centre-ville, et à l'heure du goûter, déguster les savoureuses spécialités de la chocolaterie Pelen, comme par exemple les fameux **galets de Chalain** (nougatine et praliné, le tout enrobé de chocolat)…

SUR LES TRACES DE VAUBAN

Qui n'a pas entendu parler du célèbre Lion de Belfort, cette œuvre pharaonique de Bartholdi, sculptée dans le roc et dominant la ville ? Vous l'aurez compris, votre journée commencera par la visite de la fameuse **Citadelle de Belfort**. Symbole du courage de la ville, considéré à maints égards comme le chef-d'œuvre de Vauban, cet impressionnant ensemble vous étonnera par sa succession d'enceintes et de fossés, de bastions, de courtines, de poudrières et de casemates.
Pleine de cachet, Belfort vous séduira aussi par ses places accueillantes, ses imposants immeubles colorés construits au 19e s. et ses bâtiments bastionnés disséminés ici et là à travers la ville.
Le lendemain, partez à la découverte de **Besançon** et de sa **Citadelle**, elle aussi édifiée par Vauban, et qui domine de 118 m le Doubs. Cet ouvrage rectangulaire en dos d'âne, barré par trois bastions et ceinturé de remparts, contient un grand nombre de musées que vous découvrirez avec plaisir, notamment celui consacré au brillant ingénieur militaire qu'était Vauban.
La ville de Besançon est d'ailleurs à l'origine d'une initiative originale *(voir p. 154)* visant à faire figurer son œuvre sur la prestigieuse liste du Patrimoine mondial de l'Unesco.

L'innovation a de l'avenir quand elle est toujours plus propre, plus sûre et plus performante.

Le pneu vert MICHELIN Energy freine plus court et dure 25 % plus longtemps*.
Il permet aussi 2 à 3 % d'économie de carburant et une réduction d'émission de CO_2.

* en moyenne par rapport aux pneus concurrents de la même catégorie

UN WEEK-END QUI NE MANQUE PAS DE SEL

Denrée jadis si rare et si coûteuse que quiconque en dérobait était pendu sur-le-champ, le sel est à l'origine d'un site fabuleux, fleuron de l'architecture industrielle du 18ᵉ s., inscrit au Patrimoine mondial de l'Unesco : la **Saline royale d'Arc-et-Senans**. Profitez d'un week-end pour venir découvrir ce curieux ensemble de plan circulaire, dont l'originalité ne pourra que vous étonner. Conception innovante d'une architecture destinée à améliorer les relations entre les hommes, cette ébauche d'une « cité idéale » fut conçue par **Claude-Nicolas Ledoux**, architecte urbaniste visionnaire pour certains, utopiste pour d'autres, profondément influencé par les idées du Siècle des lumières.

Voisine d'Arc-et-Senans, la petite ville de **Salins-les-Bains**, où vous passerez la deuxième partie de votre week-end, doit elle aussi beaucoup à l'exploitation du sel. Au 18ᵉ s., la saumure des **salines** de cette agréable station thermale était transportée par un saumoduc vers la Saline royale de Nicolas Ledoux. Vous pourrez visiter, à Salins, les galeries souterraines voûtées de l'ancienne Saline, d'époque médiévale. Et si vous avez le temps, allez vous faire dorloter aux thermes de la ville : vous y bénéficierez des bienfaits de la source salée.

Escapade en Suisse

Si l'idée d'une incursion en Suisse vous tente, vous trouverez ici quelques renseignements utiles pour vous aider à mieux préparer votre voyage.

Ce qu'il faut savoir

Renseignements touristiques – Pour découvrir ou mieux connaître la Suisse, consultez le site Internet de **Suisse Tourisme** - ✆ 00 800 100 200 30 (n° international gratuit) - www.MySwitzerland.com. Très complet, il contient toutes sortes de propositions d'activités, d'itinéraires et de séjours.

Cartes et guides Michelin – Avant votre départ, munissez-vous de la carte de Suisse n° **729**, du *Guide Vert Suisse* et du *Guide Michelin Suisse* (hôtels et restaurants).

Pièces d'identité – La Suisse ne fait pas partie de l'Union européenne. Pour un séjour touristique de 3 mois maximum, les ressortissants français, belges et luxembourgeois doivent se munir d'une carte d'identité ou d'un passeport en cours de validité (ou périmé depuis moins de 5 ans). Les citoyens canadiens doivent quant à eux présenter un passeport valide pendant au moins six mois après leur départ de Suisse.

Les **mineurs** de nationalité française doivent être en possession d'une carte d'identité, ou figurer sur le passeport de la personne qui les accompagne. Un enfant mineur voyageant seul doit être muni d'une carte d'identité et d'une attestation d'autorisation de sortie du territoire donnée par un représentant légal (père, mère ou tuteur). Les enfants de nationalité belge âgés de moins de 15 ans doivent présenter un certificat d'identité avec photo et être accompagnés.

Quelques rappels

– Pour circuler sur l'autoroute, vous devrez vous acquitter d'une **vignette autoroutière** (valable jusqu'au 31 janvier de l'année suivante), à coller sur l'intérieur du pare-brise. Elle est en vente (40 CHF, soit 26 € environ) dans les postes-frontière et les stations-service, et donne le droit d'accès à tout le réseau autoroutier suisse. Pour vous faire gagner du temps à la frontière, vous pouvez l'acheter avant de partir sur www.myswitzerland.com.

– Contrairement à la plupart des pays européens, le fléchage des **autoroutes** est signalé par des panneaux à **fond vert** et non à fond bleu (routes à priorité). Veillez à ne pas confondre ces panneaux verts avec des itinéraires bis, comme en France par exemple.

– Sachez que le **triangle de panne** est obligatoire en plus des feux de détresse.

Douanes – La Suisse n'étant pas un pays membre de l'Union européenne, l'importation et l'exportation de marchandises sont soumises à des conditions plus restrictives. Renseignez-vous auprès de Suisse Tourisme sur les prescriptions en vigueur ou à un bureau des douanes françaises.

Animaux domestiques – Les chiens et les chats doivent avoir été vaccinés contre la rage au moins 30 jours (et au plus un an) avant le passage de la frontière. Une attestation vétérinaire est obligatoire.

OÙ ET QUAND PARTIR

Permis de conduire – Les **automobilistes** doivent se munir de leur permis de conduire national ou international, carte grise (certificat national d'immatriculation) et carte verte internationale d'assurance automobile pour le véhicule. Ce dernier doit porter la plaque réglementaire de nationalité. Les **motocyclistes** et **cyclomotoristes** sont soumis au même régime que les automobilistes, sauf pour des engins inférieurs à 125 cm³.

Limitations de vitesse – Attention : sauf indication contraire, la vitesse est limitée à 120 km/h sur autoroute, à 100 km/h sur voie rapide, à 80 km/h sur autre route, et dans les villages et agglomérations, à 50 km/h. Le dépassement des vitesses autorisées fait l'objet de lourdes amendes.

Monnaie – Le taux de change, à actualiser lors de votre voyage, est d'environ 0,65 € pour un franc suisse (CHF). Dans les magasins, les prix sont souvent indiqués en CHF et en euros. Vous pouvez payer en euros dans de nombreux magasins, surtout dans les sites touristiques, mais la monnaie vous sera rendue en CHF. Les bureaux de change des gares et aéroports suisses sont ouverts de 6h à 21h.

Assurance santé – Au moins 2 semaines avant votre départ, demandez à votre caisse d'assurance maladie la **carte européenne d'assurance maladie**, qui fonctionne en Suisse, bien que le pays n'appartienne pas à l'UE. La carte européenne d'assurance maladie est individuelle et nominative : pensez à en demander une pour chaque membre de votre famille, y compris les enfants de moins de 16 ans. Si vous ne pouvez l'obtenir en temps utile, votre caisse d'assurance maladie vous délivrera à la place un certificat provisoire de remplacement. En Suisse, les frais médicaux engagés devant être réglés sur place, conservez les factures pour les envoyer à la Sécurité sociale au retour.

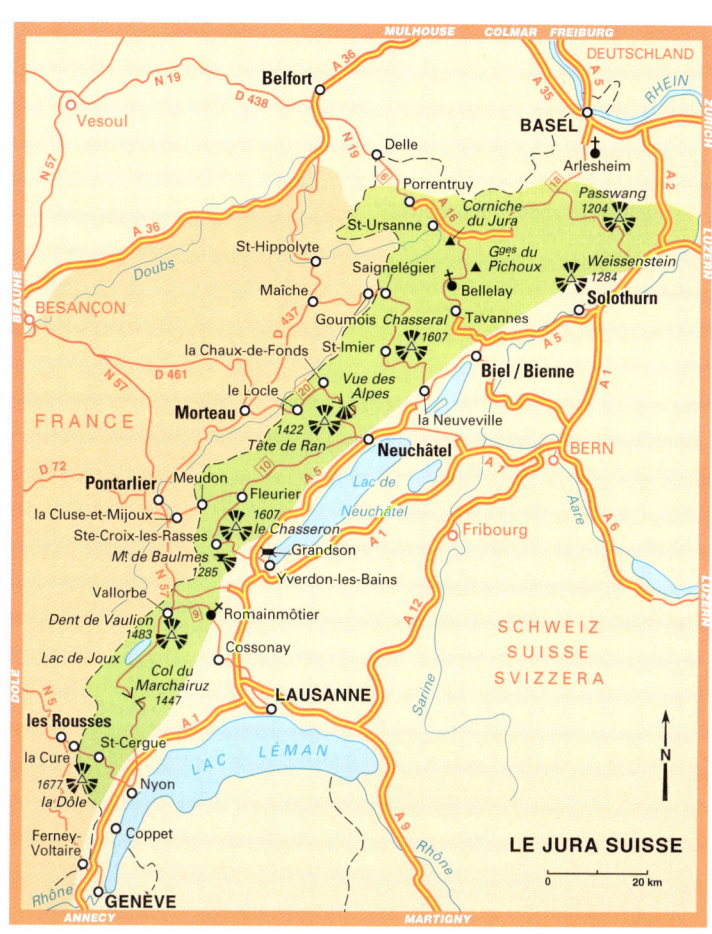

LE JURA SUISSE

ORGANISER SON VOYAGE

Téléphone – Pour téléphoner à l'étranger depuis la Suisse, composez le 00 33 pour la France, 00 32 pour la Belgique, 00 352 pour le Luxembourg, puis faites le numéro du correspondant. Et pour appeler la Suisse depuis l'étranger, composez le **00 41** suivi du numéro de l'abonné.

👁 Notez que les **numéros d'urgence** sont le **112** (numéro européen), le **118** (pompiers) ou le **117** (police, gendarmerie), le **144** (urgences médicales).

F. Pfenniger / ST/SWISS-IMAGE

PROPOSITIONS D'ITINÉRAIRES

▶ Autour du lac Léman

La rive suisse du Léman vous offre une multitude de choix : vous pourrez consacrer l'essentiel de votre temps à la visite des grandes villes riveraines, riches en musées – Genève, Lausanne, Montreux-Vevey – ou bien flâner le long du lac et choisir des cités-étapes plus petites et plus reposantes, comme Nyon ou Morges. Le parcours est jalonné de châteaux, à **Coppet**, **Nyon**, **Prangins** et **Chillon**, où se trouve le plus célèbre d'entre eux. N'hésitez pas à quitter de temps en temps la côte pour grimper dans les vignobles et découvrir notamment les terrasses de Lavaux. Enfin, ne vous privez pas du plaisir le plus évident : une **mini-croisière** sur le lac Léman.

▶ Au pays des horlogers

L'horlogerie est née ici, dans l'arc jurassien, entre lacs, montagnes et vallées, et reste une activité majeure de la région. Commencez par la charmante petite ville de **Neuchâtel**, dominée par son château et sa collégiale du 12ᵉ s., et ne manquez ni son littoral – la cité est au cœur de la région « des Trois Lacs » – ni son musée d'art et d'histoire réputé. Poursuivez votre route dans les montagnes, à la rencontre de **La Chaux-de-Fonds**, entièrement détruite par un incendie à la fin du 18ᵉ s. et reconstruite selon un étonnant plan en damier. Son musée international d'Horlogerie est l'un des joyaux de la « Watch Valley ». Vous y verrez également plusieurs villas dues à Le Corbusier. Rendez-vous ensuite dans la petite ville du **Locle**, autre capitale de l'horlogerie dont le musée complète parfaitement celui de La Chaux-de-Fonds. Cette étape vous permettra de rejoindre par d'agréables petites routes le **Val-de-Travers**, véritable paradis pour les randonneurs. Si vous ne deviez y faire qu'une promenade, grimpez au **Creux-du-Van**, un cirque naturel aux falaises hautes de plus de 100 m et qui domine la vallée. Votre point de départ, Neuchâtel, n'est qu'à une vingtaine de kilomètres.

IDÉES DE WEEK-ENDS

▶ Genève

Organisez votre week-end à Genève en tenant compte de la météo. S'il fait beau le matin, allez vous promener assez tôt le long de la rive gauche du lac, quand il n'y a pas encore trop de monde. Vous y verrez de très près le fameux jet d'eau, et surtout, tout au bout du quai, deux beaux parcs paysagers en pente douce. Revenez vers la ville par le quartier populaire des Eaux-Vives, et jetez un coup d'œil aux grandes rues commerçantes de Genève, autour de la place du Molard. De là, grimpez dans la Vieille Ville, passez par la place du Bourg-de-Four, avant de vous rendre ensuite à la cathédrale et de monter tout en haut de sa tour, qui offre une vue imprenable sur Genève. En redescendant, visitez l'un des très nombreux musées de la ville. Si vous êtes passionné(e) d'histoire, ne manquez pas le musée international de la Réforme, et si vous aimez l'art primitif, le musée Barbier-Mueller. Pour dîner ou boire un verre, la Vieille Ville reste le quartier tout indiqué, à moins que vous ne fassiez un saut dans la commune voisine de Carouge (30mn maximum en tramway), qui regorge de bons restaurants.

Le lendemain, si vous en avez le courage, levez-vous tôt pour prendre votre café au bord du lac, à la buvette des Bains des Pâquis, un lieu cher aux Genevois. Puis grimpez dans les

24h/24, 7j/7
... des astuces imparables pour des recettes inratables...

CUISINE.TV
pour être bien cuisinez mieux

CUISINE.TV est diffusée sur le câble et CANALSAT
www.cuisine.tv

ORGANISER SON VOYAGE

transports en commun pour vous rendre en un clin d'œil au quartier international. Si vous avez le temps, visitez à la fois le Palais des Nations unies et le musée international de la Croix-Rouge. Vous pourrez ensuite revenir vers la ville à pied, en passant par le très beau jardin botanique et les parcs de la rive droite du lac. Les passionnés de littérature se résoudront à remplacer l'une de ces visites du dimanche par une escapade à l'extérieur de Genève, à Cologny (accessible par les transports en commun), pour découvrir la fabuleuse Fondation Bodmer.

▶ Lausanne

Destination moins classique que Zurich ou Genève pour un week-end, Lausanne mérite absolument d'être découverte. Si la chance est avec vous côté temps, la promenade sur les quais d'Ouchy par laquelle débutera votre séjour n'en sera que plus délicieuse. Elle vous conduira tout droit à l'incontournable Musée olympique. L'après-midi sera réservé à la visite de la Vieille Ville, riche en musées, et surtout à celle de sa cathédrale, chef-d'œuvre de l'art gothique.

Le lendemain matin, prenez le bus qui vous conduira au lac de Sauvabelin. De là, une promenade à travers la campagne vous ramènera vers la ville, en passant par la Fondation de l'Hermitage où se tiennent souvent de prestigieuses expositions. L'après-midi, ne manquez pas la collection de l'Art brut, qui présente des œuvres bouleversantes. Si vous pouvez rester un jour de plus, louez une voiture et découvrez les environs de Lausanne, en particulier le charmant village de Romainmôtier.

▶ Bâle

Si vous aimez l'art et l'architecture, Bâle va vous combler avec sa Vieille Ville, l'une des mieux conservées d'Europe, et ses constructions ultra-modernes conçues par des architectes mondialement connus (Mario Botta, Herzog & de Meuron, Diener & Diener…). Commencez par visiter l'hôtel de ville et la cathédrale. Puis promenez-vous autour de la très animée Barfüsserplatz, et empruntez les belles ruelles pavées de la ville. Bâle compte 33 musées : à vous de choisir combien vous pouvez en visiter sur deux jours ! Mais ne manquez pas le musée des Beaux-Arts (à l'extérieur du Vieux Bâle). Pour faire une pause, choisissez les bancs de la fontaine Tinguely ou encore le beau jardin botanique de l'université de Bâle. Le soir, si vous êtes amateur d'opéra, de ballet ou de théâtre, vous n'aurez que l'embarras du choix entre tous les spectacles proposés… mais évidemment, pour les salles les plus en vue, comme le « Theater Basel », il vous faudra avoir réservé bien à l'avance.

Le lendemain, allez visiter l'impressionnante Fondation Beyeler, à Riehen, tout près de Bâle (toiles de Van Gogh, Picasso, Monet…). Enfin, une promenade dans le Petit Bâle, le long des rives du Rhin, terminera en douceur votre week-end.

Les atouts de la région au fil des saisons

La Franche-Comté constitue une véritable mosaïque de climats. Éloignée de l'influence régulatrice de l'océan et des mers, elle offre en plaine un climat assez homogène, voire même doux pour ceux qui habitent près d'un cours d'eau, alors qu'en montagne, la rudesse du temps se fait clairement sentir. Neige et fortes gelées contrastent avec les chaleurs estivales.

Balade en raquettes.

Le climat peut également être très variable d'une saison à une autre, et d'une année sur l'autre. Cette instabilité se traduit par de la pluie dans le Jura, notamment en août où le département connaît son mois le plus pluvieux. C'est à la pluie que les prés doivent leur étonnante fraîcheur. En montagne, le temps change vite : prévoyez toujours de partir avec des vêtements de pluie, et en cas de mauvais temps, profitez-en

OÙ ET QUAND PARTIR

Prévisions météo

Services téléphoniques de Météo France – Taper **3250** suivi de :
1 – toutes les prévisions météo départementales jusqu'à 7 jours (DOM-TOM compris) ;
2 – météo des villes ;
4 – météo montagne ;
5 – météo des routes.
Accès direct aux prévisions du département – ☏ **0 892 680 2** suivi du numéro du département (0,34 €/mn).
Prévisions pour l'aviation ultralégère (vol libre et vol à voile) – ☏ 0 892 681 014 (0,34 €/mn).
Toutes ces informations sont également disponibles sur **www.meteo.fr**.

---

pour vous promener auprès des eaux bondissantes et écumantes des cascades.

Le printemps

En Franche-Comté, le printemps n'arrive jamais bien franchement, sauf en plaine. Dès fin avril, les fleurs émaillent les prairies et les vergers se parent de couleurs. Sur les bas plateaux, la nature commence à sourire. Plus haut, elle s'éveille à peine. Quant à la « montagne », elle est encore poudrée à frimas. Coups de froid et redoux se succèdent, accompagnés de variations de température. La neige tombe facilement jusqu'au mois de mai sous forme d'averses. D'où un décalage de floraison entre plaine et montagne. Il faut attendre le mois de juin pour entendre sonner les cloches des vaches dans les prés et apprécier enfin le vert des pâturages.

L'été

En été, les températures atteignent facilement 30 °C en plaine, mais les forêts, la montagne, les lacs permettent de trouver un peu de fraîcheur. Les écarts de températures sont parfois importants entre plaine et hauteurs, à tel point qu'il n'est pas rare d'avoir de la gelée blanche le matin en altitude au mois de juillet ! Sous le ciel d'été, les lacs prennent de jolies teintes turquoise et émeraude. Les lacs et les cascades sont alors pris d'assaut. De nombreux plans d'eau offrent de multiples activités nautiques, tout comme les montagnes, avec leur large choix de randonnées à cheval, à vélo ou à pied. Pour échapper à la chaleur estivale, vous pourrez trouver refuge dans les grottes de la région, le temps d'une visite, mais n'oubliez pas le pull !

L'automne

Septembre connaît fréquemment des semaines très ensoleillées. C'est alors le moment idéal pour profiter des lacs, dont les eaux sont encore chaudes, mais déjà désertées…
Le mauve colchique adoucit le vert des prés ; les hêtres se dorent et se détachent sur les sombres sapins ; les pluies abondantes font du moindre ruisseau un torrent fougueux. Profitez de cette saison pour vous balader en plaine, dans les vignobles ou encore en forêt.
En montagne, l'automne est souvent écourté par l'arrivée brusque de l'hiver. Il se caractérise par des pluies, parfois même des chutes de neige dès novembre, sur les hauteurs. Les premières gelées peuvent apparaître en septembre. Les arbres sont alors un ravissement pour les yeux. Les brouillards, eux aussi, donnent un charme enchanté au fond des vallées.

L'hiver

Qui ne se souvient pas du célèbre record de froid à Mouthe de -36,7° le 13 janvier 1968 ? En montagne, l'hiver peut donc être très rude. La neige couvre de son manteau uniforme sommets et plateaux. Le ski est roi en de nombreuses stations. Par grand froid, certains lacs gelés se prêtent aussi au patinage. Il faut pour cela attendre que la glace ait « chanté », que l'air, emprisonné par elle, se soit échappé avec un son caractéristique et puissant. Si la montagne connaît des records de froid, en plaine, les températures restent relativement douces.

Enneigement

La montagne jurassienne bénéficie d'un enneigement continu de mi-décembre au mois de mai. Mais les haut-jurassiens aiment à rappeler qu'il est arrivé de neiger chaque mois de l'année.
Dans le Jura, l'enneigement est continu durant 26 jours en janvier, 25 en février et 25 jours en mars. Le village de **Lamoura**, dans le Jura, détient souvent des records d'enneigement. L'épaisseur de neige y atteint régulièrement plus d'un mètre. En 1986, au mois d'avril, il est même tombé 52 cm de neige en 24 heures.

ORGANISER SON VOYAGE

S'Y RENDRE ET CHOISIR SES ADRESSES

Où s'informer avant de partir

Ceux qui aiment préparer leur voyage dans le détail peuvent rassembler toute la documentation utile auprès des professionnels du tourisme de la région, qui disposent de cartes touristiques, de brochures sur l'hébergement et la restauration, et de dépliants sur les activités, etc.

Outre les adresses indiquées ci-dessous, sachez que les coordonnées des offices de tourisme ou syndicats d'initiative des villes et sites décrits dans ce guide sont données systématiquement dans l'**encadré pratique** des villes et sites, sous la rubrique « Adresses utiles ».

Offices de tourisme et syndicats d'initiative

Pour joindre tous les offices de tourisme et syndicats d'initiative en France sans en avoir les coordonnées, il suffit de composer le **32 65** (0,34 €/mn) et à la demande de l'opératrice, de prononcer distinctement le nom de la commune désirée. Vous serez alors directement mis, grâce à ce serveur vocal, en relation avec l'organisme souhaité.

Également très pratique, le site Internet **www.tourisme.fr/recherche/index.htm** vous permet de trouver les coordonnées des offices de tourisme et syndicats d'initiative en tapant le nom de la commune, ou en faisant une recherche par ordre alphabétique.

LES ADRESSES UTILES

Comité régional du tourisme de Franche-Comté
La City – 4 r. Gabriel-Plançon - 25044 Besançon Cedex - 03 81 25 08 08 - www.franche-comte.org.

Autres structures
Comité départemental du tourisme de l'Ain – 34 r. du Général-Delestraint - BP 78 - 01002 Bourg-en-Bresse Cedex - 04 74 32 31 30 - www.ain-tourisme.com.

Maison du tourisme de Belfort et du Territoire de Belfort – 2 bis r. Clemenceau - 90000 Belfort - 03 84 55 90 90 - www.ot-belfort.fr.

Comité départemental du tourisme du Doubs – 13 r. de la Préfecture - 25000 Besançon - 0 825 003 265 (0,15 € TTC/mn) - www.doubs.com.

Agence de développement touristique de Haute-Saône SEM Destination 70 – BP 57 - 70001 Vesoul Cedex - 03 84 97 10 70 - www.destination70.com.

Comité départemental du tourisme du Jura – 8 r. Louis-Rousseau - BP 458 - 39006 Lons-le-Saunier Cedex - 03 84 87 08 88 - www.jura-tourism.com.

Renseignements sur Internet

Les comités régionaux et départementaux de tourisme et autres structures touristiques que nous venons de mentionner mettent à la disposition du public des sites Internet sur lesquels vous trouverez toutes sortes d'informations pratiques : sites naturels, culture, sports et loisirs, terroir et tradition, hébergement, fêtes et manifestations, etc. Voici quelques adresses supplémentaires à rajouter à vos favoris :

www.musees-franchecomte.com
www.juramusees.com
www.mre-fcomte.fr
www.massifdujura.com
www.juraendecouverte.com
www.haut-doubs.org
www.venezdecouvrir.com
www.la-haute-saone.com
www.conservatoire-botanique-fc.org
www.toutdoubs.info
www.hautesaone-imperiale.com
www.comte.com
www.lesroutesducomte.com
www.cancoillotte.net
www.lecomtois.com
www.interfrance.com
www.jura-vins.com
www.vinsdubugey.net

ou encore quelques sites de villes comme Besançon (www.besancon.com), Lons-le-Saunier (www.ville-lons-le-saunier.fr), Montbéliard (www.ot-pays-de-montbeliard.fr), etc.

S'Y RENDRE ET CHOISIR SES ADRESSES

TOURISME DES PERSONNES HANDICAPÉES

Un certain nombre de curiosités décrites dans ce guide sont accessibles aux personnes à **mobilité réduite**, et sont alors signalées par le symbole ♿. Le degré d'accessibilité et les conditions d'accueil variant toutefois d'un site à l'autre, il est recommandé d'appeler avant tout déplacement.

Accessibilité des infrastructures touristiques

Lancé en 2001, le label national **Tourisme et Handicap** est délivré en fonction de l'accessibilité des équipements touristiques et de loisirs au regard des quatre grands handicaps : auditif, mental, moteur ou visuel. À ce jour, quelque 1 500 sites labellisés (hébergement, restauration, musées, équipements sportifs, salles de spectacles, etc.) ont été répertoriés en France. Vous pourrez en consulter la liste sur le site Internet de Maison de France à l'adresse suivante : www.franceguide.com.

Le magazine *Faire Face* publie chaque année, à l'intention des personnes en situation de handicap moteur, un hors-série intitulé *Guide vacances*. Cette sélection de lieux et offres de loisirs est disponible sur Internet ou sur demande (5,50 €, frais de port non compris) auprès de l'Association des Paralysés de France (APF) - Dir. de la Communication - 17 bd Auguste Blanqui - 75013 Paris - www.apf.asso.fr.

Pour de plus amples renseignements au sujet de l'accessibilité des musées aux personnes atteintes de handicaps moteurs ou sensoriels, consultez le site http://museofile.culture.fr, qui répertorie nombre de musées français.

👁 Une adresse à retenir : **Association Tourisme et Handicaps** - 280 bd. Saint-Germain - 75007 Paris - ☏ 01 44 11 10 41 - www.tourisme-handicaps.org.

Accessibilité des transports

Train – Disponible gratuitement dans les gares et boutiques SNCF ou sur le site www.voyages-sncf.com, le *Mémento du voyageur handicapé* donne des renseignements sur l'assistance à l'embarquement et au débarquement, la réservation de places spéciales, etc. À retenir également, le numéro vert **SNCF Accessibilité Service** - ☏ 0 800 15 47 53.

Nans-sous-Sainte-Anne.

Avion – Air France propose aux personnes handicapées le service d'**Assistance Saphir**, avec un numéro spécial : ☏ 0 820 01 24 24. Pour plus de détails, visitez www.airfrance.fr.

Pour venir en France

Voici quelques informations pour les voyageurs étrangers en provenance de pays francophones comme la Suisse, la Belgique ou le Canada.

👁 Pour en savoir plus, consultez le site de la Maison de la France **www.franceguide.com**.

En cas de problème, voici les coordonnées des ambassades :

Ambassade de Suisse – 142 r. de Grenelle - 75007 Paris - ☏ 01 49 55 67 00 - www.eda.admin.ch/paris.

Ambassade du Canada – 35-37 av. Montaigne - 75008 Paris - ☏ 01 44 43 29 00 - www.amb-canada.fr.

Ambassade de Belgique – 9 r. de Tilsitt - 75017 Paris - ☏ 01 44 09 39 39 (en cas d'urgence seulement) - www.diplomatie.be/paris.

FORMALITÉS

Pièces d'identité

La carte nationale d'identité en cours de validité ou le passeport *(même périmé depuis moins de 5 ans)* sont valables pour les ressortissants des pays de l'Union européenne, d'Andorre, du Liechtenstein, de Monaco et de Suisse. Les Canadiens n'ont pas besoin de visa, mais d'un passeport valide.

Santé

Les ressortissants de l'Union européenne bénéficient de la gratuité des soins avec la **carte européenne d'assurance maladie**. Comptez un délai d'au moins deux semaines avant le départ (fabrication et envoi par la poste) pour obtenir la carte auprès de votre caisse d'assurance maladie. Nominative et individuelle, elle remplace le formulaire E 111 ; chaque membre d'une même famille doit en posséder une, y compris les enfants de moins de 16 ans.

Véhicules

Pour le conducteur : permis de conduire à trois volets ou permis international. Outre les papiers du véhicule, il est nécessaire de posséder la carte verte d'assurance.

QUELQUES RAPPELS

Code de la route

Sachez que la **vitesse** est généralement limitée à 50 km/h dans les villes et agglomérations, à 90 km/h sur le réseau courant, à 110 km/h sur les voies rapides et à 130 km/h sur les autoroutes.
Le port de la **ceinture** de sécurité est obligatoire à l'avant comme à l'arrière.
Le taux d'**alcoolémie** maximum toléré est de 0,5 g/l.

Argent

La monnaie est l'euro. Les chèques de voyage et les principales cartes de crédit internationales sont acceptées dans presque tous les commerces, hôtels, restaurants et par les distributeurs de billets.

Téléphone

En France tous les numéros sont à 10 chiffres. Pour appeler la France depuis l'étranger, composez le **00 33** et les neuf chiffres de votre correspondant français (sans le zéro qui commence tous les numéros). Pour téléphoner à l'étranger depuis la France, composez le **00** + l'indicatif du pays + le numéro de votre correspondant.
Numéros d'urgence – Le **112** (numéro européen), le **18** (pompiers), le **17** (police, gendarmerie), le **15** (urgences médicales).

le sud du massif du Jura et assure une fonction transversale en direction de Genève) sont les principales voies d'accès de la région.

👁 Attention, la circulation dans le sud-est de la Franche-Comté reste difficile en raison du relief *(repérez sur les cartes les chevrons signalant une forte déclivité)*. Il ne faut donc pas trop se fier au kilométrage pour estimer le temps, car la vitesse y est souvent réduite.

Informations autoroutières –
3 r. Edmond-Valentin - 75007 Paris - informations sur les conditions de circulation sur les autoroutes au ☎ 0 892681 077- www.autoroutes.fr. Sur ce site Internet de l'Association des sociétés françaises d'autoroutes et d'ouvrages à péage (ASFA), vous trouverez aussi des renseignements sur la météo, les services, etc. Très utile, une feuille d'itinéraire personnalisée permet de calculer le prix du **péage** en fonction de son type de véhicule et du kilométrage parcouru.

> ### Changement de numérotation routière
>
> Sur de nombreux tronçons, les routes nationales passent sous la direction des départements. Leur numérotation est en cours de modification. La mise en place sur le terrain a commencé en 2006, mais devrait se poursuivre sur plusieurs années. De plus, certaines routes n'ont pas encore définivement trouvé leur statut au moment où nous bouclons la rédaction de ce guide. Nous n'avons donc pas pu reporter systématiquement les changements de numéros sur l'ensemble de nos cartes et textes.
>
> 👁 Dans la majorité des cas, on retrouve le n° de la nationale dans les derniers chiffres du n° de la départementale qui la remplace. Exemples : la N 16 devient D 1016, la N 51 devient D 951.

Transports

PAR LA ROUTE

Les grands axes

Les autoroutes **A 36** Mulhouse–Beaune (la Comtoise), **A 39** Dole–Bourg-en-Bresse et **A 40** (qui traverse

Les cartes Michelin

En automobiliste prévoyant, munissez-vous de bonnes cartes. Les produits Michelin sont complémentaires : ainsi, chaque ville ou site présenté dans ce guide est accompagné de ses références cartographiques sur les cartes Local. Nous vous proposons de consulter également nos différentes gammes de cartes.

Les **cartes Local** ont été conçues pour ceux qui aiment prendre le temps de découvrir une zone géographique plus réduite (un ou deux départements)

Découvrez la France

Avec
Jean-Patrick Boutet
«Au cœur des régions»

Frédérick Gersal
«Routes de France»

france info, prenez de l'avance

ORGANISER SON VOYAGE

lors de leurs déplacements en voiture. Elles comprennent un index complet des localités et contiennent les plans des préfectures.

Pour ce guide, consultez les cartes Local **314** (Haute-Saône, Vosges), **321** (Doubs, Jura) et **328** (Ain, Haute-Savoie).

de pays, plans de villes, sélection des hôtels et restaurants du Guide Michelin) sur la France et d'autres pays d'Europe. Les calculs d'itinéraires sont également accessibles sur **Minitel** (36 15 ViaMichelin) et peuvent être envoyés par **fax** (36 17 et 36 23 Michelin).

Distances	Bordeaux	Lille	Lyon	Marseille	Paris	Strasbourg
Belfort	824	574	344	659	421	154
Bellegarde-sur-Valserine	711	710	119	429	503	430
Besançon	739	584	236	546	416	251
Dole	668	538	203	512	369	293
Genève	749	749	157	467	541	389
Lons-le-Saunier	696	584	155	464	416	354
Pontarlier	797	642	274	583	474	279
Les Rousses	795	636	203	513	467	369
Saint-Claude	696	640	138	447	472	378
Vesoul	775	513	296	610	361	224

Les **cartes Régional** couvrent le réseau routier secondaire et donnent de nombreuses indications touristiques. Elles sont pratiques lorsqu'on aborde un vaste territoire ou pour relier des villes distantes de plus de 100 km. Elles disposent également d'un index complet des localités et proposent les plans des préfectures.
Pour ce guide, utilisez la carte **520** (Franche-Comté).

Enfin, la **carte de France n° 721** vous offre une vue d'ensemble de la Franche-Comté au 1/1 000 000, avec ses grandes voies d'accès, d'où que vous veniez.

Pensez aussi à consulter l'**Atlas Routier et Touristique France**, et pour une escapade en Suisse, procurez-vous la carte **729**.

Les informations sur Internet et Minitel

Le site **www.ViaMichelin.fr** offre une multitude de services et d'informations pratiques d'aide à la mobilité (calcul d'itinéraires détaillés avec temps de parcours, cartes

EN TRAIN

Le réseau grandes lignes

Des liaisons ferroviaires efficaces ont bien limité les temps de transport vers et à l'intérieur de cette région longtemps enclavée.

Quelques liaisons TGV

Temps approximatif :
Paris-Dole : 2h10
Paris-Besançon : 2h40
Paris-Mouchard : 2h50
Mouchard-Lausanne : 1h30
Paris-Frasne : 3h
Paris-Pontarlier : 3h20
Besançon-Strasbourg : 2h30
Besançon-Lyon : 2h15

Informations et réservations – Faites votre réservation le plus tôt possible pour obtenir des tarifs plus avantageux. Ligne directe : 36 35 (0,34 €/mn) et 0 892 35 35 35 (uniquement depuis l'étranger) - 36 15 SNCF (0,21 €/mn) - www.voyages-sncf.com.

Le réseau régional

Pour rejoindre votre lieu de séjour, vous pourrez utiliser le réseau des

S'Y RENDRE ET CHOISIR SES ADRESSES

Trains express régionaux (TER) assurant les liaisons interrégionales.

Quelques liaisons TER

Temps approximatif :
Dole-Dijon :	20mn
Dole-Morez :	1h50
Lons-le-Saunier-Besançon :	1h15
Belfort-Besançon :	1h15
Morteau-Montbéliard :	2h40
Belfort-Montbéliard :	15mn
Besançon-Dole :	25mn
Dole-Pontarlier :	1h20

Informations et réservations – Ligne directe : 36 35 (0,34 €/mn) et 0 892 35 35 35 (uniquement depuis l'étranger) - 3615 TER (0,21 €/mn) - www.ter-sncf.com/Franche_Comte.

Les bons plans

Les tarifs de la SNCF varient selon les périodes : -50 % en période **bleue**, -25 % en période **blanche**, plein tarif en période **rouge** (calendriers disponibles dans les gares et boutiques SNCF).

Cartes de réduction

Différentes réductions sont offertes grâce aux cartes suivantes (valables un an) en vente dans les gares et boutiques SNCF :

– **carte enfant** pour les moins de 12 ans ;

– **carte 12-25 ans** pour les 12-25 ans, qui peut être achetée la veille de ses 26 ans pour l'année suivante ;

– **carte senior** à partir de 60 ans.

Ces différentes cartes proposent des réductions de 50 % sur tous les trains dans la limite des places disponibles, et sinon 25 %. La SNCF offre la possibilité de les essayer une fois gratuitement en prenant la carte découverte appropriée.

Les familles ayant au minimum 3 enfants mineurs peuvent bénéficier d'une **carte famille nombreuse** (16 € pour l'ensemble des cartes, valables 3 ans) permettant une réduction individuelle de 30 à 70 % selon le nombre d'enfants (la réduction est toujours calculée sur le prix plein tarif de 2e classe, même si la carte permet de voyager également en 1re). Elle ouvre droit à d'autres réductions hors SNCF.

La **carte Grand Voyageur**, valable 3 ans, permet de gagner des points et d'avoir des réductions exclusives. Elle donne aussi accès à certains services comme le transport des bagages.

La carte **Escapade** offre une réduction de 25 % sur tous les trains pour des allers-retours d'au moins 200 km, comprenant une nuit sur place du samedi au dimanche.

Réductions sans cartes

Sans disposer de carte, vous pouvez bénéficier de certains tarifs réduits :

Sur Internet, profitez des **billets Prem's** : très avantageux, pourvu que vous réserviez suffisamment à l'avance, ils s'achètent uniquement en ligne, et ne sont ni échangeables ni remboursables. Le billet **Offre Dernière Minute** s'achète exclusivement sur Internet avec un paiement en ligne. Ce billet de train à 50 % est valable sur un certain nombre de destinations pour des achats du mardi au lundi suivant pour des voyages du mercredi au mardi de la même semaine. Le billet est non échangeable et non remboursable.

> **Carte Visi'TER**
>
> Cette carte est valable un an sur l'ensemble du réseau TER de la région Franche-Comté, et jusqu'à Épinal, Dijon et Culmont-Chalindrey.
> Avec elle, vous bénéficiez de **50 % de réduction** pour vous et jusqu'à quatre personnes les samedis, dimanches et jours fériés (en été, elle est valable tous les jours). Attention : vous devez faire l'aller-retour dans la même journée.

Les **billets Découverte** offrent quant à eux des réductions de 25 % pour les moins de 25 ans, les plus de 60 ans, et sous certaines conditions, pour les personnes de 25 à 60 ans. Si vous effectuez un AR d'au moins 200 km et si votre séjour comprend une nuit du samedi au dimanche, vous pouvez profiter du tarif **Découverte Séjour**. Si vous êtes de 2 à 9 personnes à effectuer un AR, que vous ayez ou non un lien de parenté, et si votre voyage comprend au moins une nuit entre l'aller et le retour, vous pouvez bénéficier du tarif **Découverte à deux.**

EN AVION

Ce moyen de transport ne se révèle guère avantageux : le temps de trajet intrinsèque est réduit, mais il faut ajouter les transferts entre les aéroports. En outre, il vous en coûtera plus cher, à moins que vous ne

ORGANISER SON VOYAGE

trouviez des vols promotionnels plus intéressants qu'un voyage en train à plein tarif. Cherchez sur Internet les vols dégriffés ou renseignez-vous auprès des compagnies aériennes, et songez à organiser votre séjour à l'avance (1 mois), pour bénéficier plus facilement des disponibilités de places durant les meilleures périodes tarifaires.

Les aéroports

La région n'ayant qu'un aéroport, il vous faudra parfois utiliser ceux des villes les plus proches :

Aéroport de Dole-Tavaux – BP 26 - 39502 Tavaux Cedex - 03 84 72 18 53 - www.jura.cci.fr.

Aéroport de Bâle-Mulhouse – BP 60120 - 68304 Saint-Louis - 03 89 90 25 11.

Aéroport Dijon-Bourgogne – BP 25 - 21601 Longvic Cedex - 03 80 67 67 67 - www.dijon.aeroport.fr.

Aéroport de Genève – CP 100 - CH - 1215 Genève 15 Aéroport - (022) 717 71 11 - www.gva.ch.

Budget

Pensez aux solutions suivantes pour obtenir des réductions intéressantes.

FORFAITS TOURISTIQUES

Plusieurs villes de Franche-Comté, comme Belfort et Montbéliard, proposent des **pass à prix malins** pour visiter les monuments de la ville et des environs. Renseignez-vous auprès des offices de tourisme locaux, et surtout, pensez bien à conserver ces forfaits sur vous pour pouvoir les présenter à l'entrée de chaque site participant à l'opération.

D'autres initiatives intéressantes existent. Notez par exemple le pass proposé par le réseau culturel **Jura**

Passeport franco-suisse

Si vous souhaitez visiter la Franche-Comté dans son ensemble et pousser jusqu'à la Suisse voisine, n'oubliez pas de demander votre passeport inter-musées franco-suisse proposé par les **musées des Techniques et Cultures comtoises** - 03 84 73 22 04. Après la première visite, payée plein tarif, toutes les entrées suivantes dans d'autres musées sont à tarif réduit, et au bout de quatre visites, vous bénéficiez d'une entrée gratuite.

Musées - www.juramusées.com : sur présentation à l'entrée des musées concernés, vous bénéficierez de tarifs réduits.

LES BONS PLANS

Les chèques vacances

Ce sont des titres de paiement permettant d'optimiser le budget vacances/loisirs des salariés grâce à une participation de l'employeur. Les salariés du privé peuvent se les procurer auprès de leur employeur ou de leur comité d'entreprise ; les fonctionnaires auprès des organismes sociaux dont ils dépendent. On peut les utiliser pour régler toutes les dépenses liées à l'hébergement, à la restauration, aux transports ainsi qu'aux loisirs. Il existe aujourd'hui plus de 135 000 points d'accueil.

La carte famille nombreuse

On se la procure auprès de la **SNCF** *(voir p. 29)*. Elle ouvre droit, outre les billets de train à prix réduits, à des réductions très diverses auprès des musées nationaux, de certains sites privés, parcs d'attractions, loisirs et équipements sportifs, cinéma et même des boutiques. Mieux vaut l'avoir sur soi et demander systématiquement s'il existe un tarif préférentiel famille nombreuse.

Formules pour un week-end

👁 **Bon à savoir** – Le Comité régional du tourisme de Franche-Comté édite une brochure, *Incroyable Franche-Comté,* qui présente toutes sortes d'idées séjours, des week-ends aux séjours plus longs.

En préparant votre voyage, connectez-vous régulièrement sur les sites Internet du Comité régional du tourisme de Franche-Comté, mais aussi des comités départementaux de tourisme du Jura, du Doubs et de l'Ain, de la Maison du tourisme de Belfort et du Territoire de Belfort et de l'Agence de développement touristique de Haute-Saône - Destination 70 *(p. 24)*. Ils font apparaître, en fonction des saisons, des promotions d'hébergement et de séjours très variés.

Notez par ailleurs que les sites Internet des stations des Rousses www.lesrousses.com et de Métabief-Mont d'Or www.tourisme-metabief.com proposent eux aussi des promotions sur de courts séjours.

Votre meilleur souvenir de voyage

Avant de partir en vacances, en week-end ou en déplacement professionnel, préparez votre itinéraire détaillé sur www.ViaMichelin.com. Vous pouvez comparer les parcours proposés, sélectionner vos étapes gourmandes, afficher les cartes et les plans de ville le long de votre trajet et même réserver un hôtel en ligne.

Complément idéal des cartes et guides MICHELIN, ViaMichelin vous accompagne également tout au long de votre voyage en France et en Europe grâce à ses solutions de navigation portable GPS.

Pour découvrir tous les produits et services :
www.viamichelin.com

ORGANISER SON VOYAGE

NOS ADRESSES D'HÉBERGEMENT ET DE RESTAURATION

Au fil des pages, vous découvrirez nos **encadrés pratiques**, sur fond vert. Ils présentent une sélection d'établissements dans et à proximité des villes ou des sites touristiques remarquables auxquels ils sont rattachés. Pour repérer facilement ces adresses sur nos plans, nous leur avons attribué des pastilles numérotées.

Nos catégories de prix

Pour vous aider dans votre choix, nous vous communiquons une **fourchette de prix** : pour l'hébergement, les prix communiqués correspondent aux tarifs minimum et maximum d'une chambre double ; il en va de même pour la restauration et les prix des menus proposés sur place. Les mentions « *Astuce prix* » et « *bc* » signalent : pour la première les formules repas à prix attractif, servies généralement au déjeuner par certains établissements de standing, pour la seconde les menus avec boisson comprise (verre de vin ou eau minérale au choix). Les prix que nous indiquons sont ceux pratiqués en **haute saison** ; hors saison, de nombreux établissements proposent des tarifs plus avantageux, renseignez-vous… Dans chaque encadré, les adresses sont classées en quatre catégories de prix pour répondre à toutes les attentes *(voir le tableau ci-dessus)*.

Premier prix – Choisissez vos adresses parmi celles de la catégorie ⊖ : vous trouverez là des hôtels, des chambres d'hôte simples et conviviales et des tables souvent gourmandes, toujours honnêtes.

Prix moyen – Votre budget est un peu plus large. Piochez vos étapes dans les adresses ⊖⊖. Dans cette catégorie, vous trouverez des maisons, souvent de charme, de meilleur confort et plus agréablement aménagées, animées par des passionnés, ravis de vous faire découvrir leur demeure et leur table. Là encore, chambres et tables d'hôte sont au rendez-vous, avec également des hôtels et des restaurants plus traditionnels, bien sûr.

Haut de gamme – Vous souhaitez vous faire plaisir, le temps d'un repas ou d'une nuit, vous aimez voyager dans des conditions très confortables ? Les catégories ⊖⊖⊖ et ⊖⊖⊖⊖ sont pour vous… La vie de château dans de luxueuses chambres d'hôte pas si chères que cela ou dans les palaces et les grands hôtels : à vous de choisir ! Vous pouvez aussi profiter des décors de rêve de lieux mythiques à moindres frais, le temps d'un brunch ou d'une tasse de thé… À moins que vous ne préfériez casser votre tirelire pour un repas gastronomique dans un restaurant renommé. Sans oublier que la traditionnelle formule « tenue correcte exigée » est toujours d'actualité dans ces élégantes maisons !

Se loger

S'il est une destination réputée pour le tourisme vert, c'est bien le Jura. En dehors de Besançon, les villes de la région ne sont pas équipées pour recevoir d'importants afflux de touristes. D'ailleurs, rares sont eux qui viennent en Franche-Comté pour rester en ville. Les forêts, les lacs, les reliefs sont des invitations à respirer l'air pur, et les petites structures de campagne sont des occasions idéales pour profiter de l'authenticité d'une

NOS CATÉGORIES DE PRIX				
	Se restaurer (prix déjeuner)		**Se loger** (prix de la chambre double)	
	Province	Grandes villes Stations	Province	Grandes villes Stations
⊖	jusqu'à 14 €	jusqu'à 16 €	jusqu'à 45 €	jusqu'à 65 €
⊖⊖	plus de 14 € à 25 €	plus de 16 € à 30 €	plus de 45 € à 80 €	plus de 65 € à 100 €
⊖⊖⊖	plus de 25 € à 40 €	plus de 30 € à 50 €	plus de 80 € à 100 €	plus de 100 € à 160 €
⊖⊖⊖⊖	plus de 40 €	plus de 50 €	plus de 100 €	plus de 160 €

S'Y RENDRE ET CHOISIR SES ADRESSES

région encore préservée. C'est ce que proposent les chambres d'hôte, les fermes-auberges et les campings. Nous vous en proposons une sélection dans ce guide.

NOS CRITÈRES DE CHOIX

Les hôtels

Nous vous proposons, dans chaque encadré pratique, un choix très large en terme de confort. La location se fait à la nuit et le petit-déjeuner est facturé en supplément. Certains établissements assurent un service de restauration également accessible à la clientèle extérieure.

Pour un choix plus étoffé et actualisé, **Le Guide Michelin France** recommande des hôtels sur toute la France. Pour chaque établissement, le niveau de confort et de prix est indiqué, en plus de nombreux renseignements pratiques. Le symbole « **Bib Hôtel** » signale des hôtels pratiques et accueillants offrant une prestation de qualité à prix raisonnable à moins de 72 € en province (88 € dans les grandes villes et stations).

Les chambres d'hôte

Vous êtes reçu directement par les habitants qui vous ouvrent leur demeure. L'atmosphère est plus conviviale qu'à l'hôtel, et l'envie de communiquer doit être réciproque : misanthropes, s'abstenir !

Les prix, mentionnés à la nuit, incluent le petit-déjeuner. Certains propriétaires proposent aussi une table d'hôte, ouverte uniquement le soir, et toujours réservée aux résidents de la maison. Il est très vivement conseillé de réserver votre étape, en raison du grand succès de ce type d'hébergement.

Bon à savoir – Certains établissements ne peuvent pas recevoir vos compagnons à quatre pattes ou les accueillent, moyennant un supplément. Pensez à le demander lors de votre réservation.

Le camping

Le **Guide Camping Michelin France** propose tous les ans une sélection de terrains visités régulièrement par nos inspecteurs. Renseignements pratiques, niveau de confort, prix, agrément, location de bungalows, de mobile homes ou de chalets y sont mentionnés.

LES BONS PLANS

Les services de réservation

Fédération nationale des services de réservation Loisirs-Accueil – 280 bd Saint-Germain - 75007 Paris - ℘ 01 44 11 10 44 - www.franceguide.com ou www.loisirsaccueilfrance.com. La Fédération anime et fédère un réseau de 54 centrales de réservation départementales. Elles vous proposent un large choix d'hébergements labellisés (Gîtes de France, Clévacances etc.), de w.-ends et séjours thématiques et d'activités de qualité. Coordonnées disponibles sur demande auprès de la FNLAF.

Fédération nationale Clévacances France – 54 bd de l'Embouchure - BP 52166 - 31022 Toulouse Cedex - ℘ 05 61 13 55 66 - www.clevacances.com. Cette fédération propose près de 27 000 locations de vacances (appartements, chalets, villas, demeures de caractère, pavillons en résidence) et 3 500 chambres dans 22 régions réparties sur 89 départements en France et outre-mer, et publie un catalogue par département.

Village de Syam.

L'hébergement rural

Maison des gîtes de France et du tourisme vert – 59 r. Saint-Lazare - 75439 Paris Cedex 09 - ℘ 01 49 70 75 75 - www.gites-de-france.com. Cet organisme donne les adresses des relais départementaux et publie des guides sur les différentes possibilités d'hébergement en milieu rural (gîtes ruraux, chambres et tables d'hôte, gîtes d'étape, chambres d'hôte de charme, gîtes de neige, gîtes de pêche, gîtes d'enfants, camping à la ferme, gîtes Panda).

ORGANISER SON VOYAGE

Fédération des stations vertes de vacances et villages de neige – BP 71698 - 21016 Dijon Cedex - ✆ 03 80 54 10 50- www.stationsvertes.com. À la campagne comme à la montagne, les 582 stations vertes sont des destinations de vacances familiales reconnues tant pour leur qualité de vie (produits du terroir, convivialité, détente) que pour la qualité de leur cadre de vie (loisirs nature, baignade, structures d'accueil et d'hébergement).

Bienvenue à la ferme

Ce guide, édité par l'Assemblée permanente des chambres d'agriculture (service agriculture et tourisme - 9 av. George-V - 75008 Paris - ✆ 01 53 57 11 44), est aussi en vente en librairie ou sur www.bienvenue-a-la-ferme.com. Il propose par région et par département des fermes-auberges, campings à la ferme, fermes de séjour, mais aussi des loisirs variés : chasse, équitation, approches pédagogiques pour enfants, découverte de la gastronomie des terroirs en ferme-auberge, dégustation et vente de produits de la ferme.

L'hébergement pour randonneurs

Les randonneurs, mais aussi les amateurs d'alpinisme, d'escalade, de ski, de cyclotourisme et de canoë-kayak peuvent consulter le guide **Gîtes d'étapes et refuges**, de A. et S. Mouraret (Rando Éditions - BP 24 - 65421 Ibos - ✆ 05 62 90 09 90). Le site www.gites-refuges.com, issu de ce guide, bénéficie d'une mise à jour permanente des informations.

Les auberges de jeunesse

Fédération unie des auberges de jeunesse (FUAJ) – 27 r. Pajol - 75018 Paris - ✆ 01 44 89 87 27 - www.fuaj.org. La carte FUAJ est délivrée en échange d'une cotisation annuelle de 10,70 € pour les moins de 26 ans, de 15,50 € au-delà de cet âge et de 22,90 € pour les familles.

👁 **Bon à savoir** – En Franche-Comté, vous trouverez des auberges de jeunesse dans les villes suivantes : Belfort, Besançon, Dole, Gray, Pontarlier, Les Rousses.

POUR DÉPANNER

Les chaînes hôtelières

L'hôtellerie dite « économique » peut éventuellement vous rendre service. Sachez que vous y trouverez un équipement complet (sanitaire privé et télévision), mais un confort très simple. Souvent à proximité de grands axes routiers, ces établissements n'assurent pas de restauration. Toutefois, leurs tarifs restent difficiles à concurrencer (moins de 50 € la chambre double). En dépannage, voici donc les centrales de réservation de quelques chaînes :

Akena – ✆ 01 69 84 85 17.
B & B – ✆ 0892 782 929.
Etap Hôtel – ✆ 0892 688 900.
Villages Hôtel – ✆ 03 80 60 92 70.

Enfin, les hôtels suivants, un peu plus chers (à partir de 68 € la chambre), offrent un meilleur confort et quelques services complémentaires :

Campanile – ✆ 01 64 62 46 46.
Kyriad – ✆ 0825 003 003.
Ibis – ✆ 0825 882 222.

👁 **Bon à savoir** – Si d'aventure vous n'avez pu trouver votre bonheur parmi toutes nos adresses, pensez à consulter les quelques sites Internet suivants :

www.partirpascher.com
www.etaphotel.com
www.optile.com
www.budget.fr

Se restaurer

Il est difficile d'évoquer le Jura sans penser aux savoureux fromages, aux salaisons traditionnelles et, bien sûr, à toute la gamme souvent méconnue de vins comtois. Au détour d'une auberge ou dans un établissement réputé, comment ne pas être impressionné par les saveurs si particulières de ce terroir qui porte haut les couleurs de la gastronomie française ? N'hésitez pas à « manger comtois », car la cuisine participe à l'originalité et à l'authenticité de la région. Pour allier tranquillité et plaisirs de la table, il ne reste plus qu'à trouver les bons endroits et les bonnes adresses !

NOS CRITÈRES DE CHOIX

Pour répondre à toutes les envies, nous avons sélectionné des **restaurants** régionaux bien sûr, mais aussi classiques, exotiques ou à thème… Et des lieux plus simples, où vous pourrez

Besançon

Ville candidate au patrimoine mondial de l'Unesco

VAUBAN

une empreinte exceptionnelle dans le paysage de Besançon

Ville de Besançon

Réseau des sites majeurs Vauban

grignoter une salade composée, une tarte salée, une pâtisserie ou déguster des produits régionaux sur le pouce.

Pour un choix plus étoffé et actualisé, **Le Guide Michelin France** recommande des restaurants sur toute la France. Pour chaque établissement, le niveau de confort et de prix est indiqué, en plus de nombreux renseignements pratiques. Le symbole « **Bib Gourmand** » signale les tables qui proposent une cuisine soignée à moins de 28 € en province, et 36 € dans les grandes villes et stations.

Quelques **fermes-auberges** vous permettront de découvrir les saveurs de la France profonde. Vous y goûterez des produits authentiques provenant de l'exploitation agricole généralement servis en menu unique. Réservation obligatoire !

GASTRONOMIE ET TERROIR

Le réseau des **Tables comtoises** regroupe 96 restaurants ambassadeurs du patrimoine culinaire franc-comtois. Renseignements : 03 81 25 54 54 - http://cppr-fc.com/tables-comtoises/

Le réseau **Bienvenue à la ferme** regroupe des agriculteurs-producteurs désireux de partager leur amour des produits du terroir. Pour un goûter, un dîner ou une nuit dans une ferme-auberge, vous pourrez choisir parmi les 140 fermes comtoises qui appartiennent à ce réseau. Renseignements : www.bienvenue-a-la-ferme.com.

Saucisse de Morteau.

Le ministère du Tourisme attribue aux restaurateurs qui assurent la promotion des produits du terroir le label **Restaurateurs de France**. Découvrez la liste des haltes gourmandes en Franche-Comté sur le site www.restaurateursdefrance.com.

SITES REMARQUABLES DU GOÛT

Quelques sites de la région (lieux permanents de production, foires et marchés ou manifestations), dont la richesse gastronomique s'appuie sur des produits de qualité liés à un environnement culturel et touristique intéressant, ont été dotés du label « Site remarquable du goût ». En Franche-Comté, en bénéficient **Poligny** (comté), **Arbois** (vin de paille), la **ferme à tuyé du Montagnon** (salaisons) et **Fougerolles** (kirsch).

Pour plus de détails, consultez www.sitesremarquablesdugout.com.

LES GRANDS CHEFS DE LA RÉGION

À Arbois (39)

Jean-Paul Jeunet est le digne fils d'André qui fut un chef emblématique, colosse de la nature et monument de la restauration jurassienne. Il lui a succédé avec brio voici une vingtaine d'années, et gagné une deuxième étoile. Ses études devaient le conduire au diplôme de vétérinaire, mais l'attirance des cuisines s'est révélée la plus forte.

Lors de son « Tour de France », il côtoie des maîtres prestigieux, tels Jean Troisgros de Roanne et Bernard Coussau de Magescq, qui lui forgent une âme de chef rigoureux et perfectionniste.

De retour dans l'affaire familiale, Jean-Paul travaille quelques années en duo avec son père, puis il vole de ses propres ailes en 1987, perpétuant la réputation de la table tout en apportant de judicieuses touches de modernité.

À la fois héritier et conservateur de la tradition culinaire régionale, le chef se fait cependant novateur avec pour seul credo : conserver les saveurs d'autrefois avec la légèreté d'aujourd'hui. Désormais, la réputation de l'adresse le dispute à celle de Louis Pasteur, le plus illustre des enfants d'Arbois.

Jean-Paul Jeunet - r. de l'Hôtel-de-Ville - 03 84 66 25 25.

À Morteau (25)

Philippe Feuvrier, surnommé affectueusement « Feufeu » par ses amis et fidèles clients, est un jurassien pur souche, dont l'accent caractéristique du Haut-Doubs

S'Y RENDRE ET CHOISIR SES ADRESSES

Morilles et vin du Jura.

fleure bon le terroir. Sa superbe faconde vous transmet très vite son amour pour son rude et beau pays. Chantre des produits locaux dont la région abonde, Philippe concocte une cuisine personnalisée où son tour de main sublime champignons, poularde et autre gibier, le plus souvent associés aux somptueux vins du Jura.

Ayant repris l'affaire familiale, il reçoit ses clients dans une coquette auberge qui domine le Doubs où se mirent les imposantes et majestueuses fermes locales. Sophie, l'épouse, très attentive à sa clientèle, vante avec conviction la cuisine de son mari, un homme au grand cœur et enthousiaste, toujours prompt à s'enflammer pour la profession.

L'étoile, décernée depuis déjà fort longtemps, éclaire cette adresse attachante, qui fait toujours l'unanimité pour la qualité de sa cuisine et la gentillesse de son accueil.

👁 Auberge de la Roche - au Pont de la Roche - 📞 03 81 68 80 05.

À Bonnetage (25)

Jacques Barnachon, par son talent de chef, a transformé la sympathique adresse familiale des parents en un restaurant réputé qu'il faut cependant dénicher, isolé au milieu des pâturages du Haut-Doubs, au bord d'un étang où l'on pêche encore les grenouilles au printemps !

Cette évolution ne se serait pas réalisée sans le précieux concours de Sandrine, la sœur, aussi passionnée que son frère, qui assure la bonne marche de la salle et veille sur la riche carte des vins.

Quel parcours étonnant que celui de Jacques, saisi par la passion de la cuisine, alors qu'enfant, il ne rêvait que de compagnonnage et de restauration de toits de cathédrales !

Désormais, sa cathédrale, ce sont ses cuisines, parmi les plus belles de la région, où il imagine des recettes personnalisées avec une note terroir très souvent présente.

Après avoir remporté le premier prix national de foie gras en 2000, il décroche l'étoile cinq ans plus tard, soulignant que cette distinction est le fruit d'un travail de qualité réalisé par toute son équipe.

👁 L'Étang du Moulin - 📞 03 81 68 92 78.

À Malbuisson (25)

À deux pas des rives du lac Saint-Point, **Marc Faivre** a repris l'affaire familiale pour en faire l'un des restaurants les plus réputés du Haut-Doubs. C'est dans le paisible village de Malbuisson qu'il régale sa clientèle de recettes actualisées montrant saveurs et personnalité, souvent proches des produits du terroir, mais qui savent aussi s'évader jusqu'à la mer… même si Morteau, morilles, comté, absinthe ou gentiane sont toujours bien présents !

Apprise chez les plus grands (Jacques Lameloise, Pierre Gagnaire, Georges Blanc), tous triple-étoilés, sa cuisine précise et chaleureuse s'honore d'une étoile conquise à l'aube du 21e s.

C'est Catherine, l'épouse, qui assure avec gentillesse et compétence la bonne marche de la salle dans leur pimpante maison, récemment rénovée tout en lui préservant son authenticité.

Au Bon Accueil, ne boudez pas votre plaisir car la table, subtil mélange de terroir et de créativité, est servie à prix d'amis !

👁 Le Bon Accueil - chemin de la Grande-Source - 📞 03 81 69 30 58.

🕐 Astuces du guide

Vous passez dans la région ? C'est l'occasion ou jamais de découvrir les différents vins et alcools de l'un des plus vieux vignobles de France dans le cadre de verdure qui les a engendrés.

– Vous recherchez des adresses de maisons de vins et de domaines ? La rubrique *Que rapporter* des **encadrés pratiques** des villes ou sites, contient toutes sortes de bonnes adresses.

– Vous aimeriez en savoir plus sur les vins francs-comtois ? Consultez la rubrique *Une gamme de vins très étendue* de la partie « Comprendre la région ». Elle comprend une carte des principaux crus de la région.

– Et si vous voulez approfondir le sujet, consultez *Le Guide Vert Les Thématiques* **La France des Vignobles**.

ORGANISER SON VOYAGE

À FAIRE ET À VOIR

Les activités et loisirs de A à Z

Pour plus de détails sur les activités et loisirs en région Franche-Comté, contactez le comité régional, les comités départementaux de tourisme et autres structures touristiques *(coordonnées p. 24)* qui disposent de toutes sortes de brochures thématiques relevant de leur secteur géographique, et qui répondront volontiers à vos questions.

Dans les **encadrés pratiques** des villes ou sites de ce guide, les rubriques « Visite » et « Sports & Loisirs » proposent également des adresses de prestataires. N'hésitez pas à les consulter.

Bois près de Malbuisson.

NATURE ET ENVIRONNEMENT

Pour vivre en harmonie avec la nature, vous pouvez difficilement tomber mieux qu'en Franche-Comté. Outre les nombreuses activités sportives que vous pouvez y pratiquer, prenez le temps de contempler la nature, de vivre à son rythme, de découvrir ses trésors au cours de passionnantes balades. Voici quelques adresses privilégiées pour faciliter votre choix.

Activités et sorties-découvertes

Parc naturel régional du Haut-Jura – Maison du parc du Haut-Jura - 39310 Lajoux - ✆ 03 84 34 12 30 - www.parc-haut-jura.fr. Renseignements sur les possibilités de randonnées, activités et découvertes, et sur le parc en général : habitat, économie, terroir, etc.

Parc naturel régional des Ballons des Vosges – 1 cour de l'Abbaye - 68140 Munster - ✆ 03 89 77 90 34 - www.info@parc-ballons-vosges.fr - de déb. juin à mi-sept. : tlj sf lun. 10h-12h, 14h-18h ; reste de l'année : tlj sf w.-end 14h-18h ; vac. scol. : tlj sf w.-end 10h-12h, 14h-18h - fermé 1er-15 janv. La Maison du Parc se révèle un lieu de visite incontournable : sur plus de 600 m², expositions permanentes ou temporaires dédiées à la montagne vosgienne. Conférences, animations, espace boutique, accueil et information toute l'année.

Maison de la nature des Vosges saônoises – Ancienne école de Belmont - 70440 Le Haut-du-Them - ✆ 03 84 63 89 41. Cette association organise des sorties-nature à thème, seul ou accompagné par un guide.

Centre permanent d'initiatives pour l'environnement du Haut-Jura (CPIE) – 1 Grande-Rue - 39170 St-Lupicin - ✆ 03 84 42 85 96. Visites guidées dans le Parc naturel régional du Haut-Jura ou dans le Haut-Jura.

Conservatoires

Maison régionale de l'environnement – 15 r. de l'Industrie - 25000 Besançon - ✆ 03 81 80 92 98 - www.mre-fcomte.fr. Dédié à la protection et la gestion des milieux naturels régionaux les plus menacés, l'Espace naturel comtois (ENC) met à la disposition du public, sur son site Internet, un agenda d'animations et expositions relatives à l'environnement : sorties-découvertes, conférences, etc. Il dispose également d'un centre de documentation ouvert à tous (lun.-vend. 10h-12h, 14h-17h). Ouvrages, revues, brochures… tournent autour de thématiques telles que la faune, la flore, l'aménagement du territoire.

Conservatoire botanique de Franche-Comté – Porte Rivotte - 25000 Besançon - ✆ 03 81 83 03 58 - http://conservatoire-botanique-fc.org. Leur site contient toutes sortes de documents et rapports en ligne sur la flore et les habitats naturels et semi-naturels de Franche-Comté. On y trouve aussi des liens utiles vers des associations régionales de connaissance et de protection de la nature.

À FAIRE ET À VOIR

Forêts

La Franche-Comté compte 36 forêts domaniales, réparties sur quelque 39 000 ha. Pour tout savoir sur la préservation du patrimoine forestier, la flore et la faune forestières ou l'accueil du public en forêt, une adresse à retenir :

Office national des forêts (ONF) – Direction territoriale Franche-Comté - 14 r. Plançon - BP 329 - 25017 Besançon Cedex - ✆ 03 81 65 75 80 - www.onf.fr. Coordonnées des agences de Haute-Saône, du Doubs et du Jura sur le site.

Jardins

Le **Comité des parcs et jardins de France** – 168 r. de Grenelle - 75007 Paris ✆ 01 53 85 40 40 - www.parcsetjardins.fr - recense tous les jardins et parcs du pays régulièrement ouverts au public et les classe par région. Vous découvrirez la liste des 15 jardins francs-comtois répertoriés en visitant leur site.

👁 Parmi ces derniers, 4 sites ont reçu le label **Jardin remarquable** attribué chaque année par le ministère de la Culture aux parcs et jardins qui se distinguent par leur qualité. Il s'agit du parc du château d'Arlay *(p. 118)*, du jardin « à la Faulx » de Dole, du parc de l'étang, à Battrans, et de la roseraie du Châtelet à Anjoutey *(p. 136)*.

PÊCHE

Paradis des pêcheurs, la Franche-Comté compte quelque 5 500 km de rivières dont certaines, comme la Loue, le Doubs, le Dessoubre, l'Ognon ou le Lison se sont vues attribuer le label des **Plus belles rivières de France** pour la qualité et pureté de leurs eaux.

La région possède et entretient plus de 2 000 km de rivières de 1re catégorie (salmonidés dominants) et se place donc aux premières places pour la pêche à la truite ou à l'ombre. Tanches,

Rivières à truites

– **Ain** en amont du barrage de Vouglans *(carte n° 321 plis E et F, au nord-est de Thoirette)* – **Bienne** *(carte n° 321 plis E et F, au sud-ouest de Morez)* – **Brenne** en amont du pont du Baudin *(carte n° 321 plis 5 et 6, au sud-ouest de Poligny)* – **Cuisance** *(carte n° 321 pli 5, au nord et au sud de Salins-les-Bains)* – **Dessoubre** *(carte n° 321 plis J et K, près de Saint-Hippolyte)* – **Doubs** *(carte n° 321 plis K, L, M)* – **Lison** *(carte n° 321 pli 5, au nord-est de Salins-les-Bains)* – **Loue** *(carte n° 321 plis 4 et 5, à l'ouest de Mouthier-Haute-Pierre)* – **Seille** en amont de Voiteur *(carte n° 321 pli 6, au nord de Lons-le-Saunier)* – **Sorne** *(carte n° 321 pli 7, au sud de Lons-le-Saunier)* – **Suran** *(cartes n°s 321 pli C et 328 pli F, au nord et au sud de Montfleur)* – **Tacon et Lizon** *(carte n° 321 plis E et F, près de Saint-Claude)* – **Valouse** à l'exclusion du lac de Cize-Bolozon *(carte n° 321 pli C, au nord de Thoirette)* – **Valserine** *(carte n° 328 plis 2, 3 et 4, au nord de Bellegarde-sur-Valserine)*.

truites, perches et brochets figurent parmi les espèces dominantes, mais on trouve aussi des carpes, des brèmes et des féras en assez grand nombre.

👁 **Bon à savoir** – Quel que soit l'endroit choisi, il convient d'observer la réglementation nationale et locale (les eaux de 1re catégorie sont autorisées de mars à septembre, celles de 2e catégorie toute l'année ; les périodes particulières de pêche pour chaque espèce sont fixées par arrêté préfectoral), de s'affilier pour l'année en cours dans le département de son choix à une association de pêche et de pisciculture agréée, d'acquitter les taxes afférentes au mode de pêche pratiqué ou éventuellement d'acheter une carte journalière.

Adresses utiles

Conseil supérieur de la pêche – Immeuble Le Péricentre - 16 av. Louison-Bobet - 94132 Fontenay-sous-Bois Cedex - ✆ 01 45 14 36 00.

Union nationale pour la pêche en France – 17 r. Bergère - 75009 Paris - ✆ 01 48 24 96 00 - www.unpf.fr. Son site contient les coordonnées des fédérations départementales de pêche et de protection du milieu aquatique.

Maison nationale de l'eau et de la pêche – 36 r. St-Laurent - 25290 Ornans - ✆ 03 81 57 14 49 - visite guidée sur demande avr.-sept. : 10h-12h, 14h-18h ; oct. tlj sf w.-end et j. fériés 9h-12h, 14h-17h30 (vend. 16h30) - fermé nov.-mars - 3,80 €.

M. Paygnard / MICHELIN

ORGANISER SON VOYAGE

Il s'agit non seulement d'un centre d'animations et d'expositions, mais aussi d'un centre national de formation sur l'entretien des rivières et pour les guides de pêche, nombreux en Franche-Comté. Les pêcheurs désirant séjourner dans la région y trouveront également toutes sortes d'informations utiles.

RANDONNÉE CYCLISTE

Sur les routes

La Franche-Comté offre aux amoureux de la petite reine un réseau secondaire pittoresque. La variété des reliefs leur permettra d'adapter leur parcours en fonction du niveau de difficulté souhaité et du temps dont ils disposent.

Notez que la Franche-Comté participe activement à la concrétisation du projet d'**Eurovéloroute des fleuves**, qui joindra à terme Nantes à Budapest. À horizon 2008, la région devrait être en mesure de proposer quelque 250 km de voies vertes à l'abri de la circulation, pour le plus grand plaisir des cyclistes.

Bon à savoir – Le Comité régional du tourisme de Franche-Comté édite chaque année une brochure : *Randonnées et itinérance en Franche-Comté*. Celle-ci contient plusieurs idées d'itinéraires pour le cyclotourisme et toutes sortes de renseignements pratiques à l'attention des cyclistes.

VTT

Avec en tout 169 circuits, soit plus de 3 500 km de pistes, la Franche-Comté est le paradis des amateurs de VTT, les reliefs de la région offrant des terrains privilégiés pour la pratique du vélo tout terrain. Le site le plus célèbre est incontestablement celui de **Métabief**, qui accueille les championnats du monde, d'Europe et de France de la discipline.

Comment ne pas mentionner ici la **Grande Traversée du Jura** (GTJ) ? Cette classique de la randonnée itinérante à VTT *(voir aussi p. 46)* se pratique de mai à octobre, selon l'enneigement. Elle offre une superbe échappée de 380 km de Montbéliard dans le Doubs jusqu'à Hauteville-Lompnes dans l'Ain, à travers les paysages de gorges, de prairies et de lacs des montagnes du Jura. Mise en place en 2006, la variante cyclotouriste de la GTJ (360 km de Montbéliard à Culoz dans l'Ain, en passant par Goumois, Morteau, Pontarlier, Mouthe, Morez, Mijoux et Bellegarde-sur-Valserine) est découpée en 10 tronçons de 35 km environ, que vous pourrez, si vous le souhaitez, combiner dans leur intégralité.

La région voit également courir sur son sol plusieurs courses cyclistes, dont la célèbre **Forestière** en septembre. Chaque année à cette période, les sentiers et les prairies du Haut-Jura sont pris d'assaut par environ 4 000 vététistes participant à cette course de VTT longue distance regroupant plusieurs épreuves de courses. La Forestière a la particularité de s'adresser aussi bien aux amateurs qu'aux meilleurs mondiaux. Renseignements : 04 74 77 20 98 - www.la-forestiere.asso.fr.

Label VTT/FFC

Certains sites de VTT bénéficient du label délivré par la Fédération française de cyclisme. Ils vous garantissent que vous y trouverez au minimum 100 km de sentiers balisés, une classification des circuits en 4 niveaux de difficulté, un point d'accueil, un point de lavage, un outillage pour les petites réparations et des documents d'information (panoramique des circuits, carte d'itinéraires).

Pour plus de détails, consultez les fiches des sites VTT de Franche-Comté sur **www.sitesvtt.com**.

Adresses utiles

Fédération française de cyclotourisme – 12 r. Louis-Bertrand - 94207 Ivry-sur-Seine Cedex - 01 56 20 88 88 - www.ffct.org.

Ligue de cyclotourisme de Franche-Comté (FFCT) – Président de ligue : Jean-Philippe Debruyne - 14 r. de la Pépinière - 70000 Vesoul - 03 84 76 75 53 ou 06 73 76 14 16.

Fédération française de cyclisme – 5 r. de Rome - 93561 Rosny-sous-Bois Cedex - 01 49 35 69 24 - www.ffc.fr. La Fédération propose 46 000 km de sentiers balisés pour la pratique du VTT, répertoriés dans un guide annuel gratuit.

Comité régional de cyclisme de Franche-Comté – Maison régionale des sports - 3 av. des Montboucons - 25000 Besançon - 03 81 52 17 13 - www.franchecomtecyclisme.fr.

Le Guide Vert

Dans la même collection, découvrez aussi :

France
- Alpes du Nord
- Alpes du Sud
- Alsace Lorraine
- Aquitaine
- Auvergne
- Bourgogne
- Bretagne
- Champagne Ardenne
- Châteaux de la Loire
- Corse
- Côte d'Azur
- France
- Franche-Comté Jura
- Île-de-France
- Languedoc Roussillon
- Limousin Berry
- Lyon Drôme Ardèche
- Midi-Pyrénées
- Nord Pas-de-Calais Picardie
- Normandie Cotentin
- Normandie Vallée de la Seine
- Paris
- Pays Basque et Navarre
- Périgord Quercy
- Poitou Charentes Vendée
- Provence

Europe
- Allemagne
- Amsterdam
- Andalousie
- Autriche
- Barcelone et la Catalogne
- Belgique Luxembourg
- Berlin
- Bruxelles
- Budapest et la Hongrie
- Bulgarie
- Croatie
- Écosse
- Espagne
- Florence et la Toscane
- Grande Bretagne
- Grèce
- Hollande
- Irlande
- Italie
- Londres
- Moscou Saint-Pétersbourg
- Pologne
- Portugal
- Prague
- Rome
- Scandinavie
- Sicile
- Suisse
- Venise
- Vienne

Thématiques
- La France sauvage
- Les plus belles îles du littoral français
- Paris Enfants
- Promenades à Paris
- Week-ends aux environs de Paris
- Week-ends dans les vignobles
- Week-ends en Provence

Monde
- Canada
- Égypte
- Maroc
- New York

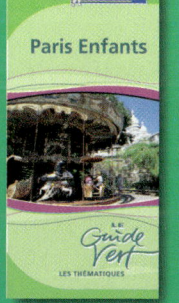

Photos : Corel/Goodshoot

ORGANISER SON VOYAGE

RANDONNÉE ÉQUESTRE

La Franche-Comté compte environ 3 000 km de pistes réservées aux cavaliers. Le cheval se révèle un compagnon idéal pour découvrir les curiosités naturelles de la région. Les centres équestres y sont nombreux : ils proposent des stages, des séjours, des promenades et randonnées pour débutants ou cavaliers confirmés…

C. Michel / CDT Jura

Bon à savoir – Nous proposons quelques adresses de centres équestres dans les encadrés pratiques de ce guide, à la rubrique « Sports & Loisirs ». Nous privilégions dans notre choix des structures qui accueillent les cavaliers débutants et organisent des petites balades.

Adresses utiles

Comité national de tourisme équestre – 9 bd Macdonald - 75019 Paris - 01 53 26 15 50 - www.ffe.com. Le comité édite une brochure annuelle, *Cheval nature*, l'officiel du tourisme équestre, répertoriant les possibilités en équitation de loisirs et les hébergements accueillant cavaliers et chevaux.

Comité régional d'équitation de Franche-Comté – 52 r. de Dole - 25000 Besançon - 06 81 23 35 59. Il regroupe toutes les informations sur la région : clubs, stages, compétitions.

Les **comités départementaux de tourisme équestre** peuvent également fournir la liste des centres équestres du département, avec leurs différentes activités, gîtes et relais, randonnées de 2 à 8 jours.

Territoire de Belfort – Ferdinand Ziegler - La Madeleine - Cedex 14 Les Errues - 03 84 23 04 90 ou 06 20 17 25 39.

Doubs – M. Patrick David - Les Attelages des deux lacs - 109 r. Grangettes - 25160 Malpas - 03 81 69 68 69 - attelages.2lacs@wanadoo.fr.

Haute-Saône – Pascal Chatriot - Écurie de la Borde - 70100 Bouhans-et-Feurg - 03 84 32 31 98.

Jura du Grand Huit – 8 r. Louis-Rousseau - BP 458 - 39006 Lons-le-Saunier Cedex - 03 84 87 08 88 - www.jura-tourism.com.

RANDONNÉE PÉDESTRE

Avec plus de 7 000 km de sentiers pédestres balisés, la Franche-Comté constitue une terre de prédilection pour les marcheurs. La randonnée se pratique partout : sur les hauts plateaux du Jura, au bord des lacs, dans la région des Mille Étangs, sur les crêtes, en forêt… À vous de choisir l'environnement où vous souhaitez vous balader pour découvrir, à votre rythme, seul ou accompagné, les beaux paysages d'une nature préservée.

Les sentiers

De nombreux sentiers de **grande randonnée (GR)**, balisés de traits horizontaux rouges et blancs, sillonnent la Franche-Comté. Deux sentiers la traversent du nord au sud : le **GR 5**, qui longe la frontière suisse, et le **GR 59**, qui suit la bordure occidentale. Deux autres sillonnent le Doubs : le **GR 590**, circuit qui unit les vallées de la Loue et du Lison au départ d'Ornans, et le **GR 595**, qui relie le GR 59 et le GR 5, de Montfaucon (près de Besançon) à Maison-du-Bois (près de Pontarlier). Le **GR 559** traverse le Jura de Lons-le-Saunier aux Rousses en passant par Ilay et Bonlieu. Le **GR 9**, qui traverse le Jura d'ouest en est de Saint-Amour aux Rousses, descend ensuite vers le sud. Les GR 5 et GR 9 sont des itinéraires empruntés

À faire

– Suivre le GR 5 de **Pontarlier** au **lac Léman** en passant par la « petite Sibérie », qui offre toute la splendeur des paysages frontaliers.

– Découvrir les curiosités autour de **Saint-Claude** sur un circuit itinérant de 2 à 7 jours qui permet d'apprécier tourbières, crêts, combes, sources et gorges.

– Emprunter sur 160 km le chemin de découverte de la **Bresse comtoise**.

– Parcourir à pied les pistes de la **Grande Traversée du Jura** *(voir p. 46)*.

À FAIRE ET À VOIR

par la Grande Traversée du Jura (GTJ) qui, pour les marcheurs, fait plus de 400 km.

Il existe également des **GR de pays**, balisés en jaune et rouge : les châteaux et villages de Haute-Saône, autour de Vesoul ; le pays de Montbéliard ; le pays de Nozeroy ; le tour de Besançon se greffant sur le GR 59 ; le massif de la Serre au nord de Dole ; le tour du lac de Vouglans ; le tour du Valromey ; la vallée de l'Ain ; le tour de la Petite Montagne ; le tour de la Haute-Bienne ; le tour du Haut-Jura sud ; le tour de la Bresse comtoise.

Adresses utiles

Fédération française de randonnée pédestre – 14 r. Riquet - 75019 Paris - 01 44 89 93 93 - www.ffrandonnee.fr. La Fédération donne le tracé détaillé des GR, GRP et PR à travers ses collections de topoguides ainsi que d'utiles conseils.

Stéphane Sauvignier / MICHELIN

Comités départementaux de randonnée pédestre

Ain – 34 r. du Gal-Delestraint - BP 78 - 01002 Bourg-en-Bresse - 04 74 32 38 67.

Doubs – 17 r. de Montfaucon - 25660 Morre - 03 81 82 33 56.

Haute-Saône – R. de la Corvée - 70000 Andelarrot - 03 84 75 42 79.

Jura – R. Buissonnière - 39240 Saint-Hymetière - 03 84 48 57 44.

Territoire de Belfort – R. des Clarines - 90350 Evette-Salbert - 03 84 26 01 76.

ROUTES HISTORIQUES

Pour découvrir le patrimoine architectural local, la **Fédération nationale des routes historiques** - www.routes-historiques.com - a élaboré une vingtaine d'itinéraires à thème. Tracés et dépliants sont disponibles auprès des offices de tourisme concernés ou à La Demeure historique (hôtel de Nesmond) - 57 quai de la Tournelle - 75005 Paris - 01 55 42 60 00 - www.demeure-historique.org. La région couverte par ce guide est parcourue par la route historique suivante :

Route historique des monts et merveilles de Franche-Comté

Association des monts et merveilles de Franche-Comté – Château de Belvoir - 25430 Belvoir - s'adresser à M. Jouffroy - BP 233 - 25204 Montbéliard Cedex - 03 81 91 45 35/45 12. Cette route vous fera partir à la découverte du patrimoine culturel et industriel franc-comtois, avec au programme les sites suivants : châteaux d'Arlay, Belvoir, Oricourt, Filain, Joux, Montbéliard, Champlitte, du Pin, Bougey, Saint-Loup, Nantouard et Syam, Vaire-le-Grand, Saline royale d'Arc-et-Senans, abbaye de Montbenoît et prieuré de Morey. Le musée de l'Aventure Peugeot fait également partie de cet itinéraire.

ROUTES TOURISTIQUES

Route des Vins du Jura

Comité interprofessionnel des vins du Jura – Château Pécauld - BP 41 - 39602 Arbois Cedex - 03 84 66 24 14 - www.laroutedesvinsdujura.com. Tout au long de ses 80 km, la route sillonne les zones viticoles du Jura et les petites cités comtoises de caractère, à la rencontre de saveurs particulières, des richesses historiques et des sites classés de la région. Elle offre aux amateurs de vins des saveurs inédites, aux arômes fruités, aux parfums de sous-bois, qui laissent en bouche des goûts de noix et de comté, et propose toute l'année des rendez-vous gourmands, des visites de vignes et des fêtes viticoles. Une carte détaillée présente l'ensemble des villages à découvrir, et un guide recense les adresses des vignerons qui proposent des dégustations et des visites de caves, ainsi que des bonnes adresses pour manger et dormir.

Route du Comté

Cet itinéraire traverse la Franche-Comté de Saint-Hippolyte à l'extrémité sud du Jura, en longeant le Dessoubre, le Doubs et l'Ain. Le savoureux et célèbre comté reste un lien très fort dans le massif jurassien, qu'il

a profondément marqué. La zone AOC est le théâtre de nombreuses intiatives qui complètent la découverte touristique de la région : accueil à la ferme, visites de fruitières et de caves d'affinage, rencontres avec des gens du pays passionnés. Toute cette offre est détaillée dans le guide annuel (gratuit) des *Routes du comté*.
Renseignements : Maison du comté - 39800 Poligny - ✆ 03 84 37 23 51 - www.lesroutesducomte.com.

Route des Lacs

Cet itinéraire de 150 km relie les différents lacs jurassiens. Il propose aussi la découverte des cascades du Hérisson, de saut de la Saisse (à Pont-de-Poitte), de la fruitière à comté 1900 (à Thoiria) ou encore de la ferme de l'Aurochs (près de Doucier). La route passe par 20 lacs, 10 cascades et 15 belvédères, tout en faisant découvrir à qui la parcourt, des musées, la gastronomie jurassienne et l'artisanat local.
Renseignements : office du tourisme du Pays des lacs - 36 Grande-Rue - 39139 Clairvaux-les-Lacs - ✆ 03 84 25 27 47.

Route des Sapins

Elle relie la ville de Levier à celle de Champagnole et permet de rouler au cœur des plus belles futaies résineuses de Franche-Comté. Longue de 50 km, elle traverse 10 000 ha de forêts des massifs de Levier, de la Joux et de Chapois, qui sont les sapinières les plus prestigieuses d'Europe par la dimension de leurs arbres, certains sapins mesurant plus de 45 m de hauteur et plus d'un mètre de diamètre ! Cette route relie également les deux zones touristiques que sont la vallée de la Loue et la vallée de l'Ain.
Renseignements : office du tourisme Jura Monts-Rivières (bureau de Champagnole) - ✆ 03 84 52 43 67 ou ✆ 03 84 51 19 15 (bureau de Nozeroy) ou ✆ 03 84 51 93 11 (bureau de Foncine-le-Haut).

Route des Mille Étangs

À travers le cheminement de cette route (61 km) au cœur des Vosges saônoises, vous voilà parti à la découverte d'un paysage façonné par l'homme. Les constructions qui la jalonnent sont autant de témoignages du passé et du présent de cette région. Mais c'est l'eau, tantôt maudite pour son omniprésence et les difficultés à la maîtriser, tantôt bénie pour les ressources piscicoles et l'énergie qu'elle procure, qui marque davantage le plateau des Mille Étangs. Le livret-guide de la route des Mille Étangs vous apportera toutes les explications pour déchiffrer le patrimoine culturel des 14 points d'arrêt du circuit.
Renseignements : Parc régional des Ballons des Vosges - Maison du parc - 1 cour de l'Abbaye - 68140 Munster - ✆ 03 89 77 90 20 ou 03 84 20 49 84 (antenne Haute-Saône) - www.parc-ballons-vosges.fr.

Route des Retables

Élément majeur du discours théologique face au protestantisme et dans le cadre de la réforme initiée par le concile de Trente, l'Église catholique de Franche-Comté, au cours des 17e et surtout 18e s., a encouragé la construction de mobiliers fastueux dont le retable est l'élément majeur. La *Haute-Saône des retables* présente plus de 80 d'entre eux.
Renseignements : SEM Destination 70 - BP 57 - 70001 Vesoul Cedex - ✆ 03 84 97 10 70 - http://hautesaoneretables.free.fr.

Route Pasteur

Vous saurez tout sur la vie de ce célèbre homme de sciences, à condition toutefois de vous rendre dans les étapes obligées de ce parcours, que sont Dole, Arbois et Salins-les-Bains. L'itinéraire passe également à Aiglepierre (école de Pasteur), Marnay (expérience sur la génération spontanée) et Villers Farlay (vaccination contre la rage).
Renseignements : office de tourisme - pl. Grévy - 39100 Dole - ✆ 03 84 7211 22 ; office de tourisme - Hôtel-de-Ville - 39600 Arbois - ✆ 03 84 66 55 50 ; office de tourisme - pl. des Salines - 39110 Salins - ✆ 03 84 73 01 34.

À FAIRE ET À VOIR

Route des Abolitions de l'esclavage

La Franche-Comté, l'Alsace et la Lorraine se sont associées pour créer cette route dont l'un des buts est de faire découvrir les grandes figures qui ont marqué le combat contre l'esclavage. Cet itinéraire culturel débute en Haute-Saône, avec la Maison de la négritude à Champagney, et mène notamment les visiteurs jusqu'au château de Joux où Toussaint Louverture, précurseur de l'abolition de l'esclavage, fut emprisonné.
Renseignements : office de tourisme - 14 bis rue de la Gare - 25300 Pontarlier - ℘ 03 81 69 47 95.

Route des Techniques et Cultures comtoises

Ce circuit vous propose de découvrir le patrimoine artisanal et industriel franc-comtois à travers 11 musées (voir encadré p. 51). Un autre circuit, le **circuit franco-suisse des cultures et techniques**, relie notamment ces musées à leurs homologues suisses, et regroupe au total 25 musées et expositions.
Renseignements : Anciennes salines - 39110 Salins-les-Bains - ℘ 03 84 73 22 04.

Route horlogère franco-suisse

Ce circuit, qui relie Besançon à Neuchâtel en passant par Morteau, La Chaux-de-Fonds ou encore Pontarlier, fait découvrir des régions touristiques témoignant de la traditionnelle activité horlogère au travers des villes, des musées, de l'industrie.
Renseignements : office de tourisme - 2 place 1re-Armée-Française - 25000 Besançon - ℘ 03 81 80 92 55.

Route des Petites Cités comtoises de caractère

Certains villages francs-comtois ont un charme indéniable. Alors pourquoi ne pas tous les visiter ? Cet itinéraire est là pour vous faire découvrir ces 23 cités comtoises de caractère. Artisanat, architecture, spécialités gastronomiques de ces villages n'auront plus de secret pour vous.
Renseignements : association des Petites Cités comtoises de caractère - ℘ 03 81 25 08 08.

Route des Villages fleuris

La Haute-Saône et le territoire de Belfort aiment les fleurs et vous le font savoir. Cette route sera l'occasion pour vous de découvrir des hameaux typiques, avec leurs fontaines, leurs lavoirs et leurs maisons pleines de cachet. Le parcours passe notamment par Lure, la chapelle de Ronchamp, la Maison de la négritude et d'autres musées de Haute-Saône.
Renseignements : office de tourisme de la région de Lure - ℘ 03 84 62 80 52.

Route des Artisans

Vous partirez à la rencontre d'horlogers, de lunetiers, de lapidaires jurassiens qui vous ouvrent leur porte, et grâce à divers musées et maisons thématiques, vous découvrirez les origines de ces traditions artisanales.
Renseignements : Chambre des métiers du Jura - 17 r. Jules Bury - 39000 Lons-le-Saunier - ℘ 03 84 35 87 00.

Circuit Schickhardt

Du nom de cet architecte surnommé le « Léonard souabe », bien connu à Montbéliard pour être à l'origine de l'urbanisation de la ville, cet itinéraire européen relie Montbéliard à l'Alsace en passant par le Wurtemberg.
Renseignements : office de tourisme - 1 r. Henri-Mouhot - 25200 Montbéliard - ℘ 03 81 94 45 60.

Alain Cassaigne / MICHELIN

SKI ET AUTRES SPORTS D'HIVER

Ski de fond

Par la diversité de son relief, son altitude moyenne, le massif du Jura est un véritable paradis pour la pratique du ski de fond ou ski nordique. Ses grands espaces offrent quelque 3 000 km de pistes balisées et entretenues régulièrement. On ne compte plus les petits centres, concentrés pour la plupart au sud-est de la région, entre Morteau et Bellegarde-sur-Valserine.

ORGANISER SON VOYAGE

Les domaines les plus connus se répartissent entre la **vallée de la Valserine** (La Vattay), le **val de Mouthe**, les **Monts Jura**, la station des **Rousses** et celle de **Métabief-Mont d'Or**. Les nombreux pratiquants se retrouvent régulièrement dans de grandes manifestations, dont la célèbre Transjurassienne.

La Transjurassienne

Créée en 1979, cette course de ski de fond de longue distance, la seconde plus longue au monde, se déroule chaque année à la mi-février. Reliant **Lamoura** (Jura) à **Mouthe** (Doubs) en passant par la **Suisse**, et longue de 76 km, elle représente un événement majeur pour le ski de fond français. En effet, c'est la seule épreuve à intégrer le classement de la **Worldloppet**, circuit international des courses de longues distances. En marge de cette épreuve qui regroupe les meilleurs fondeurs mondiaux, se déroulent la **Mini-Trans**, ouverte à tous et sur des distances plus courtes, la **Transju' Classic** qui relie Chapelle-des-Bois à Mouthe, et la **Transjeune**, qui réunit les fondeurs en herbe de 5 à 19 ans. La **Trans'Raquette**, quant à elle, est une promenade conviviale pour découvrir le massif jurassien au départ de Mouthe. Renseignements : Trans'Organisation - espace Lamartine - BP 20126 - 39404 Morez Cedex - ☎ 03 84 33 45 13 - www.transjurassienne.com.

Grande Traversée du Jura (GTJ) - Piste de ski de randonnée nordique de plus de 200 km balisés, qui traverse plusieurs départements en longeant les courbes du Haut-Doubs à travers les forêts du Risoux, du Mont-Noir et du Massacre, jusque sur les plateaux du sud du Jura.

Le Centre national de ski nordique se trouve à Prémanon, près des Rousses. Pour connaître les secteurs où se pratiquent les activités nordiques (ski de fond, raquettes, traîneaux à chiens) sur le massif du Jura, ainsi que pour obtenir de la documentation sur les randonnées et séjours, s'adresser à Espace nordique jurassien - BP 132 - 39304 Champagnole Cedex - ☎ 03 84 52 58 10 - www.chez.com/juranordic (téléchargement du plan des pistes du secteur de votre choix).

Ceux qui parcourent les pistes de la Grande Traversée du Jura (GTJ) à VTT ou à pied peuvent profiter d'un service d'organisation tout compris avec ou sans accompagnateur (réservation, 1/2 pension, transport de sacs, rapatriement, topoguides et cartes). S'adresser à Jura Randonnées - 39370 La Pesse - ☎ 03 84 42 73 17 - www.jura-rando.com.

Ski de piste

La Franche-Comté ne peut rivaliser avec les équipements, les dénivelés et l'enneigement des stations alpines… pas plus qu'avec leurs files d'attente ! Les trois stations du Jura (Les Rousses, Métabief-Mont d'Or, Monts Jura) se développent en proposant des activités variées et des installations de qualité, dont de nombreux canons à neige qui complètent un enneigement parfois irrégulier.

Fédération française de Ski – BP 2451 - 50 r. des Marquisats - 74011 Annecy - ☎ 04 50 51 40 34 - www.ffs.fr.

Association des stations françaises de sports d'hiver-Ski France – L'association publie un guide d'hiver et un guide d'été gratuits disponibles sur demande : 9 r. de Madrid - 75008 Paris - ☎ 01 47 42 23 32 - www.skifrance.fr.

Raquettes

Terre d'élection des fondeurs, le massif jurassien est également très prisé par les randonneurs en raquettes. Ce loisir en pleine expansion permet un total dépaysement sans nécessiter une technique particulière ou une forme olympique. Pour profiter au maximum des sorties, il est conseillé de partir avec un accompagnateur qui connaît bien la région ; les offices de tourisme des stations proposent très souvent, à prix modiques, des sorties encadrées par des moniteurs de l'École du ski français.

Fédération française de la montagne et de l'escalade – 8-10 quai de la Marne - 75019 Paris - ☎ 01 40 18 75 50 - www.ffme.fr. Renseignements sur les disciplines suivantes : alpinisme et escalade, mais aussi raquettes, canyonisme, rando-raid, ski de montagne, cascade de glace, via ferrata, escalade arbre.

Traîneaux à chiens

Les courses de traîneaux à chiens ont fait leur apparition en France en 1979, avec la création du premier club de pulkas et traîneaux à chiens. Depuis, ce sport connaît un véritable engouement. En Franche-Comté, des courses sont par exemple organisées à La Pesse (Jura) et aux Fourgs (Doubs).

À FAIRE ET À VOIR

Les amoureux de la nature en général, et des chiens en particulier, ne manqueront pas de trouver leur bonheur autour des stations de la région. Des randonnées pour les débutants ou les spécialistes sont proposées.

Parmi les chiens nordiques, on distingue quatre races : le **husky** de Sibérie, le plus rapide et le plus répandu, le **malamute** d'Alaska, le plus gros et le plus puissant, le **groenlandais** ou chien esquimau, proche du loup, et le **samoyède** reconnaissable à son épaisse fourrure blanche. Chaque race présente, outre sa beauté spécifique, des caractéristiques de puissance ou de rapidité qui permettent au propriétaire de l'entraîner pour la randonnée ou la course. Soit le conducteur, ou « musher », se tient en équilibre à l'arrière d'un traîneau tiré par plusieurs chiens, soit il accompagne à skis de fond ; dans ce cas-là une corde le relie à son chien qui est attelé à une **pulka**, sorte de luge scandinave.

Pour plus de renseignements sur ce sport (activités, épreuves organisées), consultez le site de la **Fédération française de pulka et traîneau à chiens** (FFPTC) sur www.ffstraineau.com.

Télémark

Ce sport à la mode dans les différentes stations de sports d'hiver repose sur la technique ancestrale du ski alpin. La descente se fait avec le talon libre, ce qui permet de plier les genoux tout en restant à la verticale, et donc d'effectuer des virages harmonieux. Le matériel diffère de celui utilisé pour le ski alpin classique. Même s'il existe des skis spécialement conçus pour ce sport, il est toutefois possible de monter des fixations de télémark sur d'anciens skis alpins. Le télémark revient en force dans les stations, et pourrait même devenir sport olympique en 2010.

Association française de télémark – FFS - 50 r. des Marquisats - BP 2451 - 74011 Annecy - ✆ 04 50 51 40 34 - www.ffs.fr.

Ski joering

Si vous aimez les chevaux et le ski, ce sport est fait pour vous. Il s'agit de se laisser tracter par le cheval et de glisser sur la neige. Au départ, cette activité était pratiquée par les paysans pour se déplacer. La modernité a fait disparaître l'utilité des chevaux pendant l'hiver. Ce n'est que depuis une dizaine d'années que cette pratique du ski réapparaît, pour le plus grand plaisir des enfants.

Snowkite

C'est le pendant hivernal au kitesurf pratiqué en été. Il suffit de vous laisser tirer par un cerf-volant et de glisser avec les skis. Dans le Jura, on pratique cette activité sur les lacs gelés. Les skis utilisés sont les mêmes que pour le ski de descente. Il est d'ailleurs fortement conseillé de bien savoir skier avant de se lancer dans cette discipline.

SPORTS AQUATIQUES

Situés à une altitude moyenne généralement très agréable en été, les **lacs** et **plans d'eau** de la région permettent la baignade, mais aussi la pratique de la planche à voile, du ski nautique, de la pêche, de la marche à pied le long de leurs berges… La Franche-Comté est jalonnée d'innombrables plans d'eau, principalement dans la région des lacs et le plateau des Mille Étangs. Le tableau *p. 48* répertorie quelques-uns d'entre eux en mentionnant les principaux types de loisirs offerts.

Dotée de multiples **cours d'eau**, la Franche-Comté a également de quoi ravir les amateurs de glisse et de sports d'eau vive, qui connaissent actuellement un succès croissant, mais aussi ceux à la recherche d'activités plus calmes.

Canoë-kayak

D'origine canadienne, le **canoë** se manie avec une pagaie simple. C'est l'embarcation pour la promenade fluviale en famille, à la journée, en rayonnant au départ d'une base ou en randonnée pour la découverte d'une vallée à son rythme.

D'origine esquimaude, le **kayak** est utilisé assis et se déplace avec une

A. Garnier / CRT Franche-Comté

ORGANISER SON VOYAGE

PLANS D'EAU	Dépt.	Superficie en ha	Baignade	Base nautique	Pêche
Abbaye (lac de l')	39	100			
Allement (barrage d')	01		≋	⛵	🐟
Barterand (lac de)	01	18	≋	⛵	🐟
Bonlieu (lac de)	39	22			
Chalain (lac de)	39	240	≋	⛵	🐟
Champagney (bassin de)	70	106		⛵	🐟
Clairvaux (grand lac de)	39	64	≋	⛵	🐟
Divonne-les-Bains (lac de)	01	45	≋	⛵	🐟
Étival (grand lac d')	39	17			🐟
Genin (lac)	01	8	≋		🐟
Ilay (lac d')	39	72	≋		🐟
Lamoura (lac de)	39	4	≋		🐟
Malsaucy (lac du)	90	66	≋	⛵	
Nantua (lac de)	01	141	≋	⛵	🐟
Narlay (lac de)	39	42			🐟
Rousses (lac des)	39	90	≋	⛵	🐟
Saint-Point (lac de)	25	450	≋	⛵	🐟
Sylans (lac de)	01	50			🐟
Val (lac du)	39	30			🐟
Vouglans (barrage de)	39	1650	≋	⛵	🐟

pagaie double. Les lacs et les parties basses des cours d'eau offrent un panel de niveaux de difficulté pour le pratiquer.

Les rivières comtoises se transforment, à l'automne ou à la fonte des neiges, en parcours sportifs, tandis que l'été en fait des voies d'eau idéales pour des randonnées nautiques encadrées. C'est en général la formule que les clubs préfèrent à la simple location, sauf sur le parcours très calme de l'Ain, en amont du lac de Vouglans.

Fédération française de canoë-kayak – 87 quai de la Marne - 94344 Joinville-le-Pont - 01 45 11 08 50 - www.ffcanoe.asso.fr.
La fédération édite un livre, *France canoë-kayak et sports d'eaux vives* et, avec le concours de l'IGN, une carte, *Les Rivières de France*, avec tous les cours d'eau praticables.

Comité régional de Franche-Comté – 3 av. des Montboucons - 25000 Besançon - 03 81 48 2919 - www.crck.org/franchecomte/

Pour savoir où pratiquer ce sport, vous pouvez aussi vous adresser aux **comités départementaux :**

Ain – Canoë-kayak 01 - 01500 Ambronay - 04 74 39 14 17 - www.canoe-kayak01.com.

Doubs – Actions Loisirs Eaux Vives - 8 r. des Cantons - 25400 Audincourt - 03 81 30 62 14 ou 06 10 16 38 29 - www.audincourt.ev.canoe.com.

Jura – M. Philippe Jacques - 14 r. de Miarle - 39100 Champvans - 03 84 82 65 71 - www.cdck39.org.

👁 **Bon à savoir** – Le *Canoë-kayak Magazine* édite un hors-série annuel intitulé *Mer et Vacances* - 1 r. des Rivières - CP 421 - 69338 Lyon Cedex 9 - 04 72 19 87 97 - www.canoekayakmagazine.com.

Canyoning

La technique du canyoning emprunte à la fois à la spéléologie, à la plongée et à l'escalade. Il s'agit de descendre, en rappel ou en saut, le lit de torrents dont on suivra le cours au fil des gorges étroites (cluses) et cascades.

À FAIRE ET À VOIR

Deux techniques de déplacement sont particulièrement utilisées : le **toboggan** (allongé sur le dos, bras croisés) pour glisser sur les dalles lisses et le **saut**, plus délicat, où l'élan du départ conditionne la bonne réception dans la vasque.

L'été est la saison la plus propice à la pratique de cette activité, car la température de l'eau est alors supportable et le débit des torrents moyen. Mais l'état de la météo reste toutefois déterminant pour toute sortie.

Similiaire au canyoning, la **randonnée aquatique** ne s'en différencie que par sa relative simplicité.

Fédération française de la montagne et de l'escalade – 8-10 quai de la Marne - 75019 Paris - ℘ 01 40 18 75 50 - www.ffme.fr.

THERMALISME ET REMISE EN FORME

Quoi de plus naturel, pour se ressourcer, qu'un séjour dans un pays verdoyant qui doit sa vitalité à l'omniprésence de l'eau sous toutes ses formes. Sources chaudes à **Luxeuil-les-Bains**, bicarbonatées à **Divonne-les-Bains**, salées à **Lons-le-Saunier** et **Salins-les-Bains**, elles avaient déjà été repérées au temps des Romains et sont à l'origine de quelques stations thermales très différentes et donc complémentaires.

Gilles Magnin / MICHELIN

Ces centres sont agréés pour des cures thermales, mais sont de plus en plus fréquentés pour des séjours de remise en forme : formules antistress, minceur…

Adresse utile

Union nationale des établissements thermaux – 1 r. Cels - 75014 Paris - ℘ 01 53 91 05 75 - www.france-thermale.org.

Divonne-les-Bains (01)

Avec ses eaux bicarbonatées, calciques et oligométalliques, les thermes de Divonne-les-Bains traitent des affections psychosomatiques. L'espace Valvital des thermes propose des séjours de remise en forme : vitalité, bien-être, minceur, antistress, tonique… ainsi que des activités à la carte, comme l'accès aux piscines, musculation, jacuzzi, sauna, yoga, UVA, espace santé, espace beauté.

Établissement thermal (voir p. 188) – 01220 Divonne-les-Bains - ℘ 04 50 20 05 70 - www.valvital.fr.

Lons-le-Saunier (39)

Les eaux Lédonia ont une forte teneur en sels et oligo-éléments (eaux chlorurées sodiques et magnésiennes). Les eaux salées permettent ici de soigner les rhumatismes, les séquelles ostéoarticulaires, ou encore l'arthrose. Chez les enfants, elles soignent l'énurésie, les troubles du développement, et troubles ORL. Les thermes dispensent également des cures thermales forfaits de remise en forme à la carte.

Établissement thermal (voir p. 239) – 39005 Lons-le-Saunier - ℘ 03 84 24 20 34 - www.valvital.fr.

Luxeuil-les-Bains (70)

Avec ses eaux hyperchlorurées (63 °C) (eaux chlorurées sodiques, légèrement silicieuses, alcalines sulfatées) et ses eaux froides (21 °C) (fluorées, magnésiennes et oligométalliques), le centre thermal soigne les problèmes de rhumatologie, de gynécologie et de phlébologie. Le centre d'aquathérapie, très moderne, est ouvert à tous pour des remises en forme et des séjours vitalité.

Établissement thermal (voir p. 242) – 70300 Luxeuil-les-Bains - ℘ 03 84 40 44 22 - www.luxeuil.fr.

Salins-les-Bains (39)

Les eaux chlorurées sodiques fortes, riches en oligo-éléments (potassium, magnésium, calcium) traitent des problèmes de rhumatologie, gynécologie et des troubles du développement de l'enfant. Le centre thermal propose des formules de remise en forme à la carte ou au forfait, à la demi-journée comme à la semaine. L'espace relaxation, ouvert à tous et sans réservation, comprend une piscine à l'eau salée, un sauna et un hammam.

Établissement thermal *(voir p. 346)* – 39110 Salins-les-Bains - ☎ 03 84 73 04 63 - www.thermes-salins.com.

TOURISME AÉRIEN

L'altitude offre un regard à la fois insolite et merveilleux sur la région. Un baptême de l'air ou un vol touristique peuvent être des occasions privilégiées pour découvrir les spectaculaires paysages de Franche-Comté et du Jura. Voici quelques adresses où l'on peut trouver plusieurs moyens de s'élever :

Vol libre

Le deltaplane se développe en Franche-Comté depuis 1975, et le parapente depuis 1986. Pour le parapente, le départ se fait, voile déployée, d'un site naturel en hauteur et l'évolution de la voilure rectangulaire utilise au mieux les courants ascensionnels qui traversent la vallée *(voir Les Rousses, Salins-les-Bains)*.

👁 **Bon à savoir** – Prévisions météo pour l'aviation ultra-légère (vol libre et vol à voile) : ☎ 0 892 681 014 (0,34 €/mn).

Aviation

Aéroclub de promotion de l'aviation comtoise – Domergue - aérodrome de Vèze - 25660 La Vèze - ☎ 03 81 81 50 82 *(voir Gray)*.

ULM

École professionnelle Alizé ULM et Delta – Doucier lac de Chalain - ☎ 06 33 32 52 96 - baptêmes et circuits touristiques, école ULM (lacs, cascades, châteaux). Base ULM - rte de Lons-le-Saunier - 39130 Doucier - juil.-août : 10h-19h - 30 € (8mn), 45 € (12mn), 70 € (25mn) sur réservation.

Montgolfière

Club aérostatique de Franche-Comté – 90150 Foussemagne - ☎ 03 84 90 20 20.

TOURISME FLUVIAL

Contournant les monts du Jura, les rivières (Saône et Doubs), les canaux (canal de l'est et canal Rhin-Rhône) et les lacs (Vouglans) offrent 320 km de voies d'eau navigables aux plaisanciers désireux de parcourir la région, soit en participant à une croisière *(voir à Besançon, Vouglans, Gray)*, soit en louant un bateau.

👁 **Bon à savoir** – Le Comité régional du tourisme de Franche-Comté édite une brochure : *Tourisme fluvial en Franche-Comté,* qui vous sera indispensable si vous souhaitez naviguer dans la région. Vous trouverez d'autres informations utiles sur le tourisme fluvial dans les différentes brochures des comités départementaux de tourisme et autres structures touristiques de la région *(coordonnées p. 24)*.

Location de bateaux

La location de bateaux habitables, aménagés pour 2 à 12 personnes, permet une approche insolite des sites parcourus. D'une durée d'un week-end à une semaine, voire plus, la location s'effectue sans pilote accompagnateur. Les tarifs varient selon la période de location, la dimension et le confort du bateau.

Aucun permis n'est exigé (la manette de commande n'a que deux positions), mais le barreur doit être majeur. Il reçoit une leçon théorique et pratique avant le début de la croisière. Le respect des limitations de vitesse, la prudence et les conseils du loueur, en particulier pour passer les écluses et pour accoster, suffisent pour manœuvrer ce type d'embarcation.

TOURISME TECHNIQUE ET INDUSTRIEL

Beaucoup d'anciens métiers disparaissent, et il était urgent de sauvegarder et de présenter ces savoir-faire qui ont si longtemps animé la montagne et les campagnes comtoises.

Musées des Techniques et Cultures comtoises – 39110 Salins-les-Bains - ☎ 03 84 73 22 04 - www.musees-des-techniques.org. Onze sites en réseau, (musées ou entreprises en activité) témoignent des savoir-faire et des traditions techniques, artisanales et industrielles de Franche-Comté. Sur place, découvrez par exemple les très anciennes salines de Salins-les-Bains. Et à travers la Franche-Comté, parcourez le réseau, à la découverte du patrimoine technique et industriel régional. Un voyage étonnant au pays des savoir-faire. À ne pas manquer !

👁 **Bon à savoir** – Accessible sur le site **www.cilac.com**, la base de données du Comité d'information et de liaison pour l'archéologie, l'étude et la mise en valeur du patrimoine industriel

À FAIRE ET À VOIR

en présente l'actualité : expositions, colloques, etc. Les passionnés de tourisme technique y découvriront des suggestions de lecture et toutes sortes de liens vers des sites Internet autour du patrimoine minier, métallurgique, agricole, textile ou autre.

Patrimoine technique franc-comtois

Musée Frédéric-Japy à Beaucourt (p. 267).
Musée de la Boissellerie à Bois-d'Amont (p. 329).
Forge-musée à Étueffont (p. 136).
Écomusée du Pays de la cerise à Fougerolles (p. 209).
Musée du Jouet à Moirans-en-Montagne (p. 361).
Viséum - Musée de la Lunette à Morez (p. 279).
Taillanderie à Nans-sous-Sainte-Anne (p. 291).
Verrerie et cristallerie à Passavant-la-Rochère (p. 309).
Musée de la Mine à Ronchamp (p. 325).
Salines de Salins-les-Bains (p. 343).
Forges de Syam (p. 173).

TRAINS TOURISTIQUES

Voici un moyen original de découvrir les paysages de Franche-Comté et d'en admirer la variété et la beauté au rythme tranquille du chemin de fer.

Le Coni'fer – Ce petit train touristique tente de faire revivre l'ancienne ligne Pontarlier-Vallorbe, déposée depuis 1971. Tracté par une machine à vapeur, il parcourt les 7,5 km qui séparent Les Hôpitaux-Neufs de la « Fontaine ronde » (voir Métabief-Mont d'Or).

Ligne Saint-Claude à Morez – Cette ancienne ligne de 25 km emprunte une partie des gorges de la Bienne et dévoile de superbes paysages. Elle est jalonnée de tunnels et de nombreux ouvrages d'art. Le parcours est souvent proposé avec des visites thématiques - 1 Grande-Rue - 39170 St-Lupicin - ℘ 03 84 42 85 96 - visites guidées dans le Parc naturel régional du Haut-Jura ou dans le Haut-Jura.

Ligne des hirondelles – Elle prolonge le trajet entre Saint-Claude et Morez, et est couplée avec une visite commentée de Dole ou de Saint-Claude, d'un musée et un repas au restaurant. Renseignements auprès de l'office du tourisme de Dole ou de Saint-Claude - ℘ 03 84 72 11 22 ou 03 84 45 34 24 - www.ter-sncf.com/franche_comte.

VISITES GUIDÉES

Organisées toute l'année dans les grandes villes, ou seulement en saison dans les plus petites, des visites guidées proposent aux visiteurs de découvrir le patrimoine historique, architectural ou naturel d'une localité. Renseignez-vous auprès de l'office de tourisme le plus proche, et pensez surtout à vous inscrire. En général, les visites ne sont pas assurées en deçà de quatre personnes, et pendant la période estivale, les groupes sont rapidement complets.

Reportez-vous aussi à l'**encadré pratique** des villes, dans la partie « Découvrir les sites », où nous mentionnons des visites qui ont retenu notre attention.

Villes et Pays d'art et d'histoire

Sous ce label décerné par le ministère de la Culture et de la Communication sont regroupés quelque 117 villes et pays qui œuvrent activement à la mise en valeur et à l'animation de leur architecture et de leur patrimoine. Dans ce réseau sont proposées des visites générales ou insolites (1h30 ou plus), conduites par des guides-conférenciers et des animateurs du patrimoine agréés par le ministère. Renseignements auprès des offices de tourisme des villes ou sur le site **www.vpah.culture.fr**.

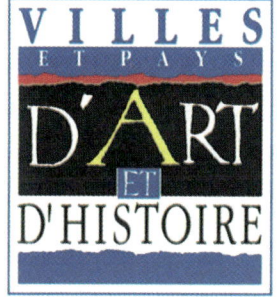
Ministère de la Culture et de la Communication

Les Villes et Pays d'art et d'histoire cités dans ce guide sont Besançon, Dole, le pays de Montbéliard.

Voir également le chapitre « La destination en famille » (ci-après).

ORGANISER SON VOYAGE

La destination en famille

Pour varier les plaisirs de la nature, profiter d'une journée boudée par le soleil ou se faire pardonner certaines visites de musées « pour les grands », nous avons sélectionné, dans le tableau ci-contre, quelques sites ou activités susceptibles de plaire à vos enfants. Vous les repérerez, dans la partie « Découvrir les sites », grâce au pictogramme 👪.

👁 **Bon à savoir** – Pour préparer un séjour hivernal en famille dans le Jura, consultez le site du comité départemental du tourisme du Jura, à l'adresse suivante : www.jura-tourism.com. À la rubrique « 1 000 choses à faire », vous trouverez dans *L'hiver pour les enfants* des adresses de garderies, de la patinoire, des écoles de ski…

LES LABELS

Villes et Pays d'art et d'histoire

Le réseau des Villes et Pays d'art et d'histoire propose des **visites-découvertes** et **ateliers du patrimoine** aux enfants, les mercredis, samedis ou pendant les vacances scolaires. Munis de livrets-jeux et d'outils pédagogiques adaptés à leur âge, ces derniers s'initient à l'histoire et à l'architecture, et participent activement à la découverte de la ville. En atelier, ils s'expriment à partir de maquettes, gravures ou vidéos, et au contact d'intervenants de tous horizons : architectes, tailleurs de pierre, conteurs, comédiens.

👁 **Bon à savoir** – En juillet-août, dans le cadre de l'opération **L'Été des 6-12 ans**, ces activités sont également proposées pendant la visite des adultes.

Stations vertes de vacances et villages de neige

Créé par le ministère du Tourisme, en lien avec l'Association nationale des maires des stations classées et communes touristiques, l'Association nationale des maires des stations de montagne et la Fédération des stations vertes de vacances et villages de neige *(p. 34)*, le label **Famille Plus** récompense les stations les plus performantes dans le domaine de l'accueil des familles. Ces « destinations pour petits et grands », qu'elles soient à la montagne, à la mer, en ville ou à la campagne, garantissent des animations et des activités adaptées à chaque âge, des tarifs préférentiels pour les familles et des équipements assurant la sécurité des enfants. La Franche-Comté compte une station primée : **Clairvaux-les-Lacs**.

Que rapporter

Peu de régions peuvent se vanter d'avoir une identité si forte que celle du Jura, forgée au cours d'une histoire mouvementée. Elle a su garder ses traditions, ses spécialités qui lui donnent ce charme irrésistible. Vous serez sans aucun doute séduit au cours de votre voyage par certains de ses produits, vraiment caractéristiques de la région.

🌿 N'oubliez pas de consulter les adresses de boutiques ou d'artisans à la rubrique *Que rapporter* des encadrés pratiques des villes et sites.

À DÉGUSTER

Pâtisseries

D'innombrables tentations vous attendent au détour de petites villes ou villages qui perpétuent des recettes savoureuses. Cela peut être la **pâte de coing** et les **craquelins** (viennoiseries en forme de huit) fabriqués par les pâtissiers de Baume-les-Dames, le **biscuit de Montbozon**, parfumé à la fleur d'oranger, le **pain d'épice** de Vercel (Vercel-Villedieu-le-Camp) ou le très fameux **Belflore**, gâteau aux amandes, fourré à la framboise, très répandu dans le Territoire de Belfort.

Confiseries

Il n'y a pas de mal à savourer quelques douceurs, et ce n'est pas le choix qui manque. Parmi les plus connues figurent le **galet de Chalain** à Lons-le-Saunier, les **bouchons** et les **galets** d'Arbois, le **délice** et le **chardon bleu** de Saint-Claude, les **reflets du Territoire** dans la région de Belfort.

Fromages

Sa réputation n'est plus à faire : la Franche-Comté est l'une des grandes régions productrices de fromage en France. Star incontestée, le **comté** se décline dans de nombreux plats régionaux et accompagne toute bonne dégustation de vin jaune. Mais pour rien au monde, il ne faudrait oublier le **mont d'or**, le **morbier** et la surprenante

À FAIRE ET À VOIR

👥 SITES OU ACTIVITÉS À FAIRE EN FAMILLE

Chapitres du guide	Nature	Musées	Loisirs
Arbois	Grottes des Moidons et des Planches	Maison de Louis Pasteur - Écomusée du Carton	Base de loisirs Vals Nature
Saline royale d'Arc-et-Senans		Musée Ledoux - Maison du Directeur	Fête des montgolfières
Château d'Arlay			Jardin des jeux - Volerie Jurafaune
Massif du Ballon d'Alsace	Ballons d'Alsace et de Servance	Musée de la Mine - Musée de la Montagne	Acropark - Sports de glisse - Randonnée
Belfort	Roseraie du Châtelet	Camp retranché - Musée agricole - Forge-musée d'Étueffont	Étang des Forges - Base de loisirs de Malsaucy
Bellegarde-sur-Valserine	Pertes de la Valserine - Col de la Faucille	Fort de l'Écluse	Fête médiévale du château de Musinens
Besançon		Aquarium et jardin zoologique du Muséum de Besançon - Horloge astronomique	
Le Bugey	Grand Colombier	Musée du cheminot - Maison du marais de Lavours - Observatoire de la Lèbe	Activités nautiques sur les lacs et plans d'eau de la région
Champagnole	Gorges de la Langouette	Forges de Syam	
Château-Chalon		École d'autrefois	
Forêt de Chaux	Grottes d'Osselle - Enclos à gibier - Réserve d'animaux	Baraques 14	Piste cavalière - Centre sportif sylvestre
Cirque de Consolation	Vallée du Dessoubre	Ferme à tuyé du Montagnon	Canoë - Pêche - Randonnée
Divonne-les-Bains	Col de la Faucille	Châteaux et musées du canton de Vaud	Plage du lac - Mini-golf - Forestland
Saut du Doubs			Croisières et sports nautiques - Patinoire naturelle de Villers-le-Lac
Fondremand		Huilerie-moulin	Acro'Cimes - Sports nautiques
Fougerolles		Écomusée du Pays de la cerise	Parc animalier
Cascades du Hérisson	Cascades de l'Éventail et du Grand Saut - Saut de la Forge - Gour Bleu		Ferme de l'Aurochs - Randonnées
Musée des Maisons comtoises	Jardins à thème	Maisons	Animations
Malbuisson	Tourbières de Frasne	Maison de la réserve naturelle du lac de Rémoray - Ferme de la Pastorale	Piscine de plein air
Métabief-Mont d'Or	Mont d'Or - Morond		VTT - Karting - Accrobranche - Ski - Luge - Petit train Coni'fer
Montbéliard		Galerie d'histoire naturelle Cuvier - Musée de l'Aventure Peugeot - Pavillon des Sciences du Près-la-Rose	
Morez	Col de la Faucille - Mont-Rond - Colomby de Gex	Viséum - Musée de la Lunette	Parcours acrobatiques forestiers
Morteau	Gorges du Doubs	Fermes-musée du Pays horloger - Automates et horloges Yves-Cupillard	Espace Morteau
Val de Mouthe	Parc du chien polaire	Écomusée de la Chapelle-des-Bois	Sports de glisse - VTT - Randonnée
Nans-sous-Sainte-Anne	Source du Lison	Taillanderie	
Ornans	Gouffre de Poudrey	Dino-Zoo	
Poligny		Maison du comté	Promenade en attelage
Les Rousses		Centre polaire Paul-Émile Victor	Ski - Raquettes - Sports nautiques - Excursion en train
Lac de Vouglans		Musée du jouet	

cancoillotte. Si vous aimez tous les fromages, vous découvrirez rapidement que de nombreux villages ont leur propre fromage, comme l'**édel** de Cléron ou encore le **saint-point**.

Salaisons

Un petit passage par la campagne du Doubs vous a certainement fait découvrir ces fameuses cheminées à « tuyé » ou « tué » dans lesquelles les paysans faisaient sécher leurs salaisons. La production ne s'est pas arrêtée, et vous ne manquerez pas d'occasions de trouver la fameuse **saucisse de Morteau** qui doit toujours faire face à l'une de ses goûteuses voisines, la **saucisse de Montbéliard**, sans oublier le **jambon de Luxeuil-les-Bains**.

Vins et alcools

Si vous faites un petit tour du côté d'Arbois ou de Château-Chalon, rapportez quelques bouteilles de vins comme, par exemple, l'inimitable **vin jaune**. Ne repartez pas sans une bouteille du délicieux **vin de paille** ou encore du **Macvin**, à moins que vous ne préfériez des vins plus traditionnels pour accompagner vos repas. Si vous appréciez les liqueurs, laissez-vous tenter par le célèbre **kirsch** de Fougerolles, la **gentiane** de Chapelle-des-Bois, à moins que vous ne cédiez au retour de l'**absinthe** du côté de Pontarlier. Bien d'autres alcools existent, comme les liqueurs de **myrtilles** ou encore de **bourgeons de sapin**, sans oublier le fameux **marc du Jura**. Si vous êtes du côté de Lons-le-Saunier, n'oubliez pas d'acheter la bière locale, la **Rouget de Lisle**.

À OFFRIR

Rien de tel pour faire plaisir, ou se faire plaisir, que de rapporter quelques objets très typiques de la région. Résultats d'une longue tradition de savoir-faire, ces objets sont souvent d'une qualité irréprochable et changent des standards diffusés par les grandes chaînes nationales. Petit détour imposé à Saint-Claude pour le fumeur qui pourra s'y offrir une **pipe** personnalisée et réalisée par un des plus grands noms de la profession. Madame craquera certainement pour une **montre** dans le val de Morteau ou chez un **layetier** qui fabrique d'adorables petits meubles à tiroirs pour ranger ses bijoux. Et pour les enfants ? Ce n'est pas loin : à Moirans-

Pipe sculptée à l'effigie de Georges Brassens (atelier Jean-Masson).

en-Montagne, vous trouverez toutes sortes de **jouets** de qualité, en bois comme en plastique.
L'artisanat régional est si varié que l'on ne peut citer toutes les spécialités : la plupart des métiers de la montagne jurassienne sont liés au bois et les sculpteurs ou tourneurs réalisent des objets vraiment originaux.

À CONTEMPLER ET UTILISER

Horloges et automates

Mais que seraient les maisons comtoises sans les traditionnelles horloges qui rythment leur vie depuis des siècles ? Elles ont connu un réel succès en France pour leur beauté et leur fiabilité et apportent souvent de la vie dans une maison. Ne vous inquiétez pas pour la taille de votre coffre : il y a toujours moyen de se la faire livrer.
La passion de la mécanique entraîne parfois les artisans à créer de véritables automates *(voir Morteau)*, ce qui est devenu assez rare en France. Ce sont souvent de superbes œuvres d'art qui demandent des trésors de patience et d'ingéniosité.

Outils

Il y eut, dans le petit village de Montécheroux, jusqu'à 75 forges, et une longue tradition de fabrication d'outils dont le musée de la Pince *(voir Montbéliard)* garde le souvenir. Une dernière usine produit des « pinces maillées » et des outils conformes à cette tradition spécifique.

Cuivres

Le secret de la potion magique est-il dans la composition du chaudron ? La cuivrerie du Cerdon *(voir Nantua)* vend les mêmes casseroles au quidam qu'à quelques grands chefs, qui clament ne pas pouvoir s'en passer.

À FAIRE ET À VOIR

Dentelle

La dentelle de Luxeuil est une savante et harmonieuse combinaison de différentes techniques. Elle n'est plus très connue, mais demeure très belle et revit aujourd'hui grâce à un conservatoire *(voir p. 243)*.

Faïences

Si vous aimez la faïence, faites un petit tour du côté de Salins-les-Bains, où les très nombreuses faïenceries offrent un large choix de couleurs et de motifs ; il y a en pour tous les goûts.

Événements

La Franche-Comté est terre de festivités. Qu'il s'agisse d'événements sportifs, de fêtes médiévales ou encore de fêtes célébrant la gastronomie, vous trouverez toujours un village qui organise un événement pour se retrouver dans une ambiance conviviale.

Fête de la Saint-Vincent.

Pour plus de détails sur les fêtes et manifestations en Franche-Comté, consultez le site **www.interfrance. com/fr/gen/fc_calendar.html**. Il recense les événements culturels (musique, théâtre, cinéma) et sportifs, fêtes, foires et salons dans les départements du Doubs, de Haute-Saône, du Jura et du Territoire de Belfort. Vous pourrez aussi visiter les sites du Comité régional du tourisme de Franche-Comté et des comités départementaux de tourisme, agences de développement touristique et maisons de tourisme *(coordonnées p. 24)*.

Bon à savoir – De nombreuses associations adhèrent à la Fédération française des fêtes et spectacles historiques. Un guide est disponible sur le site **www.loriflamme.com**.

Janvier

Champlitte – Fête de la Saint-Vincent (le 22, sauf si c'est un dim.) : grande fête vigneronne, folklorique et religieuse - 03 84 67 80 29.

Février

Dans une commune de la zone d'AOC – Percée du vin jaune (1er w.-end du mois, à Lons-le-Saunier en 2006) - 03 84 66 26 14.

Lamoura-Mouthe – Transjurassienne (2e dim. du mois) - 03 84 33 45 13 - www.transjurassienne.com.

Mars

Vesoul – Carnaval (1re quinz. du mois).

Avril

Saint-Claude – Fête des Soufflaculs - 03 84 45 34 24.

Mai-juin

Belfort – Festival international de musique universitaire : musique classique, jazz, rock (w.-end de Pentecôte) - 03 84 54 24 43.

Besançon – Foire-exposition (sem. de l'Ascension) - 03 81 41 08 09.

Divonne-les-Bains – Festival de musique de chambre - 04 50 40 34 16 - www.domaine-de-divonne.com.

Dole – Le 2e dim. de mai, pèlerinage des Portugais à N.-D. de Fatima.

Gex – Fête de l'oiseau (du 19 au 22) - www.paysdegex-lafaucille.com.

Forêt de Levier – Fête des sapins (w.-end de Pentecôte) - 03 81 89 53 22.

Le Russey – Fête des gentianes (w.-end de Pentecôte) - 03 81 43 72 35.

Juin

Audincourt – Rencontres et Racines (dernier w.-end du mois) : musiques, artisanats et gastronomies du monde - 03 81 36 37 85.

Saint-Claude – Festival de musique du Haut-Jura (du 2e w.-end au 4e w.-end du mois) - 03 84 41 02 02 - www.festivalmusiquehautjura.com.

Juin-juillet

Arbois, Besançon, Morteau, Pontarlier, Vesoul… – Jazz en Franche-Comté - www.franche-comte.org.

Belfort – Nuits d'été au château (de mi-juin à mi-juil.) : théâtre et concerts - 03 84 22 66 76.

Luxeuil-les-Bains – Festival de la dentelle (tous les trois ans ; en 2006, du 26 juin au 2 juil.) - 03 84 93 61 11.

ORGANISER SON VOYAGE

Juillet

Arbois – Festi'caves (mi-juil.) : festival autour de la musique et des vins AOC Arbois.

Belfort – Les Eurockéennes (1er w.-end du mois) - 03 84 22 46 58.

Besançon – « Lumières vivantes » : son et lumière sur l'histoire de la citadelle - www.franche-comte.org.

Fondremand – Journées artisanales et artistiques (14 juil. et w.-end le plus proche) - 03 84 78 98 89.

Lons-le-Saunier – Fête de la Saint-Désiré ou « Saint-Dé » (dernier dim. du mois).

Moirans-en-Montagne – Idéklic : festival international de l'enfant - 03 84 42 00 28 - www.ideklic.fr.

Montbéliard – Fête médiévale (déb. du mois).

Nozeroy – Fêtes médiévales (4e dim. du mois) - 03 84 51 19 15.

De mi-juillet à mi-août

Belfort – Les Mercredis du château : concerts de jazz - 03 84 55 90 90.

Château de Joux – Festival des Nuits de Joux : représentations théâtrales dans un décor exceptionnel - 03 81 46 48 33.

Nantua – Festival international de musique du Haut-Bugey - www.arts-croises.com.

Août

Besançon – Franch country festival (fin du mois) : musique folk américaine - 03 81 44 45 30.

Dole – Le 2, pèlerinage à N.-D. de Mont-Roland.

Les Hôpitaux-Neufs – Descente des vaches (dernier dim. du mois).

Maîche – Fête du cheval (av.-dernier w.-end du mois) - 03 81 64 04 60.

Pupillin – Fête du Ploussard (mi-août).

Saint-Laurent-en-Grandvaux – Fête des bûcherons (mi-août).

Septembre

Arbois – Fête du Biou (1er dim. du mois) - 03 84 66 55 50.

Arc-et-Senans – Fêtes des montgolfières (mi-sept.).

Bellegarde-sur-Valserine – Fête médiévale du château de Musinens (mi-sept.).

Belfort – Foire aux vins de France et gastronomie (déb. du mois) - 03 84 55 90 90.

Belfort – Belfort Air rétro (2e w.-end du mois) - 03 84 90 08 54.

Besançon – Festival international de musique et concours international des jeunes chefs d'orchestre (2e quinz. du mois) - 03 81 25 05 85 - www.festival-besancon.com.

Delle – Jazz à Delle (4 j. mi-sept.) - 03 84 36 68 50 - www.delle-animation.com.

Lamoura-Arbent – Forestière : course de 100 km en VTT - 04 74 77 20 98.

Pontarlier-Mouthe – Trans'roller (3e w.-end du mois) - 03 84 33 45 13 - www.transjurassienne.com.

Pupillin – Fête du Biou (3e dim. du mois) - 03 84 37 49 16.

Ronchamp – Grand pèlerinage à N.-D.-du-Haut (8 août) - 03 84 20 65 13 - www.chapellederonchamp.com.

Vadans – Fête du Biou (4e dim. du mois) - 03 84 66 20 01.

De mi-septembre à mi-octobre

Ambronay – Festival de l'abbaye - 04 74 38 74 00.

Audincourt – Fête de la BD (mi-oct.) - 03 81 36 37 85.

Novembre

Belfort – Entrevues : festival national du cinéma des jeunes auteurs (dernière sem. du mois) - 03 84 54 24 43 - www.festival-entrevues.com.

Vesoul – Le 25, foire de la Sainte-Catherine - 03 84 97 10 85.

Décembre

Montbéliard – Lumières de Noël. Réveillon « Citée rêvée » (le 31, les années impaires) - www.agglo-montbeliard.fr/tourisme.

Catherinettes à Vesoul.

Nos conseils de lecture

Beaux livres, documents, ouvrages pratiques ou romans pour découvrir la région ou approfondir un thème.

Quotidiens

Ain, Jura : *Le Progrès*.
Doubs, Haute-Saône, Territoire de Belfort : *L'Est républicain, Le Pays*.

Revues mensuelles

Pays comtois magazine – 0 810 42 25 51 - pays-comtois@territoires-magazines.com. Une revue de qualité, bien illustrée.

OUVRAGES GÉNÉRAUX

Aimer la Franche-Comté, Besson, Hugues, Ouest-France, 2002.

Le Jura. Les paysages, la vie sauvage, les terroirs, M. Blant, Delachaux & Niestlé, 2001.

Mon pays comtois, A. Besson, coll. « Histoire et Terroirs », France-Empire, 1996.

Paysages, massif du Jura, M. Loup, éd. M. Loup, 2001.

ART – ARCHITECTURE

Franche-Comté architecture, collectif, Gallimard, 2000.

L'Architecture rurale en Bresse du 15e au 19e siècle : Ain, Jura, Saône-et-Loire, M. Diot, Patrimoine, 2005.

Les Églises jurassiennes romanes et gothiques, P. Lacroix, Cêtre, 1981.

VIE RURALE ET TRADITIONS POPULAIRES

Trésors des parlers comtois, J.-P. Colin, Cêtre, 1992.

Contes et légendes du pays comtois, A. Besson, France Empire, 1999.

Costumes de Franche-Comté, C. Desbune, Cabedita, 2001.

LITTÉRATURE

La Louve du val d'Amour, A. Besson, France-Empire, 2004.
Le récit d'une guerre d'indépendance méconnue qui mit aux prises en 1636 les troupes comtoises avec celles de Richelieu.

Une fille de la forêt, A. Besson, France-Empire, 2004.
Une vie de charbonnier en Franche-Comté dépeinte à travers la biographie de la grand-mère de l'auteur.

La Grande Patience, 4 tomes, B. Clavel, Pocket, 2006.
L'épopée d'un jeune jurassien qui choisit de partir sur les routes lors de la débâcle de 1940 pour donner un sens à sa vie.

De Goupil à Margot, La Guerre des boutons, L. Pergaud, Folio, Gallimard, 1982, 2006.
Un recueil de nouvelles et un roman indispensables, tous deux habités par la même fantaisie de l'enfance.

La Vouivre, La Jument verte, Le Moulin de la sourdine, M. Aymé, Gallimard, 1987, 1972, 1973.
Trois très bons romans qui prennent pour cadre la région où Aymé a grandi.

Christophe, F. Caradec, Horay, 1981.
La biographie du pionnier de la bande dessinée en France au 19e s., créateur du Sapeur Camember.

Le Faubourg des coups-de-trique, A. Gerber, Médium poche, 1991.
Une mise en scène de la vie ouvrière à Belfort entre les deux guerres.

Le Rouge et le Noir, Stendhal, Folio Gallimard, 2000.
La célèbre et tragique ascension de Julien Sorel parti de Verrières, au bord du Doubs.

Terres de silence, J.-P. Pellaton, l'Âge d'homme, 1999.
Entre Suisse et Espagne, le récit d'une quête de mémoire douloureuse. Le dernier roman de l'un des meilleurs écrivains jurassiens contemporains.

GASTRONOMIE

Vins, vignes et vignobles du Jura, C. et E. de Brisis, Cêtre, 1992.

Franche-Comté, coll. « L'inventaire du patrimoine culinaire de la France », Albin Michel, 1993.

Meilleures recettes de la Franche-Comté, F. Colin, Ouest-France, 1996.

Cascades du Hérisson (Jura).

COMPRENDRE LA RÉGION

COMPRENDRE LA RÉGION

NATURE

La Franche-Comté vous charmera d'abord par la diversité de ses paysages naturels préservés : forêts à perte de vue, lacs majestueux, myriade d'étangs, gorges sauvages, grottes et gouffres mystérieux, rivières impétueuses aux impressionnantes cascades et aux imprévisibles résurgences. Le paysage est dominé par des sommets majestueux : ballons vosgiens au nord, crêts jurassiens au sud, surplombant le lac Léman et la plaine suisse. La flore, partout présente, et la faune, unique, achèveront de vous enchanter.

Vue depuis le belvédère des Quatre Lacs.

Une géologie tourmentée

Épine dorsale de la Franche-Comté, la chaîne du Jura décrit un arc de cercle de 250 km de long entre les massifs des Alpes et les derniers contreforts des Vosges, les célèbres Ballons. D'altitude moyenne, elle n'est pas dentelée comme celle des Alpes, ni arrondie comme celle des Vosges, mais plissée à la manière d'un drapé aux versants abrupts, s'élevant d'ouest en est. C'est du pic de l'Aigle que se découvre le mieux l'ensemble des plateaux jurassiens, qui viennent buter contre de hautes chaînes dominant la plaine suisse.

UN RELIEF UNIQUE

Les ballons vosgiens

Au nord de Belfort s'étend le plus méridional des massifs vosgiens, qui culmine au Ballon d'Alsace. C'est une zone sédimentaire à l'histoire complexe : un climat tropical y a laissé des filons houillers et des gisements de grès rouge à l'ère primaire. Recouverte par la mer, puis surélevée par l'orogenèse alpine à l'ère secondaire, elle a ensuite été façonnée par l'érosion. Les glaciations du quaternaire ont donné aux sommets leurs formes arrondies actuelles, surmontées de landes d'altitude.

Des paysages accidentés

Chaîne de plissement, le Jura a donné naissance à un type de relief bien spécifique ; les dépressions ont été accentuées par l'érosion glaciaire qui a entaillé les plissements et élargi les vallées. Les monts sont soit creusés au sommet par une **combe** (vallée longitudinale), soit traversés par une **cluse**, tandis qu'entre eux s'allongent des fonds de vallée verdoyants. Sur la bordure occidentale des plateaux, l'érosion a créé plusieurs échancrures aux bords abrupts, vallées en cul-de-sac appelées **reculées**. La plus spectaculaire et la plus fascinante, par son caractère inaccessible et ses impressionnantes falaises, reste sans conteste la reculée de Baume-les-Messieurs.

Le système jurassique

La chaîne du Jura est la terre d'élection des précurseurs de la géologie. C'est en 1829 que le géologue Brongniart donne le nom de « jurassique » à la partie centrale de l'ère secondaire (entre -205 et

-135 millions d'années) en se basant sur la géologie des monts du Jura. En tant qu'unité géologique et morphologique autonome, le Jura est une région de référence pour l'étude des sédiments dans le monde et pour le type de relief qui le caractérise. Pays calcaire, il offre aussi au visiteur de belles formes karstiques au travers de **gouffres** et de **canyons**.

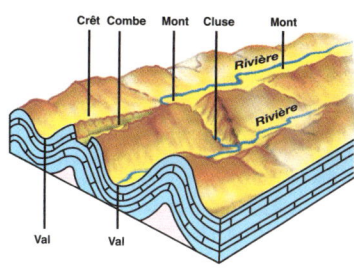

La naissance du Jura

À l'ère secondaire, il y a 260 millions d'années, se forment au fond des mers des dépôts qui s'accumulent en couches alternées de marnes et de calcaire. Cette série sédimentaire a connu un tel développement dans le Jura que les géologues ont donné le nom de « jurassique » à sa période de formation. La région a alors l'aspect d'une vaste surface aplanie, doucement inclinée vers la plaine suisse.

La surrection de la chaîne alpine va bouleverser cette paisible physionomie à l'ère tertiaire. Soumis à d'énormes pressions, bousculés et coincés par le vieux massif des Vosges, les sédiments accumulés dans la mer jurassique sont entraînés à de hautes altitudes. Les épaisses couches marneuses et calcaires engendrent les hauts plis qui constituent la **montagne**. Vers l'ouest, la couverture sédimentaire, plus mince, épouse quant à elle les cassures affectant l'écorce terrestre, se faillant et se découpant en une série de **plateaux** étagés. La région dite du **vignoble** correspond à leur rebord occidental, qui domine la plaine bressane.

L'ère quaternaire est marquée par un refroidissement général de l'atmosphère du globe et par le développement de grands glaciers envahissant les vallées et les plateaux. Au moment de leur retrait, ces glaciers abandonnent une masse énorme de débris – les moraines – qui font obstacle à l'écoulement des eaux et sont à l'origine de la formation de la plupart des lacs jurassiens.

LE MONDE MYSTÉRIEUX DES GROTTES

S'ouvrant à la surface des plateaux ou au pied des parois abruptes d'une reculée, les grottes, communément appelées **baumes** dans la région, offrent l'occasion de pénétrer dans le monde des cavernes et d'y observer des rivières remarquablement limpides, des formations rocheuses

Le jurassique et les dinosaures

Très adaptés à leur milieu de vie, les dinosaures ont développé une grande variété de formes allant du minuscule carnivore aux énormes herbivores. Plus de 800 espèces de dinosaures ont été découvertes à ce jour. Parmi les plus célèbres figure le **tyrannosaure**, plus grand carnassier terrestre de tous les temps (15 m de long) et principal prédateur de l'ère secondaire. Le **diplodocus**, géant des dinosaures (25 m de long pour un poids de 4 t), est certainement le plus populaire. Grâce à son cou très allongé, il se nourrissait essentiellement de fougères arborescentes. Il vivait en troupeau pour assurer sa sécurité et se déplaçait aussi bien en zone marécageuse qu'en zone sèche. Les dinosaures ne furent pas les seuls à peupler la Terre pendant l'ère secondaire. Tortues, lézards, crocodiles et petits mammifères côtoyaient également ces géants.

Des ossements de dinosaures ont été signalés dans le Jura, d'Arbois à Lons-le-Saunier. Les premières découvertes eurent lieu en 1862, au moment du creusement de la voie de chemin de fer Besançon-Lyon qui permit de mettre au jour le plus vieux dinosaure de France, le **platéosaure**. La découverte d'un site au début des années 1980, en plein centre-ville de Lons-le-Saunier, continue de mobiliser nombre de spécialistes. La totale disparition des dinosaures, après 160 millions d'années de domination, est restée mystérieuse et continue de captiver paléontologues… et grand public.

Des espèces variées, adaptées à leur milieu.

inconnues de la surface, des gisements attestant le passage des hommes de la préhistoire.

La formation des cavités

Comme dans toute région calcaire, les assauts des rivières et le phénomène d'érosion très actif a dessiné peu à peu un vaste **réseau karstique** (Karst est le nom allemand de plateaux calcaires situés en Slovénie et Croatie). L'eau s'infiltre dans le réseau de cassures et de fissures de la roche qui s'agrandissent pour former des galeries. La formation des gouffres est due soit à l'agrandissement d'une fissure du plateau, soit à l'effondrement de voûtes sur le trajet de galeries.

Les eaux souterraines ressortent sous forme de source ou **exsurgence** (la Cuisance dans la reculée des Planches) ou bien de **résurgence** lorsqu'il s'agit d'une rivière déjà formée qui, après avoir creusé à la surface des petites cavités ou **dolines**, s'infiltre dans des **pertes** et réapparaît après un trajet souterrain (sources de la Loue et du Lison).

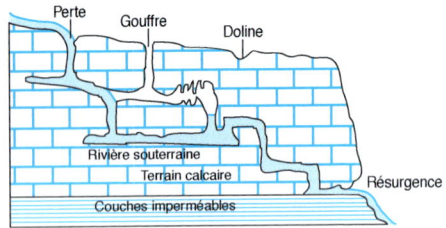

Circulation souterraine des eaux

Les merveilles souterraines

Au cours de sa circulation souterraine, l'eau abandonne le calcaire dont elle s'est chargée en pénétrant dans le sol. Elle édifie ainsi un certain nombre de concrétions aux formes fantastiques défiant quelquefois les lois de l'équilibre. Le suintement des eaux donne lieu à des dépôts de calcite qui constituent des draperies ornées de stalactites, stalagmites et excentriques. Les **stalactites** se forment à la voûte de la grotte. Les **stalagmites**, de même nature, s'élèvent du sol vers le plafond en rejoignant la stalactite pour constituer un pilier. Les **excentriques** sont de fines protubérances formées par cristallisation, dépassant rarement 20 cm. N'obéissant pas aux lois de pesanteur, elles se développent dans tous les sens.

Les explorations

À la fin du 19ᵉ s., l'exploration méthodique du monde souterrain conduite par **É. A. Martel**, fondateur de la spéléologie moderne, a permis la découverte et l'aménagement d'un certain nombre de cavités. Ces explorations sont une manière de remonter le temps. Les grottes furent l'habitat des premiers hommes préhistoriques avant de servir de refuge aux maquisards de la Seconde Guerre mondiale. Malgré la découverte d'environ 4 500 grottes ou gouffres dans la région, la connaissance du monde souterrain reste incomplète et le réseau de grottes – tel que celui de la cavité du Verneau, dans la vallée du Lison – demeure le terrain d'explorations scientifiques ou ludiques de nombreux spéléologues.

Un univers souterrain ouvert au public

Les remarquables aménagements dont bénéficient certaines grottes permettent de découvrir ce monde. Miroirs d'eau, calmes lacs ou rugissantes cascades, concrétions sont rendus multicolores par un savant jeu de lumière. La grotte de Baume avec ses hautes salles, les grottes d'Osselle aux multiples colonnes, le gouffre de Poudrey et son immense salle d'effondrement continuent de fasciner et d'émerveiller.

Un cadre préservé

Les détours de la route vous offriront des paysages souvent vierges et un splendide éventail de couleurs. À l'ouest, la verte plaine bressane, pays de bocage, d'étangs et de vastes chênaies contraste avec les vignes rousses du Revermont. Plus à l'est, la zone des plateaux, domaine des sapinières vert sombre et des lacs, s'échelonne en paliers de plus en plus élevés. Quelle que soit la saison, vous serez saisi par la sérénité des étangs et des lacs de la région – vert émeraude ou bleu profond, ils se présenteront à vous dans toute leur splendeur – et la sauvage beauté des gorges et des cascades.

LACS ET EAUX VIVES

L'eau est partout présente en région comtoise. L'abondance des eaux vives est l'un des traits de la montagne jurassienne : torrents écumants, cascades en nappe ou en éventail (du Hérisson, du Flumen, du saut du Doubs…), innombrables petites sources et puissantes

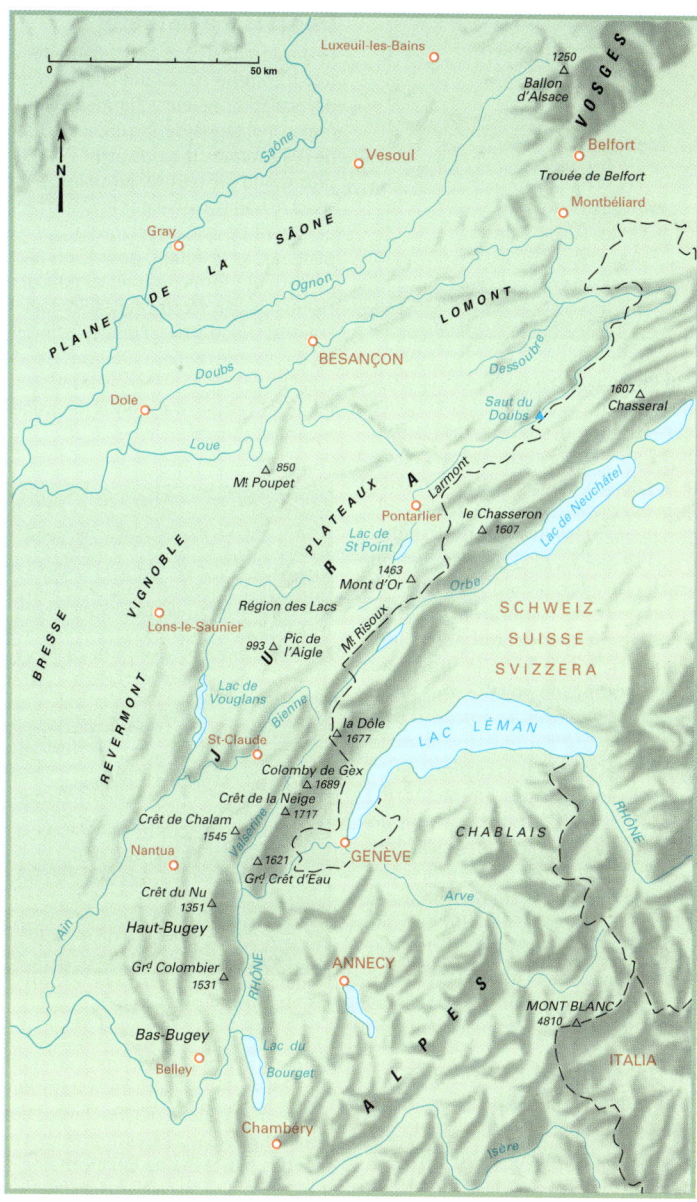

résurgences alternent avec les nappes tranquilles de près de 70 lacs et d'une multitude d'étangs. De grands cours d'eau traversent également la région : Saône, Doubs, Ain et Bienne. C'est au printemps, au moment de la fonte des neiges, que les rivières débordent de vie et rappellent le caractère sauvage et fougueux des eaux de montagne. La qualité du débit des rivières a fait naître de grands aménagement tels que le barrage de Vouglans, dans la combe d'Ain. Ce lac, aménagé pour les loisirs, permet la pratique de nombreux sports nautiques. C'est cependant l'aspect environnemental qui prime désormais : la pureté des rivières et l'abondance des poissons font le bonheur des pêcheurs. La présence d'espèces d'oiseaux nicheurs en milieu humide, l'incomparable richesse faunistique et floristique des tourbières ont motivé la création d'espaces protégés : la tourbière du lac de Remoray constitue une réserve d'intérêt européen.

Des rivières capricieuses

Le relief jurassien, avec ses nombreux vals orientés nord-est-sud-ouest, impose aux rivières un cours très par-

COMPRENDRE LA RÉGION

ticulier. Pour progresser vers l'ouest, elles doivent, le plus souvent, suivre successivement chaque **val** jusqu'à ce qu'une **cluse** leur permette de passer dans le val voisin. Il s'ensuit des détours considérables. Le Doubs, du latin *dubius*, l'hésitant, dont la source est à 90 km à vol d'oiseau de son confluent avec la Saône, parcourt 430 km pour la rejoindre. Pareille à la source de la Loue, qui naît d'une caverne haute de 60 m, la source du Doubs, après avoir voyagé sous terre, vient au jour sous la forme d'une résurgence puissante dans un vaste amphithéâtre rocheux. La plupart des cours d'eau sont tout en méandres, en courbes, en détours et offrent un magnifique spectacle lorsqu'ils traversent des gorges profondes. Les méandres encaissés du Dessoubre et de la Loue et les sinuosités de l'Ain sont particulièrement pittoresques. Les vallées s'élargissent à l'ouest, les falaises laissent place aux collines, les rivières évoluent alors majestueusement.

En parcourant les gorges

C'est sans lassitude que l'on visite les gorges des cours d'eau jurassiens, tant la variété du spectacle est grande. C'est le cas du Rhône, du Doubs, de la Loue, de la Bienne… partout des chutes, des cascades que les pluies grossissent très vite. Elles sont alors admirables à voir. Le saut du Doubs, barrage naturel que franchit le Doubs dans une chute de 27 m, et les cascades du Hérisson sont très impressionnants. Le courant a ses accidents : rapides, tourbillons ; le lit est tantôt dégagé, tantôt envahi de rochers, d'éboulis ; çà et là, il est troué de **marmites de géants**, creusées et polies par des tourbillons. La forme des montagnes qui bordent la rivière varie également : falaises à pic, aux strates bien dessinées, pitons isolés, pentes adoucies ; la végétation passe du pré à la broussaille, du bois à la mousse.

Des lacs majestueux

Le Jura français est parsemé de lacs : on en compte 70 qui ont chacun leurs particularités et leurs charmes. Dans la région montagneuse, ils s'étirent au fond des vals comme le lac de Saint-Point (le plus grand lac naturel jurassien, avec ses 398 ha), traversé par le Doubs, ou occupent des cluses (Nantua). Sur les plateaux, ils résultent, pour la plupart, de barrages formés par les dépôts glaciaires (Chalain, Mortes et Bellefontaine). D'autres lacs sont des retenues artificielles qui, dans les années 1960, ont envahi la vallée de l'Ain après la construction de barrages destinés à alimenter des usines hydroélectriques.

Pêche à la mouche sur la Loue.

Leurs sites gracieux, les richesses naturelles, les plaisirs de la natation, du canotage, de la pêche en font des lieux de villégiature très appréciés. Les lacs des Mortes et de Bellefontaine, à 1 100 m d'altitude, recèlent une faune et une flore d'intérêt national. L'avifaune est très riche sur le lac de Saint-Point : grèbes huppés, rousseroles peuplent les joncs. La partie de la berge alternativement découverte et recouverte par l'eau est garnie de roseaux et de joncs. Puis viennent les nénuphars, dont les fleurs se ferment le soir pour se rouvrir à la lumière du soleil. La région des Quatre Lacs (Ilay, Narlay et lacs Maclu) regorge de poissons – parmi lesquels des corégones, salmonidés originaires d'Amérique, très appréciés pour la finesse de leur chair. L'aménagement de nombreux sentiers de randonnée permet d'admirer la ceinture blanche de marnes calcaires qui contraste avec

NATURE

le bleu des lacs, avec le vert des forêts environnantes et des pâturages.

La couleur des lacs jurassiens varie suivant la profondeur, le temps – couvert ou dégagé –, la configuration, l'éclairage ainsi que la présence de végétaux immergés. D'un vert tirant sur le jaune, provenant de corpuscules en suspension dans la masse liquide et également de la nature des plantes qui garnissent le fond des cuvettes, cette teinte peut passer au bleu limpide qui caractérise le lac de Chalain.

UN PATRIMOINE FORESTIER INESTIMABLE

La région la plus boisée de France

Le sombre manteau de la forêt est la toile de fond de tout paysage jurassien. Elle s'étend sur 500 000 ha environ, couvrant 40 % de la surface du territoire comtois. À distance, ces massifs forestiers semblent uniformes, mais lorsqu'on y pénètre cette impression disparaît. Les lumières et les ombres alternent d'un versant à un autre. Comment ne pas être émerveillé par les chênaies du val de Saône ou par les impressionnantes forêts sombres d'épicéas ? Celle de la Joux est l'une des plus belles et des plus vastes d'Europe. Les arbres font la richesse de la Franche-Comté. Elle détient, avec l'Aquitaine, le titre de région la plus boisée de France, mais la diversité des essences présentes aux différentes altitudes fait toute sa valeur.

L'étagement de la forêt

Au-delà de 800 m d'altitude, les résineux l'emportent sur les feuillus. Mais l'orientation et l'ensoleillement apportent souvent leurs correctifs à cette règle générale. Sur les sols les moins élevés du vignoble croissent, associés aux cultures et aux vergers, le tremble, l'orme, le charme, l'érable qui disputent le terrain au chêne, au bouleau et au frêne. Le hêtre prédomine sur le premier plateau entre 500 et 800 m. Plus haut règnent les forêts de splendides sapins, les « joux », et au-delà de 1 000 m les épicéas. Ces arbres sont emblématiques du Jura puisqu'ils couvrent la moitié des sols forestiers. Le massif résineux de la Joux représente à lui seul plus de 10 000 ha.

Les essences les plus représentatives

Épicéa – Essence spécifiquement montagnarde, préférant les versants exposés au nord. Cime pointue en forme de fuseau. Aspect général hirsute, avec branches infléchies « en queue d'épagneul ». L'écorce brun chocolat comporte de grosses écailles irrégulières sur les sujets âgés. Aiguilles rondes et piquantes vert foncé, disposées tout autour des rameaux. Les cônes pendent sous les branches et leurs écailles s'écartent à maturité pour laisser s'échapper les graines ; plus tard, ils tombent d'une pièce sur le sol. Le bois de l'épicéa est utilisé essentiellement dans les charpentes, la menuiserie et les instruments de musique.

Sapin – Cime large, à pointe aplatie « en nid de cigogne » chez les vieux sujets. L'écorce, lisse, d'un gris argenté, comporte des crevasses longitudinales chez l'adulte. Les cônes, dressés comme des chandelles, se désagrègent sur place, à maturité, en perdant leurs écailles (on ne trouve jamais de cônes de sapin sur le sol). Les aiguilles, molles, disposées sur le même plan comme les dents d'un peigne (d'où le nom de « sapin pectiné »), présentent sur leur face interne, d'un vert plus pâle, une double ligne blanche (d'où le nom de « sapin argenté »). On le rencontre sur les terrains ondulés du deuxième plateau. Comme l'épicéa, il est très recherché pour la menuiserie.

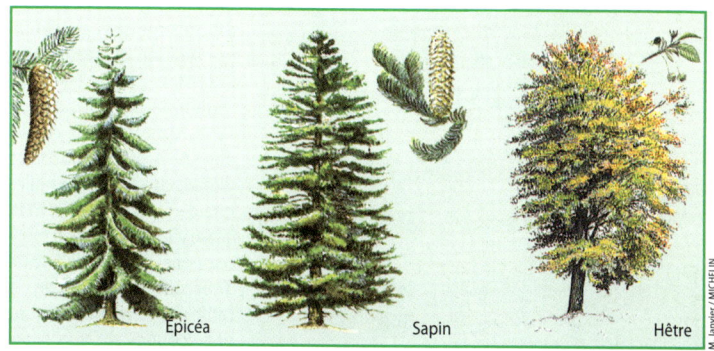

Épicéa — Sapin — Hêtre

Hêtre – Appelé aussi « fayard » ou « foyard », le hêtre, arbre de haute taille, est reconnaissable à son tronc cylindrique recouvert d'une écorce gris pâle, à ses feuilles ovales, régulières et légèrement ondulées. Il peut pousser jusqu'à 1 700 m d'altitude et vivre jusqu'à 150 ans. Il préfère les versants humides. En automne, il donne des fruits comestibles appelés « faines » aux graines oléagineuses. Le hêtre occupe une place de choix dans la forêt jurassienne ; il est surtout utilisé pour l'industrie et l'artisanat du bois.

Les essences secondaires

Le **mélèze** se rencontre sur les versants ensoleillés ; ses cônes sont petits.
Le pin **sylvestre**, au long fût grêle, présente ses aiguilles réunies par une gaine écailleuse en bouquets de deux ; ses cônes sont à écailles dures.
Le **bouleau**, gracieux avec son tronc blanc quand il est jeune, se plaît dans les sols humides ; c'est un excellent bois de chauffage.
Le **chêne** est un très bel arbre qui peut atteindre 30 m de hauteur ; son bois est apprécié par les menuisiers, son écorce par les tanneurs.
Le **chêne pubescent**, encore appelé chêne blanc (ou « truffier »), apprécie les landes calcaires et herbeuses des garides » ; il se rencontre en taillis au-dessus du vignoble ; son tronc souvent épais est protégé par une écorce crevassée qui s'écaille en lamelles rectangulaires.

UNE VISION COLLECTIVE DE L'AVENIR DE LA FORÊT

Source d'énergie à l'ère industrielle, la forêt de Franche-Comté est devenue un patrimoine naturel inestimable par son étendue et la qualité des essences qui la composent.
Une gestion concertée reposant sur une politique d'exploitation, d'accueil du public (randonneurs, skieurs…) et de protection (zones protégées, avec gestion de la faune sauvage comme en forêt de Chaux) assure son avenir.
Afin de protéger certaines essences résineuses à la renommée mondiale, Jurassiens français et suisses ont même déposé ensemble, en 2004, un projet de création d'une **AOC Bois du Jura**…

Une civilisation du bois

Le mot Jura viendrait du bas latin *juria* (forêt). Dès le 6e s., les moines s'aventurèrent dans de vastes forêts impénétrables et font des trouées dans l'épais manteau forestier.
Jusqu'au 15e s., le défrichement laisse place aux hameaux. Aux 17e et 18e s., de longs convois de chariots vident la forêt de ses plus beaux troncs qui deviennent les mâts des nefs royales.
Le bois accompagne la vie locale depuis des siècles. D'hier à aujourd'hui, de nombreux objets sont dérivés des produits de la forêt : charpente, tavaillons pour protéger les murs des maisons, armoires et horloges découpées dans les plus belles veines de sapin…
Les Comtois honorent toujours leurs forêts, comme en témoignent les fêtes du bois ou bien encore la nomination du **sapin Président**. C'est une tradition régionale qui remonte au 19e s. Un arbre est choisi par les forestiers pour ses dimensions exceptionnelles lors de fêtes locales. On le laisse vieillir jusqu'à sa mort naturelle. Il peut être âgé de deux siècles et atteindre la taille de 40 m au moment de sa coupe.

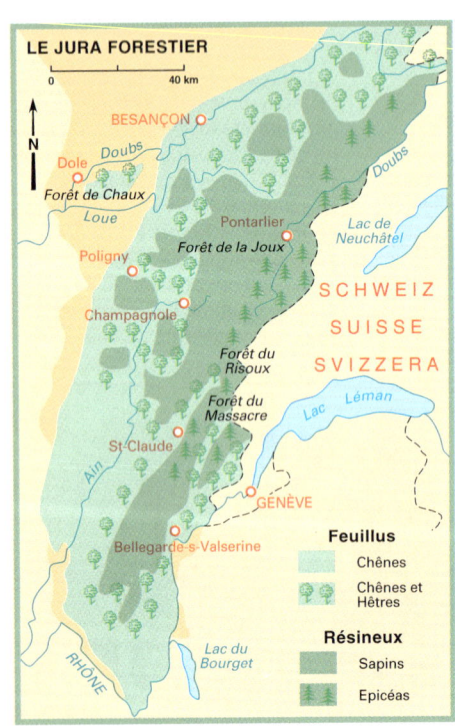

NATURE

La forêt couvre 40 % de la surface du territoire comtois.

Une gestion concertée

Les Francs-Comtois aiment leurs forêts, et les différents acteurs (communes, propriétaires privés, ONF et exploitants forestiers) qui ont en charge leur gestion partagent les mêmes visions d'avenir. L'ONF a pour principal objectif la gestion et l'équipement des forêts domaniales, par l'exploitation du bois, le reboisement, l'entretien des chemins. Les communes forestières établissent, en concertation avec l'ONF, un plan d'aménagement forestier pour vingt ans qui définit les coupes annuelles possibles selon des critères sylvicoles précis. Les propriétaires privés assurent eux-mêmes la gestion de leur forêt selon un plan simple de gestion conforme aux orientations régionales et nationales en matière de politique forestière.

Les forêts sont exploitées sous forme de **futaies**. Les forestiers opèrent régulièrement des coupes pour favoriser les meilleurs arbres. Les futaies résineuses de moyenne ou haute altitude se rangent parmi les plus productives de France ou bien sous forme de **taillis** (peuplement issu de rejets de souches et de drageons) pour le bois de chauffage.

La fin du tout résineux

La politique nationale de plantation d'épicéas, pour pallier un déficit de bois de papier, a démontré ses limites et est désormais révolue. Les résineux restent dominants, mais le Fonds national forestier s'oriente peu à peu vers la diversification. La Haute-Saône est leader dans cette production du feuillu, en particulier du chêne, dont les débouchés sont étendus (meubles, parquets…).

Faune et flore

La variété des reliefs et la préservation des paysages comtois favorisent la présence d'une faune sauvage riche que la région s'efforce de maintenir. Landes, étangs, tourbières, chemins creux, prairies, forêts abondent d'une flore diversifiée et fragile. Si vous aimez marcher, observer, prendre votre temps, la récompense est au bout du chemin…

UNE FAUNE DIVERSIFIÉE

La montagne jurassienne accueille des animaux parfois rares et souvent méconnus. Le **grand tétras** est un imposant coq de bruyère. Oiseau un peu farouche, il recherche la tranquillité des forêts d'altitude. Présent dans le massif du Massacre et du Risoux, il fait l'objet de mesures de protection qui visent à limiter la fréquentation de ces massifs de décembre à juin.

Longtemps pourchassé, le **lynx boréal** a disparu du paysage comtois vers la fin du 19e s. Progressivement réintroduit à partir de la Suisse, il occupe des forêts retirées et peu accessibles. Cet habile chasseur se nourrit aussi bien de chevreuils et de **chamois** que de **marmottes** ou d'oiseaux. Habituellement solitaire, il se déplace au crépuscule ou à la nuit tombée.

Les prairies d'altitude sont le royaume des **apollons**, papillons aux ailes blanches ponctuées de taches rouges et noires et au vol paresseux. Les lacs aux eaux froides accueillent depuis le 19e s. le **cristivomer**, poisson gris à points blancs originaire d'Amérique du Nord. Les rivières poissonneuses abritent une grande variété d'espèces : truites, barbeaux, perches, anguilles, carpes, silures… Une telle abondance est une aubaine pour des prédateurs comme le **martin-pêcheur**, qui plonge jusqu'à 1 m de profondeur, et le **héron cendré**, qui préfère les eaux peu profondes. Le milieu aquatique attire beaucoup d'autres oiseaux : milan noir, bécassine des marais, bergeronnette, chevalier guignette…

Les immenses forêts et les prés sont peuplés par toutes sortes de mammifères petits ou grands : cerfs, chevreuils, sangliers mais aussi écureuils, renards, blaireaux, martres, fouines, belettes ou hermines. L'abondance des petits rongeurs attire une grande variété de rapaces : buse variable et faucon pèlerin le jour, hibou grand duc et chouette de Tengmalm la nuit.

UNE FLORE D'INTÉRÊT NATIONAL

Les plantes : un usage ancestral

L'utilisation des fleurs et plantes sauvages touchait jadis à tous les domaines de la vie quotidienne. Elles servaient à la composition de remèdes ou de poisons. Aujourd'hui, seuls quelques botanistes et passionnés connaissent ces remèdes de « grand-mère ». Les vénéneux **aconits tue-loup** à fleurs bleues ou blanches sont soigneusement évités par le bétail. Leur racine servait autrefois de produit de base aux appâts empoisonnés destinés aux loups. La **grassette** commune était utilisée par les paysans pour faire cailler le lait. L'**aspérule** odorante soulageait les rhumatismes.

Une flore préservée

La flore locale fait l'objet de mesures de protection. Le site des lacs de Mortes-Bellefontaine accueille 13 plantes protégées en France et 5 autres protégées en Franche-Comté. De nombreux sentiers d'initiation à la botanique ont été aménagés dans un but de sensibilisation, mais également de protection : tour du lac de Saint-Point, Tourbière de Mouthe (source du Doubs), Sabot de Frotey.

Pour le plaisir des randonneurs

Le pré-bois, forme d'occupation la plus connue du Jura, est le résultat d'un déboisement des fonds de vals, des pentes et de certains sommets où subsistent encore quelques bouquets d'arbres. Le vert frais des immenses prairies se bigarre, à la fin du printemps, de la parure éblouissante, mais brève, des fleurs des prés et des sous-bois : orchidées, narcisses blancs des poètes, ombellifères et légumineuses aux couleurs variées. Çà et là, on reconnaît la grande **gentiane** jaune et le **lys martagon**. La **centaurée** des montagnes s'épanouit sous les ombrages tandis que les zones rocheuses se couvrent, au printemps, d'un tapis doré, entrecoupé par les coussinets de corolles roses des **saponaires** et les touffes rouge sombre du **trèfle** des montagnes.

La végétation des zones humides revêt un caractère particulier. **Sphaignes** et **iris d'eau** font le charme de la région des Mille Étangs. Les vastes tourbières occupant les plateaux, véritables reliques de l'époque glaciaire, abritent une flore spécifique de type arctique. On peut reconnaître l'**airelle des marais** et le **droséra** qui se gave d'insectes venus s'engluer sur ses poils.

Mais ce sont surtout les hauts pâturages qui sont remarquables : à la fonte des neiges, le tapis se couvre de **crocus** blancs ou mauves, parsemé de clochettes violettes curieusement frangées et de **soldanelles**. Puis apparaissent les petites gentianes d'un bleu profond et les innombrables anémones blanches ou jaunes, mêlées aux « boules d'or » des **trolles** d'Europe.

Monde grouillant de vie, les sous-bois abritent de nombreuses plantes à fleurs, des mousses, des fougères, et une multitude de délicieux champignons (morilles au printemps, girolles et cèpes à l'automne).

Lys martagon

Centaurée des montagnes

HISTOIRE

Depuis l'Antiquité, la Franche-Comté a connu une histoire tumultueuse. Elle resta longtemps farouchement attachée à une autonomie chèrement conquise sur ses puissants voisins. Alors que Louis XIV assiégeait villes fortifiées et châteaux, leurs habitants répondirent par un cri de guerre, devenu devise de la région : « Comtois rends-toi ! Nenni ma foi ! » et une résistance féroce. Ce n'est qu'en 1678 que la Franche-Comté fut définitivement annexée à la France par le traité de Nimègue. Plus près de nous, la vaillante défense de Belfort lors de la guerre de 1870 ou la résistance acharnée à l'Occupation nazie des nombreux maquis de la région illustrent le caractère de cette région courageuse.

Siège de Dole en 1674, par J.-B. Martin.

Quelques faits historiques

SÉQUANIE ET PAX ROMANA

Avant J.-C.

4ᵉ s. – Peuplade gauloise, les **Séquanes** s'installent dans le bas pays. Ils construisent des camps fortifiés dont le plus célèbre est *Vesontio* (Besançon). Leurs activités reposent sur l'élevage, comme l'atteste la mise au jour de nombreuses villas, et sur l'artisanat (Luxeuil était le centre de production d'une céramique sigillée).

58 – Inquiets de la menace germanique, les Séquanes appellent à l'aide les Romains. **César** entre à Besançon, rejette les Germains au-delà du Rhin et reste en Séquanie.

52 – Soulèvement général de la Gaule contre César. Les Séquanes vont au secours de Vercingétorix. Vaincus à **Alésia**, ils doivent se soumettre à la cause romaine.

51 – La Paix romaine s'étend sur la Séquanie comme sur l'ensemble de la Gaule.

L'ÉPOQUE BURGONDE

Après J.-C.

457 – Après la mort du général romain **Aetius**, leur défenseur, les Séquanes renoncent à la lutte et ouvrent leurs portes aux **Burgondes**, les plus évolués parmi les barbares qui les entourent.

476 – L'Empire romain d'Occident s'effondre sous les coups des barbares.

502 – Le **roi Gondebaud** devient le plus célèbre des rois burgondes en instaurant une législation qui réglemente la vie sociale.

La **loi Gombette** est un témoignage très intéressant sur les mœurs de l'époque. Elle renforce considérablement le droit de propriété au point de punir de mort tout voleur. Le mariage est pris très au sérieux et les mesures contre le divorce sont redoutables : le mari qui abandonne sa femme doit lui laisser la maison et les biens ; la femme qui abandonne son mari est étouffée dans la boue ! La loi reconnaît aussi le droit héréditaire, et commande l'hospitalité ainsi que le respect des religions.

534 – La Burgondie est conquise par les **rois francs**.

NAISSANCE DE LA « COMTÉ »

888 – L'Empire carolingien se désagrège, et le **royaume de Bourgogne** est créé par Rodolphe Welf, fils du comte d'Auxerre. Dès le 11e s., il est ruiné par les invasions et se hérisse de châteaux forts. Son territoire est divisé en deux. Les pays jurassiens forment la comté de Bourgogne, également appelée **la Comté**, et qui sera désignée plus tard sous le nom de **Franche-Comté**. Les pays de Saône sont réunis dans le duché de **Bourgogne** ou **Duché**.

1032-1034 – À la mort sans postérité du dernier roi de Bourgogne, Rodolphe III, son neveu Eudes de Champagne dispute le royaume à l'empereur romain germanique, Conrad II le Salique. C'est ce dernier, couronné à Bâle en 1033, qui remporte la lutte de **succession de Bourgogne** un an plus tard et rattache la Comté au **Saint Empire romain germanique**.

DE L'EMPIRE À LA FRANCE

Au cours des siècles qui suivent, l'autorité de l'Empire, tout comme celle du comte de Bourgogne, s'affaiblit en raison du désintérêt des empereurs pour les affaires comtoises, tandis que croît l'importance des grands féodaux, au premier rang desquels se placent les **Chalon**.

1295 – Par le **traité de Vincennes**, le comte Othon IV de Bourgogne cède la Comté au roi de France Philippe IV le Bel.

1307 – Le comte de Montbéliard, Renaud de Bourgogne, accorde à Belfort une **charte** libératrice.

Philippe le Long, fils de Philippe le Bel et futur roi de France, épouse Jeanne de Bourgogne, fille d'Othon IV, marquant ainsi le passage officiel de la Comté sous l'influence de la France.

Le développement du **monachisme** contribue largement à l'essor régional en favorisant de nouveaux foyers de peuplement et la mise en valeur des terres agricoles. Ce renouveau religieux marque également la période de construction d'une série d'édifices romans, puis gothiques.

1337 – Début de la **guerre de Cent Ans** : la Comté est ravagée par les Anglais.

1349 – La **peste noire** dévaste l'Europe : c'est « l'année de la grande mort ». Malgré une conjoncture défavorable, les structures de la vie économique se maintiennent.

1350 – Belfort devient autrichienne après le mariage de Jeannette, fille de Jeanne de Montbéliard, avec Albert d'Autriche.

1366 – Le nom de **Franche-Comté** apparaît pour la première fois dans un acte officiel. Les historiens ne sont pas d'accord sur sa signification. Il serait issu soit du surnom de « franc comte » attribué au comte de Bourgogne **Rainaud III** (1126-1148) qui refusa de prêter hommage à l'empereur d'Allemagne, soit à l'exonération de la Comté de toutes tailles et à la conservation de ses usages et traditions sous l'**Empire germanique** au 13e s., soit à une déformation de « France Comté » au 15e s. Les armes et devise de la Franche-Comté font toutefois pencher vers l'insoumission…

LA COMTÉ REDEVIENT BOURGUIGNONNE

1384-1477 – **Philippe le Hardi** (fils du roi de France Jean le Bon), qui a déjà reçu le Duché, épouse l'héritière de la Comté et prend ainsi possession de toute la Bourgogne. Il ouvre la fameuse dynastie des **grands ducs**, dont la puissance a dépassé celle des rois de France. Ses trois successeurs sont Jean sans Peur, Philippe le Bon et Charles le Téméraire. En Comté, ils matent durement la noblesse locale attachée à son indépendance, renforcent l'autorité du Parlement et des États, protègent les arts et les lettres.

1431 – Philippe le Bon s'empare de Belfort.

1461-1483 – Règne de Louis XI et courte occupation française de la Comté à partir de 1477.

RETOUR À L'EMPIRE : AUTONOMIE ET PAIX

1493 – Charles VIII rend la Comté à la maison d'Autriche et l'empereur

Maximilien la donne à son fils Philippe le Beau. À sa mort, son fils Charles d'Autriche est très jeune, et le pouvoir est confié à Marguerite d'Autriche qui va gouverner avec une sagesse souveraine.

Portrait de Charles V, dit Charles Quint.

1519 – Charles d'Autriche, qui possède déjà la Comté et les Flandres, par héritage de son père, devient roi d'Espagne et hérite à la mort de Maximilien des domaines des Habsbourg. À 19 ans, il est élu empereur d'Allemagne sous le nom de **Charles Quint**. Sous son règne, la Comté prospère, l'artisanat et le commerce se développent. Le Parlement est composé de familles comtoises, la plus illustre étant celle des **Perrenot de Granvelle**.

L'ascension de cette famille tient du prodige. Les Perrenot, issus du milieu rural de la vallée de la Loue, achètent leur affranchissement et s'installent à Ornans en tant qu'artisans. L'un d'eux, devenu notaire, envoie son fils Nicolas à l'université de Dole. Celui-ci devient avocat et est nommé conseiller au Parlement en 1518. Son ascension sociale se poursuit jusqu'au titre de chancelier de Charles Quint : l'empereur a une telle confiance en lui qu'il l'appelle son « lit de repos ». De ses charges successives, il tire une immense fortune et fait élever un vaste palais à Besançon *(voir ce nom)*. Ses fils et gendres occupent les meilleures places en Comté et à la Cour et le chancelier prépare son fils Antoine à sa succession :

homme d'Église et diplomate, le cardinal de Granvelle devient premier ministre des Pays-Bas, vice-roi de Naples et est le seul Comtois proche du souverain Philippe II d'Espagne.

1556-1598 – Charles Quint laisse la Comté à son fils **Philippe II**, roi d'Espagne. Celui-ci montre beaucoup moins de sollicitude envers les Comtois.

1598 – Après la mort de Philippe II, la Comté revient à sa fille Isabelle qui épouse l'archiduc d'Autriche. La province appartient aux archiducs jusqu'à la conquête française.

LA CONQUÊTE FRANÇAISE

1601 – Henri IV obtient du duc de Savoie, par échange avec un domaine italien, la Bresse, le Bugey, le Valromey et le pays de Gex.

1618 – Début de la **guerre de Trente Ans** entre la maison d'Autriche et la France. Assiégée par les Suédois à partir de **1632**, Belfort est dévastée.

1635 – Richelieu ordonne d'envahir la Comté qui a donné asile à Gaston d'Orléans, son ennemi. La **guerre de Dix Ans** ruine le pays.

1636 – Le comte de la Suze prend possession de Belfort au nom du roi de France.

1643-1715 – Règne de Louis XIV.

1648 – **Mazarin** fait évacuer la Comté et lui rend sa neutralité.

Le **traité de Westphalie**, qui met fin à la guerre de Trente Ans, ramène Belfort dans le giron de la France.

1659 – Ancienne ville frondeuse, Belfort est offerte au cardinal de Mazarin.

1668 – Louis XIV réclame la Comté comme partie de l'héritage de sa femme Marie-Thérèse, fille du défunt roi d'Espagne. Après une courte campagne, il doit quitter le pays et le restitue à l'Espagne.

1674 – En guerre avec l'Espagne, Louis XIV fait une nouvelle tentative sur la province et réussit à assurer sa domination. La **paix de Nimègue** (1678) ratifie la conquête. Besançon devient la capitale. L'histoire de la Comté fusionne alors avec celle de la France.

1687-1703 – **Vauban** dirige l'édification des fortifications de Belfort, qui devient une place forte importante entre Jura et Vosges.

COMPRENDRE LA RÉGION

RÉSISTANCES, RÉVOLUTIONS ET GUERRES

1715-1774 – Règne de Louis XV. Jusqu'en 1789, l'histoire comtoise se traduit par une résistance aux décisions qui émanent de la Cour de Versailles.

1789 – Situation insurrectionnelle en Franche-Comté : révolte des paysans contre les droits seigneuriaux.

1793 – L'administration révolutionnaire divise la Franche-Comté en trois départements : **Haute-Saône, Doubs** et **Jura**.

1804-1814 – Règne de Napoléon Ier.

1815 – Occupation du pays par des armées ennemies et réquisitions autrichiennes. Courageuse défense de Belfort (juin-juillet) par **Lecourbe**.

1870 – Le Second Empire s'achève dans la confusion de la guerre franco-prussienne. La IIIe République est proclamée le **4 septembre**.

Novembre 1870-février 1871 – Lors du siège de Belfort, la résistance héroïque du colonel **Denfert-Rochereau** devant 40 000 Prussiens force l'admiration de ses adversaires. Arrêté sur ordre du gouvernement de Thiers, son combat permettra cependant à la France de conserver le territoire de Belfort (**traité de Francfort**, **mai 1871**). Il est immortalisé par le célèbre Lion de Bartholdi.

Fin 19e s. - début 20e s. – La Franche-Comté se transforme en s'industrialisant. La révolution industrielle fait naître de grandes dynasties comme Peugeot et Japy, compensant la récession de l'horlogerie due à la **Première Guerre mondiale (1914-1918)**.

1922 – Le **Territoire de Belfort** devient le 90e département français.

1936 – Le vin d'Arbois acquiert son AOC, l'une des premières de France.

1940 – La **Seconde Guerre mondiale** débute par l'occupation allemande de la Franche-Comté, pour couper la retraite des armées françaises gagnant le Midi en longeant la frontière suisse.
La Franche-Comté se trouve divisée en deux par la ligne de démarcation, qui traverse le Jura du sud de Dole à Prémanon. Sa proximité avec la Suisse en fait une région de passage.

1943 – La **Résistance** se développe, particulièrement dans le sud *(voir Le Bugey)*, en raison de sa proximité avec Lyon. Nombreux parachutages ; atterrissages près de Lons-le-Saunier du chef de l'armée secrète le général Delestraint, de Jean Moulin, des Aubrac…

1944 – **Débarquement** des armées alliées en Normandie. L'armée de De Lattre de Tassigny arrive en septembre. En novembre, la conquête par les Alliés du nord du département du Doubs achève la **libération** de la Franche-Comté.

DE L'APRÈS-GUERRE À NOS JOURS

1953-1955 – Notre-Dame-du-Haut, dessinée par **Le Corbusier**, est construite à Ronchamps.

1964 – Le Jurassien **Léo Lacroix** remporte la médaille d'argent de descente aux jeux Olympiques d'Innsbruck.

1973 – La société horlogère **Lip** tente de licencier un tiers de ses employés à Besançon. L'usine, occupée, passe à l'autogestion, malgré la liquidation prononcée par le tribunal et l'ordre d'évacuation par le gouvernement. Elle est soutenue par une massive manifestation de rue.

1974 – **Edgar Faure**, député du Doubs, ancien député du Jura, devient le premier président de la région Franche-Comté.

1979 – Première édition de la **Transjurassienne**. Cette course de ski de fond de 76 km, reliant Lamoura

à Mouthe, est la seule course française à intégrer le classement de la Worldloppet (coupe du monde des courses longues distances).

1981 – **Besançon** est desservi à partir du 27 septembre par la première ligne du TGV en France.

1984 – **Jean-Pierre Chevènement**, député-maire de Belfort depuis 1973, devient pour la première fois ministre. Après l'Éducation nationale jusqu'en 1986, il sera ministre de la Défense (1988-1991), puis de l'Intérieur (1997-2000).

1986 et 1989 – Création des parcs naturels régionaux du Haut-Jura et des Ballons des Vosges.

1992 – Le Doubiste **Fabrice Guy** remporte une médaille d'or en combiné nordique aux jeux Olympiques d'Albertville.

2001 – Pontarlier peut à nouveau produire de l'absinthe ; les premières bouteilles sortent de distillerie en décembre. L'apéritif a été réhabilité un an auparavant, après une légère transformation de sa composition.

2003 – L'altitude du crêt de la Neige est validée par l'IGN à 1 720 m, faisant de lui officiellement le plus haut sommet des monts Jura, trois mètres devant Le Reculet.

2006 – La Doubiste **Florence Baverel-Robert** est médaillée d'or en biathlon aux jeux Olympiques de Turin.

Les aventuriers de l'esprit

Est-ce la rudesse du climat, la beauté sauvage des terroirs ou, découlant de ces deux atouts, une culture traditionnelle de lutte et d'inventivité ? Toujours est-il que la terre de Franche-Comté a forgé ou accueilli des caractères bien trempés, souvent animés par de grands idéaux et apportant dans tous les domaines la force de leur enthousiasme.

LES IDÉALISTES

Claude-Nicolas Ledoux (1736-1806)

Architecte ou idéaliste ? Le franc-maçon Claude-Nicolas Ledoux est les deux à la fois. Ses projets s'insèrent dans un projet de société, une vision du bonheur. Si ses premières interventions eurent lieu dans le domaine de l'architecture religieuse, (églises de Fouvent-le-Haut et La Roche), c'est dans la réalisation d'édifices liés à la vie économique qu'il exprima la plénitude de son inspiration. Son ouvrage le plus abouti reste la Saline royale d'Arc-et-Senans *(voir ce nom)*. Ses idées étonnent aujourd'hui par leur esthétisme moderne et leur démesure. Beaucoup d'entre elles, comme par exemple son projet de cité idéale à Chaux, ne furent jamais réalisées.

Claude-Nicolas Ledoux.

Toussaint Louverture (1743-1803)

C'est une histoire malheureuse qui amena **François-Dominique Toussaint Bréda**, dit Louverture, né esclave dans une plantation de Saint-Domingue, à connaître la Franche-Comté. Affranchi à 33 ans, il prend, avec l'aide des Espagnols, la tête des esclaves insurgés qui réclamaient leurs droits dans le sillage de la Révolution française. Rallié à la République après l'abolition de l'esclavage en 1794, il combat avec succès les troupes britanniques, qui évacuent l'île en 1798, se débarrasse habilement de la tutelle française et vainc militairement les troupes espagnoles pour unifier finalement Saint-Domingue, en 1801, et proclamer une constitution autonomiste. Ce sont les armées de Napoléon qui mettront fin à l'aventure : capturé en 1802, Toussaint Louverture finit ses jours au château de Joux.

Jean-Anthelme Brillat-Savarin (1755-1826)

C'est à Belley *(voir ce nom)* que naît en 1755 Jean-Anthelme Brillat-Savarin. Député à l'Assemblée constituante, il se fait remarquer par un trait fort de son caractère, rare en cette époque troublée : sa modération. C'est elle qu'il exprime dans un véritable manifeste de l'art de vivre, qui mêle philosophie, théorie scientifique et surtout art culinaire : *Physiologie du goût ou Méditations de gastronomie transcendante*.

Charles Fourier (1772-1837)

Né à Besançon dans une famille de commerçants aisés, Charles Fourier découvre que l'ordre social aliène l'homme ; les consommateurs sont dupés, les industries perverses, le travail du pauvre ne l'enrichit pas… Il élabore un programme d'harmonie universelle basé sur les **phalanstères**, hôtels entourés de bâtiments industriels. La vie communautaire qui y est instaurée doit permettre de faire converger les intérêts, de gagner du temps et de l'argent. Les salaires sont déterminés en fonction du capital (chacun investit), du talent et du travail, ce qui motive les travailleurs et augmente la production. Après 1830, le fouriérisme sera mis en application par deux de ses disciples, qui fonderont ensemble un phalanstère à Condé-sur-Vesgre, en région parisienne.

Pierre Joseph Proudhon (1809-1865)

« L'anarchie est la condition d'existence des sociétés actuelles, comme la hiérarchie est la condition des sociétés primitives » énonce quant à lui Pierre-Joseph Proudhon. Né à Besançon, il devient le premier des grands théoriciens du système anarchiste. Pour lui le capitalisme, l'étatisme, le théisme aliènent l'homme, suppriment ses libertés. Dans *Qu'est-ce que la propriété ?*, il écrit cette phrase célèbre : « La propriété, c'est le vol. »

Jean-Baptiste Baudin (1811-1851)

« Vous allez voir comment on meurt pour 25 francs ! » Passé à la postérité par sa dernière phrase, le Nantuatien Jean-Baptiste Baudin était député et tenta de résister au coup d'État de Louis-Napoléon Bonaparte. Dans le quartier parisien du faubourg Saint-Antoine, il soutient la révolte. Une barricade est montée, il pousse les ouvriers à la défendre. D'une fenêtre, une femme lui reproche de faire défendre son indemnité parlementaire (25 francs par jour). Il lui répond quand les premières balles sifflent, et le tuent. Son corps a été transféré au Panthéon sous la IIIe République.

Le Corbusier (1887-1965)

Charles-Édouard Jeanneret est né à La Chaux-de-Fonds, dans le Jura suisse. En 1920, il adopte le pseudonyme de **Le Corbusier**. Cet architecte novateur préconise une solution d'habitat collectif, vertical, et invente « la machine à habiter », fruit de ses réflexions sur les rapports de l'homme et de la machine. Dans ses réalisations révolutionnaires, il oppose les masses entre elles, mêle des matériaux différents et crée des jeux de lumière sur un béton brut dont il tire toutes les possibilités plastiques. Son œuvre ne se limite pas à l'Europe, et on trouve également son empreinte en Malaisie, aux États-Unis, au Japon, en Inde. Controversé ou loué, Le Corbusier est l'un des grands maîtres de l'urbanisme du 20e s.

LES DÉCOUVREURS ET INVENTEURS

Claude-François de Jouffroy d'Abbans (1751-1832)

S'ils peuvent être novateurs dans les idées, les Francs-Comtois sauront les appliquer aux techniques et à la science. Et pour commencer, sur les bateaux. Des bateaux, si loin des côtes ? C'est sur le Doubs, à Baume-les-Dames *(voir ce nom)*, qu'eurent lieu les premiers essais en miniature du bateau à vapeur. Le marquis Claude-François de Jouffroy d'Abbans en est l'ingénieux inventeur. Quatre ans plus tard, il passe aux essais grandeur nature sur la Saône. Le bateau à vapeur sera à l'origine d'une révolution considérable dans le domaine de la navigation.

François-Xavier Bichat (1771-1802)

Les découvertes de François-Xavier Bichat, originaire de Nantua, font de lui l'un des plus grands anatomistes et physiologistes de l'histoire. Il développa l'enseignement médical avant de se consacrer tout spécialement à la physiologie, découvrit que des organes différents peuvent contenir un même tissu et contribua à différencier des pathologies jusqu'alors confondues. Il est ainsi à l'origine de la révolution médicale de la fin du 18e s. et du début du 19e s.

Georges Cuvier (1769-1832)

Né à Montbéliard, influencé par les idées de Buffon, le baron Georges Cuvier consacre sa vie à l'anatomie comparée. De ses études de terrain sur les fossiles, il déduit la loi de corrélation des formes qui permet de reconstituer un squelette à partir de fragments. Créateur de la paléontologie, il établit les lois pour déterminer l'âge des couches terrestres à partir des débris qu'elles contiennent. Professeur au Collège de France, membre de l'Académie française, son ouvrage *Leçons d'anatomie comparée* marquera l'histoire des sciences.

HISTOIRE

Portrait de Louis Pasteur, par Callot.

Louis Pasteur (1822-1895)

L'un des plus grands scientifiques que l'humanité ait produits est né à Dole. Louis Pasteur commence pourtant discrètement ; réfléchi jusqu'à donner l'apparence de la lenteur, travailleur, consciencieux, il ne compte que parmi les élèves moyens. En 1843 commence, avec l'École normale, la carrière qui le révèle. Il débute par la science pure, et ses études sur la géométrie des cristaux sont remarquées. Puis il aborde les problèmes pratiques. Ses recherches sur les fermentations l'amènent à préserver le vin, la bière, le vinaigre des maladies ruineuses (la pasteurisation). Par ses observations sur le ver à soie, il sauve la sériciculture ; par ses vaccins, il guérit la rage chez l'homme, le charbon chez les animaux. Ses théories microbiennes ont révolutionné la chirurgie et la médecine ; l'antisepsie, l'asepsie, l'isolement des malades en découlent. Pasteur a également ouvert la voie à la thérapeutique par les sérums *(voir Arbois, Dole)*. Il fallait qu'il soit poussé par un grand idéal pour dépasser ses peurs. Il avouait en effet : « Alors même que j'aurai multiplié les exemples de prophylaxie de la rage chez les chiens, il me semble que la main me tremblera quand il faudra passer à l'espèce humaine. »

Alexandre-Henri Mouhot (1826-1861)

Même sens du dépassement sans doute chez les grands aventuriers de Franche-Comté. Aujourd'hui encore, Angkor Vat, chef-d'œuvre khmer datant du 12e s., est l'un des plus grands sites archéologiques au monde. Il était enfoui sous une végétation épaisse lorsqu'il fut découvert par Alexandre-Henri Mouhot. Né à Montbéliard, cet explorateur passa la majeure partie de sa vie à courir le monde. Après avoir visité la Russie, l'Allemagne et l'Italie, il explora le Siam, l'Indochine et le Cambodge entre 1856 et 1861. Il mourut lors de sa dernière expédition au Laos. Ce pays a érigé un monument à son souvenir, et son successeur breton Auguste Pavie dit de lui qu'il fut celui « qui, au Laos, fit le premier aimer le nom de français ».

Étienne Oehmichen (1884-1955)

La Franche-Comté est décidément une terre d'inventeurs. Étienne Oehmichen, qui vécut une trentaine d'années dans le pays de Montbéliard, demeurera le premier homme à avoir parcouru un kilomètre en circuit fermé à bord d'un hélicoptère de sa construction.

Paul-Émile Victor (1907-1995)

À mille lieues de là, Paul-Émile Victor est devenu un spécialiste mondialement reconnu des expéditions polaires en Arctique, puis en Antarctique (terre Adélie). Né à Genève, il a passé toute son enfance à Lons-le-Saunier. Il s'installe en Polynésie en 1977, avec sa famille, pour peindre, écrire et exposer, après de nombreux séjours chez les Inuits. Si loin de ses racines, il se souvenait : « Avait surgi en moi une sensation précise, parfaitement définie, olfactive ; les trois parfums caractéristiques du Jura dont je viens ; les sapins vernis de pluie couvant les fourmilières aux effluves douçâtres, les buis sur les collines à l'odeur de silex baignant dans l'air qui chante, les cyclamens dans les creux d'ombre où la terre reste veloutée malgré l'impertinence du soleil. » *(La Voie lactée).*

Jules Grévy (1807-1891)

Né à Mont-sous-Vaudrey (Jura), le jeune Jules Grévy commence ses études à Dole et les termine à Paris où il obtient une licence de droit et devient avocat. Sa carrière politique débute à la suite de la révolution de 1848. D'abord nommé commissaire de la République dans le Jura, il en est ensuite élu député en avril 1848. Le 30 janvier 1879, le président de la République Mac-Mahon démissionne. Le jour même, les parlementaires élisent Jules Grévy à la présidence française qu'il exerce jusqu'en 1887.

COMPRENDRE LA RÉGION

ART ET CULTURE

La Franche-Comté a su conserver un exceptionnel patrimoine bâti. Au-delà de l'architecture religieuse, souvent mise à mal par le passé tourmenté de la région, mais dont il reste de beaux clochers aux tuiles vernissées, c'est l'habitat traditionnel qui a été préservé et mis en valeur. Le patrimoine militaire est également très important : forts et fortifications chargés d'histoire vous révéleront leurs secrets. Les influences flamandes et bourguignonnes se ressentent dans la peinture et la statuaire, comme dans l'architecture civile. Terre rude, mais attachante, le pays a été la source d'inspiration de nombreux écrivains et musiciens de talent.

Chapelle Notre-Dame-du-Haut, à Ronchamp.

Architecture

Terre de passage et d'échanges, territoire stratégique, la Franche-Comté a vu s'édifier forteresses et châteaux. Ceux-ci témoignent, aujourd'hui encore, des événements qui ont marqué la région et n'ont pas épargné son patrimoine religieux.

LES ÉGLISES

Le patrimoine architectural religieux de Franche-Comté doit beaucoup aux fondations monastiques, très nombreuses pendant tout le Moyen Âge. Elles ont contribué à la valorisation du patrimoine naturel et bâti de la région, attirant ainsi les populations.

Les églises répondent très souvent aux canons des ordres qui les régissaient : les bénédictins implantèrent un art primitif inspiré des basiliques italiennes, les clunisiens favorisèrent certainement l'influence de l'architecture bourguignonne, tandis que les cisterciens propagèrent le chevet plat de Cîteaux et ouvrirent la voie à l'art gothique.

Un art roman influencé

Il n'existe pas d'art roman proprement comtois. L'église de la période romane, d'un **type primitif**, emprunte des éléments à l'art bourguignon et à l'art lombard. Elle est généralement de plan basilical avec un transept peu saillant. Le chœur est clos par une abside en hémicycle, flanquée de deux absidioles ouvrant sur le transept, ou se termine par un chevet plat (église de Courtefontaine). De grandes arcades reposent sur de lourdes piles carrées, rondes ou octogonales, dépourvues de chapiteaux. La croisée du transept est surmontée d'une coupole ou du clocher. Les églises comtoises se caractérisent par leur sobriété, encore accentuée par l'absence quasi totale de décoration. Seules de hautes bandes lombardes réunies par quelques arcatures produisent un certain effet décoratif.

La cathédrale Saint-Jean de Besançon est le seul vestige ou presque de l'**influence rhénane carolingienne** en Franche-Comté. La région a payé un lourd tribut aux nombreux conflits qui ont fortement altéré son patrimoine et peu d'églises ont été vraiment préservées. Les églises de Saint-Hymetière et de Saint-Lupicin (début 12e s.), celle de Boussières et la crypte de Saint-Désiré à Lons-le-Saunier en sont les témoins les mieux conservés.

Un art gothique tardif

Le style gothique a eu du mal à s'imposer face au style roman en Franche-Comté. La fin du 13e s., qui marque ailleurs la fin de la grande période de création gothique, emprunte encore des caractéristiques romanes sur les édifices adoptant le « **nouveau style** ». Saint-Anatoile de Salins, avec son portail en plein cintre, son triforium à arcatures romanes et ses grandes arcades à arc en ogive, est l'église qui reflète le mieux cette période de transition. Le goût persistant pour le plein cintre donne aux églises comtoises un caractère qui leur est propre.

Le gothique ne connut sa véritable extension en Franche-Comté qu'en adoptant les formes flamboyantes vers le milieu du 15e s. L'**église comtoise flamboyante** se compose de trois hautes nefs aveugles séparées par d'élégantes arcades en tiers-point soutenues par des piliers ronds, le long desquels s'engagent les nervures des voûtes et les moulures des arcades. Elle est surmontée d'un clocher monumental. De grandes baies éclairent un chœur profond à cinq pans (cathédrale de Saint-Claude, collégiale de Poligny) cerné par deux chapelles. La mesure et la sobriété propres à l'esprit comtois ont su éviter les manifestations exubérantes qui, ailleurs, ont souvent caractérisé le gothique flamboyant : les voûtes à liernes et tiercerons sont rares (la basilique Notre-Dame de Gray en donne cependant un exemple) et seules les chapelles seigneuriales (Mièges) s'ornent d'importantes clefs pendantes.

Renaissance et art classique : période des grands chantiers

L'apport de la Renaissance italienne ne toucha que très superficiellement et très tardivement l'architecture religieuse comtoise. Les nouvelles formes apparaissent essentiellement sur les annexes des édifices : chapelles des églises à Pesmes ou portes d'entrée au collège de l'Arc à Dole.

L'**art classique**, également freiné par la persistance du gothique, ne s'épanouit pleinement qu'après 1674. La destruction de nombreuses églises pendant la guerre de Dix Ans (1633-1643), associée à la petitesse et au mauvais état des églises léguées par le Moyen Âge, explique le nombre considérable de constructions entreprises jusqu'à la Révolution. L'élément le plus caractéristique de cette période et le plus typique de l'architecture religieuse comtoise est le clocher formant porche, coiffé d'un **dôme à l'impériale**, c'est-à-dire à quatre contre-courbes, couvert de tuiles vernissées, qui fut la norme jusque dans la seconde moitié du 19e s. et dont on dénombre près de 700 exemplaires dans la région.

Trois plans prédominent : l'église à nef unique, avec ou sans transept, l'église à plan centré et l'église-halle à trois nefs d'égale hauteur. L'intérieur est souvent peint de blanc. L'ordonnance de façade s'anime de frontons, de pilastres et de colonnes. La fin du 18e s. et la première moitié du 19e s. adoptent le style néo-classique, au décor simple, voire austère. Comme dans les temples antiques, la ligne droite a supplanté la courbe.

Art contemporain : un renouveau spirituel

La Franche-Comté peut s'enorgueillir d'avoir été le théâtre d'un **renouveau** de l'art religieux. Dans les années 1950 et 1960, d'importantes créations architecturales ont vu le jour notamment à Audincourt, Ronchamp et Dole (église Saint-Jean-l'Évangéliste). La volonté de mettre en valeur la spiritualité de ces lieux est souvent sensible dans l'élan plastique des formes et la maîtrise des effets décoratifs de la lumière. Dans le même esprit, de nombreux artistes, tels Manessier, Gabriel Saury, Bazaine, Le Moal, Fernand Léger ou Jean Ricardon, ont contribué à faire vivre ou revivre des édifices grâce à leurs vitraux, sculptures, mosaïques ou tapisseries.

FORTERESSES, DEMEURES ET FONTAINES

Souvent ravagée par les guerres et les invasions, la province s'employa à reconstruire durant les périodes de répit. Mais les grands chefs-d'œuvre demeurent peu nombreux. La sobriété des ouvrages comtois ne saurait néanmoins les priver d'un charme particulier, parfois enrichi d'influences extérieures.

Époque gallo-romaine

La Séquanie était riche, mais elle ne résista pas aux **invasions** des 9e et 10e s., aussi ne reste-t-il que bien peu de vestiges de son glorieux passé. L'arc de triomphe que les Bisontins appellent porte Noire, la voie romaine de Boujailles, les vestiges du théâtre de Mandeure près de Montbéliard constituent à peu près les seuls témoins de cette période.

Moyen Âge : l'apogée du château fort

Après la désagrégation de l'autorité carolingienne, les seigneurs affirment leur pouvoir local et construisent leurs châteaux. Emprunté aux peuples nordiques, le **donjon** ou **château à motte** (11e s.) reste très sommaire. Il se compose d'une motte (tertre de terre) entourée d'un fossé et surmontée d'une tour en bois quadrangulaire. Des **forteresses de pierre**, édifiées principalement sur des hauteurs (Pesmes, Champlitte), voient ensuite le jour : l'enceinte abrite les bâtiments de service et d'habitation ; le donjon y reste le point fort.

Le 13e s. marque l'apogée du château fort. L'habitat seigneurial devient la **maison forte**. Située à l'écart des villages, elle repose sur une plate-forme artificielle entourée d'un fossé en eau. Les bâtiments (logis et communs) se répartissent autour d'une cour centrale.

Les 14e et 15e s. ne furent pas propices aux châteaux : la guerre de Cent Ans provoqua de larges destructions. Le château du Pin (15e s.), admirablement conservé, offre un témoignage intéressant de l'architecture militaire médiévale.

Renaissance : prospérité et influences italiennes

Au 16e s., avec le retour de la paix et de la prospérité, de nombreux châteaux subissent des transformations : amélioration de leur défense pour parer à la récente invention du boulet de métal, renforcement des remparts, percement de canonnières, édification de tours d'artillerie protégeant l'entrée.

L'aristocratie préfère souvent la ville et le confort de ces **hôtels particuliers** où s'exprime véritablement l'art de la Renaissance. L'architecture civile s'ouvre aux formes venues d'Italie, comme en témoigne le palais de Perrenot de Granvelle, construit à Besançon vers 1534. La Franche-Comté s'enrichit de monuments aux façades à ordres superposés (hôtel de ville de Gray). Des frontons apparaissent au-dessus des fenêtres, remplaçant progressivement les arcs en accolade. Au rez-de-chaussée, l'arc en anse de panier, utilisé pour les portes ou les galeries ouvertes, introduit un rythme sans doute d'inspiration espagnole (cour intérieure du palais Granvelle à Besançon).

Le renouveau architectural s'illustre dans la **décoration florale** (façade du château de Champlitte). Connu pour ses réalisations bourguignonnes, l'architecte décorateur Hugues Sambin (1518-1601), né près de Gray, a fait de la façade polychrome du palais de justice de Besançon (1581) son chef-d'œuvre comtois.

Époque classique : l'œuvre de Vauban

Au 17e s., la Comté est meurtrie par la guerre de Dix Ans. Ce n'est qu'après 1678, date du rattachement de la province à la France, que l'architecture prend un nouvel élan. La position stratégique de la région oblige le royaume à envisager une véritable politique de fortification dont la mise en œuvre est confiée à Vauban. Bien qu'en partie détruite, l'œuvre monumentale de Vauban a modelé certaines zones du paysage franc-comtois. Le grand mérite de l'architecte royal est d'avoir mené à son apogée la conception du **tracé bastionné**, dont le principe consiste à encadrer une courtine de deux bastions de façon qu'ils se protègent mutuellement. Il sut parfaitement l'adapter au relief de chaque site, aussi bien pour les enceintes urbaines (Belfort, ses tours et ses casemates, Besançon) que pour les forts (fort Saint-André de Salins-les-Bains).

L'architecture civile s'épanouit réellement au 18e s., période très féconde pour l'art comtois. Le projet le plus original de cette époque est la Saline royale d'Arc-et-Senans, conçue comme une **ville idéale** par l'architecte visionnaire Ledoux (seule une dizaine de bâtiments, sur la centaine prévue, a été construite). Les châteaux (dont le plan type est en fer à cheval comme à Moncley), les hôtels particuliers et les édifices civils présentent des façades parfaitement symétriques, percées de grandes ouvertures surmontées de frontons triangulaires ou arrondis. Ces monuments, qui atteignent pour certains la perfection avec le style Louis XVI, se caractérisent également par leurs hauts toits traditionnels.

Après la Révolution : le temps des mairies

En 1789, même la plus petite des communes devient un relais de l'administration. Il faut donc à toutes un bâtiment. Le nombre de ces constructions municipales de prestige est important jusqu'en 1870. De 1808 à 1852, le Conseil des bâtiments civils auprès des préfets contrôle l'esthétique des travaux selon la mode **néoclassique** de l'époque. De nombreuses mairies, maisons communes, mais aussi fontaines-mairies et lavoirs sont élevés, révélant des architectes comme Louis Moreau (voir Vesoul) et Alphonse Delacroix (voir Gy).

ART ET CULTURE

ABC d'architecture

Les dessins présentés dans les planches qui suivent offrent un aperçu visuel de l'histoire de l'architecture dans la région et de ses particularités. Les définitions des termes d'art permettent de se familiariser avec un vocabulaire spécifique et de profiter au mieux des visites des monuments religieux, militaires ou civils.

Architecture religieuse

FAVERNEY – Plan de l'église abbatiale (12ᵉ - 17ᵉ s.)

Modifiée au cours des siècles, l'église a connu ses heures de gloire au 17ᵉ s. grâce au fameux miracle des Hosties ; une chapelle, à gauche du chœur, lui est d'ailleurs consacrée.

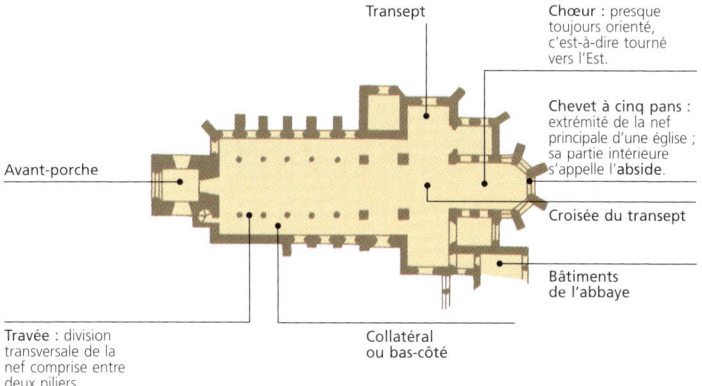

- Transept
- **Chœur** : presque toujours orienté, c'est-à-dire tourné vers l'Est.
- **Chevet à cinq pans** : extrémité de la nef principale d'une église ; sa partie intérieure s'appelle l'**abside**.
- Avant-porche
- Croisée du transept
- Bâtiments de l'abbaye
- **Travée** : division transversale de la nef comprise entre deux piliers
- Collatéral ou bas-côté

SAINT-HYMETIÈRE – Église (11ᵉ - 17ᵉ s.)

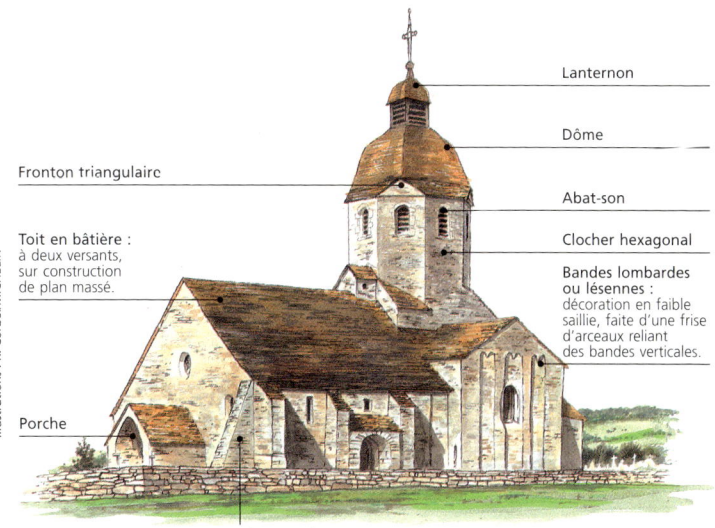

- Lanternon
- Dôme
- Fronton triangulaire
- Abat-son
- **Toit en bâtière** : à deux versants, sur construction de plan massé.
- Clocher hexagonal
- **Bandes lombardes ou lésennes** : décoration en faible saillie, faite d'une frise d'arceaux reliant des bandes verticales.
- Porche
- **Contrefort** : renfort extérieur d'un mur, faisant saillie et engagé dans la maçonnerie.

COMPRENDRE LA RÉGION

MIÈGES – Chapelle des Chalon

Seules quelques chapelles seigneuriales, telle celle des Chalon, offrent ces splendides décors flamboyants très rares en Franche-Comté.

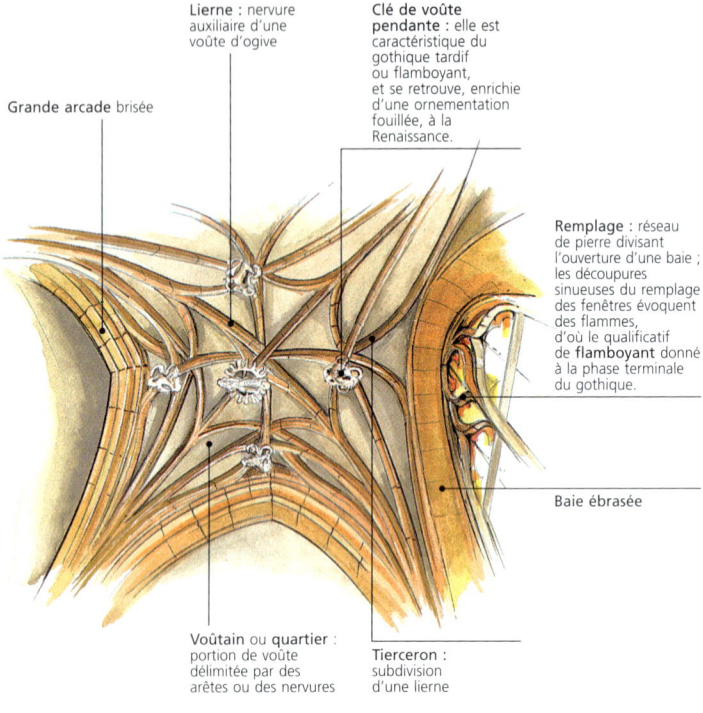

- **Lierne** : nervure auxiliaire d'une voûte d'ogive
- **Clé de voûte pendante** : elle est caractéristique du gothique tardif ou flamboyant, et se retrouve, enrichie d'une ornementation fouillée, à la Renaissance.
- **Grande arcade** brisée
- **Remplage** : réseau de pierre divisant l'ouverture d'une baie ; les découpures sinueuses du remplage des fenêtres évoquent des flammes, d'où le qualificatif de **flamboyant** donné à la phase terminale du gothique.
- **Baie ébrasée**
- **Voûtain** ou **quartier** : portion de voûte délimitée par des arêtes ou des nervures
- **Tierceron** : subdivision d'une lierne

PONTARLIER – Portail de la chapelle des Annonciades (1725)

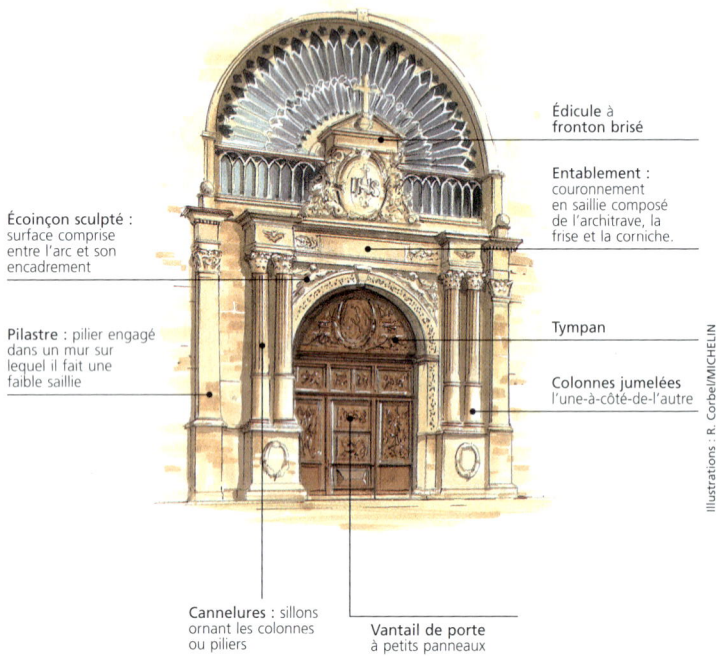

- **Édicule** à fronton brisé
- **Entablement** : couronnement en saillie composé de l'architrave, la frise et la corniche.
- **Écoinçon sculpté** : surface comprise entre l'arc et son encadrement
- **Pilastre** : pilier engagé dans un mur sur lequel il fait une faible saillie
- **Tympan**
- **Colonnes jumelées** l'une-à-côté-de-l'autre
- **Cannelures** : sillons ornant les colonnes ou piliers
- **Vantail de porte** à petits panneaux

Illustrations : R. Corbel/MICHELIN

ART ET CULTURE

LUXEUIL-LES-BAINS – Orgue de l'ancienne abbaye St-Colomban

Construit entre 1617 et 1680, cette magnifique tribune d'orgue fut en partie réalisée par un artiste breton, Jean Dogadec.

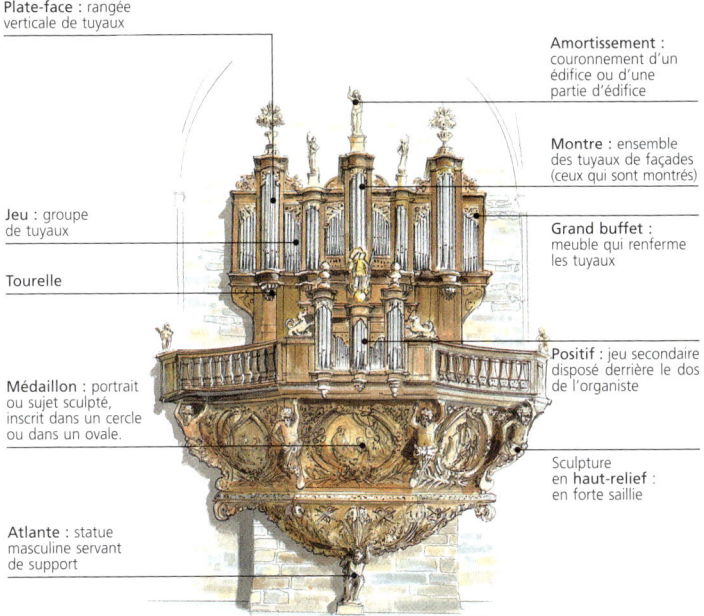

- **Plate-face** : rangée verticale de tuyaux
- **Jeu** : groupe de tuyaux
- **Tourelle**
- **Médaillon** : portrait ou sujet sculpté, inscrit dans un cercle ou dans un ovale.
- **Atlante** : statue masculine servant de support
- **Amortissement** : couronnement d'un édifice ou d'une partie d'édifice
- **Montre** : ensemble des tuyaux de façades (ceux qui sont montrés)
- **Grand buffet** : meuble qui renferme les tuyaux
- **Positif** : jeu secondaire disposé derrière le dos de l'organiste
- Sculpture en **haut-relief** : en forte saillie

CHAUX-NEUVE – Maître-autel de l'église Saint-Jacques

Assez différents des retables de Haute-Saône, les retables du Doubs sont d'une richesse qui rappelle les décors baroques de Suisse ou des Alpes.

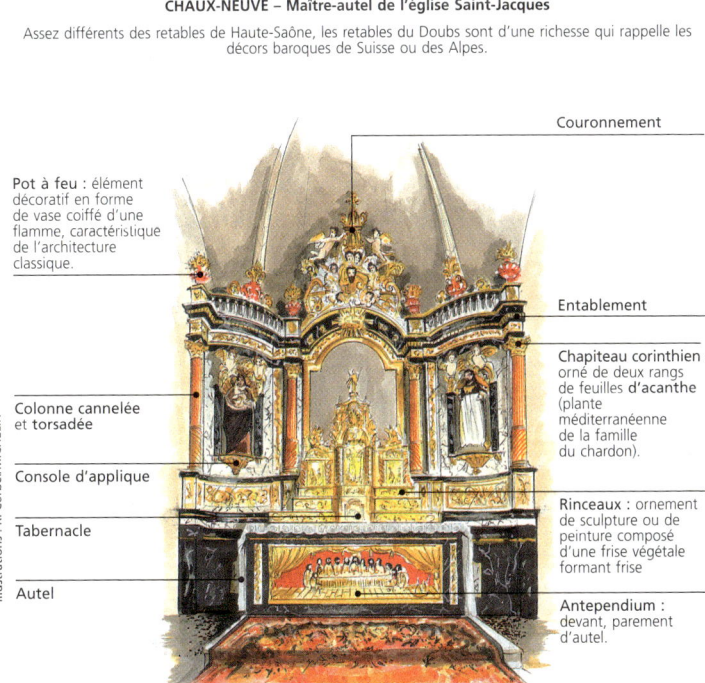

- **Pot à feu** : élément décoratif en forme de vase coiffé d'une flamme, caractéristique de l'architecture classique.
- **Colonne cannelée et torsadée**
- **Console d'applique**
- **Tabernacle**
- **Autel**
- **Couronnement**
- **Entablement**
- **Chapiteau corinthien** : orné de deux rangs de feuilles d'acanthe (plante méditerranéenne de la famille du chardon).
- **Rinceaux** : ornement de sculpture ou de peinture composé d'une frise végétale formant frise
- **Antependium** : devant, parement d'autel.

Illustrations : R. Corbel/MICHELIN

Architecture militaire

CLÉRON – Château (14ᵉ s.)

Cet ancien château féodal remanié borde l'impétueuse rivière de la Loue qui constitue une douve très efficace.

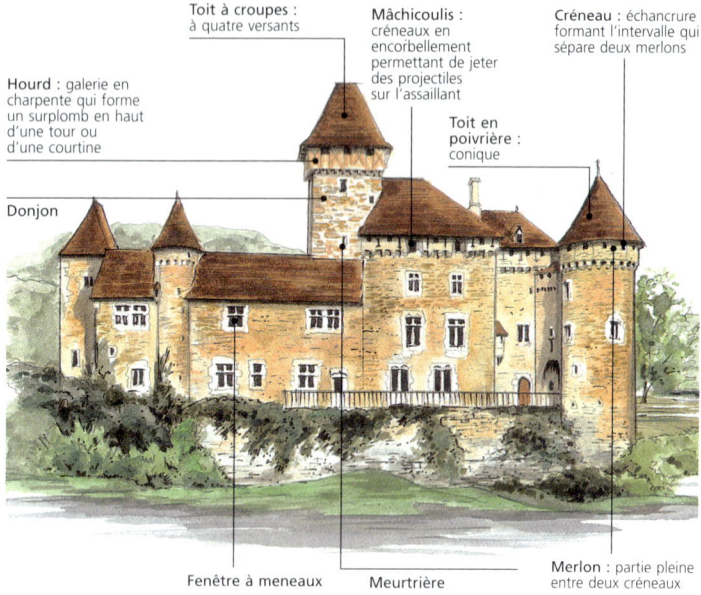

- **Toit à croupes :** à quatre versants
- **Mâchicoulis :** créneaux en encorbellement permettant de jeter des projectiles sur l'assaillant
- **Créneau :** échancrure formant l'intervalle qui sépare deux merlons
- **Hourd :** galerie en charpente qui forme un surplomb en haut d'une tour ou d'une courtine
- **Toit en poivrière :** conique
- **Donjon**
- **Merlon :** partie pleine entre deux créneaux
- **Fenêtre à meneaux**
- **Meurtrière**

BESANÇON – La citadelle

Merveille de fortifications perchée à 118 m au-dessus du Doubs, la citadelle de Besançon a été achevée par Vauban au 17ᵉ s.

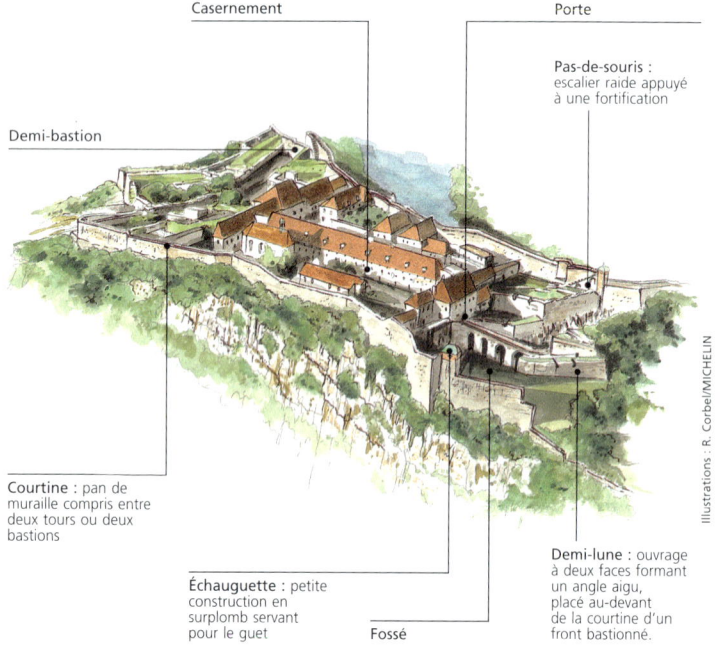

- **Casernement**
- **Porte**
- **Pas-de-souris :** escalier raide appuyé à une fortification
- **Demi-bastion**
- **Courtine :** pan de muraille compris entre deux tours ou deux bastions
- **Échauguette :** petite construction en surplomb servant pour le guet
- **Fossé**
- **Demi-lune :** ouvrage à deux faces formant un angle aigu, placé au-devant de la courtine d'un front bastionné.

ART ET CULTURE

Architecture civile

GRAY – Hôtel de ville (1567-1572)

Ce superbe édifice public à portique n'a perdu que les meneaux de ses fenêtres et ses gargouilles de plomb. Le portique accueillait autrefois quelques boutiques.

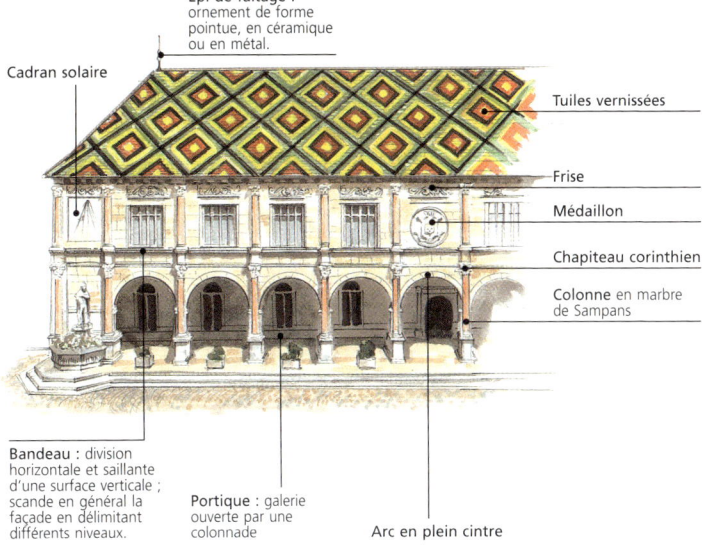

Saline royale d'ARC-ET-SENANS – Maison du Directeur

Création utopique d'un architecte hors norme, C.-N. Ledoux, la saline est centrée autour de la maison du Directeur qui représente l'autorité.

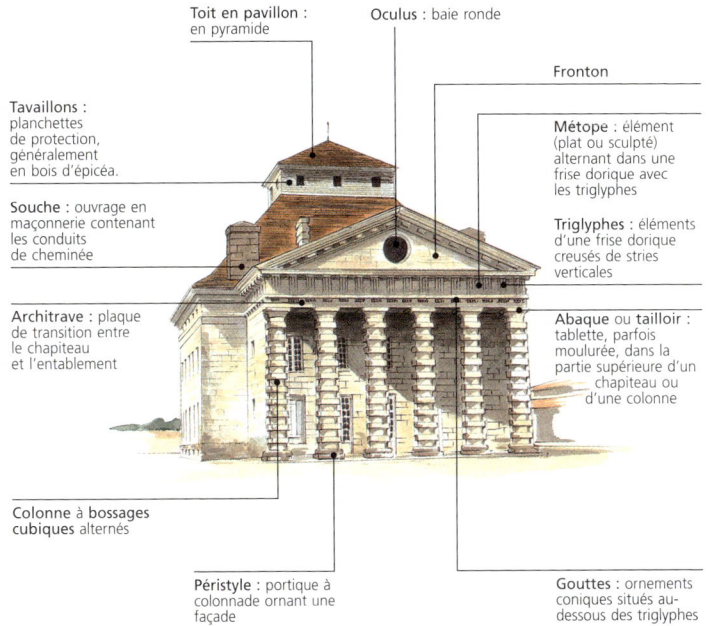

COMPRENDRE LA RÉGION

SYAM – Villa palladienne

C'est un maître des forges, J.-E. Jobez, qui fit construire cette villa vers 1825. Il s'est fortement inspiré des villas italiennes réalisées par Palladio au 16e s.

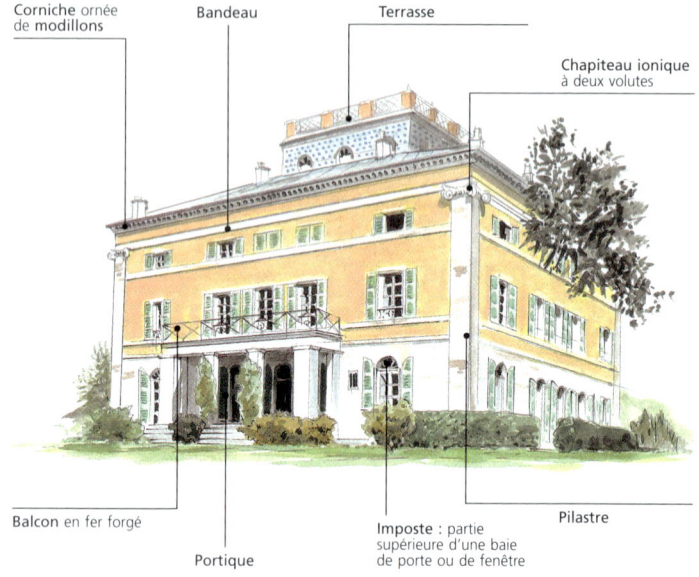

- Corniche ornée de modillons
- Bandeau
- Terrasse
- Chapiteau ionique à deux volutes
- Balcon en fer forgé
- Portique
- Imposte : partie supérieure d'une baie de porte ou de fenêtre
- Pilastre

VOUGLANS – Barrage

Noyant une partie de la vallée de l'Ain, le barrage de Vouglans est un ouvrage majeur qui forme une des plus importantes retenues de France (3e).

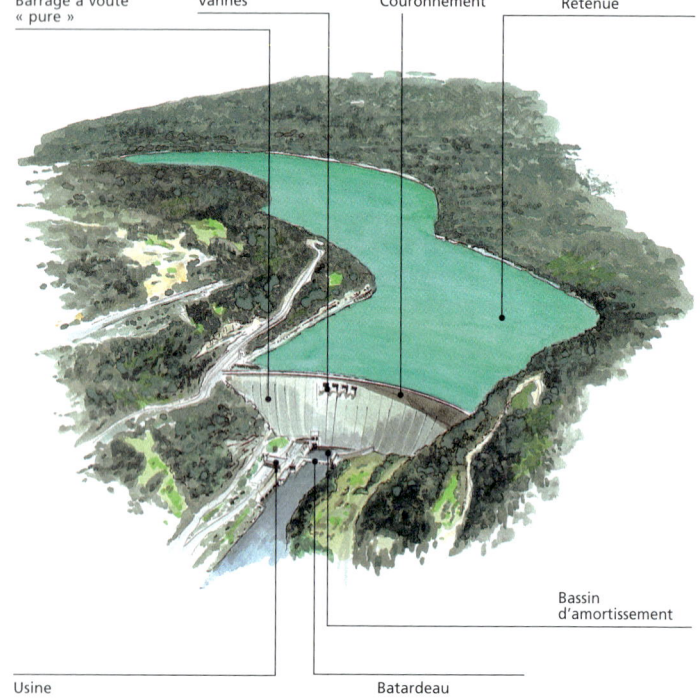

- Barrage à voûte « pure »
- Vannes
- Couronnement
- Retenue
- Bassin d'amortissement
- Usine
- Batardeau

Illustrations : R. Corbel/MICHELIN

Architecture rurale

L'architecture rurale comtoise est le reflet de la diversité des terroirs, des modes de vie, de l'esthétique locale, de l'influence des régions voisines. Dans les grandes régions de montagne, des plateaux et du vignoble, les activités des hommes ont façonné des types d'habitation bien définis et les modes de construction sont restés liés à la nature des matériaux disponibles localement.

En Bresse comtoise, l'utilisation du bois caractérise l'habitat, tandis que sur les terres plus élevées, la pierre reste le matériau de base. Des évolutions concernant la construction et la fonction des maisons sont en revanche très perceptibles. Les constructions contemporaines empruntent les traits essentiels à la tradition mais sont moins massives et plus uniformes. Les maisons de montagne, dont la configuration n'est plus assez adaptée aux activités agricoles, deviennent de plus en plus souvent les résidences secondaires des citadins.

LA MAISON DE MONTAGNE

Trapue et ramassée, la maison de montagne, n'ayant pas de prise au vent, peut affronter le climat du Haut-Jura particulièrement rude. Ses murs de pierre, épais, sont percés de fenêtres minuscules. De part et d'autre de la façade, se trouvent des avancées, les **coches**, qui protègent les portes du froid. Les façades exposées aux intempéries sont protégées par des **tavaillons** (lamelles de bois). Les **ancelles** (grandes lamelles) recouvraient autrefois la vaste toiture. Elles ont été peu à peu remplacées par la tôle ou la tuile en terre cuite, qui a gagné toutes les régions, se substituant aux **tuiles plates** du pays dolois ou aux **lauzes** du sud Revermont.

En zone de montagne, l'élevage est prédominant, et l'habitat jouxte une vaste étable où les bêtes se nourrissent pendant l'hiver. À l'étage s'étend la grange, dont l'ouverture, ou **revêtue**, permet de déverser directement le fourrage dans l'étable, en contrebas.

LE GRENIER FORT

Quelques fermes du Haut-Jura possèdent encore leur grenier fort. Cette petite maison, se situant à quelques mètres de la ferme principale, avait pour fonction de contenir graines, papiers administratifs, objets de valeur, bijoux… Elle servait ainsi de **coffre-fort**. En cas d'incendie, le plus important était alors préservé. De plus, rares étaient les greniers forts à être cambriolés tant les portes et les serrures étaient difficiles à forcer.

LA FERME DU HAUT-DOUBS

Sa grande caractéristique est sans conteste son **tuyé** ou « tué », immense cheminée située au centre de l'habitation et destinée au fumage des salaisons. À même le sol se trouve l'**âtre** où le sapin, l'épicéa ou le genévrier brûlent doucement sous les saucisses et jambons suspendus. L'ouverture de la cheminée s'orientait en fonction de la direction du vent. Le tuyé permettait également de chauffer toute l'habitation. De nos jours, les fermes à tuyé ne servent plus que pour les salaisons, et ont davantage un côté touristique que fonctionnel.

LA FERME DES VOSGES SAÔNOISES

Anciennement recouvertes d'une toiture en grès, ces fermes étaient souvent divisées en trois parties : la **grange**, le **logement** et l'**écurie**. La porte centrale, souvent bien décorée, devait être assez grande pour le passage des chars de foins.

LA MAISON DES PLATEAUX

Elle est généralement plus haute que la maison de montagne et coiffée d'un toit rectangulaire, aux extrémités rabattues (toit en **croupe à pan**), recouvert de tuiles comtoises. C'est une maison très longue, dont les ouvertures de la façade correspondent au **logement**, séparé de l'**étable** par la **grange**, à laquelle on accède latéralement par une porte.

LA MAISON VIGNERONNE

Elle se distingue de la maison des plateaux par ses dimensions plus modestes et par la place importante réservée aux **caves**. Il n'est d'ailleurs pas rare de les voir correspondre entre elles, créant ainsi de véritables souterrains sous les villages. Elles sont soit voûtées et enterrées, soit de plain-pied. On accède alors à l'habitat, situé immédiatement au-dessus, par un **escalier** de pierre, souvent extérieur, agrémenté d'une treille et abrité par l'avancée du toit. **Celliers** à porte cintrée, **corniches**, **œils de bœufs**… sont autant de détails architecturaux qui font la singularité de la maison du vignoble.

LES FONTAINES

Nombreuses, en particulier dans le Doubs et en Haute-Saône, elles sont avec les églises classiques les éléments les plus marquants des villages comtois. Construites pour la plupart au 19e s., imprégnées de néoclassicisme, elles associent généralement les fonctions de fontaine, **lavoir, abreuvoir** et parfois de **mairie** (fontaine de Beaujeu).

Au centre de la vie rurale, elles furent à la fois le point de rencontre obligé des personnes et des bêtes, et la proclamation aux yeux de tous de la richesse communale. Les plus simples restent découvertes et parfois surmontées d'une colonne centrale. D'autres sont abritées par de hauts toits soutenus par des piliers droits, des colonnes ou des arcades (fontaine de Gy, de Bucey-lès-Gy, de Frasne-le-Château). Elles peuvent aussi se présenter sous la forme de petits temples ronds (fontaine de Loray, de Confracourt) ou de nymphées en hémicycle.

Un mobilier aux diverses influences

La variété des formes et des décors du mobilier comtois traduit clairement les influences des régions limitrophes. La Lorraine, la Bourgogne et la Bresse, la Suisse et l'Allemagne ont souvent suppléé une production régionale assez pauvre. Le mobilier comtois ne se développe réellement qu'aux 18e et 19e s., avec la fameuse **horloge comtoise** et l'**armoire à deux corps**. Le chêne, le noyer et le sapin sont les essences les plus utilisées. D'autres bois sont employés de manière plus locale ou spécifique : le cerisier domine en Haute-Saône et dans le Jura ; le buis, le poirier et le prunier sont recherchés pour les incrustations et le marquetage.

Arts et lettres

Si la peinture et la sculpture ont été marquées par les influences bourguignonnes et flamandes, la créativité comtoise s'est pleinement exprimée dans les domaines littéraires et musicaux. Pépinière de talents, la région a même vu naître les créateurs du cinéma moderne…

PEINTURE

Elle a, dès les 12e et 13e s., une vocation essentiellement religieuse, alors que la sculpture n'en est qu'à ses balbutiements. Les 14e et 15e s. voient se diffuser, parallèlement à l'art pictural proprement dit, un art du **retable** qui dénote des influences essentiellement flamandes (retable de la Passion du musée de Besançon). Mais l'élan de ces primitifs comtois ne trouve pas de suite après le 16e s. : seul **Jacques Prévost**, formé en Italie, réalise alors des œuvres de qualité, comme le très célèbre triptyque de Pesmes. Les nobles achètent au cours de leurs voyages des tableaux flamands et italiens dont certains appartiennent toujours au patrimoine franc-comtois. On peut en voir en l'église de Baume-les-Messieurs ou à la cathédrale et au musée des Beaux-Arts de Besançon.

Aux siècles suivants, la Comté peut se prévaloir d'avoir donné naissance à quelques artistes renommés : l'habile peintre de batailles **Jacques Courtois**, (1621-1676), dit « le Bourguignon », originaire de Saint-Hippolyte et qui exerça notamment en Italie, le portraitiste bisontin **Donat Nonotte** (1708-1785), le Vésulien **Jean-Léon Gérôme** (1824-1904) et surtout **Gustave Courbet** (1819-1877), ardent défenseur du réalisme, qui proclame : « Le beau est dans la nature et se rencontre sous les formes les plus diverses. Dès qu'on le trouve, il appartient à l'art, ou plutôt à l'artiste qui sait l'y voir ». Né à Ornans, son attachement à la région transparaît à travers quelques-unes de ses œuvres les plus connues *(Un enterrement à Ornans, Le Chêne de Flagey)*. Sous son influence, la Franche-Comté devient source d'inspiration de nombreux artistes régionaux comme **Gustave Brun**, **Jules Alexis Muenier** ou encore **Jules Adler**.

Plus près de nous, aux côtés de paysagistes régionaux méconnus tels qu'**Auguste Pointelin** (1839-1933), exposé à Dole et Lons, de grands noms du postimpressionnisme et du cubisme sont en bonne place dans les musées de Besançon, Belfort, mais aussi de Gray. La figure de **Jean Messagier** (1920-1999), qui avait choisi la Franche-Comté, en particulier Montbéliard, comme lieu privilégié d'inspiration artistique et dont l'art évoque une abstraction lyrique, ressort également de cette époque.

L'art contemporain n'est pas en reste. Outre les fonds régionaux de Besançon et Dole, ou l'espace Gantner à Belfort, on note la présence d'associations telles Le Pavé dans la Mare à Besançon ou le « 10 neuf » à Montbéliard, engagées dans la promotion d'artistes internationaux et locaux, et dans la sensibilisation du public, en particulier des jeunes générations, aux nouvelles formes artistiques.

ART ET CULTURE

Gustave Courbet évoquait volontiers, dans ses tableaux, des paysages de son terroir natal.

SCULPTURE

Elle demeure ignorée des maîtres comtois à l'époque romane. Il faut attendre le 14e s. pour que naisse un véritable courant de création, influencé par l'art bourguignon, notamment par **Claus Sluter**, l'un des sculpteurs des ducs de Bourgogne. Le réalisme et la puissance expressive de ce maître d'origine néerlandaise marquent toutes les œuvres du 15e s. (celles de la collégiale de Poligny et le remarquable Saint Paul à Baume-les-Messieurs). Dès cette époque, l'art du mobilier religieux se développe : les magnifiques stalles de Saint-Claude (15e s.) et celles, plus tourmentées, de Montbenoît (16e s.) en témoignent.

Au 16e s, des sculpteurs italiens sont appelés sur les chantiers comtois. La tradition gothique est peu à peu abandonnée et des artistes locaux, comme **Claude Arnoux**, dit Lullier (retable de la chapelle d'Andelot à l'église de Pesmes), et **Denis le Rupt** (chaire et tribune d'orgues de Notre-Dame de Dole), adoptent le nouveau style.

À l'époque classique, la statuaire religieuse tombe dans l'académisme ; seul le mobilier, tel que les boiseries d'**Augustin Fauconnet** à Goux-les-Usiers ou les retables des **frères Marca** *(voir Gy)*, révèle l'originalité et la sûreté du goût des artistes locaux. La Haute-Saône est à cette époque plus riche que le Doubs ; elle compte aujourd'hui encore un plus grand nombre de ces retables.

Quelques sculpteurs connurent une certaine notoriété : **Jean-Baptiste Clésinger**, **Luc Breton** et surtout **Jean-Joseph Perraud** (1819-1876), dont l'inspiration romantique sut produire des œuvres empreintes de sensibilité.
À la fin du 19e s., **Auguste Bartholdi** immortalise la résistance de Belfort lors de la guerre de 1870, en y édifiant une statue de lion monumentale, inspirée de l'Antiquité égyptienne.

LITTÉRATURE

Les paysages et les habitants de la région ont marqué l'enfance ou la vie de nombreux auteurs. Source inépuisable d'inspiration, cette terre peut s'enorgueillir d'avoir vu naître Victor Hugo, Marcel Aymé ou encore Georges Colomb.

Charles Nodier (1780-1844)

Né à Besançon, ce jeune homme timide est attiré très tôt par la littérature et les lettres anciennes. Nommé bibliothécaire adjoint de l'École centrale du Doubs en 1798, il fonde un cours de littérature à Dole en 1808. Pamphlétaire légitimiste *(La Napoléone*, 1802), auteur de récits de voyage *(Promenade de Dieppe aux montagnes d'Écosse)*, il collabore à partir de 1821 au journal *La Quotidienne* et fait connaître, entre autres, Scott, Byron, Lamartine et Victor Hugo. Nommé bibliothécaire de l'Arsenal en 1824, il tient un salon littéraire, le « Cénacle », et promeut le romantisme, tout en poursuivant son œuvre littéraire *(La Fée aux miettes, Histoire du roi de Bohême et de ses sept châteaux)*. Élu en 1833 à l'Académie française, il aura influencé Hugo et Musset.

COMPRENDRE LA RÉGION

Victor Hugo par Léon Bonnat (vers 1879).

Victor Hugo (1802-1885)

« […] Dieu, qui dans mon sang composé de trois races/Mit Bretagne et Lorraine et la Franche-Comté,/D'un triple entêtement forma ma volonté ». C'est ainsi que le grand romancier *(Les Misérables, Notre-Dame de Paris, Quatrevingt-Treize)*, poète, dramaturge et homme politique justifie avec fantaisie la force de son caractère. Né à Besançon, il n'y aura vécu que six semaines. Sans être tenté d'y revenir, il n'oublie pourtant pas cette origine, et répond en 1863 à un écrivain franc-comtois qui lui avait envoyé ses œuvres : « Je vous remercie, monsieur. Je vous dois la révélation de mon pays natal. Dans ces quelques pages charmantes, vous m'avez fait connaître la Franche-Comté. Je l'aime, cette vieille terre à la fois française et espagnole. […] Je vous remercie de me l'avoir envoyée dans ce doux petit livre. »

Xavier Marmier (1808-1892)

Né à Pontarlier, élu à l'Académie française en 1870, ce grand voyageur sillonna l'Europe du Nord, la Scandinavie et l'Islande. Il nous reste de ses pérégrinations une trentaine de récits de voyage *(Langue et littérature islandaises, Du Rhin au Nil, Du Danube au Caucase, Un été au bord de la Baltique, Au bord du Néva)*. Fidèle à sa terre natale, il contribue à mieux la faire connaître par ses écrits *(Nouveaux souvenirs de voyages en Franche-Comté, En Franche-Comté)*. Conservateur, puis administrateur général de la Bibliothèque Sainte-Geneviève à Paris, son nom demeure associé à la découverte par le public français des littératures scandinave et germanique.

Georges Colomb (1856-1945)

Emblème de la ville de Lure *(voir ce nom)*, le **sapeur Camember** est le héros naïf et attachant d'aventures picaresques inventées par Georges Colomb, dit Christophe, qui lança la France dans la grande aventure de la bande dessinée. « Mon ambition était de devenir peintre », dit-il. Encouragé par son père à faire des études, il devient un grand botaniste, puis réalise son rêve d'enfant en racontant des histoires par des textes illustrés. Ses planches aux dessins à la fois rieurs, poétiques et ironiques furent présentées à l'Exposition universelle de 1889 et parurent en feuilleton dans *Le Petit Français illustré* de 1889 à 1904.

Tristan Bernard (1866-1947)

Avant de partir pour Paris, Tristan Bernard vécut à Besançon, sa ville natale. Auteur de contes, de comédies *(Triplepatte, Les Pieds nickelés)* et de romans, il marque les esprits par son humour et son sens de la formule : « L'homme n'est pas fait pour travailler, la preuve c'est que cela le fatigue. », « Les hommes sont toujours sincères, ils changent de sincérité, voilà tout. », « Il vaut mieux être plusieurs sur une bonne affaire que seul sur une mauvaise. »…

Louis Pergaud (1882-1915)

Qui a oublié le petit Gibus revenant tout nu au village en maugréant « Si j'aurais su, j'aurais pas venu » ? Issu d'une longue lignée de paysans comtois, l'auteur de *La Guerre des boutons* enracine son récit dans la vie du village où il enseigne (Landresse, dans le Doubs) et dans sa propre jeunesse, passée à Nans-sous-Sainte-Anne, Morteau et Besançon. « L'air vif de la Comté tanna ma rude écorce/Et, gonflant de santé les bourgeons de ma force,/Me fit un front farouche avec un cœur d'enfant » *(Renaissance)*. Prix Goncourt en 1910 pour son roman *De Goupil à Margot*, il meurt jeune, victime comme tant d'autres de la Grande Guerre.

Marcel Aymé (1902-1967)

Romancier, scénariste et dialoguiste, Marcel Aymé a vécu à Villers-Robert, en Bresse comtoise, puis à Dole *(voir ce nom)*. Il situe nombre de ses récits sur sa terre natale : « Le profil des plateaux du Jura apparaissait comme aux jours les plus purs, dans la mousseline d'un brouillard bleu, qui fondait les reliefs. » *(La Jument verte)*, « La splendeur du paysage lui fit oublier ses peines. Au-delà du fleuve qui coulait au pied de la ville, la campagne portait les prairies d'un vert éclatant, des ombrages, des fermes, des villages heureux, au loin des bois lourds et profonds ; et plus loin encore, qui fermaient l'horizon, les montagnes semblaient monter au ciel comme une vapeur de la terre. » *(Le Moulin de la sourdine)*.

ART ET CULTURE

Bernard Clavel
(né en 1923)

Né à Lons-le-Saunier, Bernard Clavel quitte l'école à 14 ans et exerce comme pâtissier, chocolatier, ouvrier dans une usine de verres à lunettes, relieur, journaliste, avant de se consacrer exclusivement à l'écriture et la peinture. Prix Goncourt en 1968 pour *Les Fruits de l'hiver*, c'est un écrivain très prolifique *(Le Silence des armes, La Saison des loups…)*. Sa description de la vie rurale est souvent sombre, rude, voire pessimiste, et ses personnages sont fréquemment ancrés dans des décors jurassiens. Représentant du roman du terroir, il peint la Franche-Comté aux prises avec la peste et la guerre *(Les Colonnes du ciel)*. À ses heures auteur pour les enfants, il déclare pourtant : « S'il est vrai qu'on trouve en l'enfant une part de violence, c'est à nous qu'il appartient de faire qu'elle soit un jour submergée par l'amour. »

MUSIQUE

La Franche-Comté a vu naître bon nombre d'artistes musiciens.

Cadet Roussel (1743-1807)

Qui n'a pas chanté ce célèbre refrain, inpiré par Guillaume Roussel, natif d'Orgelet ? Avant d'être une comptine pour enfants, elle fut le « chant de guerre de l'armée du Nord ». La renommée de la chanson arriva jusqu'aux oreilles d'un autre franc-comtois, Victor Hugo. Celui-ci écrit dans *Quatrevingt-Treize* : « Cadet Roussel fait des discours qui ne sont pas longs quand ils sont courts. »

Claude Rouget de Lisle
(1760-1836)

C'est sans conteste le citoyen le plus célèbre de Lons-le-Saunier. Militaire davantage par obligation que par réelle motivation, il compose en une nuit le « Chant de guerre pour l'armée du Rhin »,

Statue de Rouget de Lisle.

Christian Michel / Ville de Lons

à la demande du maire de Strasbourg. C'est le 30 juillet 1792, entonné par le bataillon des soldats républicains de Marseille entrant dans Paris, qu'il devint « la Marseillaise », pour être déclaré chant national trois ans plus tard, puis définitivement adopté comme hymne national en 1879. Destitué de ses fonctions dans l'armée républicaine pour avoir protesté contre l'internement de Louis XVI, la fin de sa vie sera difficile. Ses cendres furent portées aux Invalides en 1915.

Hubert-Félix Thiéfaine
(né en 1948)

Né à Dole, il compose toujours dans sa maison aux environs de la forêt de Chaux. « La fille du coupeur de joint » est sa chanson la plus connue, souvent entendue dans les bals populaires. Parallèlement à sa carrière de musicien, Hubert-Félix Thiéfaine milite également pour l'abandon de l'énergie nucléaire.

Guillaume Aldebert
(né en 1973)

S'il est un jeune artiste qui fait la fierté de Besançon, et plus largement de la région, c'est bien lui. Guillaume Aldebert, dit Aldebert, a à son actif quatre albums et de nombreux concerts, dont un à la salle mythique de l'Olympia. Preuve que ses chansons ont largement dépassé les limites de la Franche-Comté.

PHOTOGRAPHIE ET SEPTIÈME ART

Terminons ce chapitre en évoquant la contribution des Comtois à l'histoire de la photographie et du cinéma.

Auguste (1862-1954) et Louis Lumière (1864-1948)

Ces deux frères, natifs de Besançon, ont inventé l'exploitation commerciale de la cinématographie en 1895. Leur nom est à jamais rattaché à l'entrée d'un train en gare de La Ciotat… et des réactions épouvantées de la première salle de cinéma du monde *(l'Éden)*.

Édouard Belin (1876-1963)

Ce natif de Vesoul invente en 1907 le bélinographe, pour envoyer des photographies à distance : c'est le précurseur de tous les télécopieurs…

De nos jours, **Gérard Benoît à la Guillaume**, un amoureux du Haut-Jura, se consacre à la valorisation photographique du patrimoine naturel et humain de la région *(Jura : Montagne en partage)*.

COMPRENDRE LA RÉGION

LA FRANCHE-COMTÉ AUJOURD'HUI

La Franche-Comté conserve l'image d'un terroir rural, renommé pour la qualité de ses produits : salaisons, fromages, vins… Pourtant, si le secteur agroalimentaire représente une part conséquente de son activité économique, tout comme la filière bois, c'est l'extraordinaire tissu industriel, héritier d'une tradition pluriséculaire, qui fait la richesse de la région. Un artisanat vigoureux complète ce tableau. Mettant à profit la beauté et le caractère préservé de ses paysages, ainsi que sa proximité avec la Suisse, la région tire une part importante de son revenu du tourisme vert : elle attire les randonneurs l'été, les amoureux du ski de fond l'hiver.

Paysage rural de Franche-Comté aux environs du lac Saint-Point.

Économie

Malgré le dynamisme de pôles industriels comme Besançon, Vesoul, Belfort ou encore Montbéliard et Dole, la Franche-Comté reste largement rurale. Elle est aussi naturellement tournée vers le tourisme et les activités sportives de plein air.

UNE AGRICULTURE VIGOUREUSE

Une production laitière dominante

Historiquement, les productions végétales tenaient une place prépondérante en Haute-Saône, le reste de la région se spécialisant dans l'élevage et la fabrication de produits traditionnels comme le fromage ou les salaisons. Mais l'élevage bovin montbéliard et la production laitière se sont progressivement imposés à toute la Franche-Comté.

Appréciée pour ses qualités laitières, la **vache montbéliarde** est un élément familier du paysage comtois. Elle se caractérise par une robe d'un « rouge » franc et vif sur fond blanc. Le troupeau bovin est essentiellement composé d'animaux de cette race issue de la pie rouge introduite par des éleveurs bernois à la fin du 18e s. et d'un long travail de sélection entrepris depuis les années 1950. Ces efforts ont permis la régénération du cheptel régional. Les lourds efforts de modernisation, suivis de la mise en place des quotas laitiers en 1985, ont changé quelque peu la donne. Les animaux à viande ont envahi les basses plaines de Saône tandis que la montbéliarde se maintient bien dans le Doubs et le Jura, en zone de montagne.

L'industrie laitière représente une part capitale de l'économie agricole régionale. Elle s'est perfectionnée sans cesse par la rationalisation des méthodes de travail, par la modernisation de l'outillage et par l'organisation de la profession fromagère. Les contraintes de fabrication ont amené les Comtois à se doter d'un outil de transformation et de commercialisation : la **fruitière** ou « fruits communs ». Il s'agit

LA FRANCHE-COMTÉ AUJOURD'HUI

à la fois d'une coopérative regroupant des producteurs de lait d'un ou plusieurs villages, et d'un lieu de fabrication du fromage. C'est là un des traits les plus anciens et les plus caractéristiques de la vie jurassienne. La coopération était une nécessité dans des régions où les conditions climatiques rendaient les déplacements difficiles. Les fruitières apparurent dès le 13e s. À la fin du 18e s., elles s'étendirent jusque dans le bas pays. Aujourd'hui, elles s'assemblent en puissants groupes coopératifs, tandis que se développent les sociétés privées d'affinage et de distribution.

Le fromage est une vraie tradition régionale. Avec le comté, morbier, bleu de Gex, cancoillotte, sans oublier la Vache qui rit, fabriquée à Lons-le-Saunier, l'industrie fromagère représente la vitrine du terroir franc-comtois.

Tendances

Au 20e s., l'économie de subsistance a évolué vers une véritable agriculture commerciale s'appuyant sur des **produits labellisés**. Longtemps, la Franche-Comté n'a connu que la production laitière, mais depuis les années 1980, on assiste à une diversification des productions agricoles, avec un accroissement de la surface dédiée aux céréales et oléagineux.

La production laitière est toujours dominante, avec environ 40 % de la production agricole et plus de 4 000 exploitations. La **viande bovine** représente environ 15 % de ce total et les **productions végétales** 40 %. Le reste est représenté par des productions animales minoritaires, comme les **salaisons** (2 400 t de saucisses de Morteau et 2 000 de Montbéliard sont produites annuellement).

Si la Franche-Comté a perdu la moitié de ses exploitations agricoles entre 1979 et 2001, la taille de celles-ci a été multipliée en moyenne par deux. Pour ralentir cette évolution, le Conseil régional a consacré près de 5 millions d'euros aux secteurs agricole et sylvicole en 2006. L'une de ses priorités est d'aider de jeunes agriculteurs à s'installer, grâce au Programme régional installation (PRI), ce qui a représenté une soixantaine de projets en 2006.

LA FILIÈRE BOIS

La Franche-Comté est l'une des régions les plus boisées de France. Composée à 70 % de feuillus, la forêt recouvre 44 % de son territoire.

Les vastes étendues forestières constituent une extraordinaire ressource à exploiter. Tournerie, tabletterie… les forêts jurassiennes ont inspiré de nombreux métiers, et la filière bois représente une facette importante de l'économie.

La production sylvicole est dominée par le **bois d'œuvre** (1,9 million de m^3 en 2000, dont les trois quarts de conifères). Scieries, menuiseries : plus de 600 entreprises sont concernées. Depuis 1994, la récupération de bois inutilisé a été encouragée par le **plan bois-énergie**. Sous forme de granulés (sciure compressée), ce combustible 6 à 10 fois moins coûteux que l'électricité alimente de nombreuses chaufferies d'établissement publics ou privés du département du Jura.

ARTISANAT ET TRADITIONS INDUSTRIELLES

La Franche-Comté a depuis longtemps été une terre d'accueil pour les artisans, qui trouvaient à proximité tous les matériaux dont ils avaient besoin. De nombreux artisans font toujours la réputation de la région avec leur savoir-faire et leurs produits de qualité, lui permettant d'affirmer son caractère et ses spécificités.

Horlogerie

L'histoire de l'horlogerie comtoise est une formidable aventure technologique et humaine. Elle commence au 17e s. pour connaître un véritable essor à partir du 19e s., associant la fabrication des montres à celle des horloges.

Les montres – En 1674, l'astronome hollandais **Huygens** invente le balancier à ressort spiral. Grâce à cette invention, les frères Dumont, maîtres horlogers, produisent les premières montres exécutées à la main, pièce par pièce, à Besançon et en 1767, **Frédéric Japy**, originaire de Beaucourt, crée sa manufacture d'ébau-

---

La filière comté

La filière comté comprend aujourd'hui quelque 3 200 exploitations laitières, 180 fruitières et 16 maisons d'affinage. Elle est l'un des acteurs principaux de l'essor économique du massif jurassien. Sa promotion est assurée par un comité interprofessionnel, le **CIGC**, basé à Poligny, qui a pour objectifs de maintenir les producteurs, installés sur un terroir difficile, et d'assurer au consommateur que le produit et son procédé de fabrication répondront toujours à ses attentes en terme d'authenticité.

Basé lui aussi à Poligny, le **Comité technique du comté** joue un rôle de conseil et d'assistance technique auprès de tous les acteurs de la filière.

...ches de montres, qui remporte un vif succès. La production atteint 3 500 montres par mois. En 1793, l'arrivée à Besançon de l'horloger suisse **Mégevand** et de 80 compatriotes, maîtres ouvriers, crée l'événement et bouleverse la donne. La Convention finance leur projet de création d'une fabrique et d'une École nationale d'horlogerie. Mégevand met au point la fabrication en série. La progression des ventes est, dès lors, très rapide : en 1835, 80 000 montres sont fabriquées à Besançon ; puis 240 000 en 1878. L'industrie horlogère gagne alors de nombreuses villes de la Comté.

Les horloges comtoises – Dans le même temps, les découvertes technologiques permettent la mise au point de l'horloge comtoise, mais également d'une multitude de modèles. La réalisation des horloges fait appel à plusieurs corps d'artisans. Le menuisier ébéniste réalisait le fût des horloges en chêne animé de moulurations. À partir de 1850, le sapin l'emporte et des décors peints à sujets naïfs apparaissent. Un oculus vitré permet d'apercevoir le traditionnel mouvement du balancier de fer ou de cuivre qui régularise la descente des poids. L'émailleur stylise peu à peu les cadrans qui seront ornés d'un médaillon central ou surmontés d'un fronton stylisé de cuivre ou de bronze doré.

L'ère du paysan horloger – À partir du 19e s., au cours de la saison d'hiver, les paysans devenaient horlogers ou lunetiers. Une fois les travaux de la ferme terminés, ils assemblaient les mouvements cage fer ou fabriquaient des montures de lunettes dans leurs fermes ou dans les ateliers familiaux des villages avoisinants Morez et Morbier.

Les heures incertaines – Le 20e s. voit naître de grandes unités industrielles. La concurrence suisse impose en effet une évolution de l'activité, qui perd son caractère rural et artisanal pour se concentrer dans des usines modernes. L'essor est interrompu à la fin des années 1970 : l'irruption de la montre à quartz et les brutales adaptations induites plongent le Jura dans une grave crise dont tous les centres de production ne se relèveront pas.

Le renouveau – Malgré son caractère désormais marginal dans l'économie comtoise, l'horlogerie, activité emblématique de la région, a acquis un marché stable et une solide réputation. La réorientation vers les produits « haut de gamme » sous la pression de la concurrence, notamment asiatique, l'accent mis sur la précision et le recours à la sous-traitance ont sauvé la fabrication des montres qui se maintient à Besançon, Morteau, Villers-le-Lac ou Maîche, Morez et Morbier étant pour leur part spécialisés depuis le 17e s. dans les horloges comtoises et horloges monumentales. Les horloges comtoises, exportées avec succès dans différentes régions, puis délaissées dans les années 1960, modernité oblige, deviennent une valeur sûre grâce au retour du goût pour l'authenticité associé à une forte demande touristique. La Franche-Comté demeure la première région de France pour la production horlogère.

Lunetterie

Au 18e s., **Pierre-Hyacinthe Caseaux**, artisan installé près de Morez, a l'idée de remplacer le clou par un fil de métal pour obtenir des bésicles moins fragiles. Ainsi dit-on que d'un clou naquit la lunetterie de Morez. Très vite, il reçoit des commandes d'un bijoutier-opticien de Genève et développe son atelier. D'autres virent peu à peu le jour. La production de lunettes est alors lancée. De 1826 à 1848, la production des ateliers installés à Morez passe ainsi de 3 000 à 720 000 pièces. L'ascension continue jusqu'à atteindre 11 millions de pièces en 1882.

Faisant face à une concurrence de plus en plus forte au 20e s., l'industrie lunetière a dû se moderniser pour rester compétitive. Elle s'est spécialisée dans la fabrication de montures métalliques et la production de masse a quitté le bassin de Morez. Seules subsistent les entreprises qui ont développé leur stratégie sur la création, le design et les produits technologiques de qualité à forte valeur ajoutée. C'est ainsi qu'une société de Morez, la Comotec (groupe Forsym), est deve-

---

La société Lip

En 1973, Lip, première firme française horlogère, qui inventa la montre électrique en 1957 et la montre à quartz en 1972, est en faillite.

L'usine de Besançon veut alors licencier un tiers de ses effectifs, mais ses 1 280 employés se mettent en grève, occupent le site et organisent l'autogestion avec un slogan : « On fabrique, on vend, on se paye. » Tractations, plans de redressement, tentatives de rachat des horlogers francs-comtois aboutissent à un échec. En 1976, la société est à nouveau en liquidation.

Plusieurs fois revendue, elle est finalement rachetée en 1990 par le groupe Sensemat, installé dans le Gers. La montre Lip nouvelle génération est née.

nue leader mondial pour la conception de pièces pour les lunettes. Branches, charnières invisibles ou presque inusables, tenons ou plaquettes : 70 millions de paires de lunettes seront équipées de ses composants en 2006, mais la société réalise aussi des adaptations uniques, fabriquées sur mesure…

Piperie

Saint-Claude tient fièrement à sa renommée de capitale mondiale de la pipe. Si cette dernière fut introduite en France en 1560, ce n'est qu'à la fin du 18e s. que sa fabrication prit véritablement son essor, notamment avec l'arrivée de la bruyère. Au pic de sa production, du milieu du 19e s. jusque vers 1950, Saint-Claude employa ainsi jusqu'à 4 000 salariés, mais à partir des années 1960, l'activité commença peu à peu à décliner. Les campagnes anti-tabac et la raréfaction de la bruyère finirent par avoir raison de cette industrie. Aujourd'hui, Saint-Claude compte encore quelques maîtres pipiers qui transforment les pipes en véritables objets d'art.

Travail du bois

Dans cette région forestière, le bois fait partie de la vie de tous les jours. Si de nombreux métiers traditionnels ont périclité au profit d'activités nouvelles, le travail du bois reste au cœur de nombreux métiers spécialisés et d'un artisanat très diversifié.

Les métiers d'autrefois – Les **sabotiers** étaient les artisans incontournables du village, tandis que les **charbonniers** travaillaient au cœur de la forêt pour le levage des écorces de chêne et la fabrication du charbon de bois. Les **pelonniés** fabriquaient sur place des ustensiles domestiques : boîtes à sel, jattes à lait. Ils vivaient et travaillaient en groupe dans la forêt. Les outils et les techniques de coupe ont bien changé, mais n'ont pas totalement disparu, comme on peut s'en rendre compte à l'occasion des traditionnelles fêtes de bûcherons.

Des métiers qui évoluent – Autrefois cantonné essentiellement au domaine religieux (statuaire, stalles), le travail du **sculpteur** connaît un succès croissant dans les galeries d'art. Les artisans du bois ne sont plus aussi nombreux, mais leurs spécialités survivent grâce au tourisme et à l'industrie du luxe, soucieuse de qualité. Citons par exemple le **layetier** qui fabrique toutes sortes de boîtes à tiroirs, le **sanglier** qui réalise des sangles pour les boîtes à fromage (l'excellent mont d'or, par exemple), ou encore le **tavaillonneur** qui fend l'épicéa qui protège les façades des maisons du Haut-Jura. L'exploitation des sous-produits de la forêt est en plein développement : les mousses, racines, feuilles mortes sont exploitées et vendues aux fleuristes pour la réalisation de compositions florales.

Une mention spéciale doit être faite pour l'activité des **tourneurs sur bois**. Objets ludiques, décoratifs ou usuels en bois… bienvenue dans l'univers de la tournerie-tabletterie. Cette activité a été le point de départ de l'**industrie du jouet**. Les tourneurs qui faisaient yoyos, toupies, quilles ont dû s'adapter à l'arrivée du plastique. Désormais en plastique, le jouet jurassien représente le quart de la production française. La promotion du jouet jurassien se fait chaque année lors du Salon international du jouet à Paris, fin janvier. Aujourd'hui, la tournerie-tabletterie doit faire face à une forte concurrence de la Chine.

Émaillerie

Pour fabriquer la fameuse horloge comtoise, il faut un cadran… en émail. Le développement de l'horlogerie a entraîné celui de l'émaillerie. Les horlogers achetaient les cadrans en cuivre émaillés dont ils avaient besoin pour les horloges, en Suisse, à La Chaux-de-Fonds ou au Locle. Faisant face à des coûts de plus en plus élevés, les Moréziens demandent à un émailleur du Locle, **David Huguenin d'Otrand**, de s'installer parmi eux en 1755. Il crée son atelier au Bas-de-Morez, puis à Morbier, et forme quelques compagnons. C'est ainsi que se sont créées les premières émailleries purement comtoises.

Quilles en bois.

Gérard Benoît à la Guillaume / Musée du Jouet, Moirans

Les émaux moréziens ont acquis une renommée internationale, dans le sillage de l'horlogerie comtoise. L'émaillerie a ensuite été utilisée pour la réalisation d'autres types d'objets : plaques de rue, plaques publicitaires…

Travail de la pierre

Parmi les activités qui ont complété les revenus des haut-jurassiens, la taille des pierres fines figure en bonne place.

Lapidaires – Le développement du métier de lapidaire, au 18ᵉ s., est lié à l'essor de l'horlogerie suisse, qui sous-traite les ébauches des montres et la taille des pierres fines aux régions rurales voisines. Main-d'œuvre disponible pendant les rudes hivers qui rendaient impossible tout travail à l'extérieur, nombreux torrents permettant l'entraînement des meules : le Haut-Jura et le pays de Gex présentaient le profil idéal. Le travail du lapidaire pouvait s'effectuer à domicile avec un outillage léger, posé sur un établi mobile : une petite meule de plomb frottée d'émeri, actionnée par une manivelle et un fuseau sur lequel on fixe la pierre. Façonnée, celle-ci était ensuite polie à l'aide d'une meule. L'activité se développe tout au long du 19ᵉ s., autour de Septmoncel, dans la vallée de la Valserine, à Mijoux, Lélex et Chézery.

Diamantaires – La qualité du travail des Jurassiens donne des idées aux diamantaires, qui utiliseront leurs services à partir de la seconde moitié du 19ᵉ s. Originaire de Divonne et établi à Paris comme diamantaire, **Eugène Goudard** fonde, en 1878, la première diamanterie jurassienne, sur la commune de Villard-Saint-Sauveur. Un second atelier jurassien sera établi à Saint-Claude en 1884. La taille du diamant nécessite une technologie élaborée, une force motrice très élevée et ne peut plus être le fait d'un seul artisan : des coopératives ou des structures employant une vingtaine d'ouvriers en moyenne se forment. Ces ateliers s'établissent à proximité d'un cours d'eau, transforment l'énergie hydraulique pour l'utiliser sous forme d'énergie électrique, ou utilisent une machine à vapeur.

De nombreuses unités de ce type voient le jour dans le pays de Gex et la vallée de la Valserine. La ville de Saint-Claude devient même capitale mondiale de la taille du diamant au début du 20ᵉ s., employant plusieurs milliers d'ouvriers. Mais la crise des années 1930, puis la Seconde Guerre mondiale bouleversent l'économie régionale, et peu d'entreprises lapidaires et diamantaires y survivront dans le Haut-Jura. Aujourd'hui, seuls quelques artisans passionnés continuent à perpétuer la tradition. La SARL Trabbia-Vuillermoz, une entreprise de lapidaire dynamique, se maintient à Mijoux, tandis qu'une usine, située à Septmoncel, taille des pierres synthétiques.

INDUSTRIES DE POINTE

Bénéficiant d'une situation stratégique aux frontières de la Suisse et de l'Allemagne, non loin des grandes métropoles françaises (Lyon, Strasbourg), la Franche-Comté s'appuie sur une tradition industrielle qui remonte au 18ᵉ s.

Le riche tissu industriel de la région est composé majoritairement de **petites et moyennes industries** très compétitives, auxquelles s'ajoutent quelques grands donneurs d'ordre. Plus des trois quarts des structures industrielles comptent moins de 20 salariés et un quart… aucun.

Le secteur de la **sous-traitance industrielle** compte aujourd'hui plus d'un millier d'entreprises, qui emploient environ 40 000 personnes. Ses compétences vont du travail des métaux (fonderie, tôlerie, usinage, soudage) à celui des matières plastiques en passant par les traitements de surface et thermiques. Ses missions comprennent la réalisation d'outillages et de prototypes et peuvent aller jusqu'à la conception de sous-ensembles complets.

Fortement implantée dans la région, l'industrie occupait en 2003 plus d'un actif comtois sur quatre, contre un sur six à l'échelon national, et représentait, en 2002, 32,1 % de la création de valeur régionale, le chiffre correspondant pour

---

Saisonniers et frontaliers

– Comme dans de nombreuses régions touristiques, la Franche-Comté fait appel à des **saisonniers**, notamment dans les stations de sport d'hiver. Pisteurs, dameurs, perchmen l'hiver, ils ont une activité d'appoint l'été.

– Autre catégorie socio-professionnelle atypique, les **frontaliers** sont environ 17 000 à traverser chaque jour la frontière pour un revenu supérieur à celui qu'ils obtiendraient en France. C'est dans les années 1980 que la fuite de la main-d'œuvre qualifiée vers la Suisse a pris de l'ampleur. Les frontaliers font la prospérité de l'est de la Franche-Comté. Ils gagnent de l'argent en Suisse, mais le dépensent en France, développant ainsi les régions rurales.

LA FRANCHE-COMTÉ AUJOURD'HUI

l'ensemble de la France métropolitaine tournant autour de 20 %. Début 2004, le secteur totalisait 105 600 salariés, répartis dans 5 300 établissements, soit 12 % du total des établissements comtois, un record national, la moyenne française étant de 8 %.

La répartition des emplois industriels de Franche-Comté présente d'importantes **disparités locales**. Si les grandes entreprises se trouvent dans les zones d'emploi de Montbéliard, Vesoul, Belfort, Dole et Lure-Luxeuil, les petites unités sont situées dans les zones de Pontarlier, de Lons-le-Saunier et du Revermont. La zone de Saint-Claude, berceau de la plasturgie comtoise, est la plus fortement industrialisée de la région. En 2003, les effectifs industriels y représentaient 43 % de l'emploi total.

La part du secteur industriel dans la région de Montbéliard, représentant la tradition métallurgique comtoise, diminue, mais reste importante (38,5 % en 2003), comme dans la région de Morteau (environ 30 % en 2003). Les zones de Lons-le-Saunier, de Pontarlier sont proportionnellement les moins industrialisées (moins de 20 % des emplois), comme celle de Besançon, pourtant pôle européen des microtechniques.

La structure actuelle de l'emploi industriel (26,5 % des actifs, 6 300 établissements) fait ressortir deux acteurs principaux :

L'**automobile**, qui fournit directement ou indirectement près du quart des emplois salariés de l'industrie, prédomine. Ceci est dû à la très forte implantation de Peugeot-Citroën dans la région, essentiellement à Montbéliard (où se regroupent 76 % des effectifs régionaux du secteur), mais aussi à Vesoul, Bessoncourt (Territoire de Belfort), Mandeure et Valentigney (Doubs). Le groupe entretient un vaste réseau de sous-traitants et d'équipementiers, parmi lesquels émergent Faurecia (Valentigney et Lure) ou les Jurassiens Manzoni (Saint-Claude) et Bourbon (Saint-Lupicin).

La **métallurgie** et le **travail des métaux** emploient environ 17 % des salariés de l'industrie. Cette activité s'apparente le plus souvent à de la sous-traitance mécanique pour la filière automobile. Manzoni fait figure de géant dans un secteur qui compte une multitude de microstructures.

Sans grande surprise, c'est l'**industrie agroalimentaire** qui complète le trio de tête. Elle regroupe près de 10 % des emplois industriels et un millier d'établissements, essentiellement consacrés à la production fromagère (près de 200 000 t par an), emblématique de la région. Bel, à Dole et Lons-le-Saunier, est la plus grosse structure du secteur, avec un produit phare, la Vache qui rit…

Plus globalement, la filière laitière regroupe 47 % des établissements (17 % du total national des établissements laitiers) et 42 % des emplois du secteur.

Le développement de l'industrie du jouet a entraîné celui de la « Plastics vallée ». Ainsi, la région d'Oyonnax rassemble plus de 600 entreprises représentant 1 500 emplois soit 12 % de la filière **plasturgiste** française et environ 7 % du total des emplois industriels régionaux.

La région a su attirer quelques **grands groupes industriels** nationaux et internationaux, comme le chimiste Solvay (1 500 personnes à Tavaux, dans le Jura) ou des acteurs du **secteur énergétique** ou du **transport** (Alstom, General Electrics) dans la région de Belfort (environ 5 000 emplois).

L'activité industrielle régionale ne saurait être pérenne sans l'existence d'un vivier de main-d'œuvre qualifiée, issue d'établissements d'**enseignement supérieur** de haut niveau et très bien structurés. L'université de Franche-Comté compte environ 30 000 étudiants et dispense des formations pointues, en adéquation avec les besoins des entreprises régionales :

Le label Imprim'Vert en Franche-Comté

Les chambres de commerce et d'industrie de Franche-Comté ont lancé une vaste opération pour aider les imprimeurs de la région à s'inscrire dans une démarche environnementale originale. Très concrètes, les actions entreprises vont de la simple sensibilisation des imprimeurs, à destination desquels un *Éco-Guide* a été édité, à des aides financières à la gestion des déchets (tarifs négociés pour la location de serviettes d'essuyage industriel, achat groupé de bacs de rétention) en passant par des diagnostics environnementaux et un accompagnement dans l'établissement de plans de progrès.

Enfin, la région concède aux établissements qui mettent en place les plans d'action appropriés un **label environnemental** dont ils peuvent se prévaloir auprès de leur clientèle. Au 30 septembre 2006, 46 entreprises comtoises, représentant 1 100 emplois, étaient titulaires du label Imprim'Vert.

COMPRENDRE LA RÉGION

citons l'université de technologie de Belfort-Montbéliard, ses quelque 400 ingénieurs diplômés par an et ses sept unités de recherche, dont trois consacrées à l'étude des matériaux et des surfaces ; l'École nationale supérieure de mécanique et des microtechniques (ENSMM) de Besançon et ses laboratoires de recherche employant plus de 350 chercheurs dans des domaines aussi variés que la tribologie et la piézoélectricité ; ou encore l'Institut de management européen des affaires (IMEA) de Besançon-Montbéliard et son cursus pluri-culturel.

Le dynamisme de l'industrie comtoise s'illustre à travers ses performances à l'**exportation**. Largement excédentaire en 2004 (son taux de couverture était supérieur à 190 %, ce qui la plaçait en tête des régions françaises pour cet indicateur), elle a réalisé 8,51 milliards d'euros d'exportation cette même année, prioritairement vers l'Union européenne et la Suisse, mais aussi vers l'Asie. L'Allemagne venait au premier rang de ses clients, avec 14 % du total des exportations ; la Suisse voisine apparaissait au cinquième rang (7,5 % des exportations) et de façon plus surprenante la Chine au septième rang (4,5 % des exportations). Les produits automobiles représentaient à peine la moitié de ce total.

QUAND NEIGE RIME AVEC PLAISIR

Avec ses vastes territoires inexploités l'hiver et l'abondance de son enneigement, la région possède une ressource naturelle pour développer

Station des Rousses.

L'exploit sportif : la Transjurassienne

Si la plus célèbre course de fond du globe, la Vasaloppet suédoise, mobilise près de 15 000 participants chaque année, sur un parcours de 89 km, le Jura organise également la magnifique Transjurassienne, qui se déroule sur 76 km entre Lamoura (Jura) et Mouthe (Doubs). Créée en 1979, cette compétition fait partie, depuis 1984, de la **Worldloppet**, championnat mondial de courses de ski de fond longue distance, organisé dans 13 pays. Plus de 3 000 concurrents français et étrangers y participent. C'est l'occasion pour le Jura de promouvoir la beauté de ses paysages et de ses villages enneigés.

le tourisme hivernal. Les stations de Franche-Comté ont su développer de nombreuses activités liées à la neige. Par la diversité de son relief et son altitude moyenne, le massif du Jura est un véritable paradis pour la pratique du ski de fond, des raquettes ou du traîneau. Ses grands espaces offrent plus de 2 500 km de pistes balisées. Il offre aussi la possibilité de pratiquer le ski alpin dans les grands domaines skiables de Métabief et des Rousses.

Ski de fond et ski alpin

Un ski importé de Scandinavie – La neige fut longtemps considérée comme une contrainte pour se déplacer. On utilisait des traîneaux tirés par des chevaux ou des raquettes en bois pour ne pas s'enfoncer. C'est un Anglais qui, après avoir passé un séjour en Scandinavie où le ski était utilisé depuis des siècles comme moyen de locomotion, rapporta dans le Jura les premiers skis. **Félix Péclet**, alors maire du village des Rousses, comprit qu'ils pourraient faciliter les déplacements et, visionnaire, décela dans le ski un extraordinaire objet de loisir. Il organisa en 1907 la première course de fond aux Rousses.

L'essor du ski – À partir de 1950, le ski alpin connaît un véritable essor. Le massif jurassien s'équipe en remontées mécaniques, et le ski de fond n'est réellement découvert par le grand public qu'aux jeux Olympiques d'hiver en 1968. Les images des athlètes évoluant dans des paysages de rêve ont séduit : forêts de sapins croulant sous la neige, vastes domaines immaculés… Depuis, malgré le prodigieux développement du ski alpin, le ski de fond n'a cessé de faire des adeptes parce qu'il répond mieux à la recherche d'authenticité, au retour à la nature qui caractérisent ces dernières années.

Autres activités

La Grande Traversée du Jura – Pour les amoureux de la montagne et de la nature, c'est une randonnée mythique de plus de 200 km balisés offrant de multiples itinéraires. Elle traverse plusieurs départements en longeant les courbes du Haut-Doubs à travers les forêts du Risoux, du Mont Noir et du Massacre jusque sur les plateaux du Jura sud.

Traîneaux à chiens – Les courses de traîneaux à chiens ont fait leur apparition en France en 1979, avec la création du premier club de pulkas et traîneaux à chiens. Depuis, ce sport connaît un véritable engouement. Des courses sont organisées dans les départements du Jura, à La Pesse, et du Doubs, aux Fourgs.

Randonnée en raquettes – Terre d'élection des fondeurs, le massif jurassien est également très prisé par les randonneurs en raquettes. Ce loisir en pleine expansion permet un total dépaysement.

Gastronomie

La Franche-Comté est l'une des régions de France qui comblera les gastronomes amateurs de bons vins et de spécialités culinaires en tous genres. Elle abonde en délicieux produits du terroir : champignons parfumés des sous-bois, viandes fumées, poissons des rivières, fromages, vins issus de cépages traditionnels et dont la renommée tient à une politique de qualité fondée sur des appellations.

LE COMTÉ : FLEURON DE LA GASTRONOMIE COMTOISE

L'appellation AOC

Les mutations dans les processus de fabrication du comté n'ont en rien altéré le savoir-faire traditionnel qui accompagne son élaboration et qui en fit le premier fromage français à être reconnu par une appellation d'origine contrôlée (AOC), en 1958. Ce décret définit une aire de production qui englobe le Doubs, le Jura, la Haute-Saône et quelques communes des départements limitrophes. Le fromage doit être fabriqué avec le lait de montbéliardes ou de vaches de race pie rouge de l'est, alimentées avec du fourrage : les aliments fermentés sont interdits dans l'aire d'AOC.

La fabrication du comté

Le comté est un fromage à pâte pressée cuite. Le lait cru, qui doit être collecté quotidiennement et transformé dans les 24 heures, est d'abord écrémé de 5 à 15 % afin d'obtenir un fromage dont la teneur en graisse est comprise entre 48 et 50 g pour 100 g de matière sèche. Il est ensuite versé dans de grandes chaudières en cuivre d'une capacité de 1 400 à 2 500 l, puis chauffé à 32 °C. Le fromager introduit la présure qui fait cailler le lait. Après décaillage, les grains de caillé sont brassés et chauffés de 54 à 56 °C. L'étape du soutirage consiste à transporter la masse de caillé vers les moules de pressage par des pompes ou dans une toile de lin. Après un pressage de vingt-quatre heures, la meule pèse environ 40 kg. Le fromage est d'abord mis en cave froide quelques jours, salé et frotté pour accélérer la formation de la croûte. Les meules quittent la fruitière pour un établissement d'affinage.

Quelques spécialités incontournables

Il serait dommage de séjourner en Franche-Comté sans goûter quelques-uns des délices de sa gastronomie. Les spécialités fromagères, telles la **fondue** ou la **raclette comtoise**, la **morbiflette** (tartiflette à base de morbier) et, pour les amateurs de champignons, la **croûte aux morilles**, s'imposent à tous les gourmets. Ouvrez la **boîte aux délices** : à l'intérieur d'une boîte en épicéa, le **mont d'or**, moelleux et doré grâce à son mélange avec du vin du Jura, vous attend. Essayez-le chaud, sur des pommes de terre grillées. Côté viandes et poissons, la fameuse **saucisse de Morteau** chaude accompagnée de pommes de terre et de cancoillotte chaudes ou encore la **poularde au vin jaune et aux morilles** et ses trois saveurs sauront vous satisfaire. La **truite** des lacs et rivières de la région, préparée de mille façons, est présente sur la plupart des tables. Finissez votre repas par le **Belflore**, délicieuse pâtisserie régionale composée de pâte sablée aux amandes fourrée de framboises.

L'affinage du comté

Le comté révèle tout un éventail d'arômes évoluant avec la durée de l'affinage pendant lequel il reçoit des soins quotidiens par les maîtres affineurs. Sa durée minimale d'affinage est de quatre mois, mais, placé sur des planches d'épicéas, le fromage fait souvent un séjour d'environ huit mois en cave, d'abord à 15 °C pendant deux mois, puis à 18 °C. On frotte la croûte avec un chiffon imbibé de sel dissous pour favoriser le développement d'une flore microbienne, la « morge », qui contribue à donner à la pâte ce goût de noisette très recherché. Les chefs de cave jugent de l'évolution de la fermentation en sondant les fromages. Enfin, le fromage est placé en cave de maturation à 6 °C. Les comtés massifs sans trous sont gardés plus longtemps à basse température.

Autres fromages

Le **morbier** (AOC) se caractérise par la raie noire de charbon végétal en son milieu. Le **mont d'or** (AOC) ou « vacherin du Haut-Doubs » est un fromage à pâte molle contenu dans des boîtes d'épicéa. Le **bleu de Gex** (AOC) est un fromage au lait cru à la délicate saveur persillée. Spécialité surprenante, la **cancoillotte** est un fromage liquide qui se déguste froid ou chaud, agrémenté d'ail et de vin blanc. L'abondance des fromages a inspiré la création de nombreux plats : gratinées de fromage, croûtes, pommes de terre au comté, fondue au comté.

LA TRADITION DES SALAISONS

Le fumé de la Comté

Les Jurassiens sont passés maîtres dans l'art de fumer les viandes. Les maisons de pierre ou fermes du Haut-Doubs possédaient jadis une grande cheminée pyramidale, le **tuyé**, dont la vocation était le fumage des viandes, essentiellement de porc. Celui-ci faisait l'objet d'un engraissement savamment calculé. Lors de sa mise à mort, à l'occasion d'une grande fête familiale, on offrait un « repas de cochon » qui comportait boudin, andouilles et autres cochonnailles. Les produits fumés caractéristiques de la Franche-Comté sont actuellement garantis par un **label** régional.

Saucisses de Morteau et de Montbéliard

La saucisse de Morteau est préparée selon des règles traditionnelles régionales. La viande des porcs élevés en Franche-Comté est séchée et fumée en montagne à partir de 600 m d'altitude, dans un tuyé alimenté de bois et de sciure de résineux qui donne à la saucisse une odeur de sapin. La véritable saucisse de Morteau se reconnaît à sa bague et au petit morceau de bois qui obture l'une des extrémités. Avec des légumes variés cuits à la marmite, on fait la « potée » rehaussée du fumet d'une véritable saucisse de Morteau. Son grand frère, le **jésus**, qui pèse 1 kg, a également rendu célèbre la charcuterie comtoise. La saucisse de Montbéliard est également fumée à la sciure de résineux, mais l'ail et le cumin lui apportent une saveur particulière.

Autres salaisons

Le **brési** est une charcuterie du Haut-Doubs. Fabriqué à partir de bœuf séché, il est ensuite salé et fumé pendant trois mois. Il s'apparente à la viande des Grisons, célèbre spécialité helvétique. Servi finement tranché, il accompagne généralement les plats de raclette ou de fondue.
Le **jambon de Luxeuil** est élaboré à partir de cuisse entière de porc, macérée dans un bain de vin rouge d'Arbois, salée à la saumure, fumée et séchée, durant environ huit mois.

UNE GAMME DE VINS TRÈS ÉTENDUE

La vigne représente une très petite partie de la surface agricole. Elle s'étend au sud-ouest de Salins, sur une étroite bande, large de 10 km, occupant les pentes calcaires du rebord ouest du Jura. Mais sa renommée dépasse largement les frontières de la Franche-Comté.

Un des plus vieux vignobles de France

La vigne est cultivée en Franche-Comté depuis l'époque gallo-romaine. Au Moyen Âge, seigneurs, ecclésiastiques et laïcs investissent dans la vigne. La maladie du phylloxéra, puis la Première Guerre mondiale ont porté atteinte à la production. De retour à la croissance dans les années 1970, géré soit par des coopératives de producteurs, soit par de grandes maisons privées, le vignoble a acquis peu à peu ses lettres de noblesse grâce à une politique de qualité fondée sur des **appellations**.
Il affronte aujourd'hui la concurrence des vins étrangers : de nombreuses zones de production non rentables ont disparu comme dans la vallée de la Loue, où le vignoble n'existe plus qu'à Vuillafans.

Les cépages

Cinq cépages très anciens ont donné naissance à de nombreux vins blancs et rouges dont six sont en AOC.

Il s'agit, pour les vins blancs, du **savagnin** – qui couvre 15 % de l'encépagement – et du **chardonnay**, originaire de Bourgogne et introduit dans le Jura au 14e s. – qui représente à lui seul 45 % du vignoble.

LA FRANCHE-COMTÉ AUJOURD'HUI

Les vins rouges sont issus du **poulsard** (ou ploussard), du **pinot noir** (originaire de Bourgogne) et du **trousseau**, digne des grands crus de Bourgogne et de Bordeaux. Les vins rosés sont élaborés à partir du ploussard.

Les vins

Les **vins rouges**, fruités et frais dans leur jeunesse, s'affirment dans un bouquet subtil avec l'âge. Le pinot noir, vin très rouge et fruité, accompagne à merveille un magret de canard. Le pupillin, du nom du village qui s'est proclamé capitale mondiale du cépage ploussard, a des arômes de fruits rouges épicés. Il s'apprécie tout au long d'un repas et en particulier avec la truite au lard.

Les **vins blancs**, secs mais souples, sont assez capiteux. Le savagnin donne un vin aux arômes de fruits secs, noisette et amande. Ils sont servis avec les poissons comme la truite meunière au bleu ou à la crème, les viandes blanches et le comté.

Le **vin jaune** (château-chalon), issu du savagnin, est l'or du Jura. Sa belle couleur ambrée, son parfum développé, sensible à distance, peuvent se maintenir, s'il s'agit d'une bonne année, pendant plus d'un siècle. Le vin acquiert le « goût de jaune » en vieillissant en fût pendant un minimum de six ans. Des traces de levures « en voile » spéciales au Jura produisent sa fermentation. On le sert avec le gratin d'écrevisses et la poularde au vin jaune et aux morilles.

Les **vins de paille** sont obtenus à partir des raisins amenés à l'état de surmaturation, conservés sur un lit de paille puis foulés et pressurés. Ce vin de liqueur est devenu très rare (il faut environ 100 kg de raisins pour 18 l de vin de paille !). Il se boit en apéritif.

La création des mousseux remonte au 18e s. Le **crémant** du Jura est issu du chardonnay et du pinot noir. Il se boit frappé au dessert.

Le **macvin**, vin de liqueur fait de moût de raisin marié à de l'eau-de-vie de Franche-Comté, peut atteindre 16 à 20°. Il se boit très frais à l'apéritif, accompagne le melon et permet de finir en douceur un repas.

Les alcools

L'**anis de Pontarlier** est l'apéritif traditionnel du Haut-Doubs. Il doit son goût à la distillation d'anis vert. Pour terminer un bon repas, rien n'est comparable au **marc**, au goût de fruits secs, considéré comme le « chauffe-cœur » par les vieux vignerons. Les liqueurs régionales, telles la liqueur de sapin ou de myrtilles, vous aideront à digérer.

La **gentiane**, obtenue par distillation des racines de la plante, conserve la saveur des montagnes de Franche-Comté et la **cerise** produite à Fougerolles, berceau des **eaux-de-vie** de fruits, participe aux moments de convivialité. La fée verte (ou **absinthe**) vit son grand retour dans la région, et la **bière** est représentée par la fabrication artisanale de la fameuse Rouget de Lisle.

Et si l'alcool ne vous tente pas, pourquoi ne pas profiter des boissons locales non alcoolisées, telles que les limonades **Elixia** ou la **Mortuacienne** ?

Château de Joux (Doubs).

René Mattès / MICHELIN

DÉCOUVRIR LES SITES

DÉCOUVRIR LES SITES

Abbaye d'**Acey**

CARTE GÉNÉRALE B2 – CARTE MICHELIN LOCAL 321 D3 – JURA (39)

On pourrait s'étonner de la variété des styles harmonieusement réunis dans cette vénérable abbaye du 12e s. Contrairement à la verdoyante et paisible vallée de l'Ognon où elle est installée, l'abbaye Notre-Dame d'Acey a connu un destin des plus tourmentés, et il a fallu toute la détermination et la patience légendaire des moines pour s'y maintenir. Plusieurs fois ravagée par les guerres, les pillages et les incendies depuis le 17e s., l'abbaye a retrouvé sa sérénité monastique, qu'elle partage avec ses hôtes ou visiteurs de passage. Drapés dans leurs bures, les moines évoluent entre les murs silencieux de l'abbaye au rythme de la prière, de l'étude et du travail manuel.

Abbaye d'Acey.

- **Se repérer** – Aux confins du Doubs, du Jura et de la Haute-Saône, l'abbaye d'Acey est située à quelque 10 km à l'est de Pesmes, par Malans et Brésilley. Aucune route ne suit de près la vallée, mais l'accès par Vitreux et la D 459 est fort agréable.
- **À ne pas manquer** – La vaste église abbatiale, baignée de lumière, et son ensemble à la fois sobre et harmonieux de 50 verrières contemporaines.
- **Avec les enfants** – Pourquoi ne pas profiter du calme de ce lieu pour pique-niquer aux alentours en toute tranquillité ?
- **Pour poursuivre la visite** – Voir aussi Besançon, la forêt de Chaux, Dole, Gray, Gy, le château de Moncley, Pesmes.

Découvrir

L'abbaye est avant tout un lieu de prière et de silence. Seule l'église peut se visiter, en respectant le calme et le caractère sacré des lieux. ☎ 03 84 81 04 11 - 8h30-12h, 14h30-18h, dim. 14h30-16h30.

Fondée en 1136, l'abbaye Notre-Dame d'Acey possède la particularité d'être, en Franche-Comté, le seul monastère cistercien qui soit, aujourd'hui encore, occupé par des moines. Ces derniers forment une communauté trappiste de quelque 26 membres.

Église★

Il s'agit de la seule et unique rescapée des 13 églises que l'ordre cistercien, fondé en 1098 à Cîteaux (en Bourgogne), avait construites en Franche-Comté.

Abbaye d'Acey pratique

Se loger

⌂ **Chambre d'hôte Les Egrignes** – *Rte d'Hugier, Le château - 70150 Cult - 4 km au NE de Marnay -* ☎ *03 84 31 92 06 - www.les-egrines.com - 3 ch. 80 €* ⌂. Cette belle demeure datant de 1854, inscrite à l'Inventaire des monuments historiques, a conservé ses stucs, trompe-l'œil et cheminées d'époque. Chambres raffinées et décorées avec un goût sûr, élégante salle à manger dotée d'un poêle en faïence (fin 18e s.) et joli parc de 5 ha. Accueil charmant.

Le bâtiment tenant lieu de narthex (vestibule), et qui constituait la nef de l'église initiale, possède de puissants piliers qui délimitaient autrefois les bas-côtés. Une petite porte à droite donne accès à l'église actuelle, remarquable par ses vastes proportions, son architecture dépouillée et la grande clarté qui y règne. L'édifice n'a plus sa longueur primitive et se présente approximativement selon un plan en croix grecque. Trois courtes nefs précèdent un large transept sur lequel s'ouvrent une abside et quatre chapelles à chevet plat, selon la disposition cistercienne.

L'église a été dotée d'un ensemble sobre et harmonieux de **verrières monobloc** (une seule plaque de verre par baie) dont la gamme de couleurs se limite aux noir, gris, bleu et blanc. C'est l'œuvre d'artistes régionaux : le peintre Jean Ricardon et le maître verrier Pierre Alain Parrot.

Alaise

CARTE GÉNÉRALE B3 – CARTE MICHELIN LOCAL 321 F4 – DOUBS (25)

Un massif qui domine le Lison, un ancien oppidum gaulois, des noms qui se ressemblent… tout était réuni pour que des érudits comtois y voient le site tant recherché de la célèbre bataille d'Alésia. Si l'historiographie dominante situe aujourd'hui Alésia à Alise-Sainte-Reine en Côte-d'Or, de nombreux facteurs expliquent la persistance de ce débat. Et un doute continue à planer sur la localisation exacte de l'oppidum celtique qui fut le théâtre de l'affrontement décisif entre Vercingétorix et César en 52 av. J.-C.

- **Se repérer** – C'est par la D 139, au départ de Nans-sous-Sainte-Anne, que l'on peut rejoindre cette petite localité très retirée.
- **À ne pas manquer** – Le site de l'oppidum, sur un plateau dominant le Todeure et le Lison ; les vestiges de huttes du « camp de Châtaillon ».
- **Organiser son temps** – Comptez 2h pour visiter l'oppidum et profiter de la vue sur le Lison depuis le belvédère au sud du village.
- **Avec les enfants** – Partez avec eux à la recherche des trois abris sous roche situés sur l'oppidum, et profitez de cette visite sur le terrain pour leur conter l'histoire de nos ancêtres les Gaulois.
- **Pour poursuivre la visite** – Voir aussi la Saline royale d'Arc-et-Senans, Mouthier-Haute-Pierre, Nans-sous-Sainte-Anne, Ornans, Salins-les-Bains.

Comprendre

Une longue polémique – Dans les bois, à 1 km à l'est du village actuel d'Alaise, s'élevait autrefois une vaste forteresse gauloise, *Alasia,* dont les fouilles ont extrait un grand nombre d'armes et d'objets divers. Des discussions passionnées entre archéologues furent ouvertes, en 1855, par **Alphonse Delacroix**, dont la statue domine le site et qui œuvra pour la célébrité des lieux. Le savant bisontin soutenait que l'Alésia de Vercingétorix était bel et bien Alaise, au toponyme évocateur, et non Alise-Sainte-Reine en Côte-d'Or *(voir* Le Guide Vert Bourgogne*)*, site lui-même rendu célèbre grâce aux fouilles initiées par Napoléon III.

Par la suite, la thèse comtoise eut pour ardent défenseur l'érudit **Georges Colomb** (1856-1945) qui fut aussi, sous le pseudonyme de Christophe, l'auteur de livres pour la jeunesse. Plus récemment, les recherches de l'archéologue et éminent chartiste **André Berthier** (1907-2000) l'ont conduit à éliminer 299 autres sites prétendant être Alésia pour ne retenir que les sites jurassiens de **Syam/La Chaux-des-Crotenay**, jamais envisagés au préalable comme candidats potentiels.

L'emplacement si controversé d'Alésia continue donc à remuer les passions. Et si le petit village d'Alaise n'occupe sans doute pas l'emplacement de la forteresse des Séquanes mentionnée par César dans *La Guerre des Gaules*, il n'en possède pas moins un riche patrimoine archéologique (vestiges d'une grande nécropole sur le massif Alaise-Saraz et sur le plateau d'Amancey : tertres funéraires, tombes à char, mobilier composé d'épées, de bracelets et ceintures, de fibules, etc.) témoignant de la présence d'une importante occupation celtique dans la région. Maire d'Alaise dans les années 1980, **Louis Courlet** évoque l'histoire de sa localité dans *La Cité mystérieuse.*

DÉCOUVRIR LES SITES

Se promener

Oppidum

Accès aux vestiges par une route goudronnée que vous prenez à droite, à la sortie du village sur la D 139. Laissez votre voiture au parc de stationnement dans une clairière et poursuivez à pied sur 200 m.

Si vous voulez vous faire une idée sur la question, ou simplement vous promener, le mieux est de vous rendre sur le site. Il s'agit d'un vaste plateau de quelque 1 500 ha qui domine deux rivières, le Todeure et le Lison. L'endroit le plus significatif est le lieu-dit **Camp de Châtaillon**. Des fouilles permirent d'y découvrir des morceaux de poteries, vases, pointes de javelots, fragments de silex… Actuellement, une vingtaine de huttes et trois abris sous roche sont toujours visibles.

Belvédère

À 1 km au sud du village (D 139), direction Saraz, a été aménagé un belvédère qui domine le Lison de ses 194 m.

Alaise pratique

Voir aussi les encadrés pratiques d'Arc-et-Senans, Mouthier-Haute-Pierre, Nans-sous-Sainte-Anne, Ornans, Salins-les-Bains.

Se loger

Hôtel L'Autre Auberge – Pl. du Village - 25330 Amondans - ✆ 03 81 86 53 53 - www.amondans.com - mai-oct. - 🅿 - 12 ch., 1/2 P 100 €. Ce grand bâtiment trônant sur la place du village attire forcément l'attention, et son aménagement intérieur réserve d'heureuses surprises. Chaque pièce, de la salle de bar aux 12 chambres, bénéficie d'une décoration lumineuse, résolument moderne, mais gardant toujours une pointe de charme ancien. Une réussite !

Se restaurer

Auberge Marle – Au bourg - 25440 Myon - ✆ 03 81 63 78 47 - hotelmarle@tiscali.fr - fermé 15 j. fin sept. et dim. soir - 11 € déj. - 19/28 € - 6 ch. 30/36 € - 6,50 €. Cette auberge, tenue par la même famille depuis 5 générations, doit sa longévité à son cadre rustique ainsi qu'à sa cuisine à base de produits frais. Quel plaisir de savourer les incontournables spécialités maison : la croûte forestière aux 8 champignons ou le filet de sandre aux noisettes. 6 chambres à l'étage.

Ambronay

2 146 AMBRUNOIS OU AMBOURNOIS
CARTE GÉNÉRALE B5 – CARTE MICHELIN LOCAL 328 F4 – AIN (01)

Privée depuis longtemps de ses remparts, Ambronay s'ordonne autour de la rue principale qui concentre la plupart de ses activités. La ville s'est développée autour d'une abbaye bénédictine fondée au 9e s. par saint Barnard, chevalier de Charlemagne. Plusieurs fois remaniée du 13e au 17e s., celle-ci s'est également vue transformer en écuries, en grange, en prison… Grâce à une acoustique exceptionnelle, elle revêt chaque année une dimension internationale à l'occasion du Festival de musique baroque. Sauvée de la destruction, son église a retrouvé sa vocation religieuse et fait l'objet d'une longue restauration.

- **Se repérer** – On accède à Ambronay à partir d'Ambérieu-en-Bugey, en empruntant la D 36 sur 6 km vers le nord.
- **À ne pas manquer** – La belle abbaye bénédictine, avec ses stalles sculptées, ses verrières et son cloître de style gothique.
- **Organiser son temps** – Haut-lieu de la musique baroque et classique, Notre-Dame d'Ambronay accueille chaque année, en automne, un festival apprécié des mélomanes. Une manifestation musicale à noter dans vos agendas !
- **Pour poursuivre la visite** – Voir aussi le Bugey, Nantua.

Visiter

Ancienne abbaye

04 74 34 52 72 - avr.-sept. : 9h-18h30 ; oct.-mars : 9h-17h.

De Notre-Dame d'Ambronay, plusieurs fois reconstruite, il reste l'église, le cloître, la salle capitulaire et la majorité des bâtiments conventuels. Il ne manque guère que les longues bures qui glissaient jadis silencieusement dans ces lieux de prière et de recueillement.

Église★ – Elle est en majeure partie des 13e et 15e s., avec quelques vestiges plus anciens (sous l'avant-chœur ont été découverts des restes de l'ancienne église carolingienne). La façade a été mutilée. Sur le linteau du portail central, on distingue la Résurrection des morts (13e s.) : au centre, Abraham reçoit les âmes dans son manteau.

Cloître de l'abbaye d'Ambronay.

Dans le chœur, verrières et stalles sculptées *(restaurées)* du 15e s. À gauche du chœur, la **chapelle Sainte-Catherine** abrite le **tombeau★** de l'abbé Jacques de Mauvoisin (15e s.), restaurateur de l'église. Dans le bas-côté gauche, dans un enfeu, on remarque une Pietà du 15e s. en pierre polychrome.

Cloître – *Accès par une porte du collatéral droit.* Le cloître (15e s.) compose un bel ensemble de style gothique. Il comporte, au-dessus d'arcades aux élégants fenestrages, une galerie à laquelle on accède par un escalier d'angle Louis XIV *(restauré)*. Avant de prendre l'escalier, regardez la peinture murale au plafond.

Ambronay pratique

Voir aussi les encadrés pratiques du Bugey et Nantua.

Se loger

Gîte La Championnière – *04 74 23 82 66 - www.gites-de-france.fr - 245/290 €/sem. pour 6 pers.* Aménagé sur 2 niveaux, ce gîte de 60 m², contigu à la maison des propriétaires, peut accueillir jusqu'à 6 personnes. Au rez-de-chaussée, on trouve la cuisine et la salle de séjour avec son coin salon, et à l'étage, 2 chambres et la salle de bains équipée d'un lave-linge. Terrasse avec salon de jardin et barbecue.

Se restaurer

Auberge de l'Abbaye – *Pl. des Anciens-Combattants - 04 74 46 42 54 - fermé 18-27 oct., 24 déc.-3 janv. - réserv. conseillée - 18/35 €.* À proximité de l'abbaye d'Ambronay, dégustez des plats du terroir dans cette discrète auberge de village au cadre rustique. Belle cave où le client peut choisir sa bouteille.

Événement

Festival de musique baroque – *De mi-sept. à mi-oct. - 04 74 38 74 00.* En célébrant ses 20 ans en 1999, le célèbre festival d'automne a consacré, s'il en était besoin, un succès qui ne s'est jamais démenti au fil des ans. Que ce soit la merveilleuse acoustique de l'abbaye, la richesse de la programmation ou la présence de nouveaux talents, tout concourt à faire de cette fête conviviale un rendez-vous très apprécié des mélomanes. Les principaux concerts ont lieu dans l'abbaye, mais sont complétés par des soirées musicales beaucoup plus intimistes à la tour Dauphine ou dans d'autres lieux privilégiés.

DÉCOUVRIR LES SITES

Arbois★

**3 698 ARBOISIENS
CARTE GÉNÉRALE B3 – CARTE MICHELIN LOCAL 321 E5 – JURA (39)**

Cadre de l'enfance de Louis Pasteur, qui contribua par la suite à la renaissance de son vignoble dévasté par le phylloxéra, Arbois occupe un site splendide, au seuil d'une magnifique reculée. À l'image de son clocher, fièrement dressé au-dessus des vignes, la ville porte haut les couleurs des vins du Jura. Elle abrite de nombreuses caves vers lesquelles se pressent les amateurs : le classement AOC en 1936 a consacré le succès du vignoble jurassien.

Village d'Arbois.

- **Se repérer** – Desservi par la N 83, Arbois se découvre idéalement en suivant la Route des vins. En venant de Poligny, quittez la N 83 à Buvilly et rejoignez Arbois par Pupillin. La descente sur Arbois découvre la ville dominée par l'impressionnant clocher (60 m) de l'église Saint-Just. Station de TGV à Mouchard.
- **À ne pas manquer** – Le superbe théâtre rocheux de la reculée des Planches ; les belvédères du cirque du Fer à Cheval et de Ladoye ; les sources de la Cuisance ; les féeriques grottes des Planches et Moidons ; la maison familiale des Pasteur et le laboratoire du célèbre homme de science ; le château médiéval du Pin.
- **Organiser son temps** – Comptez deux à trois jours pour visiter la ville et tester les nombreuses balades offertes par ses environs. En été, profitez du pic de chaleur pour visiter les grottes et apprécier leur fraîcheur.
- **Avec les enfants** – Découvrez avec eux l'univers mystérieux des grottes et laissez-les s'émerveiller devant le travail des eaux souterraines : transparence bleutée des lacs (en période sèche) et marmites de géants. Sur un tout autre registre, pourquoi ne pas faire une halte à Mesnay, afin d'y visiter une ancienne papeterie locale transformée en écomusée du Carton ?
- **Pour poursuivre la visite** – Voir aussi Alaise, la Saline royale d'Arc-et-Senans, le château d'Arlay, Baume-les-Messieurs, Champagnole, Château-Chalon, la forêt de Chaux, Dole, Nans-sous-Sainte-Anne, Poligny, Salins-les-Bains, la route des Sapins.

Comprendre

Site prédestiné s'il en est, Arbois doit son nom à deux mots celtes, *Ar* et *Bos*, qui signifient « terre fertile ».

Têtes chaudes – Les habitants d'Arbois sont restés célèbres dans toute la Comté pour leur ardeur à manifester un esprit volontiers frondeur et indépendant. Leurs séditions ne se comptent plus. En 1834, lorsque Lyon se soulève, ils proclament la République. C'est lors de cette insurrection que les habitants d'Arbois, venus réclamer de la poudre à la sous-préfecture de Poligny, et sommés de désigner ceux qui les avaient entraînés à la révolte, firent cette réponse demeurée célèbre : *No sin tous t'sefs* (nous sommes tous chefs). Mais ils restent tout interdits quand ils s'aperçoivent que les limites du nouveau régime ne dépassent pas les murs de leur petite cité. Il leur faut revenir à Louis-Philippe.

Pasteur à Arbois – Louis Pasteur est né à Dole en 1822, mais sa véritable patrie comtoise est la petite ville d'Arbois. Les Pasteur s'y installent en 1827, et Louis fréquente d'abord l'école primaire, puis le collège. Devenu célèbre, le grand savant n'en reste pas moins fidèle à Arbois, où il revient chaque année, pratiquement jusqu'à sa mort en 1895. Les vignerons le considèrent comme le sorcier des vins et, dès qu'une bouteille se pique, ils viennent frapper à sa porte. On le croit aussi médecin, et l'espoir d'une consultation gratuite conduit volontiers vers son cabinet les plus économes…

Se promener

Garez-vous au pied de l'église Saint-Just.

Église Saint-Just★ 2

☎ 03 84 66 55 50 - visite sur demande préalable à l'office de tourisme.

Une esplanade la borde, offrant une vue sur la Cuisance. Cette priorale (12e-13e s.) vaut surtout pour son **clocher** (montée : 209 marches) qui domine la ville de ses 60 m ; élevé au 16e s., en pierre de couleur ocre doré, il se termine par un dôme bulbeux, fréquent en Comté, et un campanile qui abrite un carillon.

À l'intérieur, l'étroite nef, voûtée à l'époque gothique, est séparée des bas-côtés par un ensemble massif d'arcades en plein cintre et de piliers. La chaire, en bois sculpté, date de 1717 et le chœur, à chevet plat, est percé d'une grande baie flamboyante où figurent les 12 apôtres. À l'entrée sud, épitaphe du capitaine Morel. Dans le bas-côté gauche, on remarque une très belle **Vierge à l'Enfant** de la fin du 14e s. Restauré en 1985, l'orgue (1728) est classé Monument historique.

Passez le pont à gauche et prenez tout de suite à droite la rue Mercière. Rejoignez la place de Faramand.

Maisons vigneronnes

Elles s'alignent le long de la place (nos 48-52) et sont reconnaissables à leur « trappon » au ras du sol, pour rentrer les tonneaux, et à leur large baie arrondie, qui signale qu'on y vendait aussi le vin.

En passant le joli **pont des Capucins** 2 en pierre, profitez de la vue sur le clocher Saint Just, sur la Cuisance, les collines, les vieilles maisons et les restes des fortifications, notamment la **tour Gloriette** 2. Celle-ci est « ouverte à la gorge », c'est-à-dire construite en bois côté ville, ce qui l'aurait rendue plus facile à reprendre… si elle avait jamais été prise. C'était l'ouvrage le plus important de l'enceinte d'Arbois.

> ### Le « Pirou »
>
> Comment parler du vignoble d'Arbois sans évoquer le destin d'une de ses figures emblématiques, **Henri Maire** ? Admiré, jalousé voire détesté, celui qu'on surnomme « le Pirou » en se référant étrangement au prénom (Pierre) d'un aïeul, ne peut laisser indifférent. La situation du vignoble était dans l'impasse quand Henri Maire reprend, en 1939, l'exploitation familiale. Il faudra toute l'ingéniosité, la détermination et le tempérament volontiers batailleur du jeune vigneron pour redonner une notoriété bien méritée aux crus arboisiens et jurassiens.
> Son succès, il le doit beaucoup à sa personnalité entreprenante et médiatique. La fameuse campagne publicitaire du Vin fou pour le pétillant d'Arbois fut un véritable coup de maître qu'il a su prolonger par d'autres opérations commerciales originales. Après des décennies de lutte, Arbois est devenue la capitale des vignobles jurassiens.

Gagnez la rue Maupré, puis la rue des Fossés. Traversez le jardin à gauche.

Vous arrivez au **château Pécaud** (voir « Visiter »). Descendez vers le centre, en longeant le collège où Pasteur étudia sept ans, et l'ancien couvent des Minimes (1621), actuelle bibliothèque.

Prenez à droite les galeries de la Grande-Rue et de la place de la Liberté.

Place de la Liberté 2

Elle date du 15e s., mais ses élégantes arcades furent ajoutées au 18e s. Elles étaient ininterrompues jusqu'à l'ouverture de la rue Delort, au 19e s., pour laisser passer la garde municipale !

Suivez la Grande-Rue. Remarquez, au n° 58, la belle porte de l'ancien couvent des Tiercelines. Traversez le square à gauche, qui mène à la statue de Pasteur.

DÉCOUVRIR LES SITES

Collégiale Notre-Dame 1
Fondée au 14e s., elle garde quelques vestiges gothiques côté rue Notre-Dame, et abrite l'Espace Louis-Pasteur.

Descendez par la rue du Vieux-Château. Faites une incursion à droite dans le chemin bordé de pierres sèches et de maisons vigneronnes qui la prolonge, pour apercevoir à gauche le château Bontemps *(demeure privée)*, des 12e-16e s. Puis redescendez vers le centre.

Visiter

Maison de Louis Pasteur★ 1
☎ 03 84 66 11 72 - visite guidée (1h) juin-sept. : 9h45, 10h45, 11h45 et 14h-18h (ttes les h) ; avr.-mai : 14h15, 15h15, 16h15, et 17h15 ; de déb. oct. à mi-oct. : 14h15, 15h15, 16h15 et 17h15 - fermé de mi-oct. à fin mars - 5,80 € (enf. 2,90 €).

Passionnant pèlerinage que la visite de la maison où Pasteur passa une partie de sa vie. Située au bord de la Cuisance, elle abritait la tannerie de son père. L'illustre savant l'a progressivement agrandie et modernisée pour y aménager son atelier et mieux installer ses enfants. La maison a conservé intact le décor intérieur choisi par Pasteur. Dans le cadre un peu sombre du vestibule (cela faisait plus sérieux), on s'étonnera de voir un gong : on le frappait pour faire sortir le chercheur et l'obliger à prendre un peu l'air ! Parmi les souvenirs personnels, on remarque de nombreux portraits de famille et un tableau représentant Jean-Baptiste Jupille, courageux berger jurassien sauvé de la mort par le traitement de Pasteur contre la rage. Au premier étage, deux dessins du jeune Pasteur rappellent ses dons artistiques méconnus. Sa chambre semble comme figée dans le temps : le porte-plume, l'encrier et le sous-main attendent sur le bureau ; la toque familière est là. Dans le laboratoire, où Pasteur travaillait pendant ses séjours à Arbois, sont conservés les instruments et appareils qu'il utilisait, ainsi que des bouillons de culture qui servirent à ses expériences sur la prétendue « génération spontanée ».

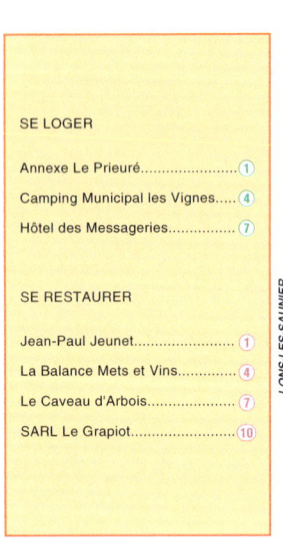

SE LOGER

Annexe Le Prieuré.................... 1
Camping Municipal les Vignes..... 4
Hôtel des Messageries............. 7

SE RESTAURER

Jean-Paul Jeunet..................... 1
La Balance Mets et Vins............ 4
Le Caveau d'Arbois.................. 7
SARL Le Grapiot..................... 10

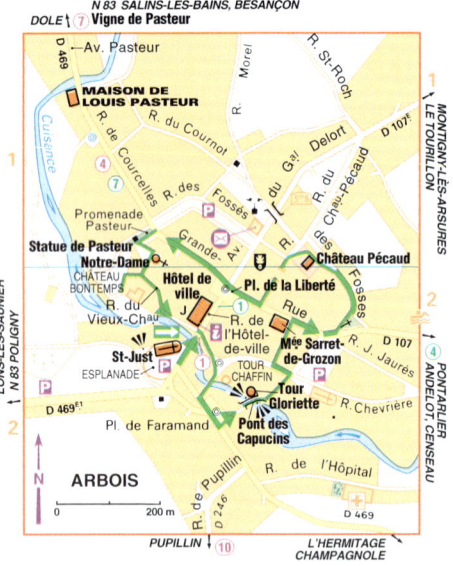

Château Pécaud 1
Vestige des anciennes défenses d'Arbois, ce château des 13e-16e s. appartenait jadis à Nicolas de Granvelle *(voir Besançon)*. Il abrite le musée de la Vigne et du Vin et l'Institut des vins du Jura.

Musée de la Vigne et du Vin – ☎ 03 84 66 40 45 - juil.-août : 10h-12h30, 14h-18h ; mars-juin et sept.-oct. : tlj sf mar. 10h-12h, 14h-18h ; nov.-fév. : tlj sf mar. 14h-18h - possibilité de visite guidée (1h de mi-juin à mi-sept.) - fermé janv. (sf vac. de Noël), 1er Mai, 25 déc. - 3,40 € (enf. 2,60 €), gratuit Nuit des musées.

Un parcours extérieur, organisé en petites parcelles de différents cépages, initie aux différentes activités du vigneron. À l'intérieur, de beaux portraits de vignerons et des objets illustrent l'histoire du vignoble et de la communauté vigneronne d'hier et d'aujourd'hui. Une vidéo sur la fabrication du vin jaune est également projetée.

Musée Sarret-de-Grozon 2
03 84 66 55 50 - www.arbois.com - visite guidée (1h) juil.-août : tlj sf mar. 15h-18h30 ; 1re quinz. de sept. : w.-end (ainsi que J. du patrimoine) 15h-18h30 - gratuit.
Cet ancien hôtel du 18e s. a conservé ses meubles et ses boiseries évoquant l'atmosphère d'une demeure bourgeoise de l'époque. On y trouve également de belles collections de peintures (œuvres du Jurassien A. Pointelin), de porcelaines et d'argenterie.

Aux alentours

Écomusée du Carton
À Mesnay, 2 km à l'est par la D 107. Quittez Arbois par la D 107. Parking en face de l'écomusée. 06 83 59 73 50 - avr.-juin et 1er oct.-15 oct. : tlj sf dim. et lun. 14h-18h ; juil.-sept. : tlj sf lun. 10h-12h, 15h-18h30, dim. : 15h-18h30 ; nov.-mars : groupes sur RV - 4,50 € (enf. de 6 à 18 ans : 3 €).
Fondée au début du 18e s., cette papeterie est au cœur d'un rayonnement cartonnier local. Depuis 2000, l'ancienne cartonnerie accueille l'écomusée du Carton. L'histoire du papier et de la papeterie de Mesnay y est détaillée. Vous y découvrirez une exposition de machines utilisées dans les différentes étapes de la fabrication du carton.

L'Ermitage
2,5 km à l'est par la D 469. Après 1,5 km, quittez la D 469 pour prendre à droite une route qui s'élève en lacet vers une esplanade.
Du rebord du plateau, à proximité de la chapelle, **vue** sur Arbois et la vallée de la Cuisance.

Pupillin
3 km au sud par la D 246.
Sur le plateau qui domine Arbois, Pupillin s'est spécialisé sur un cépage, le ploussard, dont il s'est baptisé « capitale mondiale ». La qualité de ses vins lui a valu l'autorisation d'associer son nom à celui d'Arbois. Parmi les grands domaines d'Arbois-Pupillin, celui de **Désirée Petit et Fils** reste une valeur sûre. Un belvédère, aménagé à la sortie du village, offre une jolie **vue** sur une partie du vignoble, mais pas sur Arbois.

Table d'orientation du Tourillon
3 km à l'est par la D 107. Vue sur Arbois, au pied du plateau de l'Ermitage limité par l'abrupt du Fer à Cheval.

Grottes des Moidons
À Molain, environ 12 km au sud par la D 469, puis la D 4. 03 84 51 74 94 - www.grottesdesmoidons.com - visite guidée (45mn) juil.-août : 9h30-17h30 (dernier dép. 16h15) ; juin et 1re quinz. de sept. : 10h-12h, 14h-17h ; avr.-mai et 2e quinz. de sept. : 14h-17h - fermé oct.-mars, merc. avr.-mai, 1re quinz. de juin et 2e quinz. de sept. - 6 € (enf. 3,20 €).
Au cœur de la forêt, ces grottes présentent des **concrétions**★ en nombre particulièrement important. Leur visite s'achève par un son et lumière mettant remarquablement en valeur les bassins d'eau.

Circuits de découverte

RECULÉE DES PLANCHES★★
21 km – comptez la journée.
Quittez Arbois par la D 107, et à Mesnay, prenez à droite, à hauteur de l'église, la D 247, qui pénètre bientôt dans la reculée des Planches. Aux Planches-près-Arbois, après l'église, passez un pont de pierre et prenez, tout à fait à gauche, une route étroite, revêtue, qui longe le pied des falaises. Laissez votre voiture 600 m plus loin (buvette).
La reculée des Planches est la plus haute reculée du Jura. Cette vallée en cul-de-sac, fermée par des amphithéâtres rocheux, atteint jusqu'à 245 m de hauteur.

Grande source de la Cuisance
C'est la plus intéressante des deux sources de cet affluent de la Loue. La caverne d'où l'eau tombe en cascade, en période de hautes eaux, constitue l'entrée des grottes des Planches.

DÉCOUVRIR LES SITES

Grotte des Planches★

☎ 03 84 66 13 74 - visite guidée (1h) 10 juil.-20 août : 13h ; avr.-juin et sept. : 10h-12h, 14h-17h (1er dép. 13h, dernier dép. 17h) - fermé oct.-mars - 6 € (-12 ans 3 €).

Dans cette grotte creusée au fond de la reculée, sous un impressionnant surplomb, les galeries aménagées illustrent le travail de l'eau et le phénomène d'enfouissement du réseau. La galerie inférieure, cours de la Cuisance en période de crue, est occupée en période sèche par un chapelet de lacs qui frappent par la couleur bleutée et la transparence de leurs eaux. Le dernier est à plus de 800 m de l'entrée.

On peut observer, particulièrement en période sèche, les phénomènes d'érosion : longues galeries presque dépourvues de concrétions et dont les parois ont été polies par la rivière souterraine, cheminées élargies par les eaux tourbillonnantes sous pression, gours et surtout belles **marmites de géants**★ à divers stades d'évolution.

Dans une galerie annexe sont retracés l'exploration, la formation et l'aménagement de la grotte ainsi que la formation de la reculée. Sous le porche de sortie, des fouilles ont mis au jour des couches d'habitats de l'âge du bronze, du néolithique et du paléolithique.

Petite source de la Cuisance

0,5 km au départ des Planches, puis 1h à pied AR. En arrivant d'Arbois, prenez la direction « Auberge du Moulin » et laissez votre voiture au parking, au bord de la rivière. Suivez un chemin en montée. Les cascades formées en période de grandes eaux par la rivière naissante et la source elle-même occupent un site agréable.

Faites demi-tour. Aussitôt après le pont sur la Cuisance, avant l'église des Planches, tournez à gauche dans la D 339, route revêtue, étroite, en montée. Prenez ensuite, à gauche, la D 469 en corniche. Vous passez bientôt sous un tunnel que suit un passage rocheux. Laissez votre voiture 30 m plus loin au parking.

Revenez sur vos pas pour jouir d'un point de vue sur le cirque du Fer à Cheval.

Reprenez votre voiture et suivez la D 469.

Belvédère du cirque du Fer à Cheval★★

10mn AR. Laissez votre voiture à hauteur d'une auberge et suivez le sentier signalé qui s'amorce à gauche.

On traverse un petit bois à la lisière duquel le cirque s'ouvre, béant *(barrière de protection)*. Du belvédère dominant de près de 200 m le fond de la vallée, superbe perspective sur la reculée.

Reprenez la D 469, puis tournez tout de suite à gauche et suivez la D 248.

Belvédère de la Châtelaine

20mn AR. Laissez votre voiture sur le parking. Suivez le sentier qui descend, à gauche de l'église.

Le belvédère se situe 200 m au-dessus des grottes des Planches, et offre un beau point de vue sur la vallée de la Saône.

Regagnez Arbois par la D 248, puis la D 469.

LE VIGNOBLE★

Comptez la journée. Quittez Arbois par le sud-ouest (N 83).

Très varié, le vignoble comporte quatre **AOC** géographiques : arbois, château-chalon, étoile et côtes-du-jura. Cette dernière appellation, la plus vaste, s'étend de Port-Lesney (au nord) à Saint-Amour (au sud). *Pour plus de détails, voir carte p. 99.*

La route se déroule en vue du plateau jurassien.

Poligny *(voir ce nom)*

Prenez la N 5 vers l'est en direction de Champagnole.

Culée de Vaux★

Entre Poligny et la surface du plateau, la dénivellation est de 240 m. La N 5 gravit à flanc de falaise la Culée de Vaux où naît la Glantine qui traverse Poligny.

Vaux-sur-Poligny
Vous y verrez une ancienne église clunisienne qui présente un curieux toit de tuiles vernissées multicolores.

Belvédère de Monts-de-Vaux★
Ce belvédère aménagé *(parking)* permet de jouir d'une belle vue dans l'axe de la reculée dont les versants présentent un joli paysage de prés et de bois.

Reprenez la N 5 vers Poligny. Au bout de 3,5 km, la D 257 se détache à droite en direction de Chamole.

Au cours de la montée, **vues**★ étendues sur la Culée de Vaux, Poligny et la Bresse.

Regagnez Poligny. Quittez la ville par la D 68, au sud.

Plasne
La promenade dans ce village perché procure de jolies **vues**★ sur la Bresse.

Prenez ensuite la D 96, étroite et accidentée.

Belvédère du cirque de Ladoye★★
40 m après le croisement des D 96 et D 5, un parking, à droite de la route, dessert le belvédère aménagé au-dessus de la reculée. La **vue** est impressionnante. Du fond du cirque sort une branche de la Seille.

À Granges-de-Ladoye, prenez la D 204 qui descend d'abord, étroite et sinueuse, jusqu'à Ladoye-sur-Seille. Elle suit ensuite la belle vallée de la Seille. Tournez à gauche pour gagner Baume-les-Messieurs par la D 70.

Baume-les-Messieurs★★★ *(voir ce nom)*

Continuez sur la D 70 et rejoignez la D 471 en direction de Lons-le-Saunier. Peu après un grand coude qui dévoile un beau panorama sur le vignoble, prenez à droite une petite route vers Panessières. Suivez le fléchage du château du Pin.

Château du Pin★
De déb. juil. au 20 sept. : 13h-19h - 4 € (enf. 1,50 €).

Rare témoin comtois de la période médiévale, le château du Pin s'élève dans un cadre de pâturages et de vignes. Construit au 13ᵉ s. par Jean de Chalon, comte de Bourgogne et seigneur d'Arlay, détruit par Louis XI, il a été rebâti au 15ᵉ s. et restauré de nos jours. L'imposant donjon du 15ᵉ s., cantonné d'élégantes échauguettes qui atténuent sa sévérité, offre une belle **vue** sur les environs.

Rejoignez la N 83 que vous prenez à gauche en direction de Lons-le-Saunier. Après environ 1 km, prenez à droite la D 38 vers Saint-Didier et L'Étoile.

Château du Pin.

L'Étoile
Avec son nom de « star », on ne s'étonnera guère de la grande renommée de ce village, qui produit un des grands crus AOC de la région. Petit, il n'en possède pas moins cinq châteaux, et surtout, quelques domaines très accueillants où l'on peut déguster son fameux vin blanc au goût de pierre à fusil et de noisette.

Poursuivez sur la D 38 jusqu'à Ruffey-sur-Seille, que vous traversez. Au croisement avec la D 120, prenez à droite vers Arlay.

Château d'Arlay★ *(voir ce nom)*

Reprenez la D 120 en direction de Voiteur, où vous prendrez à gauche la D 5, très sinueuse, qui conduit à Château-Chalon.

Château-Chalon★ *(voir ce nom)*
Par la D 68, rejoignez Poligny, puis Arbois.

DÉCOUVRIR LES SITES

Arbois pratique

♿ Voir aussi les encadrés pratiques d'Arc-et-Senans, Baume-les-Messieurs, Champagnole, Château-Chalon, forêt de Chaux, Dole, Nans-sous-Sainte-Anne, Poligny, Salins-les-Bains, route des Sapins.

Adresse utile

Office du tourisme d'Arbois - Val de la Cuisance – 10 r. de l'Hôtel-de-Ville - 39600 Arbois - ℘ 03 84 66 55 50 - www.arbois.com - 26 juin-2 sept. : 9h-12h30, 14h-18h30, dim. et j. fériés 10h-12h, 15h-18h ; 2 janv. -25 juin et 3 sept.-31 déc. : 9h-12h, 14h-18h, dim. et j. fériés (à partir de Pâques et jusqu'au 25 juin) 10h-12h, dim. 9 et 16 sept. 10h-12h, 14h-17h - fermé 1er janv., 1er et 11 Nov., 25 déc.

Se loger

Camping Municipal Les Vignes – Près du stade et de la piscine - ℘ 03 84 66 14 12 - mai-sept. - réserv. conseillée - 139 empl. 15 €. Dans ce camping situé au pied du vignoble d'Arbois, les emplacements, bien ombragés, sont aménagés en terrasses et offrent ainsi une vue sur les collines boisées environnantes. Boulodrome, aire de jeux pour les enfants. Stade et piscine municipaux attenants.

Hôtel des Messageries – R. de Courcelles - ℘ 03 84 66 15 45 - www.hotellesmessageries.com - fermé janv. et déc. - 26 ch. 54/59 € ⌑. Sur une artère fréquentée du centre-ville, ancien relais de poste à la jolie façade tapissée de lierre. Chambres progressivement rénovées. Réservez de préférence l'une de celles qui donnent sur l'arrière, plus tranquilles.

Annexe Le Prieuré – R. de l'Hôtel-de-Ville - ℘ 03 84 66 05 67 - www.jeanpauljeunet.com - fermé déc., janv., merc. de sept. à juin et mar. - 🍴 - 7 ch. Cette bâtisse du 17e s. au confort bourgeois est l'annexe de l'hôtel-restaurant Jean-Paul Jeunet distant d'environ 200 m. Ses chambres sont garnies de meubles de style. Certaines donnent sur un reposant jardin fleuri.

Se restaurer

SARL Le Grapiot – R. Bagier - 39600 Pupillin - 3 km au S d'Arbois par la D 246 - ℘ 03 84 37 49 44 - fermé jeu. soir, dim. soir et lun. - réserv. conseillée - 14/38 €. Au cœur d'un village vigneron, sympathique petite auberge reflétant bien le style architectural du pays. En hiver, vous dégusterez des recettes comtoises auprès de la grande cheminée et, en été, une cuisine de type « plancha et grillades ».

Le Caveau d'Arbois – 3 rte de Besançon - ℘ 03 84 66 10 70 - contact@caveau-arbois.com - fermé dim. soir et lun. - 19/28 €. À l'orée d'Arbois, célèbre pour son vignoble, maison de pays dont la cuisine traditionnelle, agrémentée de spécialités du terroir, se déguste avec un vin du cru dans une salle lumineuse sobrement aménagée.

La Balance Mets et Vins – 47 r. de Courcelles - ℘ 03 84 37 45 00 - fermé 30 juin-7 juil., 12 déc.-28 janv., dim. soir, mar. soir et merc. sf j. fériés - 22/55 €. La cuisine du patron est mijotée en cocotte, sous vos yeux, au coin d'un vieux fourneau, et ses recettes sont souvent accordées à des crus du terroir franc-comtois (belle carte de vins régionaux) proposés, pour certains, à des prix très raisonnables. Décor épuré, agréable terrasse.

Jean-Paul Jeunet – R. de l'Hôtel-de-Ville - ℘ 03 84 66 05 67 - www.jeanpauljeunet.com - fermé déc., janv., merc. sf le soir en juil.-août et mar. - 48/125 €. Mariage heureux de la tradition et de la modernité dans cet établissement situé au cœur de la petite cité. Confortables chambres au décor contemporain, salle à manger agrémentée de poutres en bois clair et d'une cheminée et agréable patio verdoyant. Subtile cuisine du terroir assortie d'une superbe carte des vins.

Que rapporter

Henri Maire, Les Deux Tonneaux – Pl. de la Liberté - ℘ 03 84 66 15 27 - www.henri-maire.fr - 9h-19h mais variable selon saison - fermé 1er janv. Impossible de manquer l'enseigne Henri Maire à Arbois, car les publicités et ses immenses et alléchantes vitrines sont à la mesure de son implantation dans la région. Films, dégustations et possibilités de visite de caves et de domaines.

Domaine Rolet Père et Fils – 11 r. de l'Hôtel-de-Ville - ℘ 03 84 66 08 89 - www.rolet-arbois.com - 9h30-12h, 14h-18h30 - fermé 25 déc. et 1er janv. Ce domaine de 62 ha, le deuxième du Jura, vendange exclusivement à la main et produit des crus AOC côtes-du-jura, étoile et arbois, des vins jaunes et de paille, des crémants blancs ou rosés et du marc vieilli en fût de chêne. Il a été récompensé par de nombreuses médailles au Concours général agricole.

Fruitière Vinicole Château Béthanie – 2 r. des Fossés - ℘ 03 84 66 11 67 - www.chateau-bethanie.com - visite des caves : juil.-août tlj sf lun. 11h, 14h30, 16h30 ; reste de l'année sur RV - caveaux ouverts tte l'année 40 r. Jean-Jaurès et 43 pl. de la Liberté - fermé 1er janv. et 25 déc. Cette coopérative née en 1906 vient de fêter son centenaire : c'est l'une des plus anciennes de France ! Visite des caves installées dans le parc du château Béthanie pour découvrir les méthodes d'élaboration du vin de paille, du crémant, des vins jaune, rouge ou blanc de la région. Dégustations gratuites.

Domaine Overnoy-Crinquand – *Chemin des Vignes - 39600 Pupillin - ℘ 03 84 66 01 45 - domaine_overnoycrinquand@yahoo.fr - tlj sf dim. 9h-19h.* Une passion familiale pour la vigne anime ces viticulteurs qui, depuis 1900, se transmettent de père en fils et fille le domaine, qui doit aux moines sa cave datant du 17e s. L'exploitation compte 4 ha et produit ploussard et trousseau rouges, savagnin, vin jaune, vin de paille et crémant blanc ou rosé agréables à boire : une adresse parfaite pour découvrir le vignoble jurassien.

La Cave de Comté – *44 Grande-Rue - ℘ 03 84 66 09 53 - 8h45-19h - fermé 8-15 janv. et 28 juin-4 juil.* Les patrons de cette fromagerie, logée dans une magnifique maison du 18e s., choisissent eux-mêmes leurs fromages : comté doux ou fruité, morbier, bleu de Gex, mont d'or, époisses, chèvres et autres produits laitiers… Petit espace restauration et vente de charcuterie, bière, limonade, liqueurs et conserves.

Hirsinger – *38 pl. de la Liberté - ℘ 03 84 66 06 97 - www.chocolat-hirsinger.com - vend.-mar. 8h-19h30 ; du 14 Juil. à déb. sept. : tlj.* Il serait impardonnable de traverser Arbois sans rendre une petite visite à ce Meilleur Ouvrier de France 1996 qui décline avec brio une succulente gamme de chocolats (à la menthe, au gingembre, aux épices, etc.) dominée par quelques spécialités de renom comme les galets d'Arbois ou les Bouchons.

Sports & Loisirs

Vals Nature – *1 rte de la Plage-Blanche - 39380 Ounans - ℘ 03 84 37 72 04 - www.valsnature.fr.* Cette base de loisirs, ouverte toute l'année, propose une grande variété d'activités de plein air (canoë-kayak, descente de rivière, jeux nautiques, VTT, spéléologie, escalade randonnée pédestre à thème, roller…), des stages sportifs, des séjours découvertes et un parcours aventure.

Saline royale d'Arc-et-Senans ★★

1 364 ARC-SÉNANTAIS
CARTE GÉNÉRALE B3 – CARTE MICHELIN LOCAL 321 E4 – DOUBS (25)

Contre toute attente, il n'y a pas de sel sur la commune d'Arc-et-Senans. Et pourtant, entre la Loue et la forêt de Chaux, se dresse l'ancienne Saline royale, fleuron de l'architecture industrielle du 18e s. inscrit au Patrimoine mondial de l'Unesco. Pourquoi ? Parce qu'il était plus facile de transporter les eaux saumâtres des sources que le bois nécessaire à la récupération du sel. Le site d'Arc-et-Senans, en lisière de la forêt de Chaux, fut donc choisi et alimenté par des « saumoducs » à partir de Salins.

- **Se repérer** – Située à l'extrémité sud-est de la forêt de Chaux, la célèbre saline est accessible depuis Salins-les-Bains ou Arbois par la D 472 jusqu'à Villers-Farlay, puis la D 32 jusqu'à Cramans, et enfin la D 17^E. Si vous venez de Dole, empruntez la D 7 qui contourne la forêt de Chaux par le sud. Station de TGV à Mouchard.

- **Se garer** – Deux parcs de stationnement ont été aménagés : l'un du côté de l'entrée principale, l'autre au nord-ouest, derrière l'enceinte de la saline, non loin du supermarché.

- **À ne pas manquer** – L'originalité du plan circulaire de la saline, dont les bâtiments situés sur le pourtour de l'hémicycle regardent vers la Maison du directeur : l'exposition permanente « À la recherche de la cité idéale » ; le sympathique village de Port-Lesney, au bord de la Loue.

- **Organiser son temps** – Comptez environ 3h pour visiter la Saline royale, en apprécier pleinement l'architecture et les expositions, et profiter de ses jardins. Vous pourrez passer le reste de la journée à découvrir le val d'Amour.

- **Avec les enfants** – Le musée Ledoux et ses maquettes d'architecture ; la Grande Horloge des villes du monde, objet-phare de l'exposition permanente ; une sortie en canoë sur la Loue, pour un agréable moment en famille.

- **Pour poursuivre la visite** – Voir aussi Alaise, Arbois, la forêt de Chaux, Dole, Mouthier-Haute-Pierre, Nans-sous-Sainte-Anne, Ornans, Salins-les-Bains.

Comprendre

Ébauche d'une cité idéale – En 1773, un arrêt du Conseil du roi décida qu'une saline serait créée à Arc-et-Senans, afin d'exploiter les eaux saumâtres de Salins, amenées par des conduites en bois. **Claude-Nicolas Ledoux** *(voir encadré ci-contre)* fut chargé d'en dresser les plans. Visionnaire pour certains, idéaliste pour d'autres, Ledoux demeure – par ses projets futuristes et son fameux traité – l'une des grandes figures de l'histoire de l'architecture. Son chef-d'œuvre, la Saline royale, fut édifié selon un plan semi-circulaire de 1774 à 1779. L'architecte de génie s'en servit d'élément central lorsqu'il établit son projet de la Cité idéale de Chaux, projet qui ne vit jamais le jour. Les bâtiments de la Saline royale comprenaient à la fois les ateliers de travail et les habitations du personnel (la saline ayant été conçue pour pouvoir loger jusqu'à 250 ouvriers). Tous ces bâtiments ont subsisté, et forment aujourd'hui un ensemble impressionnant, parfaite illustration de tout un courant philosophique qui parcourut l'Europe durant le Siècle des lumières.

Dès le début, la Saline royale n'assura pas le rendement escompté : 40 000 quintaux annuels au lieu des 60 000 prévus. L'essor des nouvelles techniques, en particulier les forges, et une pollution du puits d'Arc causée par une fuite d'eau salée, provoquèrent finalement la fermeture du site en 1895.

Découvrir

LA SALINE ROYALE★★

☎ 03 81 54 45 45 - www.salineroyale.com - *juil.-août : 9h-19h ; avr.-juin et sept.-oct. : 9h-12h, 14h-18h ; nov.-mars : 10h-12h, 14h-17h - possibilité de visite guidée - fermé janv., 25 déc. - 7 € (6-15 ans 2,80 €).*

👁 Chargé de la gestion du site, l'**Institut Claude-Nicolas Ledoux** organise ou accueille des manifestations en tous genres (expositions, séminaires, conventions, congrès, etc.) sur des thèmes liés à la saline ou à l'architecture et l'urbanisme.

Entrée

Face à la route de Salins, elle est constituée par un péristyle auquel fait suite un décor de rochers. Le bâtiment, qui abritait jadis le corps de garde, le four banal, le lavoir, la justice et la prison (la saline ayant été conçue comme une véritable petite ville), accueille désormais la salle d'accueil, la librairie et la boutique.

Maison du directeur

En face de l'entrée. Ce bâtiment *(voir ABC d'architecture)*, qu'un incendie avait ravagé en 1918 et dont on avait dynamité la façade en 1926 alors qu'il allait être classé Monument historique, a été restauré. Les colonnes de son péristyle présentent des tambours alternativement carrés et cylindriques. Au sous-sol se trouvait le magasin du sel, au rez-de-chaussée et à l'étage l'activité directoriale et l'escalier d'honneur (dont le palier était aménagé en chapelle), au-dessus les administrations.

Répartie sur une douzaine de salles thématiques, l'exposition permanente intitulée « À la recherche de la cité idéale » offre un exposé riche et complexe sur l'utopie

Vue aérienne de l'ancienne Saline royale d'Arc-et-Senans.

Claude-Nicolas Ledoux (1736-1806)

Inspecteur général des Salines de Lorraine et de Franche-Comté, Ledoux est un architecte visionnaire très influencé par les idées du Siècle des lumières. Il est à l'origine de projets audacieux *(voir son musée ci-dessous et les expositions de l'aire d'autoroute d'Arlay p. 118)* et de réalisations très originales, comme par exemple les rotondes de la Villette et du parc Monceau à Paris, le château de Bénouville dans le Calvados, le théâtre de Besançon (aujourd'hui disparu), ou encore de nombreux hôtels particuliers. En 1804 paraît son traité *De l'architecture sous le rapport des arts, de la législation et des mœurs*, qui présente très largement le projet de la **Cité idéale de Chaux** *(voir p. 73)*.

Claude-Nicolas Ledoux.

sociale et les villes idéales. Y sont juxtaposées des visions aussi différentes que la cité lacustre du lac de Chalain *(voir ce nom)*, le projet de Le Corbusier *(voir p. 74)* d'une nouvelle capitale pour la France ou la cité ouvrière de Chaux-de-Fonds. Objet-phare de l'exposition, la **Grande Horloge des villes du monde** permet d'observer en direct, dans un petit théâtre muni d'écrans reliés à des webcams, la vie des habitants d'une douzaine de villes aux quatre coins de la planète. La cave accueille une exposition expliquant les raisons du choix d'Arc-et-Senans pour la construction d'une saline ainsi que son fonctionnement.

Cour
Elle montre admirablement la noblesse et l'originalité de la construction : tous les bâtiments situés sur le pourtour de l'hémicycle sont symboliquement orientés vers la Maison du directeur, cœur de l'entreprise. L'ensemble de l'œuvre présente une profonde unité de style, et l'on est frappé par la beauté, la robustesse et l'agencement grandiose des pierres. L'influence de Palladio, architecte italien du 16e s., apparaît dans les colonnes et les frontons à l'antique ; celle des constructions comtoises, dans le dessin des toitures. Remarquez, sur les bâtiments de la cour, les motifs sculptés en forme de cols d'urnes : des flots de saumure cristallisée s'en échappent, évocateurs de la source d'activité de la saline. Aujourd'hui, la cour fournit chaque année, lors d'un festival, un merveilleux point d'envol aux montgolfières.

Bâtiment des tonneliers
À gauche de l'entrée. Le **musée Ledoux**, qui y est installé, renferme une soixantaine de **maquettes** d'architecture à l'échelle 1/200 ou 1/100, révélatrices des conceptions de la vie sociale selon Claude-Nicolas Ledoux. Dans l'aile droite sont exposés les monuments qu'il construisit : le théâtre de Besançon dont il ne reste que la façade, la Saline royale d'Arc-et-Senans, le château de Maupertuis… Présentées dans l'aile gauche, la Cité idéale de Chaux, la forge à canons, la maison des surveillants de la source de la Loue illustrent les rêves qu'il ne put réaliser *(voir aussi Arlay)*.

Bâtiments des sels
De part et d'autre de la Maison du directeur. Ils accueillent concerts, manifestations et expositions temporaires.

Jardins
Bordant l'arc de cercle de l'ensemble, ils sont renouvelés chaque année selon un thème donné.

Aux alentours

VAL D'AMOUR
Cette partie de la vallée de la Loue, au nom enchanteur, est surtout connue pour ses légendes et pour sa séduisante rivière. Les métiers liés à l'exploitation du bois jouèrent, jusqu'au début du 20e s., un rôle important dans la vallée. Ainsi, les conducteurs de radeaux arpentèrent longtemps les rives de la Loue avant de disparaître à l'arrivée du chemin de fer. Depuis 1994, la **Confrérie Saint-Nicolas des**

DÉCOUVRIR LES SITES

Les amants du val d'Amour

Il y a bien longtemps, selon la légende, Philippe et Alicette s'aimaient d'amour tendre et ne songeaient qu'à convoler en justes noces. Hélas ! Philippe était pauvre et le père d'Alicette, seigneur du château de Clair-Vent, avait des visées plus lucratives pour sa fille. Comme elle résistait, il l'enferma dans la tour près du lac. Le pauvre Philippe n'eut plus qu'à se fabriquer une barque dans le tronc d'un chêne pour consoler sa mie au travers des barreaux, chaque soir. Moyennant finance, la nourrice le guidait par un code lumineux. Mais les finances de Philippe furent vite épuisées. La nourrice se vengea, abusa Philippe qui se noya. Peu après, Alicette vit son père mourir et se trouva donc libre. Elle fit vider le lac pour retrouver le corps de celui qu'elle aimait. Pour lui, elle fit élever la chapelle d'Ounans où elle le rejoignit, après sa mort.

radeliers de la Loue fait revivre ce métier oublié grâce à d'intéressantes manifestations annuelles.

Chissey-sur-Loue

5 km vers l'ouest par la D 17, puis la D 7. Son intéressante **église** du 13ᵉ s. s'ouvre par un porche majestueux dont le tympan conserve une sculpture du Christ à la colonne.

À l'intérieur, remarquez les babouins qui soutiennent la corniche de la grande nef, un retable doré de saint Christophe du 17ᵉ s., une statue géante de pierre polychrome de saint Christophe (15ᵉ s.).

Chamblay

7 km au sud-ouest de Chissey-sur-Loue par la D 93, puis la D 472. En suivant la Loue, on arrive dans ce petit village qui reste très lié à l'histoire du flottage du bois. Cette activité s'est développée à partir du 18ᵉ s. pour approvisionner la Marine royale, avant de se diversifier avec le chauffage et les industries.

La forêt de Chaux n'est pas loin, et le meilleur moyen de transporter le bois a longtemps été la Loue dont le débit était très puissant pendant les crues. Elle était aussi souvent imprévisible et dangereuse, et les manœuvres des grands radeaux nécessitaient habileté et expérience.

Port-Lesney★

7 km au sud-est d'Arc-et-Senans par la D 17ᴱ jusqu'à Cramans, puis la D 121 et la D 48ᴱ. Ce joli village, au bord de la charmante rivière de la Loue, est une villégiature estivale fréquentée. Le dimanche, pêcheurs, amateurs de canotage, gourmands de truites et de friture y affluent.

De la chapelle de Lorette par un sentier en sous-bois *(1h AR)*, on accède au **belvédère Edgar-Faure** qui domine le village et toute la vallée.

Randonnée

Chemin des Gabelous

En sortant des Salines, prenez à gauche, puis au rond-point à droite, la rue des Graduations. Le parcours fléché commence à la hauteur du camping. 5h30 à pied, 2h30 à vélo.

Ce parcours balisé de 24 km suit à peu près le tracé historique du saumoduc qui, depuis la saline de Salins, acheminait le sel jusqu'à Arc-et-Senans.

Arc-et-Senans pratique

Voir aussi les encadrés pratiques d'Arbois, forêt de Chaux, Dole, Mouthier-Haute-Pierre, Nans-sous-Sainte-Anne, Ornans, Salins-les-Bains.

Adresse utile

Office du tourisme d'Arc-et-Senans-Loue-Lison – Porche de la Saline - 25610 Arc-et-Senans - ✆ 03 81 57 43 21 - www.ot-arcetsenans.fr - juil.-août : 9h30-12h30, 14h-18h30 ; avr.-juin et sept.-oct. : tlj sf jeu. et dim. 9h-12h, 14h-18h ; reste de l'année : tlj sf jeu. et dim. 10h-12h, 14h-17h - fermé 10-31 janv., 1ᵉʳ janv., 25 déc.

Se loger

Chambre d'hôte Les Traversins du Val d'Amour – 29 rte de Salins - 39380 Ounans - 13 km au SO d'Arc-et-Senans par la D 17ᴱ puis les D 32 et D 472 - ✆ 03 84 37 62 28 - lestraversins@wanadoo.fr - 4 ch. 45 € ☐ - repas 19 €. Vous serez accueillis amicalement dans cette paisible maison particulière située non loin d'Arc-et-Senans. Par beau temps, petit-déjeuner sur la terrasse, avec vue sur champs et prés alentour. Chambres douillettes.

Château de Germigney – 39600 Port-Lesney - 7,5 km au SE d'Arc-et-Senans par la D 17^E et D 48^E - ℘ 03 84 73 85 85 - www.chateaudegermigney.com - fermé janv. - 🅿 - 20 ch. 175/295 € - ☐ 15 € - rest. 60/90 €. Le calme et le charme sont réunis dans cette ancienne maison de maître adossée à un parc. Les chambres, joliment meublées, sont coquettes avec leur parquet en cèdre du Liban. Deux salles à manger dont une ouvrant sur le parc. La table soignée vous réserve de bonnes surprises.

Se restaurer

Le Relais – 9 pl. de l'Église - 25610 Arc-et-Senans - ℘ 03 81 57 40 60 - relais.hotel.restaurant@wanadoo.fr - fermé 15 déc.-15 janv. et dim. soir - 12/30 €. Cette auberge familiale, proche de la Saline royale dessinée par Ledoux, dispose d'une agréable terrasse en façade. Si le soleil n'est pas de la partie, c'est sous les poutres d'une des trois salles à manger rustiques en enfilade que vous goûterez aux roboratives spécialités comtoises du chef.

Le Bistrot Pontarlier – Pl. du 8-Mai-1945 - 39600 Port-Lesney - ℘ 03 84 37 83 27 - fermé 2 janv.-2 fév. et du lun. au jeu. de mi-sept. au 1er Mai - 22/41 €. Au bord de la Loue, repas « canaille » dans une salle bistrotière foisonnant de bibelots chinés, cannes à pêche et objets divers, ou dehors, à l'ombre d'un tulipier de Virginie.

Que rapporter

Institut Claude-Nicolas Ledoux - Librairie-boutique – Saline royale - 25610 Arc-et-Senans - ℘ 03 81 54 45 45 - www.salineroyale.com - juil.-août : 9h-19h, nov.-déc., fév.-mars : 10h-12h, 14h-17h, avr.-juin, sept.-oct. : 9h-12h, 14h-18h. Librairie consacrée à l'architecture, à l'utopie, aux jardins et à la Franche-Comté.

Sports & Loisirs

Cap Loisirs – Les Promenades - 25440 Quingey - ℘ 03 81 63 69 41 - www.cap-loisirs.fr. Ce centre propose un grand nombre d'activités tout au long de l'année : sorties en canoë sur la Loue, escalade, tir à l'arc, spéléologie, VTT (170 km de circuits balisés).

Événement

Fête des montgolfières – Mi-sept. - ℘ 06 08 77 56 51 - www.ventsdufutur.org.

Château d'Arlay ★

CARTE GÉNÉRALE B3 – CARTE MICHELIN LOCAL 321 D6 – JURA (39)

Au bord de la Seille, au cœur d'un des vignobles les plus connus de l'appellation côtes-du-Jura, le nom d'Arlay résonne encore des hauts faits de la puissante famille de Chalon. Abandonnée au 17e s., l'ancienne forteresse médiévale fut remplacée par un imposant château au 18e s. Doté d'un beau mobilier régional, de caves très fournies et d'un grand parc où l'on fait voler les rapaces, ce lieu historique est devenu une étape incontournable qui ne manquera pas de séduire toute la famille.

- **Se repérer** – Le château d'Arlay se trouve à 12 km au nord de Lons-le-Saunier, par la N 83.

- **À ne pas manquer** – Le parc du château, pour ses tilleuls centenaires, ses jolis points de vue sur le vignoble d'Arlay et ses vestiges médiévaux… et bien sûr, les vins du domaine d'Arlay, notamment le « vin de paille », à déguster avec modération !

- **Organiser son temps** – Comptez 3h pour profiter pleinement du château, de son parc romantique et de son jardin des Jeux.

- **Avec les enfants** – Ils seront à coup sûr fascinés par le rase-motte des rapaces de la volerie de Jurafaune. Attention toutefois aux coups de soleil en été, car les démonstrations ont lieu en plein air !

- **Pour poursuivre la visite** – Voir aussi Arbois, Baume-les-Messieurs, le lac de Chalain, Champagnole, Château-Chalon, les cascades du Hérisson, la région des Lacs, Lons-le-Saunier, Poligny, la route des Sapins, le lac de Vouglans.

Le saviez-vous ?

- La terre d'Arlay a donné son nom à une branche de la célèbre famille de Chalon (voir Nozeroy) : les Chalon-Arlay.
- Si **Jean de Chalon l'Antique** (13e s.) est le plus célèbre des Chalon, plus récemment le **prince d'Arenberg**, propriétaire du château au 19e s., a fasciné les Comtois par son train de vie fastueux.

Visiter

Château
☎ 03 84 85 04 22 - www.arlay.com - *visite guidée (30mn) château, parc et jardins de mi-juin à mi-sept. : 14h-18h - 8,80 € (6-17 ans 6,70 €).*
L'édifice actuel a été construit au 18e s. par la comtesse de Lauraguais, à l'emplacement d'un ancien couvent de minimes. Il a été réaménagé en 1830 par le prince d'Arenberg, dont l'appartement est ouvert aux visiteurs. Le **mobilier** de style Restauration, œuvre d'un ébéniste de Poligny, forme un bel ensemble. Remarquez la bibliothèque et la chambre de poupée. La visite du château se termine, bien sûr, par une dégustation des vins du domaine du château d'Arlay.

Parc★
Vous y ferez une agréable promenade par un chemin gravissant une colline jusqu'aux ruines médiévales de la forteresse.

Volerie de rapaces du château d'Arlay.

Le parcours est agrémenté de grandes allées bordées de tilleuls centenaires, de nombreux éléments décoratifs (grotte, théâtre de verdure, boulingrin…) et de beaux points de vue sur la Bresse, le Revermont et le vignoble du château. Par la disposition des végétaux (fleurs, fruits, légumes), le **jardin des Jeux**, proche du château, reconstitue dominos, damiers, parcours de croquet.

Hébergé dans le parc du château, le Centre de reproduction des espèces de la faune sauvage du Jura propose une approche pédagogique de la découverte des rapaces diurnes et nocturnes. Les vestiges de l'ancien château offrent un cadre romantique à la volerie de rapaces de **Jurafaune**. Très prisées des enfants, les démonstrations sont toujours impressionnantes : véritable meeting aérien de hiboux, buses et autres rapaces qui se succèdent en rase-motte !

Château d'Arlay pratique

Voir aussi les encadrés pratiques d'Arbois, Baume-les-Messieurs, lac de Chalain, Champagnole, Château-Chalon, cascades du Hérisson, région des Lacs, Lons-le-Saunier, Poligny, route des Sapins, lac de Vouglans.

Se loger
Chambre d'hôte Le Jardin de Misette – *R. Honoré-Chapuis - 39140 Arlay - 12 km à l'O de Château-Chalon par la D 5 jusqu'à Voiteur, puis la D 120 - ☎ 03 84 85 15 72 - http://misette.blog.lemonde.fr/misette - 4 ch. 48 € - repas 23 €.* Les auteurs de l'ouvrage *Saveurs comtoises* ont eu le coup de foudre pour cette habitation vigneronne des bords de Seille. Chambres calmes et confortables. Ambiance conviviale, cuisine familiale.

Se restaurer
Hostellerie St-Germain – *Grande-Rue - 39210 St-Germain-lès-Arlay - ☎ 03 84 44 60 91 - hoststgermain@wanadoo.fr - 22/50 €.* Des chambres au calme vous attendent dans cette hostellerie située au cœur du vignoble jurassien. Deux salles à manger voûtées invitent à y déguster des recettes régionales telles que le foie gras maison aux morilles et au vin jaune.

Que rapporter
Domaine viticole du château d'Arlay – *Rte de St-Germain - 39140 Arlay - ☎ 03 84 85 04 22 - www.arlay.com - 15 juin-15 sept. 9h-12h, 14h-18h, dim. et j. fériés 14h-18h ; le reste de l'année et j. fériés sur RV.* Ses fameux vins font du château d'Arlay une adresse incontournable dans la région. Spécialité du domaine : vin corail, élevé en fût. Caveau de dégustation.

Loisirs
Aire du Jura – *Accès sur l'A 39, entre Poligny et Lons-le-Saunier, ou par Arlay (D 120) - ☎ 03 84 44 49 00.* Vous connaissez sans doute la fameuse Saline d'Arc-et-Senans, mais connaissez-vous la porte de Bourneville, la Forge à canon, le pavillon des Cercles ? Vous retrouverez ces œuvres, imaginées par Claude-Nicolas Ledoux (voir p. 115) sur l'aire du Jura. Présentations artistiques, expositions scénographiées, animations gratuites.

Massif du **Ballon d'Alsace**★★★

CARTE GÉNÉRALE D1 – CARTES MICHELIN LOCAL 315 E9/10 ET 314 I/J6
HAUT-RHIN (68), HAUTE-SAÔNE (70), VOSGES (88), TERRITOIRE DE BELFORT (90)

Le massif du Ballon d'Alsace constitue l'extrémité sud de la chaîne des Vosges. On y rencontre de belles forêts de sapins et d'épicéas, de charmants sous-bois, des fonds de ravins très frais et, sur les hauteurs, de grands pâturages émaillés de fleurs alpestres. Du point culminant (alt. 1 250 m), le panorama est superbe ; par temps favorable, les Alpes sont visibles.

- **Se repérer** – À cheval sur quatre départements, le Ballon d'Alsace est le plus méridional des Ballons des Vosges. On accède à Giromagny, important carrefour et porte d'entrée sud du massif, par la D 465 vers le nord à partir de Belfort, et par la D 4 vers le nord-est au départ de Ronchamp.

- **À ne pas manquer** – Les superbes panoramas que l'on découvre du haut du Ballon d'Alsace et du Ballon de Servance, offrant des vues inoubliables tantôt sur la plaine d'Alsace et la Forêt-Noire, tantôt sur la chaîne des Vosges et les Alpes suisses ; la route du col des Croix, frontière entre Lorraine et Franche-Comté ; la pittoresque cascade du saut de l'Ognon.

- **Organiser son temps** – Si l'idée d'une sympathique balade vous tente, comptez environ 1h30 pour le sentier de découverte du Ballon d'Alsace. Les paysages préservés de ce superbe massif méritent toutefois que vous vous y attardiez quelques jours.

- **Avec les enfants** – Votre visite sera l'occasion de leur faire pratiquer des activités de plein air, en toute saison *(voir encadré pratique)* : ski et luge en hiver, accro-branche et randonnée en été. Pour une découverte des activités traditionnelles de la région, vous pourrez également leur proposer la visite du musée de la Mine et des Techniques minières ou du musée départemental de la Montagne.

- **Pour poursuivre la visite** – Voir aussi Belfort, Fougerolles, Lure, Luxeuil-les-Bains, le plateau des Mille Étangs, Ronchamp.

Circuits de découverte

À cheval entre l'Alsace et la Franche-Comté, le vaste territoire du **Parc naturel régional des Ballons des Vosges** vous étonnera par la variété de ses paysages : pâturages d'altitude (hautes chaumes sur les Ballons), plateau des Mille Étangs, tourbières, cirques glaciaires, lacs, rivières et collines couvertes de résineux. Ici vivent chamois et lynx ; écrevisses, truites et tritons peuplent étangs et rivières ; lys martagon, gentianes jaunes, myrtilles égaient les pentes… Amateurs de nature, ne manquez pas de vous arrêter en ces lieux préservés !

Parc naturel régional des Ballons des Vosges

BALLON D'ALSACE★★★

- Le terme « ballon », qui désigne les sommets si caractéristiques des Vosges du Sud, serait dérivé du nom du dieu **Bel** auquel les Celtes vouaient un culte.

De Giromagny au Ballon d'Alsace★★

Giromagny

Important carrefour sur la haute vallée de la Savoureuse, cette petite ville fut longtemps un grand centre d'industries textiles. Édifié entre 1875 et 1879, le **fort de Giromagny**, ou **fort Dorsner**, était doté d'un important armement et formait le lien entre la ligne de défense de la haute Moselle et le camp retranché de Belfort. Des bénévoles passionnés travaillent à la restauration de ce fort désaffecté.

Musée de la Mine et des Techniques minières – ✆ 03 84 29 03 90 - avr.-oct. : jeu.-dim. 14h30-18h - 2 € (-16 ans gratuit).
Installé dans le centre socioculturel *(place des Commandos-d'Afrique)*, ce petit musée retrace l'histoire de l'exploitation des mines de plomb et de cuivre argentifères du 15e s. au 19e s.

Quittez Giromagny par la D 465, vers le nord.

Passé **Lepuix**, petite localité industrielle, on emprunte une gorge étroite.

Saut de l'Ognon.

Roches du Cerf
Elles bordent un verrou glaciaire et portent des stries horizontales creusées par les moraines latérales du glacier. Une école d'escalade utilise les possibilités naturelles de ce site.

Maison forestière de Malvaux
Bien située dans un joli site à la sortie du défilé rocheux.

Saut de la Truite
Cascade formée par la Savoureuse au creux d'une fissure rocheuse.

Cascade du Rummel
15mn à pied AR. Accès au pont, puis à la cascade, toute proche de la D 465, par un chemin signalé. Reprenez la D 465. Au cours de la montée très pittoresque (laissez à droite la route de Masevaux), les versants, hérissés de rochers, sont couverts de sapins et de hêtres magnifiques. Les vues lointaines se succèdent sur les lacs de Sewen et d'Alfeld, puis sur la plaine d'Alsace et de la vallée de la Doller.

Ballon d'Alsace★★★
30mn à pied AR pour monter au sommet, 1h30 AR pour le sentier de découverte.
Il s'agit du sommet d'importance le plus méridional des Vosges (alt. 1 250 m). Le sentier part du monument des démineurs, sur la D 465. Au sommet, le chemin continue vers la statue de **Notre-Dame-du-Ballon**. Avant le retour de l'Alsace à la France, cette statue se trouvait exactement sur la frontière. Du balcon d'orientation, le **panorama**★★ s'étend au nord jusqu'au Donon, à l'est sur la plaine d'Alsace et la Forêt-Noire, au sud jusqu'au mont Blanc.

BALLON DE SERVANCE★★
Situé quelques kilomètres à l'ouest du Ballon d'Alsace, le Ballon de Servance culmine à 1 216 m et donne naissance à l'Ognon dont le cours prend un départ tumultueux.

Route du col★★
Quittez Servance par la D 486, vers le nord, en direction du col des Croix.

Servance
L'**église** abrite un beau **retable** baroque sur le thème de l'Assomption. La Vierge s'élève au milieu des anges, au-dessus des apôtres et d'un enfant tenant son linceul. À droite et à gauche sont figurés saint Paul (tenant l'épée de sa décapitation) et saint Pierre. ✆ 03 84 20 41 06 - *visite sur demande préalable à la mairie - 6 r. Eugène-Guingot - 9h-18h.*

Autrefois, on exploitait les carrières de syénite (belle roche rouge) dans lesquelles on tailla les colonnes de l'Opéra de Paris.

À la sortie du bourg, à droite, un sentier *(15mn AR)* mène au **saut de l'Ognon**, cascade pittoresque s'échappant d'une étroite gorge rocheuse. Il prend son élan sur les pentes du Ballon de Servance avant un long parcours dans la plaine saônoise.

Massif du BALLON D'ALSACE

Col des Croix
Alt. 678 m. Dominé par le fort de Château-Lambert, il marque la frontière entre Lorraine et Franche-Comté, ainsi que la limite de partage des eaux entre mer du Nord et Méditerranée.

Château-Lambert
1 km après le col des Croix, on découvre ce charmant hameau qui accueille un musée plus grand qu'il n'en a l'air.

Musée départemental de la Montagne★ – 03 84 20 43 09 - avr.-sept. : 9h30-12h, 14h-18h, w.-end et j. fériés 14h-18h ; oct.-mars : 14h-17h (dernière entrée 30mn av. fermeture) - fermé mar., vac. de Noël, 1er janv. 1er Mai, 1er et 11 Nov. - 4 € (-16 ans gratuit). Cette reconstitution très complète évoque la vie du paysan du début du 20e s. à travers une grande variété d'objets du quotidien et toute la gamme des activités rurales traditionnelles : un moulin, une forge, un pressoir du 17e s., une scierie, différents métiers de la forêt, une ancienne salle de classe...

À proximité se trouvent une **chapelle** du 17e s. (chaire de la même époque) et l'**oratoire Saint-Antoine**.

Revenez au col des Croix. Prenez à gauche la D 16, ancienne route stratégique, qui s'élève en corniche, offrant de jolies vues sur la vallée de l'Ognon avant de sinuer en forêt. Au sommet du col, prenez à droite direction Château-Lambert. 10 km séparent le col du Ballon.

Panorama du Ballon de Servance★★
Laissez votre voiture sur le parking. À droite, un sentier jalonné conduit (15mn à pied AR) au sommet du Ballon (alt. 1 216 m). On découvre un magnifique panorama : à l'ouest, sur la vallée de l'Ognon et le plateau glaciaire des Mille Étangs *(voir ce nom)* ; au nord-ouest, les monts Faucilles ; plus à droite, la vallée de la Moselle ; au nord-est se profile la chaîne des Vosges ; à l'est, beau point de vue sur la Planche-des-Belles-Filles, reconnaissable à ses trois bosses, le Ballon d'Alsace et par temps clair, les Alpes suisses. Au sud-est et au sud, vue sur les contreforts vosgiens.

Ballon d'Alsace pratique

Voir aussi les encadrés pratiques de Belfort, Fougerolles, Lure, Luxeuil-les-Bains, plateau des Mille Étangs, Ronchamp.

Adresses utiles

Office du tourisme de Giromagny – *Parc du Paradis des Loups - 90200 Giromagny -* 03 84 29 09 00 *- de mi-juin à mi-sept. : 9h-12h, 14h-18h ; 2 mai-15 juin et vac. scol. d'hiver : 9h-12h - fermé lun. (sf 15 juil.-15 août).*

www.parc-ballons-vosges.fr – Le site Internet du Parc naturel régional des Ballons des Vosges contient toutes sortes d'informations pratiques sur le secteur : idées de balades et de visites guidées, conseils d'hébergement, calendrier d'activités, agenda culturel, producteurs locaux, musées, etc.

Se loger et se restaurer

Bon à savoir – Le massif du Ballon d'Alsace couvre une zone assez vaste, étalée sur 4 départements. On y trouve un choix impressionnant en matière d'hébergement, du plus simple (camping à la ferme, aires naturelles ou chambres chez l'habitant) au plus raffiné (chalets, appartements et résidences hôtelières).

Grand Hôtel du Sommet – *Au sommet du Ballon d'Alsace - 90200 Lepuix-Gy -* 03 84 29 30 60 *- hotelrestaurant dusommet.com - fermé lun. sf vac. scol. -* 25 ch. 45/55 € - 6,50 € - rest. 15/26 €. Se réveiller sur les hauteurs... au grand air, entouré de prairies et de vaches, avec vue sur la vallée de Belfort voire, par beau temps, sur les Alpes suisses. Repos assuré dans ces chambres simples, mais confortables. Restauration classique.

Chambre d'hôte La Villa du Lac – *2 rte du Ballon - 68290 Sewen -* 03 89 82 98 38 *- villadulac.sewen@tv-com.net - fermé janv. -* 6 ch. 48/58 € *- repas* 22 €. Cette villa de style 1930, sise au pied du Ballon d'Alsace et face au lac de Sewen, constitue un point de départ idéal pour les randonnées. Au retour, vous dégusterez un bon petit plat alsacien avant de vous reposer dans l'une des chambres avec vue sur le plan d'eau ou la forêt. Copieux petits-déjeuners maison.

Auberge Le Lodge de Monthury – *Monthury - 70440 Servance, 4,5 km au N de Servance par la D 263 rte de Beulotte-St-Laurent -* 03 84 20 48 55 *-* 6 ch. 76 € *- repas 28/34* €. Face au Ballon de Servance, cette ferme du 18e s., isolée dans la forêt au-dessus de la vallée de l'Ognon, permet une immersion totale dans la nature. Chambres au confort simple. Repas avec produits du terroir. Parcours de pêche sur 7 ha d'étangs privés.

DÉCOUVRIR LES SITES

Sports & Loisirs

◉ **Bon à savoir** – Partant de l'auberge du Ballon d'Alsace (où l'on pourra acheter une minibrochure explicative), le chemin d'interprétation de la faune et de la flore conduit jusqu'au sommet de cette montagne qui domine la région. Une vue magnifique à 1 250 m d'altitude, et une promenade à découvrir à tout prix.

👥 **Acropark** – 90200 Lepuix-Gy - ✆ 03 84 23 20 40 - juil.-août 10h-19h (nocturne sam. 23h) ; mi-saison : w.-end seult 13h-19h ; vac. scol. apr.-midi ; hiver dim. apr.- midi. Sur le site du Ballon d'Alsace, ce parc d'accrobranche (ouvert toute l'année) compte 140 ateliers répartis en 14 parcours de différents niveaux. On se promène d'arbre en arbre tout en empruntant les ponts de singe, les tyroliennes ou les lianes de Tarzan. Sensations garanties pour toute la famille.

👥 **Rendez-vous avec la neige** – 90200 Vescemont - ✆ 03 84 29 06 65 - se renseigner à l'école de ski, chalet de l'ESF à la Gentiane. Le Ballon offre, pendant l'hiver, une gamme de sports de glisse tout à fait respectable. Fier de ses pistes de ski alpin et de ski de fond, il accueille aussi bien débutants que confirmés.

Baume-les-Dames

5 384 BAUMOIS
CARTE GÉNÉRALE C2 – CARTE MICHELIN LOCAL 321 I2 – SCHÉMA P. 124
DOUBS (25)

Au confluent du Doubs et du Cusancin, Baume-les-Dames doit son nom à sa célèbre abbaye bénédictine, fondée au 7e s., qui assura la prospérité de la ville. Les temps ont bien changé, et la guerre de 1939-1945 y a été particulièrement destructrice. Fort heureusement, le cœur historique, relativement préservé, a bénéficié d'importantes campagnes de restauration.

- ▶ **Se repérer** – Desservie par l'A 36, Baume-les-Dames se situe au carrefour de la N 83 et de la D 50, à environ 30 km à l'est de Besançon et 23 km au sud de Villersexel.

- 👁 **À ne pas manquer** – Le cœur historique de Baume-les-Dames, avec ses maisons du 18e s. et son église Saint-Martin, dont le superbe mobilier liturgique permet d'imaginer le raffinement de l'ancienne abbaye ; l'écomusée des pipes Ropp et les créations de ses légendaires maîtres pipiers ; la vue sur le site de Baume-les-Dames depuis la Fente de Babre ; la source Bleue, où naît le Cusancin.

- 🕐 **Organiser son temps** – Comptez environ 2h pour découvrir la ville, puis une demi-journée pour parcourir ses alentours. Les nombreuses randonnées pédestres et VTT au départ de Baume-les-Dames méritent un séjour de quelques jours.

- 👥 **Avec les enfants** – Faites-leur découvrir un phénomène géologique rare : la grotte de la Glacière, dont le microclimat en fait l'unique grotte glaciaire permanente en basse altitude.

- 🧭 **Pour poursuivre la visite** – Voir aussi le château de Belvoir, Besançon, le cirque de Consolation, le château de Filain, Montbéliard, le musée des Maisons comtoises, Villersexel.

Visiter

Église abbatiale

Accès par une voûte sur la place du Gén.-de-Gaulle. En cours de transformation en centre culturel.

Selon la tradition, au 7e s., **sainte Odile**, aveugle de naissance, chassée par son père le duc d'Alsace, fut confiée à l'âge de 2 ans à l'abbesse de Baume-les-Dames peu après la fondation de l'abbaye. Baptisée à 13 ans, elle recouvra aussitôt la vue, et fonda à 20 ans l'abbaye du Mont-

Le saviez-vous ?

◉ Anciennement **Baume-les-Nonnes**, la ville fut rebaptisée Baume-les-Dames à la Révolution. Comme Baume-les-Messieurs, elle hérite son nom du mot celtique qui signifie « grotte », et d'une abbaye de bénédictines. Au 18e s., les **chanoinesses** de Baume-les-Dames représentaient la fleur de l'aristocratie : elles devaient témoigner, pour être admises, de 16 quartiers de noblesse.

◉ C'est à Baume-les-Dames que le physicien **Jouffroy d'Abbans** (1751-1832) expérimenta pour la première fois en 1778 un bateau à vapeur. Un monument, élevé près du pont du Doubs, commémore l'événement.

Sainte-Odile, en Alsace. La célèbre abbaye de Baume-les-Dames eut un destin plutôt tourmenté. Fondée à l'emplacement d'un château, elle fut deux fois reconstruite, et le dernier projet (18ᵉ s.), beaucoup trop ambitieux, ne put aboutir. L'église abbatiale resta donc inachevée. Une partie de sa décoration intérieure fut dispersée sous l'Empire. Ce qui en restait a été transféré dans l'église Saint-Martin.

Église Saint-Martin

Le mobilier de cet édifice, reconstruit au début du 17ᵉ s., donne une idée de la magnificence de l'ancienne abbaye : les deux chapelles qui entourent le chœur sont ornées de retables Louis XIII à colonnes torses. La chapelle de la Vierge, à droite, renferme une Pietà en pierre polychrome de 1549 ; la chapelle de gauche contient deux statues : l'une de sainte Barbe (16ᵉ s.), l'autre de saint Vincent, patron des vignerons (1783), et la réplique en argent du **reliquaire de saint Germain**, détruit à la Révolution. Le chœur accueille un **lutrin★** en marbre, bronze et fer forgé (1751) dû à Nicole, l'architecte de l'abbatiale. Dans la nef, remarquez la chaire de style Louis XIV, le tableau rénové de l'Assomption (1662), les représentations des 12 apôtres dans le haut de la nef (18ᵉ s.) et un superbe **crucifix★** en bois (vers 1630). Les fonts baptismaux, signés P. Asselineau, apportent une touche de contemporanéité à cette belle collection.

À droite de l'église, la place de la République est bordée de belles maisons du 18ᵉ s. Un peu plus loin, une **maison Renaissance**, avec son élégante porte et sa tourelle en encorbellement, orne l'angle des places du Général-de-Gaulle et de la Loi.

Église Saint-Martin, dans le cœur historique de la ville.

Musée des Sires de Neuchâtel

Juil.-août : tlj sf mar. 14h30-18h - fermé 1ᵉʳ janv., 25 déc. - 2,50 €.

Une association de bénévoles s'est constituée pour sauver et faire vivre ce beau bâtiment du 15ᵉ s., construit sur les caves voûtées des 12ᵉ et 15ᵉ s. Des mises en scène évoquent la vie des seigneurs et des paysans, du Moyen Âge au début du 20ᵉ s.

Écomusée des pipes Ropp

R. des Pipes. Fermé en 2007 pour travaux.

Nous ne sommes pas à Saint-Claude, et pourtant, les maîtres pipiers de la fabrique Ropp sont devenus légendaires dans le monde très exigeant des fumeurs de pipe. L'activité s'est beaucoup réduite, mais résiste encore dans cet ancien complexe industriel du 19ᵉ s. établi sur les bords du Cusancin.

Jouxtant l'écomusée, le **Parcours rural** présente un ensemble d'objets, outils et machines des campagnes au 19ᵉ s. *Mêmes conditions de visite que pour l'écomusée.*

Circuits de découverte

VALLÉE DU CUSANCIN

25 km – environ 3h30.

Quittez Baume-les-Dames par la D 50, vers le sud. À Pont-les-Moulins, prenez à gauche la D 21.

DÉCOUVRIR LES SITES

Une route pittoresque parcourt la fraîche vallée du Cusancin dans un agréable décor champêtre jusqu'aux sources de la rivière, à val de Cusance.

Source Bleue★

Là naît le Cusancin : à gauche, la source Bleue, paisible étendue d'eau, entourée de bois ; à droite, la source Noire, issue d'une grotte au pied d'une falaise calcaire.

Prenez l'étroite route en montée jusqu'à Lomont-sur-Crête, puis à gauche la D 19ᴱ. Après le 2ᵉ embranchement vers Villers-Saint-Martin, prenez à droite la route forestière du bois de Babre, puis le sentier menant à la Fente de Babre et au sommet de la falaise.

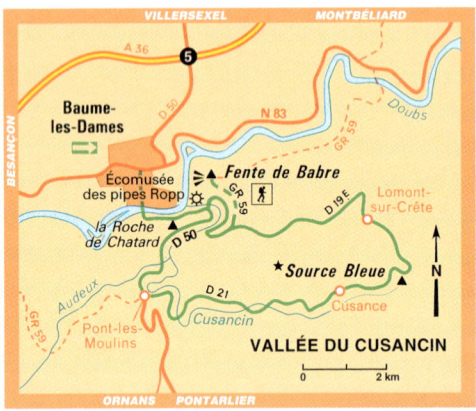

Fente de Babre

1h15 à pied AR. Un agréable chemin parmi les chênes conduit à la Fente de Babre, constituée par une cassure de terrain ou « diaclase ». De cette arête rocheuse qui domine la rive gauche du Doubs, on découvre une **vue★** sur Pont-les-Moulins et le vallon de l'Audeux, la roche de Chatard et le site de Baume-les-Dames.

Revenez sur la D 19ᴱ que vous prenez à droite vers Baume-les-Dames.

VALLÉE ET MONTAGNE

Quittez Baume-les-Dames vers l'est, par la N 83, en direction de Montbéliard.

Clerval

Entre le bois de la côte d'Armont et la montagne de Montfort, Clerval est une petite cité qu'animent quelques industries. Son **église** abrite des œuvres de valeur : sur le maître-autel, deux statues du 16ᵉ s. entourent un crucifix ; dans le bas-côté trône une Vierge de pitié du 16ᵉ s. en bois. *Visite guidée tlj.*

Château – L'ancienne place forte du duché de Würtemberg abrite un **musée de la Mémoire et de la Paix**. Les guerres mondiales ainsi que les conflits de la décolonisation y sont présentés grâce à des photos et des reconstitutions ; vous verrez aussi de nombreux uniformes, des médailles, armes et objets divers. ☏ *03 81 93 84 29 - www.musee-memoire-paix.org - w.-end et j. fériés 14h-18h (juil.-août merc.)- 3 € (-18 ans gratuit).*

Aussitôt après Clerval, la vallée s'ouvre très largement et la rivière s'infléchit au pied des montagnes du Lomont, à gauche. La falaise calcaire, couronnée de végétation, disparaît et fait place à des paysages de collines dans un décor très harmonieux. Nichés au creux des vallons, de petits villages forment un tableau pittoresque en reflétant leurs toits rouges dans la rivière.

Pour un déjeuner sur l'herbe, préférez les petites îles peu après Branne. Elles font leur apparition et attirent, dès les beaux jours, promeneurs et amateurs de pique-niques.

Prenez la N 83 à droite.

L'Isle-sur-le-Doubs

Le Doubs divise curieusement cette localité en trois quartiers : au milieu de la rivière l'« Île », sur la rive droite la « Rue » et sur la rive gauche le « Magny ».

Après Rang, la route serpente entre la falaise boisée et de doux vallonnements ; tour à tour, elle s'éloigne de la rivière dans la vallée élargie, puis revient en épouser les contours.

BAUME-LES-DAMES

Revenez à l'entrée de la ville en direction de l'échangeur (A 36). Continuez sur la D 31 qui passe sous l'autoroute et descend vers Belvoir.

Château de Belvoir★ *(voir ce nom)*

Rejoignez Sancey-le-Grand par la D 31, et prenez à droite la D 464 qui conduit à Vellevans, Servin, et Vaudrivillers. Au croisement avec la D 50, prenez à gauche vers Orsans. Prenez la première à droite en sortant d'Orsans.

Église de Leugney

03 81 58 30 28 - visite sur demande auprès de M. Chapuis - 1 r. des Jonquilles - 25530 Bremondans - juil.-août : 10h-18h.

Bordée d'un cimetière engazonné, elle est couronnée par un clocher-porche du 12e s. Elle abrite une rare **Vierge ouvrante** (16e s.) en bois qui, ouverte, dévoile en son sein Dieu le Père tenant devant ses mains le Christ crucifié et survolé par la colombe de l'Esprit. Remarquez aussi la **Vierge au miroir** et l'étonnante porte latérale, dans laquelle sont insérés des morceaux d'outils agricoles.

Revenez vers Orsans et prenez à gauche la D 120 jusqu'à la grotte (elle se trouve un peu à l'écart, par la D 42 à gauche).

Grotte de la Glacière

03 81 60 44 26 - www.grotteglaciere.com - visite guidée (35mn) juin-août : 9h-19h ; mars-mai : 10h-12h, 14h-18h ; sept.-oct. : 10h-12h, 14h-17h - 6 € (enf. 3,50 €).

Cette **grotte** à ciel ouvert, dans laquelle l'orifice dispense une lumière tamisée, s'ouvre en pleine forêt. Elle a une profondeur de 66 m et sa voûte est haute d'une trentaine de mètres. Il s'agit de l'unique grotte glaciaire en basse altitude (525 m). En hiver, l'air froid extérieur est attiré par une très large ouverture et une descente abrupte ; l'eau suintant de la voûte se congèle en de belles formations sur des fagots amoncelés sur le sol. En été, cet air froid, plus dense que l'air chaud, reste au fond de la glacière où la circulation d'air est faible. La glace ainsi formée se conserve donc toute l'année.

La surexploitation de la glacière par les moines de l'abbaye voisine, puis une fréquentation touristique excessive, ont fini par déstabiliser ce rare phénomène de congélation naturelle. Désormais, afin d'éviter une dégradation irrémédiable, les visiteurs ne sont plus conduits au pied des formations de glace, mais les observent de la **plate-forme** qui les domine. Pour l'atteindre, restez vigilant : les marches irrégulières, en bois, peuvent parfois être glissantes. La température descendant en dessous de 0 °C, il est également fortement conseillé de prévoir un lainage.

La **Maison des minéraux** *(à l'entrée de la grotte)* abrite une importante collection de minéraux de provenances très diverses (vanadinite du Maroc, wulfénite du Mexique, etc.). - *mêmes conditions de visite que la grotte - gratuit.*

Reprenez la D 120 vers Aïssey, puis à droite la D 492 et la D 50 vers Baume-les-Dames.

Baume-les-Dames pratique

Voir aussi les encadrés pratiques du château de Belvoir, Besançon, cirque de Consolation, château de Filain, Montbéliard, musée des Maisons comtoises, Villersexel.

Adresse utile

Office du tourisme de Baume-les-Dames et du pays baumois – 6 r. de Provence - 25110 Baume-les-Dames - 03 81 84 27 98 - juil.août : 9h30-12h30, 14h-18h30, dim. 10h-13h ; reste de l'année : tlj sf dim. 9h30-12h30, 14h-18h30 (oct.-avr. 17h30), j. fériés : 10h-13h - fermé 1er janv., 25 déc.

Se loger

Chambre d'hôte Chez Mizette – 3 r. de l'Église - 25360 Vaudrivillers - 16 km au SE de Baume-les-Dames par la D 50 jusqu'à Saint-Juan-les-Péquignots, puis la D 464 - 03 81 60 45 70 - www.mizette.com - - 4 ch. 34/44 € - repas 17 €. Vous serez accueillis chaleureusement dans cette maison bordée de prairies où galopent d'élégants chevaux. Tranquillité assurée dans les chambres claires et le vaste salon-bibliothèque, avec entrée indépendante. Table d'hôte conviviale. À la belle saison, appréciez sa terrasse.

Chambre d'hôte Chez Soi – R. du Rechandet - 25640 Ougney-Douvot - 11 km au SO de Baume-les-Dames par la D 277 - 03 81 55 57 05 - www.chezsoi.nl - - 4 ch. 48 € - 8 €. Longeant le Doubs, le chemin s'arrête à cette ancienne ferme viticole du 18e s. Chambres colorées avec vue sur la rivière ; un gîte. Tables dressées sous les arbres, au bord de l'eau, pour déguster les repas concoctés par Wilma ou pour débuter la journée par un copieux petit-déjeuner « à la hollandaise ».

Se restaurer

😊😊 **Auberge des Moulins** – Rte de Pontarlier - 25110 Pont-les-Moulins - ☎ 03 81 84 09 97 - auberge.desmoulins@wanadoo.fr - fermé 20 déc.-28 janv., dim. et vend. de sept. à juin sf j. fériés - 20/26 €. Dans la vallée du Cusancin, auberge campagnarde offrant des chambres à la fois rustiques et raffinés. Jardin avec parcours de pêche privé. Accueil sympathique. Restaurant confortable et soigné où l'on sert des plats du terroir et des spécialités de truites.

😊😊 **Hostellerie du Château d'As** – 26 r. Château-Gaillard - ☎ 03 81 84 00 66 - www.chateau-das.fr - fermé 26 janv.-9 fév., 15 nov.-6 déc., dim. soir et lun. - 19 € déj. - 29/68 €. Maison des années 1930 au charme un peu désuet. En saison, installez-vous en terrasse pour y déguster une cuisine au goût du jour. Si vous restez pour la nuit, préférez les chambres à l'étage.

Baume-les-Messieurs★★★

194 BAUMOIS
CARTE GÉNÉRALE B3 – CARTE MICHELIN LOCAL 321 D6 – SCHÉMA P. 128
JURA (39)

Grandiose, spectaculaire, impressionnant : les qualificatifs semblent faibles pour décrire ce site naturel exceptionnel formé par la rencontre de trois vallées, dont la magnifique reculée du cirque de Baume. Il est occupé, depuis le 9ᵉ s., par une illustre abbaye dont on peut encore admirer l'église et la plupart des bâtiments abbatiaux. Légèrement en contrebas, le village, également bien préservé, se développe le long de la Seille, au creux d'un imposant relief rocheux.

- **Se repérer** – Les accès sont assez limités. En venant de Lons-le-Saunier, prenez la D 471 vers l'est jusqu'à Crançot (12 km), puis la D 4. La descente est particulièrement belle. Venant d'Arlay (D 120 vers l'est) ou de Château-Chalon (D 5 vers l'ouest), vous rejoindrez Voiteur où vous prendrez la D 70 sur environ 8 km vers le sud.

- **À ne pas manquer** – L'abbatiale de Baume-les-Messieurs et son très beau retable anversois ; le cirque de Baume et son exceptionnel écrin de hautes falaises rocheuses ; le magnifique belvédère des roches de Baume et ses Échelles de Crançot, qui conduisent au fond du cirque et aux grottes ; les grottes de Baume, véritables cathédrales souterraines.

- **Organiser son temps** – Comptez une bonne journée pour visiter le village et vous pénétrer de la magie de ce superbe site naturel.

- **Avec les enfants** – Les petits seront émerveillés par l'acoustique des grottes. Vous pourrez profiter de cette visite pour donner aux plus grands une leçon de géologie ou de biologie des milieux extrêmes et leur montrer les crevettes aveugles qui peuplent les eaux du lac souterrain.

- **Pour poursuivre la visite** – Voir aussi Arbois, le château d'Arlay, le lac de Chalain, Champagnole, Château-Chalon, les cascades du Hérisson, la région des Lacs, Lons-le-Saunier, Poligny, la route des Sapins.

Comprendre

Un peu d'histoire – Les premières mentions d'un établissement monastique à Baume remontent à 870, mais l'histoire de l'abbaye ne commence à proprement parler qu'en 890, date de son acquisition par **Bernon**, abbé de Gigny. L'un de ses titres de gloire est d'avoir fourni, en 909, six des douze religieux qui créèrent l'illustre abbaye de Cluny. L'abbaye de Baume va rapidement prospérer, mais également entrer en conflit avec Cluny. Grâce à Frédéric Barberousse, empereur germanique qui a épousé l'héritière du comté de Bourgogne, Baume obtient son autonomie de 1157 à 1186 : c'est de cette période que l'abbaye tire son nom d'**abbaye impériale**. Peu à peu, comme à Saint-Claude, la vie monastique se relâche.

À partir du 16ᵉ s., l'abbaye passe en **commende**, et les humbles moines du début sont progressivement remplacés par de nobles chanoines. Cette sécularisation de fait – il y a un va-et-vient permanent des habitants pour la fontaine ou lors des marchés – est confirmée par une bulle papale en 1759. Ces hauts « Messieurs » se hâtent de corriger le nom de leur maison : de Baume-les-Moines, il devient Baume-les-Messieurs. En 1793, les biens de l'abbaye sont dispersés lors d'une vente au flambeau.

La vie aventureuse de Jean de Watteville – Au 17e s., Baume compte parmi ses abbés Jean de Watteville, dont les incroyables aventures – lire les *Mémoires* de Saint-Simon – sont encore grandies par la légende. Ce personnage extraordinaire suit d'abord la carrière des armes. Maître de camp du régiment de Bourgogne dans la campagne du Milanais, il tue en duel un gentilhomme espagnol au service de la reine d'Espagne. Obligé de fuir, il se cache à Paris. Là, une église, un sermon sur l'enfer entendu par hasard : le soudard se convertit. Capucin, puis chartreux à l'abbaye de Bonlieu, il ne tarde pas à trouver la vie monacale insupportable. Surpris par le prieur alors qu'il fait le mur pour s'enfuir, il l'abat d'un coup de pistolet, prend le large et, après maintes aventures, franchit les Pyrénées.

Nouveau duel : un grand d'Espagne y perd la vie. Nouvelle fuite, nouvelle conversion : à Constantinople, l'ancien moine se fait mahométan, met ses talents militaires à la disposition du Grand Turc, devient pacha, puis gouverneur de Morée ! Après plusieurs années passées sous le turban, entouré d'un harem amplement fourni, notre homme traite avec les Vénitiens qu'il a reçu mission de combattre : si on lui assure l'absolution du pape pour ses crimes passés et l'abbaye de Baume comme bénéfice, il est prêt à livrer ses troupes. Le marché est conclu et exécuté.

Le pacha, retonsuré, mène ses moines comme des soldats. Quand Louis XIV envahit la Comté, Watteville, qui a mesuré les chances françaises, offre ses services au roi. Par sa faconde, son habileté, ses intrigues, il fait capituler, sans coup férir, les dernières résistances (Gray, Ornans, Nozeroy) et contribue à transformer la campagne de 1668 en promenade militaire. Après ses brillants succès diplomatiques, il rentre dans son abbaye en 1678 et y mène une vie de grand seigneur. Cette vie agitée se termine en 1702, à l'âge de 84 ans.

Cirque de Baume.

Visiter

L'ABBAYE★

☎ 03 84 44 95 45 - *de mi-juin à fin sept. : 10h-12h, 14h-17h - possibilité de visite guidée (20 ou 45mn) - 3,50 € (-10 ans gratuit).*
On entre par un passage voûté qui conduit à la cour abbatiale, sur laquelle donnaient l'hôtellerie, le logis de l'abbé, le donjon, la « tour de justice » et l'église.

Église

La façade (15e s.) possède un **portail** intéressant : au trumeau, Dieu le Père bénissant, et dans les niches latérales, des anges soufflant avec vigueur dans des instruments. La longueur de la **nef** (71 m) correspond à celle des processions dans la règle bénédictine. Elle était dallée de pierres tombales ; il en reste une quarantaine, dont les plus intéressantes sont adossées au mur du bas-côté gauche. Dans ce même

bas-côté, sépulture plutôt modeste de l'abbé Jean de Watteville. Dans la chapelle de Chalon *(fermée, à gauche)* et de chaque côté du chœur, bel ensemble de statues bourguignonnes du 15ᵉ s. : saint Michel, saint Jean l'Évangéliste, saint Paul…
Le principal trésor de l'abbaye est le magnifique **retable**★★ anversois du début du 16ᵉ s. *(accessible lors des visites guidées)* donné à l'abbé Guillaume de Poupet par la ville de Gand (vers 1525). Son thème principal est la Passion du Christ.

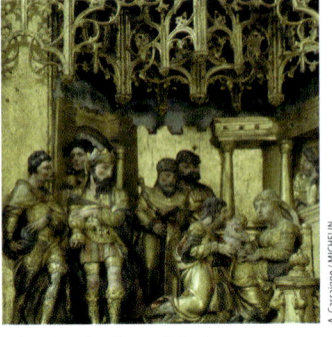

Adoration des Mages (16ᵉ s.).

Cour du cloître
À droite, une porte donne accès à ce qui fut le cloître. Le dortoir et le réfectoire des moines s'ouvraient sur cette cour qui a conservé sa **fontaine**.

Bâtiments abbatiaux
Passez sous une voûte, à gauche. Vous pénétrez dans une autre cour dont les bâtiments abritaient les appartements des nobles chanoines. Revenez à l'ancien cloître, puis à la première cour, par un passage voûté ouvert dans l'ancien cellier (13ᵉ s.).

Aux alentours

CIRQUE DE BAUME★★★

Quittez Baume-les-Messieurs par la D 70ᴱ³ qui franchit la Seille, puis à gauche la D 70ᴱ¹ qui gagne le fond du cirque de Baume en longeant le Dard.

La contemplation des hautes falaises rocheuses qui forment cette reculée donne une impression d'écrasement.

Laissez votre voiture près du chalet des grottes de Baume.

Grottes de Baume★

03 84 48 23 02 - visite guidée (45mn) juil.-août : 10h-18h ; avr.-juin et sept. : 10h-12h, 14h-17h - tarif non communiqué.

Ces grottes représentent une ancienne issue du Dard, affluent de la Seille. Après les périodes de pluie, le Dard emprunte encore cette sortie de trop-plein et forme alors une cascade. La résurgence du cours d'eau se trouve en contrebas, à gauche de l'entrée des grottes. Ces dernières sont particulièrement remarquables pour leurs impressionnantes **diaclases** (fissures ou fractures de roche).
Après avoir suivi une galerie d'entrée, on traverse des salles hautes et étroites, puis on apprécie l'étonnante acoustique de la **salle des Fêtes**. On contourne ensuite un petit lac dont les eaux contiennent des niphargus, espèces de petites crevettes blanches et aveugles. On remarque au passage la **salle du Catafalque**, qui porte sa voûte à 80 m de hauteur.

Regagnez la D 70 pour tourner à droite vers Crançot.

Après le deuxième lacet, vue sur Baume et son abbaye, nichés au fond de la vallée dont les versants sont dominés par de blanches falaises calcaires.

Point de vue de la Croix

Arrêtez-vous au carrefour D 70-D 210. Empruntez le chemin à droite qui se dirige vers la forêt (balisage bleu - 20mn à pied AR). Au bout du chemin, près de la croix, **vue**★ magnifique sur Baume-les-Messiers, l'abbaye et l'ensemble de la reculée qui se ramifie en contrebas.

Revenez sur vos pas. Possibilité de gagner le village des Granges-sur-Baume.

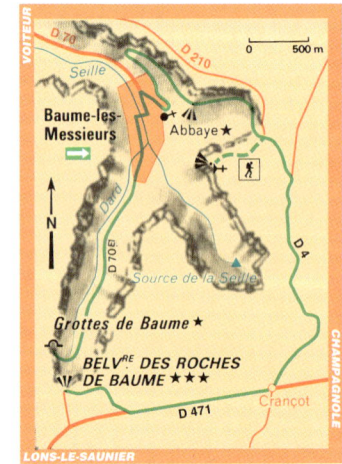

BAUME-LES-MESSIEURS

Du belvédère aménagé à l'entrée du bourg *(suivez la signalisation)*, autre **vue**★ remarquable sur Baume ; on aperçoit au loin le fond de la reculée et la cascade.

Retournez au carrefour. Reprenez votre voiture et suivez la D 210 jusqu'au croisement avec la D 4 que vous prendrez vers la droite. À Crançot, tournez à droite dans la D 471, sur laquelle vous prenez à droite pour gagner le belvédère des roches de Baume.

Belvédère des roches de Baume★★★

Longez à pied le bord de la falaise qui forme le fameux belvédère des roches de Baume, encore appelé belvédère de Crançot. L'entaille est prodigieuse ; découverte au dernier moment, elle donne une impression exaltante. On sera surpris de l'épaisseur des bancs de roche qui couronnent la falaise.

Près du point de vue le plus à droite s'amorce un sentier coupé de marches taillées dans le roc : ce sont les **Échelles de Crançot** qui conduisent au fond du cirque et aux grottes *(attention ! descente difficile)*.

Pour atteindre le fond du val à partir de Crançot, on utilisait jadis une série d'échelles. Watteville les fit remplacer par un escalier, taillé dans le roc, qu'on a continué d'appeler Échelles de Crançot. Un jour, voyant ses religieux prendre mille précautions pour ne pas se rompre le cou sur ces degrés abrupts et glissants, l'abbé, impatienté, fit venir sa mule, l'enfourcha et lui fit descendre les marches, en couvrant d'injures les poltrons !

Regagnez la D 471 et suivez-la jusqu'à Crançot. Retournez à Baume-les-Messieurs par la D 4.

Baume-les-Messieurs pratique

Voir aussi les encadrés pratiques d'Arbois, château d'Arlay, lac de Chalain, Champagnole, Château-Chalon, cascades du Hérisson, région des Lacs, Lons-le-Saunier, Poligny, route des Sapins.

Se loger

Camping municipal La Toupe – *À la sortie du bourg par D 70 (dir. Lons-le-Saunier), au bord de la rivière -* ℘ *03 84 44 63 16 - baumelesmessieurs@wanadoo.fr - mi-avr.-sept. - 52 empl. 10,20 €.* Installé en bordure de rivière, ce petit camping verdoyant et ombragé dispose d'aménagements très simples : un petit chalet d'accueil et 2 blocs sanitaires sans fioriture, mais bien tenus, donnant sur un terrain plat et herbeux. Une étape agréable dans une cité comtoise pleine de caractère.

Se restaurer

Le Grand Jardin – *Pl. de l'Abbaye -* ℘ *03 84 44 68 37 - www.legrandjardin.fr - fermé mi-déc. à fin janv., mar. et merc. sf juil.-août - 14/35 € - 3 ch. 47/58 €.* Agréable maisonnette villageoise jouxtant l'abbaye. Une belle cheminée agrémente la salle à manger campagnarde où sont proposés des menus traditionnels relevés de quelques accents du terroir. L'étage abrite trois chambres d'hôte mansardées et parquetées.

Les Grottes – *Aux grottes - 9 km au NE de Lons-le-Saunier -* ℘ *03 84 48 23 15 - www.restaurantdesgrottes.com - fermé 16 oct.-19 mars et lun. sf juil.-août - réserv. obligatoire - 22/35 €.* Le bel emplacement de ce pavillon 1900 vous permettra de ne rien perdre du site naturel exceptionnel de Baume-les-Messieurs et d'admirer en été, de la terrasse ombragée, le spectacle des cascades. À table, cuisine du terroir pleine de goût : terrine comtoise, émincé de volaille au macvin, entrecôte aux morilles, etc.

Que rapporter

Fromagerie artisanale d'Hervé Poulet et Fils – *39210 Granges-sur-Baume -* ℘ *03 84 48 28 32 - lun., vend., sam. 9h-12h, 15h-19h , mar., merc. et jeu. 9h-12h - fermé dim.* Cette maison d'habitation abrite la petite boutique et la fromagerie où le père et son fils fabriquent et affinent le comté, une véritable merveille. On y trouve aussi du morbier, de la tomme du Jura et même du beurre baratté moulé à la main. À côté, le belvédère offre une jolie vue de la reculée de Baume.

Sports & Loisirs

Bon à savoir – Des renseignements sur les promenades et randonnées organisées dans la reculée peuvent être obtenus au café-restaurant Le Grand Jardin *(voir ci-contre)*, à proximité de l'abbaye.

Belfort ★

50 417 BELFORTAINS
CARTE GÉNÉRALE C/D1 – CARTE MICHELIN LOCAL 314 J7 – TERRITOIRE DE BELFORT (90)

Aux portes du Parc naturel régional des Ballons des Vosges, ce « fier coin de terre » arrosé par la Savoureuse doit à sa position, jadis stratégique, un destin des plus mouvementés. Témoin de ces heures difficiles, la citadelle « imprenable » de Vauban domine le célèbre Lion, symbole du courage de ses défenseurs. Mais la ville ne se limite pas à ses fortifications. Elle a depuis longtemps franchi la Savoureuse, et les façades colorées invitent à la flânerie dans ses rues animées.

Le célèbre Lion de Bartholdi veille avec pugnacité sur la citadelle.

- **Se repérer** – À 16 km au nord de Montbéliard et 27 km au sud-ouest de Mulhouse, par la A 36, Belfort fait figure de carrefour interrégional. En arrivant de Montbéliard par l'autoroute, on aperçoit le camp retranché qui domine la ville.

- **Se garer** – Il y a plusieurs parkings possibles, dont celui de la place de la République, et celui qui est situé au pied du fameux Lion de Belfort.

- **À ne pas manquer** – Le colossal Lion, dont les proportions nous rappellent l'Antiquité égyptienne ; l'impressionnant camp retranché, symbole du courage de la ville ; la porte de Brisach, entrée privilégiée dans la vieille ville et ses maisons aux façades colorées.

- **Organiser son temps** – Comptez une journée pour visiter Belfort, mais prévoyez de rester quelques jours pour découvrir le plateau des Mille Étangs et le Ballon d'Alsace, voire même continuer vers le nord pour explorer plus en profondeur le Parc naturel régional des Ballons des Vosges (*voir* Le Guide Vert Alsace-Lorraine).

- **Avec les enfants** – Profitez en famille des floraisons de la roseraie du Châtelet, à Anjoutey, ou passez une journée à l'étang des Forges, où sports nautiques et sentier de découverte de la faune feront la joie de tous.

- **Pour poursuivre la visite** – Voir aussi le massif du Ballon d'Alsace, Lure, Luxeuil-les-Bains, le plateau des Mille Étangs, Montbéliard, Ronchamp.

Comprendre

Trouée ou porte ? – Située sur les deux rives de la Savoureuse, Belfort commande la « trouée » qui s'ouvre entre le Jura et les Vosges. Les militaires appelaient ce passage naturel la « trouée de Belfort ». Les géographes parlent plutôt, selon que l'on regarde vers l'ouest ou vers l'est, de **porte de Bourgogne** ou de **porte d'Alsace**. À 350 m d'altitude, ce seuil large d'environ 30 km est bordé au nord par la masse imposante des Vosges et au sud par les plateaux du Jura.

Sur le chemin des invasions – Au cours des siècles, Celtes, Barbares, Impériaux, Allemands déferlent successivement, pour le plus grand dommage de la malheureuse cité qui se trouve sur leur passage. Belfort reste sous la domination autrichienne (des Habsbourg) depuis le milieu du 14e s. jusqu'à la conquête française. Mais, dès 1307, les Belfortains jouissent d'une charte qui leur donne les libertés communales.

La guerre de Trente Ans – En 1636, la ville est prise par les Français : le comte de La Suze, parti de Montbéliard, enlève la nuit, par un coup d'une audace inouïe, les formidables fortifications. Suze, nommé gouverneur de Belfort par Richelieu, est resté célèbre dans les annales locales par ses instructions, données en trois mots au commandant de la garnison : « Ne capitulez jamais. »

La conquête de Belfort et de l'Alsace est ratifiée par les traités de Westphalie (1648). Louis XIV ordonne à Vauban de faire de Belfort une place imprenable. Le grand ingénieur y déploie tout son génie et réalise sans doute là son chef-d'œuvre.

Le Verdun de 1870 – Avec une garnison de 16 000 hommes, composée pour les trois quarts de gardes mobiles courageux, mais inexpérimentés, le colonel **Denfert-Rochereau** doit résister à 40 000 Allemands. Au lieu de s'enfermer dans la place, il en dispute toutes les approches. Cette lente retraite vers le réduit de la défense prend un mois. L'ennemi a mis en batterie 200 gros canons qui, pendant 83 jours consécutifs, tirent plus de 400 000 obus : 5 000 par jour, ce qui est énorme pour l'époque. Mais la résistance ne fléchit pas d'une ligne. Le 18 février 1871, alors que l'armistice de Versailles est signé depuis 21 jours, le colonel consent enfin, sur l'ordre formel du gouvernement, à quitter Belfort après 103 jours de siège.

Le retentissement de cette magnifique défense est grand, ce qui permet à **Thiers**, luttant de ténacité avec Bismarck, d'obtenir que la ville invaincue ne partage pas le sort de l'Alsace et de la Lorraine. On en fait le chef-lieu d'un « territoire » minuscule, mais dont l'importance économique va devenir considérable.

L'essor – Après 1870, Belfort connaît une transformation radicale. Jusqu'alors peuplée d'environ 8 000 habitants, c'est une ville essentiellement militaire. En trente ans, elle devient une puissante agglomération de 40 000 âmes.

La ville grandit à tel point qu'il faut abattre une partie des remparts de Vauban à l'ouest. Des quartiers nouveaux, aux larges artères, aux vastes places, lui donnent l'aspect d'une petite capitale.

L'industrie connaît alors un important essor. Ainsi, en 1926, la première locomotive électrique sort des ateliers belfortains de la Société alsacienne de constructions mécaniques. Et bien des décennies plus tard, le 18 mai 1990, la rame 325 du **TGV Atlantique**, montée par les ateliers d'Alstom, battra le record du monde de vitesse sur rail en atteignant 515,3 km/h…

Se promener

VIEILLE VILLE★

Les teintes cendre bleue, vert de Colmar, bois de rose et ocre albigeois… et le parti pris de toujours laisser la pierre à nu autour des ouvertures sécrètent une chaleur et une atmosphère de convivialité qui invitent à la flânerie et à la découverte : place de l'Arsenal, place de la Grande-Fontaine, Grande-Rue et place de la Petite-Fontaine.

Le saviez-vous ?

👁 Ce n'est pas à la citadelle de Vauban, mais à une très ancienne fortification que Belfort doit son nom.

👁 La ville, connue pour son courage, a fourni au pays de très nombreux généraux (aucune ville n'en a donné autant à la France : 20 en un siècle). Le président d'honneur du Mouvement républicain et citoyen (MRC) et maire de Belfort, **Jean-Pierre Chevènement**, y est né en 1939.

Ce n'est qu'à la fin du siècle dernier que Belfort a pu se dégager de ses enceintes et ainsi mettre en communication sa vieille ville et les quartiers neufs sur la rive droite de la Savoureuse. L'austérité de l'ancienne ville de garnison a depuis 1986 fait place à une heureuse réhabilitation des vieux immeubles, places et fontaines.

Garez-vous sur la place de la République et gagnez la place d'Armes par la rue de la Porte-de-France. De l'autre côté de la place s'élève la sévère cathédrale.

Statue « Quand même » 1
Érigée en mémoire du siège de 1870-1871, sur la place d'Armes, elle est due à Mercié (1884).

Cathédrale Saint-Christophe 1
Construite en grès rose, elle présente une façade classique du 18e s. La frise qui court autour de la nef est ornée de têtes d'anges en relief. Les **grilles en fer forgé**

rehaussé d'or entourant le chœur sont inspirées de celles de la place Stanislas, à Nancy. Dans le transept : *L'Ensevelissement du Christ (à droite)* et *Saint François-Xavier en extase (à gauche)*, par le peintre belfortain G. Dauphin. Les **orgues**★ du 18e s. sont de Valtrin.

Contournez la cathédrale par la gauche en prenant tout de suite la rue de l'Église. Prenez à gauche la rue du Gén.-Roussel qui conduit au pied des remparts. Suivez les remparts à droite (rue des Bons-Enfants) jusqu'à la porte de Brisach.

Porte de Brisach★ 1
Royale, la porte de Brisach arbore sans complexe son blason fleurdelisé surmonté d'un soleil et de la fameuse devise de Louis XIV « Nec pluribus impar » (Au-dessus de tous). Il faut la traverser et se retourner pour admirer sa décoration. Édifiée en 1687, elle subsiste dans son état primitif et présente une façade à pilastres ornée d'un écusson à fleurs de lys ainsi qu'un fronton frappé aux armes de Louis XIV.

En face de la porte, la rue de la Grande-Fontaine conduit à la place du même nom.

Place de la Grande-Fontaine 2
Plusieurs fontaines se sont succédé sur cette place. L'actuelle remonte à 1860.

Au niveau de la place, tournez à droite pour rejoindre la place de l'Arsenal et la place d'Armes.

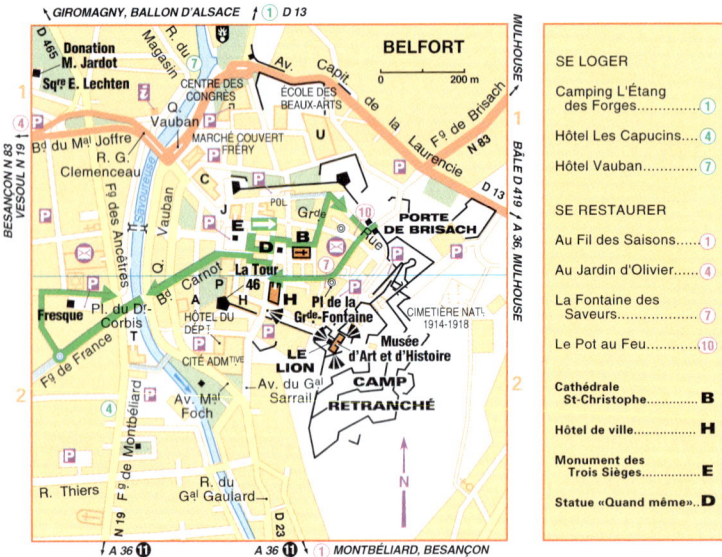

Hôtel de ville 2
☎ 03 84 54 24 24 - www.mairie-belfort.fr - ♿ - tlj sf dim. et j. fériés 8h30-18h, sam. 8h30-12h. Au rez-de-chaussée, la belle « salle Kléber » est un exemple de l'art français de la seconde moitié du 18e s. Au 1er étage, dans la salle d'honneur, remarquez des tableaux illustrant les grandes heures de l'histoire de Belfort.

De l'avenue du Général-Sarrail, au sud de l'hôtel de ville, belle **vue** sur le Lion.

Par la rue des Nouvelles, rejoignez la place de la République, reconnaissable à son grand monument central.

Monument des Trois Sièges 1
Cette œuvre de Bartholdi représente la France et la ville de Belfort, avec ses trois défenseurs : Legrand en 1814, Lecourbe en 1815 et Denfert-Rochereau en 1870.

Quartiers de la rive droite
Depuis les années 1970, un centre piétonnier et commerçant s'est développé sur la rive droite de la Savoureuse, des 4 As au faubourg de France.

Remontez le boulevard Carnot (beaux immeubles du début du 20e s.). Traversez la Savoureuse et continuez en face, dans le faubourg de France. Un peu plus loin sur la droite, un passage conduit à la rue de l'As-de-Carreau que vous prenez à droite.

BELFORT

Un peu plus bas sur un parking, retournez-vous pour détailler l'immense **fresque★ 1** originale d'Ernest Pignon-Ernest, peinte sur les murs d'un immeuble en U : 47 hommes et femmes, grandeur nature, représentent la science et les arts des mondes latin et germanique. Beethoven, Picasso côtoient Rimbaud, Goethe…

Visiter

Lion★★ 2

☏ 03 84 55 90 30 - juin-sept. : 9h-19h ; avr.-mai : 9h-12h, 14h-19h ; oct.-mars : 10h-12h, 14h-17h - fermé 1er janv., 1er nov., 25 déc. - 0,90 € (-18 ans gratuit).

Cette œuvre pharaonique (elle s'inspire ouvertement des statues égyptiennes) adossée à la paroi rocheuse, en contrebas de la caserne construite par le général Haxo, a été exécutée par **Bartholdi** de 1875 à 1880 et montée sur place, pièce par pièce. Le Lion, en grès rose des Vosges, symbolise la force et la résistance de la ville en 1870. De proportions harmonieuses, il mesure 21,50 m de longueur et 10,70 m de hauteur. Illuminé la nuit, il a encore plus fière allure.

> ### Frédéric Auguste Bartholdi (1834-1904)
>
> Né à Colmar, où sa maison natale a été aménagée en musée, Bartholdi montre très tôt son goût pour le dessin. Son voyage en Égypte et en Orient influencera par la suite son œuvre. Après la guerre de 1870, il sculpte de nombreux monuments d'inspiration patriotique dont les plus célèbres sont le **Lion de Belfort** et **La Liberté éclairant le monde** (1886), placée à l'entrée du port de New York.

Plate-forme – *Depuis le parking, montez les escaliers et, à droite dans le tunnel, porte d'accès tout de suite à gauche.* On peut approcher la sculpture en accédant à la plate-forme située à ses pieds. Le monument, a écrit Bartholdi, « représente, sous forme colossale, un lion harcelé, acculé et terrible encore dans sa fureur. »

Tour 46 2 – *R. Bartholdi* - ☏ 03 84 54 25 51 - *téléphoner pour connaître les horaires d'ouverture - 5 €*. Classée Monument historique en 1971, cette tour bastionnée du pentagone de Vauban accueille depuis 1987 les archives municipales, et chaque année depuis 1998, des expositions d'envergure : Pablo Picasso, Fernand Léger, Hans Hartung, Frédéric Auguste Bartholdi, Le Corbusier et plus récemment, Jean Messagier.

Donation Maurice-Jardot - Cabinet d'un amateur★ 1

8 r. de Mulhouse - ☏ *03 84 55 90 90 -* ♿ *- juil.-août : 10h-18h ; avr.-juin et sept. : 10h-12h, 14h-18h ; oct.-mars : 10h-12h, 14h-17h - fermé mar., 1er janv., 1er nov., 25 déc. - 3,95 € (-18 ans gratuit).*

En 1997, Maurice Jardot, associé du fameux marchand de tableaux Daniel-Henry Kahnweiler, lègue à la ville de Belfort une exceptionnelle collection de 110 œuvres de grands peintres modernes. Une occasion rêvée de découvrir des œuvres de Picasso, Braque, Matisse, Chagall et surtout Léger, dans une belle maison de maître rénovée sur les bords du **square E.-Lechten** 1.

Découvrir

LE CAMP RETRANCHÉ★★ 2

Une clé stratégique – Soucieux de se ménager une voie d'accès vers l'Alsace et l'Empire, Richelieu a déjà, en 1625, tenté de s'emparer de Belfort. À la tête d'un corps de Croates, **Tilly** avait alors victorieusement résisté.

Devenu Français à la signature des traités de Wesphalie, Belfort se voit confirmé dans son rôle de place forte avec les travaux entrepris par **Vauban** dès 1687. Vauban conserve le château, mais enserre la ville dans un système de fortifications pentagonal ancré à l'escarpement rocheux qui porte l'édifice. À partir de 1815, prenant davantage en compte les exigences de la guerre de mouvement, le général **Lecourbe**, puis le général Haxo (dès 1825) mettent en œuvre un plan qui vise à créer à Belfort non seulement l'ouvrage de défense de la ville, mais aussi le camp retranché qui permet la surveillance de la trouée s'ouvrant entre le Jura et les Vosges : ils élargissent ainsi considérablement le rôle stratégique de la place.

> ### Général Haxo (1774-1838)
>
> Surnommé le « Vauban du 19e s. », Haxo était un spécialiste de la guerre de siège. C'est lui qui conçut les forts des Dardanelles et qui, en 1822, présenta un plan d'ensemble visant à améliorer la défense du site de Belfort.

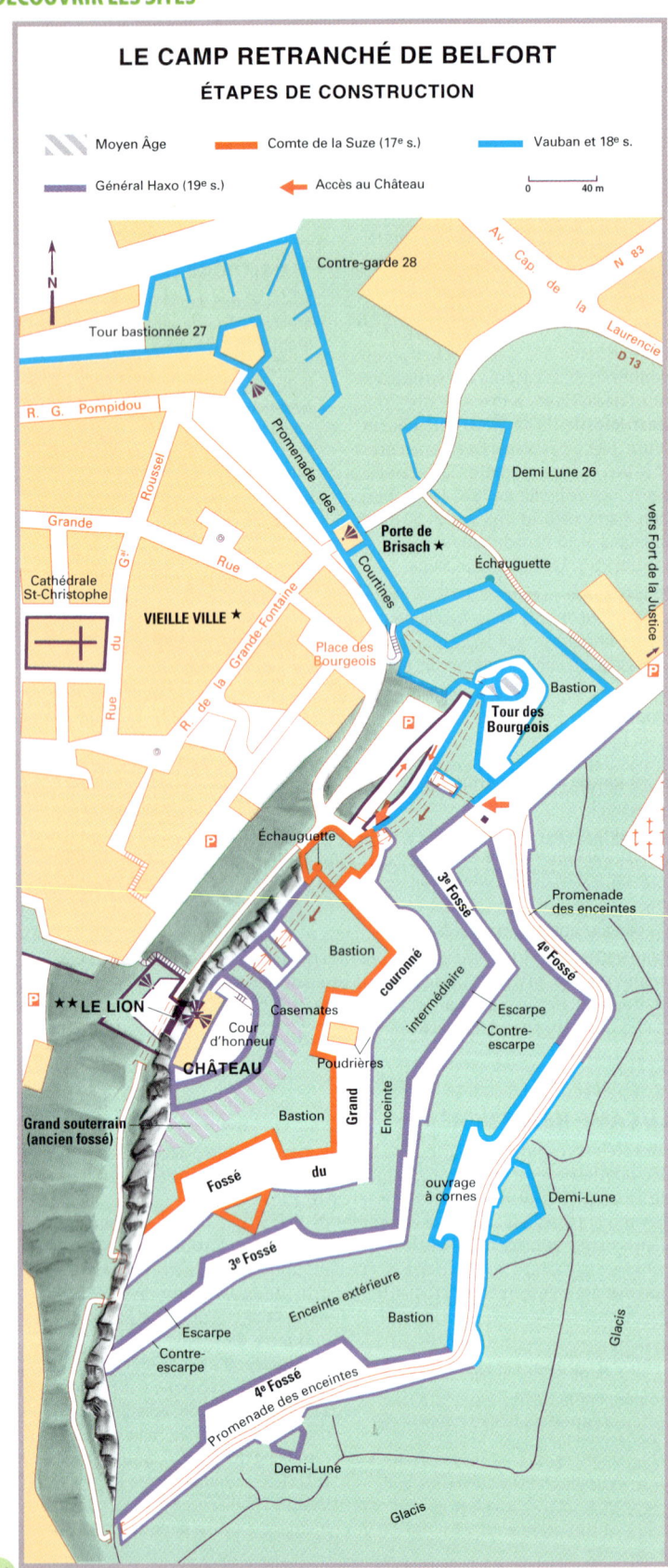

BELFORT

Cette conception prévaut toujours lors du siège de 1870, et elle s'affirme avec les plans du général **Séré de Rivières** qui préconise le renforcement de quatre camps retranchés (Verdun, Toul, Épinal, Belfort) reliés par une ligne de forts.

Après 1885, à la suite des progrès observés dans l'efficacité des armements, les nombreux forts sont modernisés : le béton remplace la maçonnerie et l'artillerie est dispersée en batteries, moins repérables que les forts. En 1914, Belfort peut ainsi abriter 7 500 hommes en temps de paix, et dix fois plus en cas de conflit. La ligne défensive Belfort-Épinal joue alors pleinement son rôle.

Fortifications

Avr.-sept. : fermeture à 18h30 ; reste de l'année : fermeture à 17h - gratuit. Un parcours audioguidé, s'achevant par un spectacle audiovisuel, devrait être mis en place courant 2007 dans l'espace du Grand Souterrain et permettre de découvrir l'histoire de Belfort d'une manière originale.

Terrasse du fort *(accès libre, table d'orientation)* – Ce belvédère exceptionnel permet de situer le fort dans son environnement géographique, et aussi de mieux comprendre son important système de défense.

On devine le tracé du **Grand Souterrain**, couvert sous Louis XV pour que les civils s'y abritent et éviter ainsi la guerre psychologique, qui, alors déjà, consistait à les bombarder pour qu'ils fassent pression sur les autorités militaires.

Plus à l'est, on voit successivement le fossé du **Grand Couronné** et ses bastions, le fossé de l'enceinte intermédiaire (ou 3e fossé) et le fossé de l'enceinte extérieure (ou 4e fossé).

Le **panorama**★★ porte, au sud, sur les premiers chaînons du Jura au loin, à l'ouest sur la vieille ville, les zones industrielles et le fort du Salbert, au nord vers les Vosges méridionales où s'élèvent le Ballon de Servance, le Ballon d'Alsace, le Baerenkopf et le Rossberg, à l'est vers les enceintes du fort et la trouée de Belfort.

Au pied de la caserne à l'est, la **cour d'honneur** est bordée par les casemates Haxo, transformées en salles d'art. Dans l'une d'elles, ne pas manquer le **puits** millénaire, dont la profondeur atteint 67 m !

Promenade des enceintes – 1h. Prenez le chemin au pied du château qui passe en tunnel sous le Lion, et poursuivez jusqu'au 4e fossé. En le parcourant entre les puissants murs d'escarpe et de contrescarpe, on observera le système de défense : **glacis**, vaste terrain nu en faible pente (en direction de l'autoroute), nombreuses embrasures permettant le tir dans les fossés, ouvrages à cornes, bastions.

On débouche au niveau de la **tour des Bourgeois**, ancienne tour de l'enceinte médiévale, abaissée par Vauban.

Courtines – Du château, on accède à cette intéressante promenade en traversant la salle semi-circulaire de la tour des Bourgeois *(en cas de fermeture, accès par la place des Bourgeois)*.

La terrasse qui domine la porte de Brisach permet de découvrir une vue sur l'ouvrage en demi-lune qui protégeait cet accès à la ville. On distingue encore la double enceinte de fortifications conçue par Vauban.

Continuez jusqu'à la **tour bastionnée 27**. En vous retournant, belle vue sur la forteresse et ses murailles couvertes de gazon depuis les transformations du général Haxo.

Musée d'Art et d'Histoire 2 – *Juil.-août : 10h-18h ; avr.-juin et sept. : 10h-12h, 14h-18h ; oct.-mars : 10h-12h, 14h-17h - fermé mar., 1er janv., 1er nov., 25 déc. - 2,95 € (enf. gratuit), gratuit 2e dim. du mois.*

Installées dans la **caserne**, également appelée « le château », les plus anciennes collections remontent au néolithique, mais la plupart datent des époques gallo-romaine et mérovingienne : poteries, armes, outils. L'histoire plus récente n'est pas oubliée : reproduction du plan en relief des fortifications de la ville par Vauban en 1687 ; nombreux souvenirs militaires de la guerre de 1870 et de personnalités ayant défendu Belfort, dont des objets ayant appartenu au colonel Denfert-Rochereau ainsi qu'à des soldats ou officiers français et prussiens.

C'est de l'autre côté de la cour d'honneur, dans la **batterie Haxo**, que sont présentées les collections de peintures (tableaux de Gustave Doré, Heim, Maximilien Luce, Guillaumin, ainsi que des gravures de Dürer), de sculptures (Camille Lefèvre, Dalou, Barye, Rodin) et de photographies (A. Villers).

Aux alentours

Fort du Salbert
👁 C'est de ce fort *(8 km au nord-ouest)* que l'on aura la meilleure **vue** d'ensemble sur la trouée de Belfort et le site qu'occupe la ville.

Quittez la ville par l'avenue Jean-Jaurès. Tournez à gauche dans la rue de la 1re-Armée-Française prolongée par la rue des Commandos-d'Afrique, puis prenez légèrement à droite la rue du Salbert.

Par une route sinueuse à travers la forêt, la D 4, on atteint le fort situé à 647 m d'altitude.

De la vaste terrasse *(à 200 m sur la gauche)* se révèle un beau **panorama**★★ sur Belfort, les Alpes suisses, le Ballon d'Alsace et les monts environnants *(table d'orientation)*.

La prise du Salbert

Le 14 novembre 1944, la 1re armée française, stoppée depuis deux mois devant le verrou de Belfort, hérissé de défenses, déclenche l'offensive qui doit lui ouvrir le chemin du Rhin. Le fort du Salbert, au nord-ouest de la ville, barre la route. Le 19 novembre, une attaque est montée : à la nuit, 1 500 hommes des commandos d'Afrique se glissent dans la forêt du Salbert, neutralisant les postes de garde allemands. Les fossés sont descendus à la corde, sans que l'éveil soit donné à l'ennemi : la colonne surprend la garnison du fort et la maîtrise. Le 20, au petit jour, dévalant les pentes du Salbert, les commandos bientôt suivis des chars pénètrent dans Belfort. Après deux jours de combats de rues, la ville est enfin libre, le 22 novembre 1944.

Hauts de Belfort
Cette promenade pédestre assez longue (comptez 2h) s'intègre à la randonnée des Forts, circuit de 75 km pouvant se faire en VTT ou à pied. Sortez par la porte de Brisach et longez la citadelle par la droite jusqu'à un parking. Prenez à gauche la passerelle qui enjambe l'avenue de la Laurencie.

Le chemin conduit tout d'abord au **fort de la Justice**. Sur la gauche, des belvédères permettent d'admirer le panorama sur les Vosges. L'un d'eux est installé face à un pigeonnier sur la façade duquel sont fixés des exemples de messages acheminés par les pigeons.

Au-delà, on atteint le **fort de la Miotte** reconnaissable à sa tour, rebâtie en 1947 après maints épisodes tragiques : 1724, 1835, 1870, 1875 et 1940.

Forge d'Étueffont.

Étang des Forges
Garez-vous près de la base nautique (voir encadré pratique).

Un sentier écologique fait le tour de l'étang, tantôt le longeant, tantôt traversant des roselières. Des panneaux renseignent sur la flore et la faune de ce lieu (blongios nain, le plus petit héron d'Europe, grèbe huppé ou foulque macroule). L'ancienne **tour de la Miotte** (15e s.), qui domine l'étang des Forges, a été plusieurs fois abattue ou meurtrie par le temps et par les guerres ; la tour a été chaque fois relevée et veille toujours sur la ville.

Roseraie du Châtelet★
À Anjoutey, 12 km au nord-est par la N 83, puis la D 12. ☎ 03 84 27 64 98 - www.roseraie-du-chatelet.com - ♿ - mai-sept. : mar., w.-end et j. fériés. 14h30-18h - 6 € (-12 ans gratuit).

Ce joli jardin paysager et botanique regroupe sur 2 ha quelque 600 variétés de roses. Mais bien plus qu'une simple roseraie, il compte aussi un jardin à l'anglaise, un jardin d'eau et un jardin des « utiles », et peut étager sa floraison et ses colorations de feuillages du printemps à l'automne.

Forge-musée d'Étueffont
15 km au nord-est par la N 83, puis la D 12. 2 r. de Lamadeleine - ☎ *03 84 54 60 51 - visite guidée (1h30 à 2h) de Pâques à la Toussaint : tlj sf mar. 14h-18h (dernière entrée 16h30) - 4 € (-13 ans gratuit).*

C'est dans une maison située au centre du village que vécurent, de 1844 à 1975, quatre générations de la famille Petitjean, exerçant le double métier de maréchal-ferrant et de paysan. De nombreux outils sont rassemblés dans la forge, toujours en état de fonctionnement. L'habitation est meublée telle qu'elle l'était au début du siècle.

Musée Gantner
À Lachapelle-sous-Chaux, 9 km au nord par la D 465, puis la D 13. ☏ 03 84 29 20 73 - de Pâques à la Toussaint : mar. et w.-end 14h-18h - 6 € (enf. gratuit).
Étonnante démarche que celle de ce peintre qui a décidé de concevoir lui-même le cadre très contemporain où exposer ses tableaux et ses collections d'art asiatique, puis de se tourner exclusivement vers des jardins japonais peuplés d'oiseaux exotiques. L'ensemble est à la fois cohérent, coloré et dépaysant.

Musée agricole
À Botans, environ 4 km au sud par la N 19. ☏ 03 84 36 52 04 - http://museeagricole. botans.free.fr - de Pâques à la Toussaint : w.-end et j. fériés 14h-17h30, en sem. sur RV - 3 € (-13 ans gratuit).
Cette ferme traditionnelle, reconvertie en Musée agricole, retrace l'évolution du travail paysan à travers une exposition d'outils et machines agricoles. Toutes les pièces y sont détaillées : du chari à la grange, en passant par la laiterie. La visite se termine par le jardin des plantes aromatiques et le verger.

Belfort pratique

Voir aussi les encadrés pratiques du massif du Ballon d'Alsace, Lure, Luxeuil-les-Bains, plateau des Mille Étangs, Montbéliard, Ronchamp.

Adresse utile

Maison du tourisme du Territoire de Belfort – *2 bis r. Georges-Clemenceau - 90000 Belfort - ☏ 03 84 55 90 90 - www.ot-belfort.fr - de mi-sept. à mi-juin : lun.-vend. 9h-12h, 13h45-18h, sam. 9h-12h, 13h45-17h30 ; de mi-juin à mi-sept. : 9h-12h, 13h45-18h30, sam. 9h-12h, 13h45-18h - bureau du tourisme du château de Belfort de juil.*
à fin août : merc.-lun. 10h15-12h30, 14h-17h45 - fermé 1er janv., lun. Pâques, 1er et 8 Mai, 14 Juil., 15 août, 11 Nov. et 25 déc.

Visite

Train touristique – *Il fait visiter la ville et conduit au « château ». ☏ 03 84 55 90 90 - visite commentée de déb. mai à fin sept. : 10h-11h, 14h-17h (dép. ttes les h) - ne circule pas le 1er dim. du mois et le sam., dim., et lun. de Pentecôte - 5,50 € (6-14 ans 4 €).*

Se loger

Camping L'Étang des Forges – *1,5 km au N de Belfort par la D 13, rte d'Offremont et à droite, r. Béthouart - ☏ 03 84 22 54 92 - contact@campings-belfort.com - 9 avr.-sept. - réserv. conseillée - 90 empl. 16 €.* Volley, basket, tir à l'arc, ping-pong, jeux pour les enfants, bar, épicerie, etc. Bon équipement et situation idéale pour ce camping à la fois proche du centre-ville et d'un étang (site naturel protégé). De nombreuses activités peuvent être pratiquées à proximité : randonnées pédestres, VTT, voile, escalade…

Hôtel Les Capucins – *20 fg de Montbéliard - ☏ 03 84 28 04 60 - hotel-des-capucins@wanadoo.fr - fermé 21 déc.-5 janv. - 35 ch. 57 € - ☐ 7 €.* À deux pas des rives de la Savoureuse et du quartier piétonnier, ce bel immeuble a du caractère. Les chambres au mobilier actuel sont confortables. Préférez celles rénovées et sur l'arrière. Restaurant ou brasserie selon vos goûts.

Hôtel Vauban – *4 r. du Magasin - ☏ 03 84 21 59 37 - www.hotel-vauban.com - fermé vac. de fév., 1er janv., 25 déc. et dim. - 14 ch. 77/80 € - ☐ 8,50 €.* Vous aurez l'impression de pénétrer dans une maison particulière, tant ce petit hôtel se fond parmi les autres. Les chambres sont proprettes, décorées de tableaux peints par le patron. Son jardinet fleuri au bord de la rivière la Savoureuse est coquet.

Se restaurer

Au Jardin d'Olivier – *54 r. du Gén.-Leclerc - 90600 Grandvillars - 19 km au SE de Belfort par la N 19 - ☏ 03 84 27 76 03 - fermé sam. midi, dim. soir et lun. - 13,50 € déj. - 25/48 €.* Cette auberge vient de bénéficier d'une rénovation : murs blancs, poutres apparentes peintes en vert pastel et parquet. Dans l'assiette, le jeune chef vous concocte une cuisine au goût du jour bien jouée.

La Fontaine des Saveurs – *1 pl. de la Grande-Fontaine - ☏ 03 84 22 45 38 - fermé 16 août-7 sept., lun. hors saison et mar. - 14,50 € déj. - 25/39 €.* Sur la place de la Grande-Fontaine, on ne s'abreuve pas seulement d'eau : on fait aussi le plein de saveurs, car c'est toute une palette de goûts qui s'offre aux papilles dans la délicieuse cuisine actuelle de ce restaurant. Carte évoluant avec les saisons et large sélection de vins au verre.

Au Fil des Saisons – *3 r. de la Libération - 25460 Étupes - 18 km au S de Belfort par l'A 36 et la D 61 - 03 81 94 17 12 - aufildessaisons@clubinternet.fr - fermé 23 juil.-15 août, 23 déc.-8 janv., sam. midi, dim. et lun. - 22/29 €.* Comme son nom l'indique, ce restaurant au décor contemporain élégant et lumineux décline carte et menus au fil des quatre saisons. Fraîcheur et saveur sont donc au rendez-vous dans les petits plats concoctés avec talent par Stéphane Robinne, et la carte est tellement appétissante que le choix est cornélien !

Le Pot au Feu – *27 bis Grande-Rue - 03 84 28 57 84 - fermé 1er-12 janv., 1er-18 août, sam. midi, lun. midi et dim. - 20 € déj. - 27/44 €.* La cravate n'est pas de rigueur dans ce petit restaurant de la vieille ville. Cadre bistrot et ambiance décontractée sous les voûtes de sa jolie salle à manger avec ses tables nappées de carreaux. Cuisine régionale au goût du jour.

En soirée

Le Piano-bar du Faubourg – *23 fg de France - 03 84 28 93 35 - tlj sf dim. 20h30-1h.* Le bar le plus fréquenté de la ville. Une clientèle de tous âges se presse dans cette vaste cave voûtée nichée en plein centre-ville. Les Belfortains y apprécient particulièrement les soirées à thème : scènes ouvertes le lundi et le mardi, karaoké le jeudi, jazz-variétés-blues le vendredi et le samedi.

Que rapporter

Bon à savoir – Le Territoire de Belfort propose de très nombreuses spécialités dont nous ne pouvons citer que les plus connues : **L'Épaule du Ballon** : hommage aux rondeurs des reliefs de la région, ce plat d'agneau est accompagné de myrtilles ; **Le Belflore** : gâteau aux framboises recouvert d'amandes meringuées et de noisettes ; **Les Crottes du Lion** : chocolats pralinés (noisettes, écorces d'orange, nougatine…).

Marché aux puces – *7h-12h.* Le premier dimanche de chaque mois de mars à décembre, dans la vieille ville.

Perello Michel – *4 r. Porte-de-France - 03 84 28 04 33 - tlj sf dim. et lun. 8h-12h30, 14h30-19h30 - fermé 15 août-15 sept.* Alors qu'il est fait grand cas aujourd'hui des cuisines du monde, il faut savoir gré à un Espagnol, venu des Baléares en 1938, d'avoir racheté la plus vieille épicerie de France créée en 1825… Depuis, de père en fils, cette épicerie fine n'a jamais cessé de faire le meilleur accueil aux cuisines espagnoles, italiennes et algériennes… Sous une belle balustrade en fer forgé, on trouve toutes les semoules, riz et autres fèves, une centaine de thés, des cafés maison et une carte de vins et d'alcools exceptionnelle.

Sports & Loisirs

Base de loisirs de Malsaucy – *Env. 8 km au NO de Belfort, par la D 465 et la D 24.* Cet important complexe offre un grand choix d'activités : baignade, pédalos, voile, animations estivales, sentier de découverte, gastronomie régionale à l'Auberge du Lac. Le site accueille chaque année un célèbre festival de rock : les Eurockéennes *(voir plus loin)*.

Étang des Forges – *R. de Buissière - Au N de la ville, par la D 13 - 03 84 21 44 01 - 9h30-11h30, 13h30-19h - fermé sept.-juin.* Aménagé en base nautique, l'étang permet la pratique de nombreux sports : voile, escalade, tir à l'arc, VTT, canoë-kayak.

Événements

Le Festival international de musique universitaire (FIMU) – *Pentecôte.* Au printemps, pendant 3 jours, le cœur de la vieille ville bat au rythme des concerts gratuits de musique classique, de jazz et de rock, animés par 3 000 musiciens du monde entier sur 15 lieux différents.

Les Eurockéennes – *1er w.-end de juil.* Ce festival de rock en plein air accueille chaque année plus de 80 000 spectateurs sur le site du Malsaucy.

Entrevues – *Dernière sem. de nov.* C'est le septième art qui fait la fête en proposant de nouveaux talents ou en célébrant ses plus grands succès.

Nuits d'été au château – *Mi-juin à mi-juil. - 03 84 22 66 76.* Théâtre et concerts.

Bellegarde-sur-Valserine

10 846 BELLEGARDIENS
CARTE GÉNÉRALE B4 – CARTE MICHELIN LOCAL 328 H4 – SCHÉMA P. 162
AIN (01)

Bien située sur l'itinéraire de Lyon au tunnel du Mont-Blanc, Bellegarde est une petite ville industrielle de développement récent dont le nom chante comme une cascade. Le territoire naturel dans lequel elle s'inscrit en fait une porte d'entrée idéale sur les monts Jura et la Suisse toute proche.

- **Se repérer** – Bellegarde se love dans la courbe formée par la rencontre du Rhône et de la Valserine, à quelques kilomètres de la frontière suisse et de Genève. L'accès routier se fait par l'A 40, à partir de Nantua (17 km vers l'est). Desserte TGV.
- **À ne pas manquer** – Le spectacle naturel des pertes de la Valserine ; le défilé de l'Écluse, par où le Rhône effectue son entrée sur le territoire français ; l'impressionnant fort de l'Écluse, perché à flanc de rocher.
- **Organiser son temps** – Comptez 1h pour faire le tour de la ville, et prévoyez une journée pour découvrir les richesses naturelles des environs.
- **Avec les enfants** – Chaque deuxième week-end de septembre, Bellegarde vit à l'heure médiévale : joutes, banquets et spectacles y sont organisés au château de Musinens *(voir encadré pratique)*.
- **Pour poursuivre la visite** – Voir aussi Belley, le Bugey, le crêt de Chalam, le barrage de Génissiat, le Grand Colombier, Monts Jura, Nantua.

Pertes de la Valserine.

Découvrir

LA VALSERINE

L'excursion proposée ci-dessous est à faire de préférence l'après-midi, en remontant la vallée du sud vers le nord.

La rivière Valserine a donné son nom au val de la haute montagne jurassienne où se déroule son cours. Elle naît dans les prairies du **Valmijoux**. Longue de 50 km, elle descend de 1 000 m depuis sa source jusqu'à son confluent avec le Rhône, à Bellegarde-sur-Valserine. Son régime est torrentiel : on a vu, en 1899, son niveau monter subitement de 26 m au pont des Oulles.
Le val s'allonge entre deux lignes de montagnes parallèles dont les sommets les plus connus sont le **crêt de Chalam** (1 545 m) et le **crêt de la Neige** (1 720 m). Il est ainsi nommé parce qu'il conserve, parfois toute l'année, la seule neige « éternelle » du Jura, dans quelques creux exposés au nord.

En 1883, un barrage fut construit sur la Valserine, permettant aux Bellegardiens d'être parmi les premiers français à bénéficier de l'électricité publique.

DÉCOUVRIR LES SITES

Berges de la Valserine★
Rejoignez le cœur de la ville (office de tourisme) et prenez à gauche la N 84 en direction de Lyon. Garez-vous sur le parking situé juste derrière le viaduc du chemin de fer (rue Louis-Dumont).

🚶 La Valserine longe la ville, mais son cours encaissé a longtemps été difficile d'accès. Un sentier a été aménagé au départ du viaduc. Compter 2h aller-retour pour ce beau parcours qui se prolonge jusqu'aux pertes de la Valserine. Il nécessite un peu de souffle, car il y a de nombreux escaliers. Attention : par temps de pluie, le sentier est parfois boueux et les pierres peuvent être glissantes.

Pertes de la Valserine★
Pour gagner plus rapidement les pertes, quittez Bellegarde par la N 84 au nord. Passez sous la voie ferrée et continuez environ 2 km sur la N 84. Un parking est aménagé sur la droite de la route.

🚶 *45mn à pied AR.* Prenez le sentier en descente, sous bois et coupé de marches. Gagnez le site très curieux où la rivière disparaît dans les fentes étroites des rochers. Ce phénomène impressionnant se répète sur 200 m environ. Les profondes marmites de géants appelées « Oulles » ont été creusées et polies par le torrent. Le « pont des Oulles » est le nom d'un ancien ponceau métallique sur la Valserine. Les chutes de la Valserine se trouvent un peu en amont. Vous pourrez observer en direct, mais avec la plus extrême prudence, le travail de l'eau qui sculpte de superbes marmites avant de s'enfoncer profondément dans la roche.

Circuits de découverte

DÉFILÉ DE L'ÉCLUSE★
Circuit de 32 km. Quittez Bellegarde à l'est par la N 206.

C'est une fort belle cluse qui sépare le **grand crêt d'Eau** (1 621 m) de la **montagne de Vuache** (1 101 m). Le défilé de l'Écluse est surveillé par d'imposantes fortifications. Le fort inférieur est relié au fort supérieur par un escalier de 1 165 marches creusé dans le rocher ! Outre le fleuve et la voie ferrée, deux routes l'empruntent : la N 206, grande voie de passage franco-suisse, sur la rive nord, et la D 908^A, plutôt route de promenade, sur la rive sud. Toutes deux offrent des vues très pittoresques.

Passé Longeray, tournez à droite, juste avant l'entrée du tunnel, vers le fort de l'Écluse.

Fort de l'Écluse★
📞 *04 50 56 73 63 - de mi-juin à mi-sept. : 14h-19h, dim. 13h-19h - 4,50 € (enf. 3 €).*

Érigé à même la roche, le fort de l'Écluse n'a pas toujours eu la fière allure qu'on lui connaît aujourd'hui. À l'époque de Jules César, il ne s'agissait guère que d'une simple tour. Vint par la suite une maison forte, remplacée au 13e s. par un fort qui allait jouer, au cours des siècles, un véritable rôle de frontière. Ce n'est qu'en 1601 que les ingénieurs du roi décidèrent de l'agrandir et de renforcer les bâtiments.
Bel ensemble de fortifications de montagne, le fort actuel fut construit entre 1820 et 1840 au-dessus du Rhône. Sa position stratégique lui a valu d'être âprement disputé par les Allemands en 1944 : « Toujours l'ennemi s'use devant le fort de l'Écluse », comme le dit l'inscription gravée sur un cadran solaire au-dessus de l'ancienne porte, au fond de la cour. Il vous faudra beaucoup de courage pour monter les 800 marches *(45mn à 1h AR, selon la condition physique)*, mais le point de vue en haut de la **terrasse** mérite bien l'effort !
Ce site remarquable prévoit d'accueillir à terme un musée du Pays de Gex consacré à l'identité de la frontière franco-suisse. En attendant, il organise chaque année des expositions.

Passez sous le tunnel et poursuivez la N 206 à droite. Dans Chevrier, prenez à droite la D 908^A et regagnez Bellegarde par la N 508.

DE BELLEGARDE AU COL DE LA FAUCILLE
Comptez une demi-journée, plus si vous décidez de suivre la crête à pied, à partir du col de la Faucille.

Quittez Bellegarde-sur-Valserine par la N 84 d'où se fait la visite des pertes de la Valserine. 4 km après Châtillon-de-Michaille, prenez à droite la D 14 puis, à Montanges, la D 14^A à droite.

Pont des Pierres★
Il franchit la rivière entre Montanges et La Mulaz. Audacieuse et élégante, son arche unique, de 80 m d'ouverture, enjambe la gorge à une hauteur de 60 m. Par temps

pluvieux, le spectacle est impressionnant : la Valserine, couverte d'écume, resserrée entre d'abruptes parois verticales, reçoit de bruyantes cascades qui dévalent des deux versants, entraînant terre et pierres.

À La Mulaz, prenez à gauche la D 991.

Défilé de Sous-Balme
La route remonte la vallée en longeant des falaises boisées. Entre Chézery-Forens et Lélex, la Valserine traverse le sauvage défilé de Sous-Balme, long de 5 km, resserré entre le crêt de Chalam et le Reculet.

Remontez la vallée jusqu'à la station Monts Jura.

Monts Jura *(voir ce nom)*
Suivez la D 991 jusqu'au village de Mijoux. Empruntez ensuite la D 936 qui monte en lacets jusqu'au fameux **col de la Faucille★★** *(voir p. 277)*, connu pour son spectaculaire panorama sur le Jura. Vous pourrez aussi pousser vers le **Petit Mont-Rond** *(voir p. 276)* afin d'admirer son panorama circulaire allant du Jura français aux rives du lac de Genève.

Bellegarde-sur-Valserine pratique

Voir aussi les encadrés pratiques de Belley, le Bugey, crêt de Chalam, Grand Colombier, Monts Jura, Nantua.

Adresse utile
Office du tourisme de Bellegarde-sur-Valserine et sa région – 24 pl. Victor-Bérard - ☏ 04 50 48 48 68 - www.ot-bellegarde01.fr - tlj sf dim. 9h-12h, 13h-18h, sam. 9h-12h, 14h-17h, dim. en juil.-août : 10h-12h.

Se loger
Hôtel Le Sorgia – 01200 Lancrans - 2 km au N de Bellegarde par la D 16 - ☏ 04 50 48 15 81 - fermé 28 août-16 sept., 20 déc.-6 janv., sam. midi, dim. soir et lun. - 17 ch. 50 € - ☐ 6,50 € - rest. 14,50/40 €. Cinq générations d'hôteliers se sont succédé dans cette maison située au centre du village. Les chambres sont assez simples, mais bien tenues. Cuisine familiale sans prétention servie dans une salle à manger gentiment campagnarde ou sur une plaisante terrasse dressée aux beaux jours.

Hôtel La Belle Époque-Maison Watami – 10 pl. Gambetta - ☏ 04 50 48 14 46 - contact@hotel-labelleepoque.com - fermé 9-25 juil., 17 déc.-9 janv. et dim. hors saison - 20 ch. 59/67 € - ☐ 9 € - rest. 25/50 €. Avenante demeure bâtie au début du 20e s. Un bel escalier d'époque en bois sculpté (1907) mène aux chambres, un tantinet « rétro », que l'on rajeunit par étapes. Carte classique servie dans un restaurant dont on a conservé le cachet bourgeois original.

Se restaurer
Le Fartoret – 01200 Éloise - ☏ 04 50 48 07 18 - www.fartoret.com - fermé 22 déc.-2 janv. et dim. soir hors saison - 20/46 €. Dans un village situé sur les hauteurs de Bellegarde, plusieurs bâtiments ouverts sur un parc. Les chambres, au calme, sont un peu anciennes, mais bien tenues. Échappée sur la vallée depuis la salle à manger campagnarde ornée d'une insolite collection de coqs.

Sports & Loisirs
Bon à savoir – On compte 3 stations de sports d'hiver dans un rayon de 20 km autour de Bellegarde. Menthières, avec ses 9 pistes de ski alpin, offre toute l'ambiance jurassienne, tandis que Cuvéry propose une initiation à la conduite d'attelage. Culminant à 1 548 m, Giron se cantonne au ski de fond et aux promenades en raquettes.

Via Ferrata du Fort de l'Écluse – Lieu-dit Longeray - 01200 Léaz - ☏ 04 50 56 73 63 - www.fortlecluse.fr - 16 juin-16 sept. : lun.-sam. 14h-19h, dim. 13h-19h. Surtout destinée aux personnes expérimentées, cette via ferrata, créée en août 2005, trouve sa place sur la paroi calcaire très raide de Fort l'Écluse. On franchit le fossé par un pont de singe de 15 m. Compter 1h30 d'efforts pour venir à bout de ce parcours d'une longueur de 400 m, et de 150 m de dénivelé.

Événement
Fête du Château – Mi-sept. Des animations variées (défilé en costumes d'époque, démonstrations de combats à l'épée, à l'arc et à l'arquebuse, etc.) font revivre le château de Musinens à l'époque du Moyen Âge et de la Renaissance.

DÉCOUVRIR LES SITES

Belley

8 004 BELLEYSANS
CARTE GÉNÉRALE B5 – CARTE MICHELIN LOCAL 328 H6 – SCHÉMA P. 165
AIN (01)

À l'extrême sud du département de l'Ain, la capitale du Bugey s'étend dans un large bassin arrosé par le Furans et le Rhône. Détruite par un incendie en 1385, la ville fut reconstruite et fortifiée par Amédée VII de Savoie. La Vieille Porte, à l'extrémité du boulevard du Mail, est un vestige de ces remparts. En 1601, le traité de Lyon rattacha définitivement le Bugey, et donc Belley, à la France.

- **Se repérer** – Belley se situe à 57 km au sud-est d'Ambérieu-en-Bugey, par la N 504.
- **À ne pas manquer** – La cathédrale Saint-Jean-Baptiste, avec son vaste chœur, ses peintures murales restaurées et sa châsse de saint Anthelme, le patron de la ville ; le bâtiment du palais épiscopal, peut-être construit par Soufflot, architecte du Panthéon à Paris ; le souvenir de Brillat-Savarin, enfant du pays devenu célèbre pour sa *Physiologie du goût* ; le défilé de Pierre-Châtel et sa cluse dominée par les bâtiments d'une ancienne chartreuse.
- **Organiser son temps** – Le tour de la ville vous prendra environ 3h. Si vous avez le temps, profitez-en pour jeter un coup d'œil aux pittoresques cours intérieures des maisons belleysanes.
- **Avec les enfants** – Pourquoi ne pas profiter des bases de loisirs aménagées sur le Rhône *(voir encadré pratique)* ou des lacs de la région, comme le lac de Barterand, qui offrent à la belle saison des possibilités de baignade surveillée ?
- **Pour poursuivre la visite** – Voir aussi Bellegarde-sur-Valserine, le Bugey, le barrage de Génissiat, le Grand Colombier, Nantua.

Comprendre

Brillat-Savarin – Quand, en 1755, naît à Belley Jean-Anthelme Brillat-Savarin, sa carrière est déjà toute tracée : il sera avocat, comme son père. Il s'installe donc confortablement dans la quiétude de la vie belleysane, s'intéressant aux sciences comme aux arts et animant les réunions de famille et d'amis à Belley ou à Vieu, dans sa maison de campagne.

En 1789, il est élu député du tiers état et ne se départira pas, dans l'exercice de ses fonctions, de sa bonhomie, de sa tolérance. Il s'oppose à l'application de la Terreur à Belley dont il est maire, et devient l'objet des soupçons du régime. Girondin, il doit fuir devant les Montagnards, dominants en 1794. Après un séjour en Suisse, puis en Amérique, il regagne la France où il se retrouve conseiller à la Cour de cassation durant le Consulat. Là, il occupe ses loisirs à écrire, d'abord des ouvrages juridiques et politiques, puis le petit chef-d'œuvre qui lui vaudra la célébrité : *La Physiologie du goût*. En 30 méditations, Brillat-Savarin aborde tous les problèmes du bien manger et du bien vivre : les principes philosophiques côtoient les réflexions sur la gourmandise, le sommeil, les rêves ; des théories scientifiques, il passe aux préceptes culinaires, sans jamais abandonner le ton débonnaire et joyeux qui a caractérisé toute sa vie d'érudit.

Il meurt en 1826. Belley, reconnaissante, lui élèvera sur le Promenoir une statue où apparaît en exergue l'une de ses maximes : « Convier quelqu'un, c'est se charger de son bonheur pendant tout le temps qu'il est sous notre toit. »

> ### Le saviez-vous ?
>
> - Attention, ne prononcez pas le nom de Belley comme celui de l'alcool irlandais, mais dites plutôt *Beulé*.
> - Belley s'honore d'avoir accueilli **Alphonse de Lamartine** en son collège. Une statue du poète, devant le collège Lamartine, commémore d'ailleurs ce souvenir. La ville doit également à **Brillat-Savarin**, l'un de ses enfants, sa renommée dans le monde de la gastronomie.

Se promener

Cathédrale Saint-Jean-Baptiste

Reconstruite presque entièrement au 19e s., elle a gardé son portail nord, du 12e s. À l'intérieur, l'édifice a conservé un vaste **chœur**★ à chapelles rayonnantes datant de 1473 dont le triforium possède de belles balustrades ajourées. Cinq chapelles richement décorées s'ouvrent sur le déambulatoire. La **chapelle de la Vierge**, derrière le maître-autel, renferme une imposante statue de la Vierge, en marbre, œuvre de Chinard (1756-1813). À gauche de l'autel est exposée une **châsse de saint Anthelme**, évêque de Belley de 1163 à 1178 et patron de la ville. En bronze doré orné d'émaux, elle retrace la vie du saint en 12 scènes. Le globe azur, la croix et les étoiles surmontant le coffre sont les armes des chartreux, dont Anselme faisait partie. Quant aux peintures murales, du 19ᵉ s., elles ont été récemment restaurées.

Palais épiscopal
R. des Cordeliers. Dès 555, un évêque réside à Belley. Le palais épiscopal du 18ᵉ s. aurait été construit d'après les plans de Soufflot, l'architecte du Panthéon à Paris, ou d'un de ses disciples. Il abrite la bibliothèque municipale, l'école de musique et une salle de concerts et d'expositions, et sert aussi de centre culturel et de siège de la fondation Brillat-Savarin.

Belley et sa cathédrale Saint-Jean-Baptiste.

Maison natale de Brillat-Savarin
Au nᵒ 62 de la rue Lamartine. Construite en grande partie au 16ᵉ s., cette belle demeure à deux étages présente des cintres en façade. Sa cour intérieure, prolongée par un jardin, s'orne d'une loggia, d'une façade à 3 étages, de galeries (18ᵉ s.) et balustres et d'un vieux puits.

Le **buste** de Brillat-Savarin se dresse à l'extrémité nord du **Promenoir**, face au Grand Colombier qu'il aimait, et où il posséda le château de Vieu.

Rue du Chapitre
Au nᵒ 8, belle maison Renaissance à tourelle du 16ᵉ s. avec une inscription gothique au-dessus de la porte.

Randonnée

Prenez la D 992 vers l'est jusqu'à Massignieu-de-Rives, puis à droite la D 37. Après Nattages, suivez la direction de Chemillieu.

La vue se dégage sur le bassin d'Yenne, la dent du Chat, le mont Revard – par la trouée du col du Chat – et le massif de la Chartreuse (Grand Som, Grande Sure).

Au hameau de Nant, laissez votre voiture près d'un lavoir. Prenez aussitôt à gauche un chemin goudronné, puis rocailleux (interdit aux véhicules), bientôt tracé en corniche étroite, au-dessus du défilé de Pierre-Châtel.

Défilé de Pierre-Châtel
 1h30 à pied AR. À Yenne, le Rhône a trouvé le défaut de la cuirasse des plissements jurassiens ; il perce en cluse la montagne au défilé de Pierre-Châtel. La cluse est dominée par les bâtiments de l'**ancienne chartreuse** de Pierre-Châtel. Fondée en 1383, elle fut très vite transformée en **chartreuse-forteresse**, puis en forteresse au 17ᵉ s., lorsque la position devint frontière du fait de l'attribution de la Bresse et du Bugey à la France.

Du sommet d'un banc rocheux, à gauche du chemin, **vue★** sur la cluse. L'élégante arche du pont de la Balme, jetée sur le Rhône, retient particulièrement l'attention.

Aux alentours

Lac de Barterand
Quittez Belley vers le nord, par la D 69 en direction de Billieu. À la sortie de ce village, prenez à droite la D 69ᶜ, puis encore à droite, la D 37 vers Polieu.

Peu après Polieu, on arrive au lac de Barterand ou de Saint-Champ, du nom du village voisin, dans un site verdoyant et reposant.

Belley pratique

♿ Voir aussi les encadrés pratiques de Bellegarde-sur-Valserine, le Bugey, Grand Colombier, Nantua.

Adresse utile

Office du tourisme de Belley – *34 Grande-Rue - 01300 Belley -* ✆ *04 79 81 29 06 - www.cc-belley-bas-bugey.com - de déb. mai à mi-oct. : 9h-12h, 14h-19h (sam. 14h-18h) ; reste de l'année : 9h-12h, 14h-18h - fermé dim. (sf manifestation).*

Se loger

Ibis Hôtel – *Bd Mail -* ✆ *04 79 81 01 20 - www.ibishotel.com - 35 ch. 47/55 € -* ☐ *6,50 €.* Adresse utile pour l'étape au centre-ville. Chambres rénovées selon les dernières normes de la chaîne. Petit-déjeuner servi sous forme de buffet.

Chambre d'hôte de Madame Barbot Martine – *92 r. St-Jean -* ✆ *04 79 81 55 27 ou 06 73 73 65 85 - www.ausaintjean.com -* 🍴 *- 5 ch. 52 €.* Bienvenue dans cette maison de campagne située en plein cœur de la ville, entourée d'un joli jardin arboré. Une salle des petits-déjeuners ornée d'un mobilier plein de style et 5 chambres confortables et chaleureuses. Ambiance « cosy » et accueil sympathique, garantissant un agréable séjour. Parking privé.

Se restaurer

Auberge La Fine Fourchette – *N 504 -* ✆ *04 79 81 59 33 - fermé 22-31 août, 22-31 déc., dim. soir et lun. - 22/52 €.* Les larges baies vitrées de la salle de restaurant, au décor classico-rustique soigné, ouvrent sur le canal du Rhône et la campagne. Si le temps le permet, optez pour la terrasse, d'où la vue est également plaisante. Quel que soit votre choix, la maison vous servira une cuisine aussi classique que généreuse.

Que rapporter

Caveau Laubez René – *5 km au N de Belley par les D 10 et N 504 - 01300 Andert-et-Condon -* ✆ *04 79 81 16 10.* On retrouve toute l'authenticité du Bugey réunie dans ce caveau. En plus de faire déguster ses vins (rouge, blanc, rosé, méthode traditionnelle et roussette de Bugey), le propriétaire vigneron offre une mine d'informations sur sa production, mais aussi sur tous les charmes de la région.

Sports & Loisirs

Lacs et plans d'eau – Sur le Rhône : à Massignieu, 5 km à l'E par la D 992 (base de loisirs) et à Murs-et-Géligneux, 12 km au S par la N 504.
Lacs : Virieu-le-Grand, 12 km au N *(baignade surveillée)* et Barterand, 8 km au N par la D 992, puis la D 27 vers Saint-Champ *(baignade surveillée).*

Événement

Les entretiens de Belley – *2e vend. d'oct.* Dédiés à la gastronomie, aux produits du terroir et aux tendances de la consommation, ils accueillent des scientifiques, chefs, professionnels, journalistes et autres spécialistes pour des conférences grand public qui se déroulent à l'Intégral.

Château de **Belvoir** ★

CARTE GÉNÉRALE C2 – CARTE MICHELIN LOCAL 321 J3 – DOUBS (25)

Au sud des montagnes du Lomont, perché sur un promontoire qui domine le vallon de Sancey, le château de Belvoir, au nom évocateur, domine la plaine. Bâti au 12e s. par les barons de Belvoir, il resta leur propriété jusqu'au 19e s., dans les familles de Lorraine et des princes de Rohan. Après bien des péripéties, il bénéficie à nouveau d'un mobilier à la hauteur de son histoire prestigieuse.

Château de Belvoir.

- **Se repérer** – Le château de Belvoir se trouve à 28 km à l'ouest de Maîche par la D 464 et la D 31, et à 37 km de Baume-les-Dames par la D 50 vers le sud, puis la D 464 vers l'est.

- **À ne pas manquer** – Le riche mobilier du château, en particulier la magnifique collection d'armoires alsaciennes, rhénanes et allemandes et l'ensemble de peintures de Pierre Jouffroy ; le donjon qui domine le vallon d'une hauteur de 150 m et permet de jouir d'un vaste panorama sur la chaîne du Lomont au nord, le plateau de Maîche au sud, le mont Terri (Suisse) à l'est et les collines et plateaux qui glissent vers Besançon à l'ouest.

- **Organiser son temps** – Comptez 1h pour la visite guidée du château, et notez que des visites nocturnes sont proposées en été.

- **Avec les enfants** – Trouvez avec eux la tour de Madge-Fà et la tour du Nord ! Et contez-leur les aventures de la belle Béatrix de Cusance.

- **Pour poursuivre la visite** – Voir aussi Baume-les-Dames, le cirque de Consolation, Maîche, Montbéliard.

Le saviez-vous ?

Trois célèbres Bellonvinciens ont marqué l'histoire : **Vincent de Belvoir** (vers 1200-1240), à qui Saint Louis confia la rédaction de la première encyclopédie ; **Jeanne de Montfaucon** (vers 1280-1326) qui, faute de chevalier, se serait déguisée pour défendre ses couleurs en tournoi ; et **Béatrix de Cusance** (1614-1663), duchesse de Lorraine, princesse de Cantecroix et baronne de Belvoir à la destinée romanesque *(voir p. 146)*.

Découvrir

Château★★

📞 03 81 86 30 34 - www.chateau-belvoir.com - visite guidée (1h) juil.-août : 10h-11h30, 14h-17h30 ; de Pâques à la Toussaint : sur demande - 5 € (-12 ans gratuit).

Extérieur – Construite à partir du 12e s., cette forteresse de moyenne montagne occupe l'ancien emplacement d'un oppidum gaulois, puis d'un castellum romain qui gardait la voie des salines. Trois vénérables sentinelles veillent aujourd'hui encore sur l'ensemble : la tour du Nord (elle ne conserve qu'un de ses trois étages), avec son parement à bossages résistant à l'artillerie ; le donjon ; et la tour de Proue, dite de « Madge-Fà ». Cette dernière doit son nom à la statue d'un personnage accroupi et moqueur soutenant une échauguette. Au temps où se pratiquait l'alchimie, cette position aurait signifié que le grand maître des lieux avait trouvé la formule magique. À moins que cette silhouette et le nom qu'elle porte, que nous n'osons traduire, mais qui se devine, n'aient été destinés à défier l'ardeur des troupes ennemies.

La porterie du 15e s. a disparu, et les larges ouvertures pratiquées dans les murs datent du 17e s. Le château souffrit d'une longue période de délaissement après la Révolution, et fut transformé en ferme lors de son rachat en 1955 par le peintre Pierre Jouffroy. Les travaux lui ont rendu des toitures (de tavaillons sur le donjon et la tour de Proue) et un mobilier approprié.

Intérieur – Une vingtaine de pièces ont retrouvé un mobilier, des objets et des tableaux de qualité. Le fil directeur de la visite est la peinture dite réaliste de **Pierre Jouffroy** (1912-2000), bien représentée, et son goût pour l'histoire, les objets d'art et de collection. On peut admirer diverses œuvres de Gustave Courbet, deux toiles attribuées à Franz Hals, *L'Homme à la source*, sculpture monumentale de Georges Laethier et, tout au long de la visite, une belle **collection d'armoires**★ alsaciennes, rhénanes et allemandes du 17e s. Le salon « Béatrice de Cusance », où trône son portrait, évoque le souvenir et l'époque de cette femme peu ordinaire. Son cœur et sa stèle funéraire sont conservés dans la chapelle, rendue au culte et ornée d'un beau **Dieu en majesté** franc-comtois du 17e s. Dans le second bâtiment, le donjon, l'ancien arsenal et la salle d'armes sont logiquement réservés à une belle **collection de serrures et d'armes** du Moyen Âge au 19e s., dans laquelle on ne peut que remarquer un ancien fusil de bataille de 3,44 m de long, mais aussi une rare cotte de maille du 12e s. et les pièces d'artillerie pour enfant qui auraient appartenu au fils de Napoléon Ier.

Visiter

Village

Protégé par une enceinte aujourd'hui disparue, le village de Belvoir bénéficia à partir du 11 mars 1314 d'une charte de franchise. Le commerce et l'artisanat s'y développèrent donc, ce qui explique la construction de ces belles **halles** en bois, aujourd'hui les plus anciennes de Franche-Comté (14e-15e s.). Elles accueillaient quatre foires annuelles et un marché hebdomadaire. Remarquez aussi quelques maisons des 16e et 17e s.

Aux alentours

Sancey-le-Long

2 km au sud de Belvoir par la D 468. Ce petit village, situé au pied du château de Belvoir et à l'entrée de la reculée de la Baume, vit naître en 1765 **sainte Jeanne-Antide Thouret**, fondatrice des Sœurs de la Charité à Besançon. À l'âge de 22 ans, désireuse de devenir religieuse au service des pauvres, la jeune fille part pour Paris, mais la Révolution l'empêche de prononcer ses vœux. Malgré les coups, elle refuse de renier sa foi, soutient les prêtres réfractaires et se cache pendant deux ans en Franche-Comté avant de passer la frontière. C'est en 1799 qu'elle regagne la France et fonde à Besançon une première école gratuite, qui engendrera la congrégation des Sœurs de la Charité. Elle s'éteint en 1826 et sera canonisée en 1934.

Un son et lumière retrace l'histoire de Jeanne-Antide Thouret dans sa **maison natale** (03 81 86 82 41 - *visite libre et gratuite*). Une **basilique néoromane** (1928) commémore également son souvenir et celui de saint Colomban *(voir Luxeuil)* ; dans le chœur, des anges représentent les différentes vertus, tandis que la voûte centrale repose sur des piliers en granit vert.

Les aventures de la belle Béatrix

Née en 1614 à Belvoir, Béatrix partage sa jeunesse entre la cour de Bruxelles, où s'épanouissent sa culture, son intelligence et sa beauté, et Besançon. C'est là qu'elle rencontre et séduit **Charles IV de Lorraine**. Mais celui-ci est marié ; aussi la belle demoiselle est-elle éloignée. Elle se mariera donc, en 1635, avec Eugène de Granvelle. Deux ans plus tard, la peste lui a rendu sa liberté… Charles IV ne veut plus laisser passer la belle et soudoie des théologiens pour faire déclarer nul son mariage. Ils se marient, ont deux enfants, puis le pape ordonne leur séparation, en rétablissant le mariage précédent ! Ce n'est que quelques mois avant sa mort que Béatrix peut enfin épouser en justes noces Charles IV, veuf à son tour.

BESANÇON

Château de Belvoir pratique

⚂ Voir aussi les encadrés pratiques de Baume-les-Dames, cirque de Consolation, Maîche, Montbéliard.

Se loger

⌂ **Chambre d'hôte La Ferme des 5 Fleurs** – *1 r. des Carrières - 25190 Valonne* - ✆ *03 81 93 35 09* - *http://chambres-hotes-ferme.com* - ⌧ - *5 ch. 40 €* ⌥ - *repas 16 €*. C'est depuis 2004 seulement que Maryline et Stéphane accueillent des hôtes dans l'ancienne grange qu'ils ont aménagée à cette fin. Les chambres sont vastes, bien isolées, habillées de tons pastel. Plats régionaux, produits de la ferme et beau choix de fromages (vous êtes en zone d'AOC du comté) en table d'hôte.

Se restaurer

⌂⌂ **L'Auberge du Château** – *1 Grande-Rue - 25430 Rahon* - ✆ *03 81 86 82 27* - *fermé de fin août à déb. sept., vac. de Noël, dim. soir et lun.* - *19/32 €*. Le décor, original avec ses cuillères, passoires, tuiles ou râpes abat-jour, est surprenant dans un endroit aussi perdu au milieu de nulle part. La carte tente quelques pointes du même ordre, et le chef l'adapte avec autant de souplesse que possible aux desiderata de ses hôtes.

Besançon★★

114 900 BISONTINS – AGGLOMÉRATION : 134 376 HABITANTS
CARTE GÉNÉRALE B2 – CARTE MICHELIN LOCAL 321 G3 – DOUBS (25)

Discrètement lovée dans l'harmonieuse courbe du Doubs, la capitale de la Franche-Comté se dévoile au promeneur attentif qui découvre, au fil d'étroites rues piétonnières, de beaux hôtels particuliers, le fameux palais Granvelle et bien d'autres témoins de son riche passé. Inébranlable sur son éperon rocheux, la Citadelle érigée par Vauban garde fière allure. Ses murs épais, qui ont bravé le temps et les guerres, accueillent aujourd'hui des foules de visiteurs.

- **Se repérer** – À 416 km au sud-est de Paris, 236 km au nord-est de Lyon et 251 km au sud de Strasbourg, Besançon se situe à 80 km au sud-ouest de Montbéliard, par la A 36, et à 48 km au sud de Vesoul par la N 57. Desserte TGV.
- **Se garer** – Le cœur de la ville étant en grande partie piétonnier, il est recommandé d'utiliser les parkings prévus aux différentes entrées.
- **À ne pas manquer** – Les forts (la Citadelle, Chaudanne, Brégille, Montfaucon…) qui dominent la ville vous feront découvrir de très belles vues sur Besançon et la boucle du Doubs. Mention spéciale à l'impressionnante Citadelle et ses nombreux musées, dont celui de la Résistance et de la Déportation. Vous apprécierez aussi le riche musée des Beaux-Arts et d'Archéologie et son éclectique collection de peintures, et la vieille ville, avec ses belles façades et ses hôtels particuliers.
- **Organiser son temps** – Visitez la ville en journée et profitez des illuminations nocturnes pour vous promener sur les quais Vauban.
- **Avec les enfants** – Installé dans la Citadelle, le muséum de Besançon fera la joie des petits et des grands, avec son jardin zoologique et son aquarium dédié à la faune aquatique de la région ; noctarium et insectarium attendent celles et ceux qui n'ont pas froid aux yeux !
- **Pour poursuivre la visite** – Voir aussi Baume-les-Dames, le château de Filain, Fondremand, Gray, Gy, le musée des Maisons comtoises, le château de Moncley, Mouthier-Haute-Pierre, Nans-sous-Sainte-Anne, Ornans, Pesmes, Ray-sur-Saône, Villersexel, Vesoul.

Comprendre

Besançon est une évolution phonétique de *Vesontio*, cité par César dans *La Guerre des Gaules*. Il semblerait que *Vesontio* soit une appellation très ancienne de « montagne ».

Une métropole chrétienne – Vers l'an 180, deux apôtres d'origine grecque, **saint Ferréol** et **saint Ferjeux**, s'installent dans une caverne, au milieu des bois, là où s'élève aujourd'hui la basilique qui leur est consacrée. Pendant trente ans, ils évangélisent la région. Sommés de sacrifier aux anciens dieux, ils sont finalement décapités dans les

DÉCOUVRIR LES SITES

Le saviez-vous ?

Véritable vivier de talents, Besançon a vu naître pléthore d'hommes célèbres et d'artistes. Parmi eux : le philosophe et économiste **Charles Fourier** (1772-1837) qui imagina une originale communauté de travail, le « phalanstère », le romancier **Charles Nodier** (1780-1844), **Victor Hugo** (1802-1885), le sociologue **Pierre Joseph Proudhon** (1809-1865), les **frères Lumière**, Auguste (1862-1954) et Louis (1864-1948), ainsi que le journaliste humoriste **Tristan Bernard** (1866-1947). Quant à **Stendhal**, il situe le passage au séminaire de son héros du *Rouge et le Noir* : « En s'approchant de cette jeune fille si belle, qui daignait lui adresser la parole, il faut que je lui dise la vérité, pensa Julien, qui devenait courageux à force de timidité vaincue. – Madame, je viens pour la première fois de ma vie à Besançon ; je voudrais bien avoir, en payant, un pain et une tasse de café. »

arènes. Les persécutions n'empêchent pas la religion nouvelle de triompher avec l'empereur Constantin. La ville devient alors le siège d'un important archevêché.

Hugues de Salins – C'est en 1031, année marquée par une terrible famine, que Hugues de Salins est nommé archevêque. Représentant d'une des plus illustres familles de la Comté, Hugues est chapelain auprès de Rodolphe III, roi de Bourgogne, puis homme de confiance d'Henri III, empereur germanique. En 1042, ce dernier accorde une certaine autonomie à la Bourgogne en lui octroyant une chancellerie particulière qu'il confie à Hugues. Besançon devient ville impériale, directement rattachée à l'empereur. Hugues de Salins dispose désormais de la justice et de l'administration de la monnaie. Le pouvoir de l'archevêque prend une dimension encore plus grande, lorsque son ami Brunon de Toul devient pape sous le nom de **Léon IX**. Hugues entre alors au service de la papauté et siège aux conciles de l'époque. Reconnu comme grand animateur de la réforme religieuse, Hugues de Salins a déployé à Besançon une grande activité de bâtisseur jusqu'à sa mort en 1066. Il fit ainsi reconstruire la cathédrale Saint-Étienne (1050) sur la citadelle, la cathédrale Saint-Jean (1061) et bien d'autres sanctuaires des environs.

Les Granvelle – Mais que serait Besançon sans la famille Granvelle ? C'est elle qui a édifié le magnifique palais Granvelle et collectionné des chefs-d'œuvre aujourd'hui présentés au musée des Beaux-Arts *(p. 153)*. Sous l'impulsion de **Nicolas**, l'ascension sociale de cette famille rurale a été fulgurante. Il ne sera rien de moins que le chancelier et l'homme de confiance de Charles Quint. Son fils Antoine, le fameux cardinal de Granvelle, obtiendra les titres de Premier ministre des Pays-Bas ou de vice-roi de Naples, preuves de la considération que lui portait Philippe II d'Espagne.

Un difficile rattachement à la France – C'est en 1656 qu'à son insu Besançon, ville d'Empire, fut échangée contre Frankenthal et devint terre espagnole. Ainsi s'ouvrait une période de crises. En 1668, Condé occupe la ville après que Louis XIV eut revendiqué la Franche-Comté et la Flandre en héritage. Pour peu de temps il est vrai : le traité d'Aix-la-Chapelle, signé la même année, restitue la Franche-Comté à l'Espagne. Néanmoins, en 1674, les armées de Louis XIV, fortes d'environ 20 000 hommes, se rassemblent à nouveau devant Besançon. **Vauban** organise le siège. Dans la boucle du Doubs, 5 000 hommes opposent une résistance farouche et tiennent vingt-sept jours durant sous les boulets lancés par les Français depuis Chaudanne et Brégille. La place se rendra, à l'exception de son chef le prince de Vaudemont, fils du duc Charles de Lorraine, qui capitulera une semaine plus tard. En 1677, Louis XIV fera élever Besançon au rang de capitale de la province, et c'est le **traité de Nimègue** qui, en 1678, rattachera définitivement la Franche-Comté à la France.

La capitale de la Comté française – Après l'annexion de la Franche-Comté, les intendants font durement peser le pouvoir du roi ; ils vident les bas de laine mais donnent au commerce, à l'industrie et aux arts un développement jamais connu. Besançon conserve un souvenir reconnaissant à l'un de ces grands commis, l'**intendant de Lacoré**, qui, au 18e s., la dota de monuments (le théâtre, l'actuelle préfecture) et de jardins dont elle s'enorgueillit encore. Le Parlement, la Chambre des comptes, l'université, la Monnaie émigrent de Dole. Les Bisontins en tirent grand orgueil, bien qu'ils fassent la grimace lorsque l'autorité royale, à chacun de ces transferts, leur présente une note de 150 000 à 300 000 livres, et, par surcroît, triple les impôts. À cette importance stratégique s'ajoute au fil des ans un rôle de métropole ecclésiastique, puis industrielle. Besançon devient sous la Révolution la capitale de la montre française. Les industries de microtechniques de précision qui se développent aujourd'hui dans la région ont hérité de ce savoir-faire.

Se promener

LA VIEILLE VILLE★★

La ville basse 1 plan II

Délimitée par la boucle du Doubs, cette partie de la ville était jadis ceinturée de solides remparts.

La visite de la vieille ville se fait à pied. Garez votre véhicule soit au parking de la promenade Chamars, soit sur la rive droite du Doubs, et gagnez le pont Battant.

Avant de vous engager dans la Grande-Rue, admirez du pont les habitations à arcades du 17e s., aux très belles **façades★** de pierre gris-bleu, qui bordent le Doubs à cet endroit. Baptisé quai Vauban, cet harmonieux « rempart » fut réalisé par les frères Robelin à la fin du 17e s.

Remontez le quai Vauban (ou promenade Vauban) vers le nord jusqu'au passage Vauban qui conduit à la place de la Révolution. En période de crue, prenez la rue parallèle car les quais sont inondés.

Place de la Révolution A1

Lieu incontournable de la vie bisontine, la place de la Révolution était surtout connue sous le nom de place du Marché. Les petites halles auraient dû être remplacées par des cafés et restaurants, qui tardent à s'implanter. Ce grand carrefour toujours animé est bordé par le musée des Beaux-Arts et d'Archéologie *(voir « Visiter »)* et, sur la rue des Boucheries, par des immeubles anciens.

À l'angle nord-est de la place, l'église de l'ancien hôpital du Saint-Esprit est, depuis 1842, un temple protestant ; la cour a conservé sa galerie en bois sculpté, datant vraisemblablement du début du 16e s.

Rejoignez la rue des Granges (derrière le marché couvert) et tournez tout de suite à droite dans la rue R.-L. Breton qui mène à la place Pasteur, dans la Grande-Rue.

Site de Besançon, en bordure du Doubs.

Grande-Rue AB 1-2

Ancienne voie romaine qui traversait *Vesontio* de bout en bout, elle reste, deux mille ans plus tard, l'artère principale de la ville ; elle est aménagée pour les piétons du pont Battant à la place du 8-Septembre.

Remarquez, au n° 44, l'**hôtel d'Emskerque** de la fin du 16e s., où logea Gaston d'Orléans ; élégantes grilles au rez-de-chaussée. En face, au n° 53, la cour intérieure possède un remarquable escalier en pierre et fer forgé.

Hôtel de ville A1 – Besançon est une des rares villes à cumuler un hôtel de ville et une mairie *(voir plus loin)* ! Dans ce bâtiment du 16e s. à façade à bossages, en pierres alternativement bleues et ocre, ont lieu les mariages et cérémonies. En face, la curieuse façade de l'**église Saint-Pierre A1** est due à l'architecte bisontin Bertrand (fin 18e s.).

DÉCOUVRIR LES SITES

BESANÇON plan II

SE LOGER			
Hôtel Citotel Granville	1	Le Chaland	16
Hôtel du Nord	4	Le Poker d'As	19
Hôtel Foch	7	Miam	22
Hôtel Mercure Parc Micaud	10		
Hôtel Relais des Vallières	13	Ancien couvent des Carmes	D¹
Hôtel Siatel	16	Ancien hôpital du St-Esprit	G
		Ancien hôtel Terrier de Santans	F¹
SE RESTAURER		Ancienne entrée du couvent des Grandes Carmes	D²
Au Petit Polonais	1	Bibliothèque municipale	B
Barthod	4	Espace Vauban	M¹
L'Ô à la Bouche	7	Hôtel Bonvalot	F²
La Femme du Boulanger	10	Hôtel d'Emskerque	F³
Le Cavalier Rouge	13		

Hôtel de ville	H
Maison natale de Victor-Hugo	L¹
Maison natale des Frères Lumière	L²
Musée Comtois	M²
Musée de la Résistance et de la Déportation	M³
Musée des Beaux-Arts et d'Archéologie	M⁴
Palais de Justice	J
Promenade Granvelle	Q¹
Promenade Vauban	Q²
Statue de Victor Hugo	R
Vestiges romains (Square archéologique A.-Castan)	V

Palais de justice A1 – *Se renseigner auprès de l'office de tourisme*. Le centre du bâtiment présente une jolie **façade Renaissance**★ due à Hugues Sambin, architecte de l'hôtel de Vogüé à Dijon. La grille de la porte d'entrée (1861) est fort belle. À l'intérieur, au 1er étage, siégeait le Parlement de Franche-Comté.

Au n° 67 de la Grande-Rue s'élève l'**hôtel Pourcheresse de Fraisans**, avec son bel escalier sur cour. Au n° 68, **ancien hôtel Terrier de Santans A1**, bâti en 1770, avec sa cour intérieure. Au n° 86, l'**ancien couvent des Carmes B2**, du 17e s., a conservé sa cour à arcades. Au n° 88, ancienne entrée du **couvent des Grandes Carmes B2**, flanquée à gauche d'une belle fontaine. Au n° 103, bel escalier en bois dans la cour.

Palais Granvelle★ B2
Édifié de 1534 à 1542 pour Nicolas Perrenot, seigneur de Granvelle et chancelier de l'empereur Charles Quint, il dresse sur la rue une imposante façade Renaissance, compartimentée à trois étages et cinq travées ; son grand toit à pignon latéral orné

de redents est percé de trois lucarnes surmontées d'un fronton richement sculpté. Jolie **cour**★ intérieure rectangulaire entourée de portiques aux arcades surbaissées, en anse de panier. Depuis 2002, le palais abrite le musée du Temps *(voir « Visiter »)*.

Derrière le palais, la promenade Granvelle, ancien jardin du palais, offre ses ombrages aux promeneurs dont elle est, en été, le point de ralliement. Le Kursaal, salle de concerts et de réunions, s'ouvre sur la promenade.

Continuez sur la Grande-Rue.

C'est au n° 140 que serait né **Victor Hugo**. Place Victor-Hugo, au n° 1, les **frères Lumière**, inventeurs du cinéma, ont vu le jour.

Vestiges romains B2

La rue de la Convention, qui fait suite à la Grande-Rue, offre un agréable coup d'œil. Elle longe le square archéologique A.-Castan, joli petit jardin que dominent d'antiques colonnes alignées ; celles-ci appartenaient au péristyle d'un nymphée, réservoir d'eau construit en cet endroit et où aboutissait un aqueduc dont les conduits sont encore visibles.

En face du square s'élève l'ancien palais archiépiscopal, du début du 18e s., occupé par le rectorat de l'Académie.

Passez sous la **porte Noire**, ancienne porte de Mars. Cet arc de triomphe romain, érigé au 2e s., tire sans doute son nom de sa patine très foncée. Il était autrefois isolé. Ses sculptures (restaurées en partie au 19e s.) ont été rongées par les intempéries.

Cathédrale Saint-Jean★ B2

Quelle étrange cathédrale ! On ne peut manquer d'être surpris par sa discrétion extérieure, par l'absence de portail principal, par la présence de deux absides opposées, dotées chacune d'un chœur. À gauche, en entrant, l'**abside du Saint-Suaire**, reconstruite après l'effondrement du clocher en 1729, abrite en fait un « contre-chœur » à décoration baroque, utilisé pour le culte du Saint-Suaire ; elle est ornée de toiles du 18e s. (Van Loo, Natoire, de Troy) et, dans l'absidiole de gauche, du tombeau en marbre de Ferry Carondelet, abbé de Montbenoît et conseiller de Charles Quint. Il ne s'agit pas de l'actuel suaire de Turin, qui séjourna en France plus de 200 ans, dont une trentaine dans la proche collégiale de Saint-Hippolyte *(voir p. 314)*. Apparu au 15e s. à l'occasion d'une représentation théâtrale religieuse, le suaire de Besançon, plus petit, fut lui aussi considéré comme authentique, et les plus grands du royaume (Louvois, Condé, Louis XIV) et d'Europe sont venus prier devant lui. Il disparut à la Révolution.

Dans le bas-côté droit, à gauche de la tribune du grand orgue, se trouve le célèbre tableau de Fra Bartolomeo, la **Vierge aux saints**★, exécuté à Rome en 1512 pour le chanoine de la cathédrale, Ferry Carondelet. Le prélat est représenté agenouillé, à droite. La nef et l'abside principale, à droite, ont gardé la base romane de l'édifice du 12e s. La deuxième chapelle s'ouvrant sur le bas-côté gauche renferme un autel circulaire paléochrétien en marbre blanc, dit **Rose de saint Jean**, orné d'un chrisme que surmonte curieusement un aigle. Dans le chœur, trône reproduisant celui du sacre de Napoléon Ier.

Au n° 5 de la rue de la Convention s'élève un ancien hôtel du 18e s., aujourd'hui palais de l'Archevêché.

Horloge astronomique★ B2 – *Salle basse du clocher. Visite guidée (20 à 30mn) tlj sf mar. 9h50-11h50, 14h50-17h50 (ttes les h) - fermé merc. (nov.-mars), janv., 1er et 11 Nov., 25 déc. et certains dim. (se rens.) - 3 € (-18 ans gratuit).*

Cette merveille de mécanique, comptant 30 000 pièces, a été conçue et exécutée de 1857 à 1860 par A.-L. Vérité, de Beauvais, et réorganisée en 1900 par F. Goudey, de Besançon. Elle fait office

> ### Notre-Dame-des-Jacobins
>
> Dans le bas-côté gauche, près de la « Rose de saint Jean », une chapelle est dédiée à une **Vierge à l'Enfant** miraculeuse. Peinte par Dominico Cresti en 1630, elle a survécu à un naufrage près de Toulon et a immédiatement été vénérée sous le vocable de « Vierge des ondes ». On l'appelle également « Vierge des jacobins » car ce sont les dominicains, autrefois appelés jacobins, qui sont à l'origine de son culte. L'attachement pour cette Vierge était tel dans le cœur des Bisontins que – second miracle ? – elle traversa la Révolution sans être inquiétée.

d'horloge publique, car elle transmet l'heure aux 62 cadrans du clocher. Ces derniers indiquent les jours, les saisons, les heures dans 16 points du globe, les marées dans 8 ports, la durée du jour et de la nuit, les levers et couchers du soleil et de la lune… et, en bas de l'horloge, le mouvement des planètes autour du Soleil. Une série d'automates s'anime toutes les heures.

DÉCOUVRIR LES SITES

Pour ceux qui ont du souffle et du temps, possibilité de descendre vers la porte Rivotte par l'étroite rue du Chambrier, sur la gauche.

Porte Rivotte B2
Restes de fortifications du 16e s. Après la conquête française, Louis XIV fit orner le fronton d'un soleil symbolique. Le rocher de la citadelle domine la porte Rivotte de ses abrupts aux longues strates. Il plongeait autrefois dans la rivière, et l'étroite bande où passe la route a été gagnée par le pic ou la mine. Un canal de 375 m de longueur traverse le roc en tunnel, permettant d'éviter la boucle du Doubs.

Contournez la cathédrale par la rue du Chapitre, puis la rue du Palais sur la droite. Remarquez, sur la gauche, le bel hôtel Bonvalot.

Hôtel Bonvalot B2
Il fut construit de 1538 à 1544 par F. Bonvalot, oncle du célèbre cardinal de Granvelle. Son architecture un peu austère est égayée par les vitraux et les accolades qui surmontent les fenêtres.

Par la rue du Cingle, rejoignez la rue de la Vieille-Monnaie que vous prenez à droite.

Maison espagnole B2
10-12 rue de la Vieille-Monnaie. Bien que cette maison du 17e s. soit postérieure au rattachement à la France, son style dénote clairement une influence espagnole.

La rue de la Vieille-Monnaie se prolonge par la rue Mégevand.

« Rejas » et fer forgé

Le fer forgé a connu, au 18e s., un grand développement. Des ensembles comme la grille de l'hôpital Saint-Jacques à Besançon et celle de l'hôpital de Lons-le-Saunier rivalisent avec les chefs-d'œuvre de Jean Lamour à Nancy.

Dans les vieilles rues de Dole et de Besançon, de nombreuses grilles ventrues protègent les fenêtres. Elles seraient, au moins par leur nom de *rejas* (« grilles » en castillan), une trace de l'influence espagnole. Sans doute leur renflement a-t-il été imaginé pour permettre aux Bisontines, comme aux Sévillanes, de glisser au-dehors une tête curieuse que le climat jurassien prive peut-être de sérénades andalouses…

Grilles de la Maison espagnole.

Rue Mégevand AB 2
Tout au début de la rue, au croisement avec la rue Ronchaux, remarquez une belle fontaine du 18e s. représentant le Doubs. Un peu plus loin sur la droite, la place du Théâtre met en valeur la façade très classique du théâtre, œuvre de C.-N. Ledoux *(voir Arc-et-Senans)*. L'université, sur la gauche, se termine par l'ancienne abbaye Saint-Vincent (devenue église Notre-Dame) dont on peut encore voir l'ancien clocher et un portail du 16e s.

Au niveau de la place de Granvelle, tournez à gauche dans la rue de la Préfecture.

Préfecture★ A2
C'est l'ancien palais (18e s.) des Intendants élevé sur les plans de l'architecte Louis et dont l'entrée a été dégagée par une place en demi-cercle.

En arrivant de la rue de la Préfecture, faites un petit détour sur la gauche dans la rue Ch.-Nodier pour admirer la jolie **fontaine des Dames** (18e s.). Dans la coquille se dresse une sirène, copie d'un bronze du 16e s.

Revenez au croisement avec la rue de la Préfecture et remontez la rue Ch.-Nodier jusqu'à la place Saint-Jacques où vous tournerez à droite vers la rue de l'Orme-de-Chamars.

Hôpital Saint-Jacques A2
Renseignez-vous auprès de l'office de tourisme.
Construit par l'architecte Royer au 17e s., il possède une belle pharmacie des 17e et 18e s. ainsi qu'une magnifique **grille★**.

BESANÇON

Chapelle Notre-Dame-du-Refuge A2

14h-16h30. Reconnaissable à son dôme couvert de tuiles vernissées, elle doit son nom à un établissement créé en 1690 par le marquis de Broissia pour recueillir les jeunes filles moralement en danger. Construite par l'architecte Nicolas Nicole en 1739, elle fut rattachée à l'hôpital en 1802. On y remarque de belles boiseries d'époque Louis XV. L'architecture même de l'édifice assume une signification religieuse : l'intérieur, de forme elliptique, affecte progressivement, à partir de l'entablement, la forme d'un cercle, symbole de perfection et d'éternité.

Traversez la rue et contournez les bâtiments administratifs qui abritent la mairie.

Depuis 2004, l'esplanade des Droits-de-l'Homme accueille une **statue de Victor Hugo** regardant sa montre, réalisée par Ousmane Sow. Cet artiste sénégalais avait inauguré les expositions sur le pont des Arts, à Paris, en 1999.

La rue de l'Orme-de-Chamars se prolonge par la rue Pasteur qui ramène au début de la Grande-Rue.

Le quartier Battant 2 plan II

Vous êtes encore en forme ? Tant mieux, car il serait dommage de ne pas faire un petit tour dans ce quartier qui s'étage sur la rive droite du Doubs. Populaire et très animé, c'est l'un des plus anciens de Besançon, celui des vignerons, les « Bousbots ». Leurs vignes s'étendaient alentour, sur toutes les pentes que colonisent aujourd'hui des résidences modernes.

Près du pont Battant, une statue grandeur nature de **Jouffroy d'Abbans** fait presque illusion. Il n'était pas Bisontin, mais il est entré dans l'histoire grâce à ses essais de navigation à vapeur sur le Doubs.

Collégiale Sainte-Madeleine A1

Tlj sf dim. 9h-11h30, 14h-16h30. Elle fut construite au 18e s. sur les plans de Nicolas Nicole, mais ses deux tours ne datent que de 1828. L'intérieur frappe par ses vastes dimensions et l'élégance de ses voûtes soutenues par des colonnes cannelées. Les grandes orgues, restaurées, sont l'œuvre de Callinet.

Remontez la rue de la Madeleine.

À l'angle des rues du Petit-Charmont et du Grand-Charmont s'élève l'**hôtel Jouffroy**, construit fin 15e-début 16e s.

Revenez sur vos pas pour regagner l'église Sainte-Madeleine. Prenez alors la prospère rue Battant.

Hôtel de Champagney A1

Construit au 16e s. pour la veuve de Nicolas de Granvelle, il avance ses quatre gargouilles au-dessus du trottoir. Passez sous la voûte pour admirer les galeries. Le passage permet de rejoindre le fort Griffon d'où l'on a une belle vue sur les toits de Besançon, en passant par le clos Barbisier, jardin de roses anciennes.

De la place sur laquelle se dresse la fontaine Bacchus, descendez la rue du Petit-Battant, à droite.

Tour de la Pelote A1

La curieuse tour de la Pelote (seconde moitié du 15e s.) avait été intégrée dans le système définitif de Vauban, ce qui évita sa destruction. Elle accueille aujourd'hui un restaurant.

Par le pont Denfert-Rochereau puis, à droite, l'avenue E.-Cusenier, regagnez la place de la Révolution.

Visiter plan II

Musée des Beaux-Arts et d'Archéologie★★ A1

1 pl. de la Révolution - ✆ 03 81 87 80 49 - www.besancon.fr - ♿ - 9h30-12h, 14h-18h - fermé mar., 1er janv., 1er Mai, 1er nov., 25 déc. - 5 € (enf. gratuit), gratuit dim.

Installé dans l'ancienne halle aux grains de 1835, le musée a été agrandi en 1971 par un disciple de Le Corbusier, Louis Miquel, qui éleva dans la cour une originale architecture de béton, faite d'une succession de rampes en pente douce et de paliers.

Au cœur de l'édifice, le rez-de-chaussée abrite une belle collection d'**Antiquités égyptiennes**, des statues et objets du Moyen Âge et de la Renaissance. Magnifique exemple de l'art funéraire égyptien de la Basse Époque, le double **sarcophage de Séramon**★ (scribe royal) est encore occupé par sa momie. Dans les salles latérales, sont pré-

DÉCOUVRIR LES SITES

sentées des collections archéologiques particulièrement riches pour la **période gallo-romaine** : mosaïque de Neptune, casque de soldat romain, taureau tricorne en bronze, dieu au maillet.

Mais la principale richesse du musée est sans doute l'éclectique **collection de peintures**★, provenant en grande partie de la famille Granvelle. Le destin international de la ville et son rattachement relativement tardif à la France explique l'importance d'œuvres majeures des écoles étrangères, signées des plus grands noms du 14e au 17e s. **L'Ivresse de Noé** par exemple, véritable chef-d'œuvre réalisé par Giovanni Bellini (1430-1516) à la fin de sa vie, témoigne de ses dernières évolutions vers les nouveaux courants en Italie. Parmi eux, le maniérisme est porté aux sommets dans la magnifique **Déposition de Croix** de Bronzino (1503-1572) dont l'intensité et la gradation des bleus souligne la dualité de la composition et l'incroyable perfection des visages. On ne peut en dire autant du **Philosophe Chilon** de Luca Giordano (1634-1705), dont la laideur exacerbée contraste volontairement avec sa richesse intérieure. La salle du 18e s. accueille la **Mascarade des quatre parties du monde** de Jean Barbault qui illustre un défilé de convois chamarrés sur fond de palais romains. Très petits mais d'une férocité rare, deux tableaux de Goya illustrent des **Scènes de cannibalisme**.

Les écoles allemande et nordique sont bien représentées. Parmi les œuvres les plus célèbres figurent le panneau central du **Triptyque de Notre-Dame-des-Sept-Douleurs** de Barend Van Orley (Bruxelles, 1488-1541), ainsi que les allégories de Lucas Cranach dit l'Ancien (Allemagne, 1472-1553), **Courtisane et vieillard** et la **Nymphe à la source**. La peinture flamande est également illustrée par de très beaux portraits animaliers et humains (**Portrait de femme**, par Dirck Jacobs). Les collections françaises recèlent quelques œuvres majeures de maîtres des 18e et 19e s. : cartons de tapisseries à sujets chinois de Boucher, œuvres de Fragonard et Hubert Robert, esquisses de David et dix tableaux de Courbet dont Le Gour de Conche et le monumental **Hallali du cerf** qui détonne par la vivacité de sa composition et la luminosité de ses couleurs. Noter aussi les œuvres d'artistes comtois tels que J. Gigoux, T. Chartran ou encore J.-A. Muenier *(La Leçon de catéchisme)*.

Le 20e s. n'est pas oublié. On peut admirer entre autres les plus beaux tableaux de Bonnard tels que la *Place Clichy* et le *Café du Petit Poucet,* le portrait de Mme Besson par Renoir, *La Seine à Grenelle* et *Les Deux Amies* d'Albert Marquet, la **Voile jaune** de Paul Signac. Les dernières générations d'artistes nés ou ayant résidé dans la région ne sont pas oubliées.

Réseau des sites majeurs Vauban

Ce réseau a été créé en 2005 à l'initiative de la ville de Besançon dans le but de faire figurer l'œuvre du grand ingénieur français sur la liste du **Patrimoine mondial de l'Unesco**. Il regroupe 15 sites (dont les défenses de Besançon) sélectionnés par des experts comme « lieux de mémoire matérialisant ses réalisations et ses idées sur le plan militaire ou civil et humain ».
Pour découvrir ces sites, notez l'adresse suivante : www.sites-vauban.org.

Musée du Temps★ B2
Palais Granvelle - ☎ *03 81 87 81 50 -* ♿ *- janv.-déc. : tlj sf lun. 9h15-12h, 14h-18h, dim. 10h-18h - fermé 1er janv., 1er Mai, 1er nov., 25 déc. - 5 € (billet combiné avec le musée des Beaux-Arts et d'Archéologie), demi-tarif sam. apr.-midi, gratuit (avec visite guidée à 15h) dim. apr.-midi - possibilité d'utiliser les jeux de société et individuels (adultes et enfants) - expérience unique : le pendule de Foucault.*

Installé dans un palais Granvelle rénové, ce musée rappelle, à travers les figures d'Antoine et de Nicolas Granvelle, quelques pages importantes de l'histoire de la ville. Il présente surtout toutes sortes d'objets de mesure du temps et de l'espace. Car, après s'y être implantée en 1793, l'horlogerie est devenue l'activité principale de Besançon jusqu'aux années 1920. À l'aide d'une muséographie moderne et interactive, on remonte à l'invention du pendule (1657), au passage à l'horlogerie mécanique, puis électronique et microtechnique, en passant par le pendule de Foucault. Admirez le perfectionnement de la montre « aux 24 complications » fabriquée en 1904 pour le riche Portugais Monteiro de Carvalho. Le 3e étage accueille des jeux et des expositions temporaires.

Bibliothèque municipale★ B2
☎ *03 81 87 81 40 - pendant les expositions temporaires - se renseigner.*
Remarquables manuscrits enluminés, incunables, livres anciens, dessins, reliures.

Découvrir

LA CITADELLE★★ plan II

99 r. des Fusillés-de-la-Résistance - prenez, derrière la cathédrale, cette rue sinueuse et en forte montée - ☏ 03 81 87 83 33 - www.citadelle.com - musée d'Histoire naturelle, parc zoologique, aquarium, insectarium, climatorium, noctarium - juil.-août : 9h-19h ; d'avr. à fin juin et de sept. à la Toussaint : 9h-18h ; reste de l'année : 10h-17h - fermé mar., de la Toussaint à Pâques - 7,80 € saison, 7,20 € hors saison (-14 ans 6 € saison, 4,20 € hors saison).

Remarqué dès l'époque romaine, ce haut lieu fut couronné d'un temple païen dont les colonnes se retrouvent dans les armes de la ville, puis d'une église dédiée à saint Étienne. Construite entre 1668 et 1711, la Citadelle s'étend sur 11 ha. Après la conquête française de 1674, Vauban, rasant une grande partie des constructions antérieures, édifia la forteresse actuelle qui domine de 118 m le cours du Doubs. Tour à tour caserne, école de cadets sous Louis XIV, prison d'État, forteresse (assiégée en 1814), la Citadelle bisontine constitue un site naturel et historique d'un grand intérêt.

L'ouvrage se présente sous l'aspect d'un terrain à peu près rectangulaire, en dos d'âne, barré dans toute sa largeur par trois bastions successifs (les « enceintes » ou « fronts » : front Saint-Étienne côté ville, front Royal au centre et front de Secours), derrière lesquels s'étendent trois esplanades. L'ensemble est ceinturé de remparts que parcourent des chemins de ronde et où subsistent des tours de guet (« du Roi » à l'est, « de la Reine » à l'ouest) et des échauguettes. L'ancienne tour de guet, dite de la Reine, donne la réplique à celle du Roi qui est, comme il se doit, un peu plus grande.

Intérieur de la Citadelle.

Chemins de ronde B2
Le chemin de ronde ouest, qui débute par la tour de la Reine, à droite, sur la première esplanade, permet de découvrir une **vue**★★ impressionnante sur Besançon, la vallée du Doubs, les collines de Chaudanne et des Buis. Celui qui donne du côté de Brégille offre un point de vue intéressant sur Besançon et la boucle du Doubs. Du côté opposé à la ville, l'échauguette sur Tarragnoz, que l'on atteint en traversant le parc zoologique, offre une jolie **vue** sur la vallée du Doubs.

Espace Vauban B2
Aménagée dans le bâtiment des cadets, une exposition retrace l'histoire de la Citadelle, évoque le contexte civil et militaire du Grand Siècle et présente le brillant ingénieur qu'était Vauban.

Musée de la Résistance et de la Déportation★ B2
Comment dire ce qui est indicible, évoquer ce qui est indescriptible ? Un dessin, un mot, une photo, le moindre souvenir prend ici une force terrifiante. Cette douloureuse, mais nécessaire rétrospective se déroule dans 22 salles où est présentée une importante collection de photographies, d'objets, d'affiches et de documents relatifs

DÉCOUVRIR LES SITES

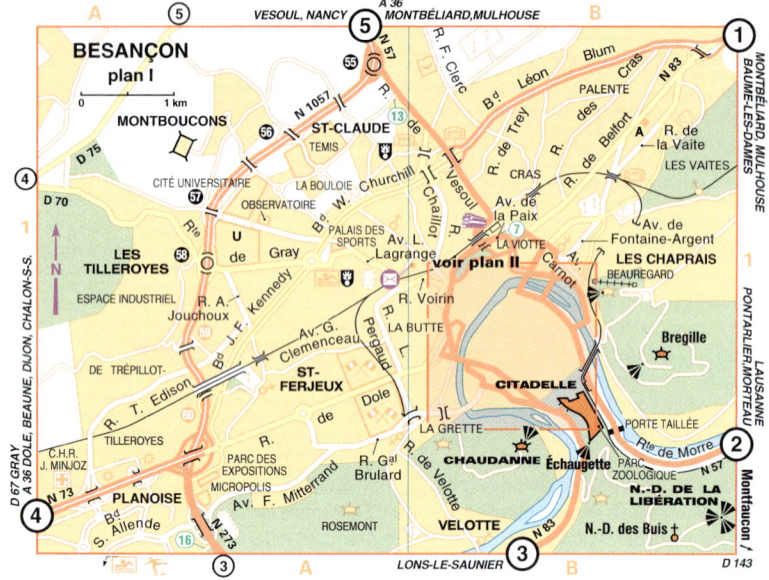

à la naissance et à la montée du nazisme, à la défaite de 1940, au régime de Vichy, à la Résistance et à la déportation, à la Libération. On y voit également des dessins, peintures et sculptures réalisés dans les prisons et les camps allemands, ainsi que des œuvres contemporaines de même inspiration.

Poteaux des Fusillés
Ils ont été dressés là, à la mémoire des patriotes fusillés pendant la Seconde Guerre mondiale.

Chapelle Saint-Étienne
Située dans la cour des Fusillés, à quelques mètres d'un puits profond de 132 m, elle accueille des expositions temporaires.

Musée comtois★ B2
Installé dans le Front royal, ce musée d'ethnographie régionale rassemble sur 17 salles de riches collections consacrées aux habitants de Franche-Comté aux 19e et 20e s. Vous y découvrirez notamment la faune et la flore locales ainsi que l'habitat, évoqué à l'aide de maquettes. Le musée offre un large choix de mobilier, d'objets d'art populaire traditionnel et de folklore. Des thématiques aussi diverses que l'alimentation, les divertissements, les croyances, le travail ou même la contrebande y sont évoquées. Dédiée à l'art du fer, l'aile gauche du bâtiment renferme les collections les plus originales du musée ; on y admirera de belles plaques en fonte, des chenets, fourneaux et marmites.

Muséum de Besançon★ B2
Deux ailes du bâtiment de l'ancien arsenal accueillent les collections naturalisées du muséum de Besançon dont le **Parcours de l'évolution** expose de façon claire et moderne l'évolution des vertébrés du poisson aux hominidés. Le muséum présente également d'intéressantes collections vivantes dans les lieux suivants :

Insectarium – Il occupe 350 m² du rez-de-chaussée et du premier étage du Petit Arsenal et possède l'une des plus importantes collections d'invertébrés terrestres de France. Grâce à une scénographie originale complétée par un fond sonore naturel, vous approcherez avec peut-être moins d'appréhension les vivariums renfermant toutes sortes d'insectes présentés par types de milieux (forêt, savane, désert, etc.). La gigantesque fourmilière vous impressionnera par son incroyable organisation.

Climatorium – Au deuxième étage du Petit Arsenal, il propose une exposition didactique sur les mécanismes climatiques et leurs répercussions sur l'environnement.

Aquarium Georges-Bresse – Plusieurs aquariums (50 000 l), installés dans une grande salle au rez-de-chaussée du Petit Arsenal, reproduisent le cours du Doubs et présentent la faune aquatique des rivières. Dans la cour extérieure, des bassins présentent les milieux aquatiques d'eaux stagnantes, tandis qu'une **ferme aquacole** abrite un petit élevage d'écrevisses indigènes (en voie de disparition).

Jardin zoologique – Il occupe, à l'extrémité de la forteresse, les glacis du front Saint-Étienne et les fossés du front de Secours. L'exiguïté des lieux (2,5 ha) explique le choix résolument pédagogique de mettre l'accent sur la conservation en présentant des espèces menacées (primates, félins et oiseaux). Peuplée d'animaux domestiques, la **P'tite ferme** plaira particulièrement aux petits.

Noctarium – Il est aménagé dans l'ancienne poudrière. Rassurez-vous, il ne s'agit pas d'une épreuve de Fort Boyard ! Et pourtant, en poussant la porte, vous entrez dans le monde mystérieux de la nuit. Après un temps d'adaptation et avec un peu de patience, vous découvrirez mulots, souris, et jusqu'aux impressionnants surmulots ou rats d'égout… et si vous tombez au moment de leur casse-croûte, vous aurez sans doute un petit frisson !

Aux alentours plan I

Fort Chaudanne B1
2 km au sud, puis 15mn à pied AR. Prenez le pont Charles-de-Gaulle en direction de Planoise ; passez sous un pont ; 100 m plus loin prenez à droite la rue G.-Plançon, puis la première rue à droite, la rue de Chaudanne. Suivez la rue du Fort-de-Chaudanne jusqu'au point de vue aménagé à l'entrée du fort.

C'est l'un des plus intéressants belvédères bisontins (alt. 419 m). La **vue** est belle sur Besançon et la boucle du Doubs. De la droite vers la gauche, on remarque d'abord, au pied de la citadelle, la cathédrale et la vieille ville, puis l'église Saint-Pierre et la ville commerçante. Sur l'autre rive du Doubs, remarquez l'ancien quartier vigneron de Battant.

Fort Brégille B1
4 km à l'est. Autobus n° 7. Du terre-plein (alt. 425 m) devant le fort, très belle **vue**. Promenades dans les bois qui couronnent le plateau.

Chapelle Notre-Dame-des-Buis B1
Quittez Besançon par la N 83 au sud. À Tarragnoz, tournez à gauche dans une petite route en forte montée.

Alt. 460 m. De style néogothique, elle offre un cadre simple aux pèlerins qui viennent particulièrement nombreux le 15 août.

Notre-Dame-de-la-Libération★ B1 – À 400 m de la chapelle, sur un vaste terre-plein, une grande statue de la Vierge a été érigée en reconnaissance de la libération de Besançon. Une vaste crypte de style roman abrite les plaques de marbre sur lesquelles sont gravés les noms des morts de la guerre de la région.

De la table d'orientation, la **vue**★ s'étend sur le site de Besançon et, par temps clair, porte jusqu'aux Vosges. Montez sur l'esplanade du monument pour découvrir, à l'opposé, les crêtes du Haut-Jura.

Revenez à la chapelle et gagnez la D 111 à gauche. Évitez la D 67 et suivez la petite route courant parallèlement en contre-haut, jusqu'à Montfaucon.

Montfaucon
7,5 km au sud-est. Dans un vallon pittoresque, que parcourent les sentiers de randonnées pédestres et dont les falaises se prêtent à l'escalade, subsistent d'imposants vestiges rappelant l'histoire de Montfaucon. Le village fortifié datant du 13e s. présente encore ses enceintes, son entrée fortifiée, son église, des caves voûtées, des citernes ; certaines des maisons furent habitées jusqu'au milieu du 19e s.

Le **château** *(accès par un chemin empierré à proximité du terrain de sport)* couronne une butte calcaire dominant la vallée du Doubs. Il fut élevé par la célèbre famille de Montfaucon qui s'implanta à proximité de Besançon au milieu du 11e s.

Le **belvédère de Montfaucon**★, aménagé à proximité d'un relais hertzien,

---

Amaury d'Arguel

Une légende rapporte qu'un ancien seigneur, Amaury d'Arguel, rançonnait les passants pour financer son train de vie fastueux. Mais cela n'était jamais suffisant et il tomba un jour sur le diable, déguisé en vieillard, qui lui promit les plus grandes richesses s'il lui accordait la main de sa fille. Il finit par accepter et conduisit sa fille au sinistre rendez-vous. Accablée mais résignée, la fille voulut s'arrêter en chemin pour une prière à la **chapelle Notre-Dame-des-Buis**. Après cette courte halte, les deux cavaliers rejoignirent le ravin de l'Enfer où les attendait le diable. Il s'approchait déjà avec un sourire de triomphe sur les lèvres, mais eut la surprise de sa vie quand il découvrit, en soulevant le voile, la Vierge qui avait remplacé la malheureuse enfant. Le choc fut, est-ce utile de le préciser, de la plus extrême violence, et il disparut avec perte et fracas. Interdit, Amaury réalisa la gravité de ses actes et devint un modèle de sagesse et de piété dans la région.

DÉCOUVRIR LES SITES

offre une **vue**★ magnifique sur l'agglomération de Besançon et ses forts, et, au loin, sur le Haut-Jura.

Forêt de Chailluz et fort de la Dame blanche

10 km, puis 2h30 à pied AR. Quittez Besançon vers le nord par la N 57 puis, à Valentin, tournez à droite en direction de Tallenay où vous laisserez votre voiture.

Par un chemin pittoresque, on atteint le fort de la Dame blanche d'où se révèle un beau **panorama**★, au nord-ouest sur la vallée de l'Ognon et son affluent le Buthiers, au sud-est sur la vallée du Doubs et la longue échine de Lomont.

Château de Vaire-le-Grand

11 km à l'est de Besançon par la N 83. ☎ 03 81 81 37 18 - visite guidée sur demande préalable (1h), se rens. pour périodes et horaires - 6 € (enf. 2 €).

Église Saint-Pierre de Boussières.

Au cœur d'un beau parc qui descend en terrasses vers le Doubs, cet harmonieux château du 18e s. revient de loin. Après une longue période d'abandon, il est progressivement restauré, remeublé, et retrouve peu à peu son lustre d'antan.

Boussières

17 km au sud-ouest de Besançon par la N 83 et la D 104. Ce petit village de la vallée du Doubs, en aval de Besançon, est surtout connu pour son église, l'un des rares édifices romans conservés dans la région.

Église Saint-Pierre★ – Un avant-porche massif, construit en 1574, ouvre sur un magnifique **clocher**★ (11e s.), sans doute l'un des plus beaux de la région. Celui-ci marie avec bonheur la rigueur du style roman et les vives couleurs de sa toiture comtoise. Déployé sur quatre étages, il est décoré de hautes bandes lombardes dont les pilastres s'interrompent au 3e étage. Quelques ouvertures (certaines bouchées) rompent l'uniformité de la composition.

Besançon pratique

♿ Voir aussi les encadrés pratiques de Baume-les-Dames, château de Filain, Fondremand, Gray, Gy, musée des Maisons comtoises, château de Moncley, Mouthier-Haute-Pierre, Nans-sous-Sainte-Anne, Ornans, Pesmes, Ray-sur-Saône, Villersexel, Vesoul.

Adresse utile

Office du tourisme de Besançon – *2 pl. de la 1re-Armée-Française - 25000 Besançon - ☎ 03 81 80 92 55 - juin-sept. : lun. 10h-19h, mar.-sam. 9h30-19h, dim. et j. fériés 10h-17h ; avr.-mai et oct. : lun. 10h-18h, mar.-sam. 9h30-18h, dim. et j. fériés 10h30-12h30 ; reste de l'année : lun. 10h-12h, 13h30-17h30, mar.-sam. 9h30-12h30, 13h30-17h30, dim. et j. fériés 10h30-12h30 - fermé 1er janv., 1er Mai, 25 déc.*

Transports

Évolis Gare – *☎ 0 825 002 244 (0,15 €/mn). Vous pouvez demander, en appelant jusqu'à la veille, avant 18h, de votre départ, le passage de la navette à la station Ginko la plus proche de votre hôtel ou chambre d'hôte intra-muros, qui vous dépose à la gare pour les TGV d'avant 7h et les retours après 19h - 3,30 € le trajet.*

Visites

Visites guidées – Besançon, qui porte le label Ville d'art et d'histoire, propose différentes visites-découvertes animées par des guides-conférenciers agréés par le ministère de la Culture et de la Communication. Renseignements à l'office de tourisme ou sur www.besancon-tourisme.com.

Bateau – Croisières sur le Vauban *(durée 1h15)* au départ du pont de la République. Découverte du site, franchissement de deux écluses, passage sous la citadelle en empruntant un canal souterrain - *☎ 03 81 68 13 25 - www.sautdudoubs.fr - de déb. juil. à déb. sept. (1h15) : dép. 10h, 14h30 et 16h30, w.-end et j. fériés dép. sup. 18h ; mai-juin : w.-end et j. fériés dép. 14h30 et 16h30 - 10 € (enf. 8,50 €).*

BESANÇON

Petit train touristique – Parcours de la vieille ville et montée à la Citadelle où une halte est prévue pour la visite - ℘ 03 81 63 44 44 ou 03 81 80 27 89 - avr.-sept. : 10h-12h, 14h-18h - dép. ttes les h merc. et w.-end 10h-12h, 14h-18h - 5,50 € (enf. 3 €).

Se loger

Hôtel Relais des Vallières – 3 r. Pierre-Rubens - 4 km de Besançon par le bd de l'Ouest - ℘ 03 81 52 02 02 - relaisvallieres@wanadoo.fr - 🅿 - 49 ch. 47/58 € - ☕ 7,50 €. Cette adresse, voisine de Micropolis (parc des expositions), dispose de chambres fonctionnelles et fraîches, plus calmes sur l'arrière. Formules buffets au restaurant.

Hôtel du Nord – 8 r. Moncey - ℘ 03 81 81 34 56 - hoteldunord3 @wanadoo.fr - 🅿 - 44 ch. 48/55 € - ☕ 5,50 €. Vous êtes en plein cœur de la cité historique et vous pourrez flâner le long des ruelles autour de l'hôtel. Les chambres sont classiques, assez spacieuses et bien équipées.

Hôtel Foch – 7 bis av. Foch, près de la gare SNCF - ℘ 03 81 80 30 41 - www.hotel-foch-besancon.com - 27 ch. 51 € - ☕ 6,60 €. Derrière la façade un peu austère de ce grand bâtiment d'angle se cache un hôtel tenu de façon irréprochable. Le hall d'accueil, avec réception et salon contemporains, est contigu à la salle des petits-déjeuners (service buffet dès 5h30). Aux étages, 27 chambres tout confort. Bon rapport qualité-prix.

Hôtel Citotel Granvelle – 13 r. du Gén.-Lecourbe - ℘ 03 81 81 33 92 - www.hotel-granvelle.fr - 🅿 - 28 ch. 52/64 € - ☕ 7 €. Cet immeuble en pierre profite d'une situation pratique à deux pas du centre historique de Besançon. Les confortables chambres, en partie rénovées, donnent presque toutes sur la cour intérieure pavée. Petits-déjeuners servis sous forme de buffet.

Hôtel Siatel – 3 chemin des Founottes - 3 km de Besançon par la N 57 - ℘ 03 81 80 41 41 - 🅿 - 37 ch. 54/68 € - ☕ 6,20 € - rest. 12/18 €. Hôtel d'étape proche d'un axe routier animé, mais bien protégé contre le bruit. Toutes semblables, les chambres offrent un confort pratique. Salle à manger fonctionnelle rehaussée d'objets orientaux. Repas simples : buffets, plats traditionnels et grillades.

Hôtel Mercure Parc Micaud – 3 av. Édouard-Droz - ℘ 03 81 40 34 34 - www.mercure.com - 🅿 - 95 ch. 95/135 € - ☕ 13 € - rest. 24/38 €. Hôtel bien placé face au Doubs, proche de la vieille ville où Victor Hugo naquit en 1802. Chambres rénovées répondant aux exigences de la clientèle d'affaires. Le restaurant, affichant un décor contemporain, a vue sur les jardins du casino ; cuisine actuelle.

Se restaurer

Le Cavalier Rouge – 3 r. Mégevand - ℘ 03 81 83 41 02 - fermé 3 sem. en été, lun. soir et dim. - 8/28 €. Un décor très urbain pour ce restaurant à deux pas de la mairie. Les habitués viennent ici parler boulot autour de plats du jour savoureux.

Au Petit Polonais – 81 r. des Granges - ℘ 03 81 81 23 67 - ppolonais@hotmail.fr - fermé 14 Juil.-15 août, sam. soir et dim. - 12/19,50 €. Restaurant fondé en 1870 par un « petit Polonais » dont l'histoire est narrée sur la carte. La simplicité du cadre est volontairement préservée. Cuisine traditionnelle et régionale. Accueil familial.

La Femme du Boulanger – 6 r. Morand - ℘ 03 81 82 86 93 - 12 €. Ce sympathique salon de thé-restaurant-boulangerie propose tartines Poilâne, salades ou plat du jour à déguster à midi ou en soirée. Murs aux couleurs du Sud, carrelage ancien, tables en bois brut : l'ambiance décontractée et conviviale favorise la gourmandise.

Miam – 8 r. Morand - ℘ 03 81 82 09 56 - fermé lun. soir et dim. - 12/15 €. Ce restaurant au décor chic et design s'est donné pour objectif d'emmener vos papilles sous des « nouvelles latitudes ». Tajine d'agneau aux abricots, chili con carne à l'émincé d'agneau à la menthe ou pâtes fraîches préparées à l'italienne… Vous voilà bien loin des rives du Doubs !

Barthod – 22 r. Bersot - ℘ 03 81 82 27 14 - www.barthod.fr - fermé dim. et lun. - 15/50 €. Parmi les plantes vertes et les arbustes de la terrasse, installé près de la paisible cascade, laissez-vous guider… Ce spécialiste en vins vous propose des menus soignés (vins compris dans les prix) à déguster en savourant au verre des crus sélectionnés pour les accompagner. N'oubliez pas de passer par la boutique…

Le Poker d'As – 14 sq. St-Amour - ℘ 03 81 81 42 49 - fermé 10 juil.-10 août, 25 déc.-1er janv., dim. soir et lun. - 17/42 €. Un amusant bric-à-brac de cuivres et bois sculptés, œuvres familiales, couvre les murs de l'agreste salle à manger. Cuisine traditionnelle et spécialités régionales.

Le Chaland – Prom. Micaud, près du pont Brégille - ℘ 03 81 80 61 61 - chaland@chaland.com - fermé sam. midi - 18/59 €. Embarquez à bord de cette péniche-restaurant amarrée sur le Doubs ; à bâbord la promenade Micaud, à tribord la vieille ville. La salle à manger aménagée sur le pont supérieur sert de cadre à une cuisine classique mâtinée d'influences régionales.

L'Ô à la Bouche – 9 r. du Lycée - ℘ 03 81 82 09 08 - fermé 9-30 août, sam. midi, lun. soir et dim. - 10,50 € déj. - 23/50 €. Sympathique salle à manger agrémentée de poutres ou cave voûtée : dans les deux cas, la lecture des menus vous mettra l'eau à la bouche ! À midi, choix plus limité.

DÉCOUVRIR LES SITES

Faire une pause

Thé ou Café – *23 r. des Boucheries - 03 81 50 87 16 - 9h-20h - fermé 1 sem. vac. de fév., 1 sem. vac. de printemps et 1 sem. vac. de la Toussaint.* Ne manquez pas de faire une pause dans ce salon de thé – et glacier aux beaux jours – pour y savourer une pâtisserie surprenante : la tarte au thé, ou une glace au thé vert. À déguster sur place ou à emporter, plus de 120 références de thés et une vingtaine de cafés pur arabica.

En soirée

Brasserie du Commerce – *31 r. des Granges - 03 81 81 33 11 - 8h-1h - fermé 24 et 25 déc., 1er et 2 janv.* Fondée en 1873, cette brasserie a conservé sa décoration d'origine. Il s'en dégage une atmosphère rétro des plus agréables. Mais, victime de son succès, l'endroit est parfois si bondé qu'il est presque impossible d'y trouver une place assise…

Que rapporter

Marché des Beaux-Arts – *2 r. Goudimel - tlj sf lun. 7h-19h, dim. 8h-13h.* Ce marché réunit sous les halles toutes les spécialités comtoises. On y trouve plusieurs bouchers, un poissonnier, des primeurs, un boulanger, des salaisons, des produits italiens et quelques fromagers. Le mardi et le vendredi matin, maraîchers, fleuristes et brocanteurs s'installent autour du bâtiment.

Baud – *4 Grande-Rue - 03 81 81 20 12 - www.baud-traiteur.fr - tlj sf lun. 7h30-19h30, dim. 7h30-12h30, j. fériés 7h30-13h.* Le succès de cette institution est à la mesure de la qualité des pâtisseries et chocolats qu'elle propose. « La » spécialité est sans conteste le Frou-Frou (mousse au chocolat au lait, noisettes craquantes caramélisées et mousse au caramel au chocolat croustillant). Plats traiteur et tartes salées également très prisés.

Le Vin et l'Assiette – *97 r. Battant - 03 81 81 48 18 - le.vin@wanadoo.fr - fermé fin janv.-déb. fév., 3 sem. en août, 1 sem. en nov., dim., lun. et j. fériés.* Ce bâtiment du 14e s. au cœur du vieux Besançon renferme 300 références de vins français dont une trentaine de crus du Jura. Les dégustations se déroulent dans la cave voûtée ou dans le restaurant. Les petits plats s'accompagnent d'un vin servi au verre et à l'aveugle.

Sports & Loisirs

Valvital Besançon – *Chemin des Fermes - Espace Valentin - 25480 École-Valentin - 03 81 47 95 60 - fermé 1 sem. en août.* Centre de balnéothérapie et de remise en forme (fitness, kinésithérapie, esthétique), plus de 3 000 m² d'installations et un encadrement réputé.

Le Bugey★

CARTE GÉNÉRALE B5 – CARTE MICHELIN LOCAL 328 G4 – AIN (01)

Cette contrée située à l'extrême sud du Jura présente deux grandes divisions naturelles : le Haut-Bugey, limité au nord par une suite de cluses qui vont de Nantua à Bellegarde, au sud par les cluses de l'Albarine et des Hôpitaux, à l'est par le Rhône, à l'ouest par la vallée de l'Ain ; et le Bas-Bugey, qui occupe la grande boucle du Rhône.

- **Se repérer** – Assez isolé par un relief difficile, le Bugey est en bonne partie désenclavé par l'A 40, qui le contourne par le nord (Nantua, Bellegarde-sur-Valserine) et l'A 42 par l'ouest (Ambérieu-en-Bugey), ainsi que par le train : stations de TGV à Culoz et Bellegarde-sur-Valserine.

- **À ne pas manquer** – Le Grand Colombier *(voir ce nom)*, gardien immuable de la vallée du Rhône ; les vastes espaces du plateau de Retord, d'où la vue s'étend vers les Alpes et le lac du Bourget ; la jolie cascade de Cerveyrieu ; les cluses de l'Albarine et des Hôpitaux, au relief tourmenté et sauvage ; la Maison d'Izieu, mémorial des enfants juifs exterminés, émouvant lieu de mémoire.

- **Organiser son temps** – Un seul mot d'ordre dans ce « pays » hors du temps : pas de hâte ! Prenez le temps de vous pénétrer de la magie des lieux. Mais soyez prévoyants : l'ascension, à pied, du Grand Colombier nécessite 9h AR !

- **Avec les enfants** – Initiez-les aux mystères des étoiles à l'observatoire de la Lèbe, ou demandez aux bénévoles du musée du Cheminot d'Ambérieu-en-Bugey de leur montrer leurs merveilleuses machines. Vous pourrez aussi les emmener dans les marais de la réserve naturelle de Lavours, terre de légendes et de contes, à la découverte d'une faune et d'une flore uniques.

- **Pour poursuivre la visite** – Voir aussi Ambronay, Bellegarde-sur-Valserine, Belley, le barrage de Génissiat, le Grand Colombier, Nantua.

LE BUGEY

Comprendre

Un territoire disputé – Au 9ᵉ s., le Bugey est rattaché au royaume de Bourgogne, puis au Saint Empire. En 1077, une grande partie du territoire passe sous la domination du comte de Savoie qui, peu à peu, va se l'approprier en totalité. En 1601, la maison de Savoie cède le Bugey ainsi que la Bresse et le pays de Gex à Henri IV, roi de France, en échange du marquisat de Saluces.

Une terre de passage – Sillonnées de passages transversaux (cluses), les petites montagnes du Bugey ont toujours été traversées très facilement. Cette situation géographique a valu pendant longtemps bien des péripéties. Au 18ᵉ s., ce sont les troupes espagnoles qui foulent son sol lors de la guerre de Succession d'Espagne. Au 19ᵉ s., les nations coalisées contre Napoléon prennent la région comme théâtre de leurs luttes. Il faut attendre 1855 et l'arrivée du chemin de fer Lyon-Genève par la cluse de l'Albarine pour que le Bugey commence à tirer profit de sa position de lieu de passage. En 1871, la percée du Mont-Cenis et la construction de la ligne d'Italie font d'Ambérieu une gare importante. Mais la principale avancée est la construction de l'A 40 qui a nécessité l'édification de vertigineux viaducs *(environ 100 m de haut)* et d'interminables tunnels *(plus de 3 km)*. Cette impressionnante et très coûteuse réalisation contribue largement au désenclavement du Haut-Bugey.

> **Le saviez-vous ?**
>
> 👁 Une légende rapporte qu'un petit-fils de Noé se serait installé avec sa compagne **Bugia** dans les montagnes du Bugey, d'où l'origine du nom.
>
> 👁 Le **Haut-Bugey**, assez sévère à cause de sa sombre couverture de sapins, est appelé **Bugey noir**.
> Plus riant bien que très accidenté, le **Bas-Bugey** ou **Bugey blanc** est réputé pour ses vignobles.

Le maquis de l'Ain – Au cœur du massif protégé par les vallées du Rhône et de l'Ain et commandant d'importants passages routiers et ferroviaires, le maquis installe, dès 1943, de nombreux camps. Il établit sa citadelle en Valromey ; celle-ci est l'objet en février 1944 d'une attaque allemande. Le 5 à l'aube, 5 000 Allemands encerclent le massif, puis en camions, à pied ou à skis montent à l'assaut des plateaux de Hauteville, Retord et Brénod. La neige rend les opérations difficiles. Les forces de la Résistance doivent se disperser après des escarmouches locales. Du 6 au 12 février, les villages et les populations ont à souffrir des sévices et des violences de l'ennemi. Reconstitué, le maquis fera, en juillet, l'objet d'une deuxième attaque, étendue à tout le Bugey. Elle compte 9 000 hommes appuyés par l'aviation et l'artillerie légère. Le maquis disperse alors ses groupes en se repliant sur les plus hautes chaînes.

Circuits de découverte

PAYSAGES DU HAUT-BUGEY 1

85 km – comptez environ 3h.

Quittez Bellegarde vers le sud par la N 508 ; prenez à droite la D 168 vers Saint-Germain-sur-Rhône. Vous rejoignez bientôt la D 14 à droite, puis la D 214, encore à droite, qui conduit au barrage de Génissiat.

Barrage de Génissiat★ *(voir ce nom)*

Suivez la D 72ᴬ et traversez la D 991 pour prendre la D 30 vers le sud.

Col de Richemont★

Du col (alt. 1 036 m), la **vue** porte sur la Michaille, région ondulée qui s'étend, au pied de la montagne, jusqu'au Rhône, sur la chaîne du grand crêt d'Eau (1 534 m) et sur le défilé de l'Écluse par où le Rhône pénètre dans le Jura. Le cours du fleuve est barré par les ouvrages de Seyssel et de Génissiat. Par temps clair, il est possible de voir la chaîne du Mont-Blanc.

Passé le col, prenez à droite la D 9 en direction de Ruffieu. À Hotonnes, prenez à droite la D 39. Traversez le Grand-Abergement pour rejoindre la D 55 qui longe le crêt du Nu par la droite. Tournez à droite dans la D 101 à la Manche, pour gagner le plateau de Retord.

Plateau de Retord

De molles ondulations herbeuses, coupées de bocages, se succèdent. Dans ce paysage très doux, très vert, on éprouve une sensation d'isolement, de calme, de repos. Fin mai, début juin, c'est un immense champ de narcisses. Des vues s'offrent à la fois sur le Valromey, la vallée du Rhône, le Jura. L'itinéraire, bientôt, domine la Michaille : le

DÉCOUVRIR LES SITES

panorama★★ *(table d'orientation au Catray)* s'étend sur les Alpes (mont Blanc au sud-est), la Valserine, le défilé de l'Écluse, le lac du Bourget.

Regagnez Bellegarde par la D 101.

LE VALROMEY 2

72 km – comptez 4h30.

Inclus dans le Haut-Bugey, le Valromey est la vallée, descendante par marches successives, du Séran.

Champagne-en-Valromey
C'est l'actuel centre du Valromey. Il conserve encore quelques maisons anciennes.

Vieu
Le village occupe l'emplacement de la ville romaine qui fut métropole du Valromey. Brillat-Savarin *(voir Belley)* y avait sa gentilhommière où, mettant en pratique ses conseils gastronomiques, il régalait ses amis.

Prenez la D 30^B, puis la D 31 à gauche.

Cascade de Cerveyrieu★
Jolie chute d'eau faite par le Séran. La rivière précipite ses eaux d'une reculée haute de 60 m, sur des rochers détachés de la falaise.

Revenez à la D 31 vers Artemare. Dans la ville, empruntez la D 904 jusqu'à Talissieu, puis la D 105 vers Ceyzérieu.

Réserve naturelle du marais de Lavours
☎ 04 79 87 90 39 - accueil à la Maison du marais - accès libre au sentier sur pilotis toute l'année (2,4 km) - 15 avr.-1er oct. (hors vac. scol.) : w.-end et j. fériés ; vac. scol. de Pâques et vac. scol. d'été : tlj - pour les horaires, se renseigner - 3 € (enf. gratuit).

Le Rhône, rejoint par le Fier (dont le val franchit la montagne du Gros Foug) et le

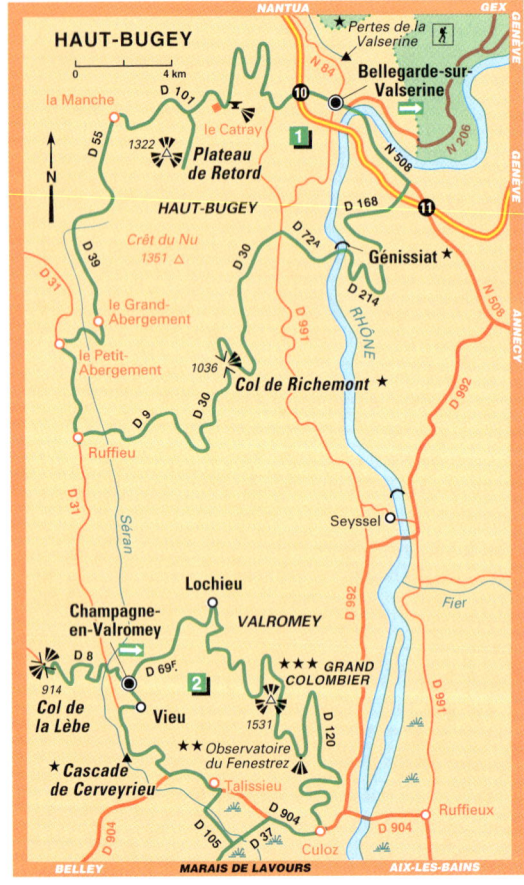

Séran, s'étale et divague dans un large lit de cailloux et de graviers encombré d'îlots qui prend les noms de marais de Chautagne et de Lavours. L'ensemble, qui couvre 5 000 ha, constitue l'un des derniers grands marais continentaux d'Europe de l'Ouest. Il servit longtemps de réserve en tourbe pour de nombreux habitants de la région.

Vous ne pouvez pas accéder directement à la Maison du marais. Laissez votre voiture au parking et parcourez 500 m à pied jusqu'au hameau d'Aignoz.

La **Maison du marais** propose, outre de petits films sur les milieux humides et la constitution de la tourbe, quelques raretés de la flore et de la faune ou des contes régionaux dans divers espaces interactifs.

Quittez Ceyzérieu par la D 37, puis la D 904 à droite jusqu'à Culoz. Dans la ville, prenez à gauche la D 120.

Grand Colombier★★★
(voir ce nom)

La montée, puis la descente par la D 120ᶜ sont abruptes (14 %) et en lacets. Aux portes de Virieu-le-Petit, prenez à droite la D 69.

> **Le Petit Prince**
>
> C'est à environ 6 km d'Ambérieu, à Saint-Maurice-de-Rémens, qu'**Antoine de Saint-Exupéry** passa d'heureuses vacances en famille. Sa mère dut se séparer de la maison familiale en 1931 pour des raisons financières.

Lochieu

Musée du Bugey-Valromey – ☏ 04 79 87 52 23 - www.ain.fr - *juin-août : tlj sf lun. et mar. 11h-18h ; avr.-mai et sept.-oct. : jeu.-sam. 14h-18h, dim. et j. fériés 10h-18h - 4 € (16-25 ans 3 €), gratuit Nuit des musées.*

Installé dans un ensemble de maisons dont une datant de la Renaissance avec pigeonnier, il associe la conservation de la mémoire et l'évocation de la vie régionale. On visualise, par une projection commentée sur une **carte en relief**, l'étonnante densité des cours d'eau, les pôles économiques et leur histoire. Au travers des objets s'esquissent les activités, la vie religieuse, mais aussi les personnalités de quelques initiateurs de la randonnée touristique ou sportive (tenue d'époque de la « fiancée du mont Blanc » Henriette d'Angeville, qui le gravit en 1838). D'une de ses expositions annuelles, le musée garde une belle collection d'objets d'art contemporains en bois.

En sortant du musée, prenez la D 69 à droite, puis la D 69ᶠ. À la hauteur de l'église de Champagne-en-Valromey, prenez à droite, traversez la D 31 pour grimper par la D 8. L'observatoire est sur la droite, après l'auberge.

Col de la Lèbe

Observatoire de la Lèbe – ☏ 04 79 87 67 31 - www.astroval.free.fr - ♿ - *visite guidée (1h le jour, 3h la nuit) 14h-19h ; hiver : téléphoner av. de visiter - visite libre pour les extérieurs - 5 € (enf. 3,50 €) visite de jour, 12 € (enf. 10 €) visite de nuit.*

À 914 m d'altitude, le col de la Lèbe n'est gêné par aucune pollution lumineuse ni atmosphérique. Par beau temps, observez les environs jusqu'au lac du Bourget, les éruptions solaires, et, la nuit, les étoiles (télescopes de 600 à 200 mm, lunette équipée d'un filtre). Au rez-de-chaussée de ce petit bâtiment, une fresque contemporaine sert de support à un rapide résumé de l'histoire de l'astronomie. Le lieu est parrainé par l'astrophysicienne du CNRS Anne-Marie Lagrange, originaire du Bugey.

Regagnez Champagne-en-Valromey.

LE BAS-BUGEY 3

84 km – comptez 5h30.

Ambérieu-en-Bugey

Important nœud de communications ferroviaires et routières, Ambérieu se développe dans la plaine de l'Ain, au débouché de la cluse de l'Albarine.

Musée du Cheminot – ☏ 04 74 38 43 65 - http://musee.cheminot.free.fr - *mi-juin-mi-août : tlj sf lun. 14h-18h ; reste de l'année : sam. 9h-12h, 14h-18h et dim. 14h-18h, les autres jours sur RV - visite libre.*

Cette ville, dont le développement a été fortement lié à l'histoire du chemin de fer, méritait bien un musée ferroviaire à la fois riche et complet. Lampisterie, travail des rames, trains à vapeur, atelier des apprentis, pupitres de conduite, tout y est expliqué en suivant l'évolution des chemins de fer. Le premier étage présente des scènes de vie des cheminots : dortoir, infirmerie, billetterie, tandis que le second étage propose des expositions temporaires. Demandez à suivre une visite guidée, car ces bénévoles vous feront vivre un moment ludique et passionnant !

DÉCOUVRIR LES SITES

👁 **Bon à savoir** – Toute proche d'Ambérieu, la superbe cité médiévale de **Pérouges**★★ mérite largement le détour. Véritable joyau d'architecture, elle se découvre au fil de ses ruelles tortueuses bordées de pittoresques maisons. Pour plus de détails, consultez *Le Guide Vert Lyon Drôme Ardèche*.

À hauteur du parking de la grande surface d'Ambérieu, prenez à gauche une route en montée vers le château des Allymes. La route, étroite, traverse une zone résidentielle. Laissez votre voiture à l'entrée du hameau de Brédevent d'où se font à pied les promenades au mont Luisandre et au château des Allymes.

Mont Luisandre★

🚶 1h15 à pied AR. Dans le village, à gauche du lavoir, prenez entre deux maisons le sentier cailloutteux, en forte montée : après 15mn de marche, parvenu à un seuil, gravissez, à droite, à travers les pâturages et les friches, la rampe qui mène au sommet (805 m) surmonté d'une croix. En faisant le tour du bosquet, on jouit d'une **vue**★ remarquable sur le château des Allymes, sur la Dombes où miroitent les étangs, sur le confluent de l'Ain et du Rhône, sur les monts boisés du Bugey.

Château des Allymes

📞 04 74 38 06 07 - www.allymes.org - juil.-août : 10h-12h, 14h-19h ; mars-juin et sept.-nov. : tlj sf vend. 14h-18h ; déc.-fév. : w.-end et j. fériés 14h-17h (dernière entrée 30mn av. fermeture) - possibilité de visite guidée (1h30-2h) sur réserv. auprès de Mme Colin - 📞 04 74 34 55 66 ou au château - 4 € (enf. 2 €).

🚶 30mn à pied AR au départ de Brédevent. Parking à gauche avant l'accès au château. Cette forteresse savoyarde du 13e s., édifiée sur plan carré, enferme une cour protégée aux angles par un robuste donjon carré et par une tour ronde à belle **charpente**★. En faisant le tour des courtines au 2e étage, on bénéficie, par les ouvertures, de vues sur la Dombes *(voir Le Guide Vert Lyon Drôme Ardèche)* et la Bresse *(voir Le Guide Vert Bourgogne)*.

Descendez dans la vallée vers Saint-Rambert-en-Bugey.

L'itinéraire emprunte ensuite les cluses de l'Albarine et des Hôpitaux, qui séparent les deux parties du Bugey.

Saint-Rambert-en-Bugey

L'arrivée en surplomb du site est avantageuse. S'étirant le long de l'Albarine, dans un vallon verdoyant, Saint-Rambert est une petite ville industrielle.

Musée des Traditions bugistes – 📞 04 74 36 32 86 - 9h-12h, 14h-17h - fermé dim., lun., 1er et 8 Mai, 8 juin, 14 Juil., 15 août, 1er et 11 Nov., 25 déc. - possibilité de visite guidée (1h) sur réserv. - 2 € (enf. 1 €).

Situé dans les mêmes locaux que l'office de tourisme, ce musée présente la vie dans la vallée de l'Albarine de 1850 à 1940. La demeure bugiste est expliquée, ainsi que les anciens métiers comme le bourrelier, le charron ou encore le « shappiste ».

La proximité de Lyon et de ses industries textiles est à l'origine du développement du travail de la **shappe**. Cette petite industrie consistait à récupérer des déchets de soie pour fabriquer un fil solide et bon marché. Entre Argis et Tenay, dans le fond de la cluse, des usines se succédaient le long de la route, entourées de cités ouvrières ; elles se reconvertirent dans le Nylon et ses dérivés. Un incendie en 1986 leur a porté un coup fatal. Aujourd'hui, l'activité de ces usines n'a plus de rapport avec le textile.

L'itinéraire suit la N 504 en empruntant les cluses.

Cluse de l'Albarine★

Elle va d'Ambérieu à Tenay. L'Albarine, le chemin de fer et la route y serpentent de compagnie entre des versants encaissés. Quelques rares vignes tapissent les pentes inférieures. Les pentes supérieures, boisées, se terminent par des escarpements calcaires où l'on distingue de nombreuses strates inclinées ou redressées, des rochers ruiniformes… La vallée est très sinueuse et se resserre rapidement. Vous aurez parfois l'impression qu'un cirque vous entoure et que vous allez buter sur sa paroi ; c'est au dernier moment que se découvre l'issue.

Cluse des Hôpitaux★

Elle s'ouvre entre Tenay et Pugieu. Comme il n'y coule plus qu'un mince ruisseau, elle est bien moins verdoyante que la cluse de l'Albarine. Ses défilés, ses escarpements rocheux, plus élevés et plus sauvages que ceux de l'Albarine, lui donnent un aspect sauvage qu'accuse l'absence presque totale d'habitations. En passant le long de Rossillon, notez les nombreux pignons à redents, typiques du Bugey. Passé la ville, la vallée s'élargit.

Dans Pugieu, prenez à droite la D 32^B, jusqu'à Contrevoz (bel ensemble de pignons à redents) que vous traversez pour emprunter la sinueuse D 32. 4 km après Ordonnaz, prenez à droite la D 99.

Calvaire de Portes★

Il est situé au sud-est de la **chartreuse de Portes** *(habitée par des religieux, elle ne se visite pas)*, à l'extrémité d'une crête à 1 025 m d'altitude, et offre un beau **panorama★** sur les rides du Bas-Bugey. De la table d'orientation, on distingue, petite et pointue, la dent du Chat (1 390 m) ; sur la gauche se dresse, massif, le Grand Colombier (1 531 m). Sur la droite s'étend la plaine où l'Ain rejoint le Rhône.

Laissez votre voiture sur le parc de stationnement qui se trouve à côté de la route (D 99). On aperçoit le calvaire qu'on atteint par un sentier *(15mn à pied AR)*.

La D 99 qui redescend vers Lagnieu offre quelques vues sur la vallée du Rhône et, au loin, le centre nucléaire du Bugey Saint-Étienne-d'Hières. Du 2e lacet en montant au-delà de l'église, à hauteur de l'ancien château, la **vue** est belle sur l'ensemble du site.

Saint-Sorlin-en-Bugey★

Le village, réputé pour son exceptionnel fleurissement, occupe un site pittoresque au pied d'une falaise dominant un coude de la vallée du Rhône. Il faut absolument s'arrêter pour découvrir ses étroites ruelles et la montée à l'église qui dévoile des maisons très bien restaurées. Au croisement avec la montée des Sœurs, remarquez tout particulièrement la belle **fresque de saint Christophe** (16e s.).

L'église a connu plusieurs campagnes d'agrandissement et de restauration ; la plus importante a repris l'édifice intérieurement en rehaussant sa voûte et en édifiant de hauts piliers gothiques portant une voûte en réseau.

Revenez vers Ambérieu-en-Bugey par Lagnieu et la N 75.

DÉCOUVRIR LES SITES

LA MONTAGNE D'IZIEU 4

45 km – comptez 2h30.
Quittez Belley par la D 992 vers le sud, jusqu'à Murs-et Gélignieux.

L'itinéraire, en contournant la montagne d'Izieu, suit le Rhône qui, de nouveau, s'apprête à changer de direction : au confluent avec le Guiers, une rainure du plateau l'entraîne vers le nord-ouest.

Poursuivez par la D 19^D vers Izieu.

Izieu

La petite route grimpant en lacets, dans un paysage de maquis, de bois, de vergers, conduit à ce village dont le nom reste lié à l'une des tragédies les plus bouleversantes de la Seconde Guerre mondiale avant de devenir un émouvant lieu de souvenir. Dans un hameau d'aspect paisible, situé à quelque 800 m de là, une colonie d'enfants juifs avait trouvé asile. Le 6 avril 1944, la Gestapo de Lyon arrêta les 44 enfants qui s'étaient réfugiés dans la maison d'Izieu et leurs 7 éducateurs, parce qu'ils étaient juifs. Une personne parvint à s'échapper lors de la rafle, et une seule rescapée revint des camps.

Maison d'Izieu, mémorial des enfants juifs exterminés★ – ☏ *04 79 87 21 05 - www.izieu.alma.fr - de mi-juin à mi-sept. : 10h-18h30 ; de mi-sept. à mi-juin : 9h-17h, sam. 14h-18h, dim. et j. fériés 10h-18h - possibilité de visite guidée (2h) w.-end 15h et vac. scol. 15h - fermé vac. de Noël, w.-end de déc. et janv. - 4,60 € (enf. 2,30 €).*
En 1987, après la condamnation de Klaus Barbie pour ce crime contre l'humanité, s'est constituée autour de Sabine Zlatin, directrice de la colonie en 1943 et 1944, l'Association du musée-mémorial des enfants d'Izieu.
À l'intérieur de la maison principale est évoquée ce que fut la vie quotidienne dans cet éphémère refuge (réfectoire,

Maison d'Izieu, mémorial des enfants juifs exterminés.

salle de classe partiellement reconstituée, dortoirs). La grange abrite une exposition retraçant l'itinéraire des enfants et de leurs familles dans le contexte du régime nazi. Un centre de documentation et une salle de conférences ont été aménagés dans la magnanerie *(commentaire audiovisuel)*. Une salle est également consacrée à la notion de « crime contre l'humanité ».

De retour à la Bruyère, prenez à droite l'ancienne D 19 qui traverse les villages de Brégnier-Cordon et de Glandieu.

Cascade de Glandieu

Les eaux de cette cascade sont utilisées en semaine par deux petites centrales hydroélectriques qu'elle surplombe.

Prenez la D 10 à droite, puis empruntez à gauche la D 24 jusqu'à Ambléon.

Trois lacs

Parmi ces trois lacs, seul celui d'**Ambléon** est accessible aux baigneurs *(pour d'autres sites de baignade, voir encadré pratique de Belley)*. Les lacs d'**Arborias** et d'**Armaille**, desservis par de petites routes, parfois étroites et sinueuses, mais très agréables à parcourir, sont recherchés des pêcheurs et des amateurs de pique-nique.

Revenez à Belley par la D 41.

Le Bugey pratique

Voir aussi les encadrés pratiques d'Ambronay, Bellegarde-sur-Valserine, Belley, Grand Colombier, Nantua.

Adresses utiles

Pavillon du tourisme d'Ambérieu-en-Bugey – *R. Alexandre-Bérard - 01500 Ambérieu-en-Bugey - ℘ 04 74 38 18 17 - mar., jeu.-vend. 10h-12h, 13h30-18h, merc. 9h-12h, 13h30-18h, sam. 9h-12h - fermé lun., dim. et j. fériés.*

Office du tourisme de Champagne-en-Valromey – *Maison de pays - 01260 Champagne-en-Valromey - ℘ 04 79 87 51 04 - www.valromeyretord.com - juil.-août : 10h-12h, 14h30-18h, reste de l'année : tlj sf lun. 10h-12h, 14h30-18h, jeu. 10h-12h - fermé dim. et j. fériés.*

Se loger

Chambre d'hôte Les Charmettes – *La Vellaz - 01510 Virieu-le-Grand - 11 km au N de Belley par la N 504 jusqu'à Chazey-Bons, puis la D 31^c - ℘ 04 79 87 32 18 - juliettevincent@cherea.com - 3 ch. 41/44 €.* Séjour agréable garanti dans les anciennes écuries très bien restaurées de cette ravissante ferme du Bugey. Les chambres y sont mignonnes et confortables ; l'une d'entre elles peut accueillir des personnes handicapées. Cuisine aménagée à disposition. Calme de la campagne assuré.

Chambre et table d'hôte Ferme des Grands Hutains – *529 rte du Petit Brens - 01300 Brens - 3 km au S de Belley par D 31^A - ℘ 04 79 81 90 95 - p.veyron@tiscali.fr - fermé 15 nov.-20 déc. et dim. - 4 ch. 45/50 € - repas 15 €.* Dans ce havre de paix réservé aux non-fumeurs, les chambres, aménagées sous les toits et garnies de meubles de famille, sont douillettes, tout comme le salon. L'été, les repas sont servis à l'ombre d'un chêne et de bouleaux. En hiver, une cheminée réchauffe la salle à manger. Légumes du potager et viandes de la ferme.

Hôtel Ambotel – *N 75 - 01500 Ambérieu-en-Bugey - ℘ 04 74 46 42 22 - www.ambotel.com - fermé 25-31 déc. - 35 ch. 60/70 € - 6 € - rest. 18/30 €.* Cette construction neuve se signale par son architecture contemporaine et sa pimpante façade ocre. Chambres actuelles meublées en bois clair. Agréable salon-bar. La salle à manger joliment colorée propose une cuisine traditionnelle sans fioriture.

Se restaurer

Auberge Campagnarde – *01230 Évosges - ℘ 04 74 38 55 55 - auberge-campagnarde@wanadoo.fr - fermé 3 janv.-1er fév., 5-14 sept., 15-29 nov., mar. et merc. hors saison - 15 ch. 42/67 € - 8 € - rest. 21/50 €.* Cette vieille ferme d'un paisible village du Bugey est appréciée des amateurs de nature et de quiétude. Salle à manger champêtre et terrasse fleurie ; cuisine aux accents régionaux. Chambres décorées dans un esprit rustique ou moderne. Minigolf.

Auberge de Contrevoz – *01300 Contrevoz - 9 km au NO de Belley par la D 69, puis la D 32 - ℘ 04 79 81 82 54 - www.auberge-de-contrevoz.com - fermé 24 déc.-30 janv., dim. soir sf juil.-août et lun. - 16 € déj. - 23/38 €.* Son jardin fleuri planté d'arbres fruitiers est coquet à souhait. Cette maison ancienne a gardé son charme campagnard avec sa belle cheminée et tous ses objets agrestes tapissant les murs de la salle à manger. Cuisine du terroir.

Sports & Loisirs

Lacs et plans d'eau – Lacs : Virieu-le-Grand, 12 km au N *(baignade surveillée)* et Barterand, 8 km au N par la D 992, puis la D 27 vers Saint-Champ *(baignade surveillée)*.

Sur le Rhône : à Massignieu, 5 km à l'E par la D 992 *(base de loisirs)* et à Murs-et-Gélignieux, 12 km au S par la N 504.

Stade International de Biathlon – *Les Plans d'Hotonnes - 01260 Hotonnes - ℘ 04 79 87 59 67 - www.hotonnes.com - fin avr.-déb. nov.* Ouverte de fin avril à début novembre, cette structure dispose d'un anneau pour la pratique du roller et d'une piste bitumée de 2 km pour le ski roues, mélangeant lignes droites, virages, montées et descentes, dans un cadre verdoyant. Location de matériel sur place et encadrement possible en biathlon.

Autoroute des Titans – C'est à François Mitterrand, surpris par le gigantisme des ouvrages, que l'on doit ce nom qui désigne une portion spectaculaire de l'A 40.

Pour retracer sa construction et l'histoire de la vallée de Nantua, un petit **musée** a été aménagé sur l'**aire du Lac** entre Saint-Martin-du-Fresne et Sylans. *A 40 - accès dans le sens Lyon-Genève - sortie N° 9 - aire du Lac - ℘ 04 74 49 76 00 - 8h-17h - gratuit.*

Événement

Festival international de musique du Haut-Bugey – *À Nantua et Villeurbanne - juil.-août.* Art contemporain, littérature et concerts.

Lac de **Chalain** ★★

CARTE GÉNÉRALE B3 – CARTE MICHELIN LOCAL 321 E6 – SCHÉMA P. 231
JURA (39)

Créée par un glacier à l'ère quaternaire, cette vaste étendue d'eau de 232 ha est alimentée par les résurgences du lac de Narlay et se déverse dans l'Ain par le bief d'Œuf. Une partie du lac pénètre dans une échancrure du plateau de Fontenu, encadrée de pentes boisées et abruptes ; l'autre partie, aux abords parfois marécageux, s'étend entre des collines arrondies. Ce superbe lac naturel est sans doute le plus beau et le plus impressionnant de tous les lacs jurassiens. Nos ancêtres, d'ailleurs, ne s'y sont pas trompés, en y installant très tôt un village lacustre révélé au début du siècle lors d'importantes découvertes archéologiques. Aujourd'hui doté de nombreuses structures sportives et de loisirs, le lac de Chalain est devenu l'un des attraits touristiques majeurs de la route des Lacs.

Base nautique du lac de Chalain.

- **Se repérer** – Le lac de Chalain se situe à 17 km au sud-ouest de Champagnole, par la D 471 vers l'ouest, puis la D 27 vers Marigny.
- **Se garer** – Stationnement réglementé et payant par le camping La Pergola, ou de l'autre côté de la route, sur l'autre parking payant. Prenez alors le souterrain pour vous rendre au lac.
- **À ne pas manquer** – Pour découvrir ce superbe lac dans sa totalité, empruntez le sentier qui en fait le tour. Profitez de l'ambiance décontractée des lieux, avec ses barques, ses pédalos et ses promeneurs, et faites une pause au sympathique belvédère de Fontenu.
- **Organiser son temps** – Une demi-journée suffit pour profiter pleinement du lac et de ses alentours. Mais vous vous y attarderez volontiers plus longtemps…
- **Avec les enfants** – La plage du domaine de Chalain *(voir encadré pratique)* et ses aires de loisirs leur tendent les bras ! Ils pourront aussi jouer à Tarzan sur la cime des arbres surplombant le lac *(voir encadré pratique)*.
- **Pour poursuivre la visite** – Voir aussi le château d'Arlay, Baume-les-Messieurs, Champagnole, Château-Chalon, les cascades du Hérisson, la région des Lacs, Lons-le-Saunier, la route des Sapins.

Comprendre

Une cité « lacustre » – En juin 1904, la captation d'eau pour une usine électrique jointe à une grande sécheresse produisirent un abaissement de niveau de près de 9 m. C'est alors qu'apparurent, sur la rive ouest du lac, de nombreux pilotis de bois où l'on vit d'abord les vestiges d'une cité lacustre vieille de 5 millénaires, datant de l'âge de la pierre polie. En réalité, les fouilles successives ont révélé sur près de 2 km, le long

Lac de CHALAIN

des rivages ouest et nord, des restes d'habitations disposées au bord du lac et dont les bases étaient immergées à l'époque des hautes eaux. Selon les archéologues, des hameaux étaient installés au bord du lac, vraisemblablement pour des raisons défensives, de 3600 à 800 av. J.-C. Les pilotis se mettaient à l'abri des variations du niveau du lac. Autre avantage majeur de ce milieu lacustre : la bonne conservation des vestiges de cette occupation dans l'eau, qui permet de découvrir ce que mangeaient et ce que cultivaient (orge, blé, lin et pavot !) ces habitants des lacs. Les objets découverts lors des fouilles sont conservés au musée d'Archéologie du Jura, à Lons-le-Saunier *(voir p. 237)*. À part une très belle **pirogue** longue de 9,35 m creusée dans un tronc de chêne, avec ses outils et ustensiles en bois de cerf, en os et en pierre, la plupart de ces objets ne sont montrés que lors d'expositions temporaires.

Découvrir

Site archéologique
Site archéologique d'intérêt national depuis 1995, Chalain est un trésor pour les chercheurs qui s'y livrent à de nombreuses expériences. Leurs découvertes alimentent, comme nous venons de le mentionner, le musée d'Archéologie du Jura.

Maisons néolithiques sur pilotis – *Accès par le camping La Pergola (parking payant), à Marigny*. Ces maisons avaient été reconstituées au bord du lac avec les techniques de l'époque. À des fins d'expérimentation archéologique, on les a laissées se dégrader naturellement. Il n'en reste aujourd'hui pratiquement plus rien.

Base de loisirs
Voir encadré pratique. Malgré le caractère historique exceptionnel du site, le lac de Chalain n'attire pas que les chercheurs ou les passionnés d'archéologie. Ce vaste plan d'eau est devenu l'une des plus grandes bases de loisirs de la région. Depuis ses plages – plage du domaine de Chalain, plage de Doucier et plage de la Pergola – on pratique en été diverses activités nautiques comme la planche à voile, le canoë ou tout simplement la baignade. Mais l'eau n'y est pas chaude toute l'année, et les pêcheurs en profiteront alors pour tester leur adresse ou leur patience : le lac est en effet classé en 2e catégorie piscicole et regorge de brochets et de perches.

Lac de Chalain pratique

Voir aussi les encadrés pratiques du château d'Arlay, Baume-les-Messieurs, Champagnole, Château-Chalon, cascades du Hérisson, région des Lacs, Lons-le-Saunier, route des Sapins.

Adresse utile
Office du tourisme du pays Lacs et Petite Montagne – *36 Grande-Rue - 39130 Clairvaux-les-Lacs - 03 84 25 27 47 - juil.-août : 9h30-13h, 14h30-18h30, dim. 10h-12h ; sept.-juin : tlj sf dim. 9h-12h, 14h-18h, sam. 9h-12h - fermé j. fériés.*

Se loger
Chambre d'hôte Chez Mme Devenat – *17 r. du Vieux-Lavoir - 39130 Charezier - 13 km au SO du lac de Chalain par la D 27 - 03 84 48 35 79 - fermé 1er Mai-1er oct. pour la table d'hôte - 4 ch. 40 € - repas 11 €.* Dans ce charmant village entre Clairvaux-les-Lacs et le lac de Chalain, profitez du calme et du confort d'une maison familiale. Chambres plus indépendantes dans la maisonnette près du petit bois. Chaque jour, une spécialité régionale à la table d'hôte.

Camping Domaine de Chalain – *39130 Doucier - 3 km au S du lac de Chalain par la D 27 - 03 84 25 78 78 - chalain@chalain. com - mai-19 sept. - réserv. conseillée - 804 empl. 34 € - restauration.* En bordure du lac de Chalain, ce camping est idéal pour les vacances en famille. Activités sportives pour tous les âges et animations à toute heure de la journée et de la soirée. Plage pour les amateurs de bains d'eau douce. Location de huttes.

Camping La Pergola – *39130 Marigny - 03 84 25 70 03 - contact@lapergola. com - 30 avr. -17 sept. - réserv. conseillée - 350 empl. 35 € - restauration.* Les piscines chauffées surplombent le lac de Chalain, en contrebas du camping, avec tous les sports nautiques à votre disposition. Animations et clubs pour les enfants. Pour les plus grands, soirées animées. Location de mobile homes.

Se restaurer
La Sarrazine – *39130 Doucier - 3 km au S du lac de Chalain par la D 27 - 03 84 25 70 60 - fermé déb. déc. à déb. janv. et jeu. - 14/23 €.* On tue le cochon… sur la fresque murale de ce restaurant rustique tenu par un ancien boucher. Spécialités maison : pieds de porc et grillades cuites au feu de bois.

Le Comtois – *39130 Doucier - 03 84 25 71 21 - restaurant.comtois@ wanadoo.fr - fermé 28 nov.-11 fév., dim. soir,* mar. soir et merc. sf du 15 juin au 15 sept. - 20/50 €. Ce restaurant proche des cascades du Hérisson arbore un plaisant décor rustique. Cuisine généreuse et de qualité ; intéressante carte des vins composée par le maître des lieux, président des sommeliers de la région.

Que rapporter

👁 **Bon à savoir** – Ne cherchez pas le « galet de Chalain », spécialité à base de nougatine enrobée de chocolat, sur les plages du lac, mais plutôt à la pâtisserie-salon de thé **Pelen**, à Lons-le-Saunier !

Sports & Loisirs

👥 **Base loisirs nautiques Parc aquatique Les Lagons** – *Lac de Chalain -* ✆ *03 84 25 78 78 - www.chalain.com*. La plage du domaine de Chalain comprend une grande variété d'aires de loisirs pour petits et grands. On y pratique la baignade, bien entendu, mais aussi la voile, le pédalo, la pêche ou le canoë. Dans une ambiance tropicale, « les lagons » misent quant à eux sur les bains à bulles, les bassins chauffés et les cascades.

👥 **3D Aventure (Grimpobranche)** – *16 rte de Chasenay - 39300 Lent -* ✆ *03 84 51 82 38 ou 06 89 95 77 48 - fredlethiec@wanadoo.fr - de 6 à 20 €*. Canyoning, escalade, parcours aventure tyrolienne, sauts de Tarzan ou simple marche en hauteur, 3D Aventure vous propulse dans les airs et vous fait découvrir l'ivresse des hauteurs et de la glisse. Voyage sécurisé à la cime d'énormes arbres surplombant le lac de Chalain.

Crêt de **Chalam** ★★★

CARTE GÉNÉRALE B4 – CARTE MICHELIN LOCAL 328 I3 – SCHÉMA P. 337
AIN (01)

Ce n'est pas l'Olympe, mais c'est quand même le sommet le plus élevé (1 545 m) de la chaîne qui domine, à l'ouest, la Valserine. Son accès un peu ardu ne décourage pas les nombreux promeneurs qui viennent chercher un dépaysement garanti et un panorama qui, par temps favorable, offre un spectacle de toute beauté.

- ▶ **Se repérer** – Plusieurs accès au sommet sont possibles, mais nous conseillons celui au départ de La Pesse, petit village situé à environ 22 km au sud de Saint-Claude par la D 124, puis la D 25.

- 👁 **À ne pas manquer** – L'impressionnant panorama circulaire, au sommet du crêt, sur la vallée de la Valserine, les monts du Jura et parfois le mont Blanc ; une émouvante page d'histoire, avec la borne au Lion, défiant les siècles et témoin immuable d'un passé révolu ; le monument aux maquis de l'Ain et du Haut-Jura.

- 🕐 **Organiser son temps** – Comptez environ 1h30 de marche AR.

- 👥 **Avec les enfants** – Donnez-leur une leçon d'histoire de la région autour de la borne au Lion, marquée du symbole de la Franche-Comté et de la fleur de lys.

- 🕯 **Pour poursuivre la visite** – Voir aussi Bellegarde-sur-Valserine, Monts Jura, Saint-Claude.

Se promener

👁 **Bon à savoir** – Sac à dos, solides chaussures de marche, eau et appareil de photo, telle est la panoplie des randonneurs avisés qui partent à l'assaut de ce somptueux belvédère.

À La Pesse, prenez la route en face de l'église. Après 4 km, vous arriverez au bout de la route goudronnée (panneau « La borne au Lion »).

Le saviez-vous ?

Plusieurs légendes rapportent que deux marquises, qui voulaient s'enfuir en Suisse à cause de la Révolution, furent détroussées et tuées à la **combe d'Évuaz**. Elles auraient eu le temps de cacher une partie de leurs richesses, mais avec beaucoup de soin car… on cherche encore !

Borne au Lion

🌿 *Garez-vous et prenez le sentier de droite (1h30 à pied AR).* Fréquentes dans cette région frontalière, les anciennes bornes sont devenues des repères précieux pour les randonneurs. La borne au Lion est l'une des plus célèbres. Sur cette dernière, située en contrebas du **monument aux maquis de l'Ain et du Haut-Jura**, on distingue le lion (Franche-Comté), les fleurs de lys (le royaume) et la date (1613). Appelée borne des Trois Empires, puis borne au Lion, elle marquait à l'époque la limite entre la France, l'Espagne et la Savoie.

Crêt de CHALAM

Borne au Lion.

On traverse bientôt un plateau planté d'épicéas, et on aperçoit le sommet du crêt. *Montée raide sur les 100 derniers mètres.*

Panorama★★
La vallée de la Valserine apparaît dans toute sa longueur. L'horizon est limité, à l'est, par les **monts du Jura**, la plus haute chaîne et la dernière avant l'effondrement de la plaine suisse. Juste devant soi, on a la **roche Franche**, aux pentes ravinées ; sur la gauche, le **Reculet,** puis le **crêt de la Neige**. Alors que celui-ci était le point culminant du Jura, avec ses 1 718 m, le Reculet, haut de 1 717 m, a longtemps jeté un certain trouble dans les esprits. À tel point, que pour certains, c'était lui, le sommet le plus haut ! Nouveau rebondissement en 2003, grâce à un cartographe de la DDE de Vesoul : un sommet à proximité du crêt de la Neige dévoile 1 720 m de haut. Le record est confirmé par l'IGN. Sur la droite, au-delà du col du Sac, on aperçoit le **grand crêt d'Eau**. Derrière la chaîne, entre le Reculet et le grand crêt d'Eau, émerge, par temps clair, le **mont Blanc**. Vers l'ouest, la **vue** est très étendue sur les chaînons et les hauts plateaux jurassiens.

Crêt de Chalam pratique

Voir aussi les encadrés pratiques de Bellegarde-sur-Valserine, Monts Jura, Saint-Claude.

Se loger

Chambre d'hôte La Dalue – *39310 Bellecombe - 5 km au NE de La Pesse par la D 25 dir. Les Moussières -* 03 84 41 69 03 *- gite-la-dalue.com - 4 ch. 29/49 €* - *repas 13 €.* En pleine forêt, cette ancienne ferme est une fameuse étape pour marcheurs et fondeurs sur les grands sentiers de randonnée du Jura. Dortoir, chambres, modestes mais agréables dans l'ancien grenier à foin. Table d'hôte simple et copieuse. Non-fumeurs bienvenus.

Hôtel du Commerce – *01410 Chézery-Forens -* 04 50 56 90 67 *- www.hotelducommerce-blanc.fr - 1er mars-30 sept., 5 fév.-1er mars, fermé mar. soir et merc. sf vac. scol. - 8 ch. 50 € -* 7 € *– rest. 12/35 €.* Cet hôtel familial réunit toutes les conditions pour passer un agréable séjour : des chambres simples, mais impeccablement tenues, une salle à manger pimpante et une petite terrasse sur la Valserine. Le tout à prix tout doux… Que demander de plus ?

Se restaurer

Ferme-auberge La Combe aux Bisons – *39370 La Pesse - 1,5 km au N de La Pesse par la D 25 dir. l'Embossieux -* 03 84 42 71 60 *- www.massifdujura.com - fermé 1er-28 déc., lun. et mar. sf vac. scol. - réserv. obligatoire - 9,60/27,50 €.* Cette accueillante ferme du Haut-Jura est implantée dans un décor digne du Far West : tipis, forêts et grands pâturages où paissent des bisons ! Le maître des lieux et son équipe accommodent cette viande tendre et goûteuse de multiples façons, sans oublier pour autant de proposer quelques produits et vins jurassiens.

DÉCOUVRIR LES SITES

Champagnole

8 616 CHAMPAGNOLAIS
CARTE GÉNÉRALE B3 – CARTE MICHELIN LOCAL 321 F6 – JURA (39)

Ville-étape stratégique au cœur d'une région touristique particulièrement riche, Champagnole est un point de départ privilégié pour des excursions dans la vallée de l'Ain, la forêt de la Joux ou la très belle région des Lacs. La ville elle-même s'est relevée d'un terrible incendie qui l'a ravagée en 1798 et dont elle a beaucoup souffert.

- **Se repérer** – Champagnole se situe à 22 km à l'est de Poligny par la N 5, dans une vallée encaissée et boisée, où coule l'Ain.
- **À ne pas manquer** – La surprenante villa palladienne de Syam, bâtie sur les plans d'un passionné d'architecture italienne ; l'impressionnante cascade de la Billaude, créée par la Lemme, sauvage et fraîche, dont on peut suivre le cours ; les fascinantes gorges de la Langouette, taillées d'un trait par la Saine.
- **Organiser son temps** – Vous pouvez parcourir la ville en 1h, mais prenez au moins une journée pour explorer la haute vallée de l'Ain.
- **Avec les enfants** – Pourquoi ne pas profiter de l'agréable parc de la Belle-Frise pour un pique-nique en famille ?
- **Pour poursuivre la visite** – Voir aussi le lac de Chalain, les cascades du Hérisson, la région des Lacs, Nozeroy, Poligny, la route des Sapins.

Visiter

Musée archéologique

R. Baronne-Delort (annexe de la mairie) - 03 84 53 01 08 - www.champagnole.fr - juil.-août : tlj sf mar. 14h-18h - possibilité de visite guidée (3h) du site du mont Rivel : 2 jeu. par mois - fermé j. fériés - 2 € (- 18 ans gratuit), 4,50 € visite guidée.

Les collections proviennent, pour l'époque gallo-romaine, des sites du mont Rivel et de Saint-Germain-en-Montagne ; les deux salles expliquent bien la vie des artisans et des pèlerins qui fréquentaient les temples du mont Rivel au début de notre ère. Les collections mérovingiennes, issues des nécropoles de Monnet-la-Ville et Crotenay, évoquent les coutumes funéraires, les maladies, etc. Armes, parures et reconstitutions de personnages sont également présentées.

Circuit de découverte

HAUTE VALLÉE DE L'AIN

84 km – comptez environ 4h – schéma p. 174.

Quittez Champagnole vers l'ouest par la D 471. À Ney, prenez à gauche la D 253. Après 2,5 km, prenez à gauche une route non revêtue et en mauvais état (longue de 2,4 km), aboutissant à un parking.

Belvédère de Bénedegand

15mn à pied AR. On y accède par un agréable sentier en forêt. Jolie vue sur la vallée de l'Ain, Champagnole et le mont Rivel et au loin sur la forêt de la Fresse.

Faites demi-tour et, par Loulle et Le Vaudioux, et gagnez la N 5 que vous prenez à droite. Prenez la 1re route à gauche, la D 279, et laissez votre voiture sur un parking en bordure de la route, à hauteur de la cascade de la Billaude.

Une plate-forme aménagée en contrebas offre une belle vue d'ensemble sur la cascade et son site.

Cascade de la Billaude★

30mn à pied AR. Point de départ aux abords du parking près d'une buvette. En descendant vers la cascade, appuyez à droite. Dans le ravin, le sentier décrit des lacets abrupts. Remontée pénible (100 marches souvent très hautes). Dans

> **Le saviez-vous ?**
>
> C'est au mot latin **campania**, la plaine, que la ville doit son nom. Une longue tradition d'accueil caractérise cette ville qui recevait de nombreux pèlerins dès l'époque gallo-romaine.
>
> Le **mont Rivel**, qui s'élève au nord de la ville, a bien sinistre réputation. Le 27 juillet 1964, la mine s'effondra brutalement sur 14 ouvriers. Un sauvetage au suspense haletant permit de sauver neuf hommes grâce à un forage vertical. André Besson s'est inspiré de ce fait dans son roman *Le Village englouti*.

un site boisé, où se dressent des falaises, la Lemme tombe d'une fissure étroite, en deux chutes successives totalisant 28 m. Toute une flore sauvage se développe au bord de la cascade. On peut voir, certains étés, des cyclamens au parfum délicat.

Belvédère de la Billaude

15mn à pied AR. Même point de départ. Prenez directement à gauche de la buvette. Après une descente comportant des marches souvent irrégulières, on accède alors au belvédère. Belle **vue** sur la cascade de la Billaude qu'on surplombe d'une quinzaine de mètres.

Revenez sur la N 5 et prenez-la à gauche.

Cours de la Lemme★

Jusqu'à Pont-de-la-Chaux, la N 5 suit la vallée de l'Ain, affluent de l'Ain, au caractère âpre et sauvage. Les eaux écumantes, parmi les rochers et les sapins, y procurent une saisissante impression de fraîcheur.

À Pont-de-la-Chaux, prenez à gauche la D 16.

Chaux-des-Crotenay *(voir Alaise)*

Gagnez Les Planches-en-Montagne par la D 16 et la D 127^{E1}.

Gorges de la Langouette★

30mn à pied AR. Laissez votre voiture sur le parc ombragé après le pont dit de « la Langouette ». De ce pont, belle vue sur les gorges de la Langouette, larges seulement de 4 m et profondes de 47 m ; elles ont été sciées par la Saine dans le calcaire.

Cascade de la Billaude.

Par un chemin qui part à gauche avant le pont, gagnez les trois **belvédères★** *(accès en voiture possible depuis le village, chemin fléché)*. On y accède par un sentier fléché assez abrupt, mais bien aménagé, même pour des enfants. La Saine forme des cascades qui tombent au fond d'une fissure étroite, origine des gorges.

Revenez vers Les Planches. Avant d'entrer dans le village, prenez à droite la D 127 parallèle au cours de la Saine.

Vallée de la Saine

La route suit en forêt l'étroite vallée de la Saine, petit affluent de la Lemme.

À la sortie des gorges, vous arrivez sur le village de Syam, qu'il faut traverser.

Villa palladienne de Syam★

03 84 51 64 14 - www.chateaudesyam.fr - de mi-avr. à mi-oct. : tlj sf mar. 11h-18h - 6,50 € (enf. 4 €).

Surprenante dans le paysage jurassien, cette villa fut commandée vers 1825 par Emmanuel Jobez, un maître de forges épris d'architecture italienne. Son plan carré, souligné par des pilastres ioniques, la couleur du crépi, la rotonde centrale et la décoration de style pompéien, tout rappelle les villas italiennes et même la Villa Rotonda de Vincente.

Entièrement tapissé et meublé d'époque, l'intérieur ne le cède en rien à la beauté de l'extérieur. Des concerts y sont organisés. Après la visite, la terrasse, convertie en salon de thé, est l'endroit idéal pour boire des yeux un paysage intact.

Forges de Syam

03 84 51 61 00 - www.forgesyam.fr - juil.-août : tlj sf mar. 10h-18h ; mai-juin et sept. : w.-end et j. fériés 10h-18h - 3 € (-15 ans 1,50 €).

Traces d'une activité autrefois essentielle, les forges de Syam présentent dans une exposition succincte et un film vidéo le travail des ateliers. Construites en 1813 au bord de l'Ain, les forges connurent la prospérité sous le Premier Empire.

Aujourd'hui spécialisées dans le laminage, elles perpétuent le savoir-faire des anciens en utilisant du matériel presque centenaire. La visite des ateliers n'est accessible qu'aux groupes.

Après les forges, prenez à droite vers Bourg-de-Sirod.

DÉCOUVRIR LES SITES

Bourg-de-Sirod
Ce village doit le pittoresque de son site aux chutes, aux cascades, aux rapides, par lesquels l'Ain rattrape la différence d'altitude de 100 m qui sépare le plateau de Nozeroy de celui de Champagnole.

Laissez votre voiture sur le parking près de la mairie de Bourg-de-Sirod. Prenez le chemin signalé « Point de vue, perte de l'Ain ».

Perte de l'Ain
L'Ain disparaît dans une crevasse sous les rochers éboulés. La **vue** est superbe sur les chutes qui précèdent cette perte.

Poursuivez par Sirod et Conte.

Source de l'Ain★
Laissez votre voiture à l'extrémité de la route d'accès (trajet sous bois) qui part de la D 283, après Conte. Continuez (15mn à pied AR) pour atteindre la source qui naît au pied d'un amphithéâtre rocheux très boisé.

C'est une résurgence au débit très variable. En 1959 et 1964, années de grande sécheresse, l'entonnoir était à sec : on a pu remonter en partie le cours souterrain de l'Ain.

Revenez à la D 283, et prenez à gauche vers Nozeroy.

Nozeroy★ *(voir ce nom)*

Mièges *(voir Nozeroy)*

La D 119 puis la D 471, que l'on prend à gauche et qui franchit la verdoyante cluse d'Entreportes (à ne pas confondre avec le défilé du même nom, voir Pontarlier), ramènent à Champagnole.

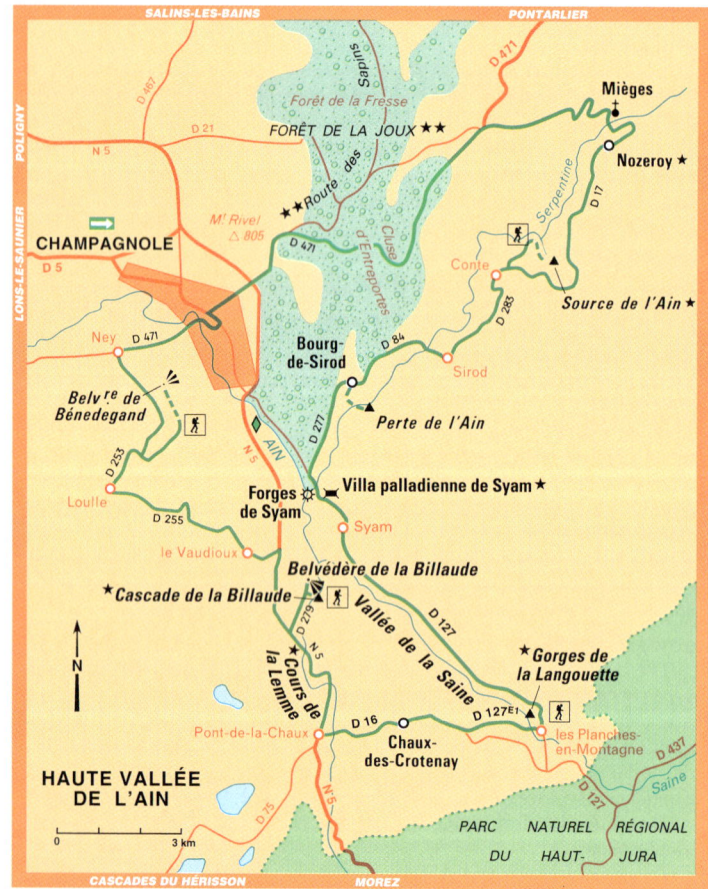

Champagnole pratique

♿ Voir aussi les encadrés pratiques du lac de Chalain, cascades du Hérisson, région des Lacs, Nozeroy, Poligny, route des Sapins.

Adresse utile

Office du tourisme de Champagnole – 28 r. Baronne-Delort - 39304 Champagnole - ✆ 03 84 52 43 67 - www.tourisme-champagnole.com - 9h-12h, 14h-19h, sam. 9h-12h (juil.-août 14h-17h, vac. scol. 14h-16h), dim. (juil.-août) 10h-12h30 - fermé 1er janv., lun. de Pâques, 1er Mai, 8 Mai, Ascension, 1er et 11 Nov., 25 déc.

Se loger

⊜⊜ **Hôtel Bois Dormant** – Rte de Pontarlier - ✆ 03 84 52 66 66 - www.bois-dormant.com - 🅿 - 40 ch. 62/68 € - ⊠ 10 € - rest. 15/42 €. Nuits paisibles dans cet hôtel moderne bordé par la forêt. Les chambres, spacieuses et fonctionnelles, sont garnies de boiseries en sapin ; certaines ouvrent sur la nature. Cuisine traditionnelle et vins du Jura servis dans une grande salle à manger-véranda.

Se restaurer

⊜⊜ **Auberge des Gourmets** – Billaude-le-Haut - 39300 Le Vaudioux - 8 km au S de Champagnole (dir. Genève) par la N 5 - ✆ 03 84 51 60 60 - aubergedesgourmets@wanadoo.fr - fermé 20 déc.-31 janv., dim. soir et lun. midi hors saison - 15/48 €. Cette auberge en bordure de route n'usurpe pas son nom… Le patron concocte une cuisine simple et soignée qui plaît aux bonnes fourchettes locales sans les ruiner. Décor bourgeois dans la salle à manger ou plus rustique dans la partie véranda. Piscine et quelques chambres.

Sports & Loisirs

Gîte de La Praz – 48 r. Vouivre - 39300 Crotenay - ✆ 03 84 51 27 86 ou 06 87 01 74 18 - www.gitedelapraz.com. Partir à la découverte de la vallée de l'Ain en kayak ou canoë monoplace ou double sur différents parcours allant de 5 à 25 km, ceci avec ou sans l'accompagnement d'un moniteur diplômé d'état.

Champlitte

1 828 CHANITOIS
CARTE GÉNÉRALE B1 – CARTE MICHELIN LOCAL 314 B7 – HAUTE-SAÔNE (70)

La commune pourrait s'appeler Saint-Vincent, tant son culte y est présent. Ce n'est pas une ville de vignoble parmi tant d'autres, car sa position frontalière lui a valu une histoire particulièrement mouvementée. Les fortifications ont depuis longtemps laissé place aux maisons vigneronnes et aux élégantes décorations Renaissance du château et des maisons dites « espagnoles ».

Le saviez-vous ?

👁 Après une invasion des Alamans au 3e s., les **Lites** défaits se seraient établis dans la région d'où « Champ des Lites », ou « chanitte » que l'on retrouve dans le nom des habitants.

👁 Avec plus de 600 ha de **vignes**, Champlitte prospérait avant que de terribles gelées ruinent la plupart des domaines. Suivant les conseils d'un aventurier, près de 400 Chanitois s'embarquèrent de 1833 à 1860 pour le Mexique et s'établirent à **Jicalthépec** près de San Rafael. À défaut de faire fortune, les émigrés de Jicalthépec y ont fait souche, et un récent jumelage confirme le rétablissement des relations avec les « cousins » du Mexique.

▶ **Se repérer** – Située à la limite de la Côte d'Or, Champlitte n'est qu'à 64 km au nord-est de Dijon par la D 960 et Fontaine-Française. On y accède également au départ de Gray, par la D 67 (21 km vers le nord-est).

👁 **À ne pas manquer** – L' élégant château Renaissance, qui accueille le musée, très complet, des Arts et Traditions populaires ; le musée départemental des Arts et Techniques.

🕐 **Organiser son temps** – Comptez une demi-journée pour visiter la ville et découvrir ses pittoresques maisons vigneronnes.

👥 **Avec les enfants** – Partez avec eux à la recherche de la petite source du « Trou de Jaleux », dans une prairie de Champlitte-la-Ville.

♿ **Pour poursuivre la visite** – Voir aussi Chauvirey-le-Châtel, le château de Filain, Fondremand, Gray, Gy, Vesoul.

Visiter

Église

Reconstruite au 19ᵉ s., cette église de style classique a gardé sa façade gothique ainsi qu'une chapelle du 15ᵉ s. Elle est flanquée d'une tour gothique (1437) qui, dit-on, atteignait jadis 80 m de hauteur. À l'intérieur, vous verrez une cuve baptismale du 12ᵉ s. et de très belles statues qui témoignent de l'importance de l'art sacré dans une ville qui ne comptait pas moins de six couvents.

Château★

De la Renaissance subsiste seule l'élégante façade sur cour à deux ordres superposés, ionique et corinthien (16ᵉ s.). Les arcades du rez-de-chaussée ont été bouchées au 18ᵉ s. lors de la reconstruction entreprise par l'architecte bisontin Claude Bertrand, auteur du château de Moncley *(voir p. 259)*. L'édifice, dont la façade sur jardin possède un avant-corps central en rotonde, abrite l'hôtel de ville et un musée.

Mobilier du terroir au musée des Arts et Traditions populaires de Champlitte.

Musée des Arts et Traditions populaires★ – ℘ 03 84 67 82 00 - www.cg70.fr/decouvertes/musee - avr.-sept. : 9h30-12h, 14h-18h, w.-end et j. fériés 14h-18h ; oct.-mars : 14h-17h - fermé mar., 1ᵉʳ Mai, 1ᵉʳ et 11 Nov. - 6 € *(enf. gratuit).*
Ce musée fait revivre les activités et les objets de la région de Haute-Saône et des collines sous-vosgiennes. Le visiteur découvre successivement le mobilier et les souvenirs du terroir – dont le lit-alcôve, caractéristique de la région de Champlitte –, les petits métiers ambulants, des ateliers soigneusement reconstitués (travail du cuir, du chanvre, du fer…) ainsi que divers lieux de la vie villageoise tels qu'une épicerie, une école ou un café. Un intérêt particulier a été réservé à la médecine populaire, à la pharmacie et à leur usage à l'hospice. Remises à l'honneur par le fameux **Albert Demard**, créateur du musée, les traditions populaires connaissent un réel succès dans la région, comme la fête de la Saint-Vincent (saint du cep et des pampres), par exemple.

Musée départemental des Arts et Techniques – ℘ 03 84 67 82 00 - www.cg70.fr/decouvertes/musee - &. - avr.-sept. : 9h30-12h, 14h-18h, w.-end et j. fériés 14h-18h ; oct.-mars : 14h-17h - fermé mar., vac. de Noël, 1ᵉʳ Mai, 1ᵉʳ et 11 Nov. - 6 € *(enf. gratuit).*
Deux « rues » bordées d'ateliers évoquent les progrès techniques qu'a pu connaître un bourg du début du 20ᵉ s.

Aux alentours

Champlitte-la-Ville

1 km à l'est par la D 103. Outre son gracieux portail (14ᵉ s.) à culots figurés, l'église possède une attrayante cuve baptismale monolithique (11ᵉ s.) décorée de sculptures symboliques.

Église de Fouvent-le-Haut

15 km à l'est. Voici une œuvre de jeunesse, classique, de **Claude-Nicolas Ledoux** *(voir p. 73)*, achevée vers 1775, couronnée par une toiture à l'impériale. À l'intérieur, le retable de 1728 a été réinstallé dans l'église, ce qui explique qu'il soit un peu sous-dimensionné. Il représente, en haut-relief, l'Assomption de la Vierge.

Champlitte pratique

Voir aussi les encadrés pratiques de Chauvirey-le-Châtel, château de Filain, Fondremand, Gray, Gy, Vesoul.

Adresse utile

Office du tourisme de la région de Champlitte – *33 bis r. de la République - 70600 Champlitte - 03 84 67 67 19/64 10 - juin-sept. : tlj sf dim. et j. fériés 10h-12h, 14h-17h.*

Se loger et se restaurer

Hôtel Le Donjon – *46 r. de la République - 03 84 67 66 95 - www.donjonchamplitte.com - tlj sf lun. midi, sam. midi et dim. - fermé les midis en août - 12 ch. - 34/46 € - 6,50 € - repas 19/34 €.* Sur l'axe principal, un peu bruyant, cet hôtel entièrement rénové compte 12 chambres de confort actuel, colorées et bien tenues. On savourera avec plaisir le menu régional, servi dans la salle aménagée dans deux caves voûtées contiguës. Excellent accueil des propriétaires, dynamiques et affables.

Camping Municipal – *Rte de Leffond - 03 84 67 64 10 - 1er juin-15 sept. –33 empl. 11 €.* Ce petit camping ombragé et tranquille offre une halte agréable sur la route de vos vacances. Une aire de service est à la disposition des camping-caristes.

Château-Chalon ★

160 CASTELCHALONNAIS
CARTE GÉNÉRALE B3 – CARTE MICHELIN LOCAL 321 D6 – JURA (39)

Ancienne place forte solidement ancrée sur son escarpement rocheux, ce superbe village règne sur un petit territoire de 50 ha au renom prestigieux : le mystérieux royaume du vin jaune. C'est d'abord un terroir atypique dont les pentes ensoleillées sont couvertes de vignes. Mais la magie opère également dans le secret des caves, où s'élabore lentement ce « vin en or massif » qui semble se jouer des outrages du temps.

- **Se repérer** – Que vous veniez de Poligny, au nord, ou de Lons-le-Saunier, au sud, il vous faudra d'abord gagner Voiteur (N 83, puis D 120 à Saint-Germain-lès-Arlay). Vous prendrez alors la D 5 jusqu'à Château-Chalon.

- **À ne pas manquer** – Ce pittoresque village haut perché, avec ses maisons vigneronnes et ses rues fleuries ; les vestiges du château, reliques d'un passé guerrier ; le circuit des vignobles, au départ d'Arbois, offrant des vues étendues sur la Bresse, le plateau jurassien et les vignes… et bien sûr, une dégustation (modérée !) de vin jaune.

- **Organiser son temps** – C'est pendant la période des vendanges que Château-Chalon dévoile ses plus belles couleurs.

- **Avec les enfants** – Proposez-leur de faire un voyage dans le temps en visitant l'École d'autrefois.

- **Pour poursuivre la visite** – Voir aussi Arbois, le château d'Arlay, Baume-les-Messieurs, le lac de Chalain, Champagnole, la région des Lacs, Lons-le-Saunier, Poligny, le lac de Vouglans.

Le saviez-vous ?

Le village doit son nom à sa position fortifiée qui appartenait à la puissante famille des **Chalon** *(voir Nozeroy)*. **Bernard Clavel**, écrivain comtois renommé, a longtemps apprécié le charme de ce site enchanteur.

La **dive bouteille** ! Le fameux vin jaune a droit à une bouteille qui lui est propre, le **clavelin**. D'une contenance de 62 cl, elle correspondrait à ce qui reste d'un litre de vin après six années de vieillissement.

Se promener

Le village a conservé une ancienne **porte fortifiée** et les vestiges du **château** qui témoignent de sa puissance passée. On ne saurait en effet résumer le site à son précieux breuvage : omniprésents, les témoignages du passé rappellent qu'il a été fortifié dès l'époque gallo-romaine avant de recevoir un château fort et une abbaye de bénédictines (7e s.).

Très fleuries, les **rues** ne manquent pas de caractère. Elles sont jalonnées de hautes maisons vigneronnes, dont certaines sont dotées d'un perron, d'une grande ouverture en plein cintre et d'un accès extérieur aux caves. **Vue★** sur la plaine de la Bresse et le Revermont.

Vignoble de Château-Chalon.

Église Saint-Pierre
Elle date du 12e s. Les bas-côtés sont voûtés d'arêtes tandis que dans la nef apparaissent les premières croisées d'ogives caractéristiques de l'art gothique. Le chœur présente des arcatures romanes et une voûte compartimentée par des liernes et des tiercerons de la fin du gothique flamboyant.

L'École d'autrefois
☎ 03 84 44 62 97 - juil.-août : tlj sf lun. 10h-12h, 14h-18h ; le reste de l'année sur RV - 1 €. Inauguré en 2002, ce petit musée accueille la reconstitution d'une salle de classe du début du 20e s. Chaire du maître, pupitres en bois, tableau noir sur chevalet et le poêle sont bien sûr présentés, avant de laisser place à un petit travail d'écriture.

Circuit de découverte

LE VIGNOBLE★ *(voir itinéraire au départ d'Arbois p. 110)*

C'est à sa situation et à son terroir exceptionnel que Château-Chalon doit sa renommée dans le monde viticole. Les pentes caressées par le soleil conviennent très bien aux vignes qui s'y montrent des plus généreuses. Le classement **AOC château-chalon** est attribué en cours de vinification aux seuls vins jaunes, après décision d'un jury. La célèbre appellation inclut également les communes de **Ménétru-le-Vignoble**, **Nevy-sur-Seille**, **Voiteur** et **Domblans**.

Percée du vin jaune

On ne compte plus les festivités et cérémonies qui rythment la vie des vignerons. Parmi les plus célèbres, la **Percée du vin jaune** se déplace chaque année, début février, dans différentes communes du vignoble pour fêter la « mise en perce » du premier fût de vin jaune après six ans et trois mois de vieillissement. *Pour plus de détails, consultez le site www.jura-vins.com, consacré au vignoble jurassien, à ses domaines et son organisation.*

Château-Chalon pratique

 Voir aussi les encadrés pratiques d'Arbois, château d'Arlay, Baume-les-Messieurs, lac de Chalain, Champagnole, région des Lacs, Lons-le-Saunier, Poligny, lac de Vouglans.

Adresse utile

Office du tourisme des coteaux de la Haute-Seille – Pl. de la Mairie - 39210 Voiteur - 03 84 44 62 47 - www.hauteseille.com - juil.-août : 9h30-12h30, 14h-18h ; juin. et sept. : tlj sf sam. 9h30-12h30, 14h-18h ; oct.-mai : tlj sf sam. 9h30-12h30 - fermé dim. et j. fériés.

Se restaurer

 Ferme-auberge Le Petit Cheval Blanc - Rte du Fied - 39800 Fay-en-Montagne - 10 km à l'E de Château-Chalon par D 5 dir. Picarreau et la D 260 à droite - 03 84 85 32 07 - www.petitcheval-blanc.com - w.-end et j. fériés d'avr. à oct., tlj en juil.-août - réserv. conseillée - 9/25 € - 3 ch. 55/70 € - ☐ 5 €. Cette ferme équestre vous invite à goûter sa cuisine du terroir, élaborée avec des produits maison. L'hiver, vous prendrez votre repas près de la cheminée, l'été sur la terrasse. Balades à cheval, poney, chariot et âne dans la campagne jurassienne. Hébergement en gîte d'étape, petits chalets et camping.

 Les 16 Quartiers – Pl. de l'Église - 03 84 44 68 23 - seizequartiers@wanadoo.fr - fermé de mi-nov. à fin mars, le soir sf w.-end de mars à juin et jeu. soir en juil.-août - 17/32 €. Sur la terrasse ombragée ou dans la jolie salle à manger semi-troglodyte, le temps semble s'être arrêté : venez profiter du charme de cette maisonnette du 16e s. nichée au cœur de la petite capitale du vin jaune, et de sa bonne cuisine locale et… médiévale (sur réservation). Vins du Jura à déguster au verre.

Chauvirey-le-Châtel

149 HABITANTS
CARTE GÉNÉRALE B1 – CARTE MICHELIN LOCAL 314 C6 – HAUTE-SAÔNE (70)

Entouré de bois, ce modeste village situé sur l'Ougeotte connut des heures de gloire au temps des Chauvirey, l'une des plus puissantes familles de la région. Des deux châteaux fortifiés, il ne reste que la très belle chapelle construite au 15e s. pour accueillir le célèbre olifant de saint Hubert.

- **Se repérer** – Chauvirey-le-Châtel se situe à 42 km au nord-est de Vesoul, par la N 19, puis la D 1 vers le nord, à Cintrey.
- **À ne pas manquer** – L'intérieur richement décoré de la chapelle Saint-Hubert ; l'église de la Nativité-de-Notre-Dame, avec son autel en bois polychrome et son clocher carré ; le superbe maître-autel en bois doré de l'église Saint-Pierre de Jussey.
- **Organiser son temps** – Comptez une demi-journée pour visiter le village et ses alentours.
- **Pour poursuivre la visite** – Voir aussi Champlitte, Passavant-la-Rochère, Ray-sur-Saône, Vesoul.

Visiter

Le nom de Chauvirey aurait pour origine un calvaire, tandis que « le Châtel » témoigne de la présence d'une ancienne place forte dont il reste quelques vestiges.

Chapelle Saint-Hubert

Du château ne subsiste que cette ancienne chapelle castrale dédiée à saint Hubert. Conçu sur plan d'abside gothique et de style flamboyant, l'édifice daterait de 1484. L'intérieur, remarquable pour la richesse de sa décoration, a perdu beaucoup de son intérêt avec le vol du **retable de saint Hubert** en pierre.
En 1934, la chapelle fut achetée par la famille Rockefeller désireuse de la voir aboutir au Metropolitan Museum à New York, projet que des pétitions firent avorter. Une niche contenait l'**olifant de saint Hubert**. En or émaillé incrusté d'ivoire et d'ambre, il aurait appartenu à saint Hubert et aurait été donné à Charles le Téméraire par l'évêque de Liège. Acheté par Richard Wallace en 1879, cet objet est aujourd'hui visible à la Wallace Collection à Londres.

DÉCOUVRIR LES SITES

Église de la Nativité-de-Notre-Dame
☎ 03 84 68 55 39 - visite sur demande préalable auprès de M. ou Mme Huguin - 14 r. Charles-Gauthier - 70500 Chauvirey - dim. 10h15-16h.

L'édifice à chevet plat est surmonté d'un clocher carré. À l'intérieur, l'autel en bois sculpté est entouré des deux statues en bois polychrome du 17e s. de saint Sébastien et de saint Roch ; au-dessus de l'autel, retable imposant du 18e s. La chapelle à gauche du chœur formant un bras du transept renferme une statue de sainte Anne, du 15e s.

Aux alentours

Vitrey-sur-Mance
2,5 km au nord par la D 1.

Église Saint-Laurent – Le retable blanc et or date du premier tiers du 18e s., mais reprend un autel coffre vraisemblablement plus ancien. Le tabernacle, la niche d'exposition et les médaillons qui les entourent sont particulièrement soignés (et feraient presque oublier la redoutable chaudière, à droite du chœur). Remarquez, à droite du porche principal, d'étranges graffitis datés de 1901, 1911 et 1926, accompagnés d'un casque à pointe, et dont on ne connaît à ce jour ni la signification ni l'origine.

Chapelle Saint-Hubert.

Château de Bougey
9 km à l'est. ☎ 04 72 66 60 74 ou 03 84 68 04 01 - visite guidée (30mn) 10h-12h, 14h-18h - fermé dernier mar. de chaque mois - 1 €.

En cours de sauvetage, ce château (15e-17e s.) étonne par son architecture originale qui combine des styles très différents ; remarquez par exemple l'étonnant clocheton qui surmonte la tour de guet.

Jussey
12 km à l'est par la D 46. La petite ville tient lieu de centre de ressources. Ses anciennes **halles aux grains** (1867) alignent une belle façade classique à arcades. Elles abritent l'office de tourisme.

Église Saint-Pierre – Reconstruit au 18e s. par l'architecte bisontin Nicole, l'édifice a conservé son chœur du 16e s. À l'intérieur, on remarque le **maître-autel★** en bois doré, réalisé par le sculpteur lorrain Gerdolle, le lutrin en forme d'aigle, la grille de communion en fer forgé, de belles stalles et un buffet d'orgues du 18e s.

Chauvirey-le-Châtel pratique

♿ Voir aussi les encadrés pratiques de Champlitte, Passavant-la-Rochère, Ray-sur-Saône, Vesoul.

Adresse utile
Syndicat d'initiative des Hauts du Val de Saône – Pl. de la République - 70500 Vitrey-sur-Mance - ☎ 03 84 68 53 89 - mar. et jeu. 8h-12h, 13h-15h.

Se loger
⌂ **Hôtel Le Balcon** – 70120 Combeaufontaine - ☎ 03 84 92 11 13 - fermé 26 juin-5 juil., 2-7 oct., 26 déc.-15 janv., dim. soir, mar. midi et lun. - 14 ch. 45/65 € - 🍴 8 €. Cette auberge tapissée de vigne vierge abrite une jolie salle à manger rustique. Goûteuse cuisine classique. Réservez une chambre sur l'arrière, au calme.

Se restaurer
⌂ **Ferme-auberge La Ludare** – 1 pl. du 15-juin-1940 - 70500 Aboncourt-Gésincourt - ☎ 03 84 68 71 28 - sam., dim. et j. fériés sur RV - réserv. conseillée - 14/17 €. Ce charmant corps de ferme abrite deux salles aménagées dans l'écurie et la grange. En fonction des saisons, on y dégustera une terrine de lapin, du jambon au foin ou un canard au cassis. Chambres d'hôte dans la ferme voisine.

Forêt de **Chaux** ★

CARTE GÉNÉRALE B2/3 – CARTE MICHELIN LOCAL 321 D/E4 – JURA (39)

Envoûtant et mystérieux, cet océan d'arbres s'étend sur plus 20 000 ha à l'est de Dole, entre le Doubs et la Loue, et constitue le deuxième massif forestier de France. Pour ne pas s'y perdre, les sept célèbres colonnes commandées par l'architecte Guidon en 1826 ponctuent les carrefours importants. Des aménagements et des animations estivales mettent en valeur le riche passé de la forêt et de ses habitants.

- **Se repérer** – La forêt s'étend aux portes mêmes de Dole. Des routes forestières y sont tracées au cordeau de chaque côté d'un grand axe transversal appelé le **Grand Contour** et dont il n'est pas conseillé de trop s'éloigner. Jalonné des fameuses bornes Guidon, c'est votre plus sûr repère, et le meilleur axe de circulation à travers bois.

- **À ne pas manquer** – Les féeriques grottes d'Osselle, qui s'ouvrent dans une falaise dominant un méandre du Doubs ; le village de La Vieille-Loye, isolé au milieu de la forêt, et ses « baraques du 14 », anciennes maisons bûcheronnes ; le sympathique musée de la Poterie Joseph-Martin, à Étrepigney.

- **Organiser son temps** – Prévoyez de passer au moins une journée entre forêt et grottes, pour vous imprégner de la magie des lieux.

- **Avec les enfants** – Faites-leur découvrir les mystères du monde souterrain à travers les 1 300 m de galeries aménagées des grottes d'Osselle. Observez avec eux cerfs et sangliers dans le parc de la zone touristique.

- **Pour poursuivre la visite** – Voir aussi Arc-et-Senans, Dole.

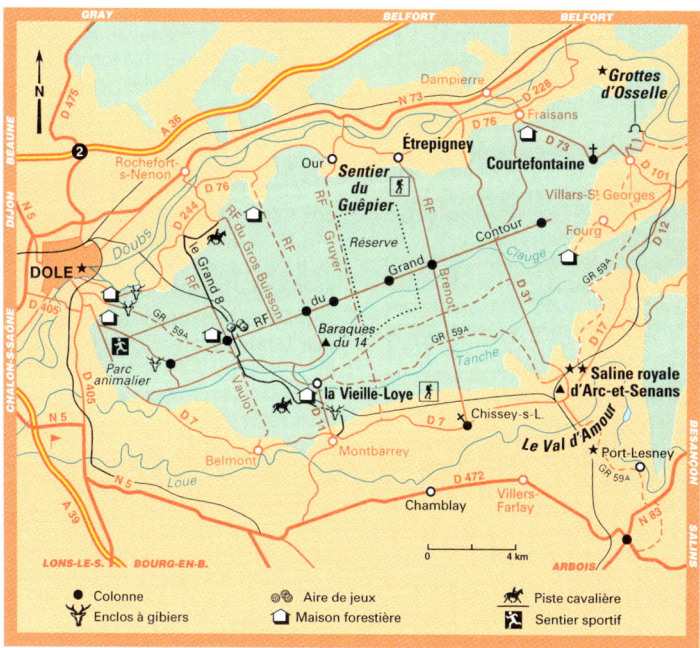

Comprendre

- Très fréquent dans cette partie du Jura, le nom de **chaux** pourrait venir de *calmis* qui désignait des friches ou des landes.

Des ressources disputées – À l'origine, la forêt appartenait aux souverains qui y pratiquaient la chasse, bien que les habitants des environs y aient joui de droits étendus. Au 18e s., une décision du Conseil du roi qui n'autorise aux habitants que le ramassage du bois mort provoque un long conflit. En février 1765, les habitants, souvent déguisés en femmes pour tromper les militaires, organisent la résistance. Mais ils doivent abandonner deux mois plus tard pour récupérer leurs familles prises en otage par les gardes royaux. Ces droits disparurent au 19e s., donnant naissance aux forêts communales périphériques. La partie centrale (13 000 ha) est restée domaniale. Cette forêt de feuillus abrita pendant des siècles une intense activité humaine et alimenta les usines implantées en bordure du massif : salines à **Salins** et à **Arc-et-Senans**, forges à **Fraisans**, verreries à **La Vieille-Loye** et à **Courtefontaine**… Usines et ateliers ont peu à peu fermé. Aujourd'hui, l'aménagement de la forêt permet de redécouvrir son histoire, son exploitation et sa population.

Se promener

Une zone touristique a été aménagée à l'ouest et en bordure du massif pour préserver le caractère sauvage de la forêt. Elle comprend une piste cavalière (Bretelle du grand 8), un sentier sportif sylvestre, des parkings, une partie du GR 59^A entre Dole et Arc-et-Senans, trois enclos à gibier dont on peut faire le tour pour voir des cerfs sikas, des sangliers, des cerfs élaphes et un parc (88 ha) de cerfs et sangliers, visibles de deux miradors. Au centre, une réserve *(accès interdit)* de 1 400 ha offre un refuge aux animaux.

La Vieille-Loye

Seul village enclavé dans la forêt, il était autrefois habité par des bûcherons installés dans des baraques situées au centre de chaque zone de coupe ou « triage ». On appelait **bacul** ou **baccu** les abris temporaires et démontables des bûcherons. Ils étaient très modestes, et il fallait se baisser pour franchir leur petite porte (d'où peut-être l'origine de leur nom ?).

Anciennes maisons bûcheronnes restaurées, les **baraques du 14** accueillent aujourd'hui des expositions. Autour d'elles ont été reconstitués un rûcher, un vieux puits, un four banal (autrefois les bûcherons étaient tenus par le seigneur d'y cuire leur pain, moyennant une redevance appelée « banalité »). ✆ 03 84 71 72 07 - *juil.-août : tlj sf vend. 14h30-18h30 - 2,50 € (-12 ans gratuit).*

Un **sentier** *(environ 30mn)* dévoile un baccu construit en « bois de lune », un four à charbon métallique de la Seconde Guerre mondiale (à cette époque, la fabrication du charbon devient industrielle pour alimenter les véhicules à gazogène) et de nombreux aspects de la vie en forêt au début du siècle.

Le sentier du Guêpier

Ce sentier de découverte, long de 4 km environ, offre une approche intéressante et authentique de l'histoire de la forêt. À **Étrepigney** *(voir page ci-contre),* point de départ de la promenade, a été reconstitué un baccu. Plus loin, le sentier dévoile un chêne à la Vierge, un chêne à gui, des fontaines, l'oratoire Saint-Thibaud, avant de se terminer par un ancien four à pain du 19e s. à **Our**.

> **Le saviez-vous ?**
>
> 👁 Potiers, verriers, forgerons, bûcherons-charbonniers et toutes sortes d'artisans ont longtemps occupé la forêt qui était leur gagne-pain. **André Besson** nous conte, dans *Une fille de la forêt,* cette époque qui n'était pas aussi malheureuse qu'on pourrait le croire.
>
> 👁 **Le bois de lune** n'est ni une pratique magique, ni un bois exotique, mais le joli nom d'une tradition locale. Dans la forêt de Chaux, l'usage autorisait quiconque à construire sa maison sur le territoire communal, à condition qu'elle soit bâtie entre le coucher et le lever du soleil, avec au matin ses huisseries, sa charpente et la cheminée qui fume. Une telle construction nécessitait une longue préparation (toutes les pièces étaient taillées d'avance), la mobilisation d'une communauté et la récolte secrète du bois la nuit, à la lumière de la lune.

Aux alentours

Courtefontaine

Ce village est situé à l'extrémité est de la forêt de Chaux, à proximité du méandre du Doubs que signalent les grottes d'Osselle.

Église – Cet édifice roman qui remonte au 12e s. appartient aux augustins du monastère voisin. Elle est remarquable pour son portail surmonté d'une archivolte à billettes et pour son clocher assez élégant.

Grottes d'Osselle★

✆ 03 81 63 62 09 - *visite guidée (1h10) juin-août : 9h-19h (juin 18h) ; avr.-mai et sept. : 9h-12h, 14h-18h ; oct. : 14h-17h, dim. et j. fériés 9h-12h, 14h-17h - 6,50 € (enf. 3,50 €).*

Forêt de CHAUX

Grottes d'Osselle.

Les grottes d'Osselle s'ouvrent dans la falaise qui domine un méandre du Doubs. Les sculptures variées, formées par les abondantes concrétions, composent un très beau tableau étrangement coloré par les différentes réactions à l'oxydation. Découvertes au 13e s., elles se visitent depuis 1504. Leurs galeries sèches servirent de refuge et de chapelle aux prêtres pendant la Révolution. On peut encore voir un autel d'argile. Un squelette d'ours des cavernes y a été reconstitué avec des ossements trouvés sous les éboulis.

Sur un total de 8 km, 1 300 m de galeries longues et régulières, suivant le faîte de la montagne, ont été aménagés. Les premières salles, aux concrétions encore alimentées par des eaux vives, ont été ternies par la fumée des torches de résine ; puis apparaissent, après un passage bas, des stalagmites blanches de calcite presque pure ou diversement colorées par des oxydes de fer, de cuivre ou de manganèse. Un ponceau de pierre, édifié en 1751, enjambe le cours de la rivière souterraine coulant dans une galerie inférieure. Il permet de voir la galerie des orgues et la salle aux colonnes blanches.

Musée de la Poterie Joseph-Martin

À Étrepigney, au nord de la forêt. 03 84 71 72 07 - - juil.-août : jeu., w.-end et j. fériés 14h30-18h30 - 2,50 € (-12 ans gratuit).

De petite taille, ce musée croise avec talent l'histoire de Joseph Martin, potier jeté sur les routes par les campagnes napoléoniennes, initié en Italie à un art différent, et celle du village construit sur un véritable gruyère de carrières d'argile – elles engloutissent parfois une maison – qui abrita jusqu'à 90 potiers. La production se vendit jusqu'à Lyon et la vallée du Rhin. Le musée de Dole et l'association locale ont réuni les objets qui étayent ce récit. Une dernière poterie, horticole, est active dans le village.

Forêt de Chaux pratique

Voir aussi les encadrés pratiques d'Arc-et-Senans, Dole.

Visites

ONF – 21 r. du Muguet - 39100 Dole - 03 84 82 09 21 - visites guidées et autres animations en été et en automne (sur réservation).

Jura vert – 6 pl. de Grévy - 39100 Dole - 03 84 72 11 22 - juil.-août : 9h-18h30, sam. 9h-12h, 14h-18h ; de déb. avr. à juin et sept. : tlj sf dim. 9h-12h, 14h-18h, j. fériés 10h-12h, 14h-17h ; oct.-avr. : tlj sf dim. 9h-12h, 14h-18h, sam. 9h-12h - fermé 1er janv., 1er Nov., 25 déc.

Association des villages de la forêt de Chaux – Mairie - 39700 Étrepigney - 03 84 71 72 07. Animations des baraques du 14 de La Vieille-Loye, du musée Joseph-Martin à Étrepigney (poteries du 18e s.), vieux métiers, four à pain, charbonniers, veillées et expositions.

Se loger

Camping La Plage Blanche – 39380 Ounans - 2 km au SE de Montbarrey par la D 71 - 03 84 37 69 63 - reservation@la-plage-blanche.com - Pâques-15 oct. - réserv. conseillée - 220 empl. 23 € -

restauration. Paressez sur la plage et admirez les plus vaillants plonger dans la Loue fraîche qui borde ce camping tout en longueur. Centre d'équitation à proximité. Jeux pour les enfants.

Chambre d'hôte Le Château de Salans – *39700 Salans - 5 km au N de Courtefontaine par rte secondaire - ℘ 03 84 71 16 55 - 3 ch. 100/115 € . Ce magnifique château du 17ᵉ s. s'élève au milieu d'un parc de 3 ha. Les chambres, meublées dans le style Louis XVI et Directoire, possèdent de belles salles de bains habillées de carreaux* rouges et blancs. Les deux salons sont superbes.

Se restaurer

Fernoux-Coutenet – *R. Barbière - 39700 Rochefort-sur-Nenon - 7 km à l'E de Dole par la N 73 - ℘ 03 84 70 60 45 - fermé 22 déc.-15 janv., sam. midi et dim. d'oct. à mai - 13/35 €*. Façade avenante postée entre l'église et la mairie du bourg. Chambres simples aux murs blanchis, équipées d'un mobilier moderne en bois stratifié. Trois salles à manger rustiques, dont une voûtée, où vous sera servie une cuisine ménagère sans prétention.

Cirque de **Consolation** ★★

CARTE GÉNÉRALE C2 – CARTE MICHELIN LOCAL 321 J3/4 – DOUBS (25)

Si le terme « bout du monde » a une signification, c'est bien au plus profond de ce cirque sauvage qu'il faut venir la chercher. La nature y semble indomptable. Elle jaillit en cascades, dresse ses hautes falaises au-dessus de l'abîme, accroche ses racines noueuses sur un terrain chaotique. Depuis le 14ᵉ s., la Vierge de Consolation veille sur ce site exceptionnel.

- **Se repérer** – Le cirque de Consolation se trouve à 13 km au nord de Morteau.
- **À ne pas manquer** – C'est du fameux belvédère de la roche du Prêtre, qui surplombe le cirque de Consolation et la vallée du Dessoubre, que vous découvrirez toute la beauté vertigineuse du site. Vous aimerez aussi l'ancien couvent de Notre-Dame-de-Consolation, avec sa chapelle, son jardin aromatique et son parc idyllique.
- **Organiser son temps** – Vous passerez facilement une demi-journée sur le site, plus si vous voulez profiter des nombreuses possibilités de randonnée alentour *(voir encadré pratique)*.
- **Avec les enfants** – Pourquoi ne pas leur faire goûter aux joies du canoë ou de la pêche dans la vallée du Dessoubre ? Faites aussi une halte à Grandfontaine-Fournets, au cœur du Haut-Doubs, pour leur montrer la typique ferme à tuyé du Montagnon.
- **Pour poursuivre la visite** – Voir aussi le château de Belvoir, le saut du Doubs, Maîche, Montbenoît, Morteau.

Cirque de CONSOLATION

Circuits de découverte

VALLÉE DU DESSOUBRE★ 1

De Saint-Hippolyte au parc de Notre-Dame-de-Consolation – 33 km – environ 45mn.

Saint-Hippolyte *(voir Maîche)*

Cette vallée s'allonge de Saint-Hippolyte, où le Dessoubre se jette dans le Doubs, au cirque de Consolation.

La D 39 suit au plus près le Dessoubre, par le Pont-Neuf et Rosureux.

Encadrée de pentes boisées de sapins, de chênes et de frênes que couronne une corniche calcaire, cette vallée est d'une grande solitude. Au fond, parfois sur un lit de galets blancs, la rivière coule de bassin en bassin au milieu de prairies, par endroits ombragées.

Gigot

Le Dessoubre reçoit ici un petit affluent, la Reverotte, qui, à droite en amont, serpente au fond d'une vallée encaissée connue sous le nom de **défilé des Épais Rochers**.

Vierge de la Consolation, à l'église de Guyans-Venne (3km à l'ouest).

De Gigot, la route qui côtoie le Dessoubre est une véritable promenade. Comment ne pas être séduit par son brillant parcours parmi les bois, les prés, le long de l'eau tantôt murmurante, tantôt écumante ? Les crues transforment ce cours d'eau paisible en un torrent impétueux.

Notre-Dame-de-Consolation

Cet ancien couvent de minimes et le petit village de **Consolation-Maisonnettes** doivent leur nom à une Vierge miraculeuse qui aurait été trouvée dans un tilleul au 14e s. Petit séminaire jusqu'en 1981, Notre-Dame-de-Consolation sert aujourd'hui de centre spirituel. La chapelle, de style jésuite, contient un beau mausolée de marbre ainsi qu'une chaire en bois sculpté est du 18e s.

Une partie de l'ancien couvent abrite le musée des oiseaux, ainsi que le jardin du prêtre, avec des plantes aromatiques et médicinales.

Le **parc** *(promenade de 1h environ - départ de nombreuses randonnées)* est un véritable petit paradis terrestre dans lequel la nature s'épanouit généreusement : prairies, arbres, rochers, cascades, sources du Lançot et du Tabourot, source Noire et val Noir.

LA ROCHE DU PRÊTRE★★★ 2

De la roche du Prêtre à Loray – 14 km – comptez 5h et prévoyez de bonnes chaussures.

Roche du Prêtre

Le célèbre belvédère se trouve sur le rebord de la falaise et offre, sur le cirque de Consolation, une vue d'ensemble inoubliable. Il a été baptisé roche du Prêtre après la chute mortelle d'un prêtre de Mont-de-Laval en 1726.

Du sommet, on domine de 350 m le site boisé et verdoyant, ponctué de rochers parfois ruiniformes, où prend naissance le Dessoubre.

Empruntez la D 41 vers l'ouest.

Grandfontaine-Fournets

Situé sur le plateau d'Orchamps-Vennes, au cœur du Haut-Doubs, ce hameau typiquement comtois abrite une sympathique ferme-musée qui fleure bon le terroir.

Ferme du Montagnon – ✆ 03 81 43 57 86 - www.montagnon.com - ♿ - de déb. avr. à mi-nov. : 9h-12h, 14h-18h ; vac. de fév. : 14h-18h (pdt carnaval) - gratuit.

Tout imprégnée des anciennes traditions, cette robuste bâtisse des 17e et 18e s., remarquablement restaurée, est munie de son **tuyé**★ où l'on fume encore jambons, viandes, lards, saucisses. Saveurs et authenticité en font une adresse incontournable pour les gastronomes. Toutes les salaisons ou charcuteries régionales sont déclinées selon les règles de l'art, et il vous sera vraiment très, très difficile de ne pas craquer ! La cuisine, l'arrière-cuisine, la chambre, la grande salle, l'écurie restituent à travers leur collection d'outils et d'objets anciens le mode de vie d'autrefois.

Continuez sur la D 41.

Sites remarquables du goût

Quelques sites francs-comtois (lieux permanents de production, foires et marchés ou manifestations), dont la richesse gastronomique s'appuie sur des produits de qualité liés à un environnement culturel et touristique intéressant, ont été dotés du label « Site remarquable du goût ». La ferme à tuyé du Montagnon en fait partie.
Renseignez-vous sur le site Internet www.sitesremarquablesdugout.com.

Orchamps-Vennes

Ce gros village de montagne, bâti sur un haut plateau à l'écart de la D 461 (route de Besançon à Morteau), dissémine ses maisons basses dans un site très verdoyant de bois et de gras pâturages.

Église Saint-Pierre-et-Saint-Paul – Elle date du 16e s., avec un clocher-porche du 19e s. Devant l'église, observez d'intéressantes pierres tombales. L'intérieur abrite une belle chaire en chêne sculpté du 17e s., due probablement à Étienne Monnot originaire d'Orchamps-Vennes, qui est aussi l'auteur des boiseries du chœur.
En haut du bas-côté gauche débute le Chemin de croix que le sculpteur comtois **Gabriel Saury** exécuta en 1947. Chaque station est représentée par des personnages que l'auteur a voulu criants de vérité, ce qui leur valut une interdiction par le Saint-Office de 1955 à 1970. L'artiste se justifie ainsi : « Pour toute la peine qu'il m'a coûtée, pour toutes les intentions que j'ai voulu y mettre, je considère ce Chemin de croix comme mon œuvre essentielle, même avec ses erreurs : la Passion est un drame trop terrible pour qu'on le traite de façon mièvre, gracieuse, rassurante… Il doit troubler – choquer au besoin – nos conformismes. »

Revenez à la D 461 que vous prendrez à gauche, puis après 2 km, tournez à droite dans la D 19.

Loray

Ce village possède quelques maisons typiques et une église néoromane renfermant un beau mobilier du 18e s. Non loin de là s'élève un **calvaire** du 12e s. dont la colonne, haute de plus de 4 m, est décorée d'une statue grandeur nature tenant une tête humaine dans la main ; plus haut sont subtilement étagés la Vierge, le Christ et saint Michel terrassant le dragon.
Au centre de la place, belle **fontaine-lavoir** monumentale datant du 19e s. Les fontaines comtoises sont innombrables et variées. Celle de Loray suit l'un des fameux ordres de l'architecture grecque, avec ses colonnes cannelées surmontées de chapiteaux doriques.

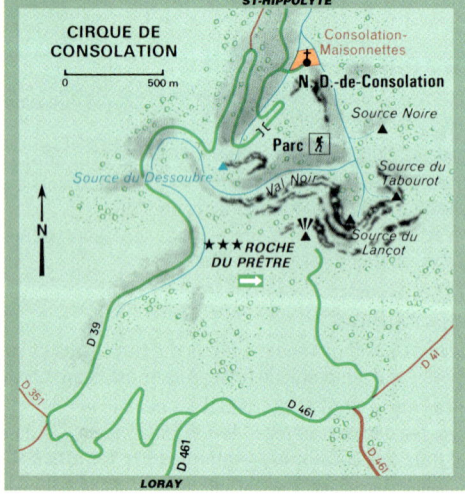

Cirque de CONSOLATION

Cirque de Consolation pratique

Voir aussi les encadrés pratiques du château de Belvoir, saut du Doubs, Maîche, Montbenoît, Morteau.

Adresse utile

Syndicat d'initiative de Saint-Hippolyte – *Pl. de l'Hôtel-de-Ville - 25190 Saint-Hippolyte -* ☏ *03 81 96 58 00 - 15 juin-15 sept. : lun. et mar. 9h30-12h, 14h-17h30, merc.-vend. 10h-12h, 14h-17h30, sam. 10h-13h30 ; de déb. avr. au 14 juin, du 16 sept. à fin sept. et j. fériés : 10h-12h - fermé dim.*

Se loger

Hôtel du Moulin – *25380 Cour-Saint-Maurice - 1 km au SO du Pont-Neuf sur la D 39 -* ☏ *03 81 44 35 18 - fermé oct.-fév. -* 🅿 *- 6 ch. 45/68 € -* ⊇ *6,50 € - rest. 20/31 €.* Cette insolite villa des années 1930 fut construite pour un meunier de la vallée. L'ambiance mi-« rétro », mi-Art déco, pieusement préservée, fait tout le charme de l'adresse. Certaines chambres sont dotées de terrasses. Joli jardin ombragé aménagé au bord du Dessoubre.

Chambre d'hôte Chez Patrick Dorget – *La Joux - 25380 Bretonvillers - 7 km au N de Gigot par la D 125 jusqu'à Bretonvillers, puis vers Pierrefontaine par la D 409 et dir. La Joux -* ☏ *03 81 44 35 78 -* ⊉ *- 4 ch. 45 €* ⊇*.* Les amoureux de calme et de nature apprécieront cette ancienne ferme typique de la région située au cœur d'une vaste clairière. Coquettes chambres habillées de bois et belle cuisine agrémentée de dalles anciennes. Accueil attentionné.

Se restaurer

Ferme-auberge de Frémondans – *25380 Vaucluse - 7 km au NE de Gigot par la D 39 -* ☏ *03 81 44 35 66 - fermé oct., ouv. le soir en juil.-août et du vend. soir au dim. soir de nov. à sept. -* ⊉ *- réserv. obligatoire - 8,50/15 €.* La ferme de la famille Moreau domine la vallée du Dessoubre. Vous y goûterez de bon cœur les terrines, le chevreau, la fondue comtoise, les gâteaux de chou farci, les fromages de chèvre et les pâtisseries maison.

La Truite du Moulin – *À Moulin-du-Bas - 25380 Cour-St-Maurice - 0,5 km au SO du Pont-Neuf sur la D 39 -* ☏ *03 81 44 30 59 - latruitedumoulin@aol.com - fermé déc., mar. soir et merc. - 19/36 €.* Il fait bon s'arrêter au bord du Dessoubre dans cet ancien moulin transformé en restaurant. La salle à manger est rustique et chaleureuse. Cuisine régionale et truites, spécialité de la maison, directement pêchées dans le vivier.

Sports & Loisirs

Randonnée – Grande variété de randonnées pédestres de 8 à 35 km au départ de Saint-Hippolyte, au confluent du Doubs et du Dessoubre : découverte de La Chapelle-du-Mont, de l'arche de Liebvillers, des villages de Liebvillers, Bief, Valoreille, Fleurey, etc. Possibilité de visite guidée de Saint-Hippolyte. *Pour plus de détails, renseignez-vous auprès du syndicat d'initiative de Saint-Hippolyte.*

Divonne-les-Bains

6 171 DIVONNAIS
CARTE GÉNÉRALE C4 – CARTE MICHELIN LOCAL 328 J2 – AIN (01)

Une situation exceptionnelle au pied du massif du Jura et à proximité du lac Léman, la magnifique perspective des Alpes suisses, des eaux thermales réputées : Divonne est plutôt gâtée par la nature. Ajoutez-y l'un des plus grands casinos de France, des palaces et des restaurants de grande qualité, un lac artificiel de 45 ha, et la petite ville prend des allures de villégiature de luxe. Mais il y en a pour toutes les bourses et pour tous les goûts, tant les activités y sont variées.

Panorama sur Divonne, le lac Léman et le massif alpin en arrière-plan.

- **Se repérer** – Divonne se situe dans le pays de Gex, à 52 km à l'est de Saint-Claude par la D 436 jusqu'à Mijoux, puis la D 936 et la N 5 jusqu'à Gex, par le col de la Faucille et enfin la D 984^C. Ville frontalière, on y accède également aisément de Genève (19 km vers le nord par la E 25).

- **À ne pas manquer** – Pour vous ressourcer, pensez aux thermes de Divonne et à son centre de remise en forme *(voir encadré pratique)* qui propose toute une palette de soins détente et mieux-être. Profitez des superbes paysages formés par le lac Léman et les Alpes du haut du col de la Faucille. Faites une incursion dans le canton de Vaud voisin, pour visiter la très sympathique ville de Nyon ou le château de Mme de Staël, à Coppet. Divonne étant aux portes de Genève, vous pourrez aussi vous offrir le plaisir d'une croisière sur le lac Léman *(voir encadré pratique)*.

- **Organiser son temps** – Passez-y un à deux jours, vous ne le regretterez pas. Si vous avez le temps, restez jusqu'à la tombée de la nuit pour voir le casino briller de mille feux.

- **Avec les enfants** – Emmenez-les crapahuter sur les célèbres balcons du Léman, autour du col de la Faucille, ou faites-les profiter d'un des parcs de loisirs du lac de Divonne, beignets de Divonne en main ; et sachez que la plage du Lac propose en saison une zone de baignade surveillée.

- **Pour poursuivre la visite** – Voir aussi Ferney-Voltaire, Monts Jura, Les Rousses.

Séjourner

Thermes de Divonne-les-Bains

Centre Thermal Paul-Vidart - av. des Thermes - ☎ *04 50 20 05 70 - espace de remise en forme valvital. www.valvital.fr.*

L'établissement thermal de Divonne s'est spécialisé dans le traitement des affections psychosomatiques : anxiété, stress, insomnie, surmenage, dépression. Le centre de remise en forme Valvital, axé sur la détente et le bien-être, propose toute l'année de nombreuses activités et des formules très souples.

DIVONNE-LES-BAINS

Hippodrome
À proximité du lac de Divonne, l'hippodrome est utilisé pour des courses de trot et de galop en période estivale.

Lac
Créé en 1964, ce grand plan d'eau artificiel est très prisé en été pour sa **plage**. Il est également fréquenté par les véliplanchistes et autres amateurs de voile. Un centre nautique est d'ailleurs à leur disposition. Le lac accueille par ailleurs deux **parcs de loisirs** (le parcours-aventure dans les arbres Forestland et le minigolf Joy's Club), pour le plus grand plaisir de tous.

Aux alentours

PAYS DE GEX
Très proche de Genève, le pays de Gex a tout son commerce tourné vers la Suisse. Au 18e s., Voltaire, installé à Ferney, obtient du roi Louis XVI que le tabac et le sel entrent en franchise de Suisse dans le pays de Gex. C'est de là que vient le nom de « zone franche » donné à la région. Après plusieurs différends avec la Suisse, l'affaire est tranchée en 1932 par la Cour de La Haye qui rétablit la zone franche. Séparé du reste de la France par la montagne, il est, depuis cent cinquante ans, soumis à un régime douanier spécial.

Gex
8 km au sud-ouest de Divonne-les-Bains par la D 984C. Situé sur la rive gauche du Journans, Gex est un bon lieu de séjour en altitude moyenne (628 m), à proximité de la haute montagne et au voisinage de Genève. De la place Gambetta, en terrasse, on découvre le mont Blanc.
Le débouché du col de la Faucille *(voir Monts Jura)* fut commandé de bonne heure par un château fort autour duquel s'éleva Gex. La ville devint le siège du gouvernement d'une petite principauté, dépendant de la Savoie, rattachée à la France en 1601. Ce curieux petit coin de terre est limité au nord et à l'est par la Suisse, à l'ouest par la grande chaîne du Jura, au sud par le Rhône.

Creux de l'Envers
2h à pied AR. Le chemin d'accès s'amorce au bas de la rue du Commerce par la rue Léone-de-Joinville, avec retour par la rue de Rogeland sur la N 5 au nord de Gex.
Cette promenade est très agréable. Le creux de l'Envers, qui s'ouvre au pied du Colomby de Gex, constitue, dans le flanc de la montagne, une entaille importante, presque entièrement boisée, où coule le Journans. Le point le plus étranglé est connu sous le nom de **portes Sarrasines** : le torrent se faufile dans une étroite fissure rocheuse dont les escarpements calcaires, très rapprochés, sont comparables à des montants de porte.

Col de la Faucille★★
Un belvédère aménagé à proximité du sommet dévoile une magnifique composition formée par le lac Léman et le massif alpin *(voir Monts Jura)*.

Circuit de découverte

ESCAPADE DANS LE CANTON DE VAUD
35 km. Quittez Divonne vers l'est en direction de l'autoroute (E 25-E 62) Lausanne-Genève. Passez au-dessus de l'autoroute et continuez en direction de Coppet (sites décrits dans Le Guide Vert Suisse).

Coppet
Cette petite ville riveraine du Léman est traversée par une Grand'Rue bordée de maisons à arcades, construites au 16e s. après l'invasion des troupes bernoises. Une petite visite à Mme de Staël s'impose. En effet, dominant le Léman, le **château**★ de Coppet appartient toujours à la famille de la célèbre et tumultueuse femme de lettres, qui en fit « un salon de l'Europe ».

Descendez jusqu'à la route qui longe le lac Léman et prenez la direction de Lausanne.

Le saviez-vous ?

Divonne tire son nom de **Divonna**, divinité celte des eaux. L'endroit était déjà fréquenté par les Romains. Un aqueduc souterrain de 11 km alimentait *Noviodum* (Nyon), la capitale de leur Colonie Équestre.
Puis, pendant de longs siècles, les cinq sources, qui jaillissent à la température constante de 6,5 °C, ont coulé en pure perte. C'est seulement en 1848 que la station fut fondée par **Paul Vidart**. Rapidement célèbre, elle attira de nombreuses personnalités parmi lesquelles le prince **Jérôme Bonaparte**, **Guy de Maupassant** et bien d'autres.

DÉCOUVRIR LES SITES

Nyon★

Ancienne colonie romaine fondée par Jules César, Nyon n'a jamais cessé, depuis, d'être habitée. Sa partie haute, dominée par le **château féodal★**, a gardé de charmantes petites rues, des maisons à arcades et de belles places anciennes où il fait bon flâner. Cette agréable petite ville descend jusqu'au **lac Léman**. Un petit port de plaisance bien abrité, un parc et des quais fleuris, d'où l'on a vue sur la rive française en face (à 4 km), font le charme du **quartier de Rive**. Situé dans un ancien hôpital du 18e s., près du port, le **musée du Léman** présente le patrimoine du lac Léman, avec ses aquariums, ses modèles réduits de bateaux et ses œuvres de peintres lémaniques.

Continuez sur 2 km en direction de Lausanne.

Château de Prangins.

Prangins

Dans un parc à l'anglaise dominant le lac Léman, le **château de Prangins★★**, construit dans le style français des années 1730, fut tour à tour seigneurie, demeure princière, école et habitation. Le **Musée national suisse** qu'il abrite complète parfaitement son homologue de Zurich en se consacrant à l'histoire du pays aux 18e et 19e s. Les caves sont dédiées à l'économie préindustrielle de l'Ancien Régime. Ne manquez pas le jardin potager, où l'on cultive des fruits et des légumes comme au 18e s. ; à l'arrière-plan, vue sur le mont Dôle et la chaîne du Jura.

Retournez à Nyon et prenez à droite vers Divonne-les-Bains.

Divonne-les-Bains pratique

♿ Voir aussi les encadrés pratiques de Ferney-Voltaire, Monts Jura, Les Rousses.

Adresse utile

Office du tourisme de Divonne-les-Bains – R. des Bains - 01220 Divonne-les-Bains - ℘ 04 50 20 01 22 - www.divonnelesbains.com - juil.-août : 9h-12h30, 13h30-19h, dim. et j. fériés 10h-13h ; reste de l'année : 9h-12h30 (oct.-mars : 10h), 14h-18h30 (oct.-mars : 15h), dim. et j. fériés 10h-13h - fermé 1er janv., 1er Mai, 25 déc.

Transports

Des services de bus assurent régulièrement des liaisons vers la Suisse, et particulièrement vers Coppet et Nyon. Renseignements auprès de la société TPN à Nyon - ℘ (022) 994 28 40, à l'office du tourisme de Divonne ou sur le site www.tprnov.ch.

Se loger

⊖🛏 **Jura** - Rte Arbère - ℘ 04 50 20 05 95 - www.hotel-le-jura.com - 🅿 - 32 ch. 65/146 € - ⊇ 9 €. Cet hôtel familial à proximité du centre-ville abrite des chambres fonctionnelles et bien tenues ; certaines ont été récemment rénovées. Les petits-déjeuners sont servis dans la véranda ouverte sur le jardin ou en terrasse à la belle saison.

⊖🛏🛏🛏 **Auberge des Chasseurs** – 01170 Échenevex - 11 km au SO de Divonne par la D 984c - ℘ 04 50 41 54 07 - auberge deschasseurs@wanadoo.fr - fermé 12 nov.-28 fév., dim. soir et lun. sf juil. et août, mar. midi et vend. midi - 🅿 - 15 ch. 110/150 € - ⊇ 12 € - rest. 33/41 €. Une douce quiétude a envahi cette auberge. De sa belle terrasse, contemplez le spectacle du mont Blanc. Ou bien paressez au bord de la piscine en plein air. Œuvres d'art et photos tapissent le hall d'entrée avec son bel escalier de bois. Chambres coquettes et tranquilles.

Se restaurer

⊖🛏 **Auberge du Vieux Bois** – Rte de Gex - 1 km à l'O de Divonne rte de Gex - ℘ 04 50 20 01 43 - www.aubergeduvieux bois.fr - fermé 7-27 fév., 28 juin-11 juil., 25 oct.-3 nov., dim. soir et lun. - 15/40 €. C'est une auberge familiale, adossée à la forêt, modeste mais sympathique, avec son décor campagnard. Terrasse ombragée pour les jours ensoleillés. Cuisine simple et classique.

Faire une pause

Les Quatre Vents – Pl. des Quatre-Vents - ℘ 04 50 20 00 08 - tlj sf lun. 6h30-19h30, dim. 6h30-14h - fermé fév. ou mars, oct., 1er janv. et 1er Mai. Pour ceux qui ne se contentent pas d'une simple boisson chaude, ce salon de thé propose un grand choix de pâtisseries maison à déguster dans une ambiance conviviale, tout en découvrant les œuvres de quelques artistes régionaux, puisque la salle fait aussi office de galerie d'art.

En soirée

Casino de Divonne-les-Bains – *Av. des Thermes - ℘ 04 50 40 34 34 - www.domaine-de-divonne.com - tlj 12h-4h sf dim. 11h-4h (à partir de 16h pour les jeux traditionnels).* Plus de 350 machines à sous, les plus importants jackpots d'Europe et les roulette, black-jack, punto-banco, boule, etc. sont à votre disposition de 16 h à 4 h du matin. Restaurants et discothèque sur place.

Sports & Loisirs

Thermes de Divonne-les-Bains - Valvital – *Av. des Thermes - ℘ 04 50 20 27 70 - www.valvital.fr - lun. et merc. 9h-21h30, mar., jeu., vend. 9h-20h30, sam. 9h-18h, dim. 9h-14h - fermé déb. janv. et j. fériés apr.-midi - 17 €.* Établissement spécialisé dans le traitement des troubles psychosomatiques : stress, insomnie, surmenage, dépression. D'autres formules (semaines thermales en cure libre, Escales week-end, soins à la journée) complètent l'offre dans des indications plus larges : encadrement post-natal, séjours toniques, minceur, senior…

Golf du Domaine de Divonne – *Rte de Gex - ℘ 04 50 40 34 11 - www.domaine-de-divonne.com - été : 7h-20h ; hiver : 8h-20h.* Ce golf 18 trous très réputé occupe un magnifique parc vallonné de 60 ha, situé au pied du Jura. Club-house comprenant un restaurant avec terrasse tournée vers la chaîne du Mont-Blanc.

Joy's club - Minigolf de Divonne – *783 av. des Alpes - au bord du lac de Divonne - ℘ 04 50 20 14 12 - joys-club.com - 10h-23h - fermé nov.-mars.* Un lieu idéal pour passer un moment en famille dans un agréable cadre verdoyant, près du lac de Divonne. Minigolf californien, quads, karting, VTT, pétanque, etc. feront la joie des petits et des grands. Vous pourrez même vous rafraîchir à l'ombre, sur la terrasse, sans perdre de vue votre progéniture…

Randonnées – Le circuit des sources de Divonne vous conduira au cœur de l'histoire de la station et vous dévoilera les secrets de cette « eau divine ». Renseignements à l'office de tourisme.

Croisière sur le lac Léman – *Compagnie générale de navigation - 17 av. de Rhodanie - CH-1000 Lausanne 6 - ℘ (00-41) 848 811 848 - www.cgn.ch.* Des croisières en bateau sont organisées toute l'année. En été, croisière en bateau Belle Époque.

Événement

Festival de musique de chambre – *℘ 04 50 40 34 16.* Depuis plus de cinquante ans, ce festival se déroule dans le petit théâtre à l'italienne, à l'orée du parc, de mi-mai à déb. juin.

Dole ★

24 949 DOLOIS
CARTE GÉNÉRALE B3 – CARTE MICHELIN LOCAL 321 C4 – JURA (39)

Fierté de ses habitants, mais aussi de la région, Dole n'est pas une ville comme les autres. Elle fut longtemps une puissante capitale régionale, dotée d'un parlement et même autorisée à battre la monnaie. Aujourd'hui encore, son riche patrimoine, tel le clocher de sa collégiale, témoigne de sa gloire passée. À ses pieds, le Doubs et les canaux embrassent la ville, lui offrant de magnifiques perspectives qui ont souvent inspiré les artistes.

- **Se repérer** – Porte de la Franche-Comté, Dole est très bien desservie par le TGV, qui la met à environ 2h de Paris. La A 39 la relie à Dijon (40 km au nord-ouest) et la A 36 à Besançon (46 km au nord-est).

- **À ne pas manquer** – Le vieux Dole et ses ruelles étroites et tortueuses ; la majestueuse collégiale Notre-Dame et son ensemble d'œuvres en polychromie de marbres ; la maison natale et le musée Louis Pasteur, pour tout savoir du savant qui fait la fierté de la ville.

- **Organiser son temps** – Comptez une journée pour découvrir la ville et ses musées.

-  **Avec les enfants** – Si la découverte de l'œuvre de Pasteur leur semble bien studieuse, proposez-leur une promenade en bateau au fil de la Loue. Entouré de rivières et de forêts, le pays dolois se prête aux activités de plein air.

- **Pour poursuivre la visite** – Voir aussi l'abbaye d'Acey, Alaise, Arbois, Arc-et-Senans, Besançon, la forêt de Chaux, Nans-sous-Sainte-Anne, Pesmes, Poligny, Salins-les-Bains.

DÉCOUVRIR LES SITES

Comprendre

HEURES CAPITALES

Naissance d'une capitale – Née au 11e s. sur une position de carrefour, Dole, favorisée par les comtes de Bourgogne et l'empereur germanique suzerain de la Comté, fut dotée en 1274 d'une charte de franchises qui lui donna une véritable vie municipale.

Au 15e s., siège du Parlement de Comté et d'une université, elle est la capitale de la Comté, et sa réussite ne tarde pas à attirer la convoitise des Français. Créée en 1423, son université fut célèbre pour son école de droit. Environ 800 élèves fréquentaient ses cours, dont beaucoup d'étrangers. Chacun d'eux avait sa **Valentine**, jeune fille doloise auprès de laquelle il perfectionnait son français. Des collèges de Dole sortaient des robins (hommes de loi) experts. Ils fournissaient au comte, à l'empereur, des serviteurs éprouvés qui se substituèrent peu à peu à la noblesse.

En 1479, les troupes de Louis XI assiègent la ville. La résistance héroïque de quelques habitants s'est traduite par le fameux : « Comtois, rends-toi ! – Nenni, ma foi ! » Finalement, la ville est prise et incendiée méthodiquement. La rareté des édifices antérieurs au 16e s. témoigne de l'ampleur des destructions. Furieux de leur résistance, Louis XI interdit aux Dolois de reconstruire leurs maisons. Mais en 1493, son fils Charles VIII rétrocède la Comté aux Habsbourg, et Dole retrouve son rang de capitale.

L'âge d'or – Aux 16e et 17e s., la ville ne cesse de se développer. De nombreux chantiers, privés ou publics, mettent la ville en effervescence : l'actuelle collégiale, les fortifications… Le renom de certains architectes, décorateurs ou sculpteurs, vecteurs de l'épanouissement de l'art de la Renaissance à Dole, nous est parvenu : Denis et Hugues le Rupt, Jean Rabicant, les Lulliers…

Jusqu'à la conquête française, le rayonnement de Dole vient des institutions dont elle a été dotée : université, états et Parlement. Composé de quelques grands seigneurs et en majorité de simples bourgeois, bons légistes, fins juristes, le Parlement exerce la justice souveraine. Il a, en même temps, des attributions étendues dans les domaines politique, économique, diplomatique et militaire. Les plus grands seigneurs peuvent être cités à sa barre. Mais le rayonnement est aussi religieux. Sous le règne de Philippe II de Habsbourg, Dole devient un pôle important de la contre-réforme. Le patrimoine dolois tire aujourd'hui bénéfice de la multiplication des édifices religieux qui en a résulté.

> ### Le saviez-vous ?
> 👁 C'est la racine celtique *dol* désignant un méandre qui serait à l'origine du nom de la ville. Autre particularité linguistique, Dole ne porte pas d'accent circonflexe.
> 👁 Le plus célèbre des Dolois est certainement l'incontournable **Pasteur**, mais il est difficile, en flânant dans la ville, de ne pas penser à un écrivain dolois d'adoption, **Marcel Aymé**. Dole est également la patrie d'une « Verte » passionnée, devenue ministre : il s'agit, bien sûr, de **Dominique Voynet**.

Siège de Dole en 1636, par Nicolas Labbé.

Le siège de 1636 et la conquête française – Louis XIII et Richelieu annoncent le retour de redoutables tentatives pour s'emparer de la province et de sa capitale. En 1636, le prince de Condé met le siège devant Dole. Les obusiers français lancent de grosses bombes, d'un modèle nouveau, qui traversent les toits, explosent dans les caves avec un bruit terrible, font s'effondrer les maisons. Mais la résistance doloise finit par décourager l'assaillant. Toute une légende s'est forgée autour de cette victoire inespérée qui confortait le rôle de capitale et la très large autonomie de Dole au sein du royaume de Philippe II. Un des actes de bravoure les plus magnifiques est celui de **Ferdinand de Rye**, gouverneur de la Comté et archevêque de Besançon qui, bien qu'âgé de plus de 80 ans, rejoignit les assiégés et fut l'âme de la défense.

En 1668 et 1674, Louis XIV revient à la charge. Par le **traité de Nimègue** de 1678, la ville et la province sont définitivement rattachées à la France. Besançon est promue capitale à la place de Dole qui est dépouillée du Parlement, de l'université (1691) et voit ses remparts démantelés. La ville peut alors s'étendre et s'aérer en créant places et fontaines.

GÉNIES ET ENFANTS TERRIBLES

Malet le conspirateur – Le général Malet, enfant de Dole, cousin de Rouget de Lisle, d'esprit indépendant et de tempérament farouchement républicain, devient suspect à Napoléon qui le fait incarcérer à Paris en 1808. Dans la nuit du 23 au 24 octobre 1812, Malet s'évade et essaie, avec quelques amis, de se rendre maître des principaux organes de pouvoir. Il tente un coup d'État en proclamant, dans tout Paris, la mort de Napoléon pendant la campagne de Russie. Mais la conspiration échoue. Cette nouvelle provoque la colère de l'Empereur, et Malet est arrêté et fusillé avec neuf de ses compagnons.

La famille de Pasteur – C'est à Dole, le 27 décembre 1822, que naît le grand savant. Son père, Joseph Pasteur, ancien sergent-major de l'armée impériale, licencié après la chute de Napoléon, a repris son métier de tanneur. Il a épousé, en 1816, Jeanne-Étiennette Roqui.

Ce que furent ses parents, le grand homme, parvenu au faîte des honneurs, l'a dit, en une sorte d'oraison, le 14 juillet 1883, quand une plaque commémorative fut apposée sur sa maison natale : « Oh ! mon père et ma mère ! Oh ! mes chers disparus, qui avez si modestement vécu dans cette petite maison, c'est à vous que je dois tout. Tes enthousiasmes, ma vaillante mère, tu les as fait passer en moi. Si j'ai toujours associé la grandeur de la science à la grandeur de la patrie, c'est que j'étais imprégné des sentiments que tu m'avais inspirés. Et toi, mon cher père dont la vie fut aussi rude que ton rude métier, tu m'as montré ce que peut faire la patience dans les longs efforts… tu avais l'admiration des grands hommes et des grandes choses. Regarder en haut, apprendre au-delà, chercher à s'élever toujours, voilà ce que tu m'as enseigné… » En 1827, la famille quitte Dole et se fixe à Arbois *(voir ce nom)*.

Marcel Aymé, hôte de Dole – Parfois surnommé « le paysan de Montmartre », Marcel Aymé (1902-1967) a vécu ses jeunes années à Villers-Robert, village de la Bresse comtoise, avant d'être confié à l'âge de 7 ans à sa tante de Dole. Il va passer là son adolescence, laissant au vénérable collège de l'Arc le souvenir d'un élève facétieux. Tenu d'interrompre pour raisons de santé des études d'ingénieur effectuées à Paris, il revient à Dole écrire son premier roman, *Brûlebois*, publié en 1926. La ville de Dole est très présente dans l'œuvre de Marcel Aymé : on y reconnaît le champ de foire, l'hôpital, la gare, la rue Pasteur, la Grande Fontaine, la place du Marché… Le haut clocher de l'église Notre-Dame joue même un rôle déterminant dans l'intrigue policière du *Moulin de la Sourdine*. Le talent de l'écrivain est rapidement reconnu : en 1929, le prix Renaudot est attribué à *La Table aux crevés* ; suivront *La Jument verte*, *La Vouivre*…

> « Je n'avais jamais vu de ville et celle-là fut pour moi un émerveillement qui dure encore. Elle est construite presque tout entière sur une pente raide, et ses rues, ses ruelles et ses escaliers, bordés de vieilles maisons, dégringolent comme des torrents vers les eaux du canal et du Doubs. ».
> **Marcel Aymé**, *La Vouivre*.

Se promener

LE VIEUX DOLE★★ plan II

La vieille ville est blottie autour de Notre-Dame. Ses rues sont étroites et tortueuses, ses maisons, du 15e au 18e s., serrées les unes contre les autres, présentent des détails intéressants : portails blasonnés, tourelles rondes, carrées ou hexagonales, cours intérieures à arcades, escaliers de toutes formes, puits, niches abritant autrefois des statuettes, grilles de fenêtres et rampes en fer forgé.

Partez de la place Nationale. L'ancienne ville fortifiée n'est pas très grande. Il est conseillé de laisser sa voiture dans les parkings d'entrée avant de se lancer, à pied, à l'assaut de ses rues étroites.

Place Nationale

L'ancienne place Royale, située au cœur de la vieille ville, est bordée de maisons anciennes et dominée par la collégiale. Elle est le cadre des marchés qui se tiennent à proximité de la **halle**, édifice de type Baltard construit en 1883.

DÉCOUVRIR LES SITES

Collégiale Notre-Dame et son clocher, phare de la cité.

Collégiale Notre-Dame★
☏ 03 84 72 11 22 - *pour monter au clocher, se rens. à l'office de tourisme.*
Construite au 16ᵉ s. après le sac de Louis XI, elle est l'expression du relèvement de la cité. Avec son puissant clocher-porche haut de 75 m, elle témoigne également de l'intensité des luttes religieuses de l'époque.
À l'intérieur, on est frappé par l'ampleur des volumes, par la sobriété un peu massive des lignes d'un gothique tardif tournant résolument le dos aux manifestations excessives. Meublée et décorée grâce aux commandes des plus hauts notables de la ville, l'église est dépositaire des premières œuvres de la Renaissance doloise.
Remarquez tout d'abord l'ensemble d'**œuvres en polychromie de marbres★** chargées de motifs de feuillages, d'entrelacs, d'oiseaux, caractéristiques des productions de l'atelier dolois : façade de la **Sainte-Chapelle** (située à l'extrémité du bas-côté droit, elle fut élevée au 17ᵉ s. pour l'adoration de la sainte hostie du miracle de Faverney) ; tribune d'orgue et chaire dues à Denis le Rupt ; bénitier. L'arcade du mausolée Carondelet est pour sa part attribuée à un artiste flamand. Les statues d'apôtres adossées aux piliers de part et d'autre du chœur appartiennent à l'école bourguignonne (début du 16ᵉ s.). Douze tableaux viennent enrichir la nef. L'exceptionnel **grand orgue** en bois sculpté, l'un des très rares du 18ᵉ s. en France qui nous soit parvenu quasiment intact, est dû au facteur Karl Joseph Riepp.

Prenez, sur la droite de l'ancien hôtel de ville, la rue d'Enfer qui rejoint la rue de Besançon, puis la place du 8-Mai-1945 et la rue des Arènes.

Place aux Fleurs
Jolie **vue** sur le vieux Dole, dominé par le clocher de l'église Notre-Dame. Elle est ornée de la fontaine à l'Enfant sculptée par F. Rosset et d'une sculpture moderne de Boettcher, *Les Commères.*
Au n° 28, **façade de 1609**.

Rue Mont-Roland
Le portail en polychromie de marbre et pierre de l'ancien couvent des carmélites et les façades 16ᵉ, 17ᵉ ou 18ᵉ s. des hôtels particuliers valent le coup d'œil : maison Odon de La Tour (16ᵉ s.), **hôtel de Froissard** (tout début du 17ᵉ s.) dont il faut pousser la porte pour admirer l'escalier à double volée en fer à cheval et la loggia de la cour intérieure…

Ancien couvent des Carmélites
Cet édifice du 17ᵉ s. possède un beau portail et des fenêtres grillagées.
Prenez à droite la rue du Collège-de-l'Arc.

> **Chapelles, cloîtres et couvents**
>
> Dole compte un grand nombre d'édifices religieux datant des 16ᵉ et 17ᵉ s. La ville, alors capitale de la Comté, affirme sa position de bastion du catholicisme. De nombreuses communautés s'y installent entre 1582 et 1644. Certaines chapelles, comme celle des Carmélites, du Refuge, ou de la Visitation se laissent découvrir lors des Journées du patrimoine.

Collège de l'Arc
Fondé par les jésuites en 1582, il abrite aujourd'hui un lycée.

Passez sous l'arc qui enjambe la rue.

Un beau **porche** Renaissance, surmonté d'une loggia dont les arcades reposent sur des anges aux ailes déployées, signale la chapelle aujourd'hui désaffectée. Remarquez, à gauche, deux anciens hôtels, dont l'un de 1738, ayant conservé leur petite cour intérieure et leur belle balustrade.

Continuez jusqu'à la place Boyvin ; de là, prenez la rue Boyvin, la rue de la Sous-Préfecture et la rue de Besançon, à droite.

Cave d'Enfer
Cette cave ne se visite pas, mais une plaque (19e s.) évoque une légende sur la résistance héroïque de quelques Dolois lors de la prise de la ville, en 1479.

Revenez sur vos pas pour gagner la place Nationale, puis la rue Pasteur.

Rue Pasteur
Autrefois appelée rue des Tanneurs, elle regroupait au bord du canal les maisons des artisans du chanvre et du cuir. Au n° 43, maison natale de Pasteur *(voir « Visiter »).*

Prenez le passage à droite de la maison natale de Pasteur, longez la promenade le long du canal des Tanneurs, puis empruntez les passerelles pour accéder au pont Raynaud-III.

Pont Raynaud-III
Vue sur un bel ensemble monumental : la **Charité** (18e s.), l'hôtel-Dieu (17e s.), le couvent des Dames d'Ounans (18e s.). Noter aussi que la Grande Fontaine, (source et lavoir souterrains) est visible sous la dernière arche du pont *(on peut y descendre par le passage Raynaud-III qui s'ouvre rue Pasteur).*

> **👁 Point de vue**
>
> Beaucoup de peintures ou photos de la ville sont réalisées à partir d'un joli point de vue situé sur l'**avenue de Lahr**. À partir du **quai des Tanneurs**, un réseau de passerelles traverse les canaux et conduit à l'avenue.

Hôtel Champagney
Un portail blasonné du 17e s. donne accès à une cour où l'on observe encore deux tourelles d'escalier et un beau balcon sur consoles.

Prenez à gauche, puis à droite la pittoresque rue du Parlement, d'où l'on a une belle vue sur le clocher de Notre-Dame, qui ramène à la place.

Visiter

Maison natale de Pasteur plan II
43 r. Pasteur - 🕿 03 84 72 22 58 - www.musee-pasteur.com - juil.-août : 10h-18h, dim. et j. fériés 14h-18h ; avr.-juin et sept.-oct. : 10h-12h, 14h-18h, dim. et j. fériés 14h-18h ; nov.-mars : w.-end et j. fériés 14h-18h - 4,50 €.

La maison natale de Louis Pasteur offre, depuis la terrasse du 1er étage, une vue sur le canal des Tanneurs et les anciennes fortifications (16e s.). Lieu de mémoire, elle accueille un musée consacré à l'homme et au rayonnement universel de son œuvre. Vous découvrirez la tannerie artisanale de son père Jean-Joseph et son atelier de corroierie, et dans l'appartement, plusieurs salles présentent des documents et souvenirs du grand savant : portraits de famille et objets personnels en tous genres (toque et cape d'universitaire, bureau, tableau à l'étonnant cadre en ceps de vigne, offert par les vignerons d'Arbois, etc.). Deux pastels peints par le jeune Pasteur permettent également de découvrir son goût pour la peinture.

« Le hasard ne favorise que les esprits préparés », disait Louis Pasteur. Tout un appareillage de laboratoire, des images et des textes témoignent des expériences de celui qui, n'étant ni médecin ni biologiste, mais physicien et chimiste, bouleversa par ses découvertes les industries alimentaires, la médecine et la chirurgie. Témoins de son immense talent scientifique, les 22 Instituts Pasteur aujourd'hui répartis aux quatre coins de la planète jouent un rôle de premier plan dans le domaine de la recherche et de la santé publique.

Musée des Beaux-Arts★ plan I A3
85 r. des Arènes - 🕿 03 84 79 25 85 - www.musees-franchecomte.com - ♿ - 10h-12h, 14h-18h - fermé lun., 24 déc.-2 janv., 1er Mai, 1er Nov. - gratuit.

Il est installé dans le pavillon des Officiers (18e s.) dont la façade est ornée d'armes et d'attributs guerriers. Le sous-sol est consacré à l'archéologie locale et régionale ainsi

DÉCOUVRIR LES SITES

qu'à la sculpture bourguignonne. Au 1er étage, la collection de peintures comprend de nombreuses toiles françaises et étrangères du 15e au 20e s. (*La Mort de Didon* de Simon Vouet, *Portrait d'une femme et de son fils,* par Mignard, paysages de Courbet et Pointelin). Des tableaux évoquent les sièges des différentes villes de Franche-Comté dont celui de Dole, au 17e s. Sous les combles est présentée la collection du Fonds régional d'art contemporain de Franche-Comté. Très éclectique, celle-ci offre unlarge choix d'œuvres modernes comme un étonnant *Brejnev en Russie*, par Erro.

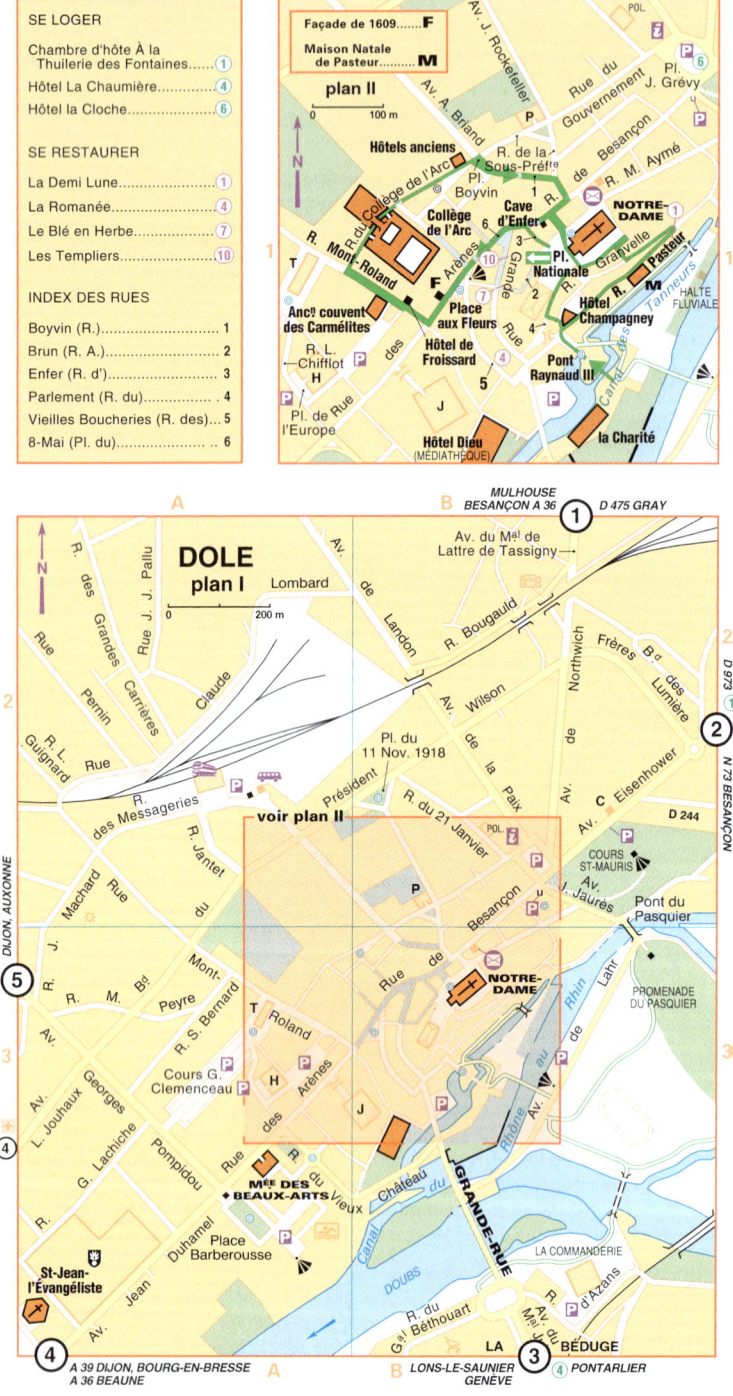

Hôtel-Dieu
Bâtiment superbement restauré, il accueille, depuis 2000, une médiathèque. Il s'agit d'un énorme édifice dont la construction, commencée en 1613, fut à plusieurs reprises interrompue par différents sièges ou guerres. Destiné aux « pauvres malades », cet hôpital fut la dernière construction de prestige réalisée par la ville avant son annexion par la France et la perte de son rang de capitale. L'impression initiale de sévérité est tempérée par la fantaisie de l'ornementation, tel le remarquable balcon ceinturant en partie l'édifice, soutenu par des modillons sculptés. À l'intérieur, la cour est disposée comme un cloître, avec deux niveaux de galeries reliés par une viorbe (tour d'escalier) ; les marches vont en diminuant de hauteur afin d'éviter toute fatigue aux malades.

Église Saint-Jean-l'Évangéliste plan I A3
☏ 03 84 72 05 14 - visite sur demande préalable à la cure de Saint-Jean ou lors de la visite guidée de la ville - s'adresser à l'office de tourisme.
Construite de 1961 à 1964, cette église surprend par son architecture originale. Sa toiture est composée de deux parties en forme d'hyperboles. Les pans du toit représentent à la fois des mains jointes et les voiles d'un bateau. Les murs vitrés sont entourés d'une belle **grille**★ de fer forgé illustrant l'Apocalypse, œuvre de Calka. Remarquez, en particulier, l'*Agneau immolé* et le *Combat de la femme et du dragon*.

Aux alentours
Mont Roland
6 km au nord de Dole par la N 5 et une petite route à droite. Haut lieu spirituel depuis le 9e s., cette colline peu élevée (343 m) offre un large panorama sur la plaine du Doubs et la plaine de la Saône. Érigé au 19e s. à l'emplacement d'une chapelle beaucoup plus ancienne, le **sanctuaire marial** fait chaque année l'objet d'un pèlerinage *(2 août)*.

Dole pratique

♿ Voir aussi les encadrés pratiques Alaise, d'Arbois, Arc-et-Senans, Besançon, forêt de Chaux, Nans-sous-Sainte-Anne, Pesmes, Poligny, Salins-les-Bains.

Adresse utile
Office du tourisme du Jura dolois – 6 pl. de Grévy - 39100 Dole - ☏ 03 84 72 11 22 - *juil.-août : 9h-18h30, sam. 9h-12h, 14h-18h ; de déb. avr. à juin et sept. : tlj sf dim. 9h-12h, 14h-18h, j. fériés. 10h-12h, 14h-17h ; oct.-avr. : tlj sf dim. 9h-12h, 14h-18h, sam. 9h-12h - fermé 1er janv., 1er nov., 25 déc.*

Visites
Visites guidées – Dole, qui porte le label Ville d'art et d'histoire, propose différentes visites-découvertes animées par des guides-conférenciers agréés par le ministère de la Culture et de la Communication. Des visites guidées sur des thèmes variés sont proposées en juil.-août. *Renseignements à l'office de tourisme - www.dole.org et www.vpah.culture.fr.*

Se loger
⌂ **Chambre d'hôte À la Thuilerie des Fontaines** – 2 r. des Fontaines - 39700 Châtenois - 7,5 km au NE de Dole par N 73 dir. Besançon, puis la D 10 et la D 79 jusqu'à Châtenois - ☏ 03 84 70 51 79 - http://perso.orange.fr/hotes-michel.meunier - ⊠ - 4 ch. 50 € ⊃. Un accueil chaleureux et un service attentionné vous attendent dans cette maison de maître du 18e s. Chambres soignées, très confortables et d'un calme absolu. Le joli parc et les chaises longues posées au bord de la piscine invitent au repos.

⌂ **Hôtel La Cloche** – 1 pl. Grévy - ☏ 03 84 82 06 06 - www.la-cloche.fr - *fermé 24 déc.-2 janv.* - 30 ch. 70/100 € - ⊃ 7,50 €. Stendhal aurait séjourné dans cette vieille maison voisine du cours St-Mauris. Ses chambres, de bonne ampleur, sont rafraîchies par étapes. Sauna.

⌂ **Hôtel La Chaumière** – 346 av. du Mar.-Juin - ☏ 03 84 70 72 40 - lachaumiere.dole@wanadoo.fr - *fermé 20 déc.-4 janv., dim. sf le soir du 15 juin au 15 sept., sam. midi et lun. midi* - 🅿 - 18 ch. 77/120 € - ⊃ 10 € - rest. 30/75 €. Grande bâtisse des années 1970 bordant la route de Lons-le-Saunier. Les chambres, fonctionnelles et bien tenues, ouvrent sur le paisible jardin. Pierres et poutres apparentes décorent la confortable salle à manger où l'on sert une cuisine au goût du jour. Terrasse et piscine d'été.

Se restaurer
⌂ **Le Blé en Herbe** – 1-3 r. Antoine-Brun - ☏ 03 84 79 28 95 - *fermé dim. de sept. à mai et merc.* - 11,50/28 €. On aurait tort de croire qu'on ne peut pas se régaler avec des tartines. Celles-ci fleurent bon les casse-croûte roboratifs au coin des tables de ferme. Ce dont les citadins n'auraient jamais idée si on ne les avait placées là, en plein centre-ville, dans un petit restaurant

très urbain, refuge d'artistes branchés ou de notoriétés locales.

🍴 **Les Templiers** – 35 Grande-Rue - ☎ 03 84 82 78 78 - www.restaurant lestempliers.com - fermé 10-18 nov., dim. soir et lun. - 12 € déj. - 22/30 €. Chapelle du 13ᵉ s. à découvrir au détour d'une ruelle de la vieille ville. Sous les pierres blondes des ogives, vous apprécierez une cuisine faisant la part belle aux produits régionaux ou osant quelques détours gourmands plus exotiques en hommage aux grands voyageurs qu'étaient les Templiers.

🍴 **La Demi-Lune** – 39 r. Pasteur - ☎ 03 84 72 82 82 - la-demi.lune.dole@wanadoo.fr - fermé 7-27 janv. et lun. - 15,50/32,50 €. Il fait bon dans cette jolie salle voûtée des 16ᵉ et 18ᵉ s., à deux pas du musée Pasteur, comme sur la terrasse, au bord du canal des Tanneurs. Vous y dégusterez de bonnes grillades, des galettes de sarrasin, des spécialités locales. Jeux pour les enfants.

🍴 **La Romanée** – 11-13 r. des Vieilles-Boucheries - ☎ 03 84 79 19 05 - la-romanee.franchini@wanadoo.fr - fermé 1ᵉʳ-8 juil., 30 août-5 sept., dim. soir et merc. d'oct. à juin - 17/50 €. Ce restaurant du vieux Dole occupe une ancienne boucherie fondée en 1717 : salles voûtées et pendoirs accrochés aux murs témoignent du passé artisan des lieux. Aux beaux jours, les bons petits plats traditionnels se dégustent volontiers sur la terrasse bordée d'arbustes.

Que rapporter

Marché des Halles – Pl. Charles-de-Gaulle - www.dole.org - mar., jeu. et sam. 8h-13h. Les halles résonnent de l'animation provoquée par le « battage » de ses 40 commerçants : deux poissonniers, deux bouchers, un volailler, un traiteur, des primeurs, un fromager, un crémier et quelques autres étals de qualité. À l'extérieur : des producteurs locaux, fripiers et camelots, et une épicerie asiatique.

Sports & Loisirs

Nicol's Yacht – 2 r. Prélot - ☎ 03 84 82 65 57 (réserv.) ou 02 41 56 46 56 - www.nicols.com - tlj sf dim. 9h-12h, 14h-18h - fermé nov.-mars. Différentes formules de location de bateaux : week-end, mini-semaine, semaine… et d'embarcations : bateaux habitables (sans permis) de 2 à 12 places, bateaux équipés grand confort.

Saut du Doubs★★★

CARTE GÉNÉRALE C2 – CARTE MICHELIN LOCAL 321 K4 DOUBS (25)

Abandonnant le niveau surélevé du lac de Chaillexon, le Doubs regagne son niveau normal par une chute magnifique, l'une des curiosités naturelles les plus célèbres de Franche-Comté. Classé Grand Site national, le saut du Doubs se laisse admirer côté français comme côté suisse.

- **Se repérer** – À environ 10 km à l'est de Morteau, les chutes se situent sur la frontière franco-suisse. Pour les atteindre en voiture côté français, prenez la D 461 à partir de Morteau, vers l'est jusqu'à Villers-le-Lac où vous emprunterez la D 215 en direction du lac de Chaillexon. Au lac, tournez à droite et continuez tout droit sur 2 km. Côté suisse, la station TGV de Neuchâtel n'est qu'à 36 km à l'est de Villers-le-Lac.

- **À ne pas manquer** – La promenade en bateau à partir de Villers-le-Lac, bucolique et tranquille, à travers gorges et méandres, pour vous rendre au saut du Doubs ; la vertigineuse chute de 27 m, spectacle naturel incomparable et sans cesse renouvelé.

- **Organiser son temps** – Prévoyez au moins 1h pour tout voir, et soyez attentif aux horaires de retour du bateau, si vous avez choisi ce moyen de transport. Et si vous en avez l'occasion, venez en automne : gonflée par les pluies, la chute est beaucoup plus spectaculaire !

- **Avec les enfants** – Ils seront ravis de traverser la frontière par le pont pour voir le saut du Doubs côté suisse et de revenir aussi facilement côté français, sans avoir à croiser les douaniers ! En hiver, emmenez-les patiner sur la plus grande patinoire naturelle d'Europe, à Villers-le-Lac.

- **Pour poursuivre la visite** – Voir aussi le cirque de Consolation, Maîche, Mont-benoît, Morteau.

Saut du DOUBS

Découvrir

Saut du Doubs★★★

Le saut du Doubs mérite bien son nom : l'eau chute de 27 mètres, dans un superbe et bruyant bouillonnement d'écume. Attention ! Comme toutes les cascades, il a un débit très variable en fonction des saisons. L'excursion est donc beaucoup moins spectaculaire en été, mais devient grandiose à l'automne après de fortes pluies.

En bateau – *C'est à Villers-le-Lac qu'a lieu le départ des bateaux français pour la visite du saut du Doubs (voir encadré pratique). Il est également possible de partir de Suisse, aux Brenets*. On suit les méandres de la rivière qui s'élargit pour former le lac de Chaillexon, puis on atteint les gorges qui constituent la partie la plus pittoresque du parcours. Arrivé au débarcadère, empruntez le chemin aménagé *(30mn à pied AR)* qui conduit aux deux belvédères dominant le saut du Doubs. Pour admirer le saut du Doubs côté suisse, revenez sur vos pas en direction du débarcadère. Empruntez le pont sur votre gauche et continuez le chemin jusqu'au saut.

Saut du Doubs.

À pied, du côté français – Quittez Villers-le-Lac en voiture en direction de Maîche par la D 215. À 5 km, prenez à droite en direction du Pissoux, puis une route en descente conduisant à un parc de stationnement. De là, gagnez (1h30 à pied AR, important dénivelé) l'extrémité, en aval, du lac de Chaillexon, puis le saut du Doubs. Le chemin pour piétons étant mal aménagé et balisé, préférez la route goudronnée jusqu'en bas. La circulation des voitures y est interdite.

Après les boutiques de souvenirs, suivez le sentier en appuyant et en montant à gauche. On atteint le **belvédère** principal, le plus élevé et protégé, qui domine en aval le point de chute. Il offre une très belle vue sur le spectaculaire saut du Doubs, et vers l'aval, on aperçoit la cascade (27 m de hauteur) qui compose le début de la retenue du barrage de Chatelot.

Au-dessous, un autre belvédère *(visible du premier)* est aménagé quasiment au-dessus de la chute. En période de crue, la puissance du Doubs est incroyable, et sa chute devient un véritable feu d'artifice avec grondement sourd et jaillissements d'eau sans cesse renouvelés. On y resterait des heures ! *Par un chemin longeant la rive, regagnez les abords des embarcadères.*

À pied, du côté suisse – En arrivant de France, montez la rue principale des Brenets en laissant derrière vous deux églises. Après la seconde, vous trouvez à gauche, dans un tournant, le départ de la promenade de la Crête, et à droite un parking où laisser votre voiture. 1h15 AR. Aire de pique-nique à l'arrivée.

La promenade commence par une forte descente, mais, après une vingtaine de mètres, la route, bien goudronnée *(seules les voitures des « bordiers du Doubs » y ont accès)*, opte pour une dénivellation douce jusqu'à la fin de l'itinéraire. Elle traverse un sous-bois de hêtres et d'épicéas ménageant quelques percées sur la vallée du Doubs.

DÉCOUVRIR LES SITES

Plus on s'approche du saut, plus l'humidité ambiante augmente : les branches se couvrent de guirlandes et barbes de mousse. Pas de boutique de ce côté du Doubs, mais quelques pavillons et des promeneurs paisibles, auxquels il est de bon ton de dire bonjour. De ce côté, un seul belvédère, placé juste au-dessus, donne sur la chute, toujours spectaculaire.

Aux alentours

Villers-le-Lac★

Point de départ des croisières, Villers est la petite ville la plus proche du saut du Doubs. Le site est habité depuis 3 000 ans av. J.-C., les premiers habitants ayant établi une cité lacustre au lieu-dit la Roche-aux-Pêcheurs.

Aux quelques pistes de ski alpin et de fond s'ajoute une originalité, par grand froid : 6 km de **patinoire naturelle**, la plus grande d'Europe, lorsque la glace a bien pris les bassins du Doubs.

Musée de la Montre★ – ☎ 03 81 68 44 53 - ♿ - vac. scol. : tlj sf mar. 10h-12h, 14h-18h - possibilité de visite guidée (1h) - 5,50 €.

Le pays horloger se devait de rendre hommage à la montre : ce beau musée en retrace l'histoire depuis le 17e s. Les montres religieuses (impressionnante montre en forme de crâne) voisinent avec d'étonnantes montres coquines dotées de caches pour masquer certains décors ! On admirera également de très beaux porte-montres, toute une gamme d'outils de précision et les ateliers reconstitués des paysans-horlogers de jadis. Et, pour être à l'heure, le musée n'a pas oublié les derniers prototypes : montre ordinateur, montre télévision…

Lac de Chaillexon★

Il est constitué par une section de la vallée du Doubs : ses rives se sont éboulées et ont formé un barrage de retenue naturel. Le lac présente deux parties. Dans la première, il s'étend entre les pentes du val ; dans la seconde, il s'encaisse entre des falaises calcaires abruptes, formant les bassins. Très sinueux, il a une longueur de 3,5 km et une largeur moyenne de 200 m ; par endroits, sa profondeur atteint 30 m.

Reprenez votre voiture et gagnez la route reliant Villers-le-Lac au Pissoux. À l'entrée de ce village, empruntez la route de droite qui se termine à un belvédère dominant de 70 m le barrage et la retenue du Chatelot.

Barrage du Chatelot

Le barrage, construit à cheval sur la frontière franco-suisse, est une œuvre commune aux deux pays. C'est un barrage-voûte prenant appui sur les rochers des deux rives. Sa longueur est de 148 m, sa hauteur de 73 m, son épaisseur de 14 m à la base et de 2 m au couronnement.

Saut du Doubs pratique

♿ Voir aussi les encadrés pratiques du cirque de Consolation, Maîche, Montbenoît, Morteau.

Adresse utile

Office du tourisme de Villers-le-Lac - Saut du Doubs – R. Berçot - 25130 Villers-le-Lac - ☎ 03 81 68 00 98 - www.villers-lac-info.org - haute saison : 9h-18h, sam. 9h-17h, dim. et j. fériés 9h-12h ; basse saison : tlj sf dim. 9h-12h, 13h30-17h, sam. 9h-12h - fermé 1er janv., 1er Mai.

Se loger

⌂ **Chambre d'hôte La Chabraque** – Lieu-dit Les Lessus - 25210 Le Barboux - 2 km par rte de la Grande-Combe-des-Bois - ☎ 03 81 43 77 24 - ⚑ - réserv. conseillée - 2 ch. et gîtes 50/65 € - ⌂ - repas 20 €. Dans un petit hameau isolé en pleine campagne, ce chalet du 18e s. brillamment restauré a retrouvé son allure d'origine. La grande salle commune parée de boiseries dispose d'une partie aménagée en salon avec fauteuils et canapés en cuir. Les 2 chambres, au rez-de-chaussée, se situent de part et d'autre du sauna.

⌂⌂ **Hôtel Le France** – 8 pl. Cupillard - 25130 Villers-le-Lac - ☎ 03 81 68 00 06 - www.hotel-restaurant-lefrance.com - fermé 3 janv.-4 fév. et 8-19 nov. - 12 ch. 65/100 € - ⌂ 9 €. Avant votre départ en bateau pour le saut du Doubs, offrez-vous une halte dans cette maison tenue depuis 1900 par la même famille. Les chambres rénovées s'habillent de bleu et de blanc. Salle à manger lumineuse avec boiseries en pin et cuisine régionale savoureuse.

Se restaurer

Bateaux du Saut du Doubs – *Les Terres Rouges - 25130 Villers-le-Lac - ℘ 03 81 68 13 25 - www.sautdudoubs.fr - réserv. conseillée - 28/49 €.* Deux bateaux-restaurants, le *Milan Royal* et l'*Odyssée* proposent des repas gastronomiques à déguster tout en contemplant un paysage exceptionnel qui change à chaque instant.

Sports & Loisirs

CROISIÈRES POUR LE SAUT DU DOUBS

Vedettes panoramiques (R. Michel) – *Embarcadère du Pont - 25130 Villers-le-Lac - ℘ 03 81 68 05 34 - www.vedettes-panoramiques.com - Pâques-Toussaint - 10 € (enf. 8 €).*

Bateaux du Saut du Doubs (Droz-Bartholet) – *Pavillon d'accueil à l'entrée de Villers-le-Lac - Les Terres Rouges - 25130 Villers-le-Lac - ℘ 03 81 68 13 25 - www.sautdudoubs.fr - de Pâques à la Toussaint : croisières vers le Saut du Doubs - dép. réguliers - 11,50 € (enf. 8,80 €).*

Saut-du-Doubs découverte – *Embarcadère aux Brenets - 25130 Villers-le-Lac - ℘ 03 81 68 01 85 - www.gitedefrance.com/decouverte/default.htm.*

SPORTS NAUTIQUES

NLB près du lac – *2416 Les Brenets - 25130 Villers-le-Lac - ℘ 03 81 68 01 85 - www.gitedefrance.com/decouverte/default.htm.* Location de bateaux.

Ski nautique et planche à voile – *25130 Villers-le-Lac - ℘ 06 74 94 05 01.*

Sport Tonic – *25130 Villers-le-Lac - ℘ 03 81 68 15 77.* Canoë-kayak.

Faverney

1 019 FAVERNÉENS
CARTE GÉNÉRALE C1 – CARTE MICHELIN LOCAL 314 E6 – HAUTE-SAÔNE (70)

Miracle ! Miracle ! Nous sommes en 1608 lorsque deux hosties échappent à un incendie. La ville, alors connue pour son abbaye fondée au 8ᵉ s., devient un lieu de pèlerinage très fréquenté, et les plus grands du royaume viennent se prosterner devant les hosties du miracle. L'une d'elles est transférée dans la collégiale de Dole où une chapelle lui est consacrée. Aujourd'hui, Faverney a bien évolué, sans renier ce qui a fait son histoire.

- **Se repérer** – Faverney se situe à 19 km au nord-est de Vesoul, par la N 19, puis la D 434 vers le nord, qui conduit à Faverney par Bougnon.
- **À ne pas manquer** – La visite de l'église abbatiale, qui abrite la sainte hostie du miracle.
- **Organiser son temps** – Vous aurez fait le tour du village et de son église en 1h.
- **Pour poursuivre la visite** – Voir aussi Luxeuil-les-Bains, Vesoul.

Comprendre

Le miracle des hosties – En 1608, les religieux du monastère de Faverney ne sont pas d'une grande ardeur. Ils organisent néanmoins, comme chaque année, une cérémonie d'adoration du Saint-Sacrement pour la Pentecôte. Les fidèles s'y rendent dans la journée et, le soir venu, les religieux referment l'église en laissant sur un petit autel l'ostensoir contenant deux hosties et des reliques de sainte Agathe, ainsi que deux lampes à huile allumées. Le lendemain, un incendie a détruit l'autel. L'ostensoir reliquaire reste miraculeusement en suspens dans l'air. Alors que l'assistance écoute la

Tableau du miracle des hosties, conservé dans l'église abbatiale de Faverney.

messe, l'ostensoir vient de lui-même se poser sur l'autel, sous le regard stupéfait des fidèles. L'enquête épiscopale, qui a lieu aussitôt après, conclut qu'un tel fait ne pouvait se produire « sans l'intervention de la très grande puissance et bonté de Dieu ». Largement « médiatisé » au 17e s., le miracle des hosties sera authentifié par le pape en 1864. Les Faverneens vénèrent encore chaque année l'hostie miraculeuse.

Visiter

Église abbatiale

Construite au 11e s., elle se signale de loin par sa vaste toiture et ses deux clochers. Victime des guerres, d'incendies et, semble-t-il, d'un tremblement de terre en 1682, elle a été plusieurs fois remaniée : le porche au 13e s., le chœur et le transept aux 14e et 15e s. On retrouve pourtant à l'intérieur l'alternance des piliers (11e s.) ronds, octogonaux et carrés, comme à Baume-les-Messieurs. La chapelle à gauche du chœur abrite la sainte hostie du miracle. Dans la chapelle à droite du chœur, une statue du 15e s., avec son manteau de bois doré du 17e s., représente Notre-Dame-la-Blanche, vénérée depuis le 8e s. Près du maître-autel se trouve une **mise au tombeau** du 16e s. (influence champenoise) en bois polychrome, les personnages portant des tenues d'époque.

Aux alentours

Fleurey-lès-Faverney

4,5 km au sud. Malheureusement repeint, le **retable** (1758) de l'église est l'œuvre des frères Deschamps. Remarquez pourtant la dynamique et la finesse de sculpture des boiseries, particulièrement de la gloire d'où surgit Dieu le Père, parmi les chérubins et les anges agenouillés.

Amance

6 km au nord-ouest par la D 434. Le village garde dans sa rue principale quelques belles maisons Renaissance, particulièrement la Maison Bûcheron.

Conflans-sur-Lanterne

11 km au nord-est par la D 28. Autrefois rattachée à un comté de Lorraine, Conflans bénéficia de sa situation frontalière.

Église Saint-Maurice – ☏ *03 84 49 80 03 - sur demande auprès de M. Grandemange ou à la mairie - de Pâques à la Toussaint : 9h-18h.*
Cette église (14e-18e s.) possède, dans le chœur, un retable orné de doubles colonnes torses. Les torsades inversées, enguirlandées de fleurs et de fruits ou non, symbolisent la prière, qui monte nue vers Dieu, et l'exaucement, qui redescend avec les grâces demandées. Les retables de gauche et de droite sont dédiés à sainte Barbe et au Rosaire (toile du 17e s.).

Faverney pratique

♿ Voir aussi les encadrés pratiques de Luxeuil-les-Bains, Vesoul.

Adresse utile

Syndicat d'initiative de Faverney – *Hôtel de Ville - pl. de la Mairie - 70160 Faverney - ☏ 03 84 91 30 71.*

Se loger

⌂ **Chambre d'hôte chez Bernadette Billy** – *R. de la Mairie - 70500 Magny-lès-Jussey - ☏ 03 84 68 07 28 - fermé 15 oct.-15 mars - ⚆ - 2 ch. 45 € ⚇.* Cette bâtisse, située juste derrière la mairie du petit village paisible, abrite 2 chambres, dont une familiale, séparées par un salon avec coin TV et kitchenette. Petit-déjeuner servi dans la salle en pierres apparentes, aménagée dans la partie la plus ancienne. Jardin verdoyant, terrasse et tonnelle.

Se restaurer

⌂ **La Goulotte** – *4 pl. du Gén.-de-Gaulle - ☏ 03 84 91 34 44 - www.restaurant-lagoulotte.com - fermé lun. soir, mar. soir et merc. soir - réserv. conseillée - 11,50 € déj. - 15/27 €.* Installé dans une ancienne caserne construite au 18e s., le restaurant a hérité de salles voûtées et a gardé – humour discret ? – les mangeoires des chevaux. On déguste ici tête de veau, confit de cuisse de canard et autres mets traditionnels préparés avec soin, accompagnés de l'une des 80 références de vins que recèle la cave.

Ferney-Voltaire

7 083 FERNEYSIENS
CARTE GÉNÉRALE C4 – CARTE MICHELIN LOCAL 328 J3 – AIN (01)

Si Ferney s'accroche autant à Voltaire, c'est que ce dernier lui a apporté une notoriété véritablement internationale. Aujourd'hui encore, même si sa position frontalière reste attractive, c'est avant tout le souvenir du philosophe que les voyageurs viennent y chercher. Et les nombreux projets pour la mise en valeur du château de Voltaire illustrent bien, s'il en est besoin, l'intérêt que suscite encore ce polémiste de génie.

- **Se repérer** – Seuls la frontière et l'aéroport séparent Ferney, qui profite ainsi d'une desserte TGV, de la banlieue de Genève. L'accès peut aussi se faire par la France (10 km au sud-est de Gex par la N 5).

- **Se garer** – Le château de Voltaire se trouve en centre-ville. Garez-vous près de l'hôtel de ville et longez le cimetière.

- **À ne pas manquer** – Pour les admirateurs de Voltaire, une visite au château de Ferney s'impose. L'esprit du philosophe, qui exhorte l'homme à « cultiver son jardin », imprègne le potager et le parc, ainsi que le domaine des Délices, de l'autre côté de la frontière helvétique. À Ferney, vous êtes si proche de la Suisse qu'il serait vraiment dommage de ne pas en profiter pour faire un saut à Genève.

- **Organiser son temps** – Comptez environ 3h pour visiter Ferney et son château, mais prévoyez de rester deux jours si vous souhaitez faire une escapade à Genève.

- **Avec les enfants** – Emmenez-les voir le fameux jet d'eau et les bords du lac Léman.

- **Pour poursuivre la visite** – Voir aussi Divonne-les-Bains, Monts Jura.

Voltaire écrivit en 1759…

« Pendant que je jouissais dans ma retraite de la vie la plus douce qu'on puisse imaginer, j'eus le plaisir philosophique de voir que les rois de l'Europe ne goûtaient pas cette heureuse tranquillité, et de conclure que la situation d'un particulier est souvent préférable à celle des grands monarques […] »

Buste de Voltaire.

Comprendre

Le « roi Voltaire » – En 1758, à 64 ans, le philosophe, qui réside aux Délices (voir p. 204), près de Genève, a des difficultés avec les Genevois que les comédies jouées sur son théâtre effarouchent. C'est alors qu'il achète, en territoire français, mais près de la frontière, la terre de Ferney. Selon les circonstances, il pourra ainsi passer d'un asile à l'autre. À partir de 1760, Ferney est sa résidence favorite. Il agrandit le château, crée le parc et prend au sérieux son rôle de seigneur. Le village, assaini, est doté d'un hôpital, d'une école, de fabriques d'horlogerie ; de bonnes maisons de pierre sont construites, 80 bâtiments en tout ! En 1878, la ville prend le nom de Ferney-Voltaire en hommage au philosophe.

La vie à Ferney – Pendant dix-huit ans, Ferney abrite une petite cour : grands seigneurs, gens d'affaires, artistes, écrivains reçoivent l'hospitalité du patriarche, assistent aux représentations données dans son théâtre. L'immense fortune que Voltaire a réalisée, grâce à d'heureuses spéculations sur les fournitures militaires, lui permet d'avoir en permanence 50 invités. Des curieux viennent de loin pour l'apercevoir dans le parc ; quand il sort du château – par exemple, qui l'eût cru, pour aller à la messe chaque dimanche – c'est entre deux haies d'admirateurs. Il écrit ses contes, multiplie les brochures, les pamphlets, mène campagne contre les abus de toute nature et notamment contre le servage dans le Haut-Jura. Sa correspondance est prodigieuse : il écrit ou dicte à Ferney au moins 20 lettres par jour ; plus de 10 000 ont été publiées. Il meurt en 1778, lors de son voyage triomphal à Paris.

DÉCOUVRIR LES SITES

L'essor – Après un premier essor encouragé par le « patriarche » de Ferney, la ville a connu un développement spectaculaire depuis les années 1950. Industriels, universitaires, financiers ne cessent d'affluer dans ce qui était une petite ville jurassienne.

Visiter

Château★

📞 04 50 40 53 21 - *se rens. pour périodes et horaires.* Construit par Voltaire à la place d'une forteresse qu'il jugeait trop sévère, le château est un édifice « d'ordre dorique, qui doit durer mille ans ». Les deux premiers siècles se sont plutôt bien passés et semblent confirmer la solidité de cette belle demeure. En 1765, Voltaire juge son château trop petit et fait appel à l'architecte Léonard Racle pour ajouter deux ailes. La demeure contient encore de nombreux souvenirs du philosophe, dont son portrait à 40 ans par Quentin de La Tour et des caricatures que Voltaire n'appréciait pas… Un étonnant tombeau fut également érigé à l'intérieur, qui conserva le cœur de Voltaire avant qu'il ne soit offert à Napoléon Iᵉʳ et déposé à la Bibliothèque nationale ! En 1999, le château à l'abandon fut racheté par l'État. Lieu de mémoire vive, « l'Auberge de l'Europe » se veut moins un musée des reliques qu'un centre culturel. D'originales animations y sont régulièrement organisées. Après la visite, on pourra flâner dans le parc, en partie restauré, et remarquer le gigantesque **if conique** dans l'ancien potager. Une librairie cultivant l'esprit voltairien et une buvette *(petite restauration)* agrémentent la visite.

Aux alentours

Genève★★★

Le luxe, les affaires et la finance ont beau y régner, Genève – à deux pas de Ferney – vaut bien mieux que tous les clichés qu'on lui associe. Bâtie sur un site de collines au bord du lac Léman, entourée de montagnes, la ville arbore, avec ses parcs élégants et ses jardins soignés, une

Vignoble de Lavaux, sur les rives du lac Léman.

sérénité à toute épreuve. Tranquille, elle n'est pas indolente pour autant. Près de la moitié de sa population est d'origine étrangère, ce qui fait d'elle la ville la plus cosmopolite de Suisse. Devenue, au 20ᵉ s., une cité symbole de paix mondiale, elle abrite aujourd'hui plus de 200 organisations internationales. Genève compte aussi d'innombrables musées et galeries d'art. Témoin du passé de celle qu'on surnommait la « Rome protestante », sa vieille ville regorge de monuments et de belles demeures anciennes. Autant de richesses qui faisaient dire à Jorge Luis Borges : « De toutes les villes du monde, Genève me semble la plus propice au bonheur »…

Pour compléter au mieux la visite de Ferney, un détour s'impose aux **Délices** *(25 r. des Délices - 📞 022 344 71 33 - www.ville-ge.ch/imv/ - musée : tlj sf dim. 14h-17h - bibliothèque : tlj sf w.-end 14h-17h - fermé 23 déc.-2 janv., vend. et lun. de Pâques, 1ᵉʳ Mai, 7 sept. - gratuit)*, où Voltaire vécut de façon intermittente de 1755 à 1765. C'est de sa retraite suisse qu'il acheva l'une de ses œuvres majeures : *Candide*. Aujourd'hui, les Délices abritent l'**Institut et musée Voltaire**, consacré à l'écrivain et à son époque *(expositions permanentes et temporaires, cycles de rencontres thématiques, bibliothèque)*.

Mais la visite de Genève vous réserve bien d'autres surprises. Voici, à titre indicatif, quelques incontournables :

👁 **À ne pas manquer** – Une promenade matinale sur les rives du **lac Léman★★★**, qui offrent de superbes perspectives sur les montagnes environnantes : chaîne du Jura, Voirons, Môle, Salève, mont Blanc par temps clair ; la **vieille ville★★**, avec ses ruelles pavées et ses maisons anciennes, sa **cathédrale Saint-Pierre★★**, son superbe **musée d'Art et d'Histoire★★** et sa **maison Tavel★** (celle-ci vous permettra d'approfondir l'histoire genevoise du 14ᵉ au 19ᵉ s.) ; le **quartier international**, au nord de la ville, dont vous apprécierez le **musée Ariana★★** de la céramique, le **palais des Nations★★**, le **musée international de la Croix-Rouge et du Croissant-Rouge★★** et le **Jardin botanique★** ; et peut-être la dégustation de vins genevois, idéalement dans le vignoble alentour. *Pour plus de détails, consultez la nouvelle édition du* Guide Vert Suisse.

Ferney-Voltaire pratique

☙ Voir aussi les encadrés pratiques de Divonne-les-Bains, Monts Jura, et consulter *Le Guide Vert Suisse*.

Adresses utiles

Office du tourisme de Ferney-Voltaire – *26 Grand'Rue - 01210 Ferney-Voltaire - ✆ 04 50 28 09 16 - juil.-août : 10h-12h30, 14h-19h, sam. 9h30-12h30, 14h-17h, dim. et j. fériés 10h-12h ; reste de l'année : 10h-12h30, 14h-19h (nov.-mars 18h), sam. 9h30-12h30, 14h-17h - fermé dim. et j. fériés (sf 14 Juil. et 15 août).*

Genève Tourisme – *18 r. du Mont-Blanc - ✆ (022) 909 70 00 - www.geneve-tourisme.ch.*

Se loger

⊖ **Hôtel de Bellevue** – *5 r. de Gex - ✆ 04 50 40 58 68 - fermé 15 déc.-fin janv. - 10 ch. 43,50/53 € - ☐ 4,70 €.* Établissement atypique par excellence, cet hôtel installé dans une ancienne maison de maître ne plaira peut-être pas à tout le monde. Mais son atmosphère familiale, résolument passéiste, ne laisse jamais indifférent. Les amateurs des chaînes modernes passeront leur chemin, les autres tomberont sous le charme.

⊖⊖⊖ **Hôtel De France** – *1 r. Genève - ✆ 04 50 40 63 87 - hotelfranceferney@wanadoo.fr - fermé 22 avr.-1er Mai et 22 déc.-15 janv. - 14 ch. 82/115 € - ☐ 8,50 € - rest. 23/43 €.* Plaisante salle à manger (poutres, pierres, affiches et photos), jolie véranda, terrasse arborée, cuisine classique et petites chambres joliment meublées : vive le France !

Se restaurer

⊖⊖ **Le Pirate** – *Chemin de la Brunette - ✆ 04 50 40 63 52 - www.lepirate.fr - fermé 30 juil.-21 août, dim. et lun. sf j. fériés - 25 € déj. - 36/67 €.* Décor contemporain aux couleurs chaleureuses et plaisante véranda ouvrant, aux beaux jours, sur la fraîcheur d'une fontaine. Grand choix de menus dédiés aux produits de la mer.

⊖⊖⊖ **Chanteclair** – *13 r. Versoix - ✆ 04 50 40 79 55 - fermé 8-31 août, 21 déc.-3 janv., dim. et lun. - 27 € déj. - 38/65 €.* Une cuisine renouvelée au rythme des saisons et une intéressante carte des vins vous attendent en ce sympathique restaurant. Les tables sont dressées de façon originale dans cette salle à manger où dominent les tons bleu et jaune.

Escapade en Suisse

Les bateaux de la Compagnie générale de navigation, qui desservent régulièrement les rives suisse et française, offrent de multiples possibilités, dont des **croisières** à thème (gourmandes, Belle Époque). Les excursions peuvent durer de 20mn (pour aller de Montreux à Vevey, par exemple) à une journée entière. À retenir : les circuits d'un après-midi intitulés « tour du Petit Lac » au départ de Genève et « tour du Haut Lac » (le plus intéressant) au départ de Lausanne-Ouchy.

Compagnie générale de navigation – *Infoline ✆ (0) 848 811 848 - 1er juin-30 sept. : 7h30-18h, 1er oct.-31 mai : lun.-vend. 8h-12h, 13h30-17h30 - www.cgn.ch - horaires variables selon saisons et destinations.*

Château de Filain ★

CARTE GÉNÉRALE C2 – CARTE MICHELIN LOCAL 314 F7 – HAUTE-SAÔNE (70)

D'époque Renaissance, ce château, l'un des plus beaux de Haute-Saône, s'est construit autour d'une maison forte du 15e s. Les toits à l'impériale qui encadrent sa façade côté parc lui donnent un air franchement comtois. Celle-ci n'est qu'un des nombreux éléments qui font le charme de la vaste demeure. Son principal trésor est son incroyable cheminée d'où semble jaillir un cerf majestueux qui a, bien sûr, sa légende...

▶ **Se repérer** – À 16 km au sud de Vesoul, le château de Filain est un peu à l'écart des grands axes. Le plus rapide est de quitter Vesoul au sud par la N 57 jusqu'à la D 25 que l'on prend sur la gauche.

👁 **À ne pas manquer** – La grande cheminée du château, ornée d'un cerf magnifique, qui semble surgir de la pierre, en mémoire d'un des seigneurs légendaires de Filain ; le parc, avec sa haie de buis anciens et sa roseraie.

⏱ **Organiser son temps** – Comptez 2h pour la visite du château suivie d'une agréable balade dans le parc.

👪 **Avec les enfants** – Une volière peuplée de paons... une rivière où évoluent cygnes, carolins et mandarins : de quoi faire le bonheur des enfants !

☙ **Pour poursuivre la visite** – Voir aussi Fondremand, Lure, Vesoul, Villersexel.

DÉCOUVRIR LES SITES

Comprendre

Le cavalier noir – Une légende rapportée par **André Besson** assure qu'un seigneur de Filain aurait pactisé au 14ᵉ s. avec un ténébreux cavalier noir qui se révéla être Satan en personne. **Jacques de Tincey**, grand chasseur devant l'Éternel, avait décimé la faune sur ses terres et rentrait bredouille malgré d'interminables équipées. Il rencontra un jour ce mystérieux cavalier qui lui proposa de repeupler ses terres d'un abondant gibier s'il interdisait à sa famille et à ses gens d'aller à une messe solennelle. Très mortifié par ses derniers échecs, le seigneur finit par accepter et fit le lendemain une incroyable chasse qui aurait rassasié Gargantua. Mais la punition ne se fit pas attendre : il disparut brutalement, et on ne retrouva à sa place qu'un grand cerf mort. Immortalisé sur la grande cheminée du château, il serait autorisé à sortir une fois par an, à l'équinoxe d'automne. Mais cette sortie est périlleuse, car dehors l'attendent les redoutables meutes du cavalier noir qui le traquent alors sans répit jusqu'au bout de la nuit.

Le saviez-vous ?
Parmi les célèbres propriétaires du château de Filain figure notamment **Jacob François Marulaz** (1769-1842), général et baron d'Empire, qui s'illustra dans de nombreuses campagnes napoléoniennes et dans la défense de Besançon en 1814.

Visiter

📞 03 84 78 30 66 - www.filain.com - château : visite guidée (45mn) mai-oct. : tlj sf lun. et jeu. 10h-12h, 14h-18h - extérieurs : visite libre - 4 €.

Au 15ᵉ s., le promontoire était occupé par une maison forte flanquée de quatre tours, défendue par des meurtrières et des fossés. De cette époque date l'aile droite du château dont les fenêtres ont été agrandies au 16ᵉ s. et pourvues de meneaux. Le corps de logis Renaissance a été relié au 16ᵉ s. aux bâtiments primitifs. Entre les deux ordres de colonnes superposées (de style dorique romain au rez-de-chaussée et ionique à l'étage) se logent de larges fenêtres à meneaux. Au rez-de-chaussée, la galerie a été transformée en une suite de baies au début du 19ᵉ s. Depuis le jardin, on peut aisément apprécier la façade méridionale (16ᵉ s.), encadrée de deux tours carrées coiffées chacune d'un toit à l'impériale plus récent et typiquement comtois. Sous le Premier Empire, l'ancien pont-levis a été remplacé par le perron à balustres. On pénètre dans l'édifice par une porte Renaissance, remarquablement sculptée, percée à la fin du 15ᵉ s. dans une des anciennes tours d'angle du château fort.

À l'intérieur du château, dont une aile fut endommagée par un incendie en 2004, cinq pièces superbement meublées sont à découvrir. Notez la cuisine et sa belle collection de gaufriers et de moules à hosties, puis deux autres salles dont une abrite une collection ornithologique. Au premier étage, visitez la **salle des gardes**. Remarquez la **cheminée Renaissance★** particulièrement décorative. Vous pourrez également surveiller le fameux **cerf** qui semble surgir de la pierre, mais vous avez peu de chances d'assister à l'une de ses rares escapades, somme toute… légendaires !

Le château de Filain incorpore les éléments typiques de l'architecture comtoise.

FONDREMAND

Château de Filain pratique

Se loger

Chambre d'hôte Ferme des Gambes – Rte de Filain - 70000 Échenoz-le-Sec - 3,4 km à l'O de Filain par la D 25 et un chemin à droite - ✆ 03 84 78 35 39 - www.les-gambes.com - 4 ch. 55 € - repas 14 €. Les propriétaires de cette ferme comtoise en activité, pratiquant l'élevage de chèvres et de moutons, ont voulu reproduire l'intérieur typique des maisons suisses. On prend le petit-déjeuner dans la cuisine lambrissée de sapin. À l'étage, 4 chambres, ornées de bois, partagent 2 salles de bains.

Se restaurer

Ferme-auberge l'Aïeule – Lieu-dit les Monnins - 70190 Filain - 3 km au N de Filain - ✆ 03 84 78 31 07 - ouv. jeu. soir, vend. soir, sam. soir, dim. midi et j. fériés sf 25 déc. et 1er janv. - réserv. conseillée - 14 €. Le calme règne en maître dans ce lieu-dit isolé, offrant une vue superbe de la campagne alentour. Enseigne oblige, on vient dans cette auberge pour se régaler des bons produits de la ferme, réunis dans un menu unique. Service sans chichis dans une salle à manger décorée de façon simple mais très agréable.

Voir aussi les encadrés pratiques de Fondremand, Lure, Vesoul, Villersexel.

Fondremand

161 ROMANIFONTAINS
CARTE GÉNÉRALE B2 – CARTE MICHELIN LOCAL 314 E8 – HAUTE-SAÔNE (70)

Un imposant donjon du 11e s., de nombreuses maisons des 15e et 16e s., une charmante source vauclusienne aménagée au 19e s. Cette petite ville ne manque décidément pas d'atouts ! Elle est devenue un rendez-vous incontournable pour les artisans et artistes qui attirent des foules chaque été plus nombreuses.

- **Se repérer** – Fondremand se trouve à environ 22 km au sud-ouest de Vesoul par la D 474, puis la D 33 à gauche par Grandvelle-et-le-Perrenot et Maizières.
- **À ne pas manquer** – Le centre du village, avec ses maisons bourgeoises ou vigneronnes et ses petits châteaux restaurés avec tendresse par les habitants du village ; l'église et ses élégantes stalles à arcatures ; l'huilerie-moulin, proche de la source résurgente de la Romaine, exemple réussi d'un passé médiéval revivifié.
- **Organiser son temps** – Comptez une demi-journée pour visiter le village et son moulin. Si vous avez la chance de passer à la mi-juillet, lors des journées artisanales et artistiques, vous resterez certainement plus longtemps.
- **Avec les enfants** – Ils verront fonctionner avec intérêt le vieux moulin du 13e s., avec tous ses engrenages en bois, remis en activité par une meunière passionnée. Les plus audacieux pourront parcourir les frondaisons de la forêt toute proche, sur des parcours spécialement conçus pour eux (voir encadré pratique).
- **Pour poursuivre la visite** – Voir aussi le château de Filain, Gray, Gy, le château de Moncley, Ray-sur-Saône, Vesoul, Villersexel.

Se promener

Pratiquement oubliée depuis plusieurs siècles, la commune se refait un nom grâce au succès des journées artisanales et artistiques qui s'y déroulent chaque année autour du 14 juillet. Il semble que, depuis quelques années, tous se soient mobilisés pour restaurer, avec goût, les maisons et petits châteaux du village.

Église

W.-end 9h-18h. Au 13e s., cet édifice appartenait au château. À la belle rosace romane de la façade répond un chœur ogival primitif abritant une pierre tombale sculptée en haut relief (16e s.) et deux délicieuses stalles à arcatures. Dans la nef, Vierge aux raisins et Vierge de douleur (16e s.).

Château

✆ 03 84 78 20 03 - visite guidée juil. : 17h ; 1er-22 sept. : 19h ; reste de l'année : sur RV - fermé 14 Juil. - 3,30 € (enf. gratuit). Seul le donjon (11e s.) se visite. Un escalier taillé dans la muraille mène à la salle des gardes et aux cachots. L'escalier à vis (15e s.) permet d'accéder aux salles et à la charpente en chêne.

DÉCOUVRIR LES SITES

Source résurgente de la Romaine.

Huilerie-moulin
Longez le ruisseau sur 100 m après la source de la Romaine. 03 84 78 25 67 - www.artisans-comtois.com - tlj sf lun. 14h-18h30 - fermé 16-19 août - 2 €. Vente de produits artisanaux selon la saison (confitures, infusions, etc.).

Construit en 1201 au bord de la Romaine, ce moulin servit tour à tour d'huilerie, de battoir à blé et de ferme, et subit au cours des années de nombreuses modifications. Mais après avoir été laissé à l'abandon, une meunière s'est passionnée pour cet endroit et a décidé de lui donner un second souffle de vie. Aujourd'hui, selon la saison, huile de noix, farine ou encore jus de pommes y sont produits. La réhabilitation est complète, dans la tradition du 18e s., avec engrenages en bois, meule, presse…

Source de la Romaine
Au pied du donjon, la source résurgente de la Romaine, petit affluent de la Saône, fut aménagée en 1831. La façade néoclassique du lavoir ouvre sur un bassin circulaire (très apprécié des enfants !) par une variante de la « serlienne », c'est-à-dire une baie cintrée encadrée de deux baies droites plus étroites (ici au nombre de quatre).

Fondremand pratique

Voir aussi les encadrés pratiques du château de Filain, Gray, Gy, château de Moncley, Ray-sur-Saône, Vesoul, Villersexel.

Adresse utile
Office du tourisme de Rioz – Pl. du Souvenir - 70190 Rioz - 03 84 91 84 98 - www.tourisme-pays7rivieres.org - déb. juin à mi-sept. : 9h-12h15, 14h-18h, merc. 9h-12h15 ; de mi-sept. à fin mai : tlj sf lun. et w-end 8h30-12h30, 13h30-17h30 - fermé 2e quinz. de déc., 1er et 8 Mai, 14 Juil., 15 août.

Se restaurer
Le Logis Comtois – 111 r. Charles-de-Gaulle - 70190 Rioz - 03 84 91 83 83 - fermé 18 déc.-30 janv., dim. soir et lun. midi - 12/28 €. Auberge campagnarde toute simple abritant une salle à manger lambrissée ; plats traditionnels. Petites chambres simples mais bien tenues dans l'annexe située à 150 m.

Sports & Loisirs
Acro'Cimes – Avr.-sept. sur réservation 03 84 20 52 26. Au cœur de la forêt de Montbozon, 6 parcours dont 3 réservés aux enfants.

SPORTS NAUTIQUES
Descente en canoë-kayak et initiation. Location de matériel :
Espace Loisirs de Voray – 8 r. du Moulin - 70190 Voray-sur-l'Ognon - 03 81 56 89 29.
Centre nautique – R. du Pont - 70230 Montbozon - 03 84 20 52 26.

Événement
Journées artisanales et artistiques – 13-15 juil. - 03 84 78 98 89. Artisanat, folklore, musique, spectacles.

Fougerolles

3 967 FOUGEROLLAIS
CARTE GÉNÉRALE C1 – CARTE MICHELIN LOCAL 314 G5 – HAUTE-SAÔNE (70)

Comtoise ou vosgienne ? La petite ville a longtemps souffert de sa position frontalière qui lui valut d'être disputée par les ducs de Bourgogne et de Lorraine. Aujourd'hui capitale du « pays de la cerise », elle est très réputée pour sa production artisanale et industrielle de kirsch.

- **Se repérer** – Fougerolles se situe à 10 km au nord de Luxeuil-les-Bains, par la N 57. Ne faites pas la confusion avec le village de Fougerolles-le-Château, à 2 km plus au nord.

- **À ne pas manquer** – L'exceptionnel écomusée du Pays de la cerise, qui abrite une véritable unité de production de kirsch, avec ses alambics en fonctionnement ; le verger-conservatoire et ses variétés – locales ou anciennes – de cerisiers.

- **Organiser son temps** – Prenez une demi-journée pour visiter le village et ses alentours en toute tranquillité. Essayez de venir au printemps, lorsque les cerisiers sont en fleur, ou bien en été, lorsqu'ils croulent sous les fruits.

- **Avec les enfants** – Emmenez-les voir les cervidés et les chamois du parc animalier, près de l'ermitage Saint-Valbert.

- **Pour poursuivre la visite** – Voir aussi le massif du Ballon d'Alsace, Luxeuil-les-Bains, le plateau des Mille Étangs.

Visiter

Écomusée du Pays de la cerise★

2 km au nord par le C 201. ☎ 03 84 49 52 50 *- juil.-août : 10h-19h, dim. et j. fériés 14h-19h (dernière entrée 2h av. fermeture) ; reste de l'année : tlj sf mar. 14h-18h.*

Installé au hameau du Petit-Fahys, dans les bâtiments d'une des premières distilleries industrielles du terroir (1831), ce musée particulièrement vivant s'attache à présenter une authentique unité de production de kirsch. Un des pionniers de la distillation industrielle, **Desle-Joseph Aubry**, propriétaire en 1829, vient de quitter sa maison. Vous la retrouvez inchangée, à travers 20 salles entièrement meublées : maison des domestiques, grenier d'affinage, entrepôt d'expédition, ateliers… Les batteries d'alambics monumentaux et étin-

Kirsch et cerises

« Site remarquable du goût » *(voir p. 36)* depuis 1994 pour son fameux kirsch, Fougerolles compte dans ses vergers quelque 40 000 cerisiers. Les principales variétés cultivées, appartenant à la famille des **guignes**, sont l'auchâteau, la bêcha, la chapendu, la grande queue, la jean blanc, la marie jean diaude, la tinette.
La ville possède, depuis 1991, sa propre **Confrérie des gousteurs d'eau de cerise** dont l'objectif est de faire connaître les produits du terroir fougerollais.

Alambics de l'Écomusée du Pays de la cerise.

DÉCOUVRIR LES SITES

celants, fonctionnant au bain-marie ou à la vapeur, vous feront grande impression. L'inséparable environnement agricole et les diverses activités artisanales se greffant sur la distillerie sont évoqués par de nombreux outils et reconstitutions d'ateliers : tonnellerie, vannerie, textiles, four à pain, « chélo » (abri agricole).

Un **verger-conservatoire**, où sont cultivées des variétés locales de cerisiers, jouxte les bâtiments de l'écomusée.

Aux alentours

Ermitage Saint-Valbert

Autour d'une ancienne grotte fréquentée par saint Valbert au 7e s., l'ermitage s'est particulièrement développé au 18e s. Vous y verrez une statue du saint sculptée dans le rocher.

Juste à côté, un **parc animalier** de 60 ha (chevreuils, cerfs, chamois…) fera le plaisir des enfants. 03 84 49 12 91 - visite guidée (2h) les 25 et 27 juil., 1er, 3, 8 et 10 août : 15h - 5 €.

Fougerolles pratique

Voir aussi les encadrés pratiques du massif du Ballon d'Alsace, Luxeuil-les-Bains, plateau des Mille Étangs.

Adresse utile

Office du tourisme de Fougerolles – 1 r. de la Gare - 70220 Fougerolles - 03 84 49 12 91 - www.otsi-fougerolles.net - 4 janv.-31 mai : tlj sf lun. 10h-12h, 14h-17h ; de déb. juin à fin oct. : 9h30-12h30, 14h-18h, lun. 14h-18h ; 2 nov.-31 déc. : tlj sf lun. 10h-12h, 14h-17h, sam. 10h-12h - fermé nov.

Se loger

Bon à savoir – Neuf gîtes situés à la périphérie de Fougerolles, d'une capacité d'accueil variant de 3 à 10 personnes, sont proposés à la location (semaine ou week-end). *Pour informations et réservations s'adresser au* 03 84 97 10 80.

Se restaurer

Au Père Rota – 8 Grande-Rue - 03 84 49 12 11 - jean-pierre-kuentz@wanadoo.fr - fermé 1er-5 sept., 2-28 janv., mar. soir, dim. soir et lun. sf j. fériés - 19 € déj. - 33/64 €. Capitale du « pays de la cerise », Fougerolles est réputée pour sa production de kirsch. Le chef de ce restaurant a bien sûr intégré la griottine dans ses préparations, mais il propose également bien d'autres recettes aussi classiques que savoureuses. Belle carte des vins et élégante salle à manger.

Que rapporter

Vaulot – 49 Le Grand-Fahys - 03 84 49 10 95. La boutique installée dans la ferme propose les jus de fruits, sirops, alcools et confitures faits sur place. Parfums classiques et plus originales et goûteuses associations : pomme-kiwi, sureau-coing, rhubarbe-fraise. Les liqueurs de mirabelle, kirsch, quetsche et prune ont été récompensées au Concours général agricole.

La Distillerie Paul Devoille – 9 r. des Moines-Hauts - 03 84 49 10 66 - http://devoille.com - juil.-août : 8h-12h, 14h-18h ; le reste de l'année : tlj sf w.-end 8h-12h, 14h-18h - fermé j. fériés sf 14 Juil. et 15 août. La maison Paul Devoille fait partie des plus anciennes distilleries de Fougerolles. Créée en 1859, elle élabore aujourd'hui, selon les méthodes traditionnelles, une large gamme d'eaux-de-vie, liqueurs, crèmes, apéritifs et fruits à l'alcool. Visites guidées gratuites à 15h30 *(juil.-août : lun.-vend. ; reste de l'année : mar.)* suivies d'une dégustation.

Barrage de **Génissiat** ★

CARTE GÉNÉRALE B5 – CARTE MICHELIN LOCAL 328 H4 – AIN (01)

Jusqu'en janvier 1948, date de la mise en eau du barrage de Génissiat, le Rhône, en arrivant à Bellegarde, disparaissait aux basses eaux dans une fissure profonde de 60 m. C'était la « perte » du Rhône. Le site a été transformé en un lac-réservoir long de 23 km où évoluent, à la belle saison, les embarcations de plaisance. Ce lac occupe le fond de la vallée et emplit, en aval de Bellegarde, les gorges taillées par le fleuve qui coulait, au point le plus resserré, entre deux falaises distantes de 1,70 m.

- **Se repérer** – Le barrage de Génissiat se situe à 13 km au sud de Bellegarde-sur-Valserine, par la D 25 et Billiat, puis la D 72^A. Cette dernière emprunte la crête de l'ouvrage et offre de belles vues sur la retenue.
- **À ne pas manquer** – L'impressionnant ouvrage, haut de 104 m et le fonctionnement des canaux évacuateurs du Rhône, en période de hautes eaux.
- **Organiser son temps** – C'est au début de l'été que le barrage est le plus spectaculaire, lorsque les canaux évacuateurs du fleuve fonctionnent à plein.
- **Avec les enfants** – Ils seront émerveillés par le « saut de ski », qui peut donner naissance à une splendide gerbe d'écume.
- **Pour poursuivre la visite** – Voir aussi Bellegarde-sur-Valserine, le Bugey, le Grand Colombier, Nantua.

Comprendre

Le Rhône jurassien – Né en Suisse, à 2 200 m d'altitude, dans les cirques glaciaires de l'Oberland, entre les cols de la Furka et du Grimsel, le Rhône a, jusqu'à son arrivée dans le lac Léman (alt. 309 m), une allure torrentielle. Entré trouble et boueux dans ce lac, il en sort remarquablement limpide.

C'est en quelque sorte un nouveau fleuve, le Rhône de France, qui commence. Dans la traversée du Jura, la pente moyenne est sept fois moins forte que dans le cours suisse. Mais le régime demeure irrégulier ; la hauteur d'eau varie, suivant la saison, de 0,30 m à 5 m.

Peu après avoir quitté Genève, le Rhône reçoit l'Arve, rapide et abondante, qui lui apporte les eaux des glaciers du mont Blanc. 30 km plus loin, il se heurte à la haute et abrupte barrière du Jura dont il lui faudra franchir les chaînons parallèles par une succession de cluses. La première de ces cluses est le pittoresque défilé de l'Écluse *(voir Bellegarde-sur-Valserine)*. Le Rhône, large de 350 m à sa sortie de Genève, s'est ici fortement rétréci pour se frayer un passage : il n'a plus que 20 m.

Site de Génissiat.

Pierre Huchette // MICHELIN

Les centrales – L'aménagement du fleuve a été confié, sur le territoire français, à la Compagnie nationale du Rhône. De Genève à Lyon, neuf centrales utilisent les eaux du Rhône : deux en Suisse, celles de Verbois et de Chancy-Pougny ; sept en France, celles de Génissiat, Seyssel, Chautagne, Belley, Brégnier, Sault-Brenaz et Cusset-Villeurbanne.

Découvrir

Site

En amont de l'emplacement choisi, le Rhône est encaissé entre de hautes falaises, ce qui permettrait de relever son niveau de 69 m sans provoquer de submersions importantes. La qualité du calcaire sur lequel devaient s'ancrer les 600 000 m^3 de béton de l'ouvrage était une question d'une importance primordiale : il aurait pu

DÉCOUVRIR LES SITES

y avoir risque de voir les eaux passer sous le barrage par les fissures du sous-sol. L'homogénéité de la roche fut reconnue satisfaisante, et les travaux purent commencer en 1937. Le barrage a été mis en eau début 1948.

👁 Depuis les attentats du 11 septembre 2001, en raison de l'application du plan Vigipirate renforcé, plus rien ne se visite à l'intérieur du site.

Barrage

Jadis surnommé le « taureau furieux », le Rhône est aujourd'hui corseté par une ceinture de barrages qui canalise ses emportements. Haut de 104 m à partir des fondations, long de 140 m à la crête, épais de 100 m à la base, le barrage de Génissiat est du type **barrage-poids**, c'est-à-dire qu'il résiste par sa seule masse à la poussée des eaux. La retenue d'eau, de 53 millions de m^3, s'étend sur 23 km jusqu'à la frontière suisse. Pour parer aux violentes crues du Rhône, dont le débit peut passer de 140 à 2 800 m^3 par seconde, deux canaux évacuateurs ont été construits, l'un à l'air libre sur la rive droite, le « saut de ski », l'autre en souterrain sur la rive gauche. Le « saut de ski » donne naissance, lorsqu'il fonctionne (généralement au début de l'été), à une majestueuse gerbe d'écume.

Centrale Léon-Perrier

📞 *04 79 81 31 36 - visites suspendues pour raisons de sécurité, mais possibilité de se rendre aux abords du barrage.*

Au pied du barrage avec lequel elle fait corps, la centrale Léon-Perrier porte le nom du fondateur de la Compagnie nationale du Rhône. Elle peut produire 1 700 millions de kWh en année moyenne. La **salle des machines** est l'une des réussites françaises pouvant être mises à l'actif de l'« esthétique industrielle ».

🍃 Voir aussi les encadrés pratiques Bellegarde-sur-Valserine, le Bugey, le Grand Colombier, Nantua.

Gigny

260 GIGNISSOIS
CARTE GÉNÉRALE B4 – CARTE MICHELIN LOCAL 321 C8 – JURA (39)

Dans le cadre verdoyant de la vallée du Suran, Gigny occupe un site d'habitat très ancien, révélé par d'importantes découvertes archéologiques. Fondée au 9e s. par l'abbé Bernon, qui participa activement à la création de Cluny, l'abbaye bénédictine de Gigny se maintint avec difficulté jusqu'à la Révolution. Elle a aujourd'hui disparu, mais l'église abbatiale, bien grande pour un si petit village, constitue un beau témoignage de ce riche passé religieux.

▶ **Se repérer** – Gigny se trouve à 29 km au sud de Lons-le-Saunier, par la D 117.

👁 **À ne pas manquer** – L'impressionnante église abbatiale romane et son clocher octogonal ; l'ancienne cité fortifiée de Saint-Amour et sa tour Saint-Guillaume ; le château de Chevreaux, restauré depuis les années 1990 par de jeunes passionnés, et la vue qu'il procure sur la plaine de Bresse.

🕐 **Organiser son temps** – Gigny et son église se visitent en 1h, mais comptez une journée pour découvrir Saint-Amour et le château de Chevreaux.

🍃 **Pour poursuivre la visite** – Voir aussi Lons-le-Saunier, l'église de Saint-Hymetière, le lac de Vouglans.

Visiter

Église abbatiale

Visite : 15mn. Cette abbatiale fut construite de 886 à 893 par l'abbé Bernon, de Baume-les-Messieurs. C'est ce même abbé qui, en 910, participa avec 12 moines à la création de l'abbaye de Cluny. Plusieurs fois remaniée, elle n'en demeure pas moins d'un grand intérêt. Sur la croisée du transept s'élève le clocher octogonal du 17e s., surmonté d'un toit au galbe élégant ; deux de ses côtés ont

La grotte de la Baume

Cette grotte naturelle d'une falaise affouillée par le Suran fut fréquentée par les hommes du paléolithique. Elle a révélé le plus ancien témoignage d'activité humaine dans le Jura : un **biface** datant de quelque 145 000 ans… Les vestiges abandonnés sur place (silex, os de rennes, pollens, restes d'animaux divers) ont fourni de précieux renseignements sur le mode de vie de l'homme préhistorique.

GIGNY

Église abbatiale de Gigny.

conservé de l'époque romane leur double arcature aveugle. L'intérieur, aux dimensions imposantes, est sobre et dépouillé. La nef est séparée des bas-côtés par des piliers circulaires à chapiteaux cubiques. Dans le chœur, les grandes arcades et les piliers octogonaux très massifs datent probablement du 10e s. Sur l'ancien maître-autel a été déposée une châsse de saint Taurin, patron de la paroisse. Le bas-côté gauche conserve des dalles funéraires du 16e s.

Aux alentours

Saint-Amour
15 km à l'ouest. Frontière entre trois départements, cette petite ville était fortifiée, comme en témoigne encore la fameuse **tour Guillaume** (16e s.). Quelques monuments, dont la fontaine des Dauphins, illustrent la prospérité de la ville à partir du 16e s.

En quittant Saint-Amour à l'est par la D 3 en direction de Saint-Julien, la route grimpe sur les derniers contreforts du Revermont et vous dévoile de belles vues sur la Bresse.

Château de Chevreaux
15 km au nord-ouest par la D 51 et Cuiseaux. 03 84 85 95 77 - accès libre au château toute l'année, sf intérieur - juil.-août : possibilité de visite libre des bâtiments (écuries, tour) et des chantiers de sauvegarde - gratuit. Encore masquées par une végétation envahissante dans les années 1990, les belles ruines de ce château retrouvent leur fierté grâce à des équipes de jeunes bénévoles du monde entier qui viennent les restaurer, tout en jouissant d'une **vue**★ panoramique sur la plaine de la Bresse. Les anciennes écuries abritent une exposition sur les méthodes de construction au Moyen Âge.

Gigny pratique

& Voir aussi les encadrés pratiques de Lons-le-Saunier, lac de Vouglans.

Adresse utile

Office du tourisme de Saint-Amour – *17 pl. d'Armes - 39160 Saint-Amour - 03 84 48 76 69 - de mi-juin à fin août : 10h-12h, 15h-18h, sam. 10h-12h ; reste de l'année : mar. et jeu. 14h-17h, sam. 10h-12h - fermé vac. de Noël, dim. et j. fériés.*

Se loger

Camping Municipal – *4 av. des Sports - 39160 St-Amour - 03 84 48 71 68 - info@cc-pays-de-st-amour.fr - avr.-sept. - 70 empl. 16 €. Ce camping municipal offre une solution intéressante pour un séjour à Saint-Amour : 70 emplacements ombragés et électrifiés, piscine, 2 courts de tennis, bloc sanitaire propre. Prix raisonnables.*

Se restaurer

Hôtel-restaurant du Commerce – *7 pl. de la Chevalerie - 39160 Saint-Amour - 03 84 48 73 05 - hotel-commerce.raffin@wanadoo.fr - fermé 2 sem. déb. janv., 2 sem. fin déc., dim. hors saison et lun. - 17/46 € - 9 ch. 46/55 € - 7,50 €. Cet hôtel fait figure d'institution à Saint-Amour. Cossu, le hall débouche sur le restaurant, une vraie table gastronomique au service un peu strict, mais correct. On compte 9 chambres sur 3 étages.*

DÉCOUVRIR LES SITES

Grand Colombier ★★★

CARTE GÉNÉRALE B5 – CARTE MICHELIN LOCAL 328 H5 – SCHÉMA P. 165
AIN (01)

Culminant à 1 531 m, le Grand Colombier est le sommet le plus élevé du Bugey. Certes, les routes en lacets et les chemins pierreux ne facilitent pas son accès, mais les exceptionnels panoramas qui attendent les courageux justifient largement cet effort. Les points de vue n'ont d'égal que la taille du massif… géants !

Du Grand Colombier, la vue s'étend jusqu'à la chaîne des Alpes.

- **Se repérer** – En partant de Bellegarde-sur-Valserine, prenez la D 25 jusqu'à Billiat, puis à gauche la D 991 jusqu'à Seyssel et continuez tout droit jusqu'à Anglefort (D 992). Vous atteindrez le sommet par la D 120^A après 15 km de montée assez rude, mais qui en valent la peine ! Vous pouvez aussi partir de Virieu-le-Petit ou de Culoz (cette dernière desservie par le TGV), par la D 120.
- **À ne pas manquer** – Les superbes panoramas offerts par le Grand Colombier et l'observatoire du Fenestrez : Jura, vallée du Rhône, Massif central et Alpes, lacs du Bourget, d'Annecy, Léman seront au rendez-vous pour vous réjouir l'âme.
- **Organiser son temps** – Prévoyez 3h pour faire le trajet en voiture en vous arrêtant au belvédère de Fenestrez et au sommet pour admirer les splendides panoramas sur la région. Les plus sportifs prévoieront la journée pour faire l'ascension à pied ou à vélo.
- **Avec les enfants** – Profitez des paysages splendides qui vous entourent pour vous adonner aux joies du cyclotourisme en famille *(voir encadré pratique)*.
- **Pour poursuivre la visite** – Voir aussi Bellegarde-sur-Valserine, Belley, le Bugey, le barrage de Génissiat, Nantua.

Circuit de découverte

DE VIRIEU-LE-PETIT À CULOZ

29 km – comptez environ 2h (attention, zones de dénivelé à 14 %).

Au départ de Virieu, la route aborde la montagne du Grand Colombier par une série de lacets d'abord dessinés dans un paysage pastoral. Après l'orée de la forêt, le parcours, tracé dans de magnifiques sapinières, devient très beau.

Après avoir laissé à gauche la route de Lochieu, un beau replat d'alpages, à hauteur de la grange de Fromentel, offre des échappées sur le bassin de Champagne-en-Valromey.

Après un nouveau kilomètre de montée en forêt, la route menant au relais-hôtel du Colombier se détache à gauche, alors qu'un dernier lacet à flanc de montagne permet d'atteindre le col.

Grand Colombier★★★

Du parking, deux sommets facilement accessibles à pied s'offrent au promeneur. Au nord, celui arrondi qui porte la croix *(30mn à pied AR - table d'orientation)* ; au sud, celui qui se termine en arête abrupte sur le versant ouest et qui porte le point culminant *(45mn à pied AR)*. Ils révèlent des panoramas amples et magnifiques sur le Jura, la Dombes, la vallée du Rhône, le Massif central et les Alpes. Par beau temps, trois lacs scintillent au soleil : Léman, Bourget, Annecy.

Sur le versant oriental de la montagne, la route parcourt d'abord de hauts pâturages avant de pénétrer en forêt. Dans un lacet, à 5 km du sommet, prenez à droite vers le Fenestrez.

Observatoire du Fenestrez★★

Un sentier conduit au bord de la falaise d'où l'on domine d'environ 900 m la plaine de Culoz. On découvre, au sud-est, le lac du Bourget, puis Chambéry ; à l'est, le lac d'Annecy. Au-delà, la vue s'étend jusqu'à la chaîne des Alpes.

De retour à la route principale, la prendre à droite, descente à 15 %. À 4 km de là, on laisse à gauche la route vers Anglefort.

La descente sur Culoz *(12 % par endroits – 13 lacets)* offre des vues impressionnantes sur le Bugey, la vallée du Rhône et la plaine de Culoz, surtout lorsque la route est taillée au ras de l'abrupt, au pied de la forêt.

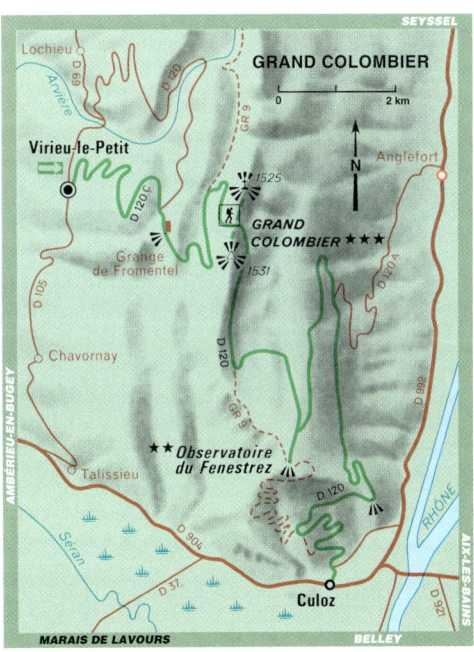

Aux alentours

Seyssel

13 km au nord de Culoz par la D 992. Les habitants de Seyssel, autrefois grand port fluvial de la Savoie sur le Rhône, ne peuvent ignorer le fleuve qui coupe la commune en deux. Ils en ont logiquement profité pour développer un commerce fructueux avec Lyon, et fabriquaient sur place leurs fameuses **seysselanes**, grandes barques à fond plat, qui servaient au transport des marchandises.

Seyssel est aujourd'hui surtout connu pour les excellents vins blancs de son terroir identifiés généralement sous le nom du cépage producteur, l'altesse. L'agglomération, jadis partagée entre la France et la Savoie, reste écartelée entre les départements de la Haute-Savoie et de l'Ain. Le pont suspendu reliant les deux bourgs – qui ont conservé chacun leur noyau ancien – constitue le trait le plus caractéristique du paysage seysselan. Plus récemment, un pont à haubans a été construit au sud de l'agglomération.

DÉCOUVRIR LES SITES

Barrage de Seyssel

1,5 km en amont de Seyssel. Ce barrage de compensation est destiné à régulariser le débit du Rhône à la sortie de Génissiat. L'ouvrage a créé un nouveau plan d'eau au pied de l'éperon qui porte l'église de **Bassy**, fort bien située. L'usine peut produire 150 millions de kWh par an.

Grand Colombier pratique

Voir aussi les encadrés pratiques de Bellegarde-sur-Valserine, Belley, le Bugey, Nantua.

Adresse utile

Office du tourisme de Culoz – Grand Colombier – Marais de Lavours – *R. de la Mairie - 01350 Culoz -* 04 79 87 00 30 *- juil.-août : lun. 14h-17h, mar.-vend. 9h-12h30, 14h30-18h30, sam. 9h-12h30, 13h30-17h ; sept.-juin : tlj sf lun. et dim. 9h-12h, 14h30-17h30, sam. 9h-12h - fermé j. fériés.*

Se loger

Au Vieux Tilleul – *01260 Belmont-Luthézieu - 10,5 km à l'O de Virieu-le-Petit par la D 69ᶠ, puis la D 54ᶜ -* 04 79 87 64 51 *- fermé lun. et mar. midi hors saison -* 🅿 *- 16 ch. 43/58 € -* 🍽 *8 € - rest. 12,50/38 €.* Au ravissant décor qui s'harmonise autour d'un tissu bleu et jaune qu'on dirait peint par Van Gogh, ajoutez le calme, le confort des chambres et un bon accueil. Vue splendide sur le Grand Colombier ou la forêt. Cuisine elle aussi très bien inspirée.

Camping Le Colombier – *01350 Culoz - 1,3 km de Culoz, au carrefour des D 904 et D 992, bord d'un ruisseau -* 04 79 87 19 00 *- http://camping.colombier.free.fr - 14 avr.-23 sept. - 81 empl. 13 € et 8 mobile homes 200/480 € par sem. pour 6 pers.* Ce camping bordant le plan d'eau compte 81 emplacements de confort inégal. On préférera bien sûr ceux qui combinent pelouse et ombrage, plus éloignés des nuisances sonores éventuelles.
Le secteur locatif dispose de 8 mobile homes. Bloc sanitaire central, de belle architecture et aires de jeux pour petits et grands.

Se restaurer

Hôtel du Rhône-La Table du Pont de Seyssel – *10 quai Charles-de-Gaulle - 01420 Seyssel -* 04 50 59 20 30 *- www.hoteldurhone-seyssel.com - fermé 20-30 nov., dim. soir et lun. d'oct. à avr. - 19,50/32,50 € - 12 ch. 46 € -* 🍽 *6,50 €.* Bien que l'hôtel, ouvert depuis une centaine d'années, propose une formule d'hébergement fort convenable à des prix raisonnables, le restaurant de cet établissement reste son point fort. On y déguste des menus gastronomiques aux produits du terroir et quelques spécialités maison arrosées de vins des alentours.

Sports & Loisirs

Cyclotourisme – Pour tous renseignements sur les circuits balisés de *l'Ain à vélo* (boucles « débutants », « confirmés », « familles »), sur la montée à bicyclette au départ de Culoz (D 120) jusqu'au col du Grand Colombier, ou encore sur les parcours de VTT dans le massif du Grand Colombier ou le long du Rhône et du Séran, renseignez-vous auprès de l'office du tourisme de Culoz.

Gray

6 773 GRAYLOIS
CARTE GÉNÉRALE B2 – CARTE MICHELIN LOCAL 314 B8 – HAUTE-SAÔNE (70)

Bâtie en amphithéâtre sur une colline dominant la Saône, Gray marque le terminus de la navigation sur cet affluent du Rhône. La ville, qui fut longtemps le plus grand port de la France de l'Est, est devenue une étape très prisée des plaisanciers. Son patrimoine n'est pas en reste, fièrement représenté par son hôtel de ville, joyau Renaissance coiffé d'un superbe toit de tuiles vernissées.

- **Se repérer** – Gray se situe à 52 km à l'est de Dijon par la D 70 et à 43 km au nord-ouest de Besançon par la D 67. On peut aussi y accéder par Pesmes (19 km vers le nord par la D 475).

- **Se garer** – Pour visiter la vieille ville, garez-vous place Boichut et prenez la rue Maurice-Signard.

- **À ne pas manquer** – Gray recèle un trésor de la Renaissance comtoise : son hôtel de ville aux tuiles vernissées et aux élégantes colonnes de marbre rose. Sa vieille ville garde encore des traces de son passé médiéval de ville fortifiée, telle la tour Paravis. Visitez les riches galeries du musée Baron-Martin, notamment ses collections de primitifs flamands, de gravures de Rembrandt et de pastels et dessins de Prud'hon.

- **Organiser son temps** – Consacrez une journée à cette petite cité de caractère.

- **Avec les enfants** – La forêt domaniale des Hauts-Bois ou les rives de la Saône, toutes proches, leur offriront de nombreuses possibilités de randonnées *(voir encadré pratique)*.

- **Pour poursuivre la visite** – Voir aussi l'abbaye d'Acey, Besançon, Champlitte, Fondremand, Gy, le château de Moncley, Pesmes, Ray-sur-Saône.

L'hôtel de ville et son joli toit polychrome.

Se promener

LA VIEILLE VILLE

Comptez 45mn.

Hôtel de ville★ 1

C'est un superbe édifice à arcades de style Renaissance (1568-1572), orné de gracieuses colonnes en marbre rose de Sampans (Jura), et coiffé d'un beau toit bourguignon de tuiles vernissées. Il constitue l'un des chefs-d'œuvre de la Renaissance en Franche-Comté. Au centre se trouvent les armes et la devise de la ville. Au 16e s., le rez-de-chaussée du bâtiment abritait les marchés. À gauche de la façade, le cadran solaire déclare *Lucem demonstrat umbra*, qui peut se traduire par « l'ombre dénonce la lumière ».

Empruntez la rue de l'Église.

Basilique Notre-Dame 1

☎ 03 84 65 69 03 - tlj sf dim. matin 9h-12h, 14h-19h.

Commencé à la fin du 15e s., l'édifice est surmonté, à la croisée du transept, d'un puissant lanternon baroque, à triple toiture de tavaillons. Il s'ouvre par un portail achevé en 1863.

En entrant, vous trouvez à gauche le plan légendé et éclairé de l'église. Remarquez le **Christ au tombeau** attribué à Lullier (16e s.), le crucifix (16e s.) et l'arbre de Jessé composant la structure de pierre du vitrail axial. Les murs couverts d'ex-voto témoignent de la dévotion à la Vierge miraculeuse. La chapelle de droite abrite le cœur de saint Pierre Fourier. Buffet d'orgues en bois sculpté (18e s.).

DÉCOUVRIR LES SITES

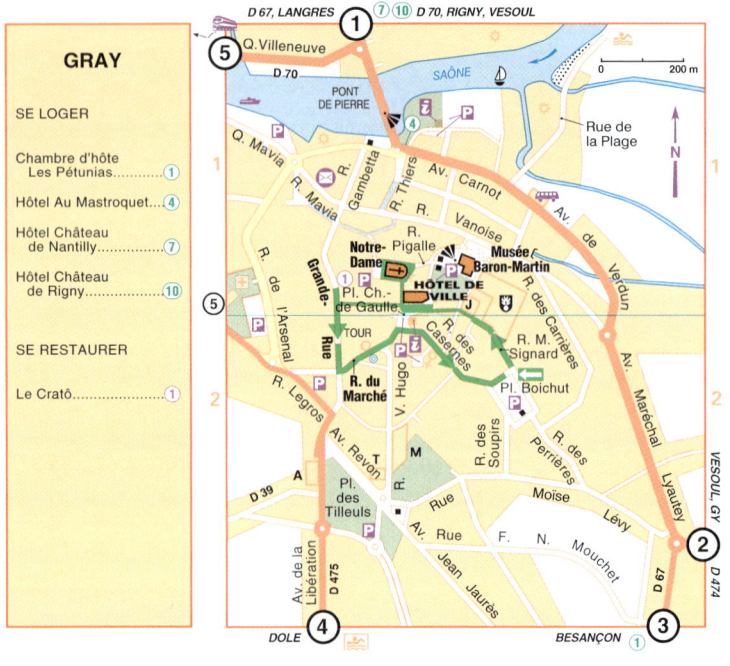

Contournez l'église pour voir la **tour Paravis**. Datant du 13ᵉ et 14ᵉ s., elle constitue l'un des derniers vestiges de la forteresse de Gray, et marque aujourd'hui l'entrée du musée Baron-Martin *(voir « Visiter »)*. Revenez vers l'hôtel de ville et tournez à droite dans la rue des Terreaux. Remarquez, au nᵒ 20, la porte Renaissance. Au bas de la rue, une structure en bois ajourée a pris la place de bâtiments insalubres. Élevée pour garder l'alignement de la rue, elle abrite un square.

Grande-Rue 1-2
N'hésitez pas à entrer dans la cour du nᵒ 71, pour voir avec du recul l'**hôtel de Conflans** (16ᵉ s.) et sa belle « viorbe » (tour d'escalier). En descendant, remarquez aussi la porte Louis XIV au nᵒ 54, et entrez au nᵒ 32 pour jeter un œil à l'**hôtel-Dieu** (1747), qui abrite toujours un centre de soin. À l'intérieur *(suivez le couloir face à l'entrée)*, la chapelle, avec son autel et son tabernacle du 18ᵉ s., est ceinte de verrières de 1930. Dans un décor de boiseries, l'**apothicairerie** de l'hôtel-Dieu recèle des objets rares, dont 119 pièces de faïences datant des 17ᵉ, 18ᵉ et 19ᵉ s. *Visites sur rendez-vous auprès de l'office de tourisme.*

Reprenez la Grande-Rue en sens inverse jusqu'à la rue du Marché, que vous suivez.

Rue du Marché 2
Remarquez une statue de saint Pierre Fourier par Grandgirard, et au nᵒ 10, l'ancien grenier public (16ᵉ s.), avant de gagner au nᵒ 4 l'**hôtel Gauthiot-d'Ancier**. Saint Pierre Fourier vivait à l'arrière de ce bâtiment prestigieux, dans une cellule. À l'origine, partie intégrante de l'hôtel, la tour ou encore « tourniquet » est un exemplaire unique d'un **escalier en bois pivotant** (1550). *Visite sur demande à l'office de tourisme.*

Prenez à droite la rue des Casernes.

S'y trouve l'ancien **hôtel des Gouverneurs**, aux portes, fenêtres et lucarnes ornées, qui abrite désormais une école. En face, la chapelle des Carmélites, rarement ouverte, a été transformée en musée d'Art religieux.

Le saviez-vous ?
◉ Outre le lion de Franche-Comté, le **blason de la ville** porte trois flammes d'or qui rappellent les trois terribles incendies auxquels la cité a réchappé en 1324, 1440 (par les Écorcheurs) et 1477 (par les troupes de Louis XI). D'où la devise de la ville « trois fois victorieuse des flammes ».

◉ Gray est le pays natal d'**Augustin Cournot** (mathématicien et philosophe) et de **François Devosge** (1732-1811), fondateur de l'école des beaux-arts de Dijon ; il eut pour élèves Prud'hon et Rude. Mort à Gray le 9 novembre 1640, le prédicateur lorrain **saint Pierre Fourier** s'était réfugié là pendant la guerre de Dix Ans. On suit sa trace dans toute la vieille ville.

Visiter

Musée Baron-Martin★ 1
☎ 03 84 65 69 10 - mai-sept. : 10h-12h, 14h-18h ; oct.-avr. : 14h-17h - fermé mar., 1er janv., 1er Mai, 1er nov., vac. de Noël - 3,60 € (enf. 2,50 €), gratuit 1er dim. du mois.

Ce beau petit musée est installé dans le château du comte de Provence (frère de Louis XVI et futur Louis XVIII). L'édifice remplaça au 18e s. la forteresse féodale des ducs de Bourgogne, dont subsistent la tour du Paravis et les caveaux, tous deux du 14e s. Après les salles consacrées aux primitifs des différentes écoles occidentales, suivent les écoles italienne (16e au 18e s.), flamande (17e s.), hollandaise (17e s.) – dont quelques gravures de Rembrandt – et française (16e au 19e s.).
Ce parcours dans le temps se prolonge jusqu'à la fin du 19e s. et au début du 20e s. : Albert Besnard et d'Aman-Jean, pierres lithographiques de Fantin-Latour, tableaux de Tissot, Steinlen. Les caveaux voûtés (13e s.) abritent une petite collection d'antiquités, et l'étage, des expositions temporaires.

> **Espéranto**
>
> La ville de Gray a la singularité d'être un **centre espérantiste actif**, dont le musée retrace l'histoire de la langue internationale depuis sa création en 1887. *Gratuit - pour toute information ou visite, se renseigner au musée - Maison pour tous - 19 r. Victor-Hugo -* ☎ *03 84 67 06 80.*

Ne partez pas sans avoir vu la belle **collection de pastels et dessins★** de P.-P. Prud'hon (1758-1823), dont les trois portraits exécutés au château même lors de sa retraite en 1795 et 1796. Et notez que le premier étage du musée accueille des expositions temporaires.

Aux alentours

Gray-la-Ville
1,5 km à l'ouest par la D 39.
Comme son nom l'indique, Gray-la-Ville est à l'origine de la ville de Gray. Ce n'est que vers la fin du 10e s. que les villageois la délaissèrent petit à petit au profit de la forteresse et du bourg castral, plus sûrs, dominant la Saône.
Le **retable★** de Notre-Dame de Gray a trouvé refuge dans l'église. Réalisé par le sculpteur Jean Ligier en 1697, il est de grande qualité et entièrement doré. On y reconnaît à gauche des scènes du Nouveau Testament, à droite, des scènes de l'Ancien. Admirez sur le tabernacle les détails de la Cène, encadrée par le lavement des pieds et le don de la manne (représentée comme un gros pain) au désert. Au centre, *L'Assomption* (1701) par Blendeff. ☎ *03 84 65 05 69 - visite sur demande préalable à la mairie - en cas de fermeture, emprunt de la clé au café-restaurant Le Bouleau.*

Autrey-lès-Gray
8,5 km au nord-ouest. Quittez Gray par le nord et prenez à gauche la D 2.
Église – Dédiée à saint Didier, elle date du 12e s. et a été transformée du 17e au 19e s. On remarque le confessionnal en bois sculpté et dans la première travée la belle statue en pierre polychrome du 15e s. de saint Didier tenant sa tête dans ses mains.

Église de Saint-Broing
9,5 km à l'est par la D 39. En cas de fermeture, demander la clé à Mme Marie-Antoinette Jacquin - Grand'Rue (ancienne cure).
Le **retable★** des stucateurs les frères Marca *(voir Gy)* a heureusement retrouvé en 2004 sa finesse de tons d'origine. Il illustre une Sainte Famille inhabituelle, Jésus enfant étant tenu par la main par ses parents sous un Sacré Cœur rayonnant.

Château de Saint-Loup
À Saint-Loup-Nantouard, 15 km à l'est par la D 474. À Velesmes, tournez à gauche en direction de Saint-Loup. Continuez environ 2 km en direction de Sauvigney-lès-Gray.
☎ *03 84 32 75 69 - visite guidée (40mn) de mi-mai à fin sept. : tlj sf merc. et sam. : 14h-18h - 5 € (enf. 2 €).*
C'est un agréable exemple de propriété familiale, largement remaniée au 19e s. L'un de ses propriétaires, le baron de Klinglin (1785-1863), a en effet réalisé au début du 19e s. d'importants aménagements qui constituent un ensemble intéressant de décorations. Dans le grand salon, les décors en stuc seraient des frères Marca *(voir Gy)*. Les communs ont disparu, excepté un curieux bâtiment qui fait face au château et dont la fonction reste inconnue.

DÉCOUVRIR LES SITES

Gray pratique

Voir aussi les encadrés pratiques de Besançon, Champlitte, Fondremand, Gy, château de Moncley, Pesmes, Ray-sur-Saône.

Adresse utile

Office municipal du tourisme de Gray – Île Sauzay - 70100 Gray - 03 84 65 14 24 - juil.-août : lun.-vend. 9h-12h, 13h30-18h ; mai-juin et sept. : lun.-vend. 9h-12h, 13h30-17h30, sam. (en juin) 9h-12h, (déb. juil. à mi-sept.) 9h-12h, 13h30-18h - fermé dim. et j. fériés (sf lun. Pentecôte).

Se loger

Hôtel Au Mastroquet – 1 av. Carnot - 03 84 64 53 50 - 12 ch. 38 € - 6 € - rest. 16,50/43 €. Repris par deux associés compétents, cet établissement donnant sur le jardin public a assurément gagné en personnalité et en fraîcheur. La salle brasserie affiche complet tous les midis et le restaurant combine élégance et raffinement. Plus modeste mais fort convenable, l'hôtel compte 12 chambres sur 2 étages.

Hôtel Château de Rigny – 70100 Rigny - 6 km au NE de Gray par la D 2 - 03 84 65 25 01 - www.chateau-de-rigny.com - 29 ch. 65/195 € - 10 € - rest. 29/55 €. Vous serez tranquille dans cette maison de maître des 17e et 18e s. au milieu d'un grand parc ombragé au bord de la Saône. Boiseries, tapisseries et meubles anciens. Chambres personnalisées. Jardin d'hiver pour apprécier votre petit-déjeuner en pleine nature.

Chambre d'hôte Les Pétunias – Grande-Rue - 70150 Hugier - 15 km au S de Gray - 03 84 31 58 30 - fermé 20 déc.-5 janv. - réserv. conseillée - 4 ch. /60 € - repas 18/25 €. Cette imposante ferme du 18e s. couverte de vigne vierge se trouve dans la basse vallée de l'Ognon. Chambres confortables et soignées, garnies de meubles de famille. Belle véranda, jardin équipé d'un barbecue et agréable piscine.

Hôtel Château de Nantilly – 70100 Nantilly - 8 km au NO de Gray par la D 2 - 03 84 67 78 00 - château. nantilly@wanadoo.fr - fermé 2 nov.-14 mars - 30 ch. 110/160 € - 13 € - rest. 43/95 €. Le long de la petite rivière, sous les arbres du parc de ce manoir (1830), votre promenade aura le goût des vacances. Vous y apprécierez le calme de la nature. Chambres réparties dans des bâtiments d'époques différentes. Espace santé et piscine d'été. La cuisine met à l'honneur les saveurs régionales.

Se restaurer

Le Cratô – 65 Grande-Rue - 03 84 65 11 75 - www.restaurant-lecrato.com - fermé 4 j. en août, merc. et dim. - formule déj. 7 € - 15/30 €. Ambiance feutrée autour d'une cheminée centrale. La dégustation des plats est ici attentive et le mérite bien. Le chef, originaire de Vesoul, est fier de confier le choix de ses vins à un œnologue du coin.

Sports & Loisirs

AVIATION

Aéroclub de Gray – R. Saint-Adrien - 03 84 65 00 84.

PROMENADES EN BATEAU

Connoisseur – Halte nautique - île Sauzay - 70100 Gray - 03 84 64 95 25 ou 04 68 94 09 75 (réservation) - www.connoisseur.fr - fermé déc.-mars. Location de bateaux sans permis.

Bateau Promenades Vagabondo – Embarquement : quai Mavia - 70170 Port-sur-Saône - 06 07 42 75 54 ou 03 84 67 45 00 - www.bateauvagabondo.com - avr.-nov.

RANDONNÉE

Possibilités de randonnée pédestre dans la **forêt domaniale des Hauts-Bois**. Balades à pied, à vélo ou à cheval également possibles le long des rives de la Saône, de Rigny jusqu'à Port-sur-Saône. *Renseignements auprès de l'office de tourisme.*

Gy

1 018 GYLOIS
CARTE GÉNÉRALE B2 – CARTE MICHELIN LOCAL 314 C8 – HAUTE-SAÔNE (70)

À l'orée du massif forestier qui inclut le bois de Plumont, surplombant la route de Gray à Vesoul, Gy est dominée par le château des archevêques de Besançon, anciens propriétaires des lieux. La cité a réussi à unir harmonieusement sa ville haute, construite au 12e s. sur un éperon rocheux, et sa ville basse, plus moderne et commerçante, développée à partir du 14e s.

- **Se repérer** – Gy se situe à 18 km à l'est de Gray par la D 474 et à 24 km au nord-est de Pesmes par la D 12.
- **À ne pas manquer** – L'impressionnant château, dominant la ville, et parmi son mobilier, un « tour de château », curieux outil fait d'ébène et d'acier ; l'église Saint-Symphorien, reconstruite « à la mode de Versailles », qui surprend par sa luminosité et son splendide baldaquin ; le centre du village, pour admirer les maisons vigneronnes et les ruelles tortueuses de la ville haute.
- **Organiser son temps** – Comptez une demi-journée pour découvrir le village et ses environs.
- **Pour poursuivre la visite** – Voir aussi l'abbaye d'Acey, Besançon, Fondremand, Gray, le château de Moncley, Pesmes, Ray-sur-Saône.

Château de Gy.

Comprendre

La cité des archevêques – C'est à la fin du 11e s. que le comte de Bourgogne vend à son frère, archevêque de Besançon, ses terres gyloises. Gy se trouve dès lors en position stratégique, au contact du domaine des puissants comtes de Chalon Oiselay. C'est un archevêque, **Guillaume de la Tour,** qui fait élever le premier donjon en 1250 ; les fortifications serviront par la suite à résister aux assauts des Montfaucon, des Rougemont et du duc de Bourgogne. En 1348, **Hugues de Vienne** octroie aux Gylois une charte de franchise ; le commerce, l'artisanat et le vignoble se développent. Les archevêques sont parfois plus en sécurité à Gy qu'à Besançon et y transfèrent par périodes leurs ateliers monétaires ou le siège de leur tribunal (officialité). Elle restera leur cité de repli jusqu'à la Révolution.

Se promener

Bourg-dessus

Les ruelles ont gardé le tracé sinueux du hameau médiéval qui accueillait, autour des archevêques, les nobles et les bourgeois. Remarquez quelques jolies maisons des 16e, 17e et 18e s. dans les rues du Château et du Bourg. Sur le chemin de l'église à droite, notez le charmant presbytère.

DÉCOUVRIR LES SITES

Église Saint-Symphorien – Le cardinal de **Choiseul-Beaupré**, entre 1754 et 1774, fait reconstruire l'église Saint-Symphorien à la mode de Versailles. Elle adopte le plan basilical des églises parisiennes de la même époque.

L'intérieur est remarquable par sa luminosité, des fenêtres hautes et de grandes baies ajourant les bas-côtés. Baldaquin monumental (18e s.), chaire en forme de bonbonnière par le stucateur Charles Marca et beau rosaire sur bois (fin 16e s.). La cuve baptismale de pierre date du 16e s. Le cardinal érigera également le château en résidence princière, en le pourvoyant de boiseries, cheminées, alcôves, escaliers et jardins exotiques.

Ville basse

Elle s'est développée à partir du 14e s. à l'intérieur d'une seconde enceinte, bénéficiant de la protection du château et de la proximité du port de Gray. Elle reste aujourd'hui la partie commerçante de Gy.

L'**hôtel de ville** (1846-1848), pharaonique, surprend avec sa façade de 40 m de long ponctuée de colonnes doriques. Il témoigne du dynamisme et de l'ambition de Gy au milieu du 19e s. La **Grande Fontaine**, en forme de portique antique, achevée par le même architecte bisontin Alphonse Delacroix, a été conçue dans un but identique de prestige municipal.

Visiter

Château★

 03 84 32 80 80 - réouverture probable en 2007, se renseigner.

À l'ouest du bourg, cet imposant château (16e-18e s.) domine toujours la ville. Il garde fière allure grâce à sa belle **Tour octogonale**★ (15e s.) de style flamboyant. Remarquez un rare **tour de château**★ en acier et ébène, avec ses poignées d'ivoire, qui servait tant pour le travail du bois que pour l'horlogerie.

La tour du Trésor, construite en même temps que la tour octogonale, abrite d'anciens coffres-forts aux multiples serrures. La salle des chasses et sa multitude de trophées est telle qu'elle a été conçue au 16e s. Admirez enfin la table dressée dans la pièce suivante : elle rappelle que le prince archevêque de Choiseul-Beaupré fut le premier à importer en Franche-Comté cette mode versaillaise de la salle à manger, et son exposition ostentatoire de vaisselle et de victuailles. La succession des archevêques nécessitait des inventaires précis. Ce sont eux qui ont permis au propriétaire actuel de reconstituer le mobilier des salles de réception ou de la chambre.

Avant les ravages du phylloxéra, on cultivait 450 ha de vigne à Gy. Les caves du château abritent un **musée du Vin** rappelant les méthodes anciennes de culture et de vinification (grâce à un éleveur voisin, un « vin du 18e s. » est en cours d'élaboration).

Les Marca

Difficile de savoir combien ils sont : Joseph-François est peut-être le Charles-Joseph naturalisé à Besançon en 1783, il y a aussi Joseph-Marc et Joseph-Marcel… Toujours est-il que cette famille de **stucateurs**, originaire d'Italie, intervint beaucoup au 18e s. dans les églises de Franche-Comté, et particulièrement en Haute-Saône. Le stuc, imitation du marbre à base de plâtre et de colle, autorisait des décors à moindre coût et remporta donc l'adhésion de nombreuses paroisses. Le retable de Mont-lès-Étrelles (attribué à Joseph Marca…) et l'étonnante chaire de Gy témoignent de leur créativité.

Aux alentours

Bucey-lès-Gy

3,5 km au nord-est, par la D 12.

Le village faisait partie des terres cédées à son frère par le comte de Bourgogne en 1093. On y reconnaît, à leur porte, de nombreuses maisons vigneronnes. La **mairie-lavoir** repose sur trois voûtes à croisée d'ogive. Datant de 1828, elle est l'œuvre de Louis Moreau *(voir Vesoul)*.

Frasne-le-Château

11 km au nord-est, par la D 474.

On y arrive face à un joli petit château classique du 18e s., mais ce n'est pas celui qui a accolé son nom au village. Ce dernier, à proximité de l'église, possède une façade Renaissance due à Hugues Sambin, mais il est à la fois privé et difficile à apercevoir. En plein centre, une **fontaine-lavoir** (1833), formée de deux bâtiments et couronnée par un coq, capte la source de la Jouanne.

Église de Mont-lès-Étrelles

9,5 km au nord-est, par la D 474. ✆ *03 84 32 41 23 - visite guidée sur demande auprès de Mme Humbert.*

Son chœur abrite un **retable** (1730) des stucateurs les frères Marca. On reconnaît la Sainte Famille, surmontée par une représentation de la Trinité : la colombe de l'Esprit, le buste du Père éternel et trois anges portant la Croix.

Gy pratique

♿ Voir aussi les encadrés pratiques de Besançon, Fondremand, Gray, château de Moncley, Pesmes, Ray-sur-Saône.

Adresse utile

Office du tourisme des Monts de Gy – *Grande-Rue - 70700 Gy -* ✆ *03 84 32 86 87 - www.ot-montdegy.com - juil.-août : 9h-12h, 15h-18h ; sept.-juin : 10h-12h, 14h-17h, sam. 10h-12h - fermé dim.-lun. et j. fériés.*

Se loger

⊜⊜ **Hôtel Pinocchio** – *R. Beauregard -* ✆ *03 84 32 95 95 - fermé 22 déc.-4 janv. -* 🅿 *- 14 ch. 53/109 € -* ⚏ *6 €.* Cette jolie maison régionale restaurée avec soin dans le style contemporain propose des chambres personnalisées. Intérieur décoré sur le thème de la célèbre marionnette.

Se restaurer

⊜ **Le Charlemagne** – *Grande-Rue -* ✆ *03 84 32 82 92 - fermé dim. soir et lun. - 11 € déj. - formule déj. et dîner 13,50 € - 15/29 €.* On ne pourra pas manquer de voir la façade rustique de ce restaurant situé dans la grand-rue, en plein centre du bourg. Décorées dans un style proche des auberges de campagne, les deux salles invitent à la dégustation d'une cuisine traditionnelle, goûteuse et soignée. Bon accueil et service fort aimable.

Cascades du **Hérisson**★★★

CARTE GÉNÉRALE B3 – CARTE MICHELIN LOCAL 321 F7 – SCHÉMA P. 231
JURA (39)

Né à 805 m d'altitude, le Hérisson est un cours d'eau souvent tumultueux qui commence son parcours de manière éblouissante. Il s'enfonce rapidement dans le plateau de Doucier en descendant de 255 m sur 3 km. Dans ses célèbres gorges, il ne fait pas un saut direct, mais offre de multiples rebonds et forme l'un des plus beaux ensembles de chutes du massif jurassien… Spectacle particulièrement grandiose en période humide.

- **Se repérer** – À partir de Lons-le-Saunier, empruntez vers l'est la D 39 pour rallier Doucier (26 km), puis Ilay et les cascades.

- **À ne pas manquer** – La superbe cascade de l'Éventail, magnifique mur d'eau tombant en paliers successifs d'une hauteur de 65 m ; les eaux bleutées du Gour Bleu, propices à la méditation ; et bien sûr, le plaisir de traverser la cascade du Grand Saut en passant derrière la chute, tout en étant prudent car le sol peut être glissant.

- **Organiser son temps** – Privilégiez l'automne pour un débit maximal des cascades. Pour bien réussir vos photos, notez que, le Hérisson coulant d'est en ouest, c'est la lumière de l'après-midi qui sera la plus favorable, en vous évitant le contre-jour.

- **Avec les enfants** – La Ferme de l'Aurochs de Menétrux-en-Joux les mettra en contact avec des animaux issus tout droit de la préhistoire et des murs peints des grottes de nos ancêtres : un vrai bonheur !

- **Pour poursuivre la visite** – Voir aussi le lac de Chalain, Champagnole, la région des Lacs, Lons-le-Saunier, Morez, le lac de Vouglans.

Comprendre

C'est à l'automne, après une forte période de pluie, que le spectacle prend toute son ampleur. La vue des masses liquides se précipitant, soit en jet rectiligne puissant, soit en larges rideaux, vaut bien le petit désagrément de se promener en imperméable et de déraper un peu sur l'herbe ou la terre mouillée. Il vaut mieux alors éviter de passer

Cascade de l'Éventail.

sous le Grand Saut, car le passage y est des plus étroits et particulièrement glissant. Après une longue période de beau temps, la rivière, dépourvue d'affluents en raison de la proximité de sa source, peut être presque à sec et, si les chutes perdent alors une grande partie de leur attrait, le lit du torrent, surtout entre le Gour Bleu et le Grand Saut, présente des affouillements intéressants : dallages naturels, marmites de géants, étagements de cavernes.

Randonnées

3h AR. *Pour l'ensemble du parcours, prévoyez impérativement de bonnes chaussures. Pour un tronçon, des chaussures de ville peuvent suffire. Dénivelé 255 m.* Plusieurs points de départ s'offrent aux visiteurs. Le sentier des cascades suit les gorges, presque continuellement sous bois. Il est parfois très escarpé mais bien sécurisé.

AU DÉPART DE DOUCIER

8 km au sud-est par la D 326.

Lac de Chambly et lac du Val

La route (D 326), qui remonte la vallée du Hérisson en aval des cascades, offre sur ces deux lacs de belles échappées à travers la végétation. Le fond de la vallée est plat et verdoyant, les versants abrupts et boisés. Le cours d'eau, après avoir traversé les lacs du Val et de Chambly, va se jeter dans l'Ain.

Poursuivez la D 326 jusqu'au parking où vous laissez votre voiture. Attention ! Le parking aménagé à proximité de la cascade de l'Éventail est payant - juin-août : tlj ; avr.-mai et sept. : w.-end - un forfait-découverte a été mis en place comprenant le parking et la visite de la Maison des cascades - 9 € forfait voiture, 5 € forfait moto.

Maison des cascades

03 84 25 77 36 - www.cascades-du-herisson.fr - - *juil.-août : 10h-19h ; juin 10h30-18h, w.-end et j. fériés 10h30-18h30 ; avr.-mai et sept. : 11h-17h30 (sept. 17h), w.-end et j. fériés 10h-18h (sept. 17h30) - 4 € (enf. 2 €).*
Après la projection d'un documentaire *(20mn)* sur le patrimoine artisanal de la vallée et les richesses des paysages, trois salles attendent les visiteurs. Exploration de la grotte Lacuzon, survol des lacs et cascades ou encore légendes… Les cascades du Hérisson livrent ici une bonne partie de leurs secrets.

Cascade de l'Éventail★★★

Après avoir parcouru environ 200 m, on parvient au pied de la cascade de l'Éventail. C'est de là que l'on a la meilleure vue : l'eau tombe par rebonds successifs, d'une hauteur de 65 m, formant ainsi une grandiose et frémissante forteresse.
Le sentier s'élève ensuite jusqu'au sommet de l'Éventail par une pente très raide. Prenez la passerelle Sarrazine qui franchit le Hérisson, et suivez à droite le sentier qui conduit au belvédère des Tuffs : vue sur la vallée du Hérisson et la cascade de l'Éventail.

Cascades du HÉRISSON

Regagnez la passerelle et continuez à remonter le cours de la rivière. Vous atteindrez la passerelle Lacuzon au bout de 300 m.

Grotte Lacuzon
Promenade au départ de la passerelle Lacuzon (15mn AR). Traversez le Hérisson et suivez le sentier très raide qui mène à la grotte. De nombreuses grottes de la province ont été utilisées comme refuges pendant les multiples conflits qui se sont succédé au 17e s. Celle située près du Grand Saut abrita pendant plusieurs années les archives des chartreux de Bonlieu. Elle aurait aussi servi de repaire au héros de l'indépendance comtoise **Lacuzon** *(voir la région des Lacs)*. C'est du moins la vision très romancée qu'en donnent les écrivains romantiques.

En remontant le torrent sur sa rive gauche, gagnez le Grand Saut.

Cascade du Grand Saut★★
C'est du pied du Grand Saut que l'on a la meilleure vue sur cette cascade. L'eau tombe d'un seul bond, d'une hauteur de 60 m. Traverser la cascade derrière la chute est une tentation à laquelle il est bien difficile de résister !

Le sentier en corniche, souvent en forte montée, comportant des passages très étroits munis de mains courantes, conduit ensuite à la cascade du Gour Bleu.

Gour Bleu★
Au pied d'une petite cascade, dite du Gour Bleu, s'étend une belle vasque *(gour)* dont les eaux présentent une transparence bleutée.

On gagne ensuite le **saut Château Garnier**, puis le saut de la Forge.

Saut de la Forge★
L'eau se précipitant du haut d'une paroi rocheuse cintrée et en surplomb constitue un très joli spectacle. La chute alimenta réellement le moulin d'une forge pendant des siècles, si bien que le lit de la rivière est encore parsemé de scories noires, déchets de l'extraction du fer.

Saut du Moulin et saut Girard
Promenade de 1h AR au départ du saut de la Forge. Le chemin, tantôt sous bois, tantôt à travers prés, permet de voir le saut du Moulin, près des ruines du moulin Jeunet, et le saut Girard, haut d'une vingtaine de mètres. L'histoire raconte que l'abbé Girard, un chartreux, désespéré par sa communauté, aurait sauté dans le vide et aurait donné son nom au saut. Une légende que rien n'atteste…

Au pied du saut Girard (buvette à proximité), le chemin franchit le Hérisson et gagne le carrefour d'Ilay à proximité de l'auberge du Hérisson.

AUTRES POINTS DE DÉPART

Ilay
Laissez votre voiture à hauteur de l'auberge du Hérisson. Suivez le même itinéraire en sens inverse, et en commençant par la descente.

Bonlieu
2 km par une route forestière. Prenez, à l'est de l'église de Bonlieu, la route signalée qui offre à gauche une belle vue sur le cours inférieur du Hérisson. Laissez votre voiture près d'une buvette à hauteur du saut de la Forge et gagnez le pied de la cascade de l'Éventail.

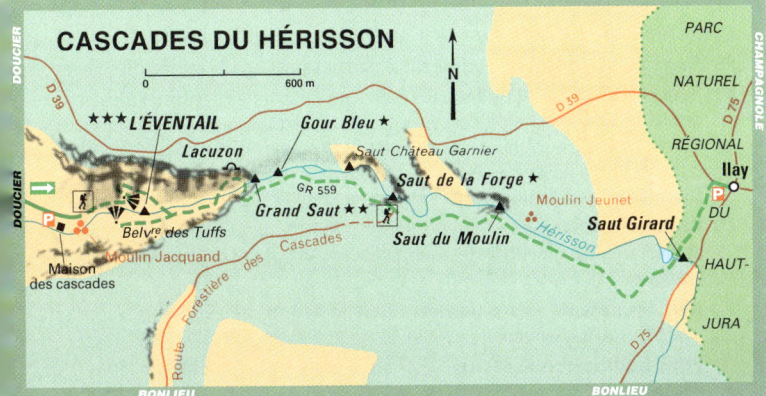

DÉCOUVRIR LES SITES

Aux alentours

Ferme de l'Aurochs

Le Val Dessous, à Menétrux-en-Joux (à proximité des cascades du Hérisson). 03 84 25 72 95 - *de déb. juin à mi-sept. : 10h-19h ; avr.-mai : w.-end et j. fériés 10h-19h - animations juil.-août : 11h et 18h nourrissage des animaux de la mini-ferme, restauration sur place avec produits de la ferme - 6 € (4-15 ans 4 €).*

Dans la belle vallée du Hérisson, ce parcours de 2 km est jalonné de rencontres avec des pensionnaires plutôt rares dans nos contrées : aurochs, bisons et autres bovidés primitifs. La miniferme est très appréciée des enfants, qui peuvent caresser les animaux et assister à leur nourrissage à 11h et 18h.

Cascades du Hérisson pratique

Voir aussi les encadrés pratiques du lac de Chalain, Champagnole, région des Lacs, Lons-le-Saunier, Morez, lac de Vouglans.

Adresse utile

Office du tourisme du Pays Lacs et Petite Montagne – 36 Grande-Rue - 39130 Clairvaux-les-Lacs - 03 84 25 27 47 - *juil.-août : 9h30-13h, 14h30-18h30, dim. 10h-12h ; sept.-juin : tlj sf dim. 9h-12h, 14h-18h, sam. 9h-12h - fermé j. fériés.*

Se loger

Chambre d'hôte et Restaurant L'Éolienne – *Hameau la Fromagerie - 39130 Le Frasnois - 1 km au N d'Ilay par la D 39 -* 03 84 25 50 60 *- www. eolienne.net - fermé 12 nov.-21 déc. - 4 ch. 39/50 € - repas 15/30 €.* En pleine nature, à deux pas du saut Girard, repas carnivore ou végétarien et spécialités jurassiennes (gratin d'écrevisses, foie gras fumé, croûte aux morilles, etc.). Chambres tout confort dans un coquet chalet de bois. Relais équestre. Parcours et exposition botaniques.

Camping Le Grand Lac – *39130 Clairvaux-les-Lacs -* 03 84 25 22 14 *- www.relaissoleiljura.com - ouv. 9 juin-2 sept. - réserv. conseillée - 191 empl. 17 €.* Si l'on passe outre l'inclinaison de la partie campable, légère à certains endroits, on trouvera satisfaction dans cette structure bien entretenue. La présence d'une épicerie à l'entrée, le bloc sanitaire principal doté de matériaux modernes et la plage de sable fin en contrebas font de ce camping un choix intéressant.

Château de Joux ★

CARTE GÉNÉRALE C3 – CARTE MICHELIN LOCAL 321 I5 – DOUBS (25)

Fort, prison, musée… La destinée de ce château est peu commune, à l'image de sa position exceptionnelle au-dessus d'une très belle cluse. Ce formidable nid d'aigle surveille un défilé qui fut longtemps stratégique. Il a fort bien survécu à son rôle de gardien et affiche aujourd'hui, avec la fierté du devoir accompli, plus de dix siècles de résistance et d'évolutions dans son architecture comme dans ses missions.

- **Se repérer** – Joux se trouve 4 km au sud de Pontarlier, par la N 57.
- **Se garer** – Laissez votre voiture sur le parking aménagé à l'entrée du château.
- **À ne pas manquer** – Le minuscule cachot de l'infortunée Berthe de Joux et ceux de détenus politiques plus récents, tels Toussaint Louverture ou Mirabeau ; le musée d'Armes anciennes, ses 650 pièces, la plupart datant des 18e et 19e s. et sa collection d'uniformes militaires ; le point de vue sur la magnifique cluse de Joux, depuis le monument aux morts de la Première Guerre mondiale.
- **Organiser son temps** – Comptez environ 1h30 pour la visite de ce château qui accueille régulièrement des festivals, avec concerts, pièces de théâtre *(voir encadré pratique)*.
- **Avec les enfants** – Racontez-leur l'histoire de Toussaint Louverture, épris de liberté jusqu'à en mourir.
- **Pour poursuivre la visite** – Voir aussi Malbuisson, Métabief-Mont d'Or, Pontarlier.

Château de JOUX

Comprendre

La légende de Berthe de Joux – Magnifique fête que les noces d'**Amaury III de Joux** et de la jeune Berthe, fille d'un riche voisin. Le bonheur des nouveaux époux est à son zénith lorsque l'appel de la croisade résonne. Amaury décide de se croiser et part en Terre sainte. Les mois passent, et Berthe ne reçoit aucune nouvelle de son mari. Plusieurs années après, un chevalier harassé et blessé se présente sous les remparts du château. Folle d'espoir, Berthe se précipite pour l'accueillir et reconnaît un ami d'enfance, **Amey de Montfaucon**. Il revient de la croisade et lui annonce que son mari a disparu lors de violents combats contre les infidèles. Bouleversée, Berthe accueille et soigne Amey qui la réconforte dans cette terrible épreuve. Lorsque, contre toute attente, Amaury se présente au château, il trouve les deux amants enlacés. Sa colère est à la mesure de sa déception : il se précipite sur Amey, le tue et le fait pendre dans la forêt voisine ; il emprisonne l'épouse infidèle dans un minuscule cachot avec une vue imprenable sur… la dépouille de son amant. À la mort d'Amaury, son fils délivre Berthe et l'envoie expier ses fautes au couvent de Montbenoît. Mais ses prières hantent toujours la vallée, et certains soirs, lorsque le vent se lève, les voisins attentifs peuvent entendre sa complainte : « Priez, vassaux, priez à deux genoux, priez Dieu, pour Berthe de Joux. »

Une forteresse convoitée – Très répandu dans la région où il désigne une forêt de sapins, Joux est aussi le nom de la famille qui possédait les terres dès le 10e s. Les sires de Joux édifièrent le château au 11e s. Il fut ensuite agrandi sous Charles Quint et, après son rattachement à la France en 1678, renforcé par **Vauban**. Les derniers travaux de modernisation furent dirigés par Joffre, le futur maréchal, entre 1879 et 1881.

Le château commande l'extrémité de la cluse de Joux, empruntée dès l'Empire romain par la route reliant l'Italie du Nord aux Flandres et à la Champagne. Cette grande voie commerciale sera également celle des invasions : sièges autrichien de 1814 et suisse de 1815, protection de l'armée de Bourbaki en 1871 lors de son passage en Suisse, invasion de 1940.

Depuis le 11e s., la sentinelle de Joux veille imperturbablement sur la célèbre cluse.

Une prison redoutée – Prison d'État sous l'Empire, le fort accueillit de nombreux détenus politiques et militaires. **Mirabeau** y fut enfermé à la suite d'une lettre de cachet obtenue par son père, pour calmer son tempérament fougueux et l'éloigner des usuriers dont il était la proie. En 1802, les chefs chouans d'Andigné et Suzannet réussirent à s'enfuir en sciant leurs barreaux et en utilisant des rideaux et des ficelles. Lorsque, quelques mois plus tard, **Toussaint Breda** dit **Louverture**, héros noir de l'indépendance de Haïti, fut capturé et conduit à Joux, les mesures de sécurité étaient considérablement renforcées. Né esclave à Saint-Domingue en 1743, Toussaint avait été affranchi avant l'abolition de l'esclavage. Il adhéra avec d'autant plus de convictions aux idéaux de la Révolution, et s'engagea dans les troupes de Saint-Domingue, dont il devint chef des armées, puis gouverneur à vie. C'est Bonaparte qui le fit arrêter et déporter à Joux, où il mourut le 7 avril 1803, probablement d'une pneumonie. Il avait mené la seule révolte d'esclaves victorieuse. La république d'Haïti lui a rendu hommage par un buste en 2002.

Visiter

☎ 03 81 69 47 95 - www.chateaudejoux.com - visite guidée (1h15) juil.-août : 9h-18h ; avr.-juin, sept.-oct. et vac. scol. : 9h45-11h45, 14h-16h30 ; nov.-mars (sf vac. scol.) : 10h-11h30, 14h-16h - fermé 1er janv., 25 déc. - 5,80 €.

Sur 2 ha, cinq enceintes successives, séparées par de profonds fossés franchis par trois ponts-levis, font découvrir dix siècles de fortification. Depuis la terrasse de la tour d'artillerie, belle vue sur la vallée du Doubs et la cluse de Pontarlier. *Prévoir des vêtements chauds en toute saison, car le château est à 967 m d'altitude.*

DÉCOUVRIR LES SITES

Un **musée d'Armes anciennes★**, comprenant 650 pièces, a été installé dans cinq salles de l'ancien donjon : depuis le premier fusil réglementaire à silex (modèle 1717) jusqu'aux armes à répétition du début de la IIIe République. Cet ensemble est complété par des coiffures – belle collection de shakos – et des tuniques militaires. Par la galerie verticale de 35 m de profondeur *(212 marches)*, on accède au grand puits dont le diamètre atteint 3,70 m et la profondeur 120 m. On visite également la cellule de Mirabeau à la belle charpente chevillée, celle où Toussaint Louverture mourut en avril 1803, et le minuscule cachot de la légendaire Berthe de Joux.

En parcourant les souterrains qui mènent aux casernements Joffre, il est possible de voir certains décors utilisés pour le tournage du film *Les Misérables* par Claude Lelouch.

Aux alentours

Cette région frontalière est remarquable pour ses panoramas spectaculaires et le dynamisme de son artisanat. L'industrie horlogère s'y est beaucoup développée et a largement contribué à la réputation internationale du massif jurassien.

Cluse de Joux★★

Le Frambourg – Excellent **point de vue★★** sur la cluse de Joux depuis la plate-forme du monument aux morts de la guerre 1914-1918. C'est un des beaux exemples de cluse jurassienne. L'entaille transversale faite dans la montagne du Larmont forme un passage juste suffisant pour la route et la voie ferrée, fort importante, qui se dirige vers Neuchâtel et Berne. Les versants sont couronnés par deux forts : au nord, celui du Larmont inférieur ; au sud, le château de Joux.

Château de Joux pratique

Voir aussi les encadrés pratiques de Malbuisson, Métabief-Mont d'Or, Pontarlier.

Se loger et se restaurer

Auberge Le Tillau – *Le Mont-des-Verrières - 25300 Les Verrières-de-Joux - 7 km à l'E de La Cluse-et-Mijoux par la D 67bis et une rte secondaire -* 03 81 69 46 72 *- letillau.com - fermé 1 sem. vac. de printemps et 15 nov.-15 déc. - 11 ch. 40/55 € -* 7 € *- rest. 12/33 €.* Faites le plein d'oxygène à 1 200 m d'altitude parmi les pâturages et les sapins. Et savourez la cuisine traditionnelle aux produits du terroir dans cette charmante auberge de montagne. Chambres confortables pour une étape ou un séjour de tout repos.

Événement

Les Nuits de Joux – *De juil. à mi-août.* 03 81 39 29 36 *ou* 03 81 46 48 33 *(office du tourisme de Pontarlier).* La qualité des représentations théâtrales et le décor exceptionnel du château garantissent le succès de cette manifestation devenue incontournable.

Région des Lacs ★★

CARTE GÉNÉRALE B3 – CARTE MICHELIN LOCAL 321 E7 – JURA (39)

Chalain, Chambly, Val, Ilay, Narlay… C'est un véritable chapelet de lacs qui s'égrène dans une zone comprise entre Champagnole, Clairvaux-les-Lacs et Saint-Laurent-en-Grandvaux. Très différents les uns des autres, ils donnent pourtant tous la même impression de tranquillité, de repos, d'intimité. Mais le calme se limite à la basse saison, car lorsque le soleil darde ses rayons brûlants sur les plateaux, les eaux pures des lacs deviennent des refuges précieux pour les vacanciers de la région.

La région des Lacs s'étend sur les plateaux de Champagnole et du Frasnois.

- **Se repérer** – Point d'entrée de la région des Lacs, Clairvaux-les-Lacs se trouve à 24 km au sud-est de Lons-le-Saunier par la N 78. Pour atteindre Bonlieu, le plus simple est de continuer vers l'est à partir de Clairvaux-les-Lacs (11 km sur la N 78). Vous pouvez également atteindre directement Doucier à partir de Lons-le-Saunier par la D 39 (26 km vers l'est).

- **À ne pas manquer** – Le superbe belvédère du pic de l'Aigle et la vue qu'il procure sur les chaînes du Jura ; la majestueuse sérénité des quatre lacs (Ilay, Narlay, Grand et Petit Maclu) ; le belvédère de Fontenu et son point de vue imprenable sur le joyau de la région, le lac de Chalain.

- **Organiser son temps** – Photographes amateurs, n'oubliez pas que l'éclairage des sites et la couleur des lacs donnent leurs meilleurs effets l'été, en milieu d'après-midi.

- **Avec les enfants** – Ils s'ébattront en toute sécurité à la base nautique du lac de Chalain.

- **Pour poursuivre la visite** – Voir aussi Baume-les-Messieurs, Champagnole, le lac de Chalain, les cascades du Hérisson, Lons-le-Saunier, le lac de Vouglans.

> **Le saviez-vous ?**
>
> La densité exceptionnelle de lacs explique sans peine ce nom donné à cette partie très touristique du Jura. Attention, ne pas confondre avec la région elle aussi fort belle des Mille Étangs, qui se trouve au nord de la Haute-Saône.

Comprendre

« Mauvais comme Weimar » – Pendant la campagne que Richelieu fait mener en Comté, à partir de 1635, la région des Lacs est dévastée par les troupes suédoises, alliées des Français et commandées par **Bernard de Saxe-Weimar** : maisons brûlées, moissons coupées en herbe, vignes et arbres fruitiers arrachés. La famine est si terrible qu'on mange de la chair humaine. L'habitant soupçonné de cacher de l'argent est soumis à un supplice terrible : on lui verse dans le gosier, à plein entonnoir, de l'eau chaude, de l'huile, du purin ; on saute à pieds joints sur son ventre pour chasser le liquide et on recommence l'opération jusqu'à ce qu'il ait dit où se trouve son magot. Des familles entières, que l'on découvre cachées dans des grottes ou des souterrains, sont murées vivantes dans leur refuge. Pendant un siècle survivra l'expression : « Mauvais comme Weimar ». Toute la province est soumise à l'épreuve des troupes suédoises de Weimar. Aussi voit-on un grand nombre de Comtois s'expatrier en Savoie, en Suisse, en Italie ; 10 000 à 12 000 se fixent à Rome, en un même quartier. L'église, qu'ils dédient à saint Claude, fait encore partie des établissements français de la Ville éternelle.

Lacuzon, héros de l'indépendance – Il est difficile d'imaginer aujourd'hui la férocité des conflits qui se sont déroulés dans la région. Figure emblématique de la combativité comtoise, Prost dit « Lacuzon » est très présent dans la mémoire locale. Né en 1607 à Longchaumois, établi commerçant à Saint-Claude, il prend les armes dès l'invasion de 1636. Ce n'est pas un guerrier-né. Il tremble au début de chaque combat et, pour se vaincre, se mord sauvagement. On lui prête cette forte apostrophe : « Chair, qu'as-tu peur ? Ne faut-il pas que tu pourrisses ? » qui rappelle le « Tu trembles, carcasse… » de Turenne. Son aspect austère, soucieux, lui a valu son surnom de Lacuzon (Cuzon signifiant « souci » en patois).

Guerre de partisans – La plaine de Bresse, française depuis 1601, est mise en coupe réglée : « Délivrez-nous de la peste et de Lacuzon », prient chaque soir les villageois bressans. Sur les plateaux comtois, c'est la guerre d'escarmouches : colonnes harcelées, convois enlevés. Tous les Suédois capturés sont mis à mort, non sans que leur aient été offerts les secours de la religion, car la piété de Lacuzon et de ses compagnons est très vive.

Certains de ses stratagèmes sont restés fameux. C'est ainsi que, pour venir à bout d'une place qu'il assiège, Lacuzon y fait entrer un de ses lieutenants, Pille-Muguet, déguisé en capucin. Par ses vitupérations continuelles contre les assaillants et leur chef, le faux moine gagne la confiance des défenseurs, se fait donner les clefs d'une porte et l'ouvre, une nuit, à ses camarades.

La **paix de Westphalie** (1648), en mettant fin à la guerre de Trente Ans, interrompt l'activité militaire de Lacuzon. Elle reprend quand Louis XIV entre en Comté. Le vieux combattant trouve un émule dans Marquis, curé de Saint-Lupicin, qui mobilise ses paroissiens et guerroie à leur tête. Mais la lutte est trop inégale ; les derniers partisans comtois succombent. En 1674, sur le point d'être pris, Lacuzon réussit à s'échapper et à gagner le Milanais, possession espagnole. Il y meurt, intraitable, sept ans plus tard.

Découvrir

LES LACS

Boissia
3,5 km au nord-ouest de Clairvaux-les-Lacs par la N 78 et la D 27.
Un monument a été élevé à la mémoire de 15 jeunes gens du maquis, tués par les nazis, le 17 juin 1944.

Bonlieu
11 km à l'est de Clairvaux-les-Lacs par la N 78.
Bonlieu est un point de départ pour la visite des cascades du Hérisson *(voir ce nom)*, du lac de Bonlieu, du belvédère de la Dame Blanche, du pic de l'Aigle et autres belvédères. L'église, restaurée, conserve un beau retable Renaissance provenant vraisemblablement de la chartreuse de Bonlieu.

Lac de Bonlieu – *4,5 km au sud-est de Bonlieu par la pittoresque N 78, puis la D 75^E à droite.* Ce joli lac, presque entièrement enchâssé dans la forêt, est dominé par une arête rocheuse, couverte de sapins et de hêtres, et sillonnée de nombreux sentiers. On peut se promener en barque sur le lac.
À l'extrémité nord du lac, des bâtiments qui ont appartenu à la chartreuse de Bonlieu, fondée en 1170 par Thibert de Montmorot, ont été ruinés en 1944. Jean de Watteville *(voir Baume-les-Messieurs)* y fut moine.

Une route forestière, qui s'élève au-dessus de la rive est, conduit à un belvédère, situé au sud du lac, d'où l'on découvre une belle **vue** sur le pic de l'Aigle, les lacs d'Ilay et de Maclu, et, au loin, le mont Rivel.

Région des LACS

Clairvaux-les-Lacs

Les amateurs d'art iront voir les stalles sculptées (15ᵉ s.) de l'église provenant de l'abbaye de Baume-les-Messieurs ainsi que des tableaux de maîtres du 18ᵉ s.

Lacs de Clairvaux – *300 m au sud de Clairvaux-les-Lacs par la D 118 et, à droite, une route étroite.* Ils sont moins pittoresques que les autres lacs de la région. Un canal réunit le Petit et le Grand Lac et, quand les eaux sont hautes, les deux cuvettes n'en font plus qu'une. On peut se baigner et se promener en barque ou en pédalo et faire de la planche à voile sur le Grand Lac. C'est en 1870, dans la vase du Grand Lac, que furent découverts les restes d'une cité lacustre, la première qui ait été mise au jour en France *(voir le musée d'Archéologie du Jura, à Lons-le-Saunier).*

Belvédère de la Dame Blanche★

2 km au nord-ouest de Bonlieu, puis 30mn à pied AR. Au carrefour N 78-D 67, prenez la direction de Saugeot. À 800 m de cet embranchement, à la sortie de la forêt, prenez à droite un chemin non revêtu. Au 1ᵉʳ carrefour, tournez à gauche. Laissez votre voiture à l'entrée du bois et suivez le sentier.

Banc rocheux dominant la vallée du Hérisson, avec le val Dessus et le val Dessous. Vue à gauche sur les lacs du Val et de Chambly, à droite sur les hauteurs du pic de l'Aigle.

Ilay

4 km au nord-est de Bonlieu par la N 78, puis la D 75 à gauche.

Point de départ de la visite des cascades du Hérisson *(voir ce nom)*, des lacs d'Ilay et de Maclu.

Lac d'Ilay ou lac de la Motte – Le nom de la « Motte » vient de la jolie petite île rocheuse, ombragée de sapins et de hêtres, qui se dresse près de la rive est. Le lac d'Ilay occupe la partie centrale d'une longue faille où se logent aussi les lacs de Narlay et de Bonlieu. Il reçoit par un canal les eaux des lacs de Maclu. La nappe d'Ilay se déverse dans des entonnoirs à l'extrémité sud. La résurgence se fait dans le Hérisson, en aval du saut Girard. Un prieuré s'élevait sur l'île du lac, mais il fut détruit pendant les guerres du 17ᵉ s. Il était relié à la terre par une chaussée, maintenant immergée, mais dont on peut suivre la trace aux joncs qui la recouvrent.

Lacs de Maclu

Ils sont situés dans un vallon dominé à l'est par les escarpements du bois de Bans, à l'ouest par une ride rocheuse qui les sépare d'Ilay, au sud par le cône majestueux du pic de l'Aigle.

Le lac du Petit Maclu se déverse dans celui du Grand Maclu. Celui-ci a comme émissaire un canal de 500 m qui rejoint le lac d'Ilay.

DÉCOUVRIR LES SITES

Circuit de découverte
LAC DE CHALAIN et PIC DE L'AIGLE★★
46 km – comptez environ 2h30.

Quittez Doucier à l'est par la D 39 vers Songeson, Ménétrux-en-Joux. Traversez Ilay et prenez à gauche la N 78 que vous quittez avant d'arriver à La Chaux-du-Dombief. Laissez votre voiture 250 m plus loin, sur la route de La Boissière.

Pic de l'Aigle★★
45mn à pied AR par un sentier signalé au départ et parfois mal tracé, qui monte en appuyant à droite, vers le promontoire boisé du pic de l'Aigle. La montée est assez raide. Du sommet du pic de l'Aigle (993 m), souvent appelé Bec de l'Aigle, on découvre tout le Jura, dans le sens transversal. Le **point de vue** domine la cluse d'Ilay, empruntée par la N 78, en travers des hauteurs de La Chaux-du-Dombief.
Sur la gauche se dressent les chaînes du Jura derrière lesquelles apparaît, par très beau temps, le sommet du mont Blanc, sur la droite s'étendent les plateaux dont on distingue le rebord, au-dessus de la plaine de la Saône.

Laissez à droite la route qui conduit à La Boissière et engagez-vous dans une route étroite et en montée.

Belvédère des Quatre Lacs★
15mn à pied AR. De ce belvédère, on découvre les lacs d'Ilay, de Narlay, du Grand et du Petit Maclu.

L'itinéraire rejoint la N 5 que vous prenez à gauche, jusqu'à Pont-de-la-Chaux, et se poursuit à gauche par la D 75 qui permet d'atteindre Le Frasnois. Prenez alors à droite la D 74, puis tout de suite à droite vers le hameau de Narlay.

Lac de Narlay
Ce lac a comme traits caractéristiques sa forme triangulaire, alors que les autres lacs sont allongés, et ses 48 m de profondeur, record de la région. S'il est le plus profond, il est également le plus petit. Ses eaux se perdent dans plusieurs entonnoirs situés à l'extrémité ouest et cheminent sous terre pendant 10 km ; leur résurgence alimente le lac de Chalain. Selon la légende, quand on lavait le linge dans le lac de Narlay, le savon était, paraît-il, inutile : cadeau d'une fée amoureuse du lac, affirmaient les vieux Comtois.

Revenez à la D 74, que vous prenez à droite en direction de Chevrotaine.

Lac du Vernois
Il apparaît tout à coup, à un détour de la route, entouré de bois. Nulle habitation à la ronde ; une impression de paix et de solitude. Les eaux de ce petit lac se perdent dans un entonnoir et se joignent souterrainement à celles du lac de Narlay.

Poursuivez par la D 74 puis la D 90 vers Fontenu.

Fontenu
L'église de ce village est entourée de tilleuls centenaires. Environ 800 m après Fontenu, on rejoint la rive nord du lac de Chalain d'où s'offre un excellent **point de vue**★★ *(parking, belvédère, aire de pique-nique).*

Lac de Chalain★★ *(voir ce nom)*
Faites demi-tour et, en appuyant toujours à droite sans redescendre au bord du lac (sens interdit), prenez, en direction de Doucier, la D 90.

Un second **point de vue**★★ sur le lac se présente à vous, 500 m après avoir rejoint la D 90.

Regagnez Doucier par la D 90 et la D 39.

Région des LACS

La région des Lacs pratique

Voir aussi les encadrés pratiques de Baume-les-Messieurs, Champagnole, lac de Chalain, cascades du Hérisson, Lons-le-Saunier, lac de Vouglans.

Adresse utile

Office du tourisme du Haut-Jura – Saint-Laurent-en-Grandvaux – 7 pl. Charles-Thévenin - 39150 Saint-Laurent-en-Grandvaux - 03 84 60 15 25 - www.haut-jura-grandvaux.com - juil.-août : 9h-13h, 16h-19h, dim. 9h-12h ; 11 mars-30 juin et sept.-janv. : tlj sf dim. 9h-12h, 13h-16h, merc. 9h-12h ; de déb. fév. au 10 mars : 9h-12h, 14h-18h, dim. 9h-12h - fermé vend., j. fériés se rens.

Se loger

Auberge du Hérisson – Carrefour de la D 75 et de la D 39 - 39150 Ilay - 03 84 25 58 18 - www.herisson.com - 16 ch. 38/58 € - 7 € - rest. 15/40 €. Cette petite auberge familiale dont les chambres sont en grande majorité rénovées, jouxte les pittoresques cascades du Hérisson. Les deux salles à manger ont gardé l'allure campagnarde de la ferme de jadis. Cuisine comtoise et vins du terroir.

Hôtel La Chaumière du Lac – 21 r. du Sauveur - 39130 Clairvaux-les-Lacs - 03 84 25 81 52 - www.juralacs.com - fermé 2 nov.-Pâques - 12 ch. 39/48 € - 7,50 € - rest. 15/38 €. Les matins sont calmes au bord du lac, avec sa plage pour un petit plongeon à quelques pas de l'hôtel. Les chambres sont agréables et donnent sur l'eau ou les arbres. Spécialités du Jura au menu (restaurant non-fumeurs). Belle terrasse.

Chambre d'hôte M. et Mme Grillet – 12 r. de la Maison-Blanche - 39130 Bonlieu - 03 84 25 59 12 - dominique.grillet@wanadoo.fr - 4 ch. 34/46 €. Ce couple de jeunes agriculteurs a joliment restauré cette ancienne ferme et aménagé des chambres confortables. Terrasse à l'étage ouvrant sur le jardin vue sur les prairies et l'étang. Petit déjeuner dans la longue salle à poutres massives et fenêtres cintrées.

Chambre d'hôte Les Cinq Lacs – 66 rte des Lacs - 39130 Le Frasnois, 3,5 km au N d'Ilay par la D 75 - 03 84 25 51 32 - http://auberge.5.lacs.free.fr - réserv. obligatoire - 5 ch., 1/2 P 52 €. Voilà le point de départ de promenades de rêve autour des lacs tout proches. Votre chambre, confortable et joliment décorée, porte le nom de l'un d'entre eux. Salon et billard. Optez pour la demi-pension pour apprécier la table d'hôte et ses spécialités locales. Fumeurs s'abstenir. Deux chalets tout bois aménagés en gîtes.

Camping Yelloh-Village Fayolan – 39130 Clairvaux-les-Lacs - 1,2 km au SE de Clairvaux-les-Lacs par D 118 - 03 84 25 26 19 - relais.soleil.jura@wanadoo.fr - ouv. 14 mai-11 sept. - réserv. conseillée - 516 empl. 29 € - restauration. Une bonne distribution aérée pour un camping de bon standing en bordure d'un lac. Plage, piscines, terrasse. Snack-bar et galerie commerciale. De nombreuses activités sont organisées pour les enfants. Et un parcours de santé, pour les grands !

Hôtel L'Alpage – 1 chemin de la Madone - 39130 Bonlieu - 03 84 25 57 53 - www.alpage-hotel.com - fermé 15 nov.-15 déc., dim. soir et lun. sf vac. scol. - 9 ch. 60/70 € - 8,50 € - rest. 24/36 €. Prenez de la hauteur dans ce chalet perché et admirez la vue. Chambres confortables ouvrant pour la plupart sur la vallée des lacs et les collines boisées. Dégustez les saveurs comtoises dans la salle à manger panoramique ou sur la terrasse abritée. Deux gîtes.

Se restaurer

Au Chalet – Rte du Lac - 39130 Bonlieu, 1,5 km à l'E de Bonlieu par la N 78, rte de Saint-Laurent-en-Grandvaux - 03 84 25 57 04 - fermé janv., mar. et merc. soir sf saison - formule déj. 11 € - 19/47,50 €. Ce joli chalet et sa terrasse se dressent sur la route menant au lac de Bonlieu. L'intérieur, où domine le bois, est très sympathique. La cuisine honore les produits du terroir et la carte des vins puise dans toutes les régions françaises.

La Poutre – 25 Grande-Rue - 39130 Bonlieu - 03 84 25 57 77 - fermé 1er nov.-5 mai, lun. sf le soir en saison et mar. - 20/68 €. Cette belle bâtisse du 18e s. doit son nom à la poutre de 17 mètres qui traverse sa salle à manger. Grande cheminée, horloge comtoise et chaises Louis XIII complètent ce confortable décor rustique. À table, plaisante cuisine classique aux accents du terroir.

Sports & Loisirs

Baignade – Les informations de contrôle de la qualité de l'eau sont, en principe, affichées à l'entrée des lieux de baignade. Pour vous renseigner, appelez la DASS du Jura au 03 84 86 83 00 ou consultez le site du réseau de bassin http://rdb.eaurmc.fr ou celui du ministère de la Santé www.baignade.sante.gouv.fr.

Route des Lacs – Itinéraire touristique (150 km environ) permettant de découvrir une vingtaine de lacs, une dizaine de cascades et une multitude de belvédères et d'observer les savoir-faire artisanaux de la région (travail du bois, fabrication du comté, etc.). Renseignements auprès des offices de tourisme concernés.

DÉCOUVRIR LES SITES

Lons-le-Saunier★

18 483 LÉDONIENS
CARTE GÉNÉRALE B3 – CARTE MICHELIN LOCAL 321 D6 – JURA (39)

Saviez-vous que Lons est la capitale du Jura, la ville natale de Rouget de Lisle, une ville thermale dotée d'un important patrimoine artistique, historique et même archéologique ? Malgré tous ses atouts, malgré sa position stratégique à proximité du vignoble, la ville souffre d'un manque de notoriété sans doute lié à son enclavement au fond d'une reculée. L'accès par l'A 39 et de réels efforts pour la mise en valeur de son patrimoine ouvrent de belles perspectives pour son avenir touristique.

Place de la Liberté.

- **Se repérer** – Au creux d'une cuvette entourée de collines, Lons-le-Saunier se situe à 155 km au nord-est de Lyon et à 97 km au sud-est de Dijon, par la A 39. Desserte TGV.
- **Se garer** – Les places du centre-ville sont idéales pour des stationnements de courte durée ; la première heure est gratuite, et il y a presque toujours de la place. Nouveau parking ouvert, rue Regard (2h gratuites).
- **À ne pas manquer** – Le majestueux théâtre, inspiré de l'opéra Garnier ; la pittoresque rue du Commerce et ses 146 arcades, décorées avec goût ; la collection de pots de faïence, d'étain et de cuivre de la pharmacie de l'hôtel-Dieu ; la petite source du Puits-Salé, à l'origine du développement de Lons ; les grottes du creux de Revigny, qui servirent de refuge aux habitants durant la guerre de Dix Ans.
- **Organiser son temps** – Comptez environ une journée pour découvrir la ville et faire une petite incursion sur le plateau jurassien.
- **Avec les enfants** – Emmenez-les au musée d'Archéologie du Jura, où vous pourrez leur montrer l'incroyable pirogue datant de l'âge du bronze, découverte au lac de Chalain. Puis faites comme les Lédoniens : allez vous baigner à Desnes, en pleine campagne !
- **Pour poursuivre la visite** – Voir aussi le château d'Arlay, Baume-les-Messieurs, le lac de Chalain, Château-Chalon, Gigny, la région des Lacs, le lac de Vouglans.

Comprendre

Rouget de Lisle – L'auteur de *La Marseillaise* naît en 1760 au n° 24 de la rue du Commerce. Son père est avocat du roi. Entré dans l'armée, Rouget devient capitaine du génie, mais préfère la versification et la musique. D'une veine féconde – le musée de Lons conserve quatre volumes entiers de ses chants –, il charme les salons. C'est en avril 1792, à Strasbourg, sa garnison, qu'il compose le **Chant de guerre pour l'armée du Rhin**, devenu *La Marseillaise*. Le 10 août 1792, il est destitué de ses fonctions de capitaine pour avoir protesté contre l'internement de Louis XVI à la suite de l'invasion des Tuileries. Emprisonné sous la Terreur, puis combattant en Vendée, il démissionne de l'armée en 1796. Rouget de Lisle retourne à Lons où il vit difficilement. À Montaigu, où se trouve la maison de campagne familiale, il mène de 1811 à 1818 une vie de vigneron, puis revient à Paris. Pauvre comme Job, il est emprisonné à Sainte-Pélagie pour une dette de 500 francs et libéré grâce à la générosité du chansonnier Béranger. En 1830, des amis de Choisy-le-Roi le recueillent, à demi paralysé, presque aveugle. Il meurt en 1836. Ses cendres ont été transportées aux Invalides en 1915.

Se promener

Garez-vous place du 11-Novembre.

Place de la Liberté 1
Véritable cœur de la ville, la place concentre une bonne part de l'animation lédonienne et mérite bien sa récente rénovation. À l'une des extrémités, une statue d'Étex, auteur des hauts-reliefs de l'Arc de triomphe à Paris, représente le **général Lecourbe**. Originaire de Besançon, ce général d'Empire s'était distingué sur les champs de bataille, notamment en Russie ; il est enterré à Ruffey-sur-Seille, près de Lons. À l'opposé, la place est fermée par l'imposante façade rococo du théâtre dont l'horloge égrène deux mesures de *La Marseillaise* avant de sonner les heures. La tour de l'Horloge, emblématique de la ville, défendait jadis l'entrée de la ville fortifiée (la place occupe l'emplacement du fossé).

Ceux qui le souhaitent prennent d'abord la rue Saint-Désiré pour visiter l'église Saint-Désiré qui est un peu excentrée.

Église Saint-Désiré 2
On sait malheureusement fort peu de choses sur le saint patron de la ville. Il aurait vécu à la fin du 4e s. et serait mort à Lons vers 414. Son sanctuaire a pris une grande importance à partir du 11e s. Malgré d'importantes restaurations, l'intérieur de l'église a gardé son caractère roman qu'accentuent les imposantes piles de la nef. À droite du chœur, belle Mise au tombeau ou Pietà (15e s.) de l'école bourguignonne. La **crypte**, dont la construction remonte au 11e s., est l'une des plus anciennes de Franche-Comté. Une des trois absidioles abrite le sarcophage de saint Désiré, mais ses reliques ont été déplacées dans l'église des Cordeliers qui était à l'abri des remparts. Elles y sont toujours conservées.

> ### Le saviez-vous ?
>
> 👁 Lons-le-Saunier rappelle, par son nom, l'importance du sel pour la ville : après avoir longtemps été, avec Salins-les-Bains, les plus importantes de Franche-Comté, les **salines de Montmorot**, à Lons, fermèrent définitivement leurs portes en 1966. Des imposants bâtiments du 18e s., il ne reste plus qu'une porte monumentale qui ouvre désormais sur les archives départementales.
>
> 👁 Qui peut oublier cette tête rigolarde qui a amusé tant d'enfants et accompagné tant de randonneurs ? C'est à la **fromagerie Bel** de Lons-le-Saunier et au dessinateur **B. Rabier** que l'on doit **La Vache qui rit**, cette sympathique vedette qui a survécu à l'une de ses concurrentes, la surprenante « Vache sérieuse ».

Revenez à la tour de l'Horloge qui marque le début de la rue du Commerce.

Rue du Commerce ★ 1
Ses 146 arcades sur rue et sous couvert lui donnent un aspect très pittoresque. Elles ont été établies dans la seconde moitié du 17e s. après que de terribles incendies eurent fait place nette. Les Lédoniens ont le goût du beau et l'esprit indépendant, comme tout bon Comtois : ils se sont appliqués à varier les dimensions, la courbure, la décoration des arcs, même dans cette construction réglementée. Remarquez les grands toits éclairés de quelques mansardes et percés de hautes cheminées. Au n° 24, la maison natale de Rouget de Lisle est devenue un musée *(voir « Visiter »)*.

Continuez jusqu'à la place de l'Hôtel-de-Ville et faites le tour des bâtiments.

La proximité de l'hôtel de ville (musée des Beaux-Arts) et de l'hôtel-Dieu *(voir « Visiter »)* fait ressortir la ressemblance entre ces deux bâtiments du 18e s.

À l'extrémité de la place Perraud, la rue du Puits-Salé conduit à la célèbre source.

Puits-Salé 1
En contrebas, au cœur d'un petit parc, coule la source salée déjà utilisée par les Romains ; elle est à l'origine du développement de la ville.

Prenez à droite la rue Richebourg, puis encore à droite la place de l'Ancien-Collège.

DÉCOUVRIR LES SITES

La rue de Balerne à droite mène à la **place de la Comédie** 1 où l'on peut admirer d'anciennes maisons vigneronnes. Dans cette ville entourée de collines autrefois couvertes de vignes, ces maisons rappellent l'importance de cette activité. Remarquez les linteaux de porte des n°s 20 et 22, décorés de serpettes, outils des vignerons.

Par la rue du Four, gagnez la rue des Cordeliers.

Église des Cordeliers 1

Cachée au fond d'une cour, fermée par un porche datant du 15e s., elle fut construite au 13e s., puis restaurée au 18e s. La crypte, inaccessible au public, accueille la sépulture des Chalon-Arlay *(voir Nozeroy)*, seigneurs de Lons au Moyen Âge. Outre la chaire exécutée vers 1728 par les frères Lamberthoz de Lons, on remarquera les **boiseries** Louis XVI du chœur.

Rejoignez, au bout de la rue, la place du 11-Novembre.

La place est prolongée par la **promenade de la Chevalerie** où l'on peut admirer la statue de Rouget de Lisle par Bartholdi.

Visiter

Théâtre★ 1

☏ 03 84 24 65 01 - visite guidée (1h) sur demande à l'office de tourisme de déb. juil. à mi-sept. : 15h - 5 € (-12 ans gratuit). Après un terrible incendie en 1901, l'ancien théâtre (1847) doit être partiellement reconstruit. Les architectes bressans Tony et George Ferret, largement influencés par l'opéra Garnier, en reprennent le style avec originalité. Ils confient la réalisation de la composition peinte du plafond à Louis Bardey. Un remarquable travail de restauration a été réalisé en 1997.

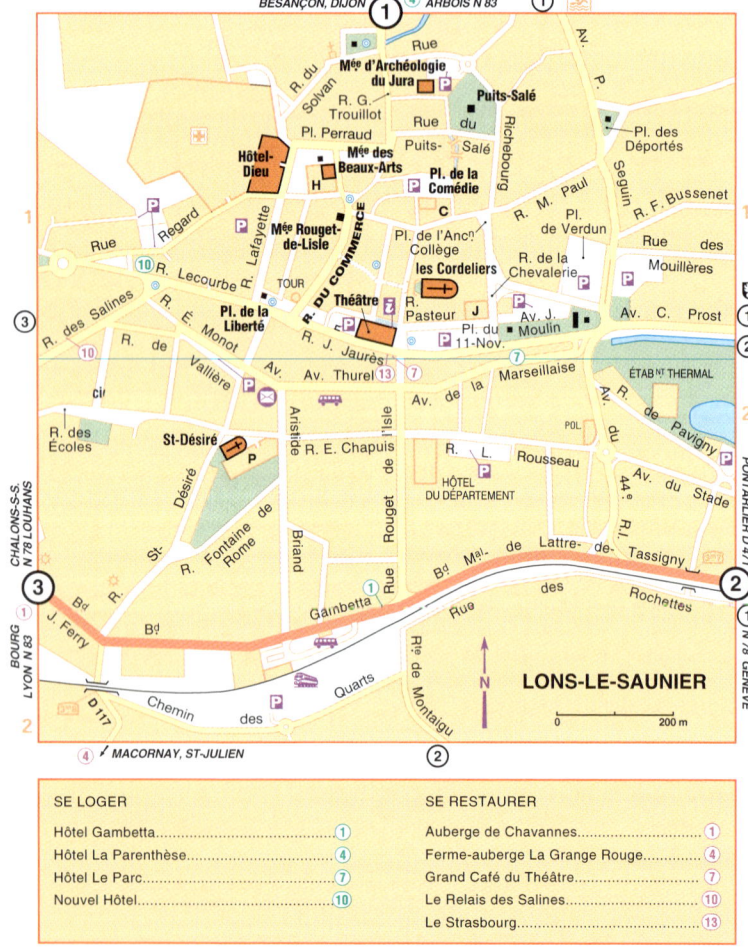

LONS-LE-SAUNIER

SE LOGER	
Hôtel Gambetta	①
Hôtel La Parenthèse	④
Hôtel Le Parc	⑦
Nouvel Hôtel	⑩

SE RESTAURER	
Auberge de Chavannes	①
Ferme-auberge La Grange Rouge	④
Grand Café du Théâtre	⑦
Le Relais des Salines	⑩
Le Strasbourg	⑬

Musée Rouget-de-Lisle - Donation A. Lançon [1]

24 r. du Commerce - 19 juin-17 sept. : 10h-12h, 14h-18h, w.-end et j. fériés 14h-17h - gratuit. Au n° 24 de la rue du Commerce, l'appartement natal de Rouget de Lisle a été transformé en petit musée. Il reste peu de mobilier, mais les souvenirs et documents présentent l'étonnant destin de l'artiste et de *La Marseillaise*. Un film vidéo anime ces salles.

Hôtel-Dieu [1]

Pl. de l'Hôtel-de-Ville - 03 84 24 65 01 - visite guidée (1h) 18 juil.-16 août : mar. 10h et sam. 15h - fermé 15 août - 5 €.
Construit à partir de 1735, cet établissement caractéristique du 18e s. est fermé par une très belle **grille** en fer forgé. Il a conservé une superbe **pharmacie**★ dont les boiseries mettent en valeur les collections de pots de faïence, d'étain et de cuivre. Trois salles présentent l'évolution de la fonction d'apothicaire du 17e s. à nos jours.

Musée des Beaux-Arts [1]

* 03 84 47 64 30 - tlj sf mar. 10h-12h, 14h-18h, w.-end et j. fériés 14h-17h - fermé 1er janv., 1er Mai, 25 déc. - 2 €, gratuit merc. et 1er dim. du mois.*
C'est une aile de l'hôtel de ville qui accueille ce musée sans prétention. La section peinture présente une trentaine de tableaux. On remarquera *La Mort du cerf* de Courbet, les paysages de Pointelin et les œuvres de petits maîtres hollandais. Sculptures de Falconet et surtout de Jean-Joseph Perraud, un Jurassien académique.

Musée d'Archéologie du Jura [1]

* 03 84 47 88 49 - tlj sf mar. 10h-12h, 14h-18h, w.-end et j. fériés 14h-17h - possibilité de visite guidée (1h) - fermé 1er Mai - 2 €, gratuit merc. et 1er dim. du mois.*
Annoncé par la reconstitution d'un platéosaurus, le musée propose aux visiteurs une immersion dans la vie des premiers hommes. Parmi ses objets figure l'exceptionnelle **pirogue**, datant de l'âge du bronze, découverte au lac de Chalain. D'intéressantes expositions temporaires sont organisées, avec la possibilité de visionner à la demande des **films vidéo** sur une quarantaine de sujets différents.

Aux alentours

Montaigu

3 km au sud-est. De la route en forte montée, dans un virage à droite, belle **vue** à gauche *(belvédère aménagé)* sur Lons et ses environs. Le village s'accroche au rebord du plateau. Le château fort, où Lacuzon *(voir région des Lacs)* soutint plusieurs sièges, a été démantelé sous Louis XIV.

La Croix Rochette

9 km au sud-est. Quittez Lons-le-Saunier par la route de Montaigu, puis la D 52 à droite. Après 6 km plus loin, tournez à droite dans la D 41^E conduisant à Saint-Maur. Le chemin d'accès s'amorce sur la D 41, en face de l'église (angle sud-ouest) de Saint-Maur. Suivez-le sur 200 m puis prenez, à gauche, la rampe conduisant à un vaste parc de stationnement.

Montez (15mn à pied AR) sur le sommet de la Croix Rochette. Située sur le rebord du plateau jurassien, la Croix Rochette (alt. 636 m) offre un **panorama** qui s'étend sur la plaine de la Saône limitée, au loin, par les monts du Mâconnais, ainsi que sur les plateaux et les montagnes du Jura. Par temps clair, vue sur le mont Blanc.

Plage de Desnes

15 km au nord-ouest par la D 470, puis la D 58 à la sortie de Bletterans.
Cette plage en pleine campagne est un lieu de baignade apprécié des Lédoniens.

Circuit de découverte

LE PLATEAU JURASSIEN

19 km – comptez environ 4h.
Quittez Lons-le-Saunier en direction du sud-est, par la N 78.

Conliège

Église – *03 84 24 04 93 - visite guidée sur demande auprès de M. Broutet - tlj sf w.-end.* Elle possède de belles grilles en fer forgé et une chaire richement sculptée (17e s.), des bancs d'œuvre de 1525, une châsse du 16e s. renfermant les reliques de saint Fortuné.

DÉCOUVRIR LES SITES

Creux de Revigny★
C'est un bel amphithéâtre d'escarpements calcaires au pied desquels naît la Vallière, qui passe à Conliège et à Lons-le-Saunier. Dans la falaise s'ouvrent de nombreuses grottes, dissimulées par la végétation. Au 17e s., durant la guerre de Dix Ans, ces grottes servirent de refuge aux habitants. Ils y vivaient de façon permanente et on venait y célébrer les baptêmes, tant le pays, battu par les Suédois, était peu sûr *(voir région des Lacs).*

La route descend ensuite vers la vallée de l'Ain qu'elle rejoint à Pont-de-Poitte.

Pont-de-Poitte *(voir lac de Vouglans)*

Lons-le-Saunier pratique

Voir aussi les encadrés pratiques du château d'Arlay, Baume-les-Messieurs, lac de Chalain, Château-Chalon, Gigny, région des Lacs, lac de Vouglans.

Adresse utile

Office du tourisme de Lons-le-Saunier – *Pl. du 11-Novembre-1918 - 39000 Lons-le-Saunier - ☎ 03 84 24 65 01 - de mi-juin à mi-sept. : 9h-12h30, 13h30-18h30, dim. 10h-12h (de mi-juil. au 19 août) ; reste de l'année : tlj sf dim. 9h-12h, 14h-17h - fermé j. fériés sf 14 Juil. et 15 août.*

Se loger

Nouvel Hôtel – *50 r. Lecourbe - ☎ 03 84 47 20 67 - www.nouvel-hotel-lons.fr - fermé 17 déc.-9 janv. - 26 ch. 43/52 € - ☐ 7,50 €.* De superbes maquettes de navires de guerre de la Marine française, confectionnées par le maître des lieux, agrémentent le hall de cet hôtel du centre-ville. Chambres d'ampleur diverse, garnies de meubles rustiques. Celles du 3e étage sont les moins spacieuses.

Hôtel Gambetta – *4 bd Gambetta - ☎ 03 84 24 41 18 - www.hotel-gambetta-lons.com - fermé 23 déc.-4 janv. - 24 ch. 45/48 € - ☐ 6 €.* Cet hôtel à deux pas de la gare retrouve une seconde jeunesse depuis quelques années, grâce à des travaux de rafraîchissement réussis. Les chambres, insonorisées, filtrent de façon efficace les bruits du boulevard et de la gare. Cadre contemporain, coloré et confortable. Parking dans un espace clos, payant en saison.

Hôtel Le Parc – *9 av. Jean-Moulin - ☎ 03 84 86 10 20 - 16 ch. 54 € - ☐ 6 € - rest. 14/25 €.* Chambres actuelles et fonctionnelles et réveil au son de la Marseillaise que carillonne l'horloge du théâtre voisin dans cet hôtel qui est un Centre d'aide par le travail. Sobre salle à manger et cuisine simple utilisant quelques produits régionaux.

Hôtel La Parenthèse – *300 chemin du Pin - 39570 Chille - 3 km au N de Lons-le-Saunier par la D 157 - ☎ 03 84 47 55 44 - www.hotelparenthese.com - 34 ch. 89/138 € - ☐ 11 € - rest. 25/47 €.* Sur la route du vignoble jurassien, hôtellerie contemporaine dont les chambres offrent deux niveaux de confort différents. La plupart possèdent un balcon et profitent de la vue sur le parc arboré de l'établissement. Le restaurant concocte des recettes mariant produits d'ici et saveurs d'ailleurs.

Se restaurer

Ferme-auberge La Grange Rouge – *39570 Geruge - 9 km au SO de Lons-le-Saunier par la D 117 - ☎ 03 84 47 00 44 - fermé 25 août -17 sept. - réserv. conseillée - 15/25 € - 5 ch. 46 € ☐.* Cette ferme perchée à 500 m d'altitude attire les amateurs de bonne chère de toute la région avec son poulet à la crème et aux morilles et ses croûtes aux champignons. Élevage de poulets, de pintades et de porcs. Les chambres, spacieuses et confortables, jouissent d'un calme champêtre.

Le Strasbourg – *4 r. Jean-Jaurès - ☎ 03 84 24 36 92 - fermé le 24 déc. au soir, 25 et 31 déc. au soir et 1er janv. - formule déj. 11,50 € - 14,50 €.* Ce grand café construit à la fin du 19e s. est classé à l'Inventaire des monuments historiques. Lédoniens, touristes et curistes fréquentent sa très jolie salle ou, dès les premiers beaux jours, sa terrasse tournée vers le théâtre de la ville. Une carte de brasserie complète celle des boissons.

Grand Café du Théâtre – *2 r. Jean-Jaurès - ☎ 03 84 24 49 30 - fermé dim. - formule déj. 8,80 € - 15/20 €.* En plus d'offrir une carte de qualité, ce café réputé, classé Monument historique, jouit d'une terrasse surplombant la place et constitue une halte agréable à proximité immédiate du quartier commerçant.

Le Relais des Salines – *26 r. des Salines - ☎ 03 84 43 01 57 - fermé dim. et lun. - réserv. conseillée - 12,70 € déj. - 19,90 €.* Le décor de cette salle de restaurant évoque quelque peu un relais de diligence avec ses mangeoires et ses boxes où sont installées des tables. Intérieur où domine le bois, superbe parquet et beaux meubles jurassiens ; cuisine et vins régionaux.

LONS-LE-SAUNIER

Auberge de Chavannes – *39570 Courlans - 6 km au SO de Lons-le-Saunier par la N 78 -* ☏ *03 84 47 05 52 - www.auberge-de-chavannes.com - fermé janv., 21 juin-6 juil., dim. soir, lun. et mar. - réserv. obligatoire - 28/100 €.* Vous oublierez bien vite le petit inconvénient du passage de la route. Cette auberge en sortie de village a de quoi vous régaler avec sa table soignée et réputée. Les poissons viennent directement de Bretagne, les viandes de la Bresse… Terrasse pour les repas dehors.

Faire une pause

Au Prince d'Orange - Ets Pelen – *Pl. de la Liberté -* ☏ *03 84 24 31 39 - www.pelen.fr - magasin : 9h-12h30, 14h-19h (sam. 19h15), dim. 9h-12h30 ; salon de thé : 14h30-19h.* Depuis 1899, la famille Pelen régale Lons-le-Saunier avec ses galets de Chalain (nougatine et praliné enrobés de chocolat), son gâteau Écureuil (crème au beurre praliné-noisette sur un fond amande-noisette, le tout recouvert de pâte d'amandes) et bien d'autres gourmandises. Élégant salon de thé à l'étage.

Pâtisserie Rouget de Lisle – *22 r. du Commerce -* ☏ *03 84 24 51 80 - mar.-vend. 8h-12h30, 13h30-19h, sam. 8h-19h, dim. 8h-12h30 - fermé du 15 août à déb. sept.* Cette pâtisserie jouxte la maison natale de Rouget de Lisle. On y trouve bien sûr le fameux macaron portant son nom ainsi que moult douceurs comme les tartes aux fruits, les gâteaux au kirsch et une belle gamme de chocolat. L'été, le salon de thé déploie sa terrasse et il est bien agréable d'y déguster une glace.

En soirée

Casino Groupe Émeraude – *795 bd de l'Europe -* ☏ *03 84 87 06 06 - commercial.lons@groupe-emeraude.com - lun.-jeu. 10h-3h, vend.-sam. et j. fériés 10h-4h.* Situé au nord de la ville, le casino propose de multiples activités : 90 machines à sous, black-jack, roulette anglaise, club privé et thé dansant le dimanche. Vous pourrez également faire une pause au restaurant.

Que rapporter

Bon à savoir – Rouget de Lisle est une vraie célébrité locale qui a donné son nom à un savoureux gâteau *(voir pâtisserie à côté de sa maison natale)* et à une bière…

Maison du Vigneron – *23 r. du Commerce -* ☏ *03 84 24 44 60 - mbailly@cguj.fr - tlj sf dim. et lun. 10h-12h, 14h-19h - fermé j. fériés.* Cette cave qui s'ouvre en face de la maison de Rouget de Lisle regroupe la production d'environ 150 viticulteurs. La diversité du vignoble jurassien s'y exprime à travers une riche gamme de crus AOC : côtes-du-jura, arbois, vin jaune, vin de paille… Liqueurs et eaux-de-vie garnissent également les casiers.

Sports & Loisirs

Valvital Thermes de Lons-le-Saunier – *Parc des Bains -* ☏ *03 84 24 20 34 - www.valvital.fr - lun.-jeu. 13h-20h, vend. 13h-19h, sam. 12h-19h ; ouv. matin pour les cures thermales.* L'établissement utilise des eaux chlorurées sodiques fortes (305 g/l) ou moyennes (10 g/l) indiquées pour le traitement de la rhumatologie, les troubles du développement de l'enfant et le psoriasis (cures d'avril à novembre). Toute l'année, un secteur de remise en forme, ouvert tous les après-midi propose différents forfaits ; balnéo, piscine, sauna, hammam, massages… Parc arboré de 7 ha autour des installations.

Tourisme industriel

Usine de tri des déchets ménagers – *R. René-Maire - ZI - 39000 Lons-le-Saunier - Visite guidée sur demande au* ☏ *0 800 192 087 (n° Vert) - il est possible de se rallier aux groupes déjà constitués.* Le Jura est un département pilote en matière de tri des déchets. Ce centre a ouvert en 1998 et profite, pour l'enfouissement de déchets ménagers, de l'isolation d'une couche d'argile de 10 m d'épaisseur.

Événements

En plus des nombreuses animations estivales, la fête traditionnelle de la ville, la **Saint-Désiré** ou « Saint-Dé » a lieu chaque année autour du dernier dim. de juil.

DÉCOUVRIR LES SITES

Lure

8 727 LURONS
CARTE GÉNÉRALE C1 – CARTE MICHELIN LOCAL 314 G6 – HAUTE-SAÔNE (70)

À proximité de la vallée de l'Ognon, Lure a retrouvé une atmosphère de tranquillité avec la mise en service, en 1976, d'une voie de contournement par le nord. La petite ville occupe un site charnière à proximité du plateau des Mille Étangs, appartenant aux Vosges saônoises. De hautes montagnes surgissent, de lourds édifices en grès font leur apparition.

- **Se repérer** – Lure se trouve à 31 km à l'ouest de Belfort et à 26 km à l'est de Vesoul, par la N 19.
- **À ne pas manquer** – L'élégante sous-préfecture, ancien palais abbatial du 16e s. qui se reflète dans un lac entouré de mystère ; les façades à sculptures des maisons de la rue Pasteur ; l'église de Fresse et sa chaire sculptée du 18e s.
- **Organiser son temps** – Prévoyez une demi-journée pour visiter Lure et ses environs. Vous pourrez utiliser la ville comme base pour rayonner dans les sites du Parc naturel régional des Ballons des Vosges.
- **Pour poursuivre la visite** – Voir aussi le massif du Ballon d'Alsace, Fougerolles, Luxeuil-les-Bains, le plateau des Mille Étangs, Ronchamp, Villersexel.

Georges Colomb (1856-1945)

Plus connu sous le pseudonyme de **Christophe**, cet écrivain et botaniste natif de Lure est avant tout le fameux auteur de textes illustrés pour enfants : *La Famille Fenouillard*, *Le Sapeur Camember* (immortalisé par une statue en bronze de Françoise Faure-Couty érigée avenue de la République), *Le Savant Cosinus*… Il s'est également illustré en défendant la thèse comtoise qui voyait Alésia à Alaise *(voir p. 103)*, ce qui lui a valu un buste à Myon en 1934.

Statue du Sapeur Camember.

Se promener

Sous-préfecture
Cet élégant bâtiment qui se mire dans le lac de Font est un ancien palais abbatial construit en 1519 et profondément remanié au 18e s. C'est l'un des seuls vestiges de l'abbaye fondée au 7e s. par saint Desle et relevant de Luxeuil-les-Bains. Le lac a la particularité de ne pas geler en hiver ; par temps froid, ses eaux se mettent à fumer, alimentant toutes sortes de légendes.

Rue Pasteur
La façade du n° 7 porte un ensemble de sculptures du 15e s. : à gauche la Trinité, et au linteau une Pietà, un saint suaire et la chasse miraculeuse de saint Hubert.

Église Saint-Martin
10h-16h - en cas de fermeture, emprunt des clés à la mairie. Construite entre 1740 et 1745, elle abrite des reliques de saint Colomban et de saint Desle. Remarquez une belle chaire sculptée (1745), signée C.-F. Cupillard.

Aux alentours

Fresse
19 km au nord-est par la D 486, puis à droite la D 97.
Dans l'église, belle **chaire**★ sculptée du 18e s., provenant de l'abbaye de Lucelle (Haut-Rhin), statue de la Vierge à l'Enfant, en pierre polychrome, du 13e s., et statuette de sainte Barbe (patronne des mineurs et des pompiers), du 18e s.

Mollans

13 km à l'ouest par la N 19, puis à gauche la D 13, après Genevreuille. Le village compte trois **fontaines**, dont deux monumentales. Celle près de l'église, construite en 1849, est due à un architecte de Lure, Jean-Baptiste Colard. Elle arbore des airs de petit temple grec, tout en étant faite pour ménager le dos des lavandières : les lavoirs sont surélevés. Suivez la rue de l'église pour rencontrer la **fontaine du Calot** (1822). Un beau travail de charpente repose sur des piliers de pierre (la présence d'insectes aquatiques signale une eau pure).

Lure pratique

Voir aussi les encadrés pratiques du massif du Ballon d'Alsace, Fougerolles, Luxeuil-les-Bains, plateau des Mille Étangs, Ronchamp, Villersexel.

Adresse utile

Office du tourisme de la région de Lure – 35 av. Carnot - 70200 Lure - 03 84 62 80 52 - www.office-tourisme-lure.com - de mi-juin à mi-sept. : lun.-vend. 9h-12h15, 13h30-17h30 ; mars-juin et de mi-sept. à fin oct. : mar.-vend. 13h30-17h30 ; reste de l'année : merc.-vend. 13h30-17h30 - fermé w.-end et j. fériés.

Se loger

Le Luron – 92 av. de la République - 03 84 30 03 03 - www.leluron.com - 40 ch. 46 € - 6 € - rest. 17/35 €. À deux pas du centre-ville, cet hôtel d'architecture moderne abrite 40 chambres, toutes avec salle de bains et TV. En plus des menus et formules traditionnelles, le chef propose une carte renouvelée régulièrement et 8 spécialités de fondues.

Se restaurer

Le Pont de l'Ognon – 4 rte de la Saline - 1 km du centre-ville par la D 64, rte de Belfort, puis à droite du rd-pt par la D 18, rte de l'Isle-sur-le-Doubs - 03 84 30 25 05 - fermé jeu. soir et dim. sf juil.-août - 11 € déj. - 16/43,50 €. Près du pont qui enjambe la rivière, ce restaurant compte deux salles : l'une sous véranda, et l'autre plus claire et colorée, donnant sur l'arrière. La carte propose des recettes traditionnelles, mais aussi des fritures, poissons, pizzas et assiettes campagnardes. Plats cuisinés, en vente à la boutique traiteur.

Luxeuil-les-Bains★

8 414 LUXOVIENS
CARTE GÉNÉRALE C1 – CARTE MICHELIN LOCAL 314 G6 – HAUTE-SAÔNE (70)

Station thermale réputée, Luxeuil doit beaucoup à la puissante abbaye fondée au 6e s. par saint Colomban. Comment ne pas être surpris, en traversant la ville, par la richesse décorative de ses belles maisons et hôtels de grès rose ? Après des années de déclin, elle se refait une santé en développant ses loisirs autour du thermalisme. Enfin, on ne saurait évoquer Luxeuil sans parler de sa fameuse dentelle, à laquelle les plus habiles pourront même s'initier.

- **Se repérer** – Malgré sa position excentrée au pied des Vosges, Luxeuil est facilement accessible par la route : Vesoul est à 31 km (au sud-ouest, par la N 57), Lure à 17 km (au sud-est par la D 64).

- **À ne pas manquer** – L'ancienne abbaye Saint-Colomban, sa basilique contenant un splendide buffet d'orgues du 17e s. et son cloître aux délicates galeries de grès rose ; l'imposant musée de la tour des Échevins, contenant une superbe exposition de stèles gallo-romaines, et du haut duquel se découvre un beau panorama sur le massif des Vosges ; la maison du cardinal Jouffroy, de style gothique flamboyant ; et pour une remise en forme, les soins détente et bien-être proposés par l'établissement thermal.

- **Organiser son temps** – Une demi-journée à Luxeuil vous permettra d'avoir un bon aperçu du quartier thermal et de la vieille ville.

- **Avec les enfants** – Pourquoi ne pas pique-niquer en famille au parc thermal ? Les enfants y trouveront leur compte avec une aire de jeux.

- **Pour poursuivre la visite** – Voir aussi Faverney, Fougerolles, Lure, le plateau des Mille Étangs, Passavant-la-Rochère.

DÉCOUVRIR LES SITES

Se promener

QUARTIER THERMAL

👁 Luxeuil, autrefois *Luxovium*, pourrait dériver du nom du dieu gaulois **Luxovius**, les sources étant en effet souvent associées à un dieu guérisseur.

Établissement thermal
3 r. des Thermes - chaîne thermale du Soleil - ℘ *03 84 40 44 22 - mars-nov.*

Cet imposant édifice en grès rose des Vosges, entouré d'un beau parc ombragé, date du 18e s. Son clocheton fut ajouté au 19e s. Situé à l'emplacement des anciens thermes gallo-romains, il fut construit par J. Querret, un disciple de l'architecte Claude-Nicolas Ledoux *(voir p. 73)*. Dans le hall d'accueil, vous remarquerez des peintures de Jules Adler (1939).

VIEILLE VILLE

Maison du cardinal Jouffroy★

Le cardinal Jouffroy, abbé de Luxeuil, puis archevêque d'Albi, fut jusqu'à sa mort le favori de Louis XI. Sa maison (15e s.), la plus belle de Luxeuil, accueillit de célèbres hôtes de passage : Mme de Sévigné, Augustin Thierry, Lamartine, André Theuriet. L'édifice ajoute au gothique flamboyant de ses fenêtres et de sa galerie quelques éléments Renaissance dont, sur l'un des côtés, une curieuse tourelle (16e s.), coiffée d'un lanternon, construite en encorbellement. Sous le balcon, la 3e clef de voûte à partir de la gauche représente trois lapins. Le sculpteur n'a représenté que trois oreilles en tout, mais le groupe est disposé de telle sorte que chaque lapin paraît avoir deux oreilles.

Musée de la tour des Échevins

℘ *03 84 40 00 07 - avr.-oct. : merc., vend.-dim. 14h-18h - fermé le reste de l'année - 2,10 €, 12-18 ans 0,90 € (-12 ans gratuit).* La tour des Échevins est un imposant édifice du 15e s. aux murs crénelés. La décoration extérieure et la fine loggia de style gothique flamboyant contrastent avec l'allure générale de la construction. Du sommet de la tour *(146 marches)*, **vue** sur la ville et, au loin, sur les Vosges, le Jura et les Alpes.

Vous verrez, au rez-de-chaussée et au 1er étage, de remarquables monuments funéraires de pierre provenant de la ville gallo-romaine *(Luxovium)* : **stèles★** votives, inscriptions, ex-voto d'époque gauloise, reproduction de fours de potiers, etc. Le 1er et le 2e étage abritent le petit **musée Adler**, qui rassemble des peintures de J. Adler, Vuillard et Pointelin.

Maison François-Ier
Son nom ne perpétue pas le souvenir du roi de France, mais celui d'un abbé luxovien. Ses arcades Renaissance sont ornées de superbes visages sculptés.

Ancienne abbaye Saint-Colomban★

℘ *03 84 40 13 38 - visite guidée (45mn) sur demande préalable auprès de M. le directeur de l'abbaye - gratuit.*

L'abbaye de Luxeuil fut fondée à la fin du 6e s. par saint Colomban, moine irlandais très vénéré dans le pays. Ayant reproché au roi de Bourgogne ses dérèglements, il fut chassé du pays et dut se réfugier à Bobbio, en Italie.

Basilique Saint-Pierre – Succédant à une église du 11e s. dont il reste quelques vestiges, l'édifice actuel remonte aux 13e et 14e s. Des trois tours d'origine subsiste seulement le clocher occidental, reconstruit en 1527, dont le couronnement date du 18e s. L'abside a été refaite en 1860 par Viollet-le-Duc. De la place Saint-Pierre, on découvre le côté nord de l'église près de laquelle s'élève une statue moderne de saint Colomban. Un portail classique à fronton donne accès à l'intérieur, de style gothique bourguignon. On ne peut manquer le superbe **buffet d'orgues**★ (1617), soutenu par un atlante posé sur le sol et décoré de médaillons sculptés. La chaire, au fin décor Empire, tranche avec l'architecture de l'église ; elle date de 1806 et provient de Notre-Dame de Paris : Lacordaire y prêcha. Dans le transept à droite se trouve la châsse de saint Colomban.

Cloître – Il a gardé trois de ses quatre galeries de grès rose : une travée comportant trois baies surmontées d'un oculus remonte au 13e s., les autres ont été refaites au 15e-16e s. Le cloître abrite aujourd'hui le **Conservatoire de la dentelle** (☎ 03 84 93 61 11 - mar. et vend. 14h-17h30). La dentelle de Luxeuil eut son heure de gloire au 19e s. Progressivement tombée dans l'oubli au cours du 20e s., elle renaît depuis quelques années grâce à ce conservatoire qui maintient savoir-faire et tradition. Vous pourrez y voir des dentellières au travail et quelques exemples de « bâtarde ». Cet étrange nom donné à la dentelle de Luxeuil vient de l'emprunt de différentes techniques italiennes (Venise, Milan) et de l'ajout d'un lacet mécanique. Le conservatoire propose des stages d'initiation ou de perfectionnement toute l'année.

Bâtiments conventuels – Ils comprennent le « bâtiment des moines » des 17e-18e s. au sud de l'église et, sur la place Saint-Pierre, le palais abbatial (16e-18e s.), aujourd'hui hôtel de ville.

Maison du bailli

Elle date de 1473. La cour est dominée par un balcon de pierre flamboyant et par une tour polygonale surmontée de créneaux. Pour mémoire, le bailli était un juge abbatial.

Luxeuil-les-Bains pratique

♿ Voir aussi les encadrés pratiques de Faverney, Fougerolles, Lure, plateau des Mille Étangs, Passavant-la-Rochère.

Adresse utile

Office du tourisme de Luxeuil-les-Bains – R. Victor-Genoux - Maison du Card.-Jouffroy - 70300 Luxeuil-les-Bains - ☎ 03 84 40 06 41 - www.luxeuil.fr - juil.-août : 9h-12h, 14h-19h, sam. 9h-12h, 14h-18h, dim. 10h-12h, 14h-16h ; avr.-juin et sept. : tlj sf dim. 9h-12h, 14h-19h (avr. 18h), sam. 9h-12h, 14h-18h ; janv.-mars et oct.-déc. : tlj sf dim. 9h-12h, 14h-18h ; sam. 9h-12h - fermé 1er janv., Pâques, 1er et 8 Mai, Ascension, 1er et 11 Nov., 25 déc.

Se loger et se restaurer

⌂ **Hôtel de France - Restaurant L'Épicurien** – 6 r. Georges-Clemenceau - ☎ 03 84 40 13 90 - www.hoteldefrance-luxeuil.com - 🅿 - 20 ch. 42/46 € - ☐ 6,80 € - rest. 14/29 €. Ce grand bâtiment blanc, à l'architecture ancienne, a fait l'objet d'une rénovation récente. La salle de restaurant et une partie des 20 chambres donnent sur le parc des thermes, verdoyant et arboré. Parmi les spécialités de la maison, on notera le sandre gratiné au vin du Jura, et l'incontournable fondant au chocolat.

⌂ **Hôtel-Résidence des Sources** – 2 av. Jean-Moulin - ☎ 03 84 93 70 04 - www.70lessources.fr - ✉ - 41 studios 420/456 €/sem. pour 2 pers. Installée à proximité immédiate du parc thermal, cette résidence regroupe sur 4 étages (avec ascenseur) 41 studios entièrement équipés. Chacun dispose d'une salle de séjour pourvue d'un coin cuisine et d'une belle salle d'eau avec douche à l'italienne. Agréable terrasse commune, espace bar et salon.

Faire une pause

Éric Rubichon – 31 r. Victor-Genoux - ☎ 03 84 40 02 62 - eric.rubichon@wanadoo.fr - lun., merc., jeu., vend. 9h-12h30, 14h30-19h, sam. 8h30-13h, 14h-19h, dim. 8h30-13h, 15h-19h - fermé 2 sem. en fév. Selon les saisons, cette pâtisserie propose jusqu'à 50 gâteaux, 40 sortes de chocolats, 14 glaces et des macarons déclinés en 6 parfums. Découvrez les spécialités maison que sont les Arlequins ou le Diablotin. Profitez du salon de thé et accompagnez l'une de ces gourmandises d'un thé ou d'un chocolat.

En soirée

SAS Casino de Luxeuil – 16 av. des Thermes - ☎ 03 84 93 90 90 - casino.luxeuil@moliflor.com - 10h-3h, w.-end et veilles de j. fériés : 10h-4h. Pour finir votre soirée-roulette, black-jack, stud poker, machines à sous, un restaurant et un bar d'ambiance vous attendent à deux pas des thermes. Un hôtel de 21 chambres complète l'offre.

DÉCOUVRIR LES SITES

Que rapporter

👁 **Bon à savoir** – On ne peut éviter le traditionnel **jambon de Luxeuil**, légèrement fumé, qui bénéficie d'un label régional. La proximité de Fougerolles explique les nombreux produits à base de cerise comme le **kirsch**, les **griottines**...

Sports & Loisirs

Chaîne thermale du Soleil – 3 r. des Thermes - ✆ 03 84 40 44 22 - luxeuillesbains@chainethermale.fr - tlj de mars à nov. sf dim - 13 €. L'établissement thermal, reconstruit au 18ᵉ s. en grès rouge, est entouré d'un beau parc ombragé. Il abrite, en plus des équipements traditionnels, un centre d'aquathérapie très moderne ouvert à tous. Traitements : phlébologie, rhumatologie, gynécologie. Tous les jours (sauf dimanche) en matinée, « Thermes découverte ».

Événement

Festival de la dentelle – De fin juin à déb. juil., tous les trois ans - prochain festival en 2009 - ✆ 03 84 93 61 11.

Maîche

3 978 MAÎCHOIS
CARTE GÉNÉRALE D2 – CARTE MICHELIN LOCAL 321 K3 – DOUBS (25)

Sur les vastes plateaux du nord du Jura, à proximité des vallées du Dessoubre et du Doubs, Maîche occupe un agréable site dans un large val dominé par le mont Miroir (986 m). C'est avec la Révolution que la ville prit le pas sur Saint-Hippolyte, en devenant la capitale de la Franche-Montagne, zone franche qui connut des frontières fluctuantes.

Le Doubs s'épanouit vers Goumois et se laisse admirer de la célèbre corniche.

- **Se repérer** – À 42 km au sud de Montbéliard, Maîche est accessible par l'A 36, puis la D 437.
- **À ne pas manquer** – L'église Saint-Pierre et sa splendide chaire sculptée ; l'exploration des gorges du Doubs, que ce soit par la route à partir de Cernay-l'Église ou de la vertigineuse corniche de Goumois, ou par les célèbres et périlleuses Échelles de la Mort, anciennes voies de contrebande escaladant la roche et menant à un belvédère.
- **Organiser son temps** – Comptez une bonne journée pour visiter Maîche et profiter pleinement du site exceptionnel des gorges du Doubs.
- **Avec les enfants** – Emmenez-les en randonnée dans les vallées du Dessoubre et du Doubs *(voir encadré pratique)* ou faites-leur découvrir, à Froidevaux, un potager vraiment extraordinaire.
- **Pour poursuivre la visite** – Voir aussi le château de Belvoir, le cirque de Consolation, le saut du Doubs, Morteau, Montbéliard.

MAÎCHE

Comprendre

Bricottiers et gabelous – Matérialisée par quelques bornes, mais aussi et surtout par les crêts et les rivières (dont le Doubs), la frontière franco-suisse a longtemps été une zone très convoitée par les contrebandiers. Il s'agissait souvent de petit trafic (ou « bricote ») de tabac, ou suivant les périodes, d'alcool, de poudre de chasse, de jeux de cartes et même de bétail. Ces montagnards rusés et résistants transportaient de lourdes charges dans des ballots appelés « bêtes à 4 cornes » et devaient franchir des reliefs très escarpés, dont les légendaires Échelles de la Mort. Les douaniers, baptisés « gabelous » en référence à l'ancienne taxe impopulaire sur le sel, ont tout tenté pour les intercepter. Organisés en plusieurs lignes de défense, ils se déplaçaient en permanence ; ils avaient parfois quelque indulgence pour la « bricote », mais s'attaquaient activement aux grandes filières de la contrebande.

La petite Vendée

Le plateau de Maîche avait été fortifié dans ses convictions religieuses par la Contre-Réforme. Il mérita ce nom de « petite Vendée » à deux reprises, pendant la Révolution et en 1906, quand ses habitants prirent les armes pour s'opposer à l'inventaire des biens de l'église. Une croix dans le village et une plaque de marbre noir dans l'église de Maîche rappellent le souvenir des 19 hommes guillotinés sous la Terreur. Les villages des Écorces, de Cernay-l'Église et de Montlebon gardent aussi la mémoire de la répression révolutionnaire.

Se promener

Reconstruite au 18e s., l'**église Saint-Pierre** bénéficie d'un beau mobilier de la même époque. Remarquez le tabernacle baroque, la superbe chaire sculptée et l'orgue. Elle abrite depuis 1679, date à laquelle il a été transféré de Rome, le corps de saint Modeste, martyr au 4e s., dans la dernière chapelle, à gauche près du chœur.

À gauche de l'église s'élève le **château** ayant appartenu au comte **Charles de Montalembert** (1810-1870), grand polémiste catholique libéral qui tentait de réconcilier l'Église avec les ouvriers et fut élu député. La ville prolongea cette tradition de catholicisme social en accueillant en 1906 la première réunion d'un mouvement qui deviendra national, le Sillon. De Gaulle et Churchill s'y retrouvèrent en novembre 1944 pour organiser la libération de l'Alsace et de la Lorraine.

Vous apercevrez certainement, en bordure de Maîche, de sympathiques colosses à la crinière blonde, les **maîchards** : vous avez reconnu les fameux chevaux comtois dont le village est la patrie. Après un inquiétant déclin, le cheval comtois revient aujourd'hui en force. En septembre, le Concours national de Maîche sélectionne les meilleurs pour assurer l'avenir de la race.

Circuit de découverte

LA FRANCHE MONTAGNE

79 km – comptez 5h30.

Quittez Maîche par la D 437^A à l'est et prenez à gauche la D 237.

Cernay-l'Église★

Le petit village abrite la charmante **église Saint-Antoine**, riche d'un rare mobilier. Entrez pour admirer le superbe retable Renaissance en pierre polychrome, l'étonnante chaire guettée par un dragon (19e s.), le lutrin et de belles statues dont une inhabituelle représentation de sainte Sophie tenant dans ses bras ses trois filles : la foi, l'espérance et la charité (école rhénane du 16e s.). *Avr.-nov. : 9h-18h.*

Faites demi-tour et prenez la D 464 à gauche, vers Charquemont, à l'entrée de Maîche. Continuez jusqu'à la frontière, en direction de La Chaux-de-Fonds.

Après le bureau de douane de la Cheminée *(signalez au douanier que vous n'avez pas l'intention de passer en Suisse)*, prenez sur la gauche le chemin d'accès à l'usine hydroélectrique du Refrain. Descendez cette route qui mène au fond des gorges du Doubs : le **site**★ est impressionnant, avec ses hautes falaises couronnées de sapins et d'épicéas.

Échelles de la Mort★★

Laissez votre voiture sur le parking de l'usine hydroélectrique et suivez le sentier *(30mn AR) signalé conduisant au pied des Échelles de la Mort (rude montée en sous-bois).* Mieux vaut ne pas avoir le vertige ; néanmoins l'ascension des Échelles de la Mort n'a plus le caractère périlleux qui leur a valu un nom si inquiétant. Des échelles de fer, solidement ancrées dans la roche, ont remplacé les échelles de bois amovibles des contrebandiers. Il

DÉCOUVRIR LES SITES

est cependant conseillé de ne pas les utiliser par temps de pluie car les barreaux deviennent glissants. Pour accéder au **belvédère**, il faut gravir trois échelles d'acier aux barreaux doubles et robustes, dotées de mains courantes appliquées contre une muraille de rocher. Le belvédère où s'achève l'ascension domine les gorges du Doubs d'une centaine de mètres.

Revenez à Charquemont et prenez la D 10^E jusqu'au lieu dit « la Cendrée » (parking).

Belvédères de la Cendrée

200 m plus loin, deux sentiers conduisent aux belvédères d'où l'on découvre un très beau **point de vue** sur les gorges du Doubs et la Suisse. Le premier sentier *(30mn à pied AR)* aboutit à un éperon rocheux surplombant à pic la vallée du Doubs d'une hauteur de 450 m. Le belvédère auquel conduit le second sentier *(45mn à pied AR, itinéraire fléché)* est situé à la partie supérieure des rochers de la Cendrée.

Revenez à Charquemont et prenez à droite la D 201. À Damprichard, prenez à droite la D 437^A, qui rejoint le col de la Vierge (alt. 964 m) et le début de la fameuse corniche de Goumois qui domine le Doubs.

Corniche de Goumois★★

On appelle ainsi une route très pittoresque, établie à flanc de pente sur le versant gauche de la vallée du Doubs. Sur un parcours de 3 km, dont les meilleurs points de vue sont marqués par des garde-fous, on domine le fond des gorges d'une centaine de mètres. Les versants abrupts sont boisés ou rocheux ; quand la pente est moins forte, ils sont tapissés de prairies. Les sites ont un caractère de grandeur tranquille plutôt que sauvage. De l'autre côté du Doubs, ce sont les Franches-Montagnes suisses.

Ancienne collégiale de Saint-Hippolyte.

Goumois

Installée au fond d'une vallée encaissée, la commune a été divisée entre la France et la Suisse par le traité de Vienne en 1815. Les habitants des deux Goumois se retrouvent chaque 31 juillet pour célébrer dans l'amitié la fête nationale suisse.

Quittez Goumois vers le nord, par la D 437^B en direction de Montbéliard. À Trévillers, prenez à droite la D 201 jusqu'au carrefour avec la D 134 que vous suivez à gauche et qui conduit à Courtefontaine et Soulce. Continuez sur la D 437^C jusqu'à Saint-Hippolyte.

Saint-Hippolyte

Ce bourg occupe un **site★** pittoresque au confluent du Doubs et du Dessoubre. Il fut longtemps la capitale de la Franche-Montagne, et l'on retrouve quelques traces de ce passé prestigieux. Surplombant la rivière, l'ancien **couvent des Ursulines** (1700) abrite aujourd'hui l'école, la gendarmerie et la bibliothèque. Aux 17e et 18e s., les ursulines s'y consacraient à l'instruction des jeunes filles et à la formation de préceptrices, s'inscrivant ainsi dans une longue tradition qui a vu se succéder à Saint-Hippolyte une école de poésie latine et une autre de peinture. Surplombant le Doubs, la principale célébrité est l'ancienne **collégiale** (14e s.) au sol pavé de belles **pierres tombales**, qui abrita le saint suaire. Remarquez aussi, au n° 7, la jolie maison (16e s.) en encorbellement au-dessus de la Grande-Rue.

Un peu d'histoire – Rapporté des croisades par **Geoffroy de Charny** en 1346, le suaire, qui avait disparu lors du sac de Constantinople, est d'abord confié aux chanoines de Lirey, en Champagne. C'est la guerre de Cent Ans qui pousse les chanoines à le confier à **Humbert de la Roche**, seigneur de Saint-Hippolyte, contre une promesse de restitution une fois les troubles passés. Mais la relique attire de nombreux pèlerins et la famille « oublie » sa promesse, malgré les procès. En 1453, **Marguerite de Charny** cède le suaire au duc de Savoie. C'est ainsi que la relique part pour Chambéry, puis Turin, où elle se trouve aujourd'hui. On trouve des traces de ce passage dans la décoration des églises environnantes, particulièrement à Chaux-lès-Châtillon.

Prenez la direction du sud, vers Maîche, par la D 437.

Les Bréseux
L'église de ce modeste village s'enorgueillit de posséder une remarquable série de sept **vitraux**★ réalisés en 1948 par l'illustre maître verrier Alfred Manessier (1911-1993).

Aux alentours

Église de Chaux-lès-Chatillon (Terres-de-Chaux)
21 km au nord-ouest. Hameau entre Terres-de-Chaux et Chatillon. C'est en 1997 qu'ont été découvertes, dans le chœur, de belles **fresques** (15e s.) qui attendent leur restauration. Un panneau permet de repérer et d'interpréter les scènes. Remarquez, sur l'arc triomphal ouvrant le chœur, le saint suaire, ainsi que les anges élégants et bien conservés de la voûte.

Froidevaux
22 km au nord-ouest par la D 464 et la D 137. Garez-vous sur la place et suivez le fléchage à pied sur 500 m.

Le Potager d'une curieuse – 03 81 93 33 87 - *visite guidée (1h30-2h) sur demande auprès de Josiane Goepfert - juin-nov. - 28 €.*

Niché sur un flanc de colline, le potager de Josiane Goepfert accueille 800 variétés de plantes. Légumes méconnus, anciens ou exotiques, tous sont présentés avec une trame historique. Le visiteur découvre au fur et à mesure de son avancée dans le potager, le contenu du régime alimentaire végétal des hommes à travers l'histoire. Ici, on regarde, on touche, on sent et, à la sortie, on goûte… ce qui n'est pas poison.

Maîche pratique

Voir aussi les encadrés pratiques du château de Belvoir, cirque de Consolation, saut du Doubs, Morteau, Montbéliard.

Adresse utile

Office du tourisme de Maîche-Le-Russey – Pl. de la Mairie - 25120 Maîche - 03 81 64 11 88 - *en saison : 9h-12h, 14h-18h, dim. et j. fériés 10h-12h ; hors saison : tlj sf dim. 9h-12h, 14h-17h30 (vend. 17h), sam. 9h-12h.*

Se loger

Moulin du Plain – 25470 Goumois - *5 km au N de Goumois par rte secondaire -* 03 81 44 41 99 - www.moulinduplain. com - *fermé 3 nov.-21 fév.* - 22 ch. 55/61 € - 6,60 € - rest. 20/34 €. Au bord du Doubs, cette auberge familiale isolée en pleine forêt est un rendez-vous apprécié des pêcheurs. Ses chambres rustiques donnent souvent sur la rivière. Plats régionaux et truites.

Taillard – 3 rte de la Corniche - 25470 Goumois - 03 81 44 20 75 - hotel.taillard@wanadoo.fr - *fermé de déb. nov. à déb. mars -* 17 ch. 90 € - 11 € - rest. 32/72 €. Hostellerie en surplomb du village et de la vallée du Doubs menée de père en fils depuis 1874. Préférez les chambres de l'annexe, plus agréables. Cuisine classique bien tournée. Jardin, piscine et fitness.

Se restaurer

Au Bois de la Biche – *Aux Belvédères de la Cendrée - 25140 Charquemont - 4,5 km au SE de Goumois par la D 10^E et rte secondaire -* 03 81 44 01 82 - www.boisdelabiche.com - *fermé 2 janv.-2 fév., mar. d'oct. à mars et lun.* - 18/39 € - 3 ch. 43 € - 7 €. Cette ancienne ferme domine les gorges du Doubs. Les baies de la grande salle à manger offrent une jolie vue sur la campagne et les sommets du Jura suisse. Cuisine régionale. Trois chambres simples, mais bien tenues.

Que rapporter

Horlogerie Courtet – 17 Grande-Rue, RD 464 (entre Maîche et La Chaux-de-Fonds) - 25140 Charquemont - 03 81 44 01 56 - www.pays-horloger.com. Perpétuant la tradition horlogère du Haut Doubs, cet établissement incontournable ouvre ses portes aux visiteurs. On y découvre les outils traditionnels, le processus d'assemblage et de réglage. Magasin attenant, proposant une large gamme de modèles.

Sports & Loisirs

Centre de plein air Les Seignottes – 03 81 44 21 30 – En juillet et août, ce centre propose des descentes du Doubs de Goumois au Moulin du Plain encadrées par des moniteurs diplômés.

Randonnée – Possibilités de randonnées pédestres sur les chemins balisés des cantons de Maîche et du Russey, dans la vallée du Dessoubre ou du Doubs franco-suisse. À la période estivale sont proposées des randonnées accompagnées. *Renseignements auprès de l'office de tourisme.*

Événement

Fête du cheval – *Sept. -* 03 81 64 11 88.

DÉCOUVRIR LES SITES

Musée des Maisons comtoises★

CARTE GÉNÉRALE C2 – CARTE MICHELIN LOCAL 321 H3 – DOUBS (25)

Voués à la démolition ou à la ruine, une trentaine d'édifices représentatifs de l'architecture rurale comtoise ont été soigneusement démontés, puis remontés à l'identique et disposés selon la configuration du terrain et leur région d'origine. En faisant revivre leur mode de construction et d'utilisation, le musée de plein air des Maisons comtoises met à l'honneur toute l'identité rurale et populaire de la Franche-Comté.

Maison typique du Territoire de Belfort.

- **Se repérer** – On accède au musée par le village de Nancray, situé à une quinzaine de kilomètres à l'est de Besançon, par la D 464.
- **À ne pas manquer** – La diversité et la richesse du patrimoine architectural franc-comtois, qui s'exprime à travers toutes les maisons de ce musée de plein air.
- **Organiser son temps** – Vous passerez facilement une demi-journée à découvrir cette pittoresque mosaïque de maisons rurales et à profiter du parc.
- **Avec les enfants** – Renseignez-vous auprès de l'association amie du musée, Folklore comtois (03 81 55 20 65), qui œuvre pour la culture régionale. Animations, fêtes, foires, marchés, ateliers pédagogiques sont régulièrement organisés sur le site : ils raviront à coup sûr vos enfants.
- **Pour poursuivre la visite** – Voir aussi Baume-les-Dames, Besançon.

Découvrir

03 81 55 29 77 - www.maisons-comtoises.org - 1ᵉʳ Mai-17 sept. : 10h30-18h30, sam. 13h30-18h30, dim. 10h30-19h ; du 12 mars à fin avr. et 18 sept.-5 nov. : tlj sf mar. 13h30-18h, dim. 10h30-18h30 - fermé j. fériés - 7,50 € (enf. 4 €).

L'association **Folklore comtois** et son fondateur, l'abbé **Jean Garneret** (1907-2002), sont à l'origine de ce musée de plein air et du Musée comtois de la Citadelle *(voir p. 156)*, à Besançon. La superficie et le relief des lieux, un parc vallonné de 15 ha, ont permis la reconstitution fidèle d'une trentaine de maisons typiques de la région. L'architecture rurale ne se résume pas aux habitations et doit également sa richesse à de nombreuses constructions aux formes variées et aux fonctions précises : greniers, citerne d'alpage, loge, fours à pain, remises, « soues » (abris pour cochon), etc.
Des expositions temporaires et permanentes (machines agricoles anciennes) sont présentées dans certaines maisons. Partout, les intérieurs ont été fidèlement reconstitués : cuisines, chambres, granges, écuries. Mais cet effort serait incomplet sans la restitution de l'environnement naturel qui est à l'origine de cet habitat rural : jardins et vergers traditionnels, vaches montbéliardes, cochons, moutons et chevaux, poules, oies, canards, flore des étangs… Rien n'a été oublié.

Musée des MAISONS COMTOISES

Le Territoire de Belfort
Il se reconnaît facilement à ses maisons à colombage garni de torchis, coiffées de hautes charpentes sans poutre faîtière (maisons de Joncherey, Recouvrance, Boron et Meroux).

Le Doubs
Plus nombreux, les bâtiments sont très diversifiés : les caractéristiques de l'habitat du Haut-Doubs se retrouvent dans la maison des Arces, reconnaissable à son « tuyé » (cheminée) fermé par deux tournevents et à son toit de tavaillons (planchettes).
La maison de Magny-Châtelard, des plateaux du Doubs, se caractérise par une « levée de grange » qui permet d'accéder à la partie agricole située au-dessus de l'habitation. La maison forestière (de Villeneuve-d'Amont) est également représentative de cette région très boisée. Au centre de son petit jardin de simples, la buvette est originaire de Montbenoît.

La Haute-Saône
Ce département n'est pas en reste, grâce à la belle maison de la Proiselière, remarquable par son entrée sous le « chari » et son toit de laves (ou lauses) en grès. Elle est composée de trois « rains » (travées) et réunit sur un même niveau l'habitation, la grange et les écuries.

Le Jura
Il est présent sous la forme d'un « hébergeage » (grange, écurie, remise) caractéristique des confins ouest du Jura où l'influence bressane est nette, et d'un grenier fort, où les papiers et objets de valeur étaient à l'abri des incendies.

Les jardins à thème
Bien plus qu'un simple tour d'horizon du bâti régional, la visite du musée s'accompagne d'une agréable balade à travers un parc reproduisant minutieusement le paysage rural franc-comtois. Jardin des légumes oubliés, jardin des simples, des plantes textiles… le musée a su profiter de son vaste espace pour cultiver des plantes.

Les animations
Tous les jours, des animations de savoir-faire anciens (cuisson du pain, secret des plantes, etc.) viennent illustrer de façon vivante le patrimoine rural franc-comtois et l'environnement quotidien de la vie paysanne. Des fêtes, foires ou marchés ont même parfois lieu sur le site du musée. Outre des conférences et des expositions, le musée fait également venir des artistes et organise des ateliers pédagogiques.

Musée des Maisons comtoises pratique

& Voir aussi les encadrés pratiques de Baume-les-Dames, Besançon.

Se restaurer

⊜ **Le Plateau** – 36 Grande-Rue - 25360 Nancray - ✆ 03 81 55 21 21 - www.nancray.com - 🍴 - formule déj. et dîner 8 € - 10/15 €. Malgré la présence du musée en plein air, la localité ne compte que cette unique adresse d'hébergement, installée dans une ancienne ferme comtoise. Sa décoration intérieure garde son identité typique, associée à quelques touches plus modernes. Le restaurant traditionnel mise sur un menu régional et un choix de pizzas.

⊜⊜ **La Cheminée** – Rte du Belvédère - 25660 Montfaucon - ✆ 03 81 81 17 48 - restaurantlacheminee@wanadoo.fr - fermé 19 fév.-14 mars, 24 juil.-9 août, dim. soir et merc. - 25/47 €. Dans un pittoresque village surplombant l'agglomération bisontine. Deux salles à manger, dont une offrant une échappée sur les reliefs alentour. Spécialités régionales.

DÉCOUVRIR LES SITES

Malbuisson★

400 MALBUISSONNAIS
CARTE GÉNÉRALE C3 – CARTE MICHELIN LOCAL 321 H6 – DOUBS (25)

C'est à un lac, et pas des moindres, que la station estivale doit sa célébrité et son succès. Elle domine en effet le magnifique lac de Saint-Point dont les eaux paisibles renfermeraient, selon la légende, une ville entière, engloutie un soir de violent orage pour avoir refusé l'aumône à une femme et son enfant…

- **Se repérer** – Situé sur la rive sud-est du lac de Saint-Point, Malbuisson n'est qu'à 16 km au sud de Pontarlier, par la D 437.
- **À ne pas manquer** – Le majestueux lac de Saint-Point, aux splendides eaux bleues ; la visite des caves d'affinage de comté de montagne, au fort Lucotte ; la réserve naturelle du lac de Remoray, milieu humide préservé abritant de nombreuses colonies d'oiseaux ; le belvédère des Deux-Lacs, pour profiter d'une belle vue sur les lacs de Saint-Point et de Remoray.
- **Organiser son temps** – Comptez une ou deux journées pour visiter les lacs et la réserve, ainsi que les tourbières de Frasne, à la faune et à la flore uniques.
- **Avec les enfants** – Les occasions de découvertes ludiques ne manqueront pas : cris des animaux et renardeaux à la maison de la réserve du lac de Remoray, sorbets naturels de la ferme de la Pastorale, à Bonnevaux…
- **Pour poursuivre la visite** – Voir aussi le château de Joux, Métabief-Mont d'Or, le val de Mouthe, Pontarlier.

Lac de Saint-Point.

Se promener

LE TOUR DU LAC

Lac de Saint-Point★

Un sentier permet de faire le tour du lac à pied (plan à l'office de tourisme, parkings aménagés). 23 km. Comptez 6h. Réputé pour la belle couleur bleue de ses eaux, ce lac que traverse le Doubs est établi dans un « val ». Il ne formait autrefois, avec celui de Remoray, qu'une seule nappe d'eau. Long de 6,3 km, large de 800 m, il est par sa superficie le quatrième lac naturel de France (après Le Bourget, Annecy et Aiguebelette, tous trois en Savoie), totalement gelé en hiver. Il remplit l'office de régulateur des eaux du Doubs depuis qu'à son extrémité nord a été construit un barrage. Le lac de Saint-Point, comme celui de Remoray, émerveille aussi pour les nombreux loisirs qu'on peut y pratiquer, été comme hiver.

Source bleue

Ce bleu transparent est la teinte naturelle de l'eau très pure vue en profondeur. C'est du moins son explication rationnelle. Selon les légendes, cette couleur serait due aux larmes de l'infidèle Berthe, que son époux le sire de Joux *(voir ce nom)* avait fait emprisonner ; ou serait le reflet permanent des yeux d'une jeune femme qui s'y était penchée.

Chaon
De la rive nord du lac, on jouit de la meilleure perspective sur son plan d'eau.

Saint-Point-Lac
En s'élevant un peu au-dessus du village, belle vue.

Revenez à Malbuisson en bouclant le tour du lac par Granges-Sainte-Marie.

Le saviez-vous ?

La postérité n'a conservé que le surnom, « Titi », de Maurice Maire Sébille, qui construisit, en 1902, la première cabane de **Port Titi**, au bord du lac Saint-Point. Il ne s'agit pas d'un archipel ensoleillé ! Voilà pourtant un nom très exotique qui cadre bien avec la pureté de l'eau ou avec les couleurs vives des barques amarrées au ponton. Titi est en fait le surnom du pêcheur de brochet qui est à l'origine de ce petit port bien sympathique.

Aux alentours

Fort Lucotte
À Saint-Antoine, 3 km à l'est. Prenez la route qui monte face à l'hôtel de France.
L'ancien fort à 1 100 m d'altitude abrite, depuis 1966, des **caves d'affinage de comté de montagne**. Soixante-cinq mille meules y séjournent entre 10 et 20 mois, surveillées par un chef de cave et tournées mécaniquement. La maturation des fromages produit de l'ammoniaque. Dégustation dans une salle isolée, en surplomb des rayonnages.
☎ 03 81 69 31 21 - visite guidée (1h30) sur demande préalable à l'office de tourisme - juil.-août : merc. et jeu. 10h ; tte l'année et vac. scol. : jeu. 10h - 5,50 € (enf. 3,50 €).

Circuits de découverte

LA VALLÉE DES DEUX LACS
Quittez Malbuisson vers le sud-est par la D 437 en direction de Mouthe.

Réserve naturelle du lac de Remoray
À près de 1 000 m d'altitude, la réserve est caractérisée par la juxtaposition de milieux fort différents (lac, marais, tourbière, prairies, forêts et gravière) où évoluent de nombreuses espèces d'oiseaux, dont une colonie de hérons cendrés. La flore, également très riche, comprend quelque 400 espèces.

Maison de la réserve★ – *À la sortie de Labergement-Sainte-Marie, 3 km au sud de Malbuisson par la D 437.* ☎ 03 81 69 35 99 - www.maisondelareserve.fr - ♿ - juil.-août : 14h-19h ; sept.-juin : 14h-18h (dernière entrée 1h av. fermeture) - possibilité de visite guidée (1h30) - fermé 20 nov.-3 déc., 1er janv., 25 déc. - 5,50 € (enf. 3 €).

Elle met en scène de manière ludique et vivante des animaux naturalisés. On rencontre le hibou grand duc, la mésange huppée, l'hermine dans ses tenues d'été et d'hiver, mais aussi le lézard vert, le grand tétras, le sanglier, le chevreuil. Poussez sur tous les boutons pour écouter leurs cris (oui, le chevreuil aboie !), et n'hésitez pas, surtout si vous en avez l'âge, à surprendre à quatre pattes les renardeaux au terrier. Exposition photos et projection de films vidéos complètent la visite. Le sous-sol de la Maison expose les arguments écologiques de la réserve et sensibilise les enfants aux problèmes de l'écologie et de l'économie d'énergie.

Lac de Remoray-Boujeons
5 km au sud de Malbuisson par la D 437, la D 49 à droite puis la D 46 à gauche. Séparé du lac de Saint-Point par un seuil marécageux, il occupe un joli site.

Belvédère des Deux-Lacs★
Vers la fin du lac de Remoray-Boujeons en direction de Mouthe, prendre à droite une petite route vers Remoray-Boujeons. Peu après le carrefour un petit parking est le point de départ vers le belvédère. Dominant l'ensemble de la vallée, il offre une très belle vue sur les deux lacs et sur la campagne environnante.

LA VALLÉE DU DRUGEON

Ferme de la Pastorale★
À Bonnevaux, 18 km au nord-ouest. Quittez Malbuisson par la D 437 au sud, prenez à droite la D 9. ☎ 03 81 89 70 99 - visite guidée (50mn) juil.-août : 15h30, 16h30 et nocturne merc. ; reste de l'année : tlj sf sam. 15h30 et 16h30 - 5 € (enf. 3,50 €).

Enfin une occasion de comprendre pourquoi les fermes ont, dans la région, cette ampleur et cette architecture massive ! S'appuyant sur le commentaire de la grande cheminée, des chambres à coucher, du grenier à grain, de la forte charpente

DÉCOUVRIR LES SITES

Le bassin du Drugeon, site Natura 2000

Dans les années 1950, le cours du Drugeon fut fortement altéré par l'homme et rendu rectiligne pour répondre à la demande de mise en valeur de nouvelles terres agricoles. Ceci entraîna l'assèchement global de la vallée et l'enfoncement du lit de la rivière. Lancé en 1997 pour sauvegarder la richesse et la diversité biologiques du bassin, un programme de **réhabilitation** a été mis en place, avec pour objectif un retour partiel de la rivière à son état d'origine. Cette opération, qui laissera évoluer naturellement les méandres de la rivière, est une première en France et en Europe.

Le bassin du Drugeon constitue une unité écologique exceptionnelle dans la mesure où elle rassemble une riche juxtaposition de milieux : **pelouse sèche**, **marais alcalin**, **tourbière**. Elle abrite de surcroît une **flore** exceptionnelle (49 espèces protégées) et une **faune** tout aussi remarquable : un grand nombre d'oiseaux profitent en effet de la diversité des habitats pour venir y nicher ou faire une halte migratoire. Tous ces facteurs ont conduit, en 2003, à la désignation du bassin du Drugeon comme Site Natura 2000. *Le site ne se visite, pour le moment, qu'à l'occasion de manifestations ponctuelles, mais un sentier d'interprétation est prévu à terme. Renseignements auprès de la Maison de la réserve ou du CPIE de Frasne -* 03 81 49 82 99.

posée sur une architecture de bois de 1826, la visite de cette « cathédrale paysanne » fait découvrir l'âge d'or de la paysannerie, le temps où l'on « faisait son fromage », où l'on « veillait au grain », où les enfants d'agriculteurs traduisaient Virgile, où l'on mangeait en plein été dans les fermes, sans congélateur, du sorbet de fraises des bois. Incroyable ? On vous montrera quelques preuves…

Les tourbières de Frasne

Continuez sur la D 9 en direction de Frasne. Ralentissez dans le bois de Frasne pour ne pas rater le petit parking herbeux, à droite. La croissance des sphaignes a rendu le sol moins humide et permis l'installation progressive, mais difficile, de pins et de bouleaux (troncs blancs). Le site, aujourd'hui classé réserve naturelle régionale, compte par endroits 6 m de tourbe, ce qui représente entre 6 000 et 12 000 ans de croissance.

Passerelle de 2,5 km. 45mn. Départ en sous-bois, sous une plantation d'épicéas. Plusieurs panneaux aident à comprendre l'apparition, l'évolution ou l'exploitation de la tourbe, et à repérer flore (dont la petite droséra carnivore) et faune. À découvert, notez que le site a une topographie légèrement concave : vous visitez une « tourbière bombée », à l'état adulte.

Malbuisson pratique

Voir aussi les encadrés pratiques du château de Joux, Métabief-Mont d'Or, val de Mouthe, Pontarlier.

Adresse utile

Syndicat d'initiative de Malbuisson – 69 Grande-Rue - 25160 Malbuisson - 03 81 69 31 21 - www.tourisme-metabief.com - juil.-août : 9h-12h30, 13h30-19h, dim. 9h-12h30, 15h-18h30 ; vac. scol. : tlj sf dim. 9h-12h, 14h-18h (17h hors vac. scol.).

Se loger

Annexe Beau Site – 65 Grande-Rue - 03 81 69 70 70 - www.lelac-hotel.com - fermé 15 nov.-19 déc. sf w.-end - 17 ch. Cet édifice du début du 19e s. dont l'entrée est rehaussée de colonnes abrite des chambres aménagées dans un esprit fonctionnel. La restauration est assurée à l'hôtel du Lac : cuisine traditionnelle ou spécialités fromagères.

Poste – 03 81 69 79 34 - www.lelac-hotel.com - fermé 3-15 janv., dim. soir et lun. - 10 ch. 43/46 € - 9 € - rest. 9,50/19 €. Ce petit hôtel rénové propose des chambres garnies de meubles colorés ; préférez celles tournées vers le lac, plus tranquilles. Une cuisine traditionnelle et des spécialités de pierrade vous attendent dans une salle à manger fraîche et gaie.

Camping Les Fuvettes – 03 81 69 31 50 - les-fuvettes@wanadoo.fr - 2 avr.-25 sept. - réserv. conseillée - 320 empl. 25 € - restauration. Grand camping offrant la possibilité de louer des chalets et des mobile homes. Le complexe aquatique aménagé sur une hauteur domine agréablement le lac. Également sur place, minigolf, tir à l'arc, jeux pour les enfants, bar, épicerie…

Se restaurer

Le Restaurant du Fromage – Grande-Rue - ℘ 03 81 69 34 80 - www.lelac-hotel.com - fermé 13 nov.-21 déc. sf w.-end - 18/21 €. Au sein de l'hôtel du Lac, le décor en bois sculpté du sol au plafond évoque la maison en pain d'épice d'un conte pour enfants. Ce cadre chaleureux convient à merveille pour un repas de spécialités aux fromages et autres plats régionaux. Bien sûr, pain et pâtisseries maison.

Auberge du Coude – 25160 Labergement-Ste-Marie - ℘ 03 81 69 31 57 - www.aubergeducoude.com - fermé 12 nov.- 18 déc., dim. soir et merc. hors saison - 17/48 €. Cette maison ancienne (1826) postée entre les lacs de Saint-Point et de Remoray-Boujeons vous reçoit dans des chambres actuelles. Jardin incluant un étang. Salle à manger campagnarde agrémentée de boiseries ; on y propose une cuisine régionale.

Bon Accueil – ℘ 03 81 69 30 58 - lebonaccueilfaivre@wanadoo.fr - fermé 17 déc.-16 janv., dim. soir de mi-sept. à mi-mai, mar. midi et lun. - 22/49 €. Un chalet familial sympathique dans le village. Bien connu des habitués locaux et des touristes, ce restaurant vous fera goûter sous sa belle charpente une cuisine soignée, au goût du jour. Quelques chambres au confort actuel presque toutes rénovées.

Que rapporter

Atelier Bernardet – 12 r. Clos-du-Château - 25370 Touillon-et-Loutelet - ℘ 03 81 49 11 50 - vac. scol. : 14h-19h ; reste de l'année : vend.-sam. 14h-19h - fermé 1er-15 juil. et dim. Les Bernardet vous feront partager leur amour des beaux objets et du travail bien fait en vous faisant visiter leur boutique d'horloges comtoises.

SARL Fonderie de cloches - Obertino Charles – 15 rte de Mouthe - 25160 Labergement-Ste-Marie - ℘ 03 81 69 30 72 - exposition-vente : tlj sf dim. 9h-12h, 14h-18h30 ; visite gratuite commentée atelier : juil.-août : sam. 10h-12h ; moulage et coulée des cloches : se renseigner - fermé j. fériés. Créé en 1834, cet atelier de fonderie est l'un des derniers du genre en France. Toute l'année, vous pouvez assister à la coulée et au démoulage ; visite commentée en été. La boutique offre un grand choix de modèles : cloche bétail ou souvenir (bronze et acier avec courroie cuir unie ou brodée), cloche d'appel, grelot, carillon de porte, cloche de table, porte-clé…

Sports & Loisirs

Piscine de plein air – ℘ 03 81 49 13 81. Si les eaux du lac vous paraissent trop froides, tentez votre chance dans la belle piscine qui domine le plan d'eau. Elle est souvent prise d'assaut.

Métabief-Mont d'Or

691 « CHATS GRIS »
CARTE GÉNÉRALE C3 – CARTE MICHELIN LOCAL 321 I6 – DOUBS (25)

Un Championnat du monde en 1993, un Championnat d'Europe en 1994, des épreuves de la Coupe de France de descente… la station est devenue le paradis des vététistes. Professionnels et amateurs viennent s'entraîner ou se défouler sur les belles pistes du Mont d'Or. Métabief est également une station de sports d'hiver dotée de bons équipements pour le ski alpin, mais surtout prisée pour le ski de fond et les promenades en raquettes.

- **Se repérer** – Située à 19 km au sud de Pontarlier, par la N 57, la station regroupe six villages : Jougne, Les Hôpitaux-Neufs, Les Hôpitaux-Vieux, Métabief, Les Longevilles-Mont-d'Or, Rochejean. Station du TGV à Vallorbe (Suisse), à 11 km au sud.

- **À ne pas manquer** – Le Mont d'Or et le Morond, qui offrent des points de vue splendides sur les lacs suisses et les Alpes ; les magnifiques décors baroques de l'église Sainte-Catherine, aux Hôpitaux-Neufs ; les activités sportives en tous genres offertes par la station… et une pause gourmande en dégustant un délicieux mont d'or acheté, bien sûr, dans la fromagerie locale.

- **Organiser son temps** – Il serait dommage de ne pas passer quelques jours à Métabief, pour profiter des possibilités presque infinies de loisirs de plein air.

- **Avec les enfants** – S'ils sont sportifs, vos enfants ne pourront qu'être conquis par la station : VTT, karting, accrobranches, tyroliennes ou luge s'offriront à eux l'été, promenades en raquettes et ski l'hiver *(voir encadré pratique)*. Proposez-leur aussi une sympathique virée à bord du Coni'fer, petit train à vapeur de l'ancienne ligne Pontarlier-Vallorbe.

- **Pour poursuivre la visite** – Voir aussi Malbuisson, le val de Mouthe.

Séjourner

Métabief (prononcez « *Métabié* ») vient du vieux français « methe » (borne) et de « bief » (ruisseau). Son ruisseau servait en effet de frontière entre les terres des seigneurs de Jougne et de Pontarlier.

Activités estivales
Pour plus de détails, voir encadré pratique. Pendant que certains paressent et bronzent autour du lac de Saint-Point, les sportifs peuvent s'entraîner sur les **pistes de VTT** de Métabief. Car depuis les Championnats du monde, le village est devenu une référence en la matière. La qualité de ses équipements est en effet exemplaire : pistes permanentes de tous niveaux pour les différentes pratiques du VTT (descente, cross-country et trial). Le village a récemment aménagé d'autres pistes VTT pour l'enduro et le free ride ainsi qu'une piste familiale.

Des randonnées accompagnées de découverte sont également possibles pour ceux qui veulent avant tout explorer la région. Et la station n'a pas oublié ceux qui ne voudraient ni bronzer, ni faire de vélo : deux pistes de 600 m de **luge d'été** et un mur artificiel d'**escalade** (70 voies, 900 prises) ont été aménagés. Il est même possible de faire de la **trottinette** ou du **karting** (devalkart) sur herbe.

Paradis des vététistes, la station est équipée de pistes de tous niveaux.

Domaine skiable
Ski alpin – Le ski de descente se pratique sur les quelque 40 km de pistes en continu, dont une (rouge) est éclairée pour les nocturnes. La quarantaine de canons à neige supplée à un enneigement irrégulier. Les 7 télésièges et les 15 téléskis desservent un vaste domaine constitué de longues pistes de tous niveaux.

Les accès principaux sont Métabief *(parking X.-Authier)*, Jougne *(Piquemiette-les-Tavins)* et Super-Longevilles. Le téléski de Métabief permet de rejoindre quasiment toutes les pistes.

Ski de fond – La station est le paradis des fondeurs qui peuvent profiter des 130 km de pistes « plan-lisse » et de 24 km d'itinéraires de la Grande Traversée du Jura *(voir p. 97)*. Les pistes sont doublées pour la pratique des différentes techniques.

Autres possibilités
Pour ceux qui préfèrent le dépaysement d'une randonnée en **raquettes**, plusieurs circuits sont balisés ; un accompagnement par des guides est conseillé. Une piste pour **mushers** (conducteurs de traîneaux à chiens) a également été installée.

Visiter
Église Sainte-Catherine
Aux Hôpitaux-Neufs. Discrète dans la station, l'église cache un véritable trésor. Poussez sa porte et vous pourrez admirer un des plus beaux **décors baroques**★ de la région. Retable central, chapelles latérales, le mobilier sculpté est d'une remarquable unité.

MÉTABIEF-MONT D'OR

Se promener

Coni'fer
📞 03 81 49 10 10 - www.coni-fer.org - 2-9 juil. : merc. et sam. 17h, dim. 15h ; 12-30 juil. : merc. 14h30 et 17h, jeu.-sam. 17h, dim. et j. fériés 15h ; août : lun.-mar., jeu.-sam. 17h, merc. 14h30 et 17h, dim. et j. fériés 15h ; sept. et 4-25 juin : dim. 15h - possibilité de visite guidée sur demande préalable pour les trains spéciaux (1h30) - 7 € (6-16 ans 3,50 €).

Un formidable pari est à l'origine de ce petit train touristique qui tente de faire revivre l'ancienne ligne Pontarlier-Vallorbe, déposée depuis 1971. Tracté par une vénérable machine à vapeur, il parcourt les 7,5 km qui séparent Les Hôpitaux-Neufs d'une curiosité naturelle baptisée « Fontaine ronde ». Nombreuses animations.

Mont d'Or★★
Alt. 1 463 m. *Environ 10 km, puis 30mn à pied AR. Quittez Métabief vers le sud-ouest par la D 45. Aux Longevilles-Mont d'Or, 200 m avant que la D 45 ne passe sur le tunnel de la voie ferrée, tournez à gauche dans une route signalée « Le Mont d'Or, sommet », qui conduit, au-delà du chalet de la Barthelette, à un autre chalet : « La Grangette-Mont d'Or ». La route se termine à une vaste plate-forme (parking). De là, gagnez le belvédère des Chamois, d'où l'on découvre un* **panorama** *très étendu sur la vallée de Joux, les lacs suisses et les Grandes Alpes.*

Morond★
Alt. 1 419 m. *À l'église de Métabief, prenez à gauche vers la gare inférieure du télésiège.* 📞 *03 81 49 20 00 - juin-août : 10h-17h30 (pour piétons et VTT) ; 20 déc.-20 mars : 9h-17h (ski alpin et raquettes) - dép. en continu, durée : 8mn - été 3,40 €, hiver 5 € (pour raquettes), 18,40 € forfait journée.*

Du Morond, beau **panorama** sur les chaînes jurassiennes, les lacs de Remoray, Léman et sur les Alpes.

Aux alentours

Les Fourgs
10 km au nord-est de la station de Métabief-Mont d'Or par la D 45, la N 57 vers Pontarlier, puis une petite route à droite. Baptisée le « toit du Doubs », cette petite commune est en effet la plus élevée du département (entre 890 et 1 246 m d'altitude). Longtemps coupée du monde, elle s'ouvre progressivement au tourisme. Son domaine skiable est très apprécié des fondeurs, tant pour la beauté de son environnement que pour la qualité de l'enneigement *(voir encadré pratique).*

Métabief - Mont d'Or pratique

Voir aussi les encadrés pratiques de Malbuisson, val de Mouthe.

Adresse utile
Office du tourisme du Mont d'Or-et-des-deux-Lacs – 1 pl. de la Mairie - 25370 Les Hôpitaux-Neufs - 📞 03 81 49 13 81 - pdt vac. : 9h-12h30, 13h30-18h ; hors vac. : tlj sf dim. 9h-12h30, 13h30-18h - fermé 1er et 11 Nov.

Se loger
Hôtel Étoile des Neiges – 4 r. du Village - 📞 03 81 49 11 21 - www.hoteletoiledesneiges.fr - fermé 10-30 avr. et 10-30 oct. - 22 ch. 49 € - 🍽 6 €. Hôtel familial totalement rénové dans une station prisée, été comme hiver, des « vététistes », randonneurs et skieurs. Jolies chambres lambrissées disposant de balcons fleuris. Cuisine régionale à déguster dans une chaleureuse salle à manger habillée de bois.

Hôtel La Couronne – 25370 Jougne - 4 km à l'E de Métabief par les D 9 et N 57 - 📞 03 81 49 10 50 - lacouronnejougne@wanadoo.fr - fermé 26 oct.-30 nov., dim. soir et lun. soir sf vac. scol. et j. fériés - 10 ch. 50/65 € - 🍽 5,50 € - rest. 25/42 €. Cette maison du 18e s. abrite quelques chambres modernes rénovées et d'autres plus quelconques. Du jardin, perspective sur l'église voisine et les monts du Jura. Au restaurant (non-fumeurs), cuisine familiale, ambiance comtoise et terrasse fleurie.

Se restaurer
La Grangette – 25370 Longevilles-Mont-d'Or - 📞 03 81 49 95 36 - fermé dim. soir et lun. sf vac. scol. - 13/16 €. Dernière maison avant le sommet du mont d'or, cette ancienne ferme perchée à 1 270 m d'altitude donne sur les alpages. On y savoure les fameux « röstis » (des galettes de pommes de terre) avec du jambon fumé et, en dessert, une excellente tarte aux myrtilles. Tous les soirs, dîner à la lueur des bougies.

Auberge La Boissaude – *25370 Rochejean - 6 km au SO de Métabief par D 45, à Rochejean 7,8 km par rte secondaire dir. le mont d'Or -* ☏ *03 81 49 90 72 - http://laboissaude.free.fr - fermé 15-25 juin, 15 nov.-15 déc., mar. et merc. sf vac. scol. et j. fériés - 15,50/24 €.* Ambiance montagnarde dans cette belle ferme comtoise perchée sur le mont d'Or, avec son intérieur de bois. La charcuterie du Haut-Doubs, la croûte au morbier, la tarte aux myrtilles y ont un goût authentique, ainsi que les fromages, les viandes et jambons grillés avec les pommes de terre à la braise.

Que rapporter

👁 **Bon à savoir** – Comment résister à ce fromage ? Protégé par sa sangle d'épicéa, le fameux **mont d'or** possède un goût et un moelleux légendaires dans le monde de la gastronomie.

Fromagerie du Mont d'Or – *2 r. du Moulin -* ☏ *03 81 49 02 36 - www.fromageriedumontdor.com - 9h-12h, 15h-19h, dim. 9h-12h ; j. fériés 9h-12h - fermé 25 déc.* Cette fromagerie propose aux lève-tôt (visite à 9h) de découvrir les méthodes de fabrication du comté, du morbier ou du mont d'or et de visiter les caves d'affinage. Si d'aventure l'eau vous venait à la bouche, vous pourriez déguster les produits séance tenante et, dans la foulée, remplir votre panier à provisions dans la boutique.

Sports & Loisirs

École de ski internationale – Fantas'kids – *9 pl. Xavier-Authier -* ☏ *03 81 49 25 11 - www.ecoledeskimetabief.com - 9h-18h.* Les enfants découvrent les joies de la glisse dans un espace sécurisé à vocation pédagogique.

École du ski français – *6 pl. Xavier-Authier -* ☏ *03 81 49 04 21 - www.ecoledeski.net - haute saison : 8h-30-18h30 ; basse saison : 9h-17h - fermé 20 avr.-15 nov.*

Métabief Aventures – *Av. des Crêts -* ☏ *03 81 49 20 14 - www.metabiefaventures.com.* Parcours déclinés suivant les âges. Tyrolienne.

Couleurs Sports – *48 Grande-Rue - 25300 Les Fourgs -* ☏ *03 81 69 56 34 - haute saison : tlj 9h-30-18h30 ; basse saison : merc., w.-end et vac. scol.* Parcours en forêt, saut pendulaire et tyrolienne.

VTT – *www.metabief-montdor.com.* Une première piste avait été créée pour les Championnats du monde de VTT en 1993. Trois autres, classées verte, bleu et rouge, et une de Four Cross (concours de descente à 4) ont ouvert en 2003. Elles sont desservies par les remontées mécaniques. Locations de VTT dans la station.

Les Fourgs – À quelques kilomètres de la frontière suisse, le village des Fourgs est une véritable mini-station qui propose plus de 100 km de pistes de ski de fond (skating et alternatif), dont une piste éclairée. Possibilités de ski alpin (7 téléskis), cours de ski, balades en raquettes ou en traîneau, visites et goûters à la ferme. Il accueille chaque année la Course internationale de chiens de traîneaux. *Renseignements à l'office de tourisme -* ☏ *03 81 69 44 91.*

Stéphane Sauvignier / MICHELIN

Plateau des MILLE ÉTANGS

Plateau des **Mille Étangs**★
CARTE GÉNÉRALE C1 – CARTE MICHELIN LOCAL 314 G/H6 – HAUTE-SAÔNE (70)

Encadré par les vallées de l'Ognon et du Breuchin, le plateau des Mille Étangs doit son nom à la présence d'une multitude de petits étangs de formation glaciaire. Isolé et souvent oublié, ce plateau a le charme de ces lieux où l'homme vit en harmonie avec la nature. Dépaysement garanti dans cette région qui n'est pas sans rappeler les paysages finlandais… Les forêts, les chemins ou les tourbières ont gardé leur magie et sont le théâtre de nombreuses légendes.

- **Se repérer** – Aux confins des Vosges et de la Haute-Saône, le plateau est accessible à partir de Luxeuil-les-Bains ou de Lure : Melisey se trouve à 11 km au nord de Lure par la D 486, Faucogney-et-la-Mer à 14 km à l'est de Luxeuil-les-Bains, par la D 6.
- **À ne pas manquer** – Le cadre sauvage des tranquilles étangs, bordés de sapins et de bouleaux ; le belvédère de Saint-Martin, pour apprécier la vallée du Breuchin et ses étangs.
- **Organiser son temps** – Un aperçu rapide de la région vous prendra 2 ou 3 heures, mais prenez votre temps : 850 étangs (et non mille !), répartis sur 220 km^2, vous attendent.
- **Avec les enfants** – Ils pourront faire un circuit en VTT au milieu des étangs, ou s'initier à l'équitation pour mieux découvrir cette nature si particulière *(voir encadré pratique)*.
- **Pour poursuivre la visite** – Voir aussi Belfort, le massif du Ballon d'Alsace, Fougerolles, Lure, Luxeuil-les-Bains, Ronchamp.

Découvrir

DES ÉTANGS HORS DU TEMPS
28 km – comptez environ 1h.

Le circuit proposé emprunte une partie de la « route des Étangs » (70 km), fléchée au départ de Lure. Brochures disponibles dans les offices de tourisme de la région.

Faucogney-et-la-Mer
Cette ancienne place forte comtoise, située sur le Breuchin, a connu un destin mouvementé. Elle fut le dernier village de Franche-Comté à résister farouchement aux troupes françaises en 1674, lors de la conquête de la Franche-Comté. Le château et les fortifications furent donc rasés sur ordre de Louis XIV.

La ville est dominée par le mont Saint-Martin qui marque le début du plateau. L'**église Saint-Georges** abrite un maître-autel du 18e s. orné d'un dais, du triangle symbole de Trinité et, sur la frise, de scènes de l'Ancien et du Nouveau Testament. Son clocher

Vue aérienne du plateau des Mille Étangs.

date du 15e s. *Visite sur demande préalable auprès de la communauté des religieuses, r. de l'Église, et pour emprunter la clé si fermeture.*

Quittez Faucogney vers l'est par la D 266, en direction de la chapelle et du belvédère de Saint-Martin.

Belvédère de Saint-Martin
Suivez une petite route fléchée qui s'embranche à droite sur la hauteur. La route serpente dans un cadre sauvage. Les sombres bois de sapins s'éclaircissent par endroits pour révéler des petits étangs bordés de bouleaux et couverts de nénuphars. S'arrêter près de la chapelle.

Un sentier pédestre en fait le tour et conduit au belvédère qui offre une belle vue panoramique sur la vallée du Breuchin.

Reprenez la D 266 en direction de La Mer. Nombreux étangs sur la gauche de la route. À La Mer, prenez à droite la D 266 vers Melay ou Ternuay (possibilité de voir le saut de l'Ognon en suivant la D 315 vers Servance). À Melay, poursuivez sur la D 293 en direction de Mélisey.

La route est jalonnée par de beaux calvaires de pierre. Une importante pierre isolée rappelle l'origine glaciaire de la région : c'est dans la région de Ternuay qu'était autrefois exploité un gisement d'**ophite verte**, roche très dure d'où provient le soubassement du sarcophage de Napoléon Ier aux Invalides à Paris.

Mélisey
Sur la rive droite de l'Ognon, cette bourgade est dominée par son église, dotée d'un chevet roman du 12e s. et d'une chaire du 17e s.

Prenez deux fois à droite et remontez vers Écromagny sur la D 73.

Écromagny
L'église en grès rose, couronnée de son traditionnel clocher comtois, surplombe le village. Un des nombreux étangs qui l'entourent a été aménagé : l'**étang Pellevin**. Chaque année, cet étang, l'un des plus étendus du plateau, accueille une compétition internationale de ski nautique. Le village est entouré de belles fermes à chari.

Prenez à gauche vers la Lanterne-et-les-Armonts (D 137), puis à droite la D 72. Après Annegray, prenez à gauche la D 139 qui mène à La Voivre, puis Sainte-Marie-en-Chanois.

Sainte-Marie-en-Chanois
L'église, dédiée à sainte Marie Madeleine, est ornée d'un beau mobilier du 18e s. Le retable est dû aux frères Deschamps, auteurs de nombreux retables et originaires de Faucogney. La chaire est ornée de beaux panneaux peints représentant les évangélistes.

Faites demi-tour et prenez à gauche la D 72 qui ramène à Faucogney.

Plateau des Mille Étangs pratique

Voir aussi les encadrés pratiques de Belfort, massif du Ballon d'Alsace, Fougerolles, Lure, Luxeuil-les-Bains, Ronchamp.

Adresse utile

Office du tourisme de Faucogney-et-la-Mer – R. Jeannot-Lamboley - Maison de pays - 70280 Faucogney-et-la-Mer - 03 84 49 32 97 - www.les1000etangs.com - 9h-12h, 13h30-17h30, sam. 9h-12h (25 juin-2 sept. : 16h-20h sur stand Marché de Pays) - fermé dim., j. fériés, 25 déc.-1er janv.

Se loger

Chambre d'hôte du Tréchoux – Au lieu-dit Es-Vouhey - 70310 Esmoulières - 03 84 49 35 59 - www.trechoux.com - fermé 2 nov.-30 avr. - 3 ch. 45 €. Cette ancienne ferme de plus de 200 ans est perdue en pleine nature. La bâtisse restaurée abrite 3 chambres de plain-pied dotées de mobilier en sapin. Petits-déjeuners à base de pain et de confitures maison. Paniers repas pour les randonneurs.

Chambre d'hôte La Champagne – 70270 Écromagny - 1,5 km à l'E d'Écromagny par rte de Melay - 03 84 20 04 72 - www.auberge-lachampagne.com - 5 ch. 52 €. En pleine forêt, au calme absolu, cette ferme bien restaurée est une étape appréciable pour tout voyageur à pied, à cheval ou en voiture. Chambres confortables et petit-déjeuner copieux chez ce couple suisse accueillant. Spécialités franco-suisses au menu.

Se restaurer

Auberge Les Noies Parrons – 1 Noies-Parrons - 70270 Mélisey - 2 km au

NO de Mélisey par la D 72 dir. Faucogney - ℘ 03 84 63 23 34 - fermé lun. et mar. sf j. fériés - 15/44 €. Cette coquette ferme du 19e s. entourée d'arbres et d'étangs est un paradis pour le pêcheur. On ne s'étonnera donc pas du succès que rencontre la truite crémée à l'ancienne. Le chef, un ancien boucher, mitonne aussi à sa façon terrines, foies gras, andouillettes, jarrets et… pâtisseries. Terrasse d'été au bord de l'eau.

Sports & Loisirs

Bon à savoir – La plupart des étangs de la région sont privés, mais quelques-uns ont été aménagés par les communes à Écromagny, Belonchamp, et Saint-Germain.

Pêche en étang et en rivière de 1re catégorie – *70270 Mélisey*. Disponible à l'office de tourisme, un petit guide donne les informations pratiques sur la pêche en Haute-Saône, sa réglementation et une liste complète des endroits, rivières ou étangs, où l'on peut aller titiller le poisson. On y trouvera également un calendrier des concours et le prix des cartes.

Le Manège des Mille Étangs – *Zone de loisirs de la Praille - 70270 Mélisey -* ℘ *06 07 96 47 99*. Ce centre équestre propose des cours pour tous les niveaux, du débutant au cavalier chevronné. Après avoir acquis les notions de base au manège, on pourra partir en promenade dans la nature, aux alentours. Formation au dressage des poneys et des chevaux, saut, préparation aux concours. Encadrement professionnel.

Château de **Moncley**★

CARTE GÉNÉRALE B2 – CARTE MICHELIN LOCAL 321 F3 – DOUBS (25)

Brillant et rare témoignage d'architecture néoclassique en France et particulièrement en Franche-Comté, le château de Moncley séduit d'abord par la ligne concave de sa façade. Si l'on considère également sa majestueuse rotonde et sa riche décoration intérieure, on peut sans difficulté le classer parmi les grands chefs-d'œuvre d'architecture comtoise.

- **Se repérer** – À 14 km au nord-ouest de Besançon, par la D 70, puis la D 8 vers Émagny et enfin la D 14. Le château s'élève un peu à l'écart du village, à proximité de l'ancienne forteresse qu'il remplace.

- **À ne pas manquer** – Le magnifique château, sa façade à rotonde et son beau mobilier de style Louis XVI ; le sympathique village de Marnay et son château féodal, ancienne demeure de Louis XIV ; l'imposante église de Voray-sur-l'Ognon, en forme de croix grecque.

- **Organiser son temps** – Comptez une demi-journée pour la visite du château et la découverte des villages environnants.

- **Pour poursuivre la visite** – Voir aussi l'abbaye d'Acey, Besançon, Fondremand, Gray, Gy, le musée des Maisons comtoises, Pesmes.

Château de Moncley.

DÉCOUVRIR LES SITES

Visiter

📞 03 81 80 92 55 - *visite sur demande et réservation auprès de l'office de tourisme - 6 €*. Dominant la vallée de l'Ognon, le château de Moncley fut construit en 1778 pour **François Félix Bertrand Terrier de Santans**, président du parlement de Besançon, à l'emplacement d'un ancien château féodal. La façade sur le jardin s'orne d'une rotonde coiffée d'une coupole. À l'intérieur, le vestibule ne manque pas d'intérêt. Douze colonnes à chapiteaux corinthiens soutiennent noblement une tribune à balustrades à laquelle on accède par un escalier majestueux, à double révolution. Au premier étage, on peut admirer des tableaux de famille et du mobilier Louis XVI ainsi que des trophées de chasse et des animaux naturalisés de toutes sortes.

Aux alentours

Étuz
6 km au nord-est, sur la D 15. Cette petite localité est agrémentée d'un double **temple-lavoir** néo-antique (1845) encadrant un bassin, supporté par de très belles colonnes ioniques. La **chapelle Sainte-Anne**, construite au 16e s., abrite un retable (14e s.), en pierre et en albâtre, qui représente la vie de la sainte.

Boult
7 km au nord-est d'Étuz, par la D 15. Protégée par une haute tour-clocher, l'**église** *(présentement fermée au public)* abrite un retable malheureusement repeint dans les années 1960, mais dont les détails du tabernacle, de la représentation de l'Arche d'alliance et la beauté du mouvement du Père éternel valent d'être mentionnés. En contrebas, la **fontaine** en arc de cercle, avec fronton et colonnes, date de 1819.

Voray-sur-l'Ognon
13 km au nord-est, par la D 14 jusqu'à Devecey, puis à gauche. Ce modeste village possède une église aux proportions imposantes. Reconstruite en 1770 en forme de croix grecque, elle est considérée comme l'un des chefs-d'œuvre de l'architecte Nicolas Nicole. L'intérieur est surprenant de grandeur sobre et massive. La coupole qui surmonte la croisée du transept est décorée en trompe-l'œil et soutenue par des piliers à chapiteaux doriques. Dans le chœur, tableau du peintre comtois M. Wyrsch représentant l'Assomption (1780).

Marnay
11 km au sud-ouest, sur la D 15. Baigné par l'Ognon, Marnay est dominé par son château féodal. Très remanié, il aurait abrité le roi Louis XIV en 1674, lors de la conquête de la Franche-Comté. On peut encore voir les murs d'enceinte, la tour carrée, la porte du pont-levis. Près de la place principale, bordée de quelques façades des 15e et 16e s., s'élève l'ancien **hôtel Terrier de Santans** (mairie). C'est une élégante demeure Renaissance dont la façade est percée de belles fenêtres à meneaux. Un plan d'eau de 20 ha fait le bonheur de tous ceux qui recherchent un peu de fraîcheur en été.

Château de Moncley pratique

♿ Voir aussi les encadrés pratiques de Besançon, Fondremand, Gray, Gy, musée des Maisons comtoises, Pesmes.

Se loger
🍽🍽🛏 **Château de la Dame Blanche** – 1 chemin de la Goulotte - 25870 Geneuille - 📞 03 81 57 64 64 - www.chateau-de-la-dame-blanche.com - *fermé dim. soir et lun.* - 🅿 - 8 ch. 72/149 € - 🍽 10 € – *rest.* 20/62 €. Grande demeure bourgeoise au cœur d'un parc à l'anglaise. Élégantes chambres personnalisées, réservées aux non-fumeurs. Institut de beauté. Cuisine traditionnelle à déguster sous les plafonds moulurés et les lustres en cristal des plaisantes salles à manger.

Se restaurer
🍽🍽 **La Vieille Auberge** – Pl. de l'Église - 25870 Cussey-sur-l'Ognon - *7 km au NE de Moncley par la D 14, puis la D 230* - 📞 03 81 48 51 70 - www.la-vieille-auberge.fr - *fermé 23 août-6 sept., 27 déc.-3 janv., lun., vend. soir hors saison et dim. soir* - 15 € déj. - 22/38 €. Accueillante maison en pierres de taille couverte de vigne vierge. Au restaurant, vous pourrez savourer quelques spécialités locales mitonnées par la patronne et servies dans une salle à manger rustique au plafond lambrissé.

Montbéliard ★

**27 570 MONTBÉLIARDAIS - AGGLOMÉRATION : 113 059 HABITANTS
CARTE GÉNÉRALE C2 – CARTE MICHELIN LOCAL 321 K1 – DOUBS (25)**

L'acropole alémanique de Montbéliard constitue depuis des siècles un repère au cœur d'une agglomération bouleversée par son incroyable développement économique et industriel. La ville a conservé un patrimoine original largement influencé par le succès des thèses luthériennes dans l'ancienne principauté. La politique de recoloration des façades et l'abondance des fleurs rendent à la vieille ville les couleurs chaudes si particulières aux cités sous influence allemande.

Tours du château des ducs de Wurtemberg.

- **Se repérer** – À la limite nord du Doubs, Montbéliard est desservie par l'A 36 qui la relie à Belfort (16 km vers le nord) et Besançon (77 km vers le sud-ouest).
- **Se garer** – La vieille ville étant essentiellement piétonnière, il est conseillé de se garer vers la gare ou au pied du château.
- **À ne pas manquer** – Parcourez le vieux Montbéliard à l'architecture haute en couleur, avec ses halles et ses temples luthériens : avec un peu d'attention, vous découvrirez des éléments typiques de la ville, les « yorbes », tours d'escalier en vis, et les « tchâfas », grandes lucarnes à poulies. Vous pourrez aussi vous amuser à retrouver la patte de l'architecte souabe Heinrich Schickhardt, omniprésente dans la ville. Et ne manquez pas le riche musée de l'Aventure Peugeot, retraçant l'épopée de la famille et de la célèbre marque automobile, à travers de nombreux véhicules historiques.
- **Organiser son temps** – Prévoyez de rester deux jours si vous souhaitez découvrir les richesses de la ville et des alentours en toute tranquillité.
- **Avec les enfants** – Parcourez avec eux le parc du Près-la-Rose et accompagnez leurs découvertes scientifiques – et ludiques ! – au Pavillon des Sciences. Notez aussi que le musée de l'Aventure Peugeot possède un simulateur de course qui ne laissera pas indifférents vos futurs pilotes de Formule 1…
- **Pour poursuivre la visite** – Voir aussi Baume-les-Dames, Belfort, le château de Belvoir, Lure, Maîche, Ronchamp, Villersexel.

Comprendre

LE PAYS DE MONTBÉLIARD

Héritier d'un *pagus* (mot dont nous avons fait « pays ») gallo-romain, le pays de Montbéliard regroupait, avant 1793, les seigneuries de Héricourt, Châtelot, Clémont, Blamont et Étobon qui constituaient la principauté de Montbéliard, enclave wurtembergeoise au sein du territoire français.

DÉCOUVRIR LES SITES

Une principauté alémanique – Le déclin de la ville de Mandeure au 8e s. fit grandir l'importance stratégique de *Mons Beligardae*, appellation latine du bourg castral posté sur une échine rocheuse au confluent de la Lizaine et de l'Allan. Il devint siège d'un comté indépendant, à la tête duquel se succédèrent plusieurs familles, dont celle des **Montfaucon**. Le dernier des Montfaucon étant mort sans héritier mâle, le comté revint à une de ses petites-filles, Henriette d'Orbe qui, en épousant en 1397 le prince Eberhard IV de Wurtemberg, fit basculer Montbéliard dans l'Empire germanique. Ce statut d'enclave indisposa souvent les rois de France, notamment quand commencèrent à se propager les idées de la Réforme, introduite à Montbéliard dès 1524 et officiellement adoptée dans la principauté au milieu du 16e s. Mais leurs différentes tentatives de mainmise échouèrent.

De l'apogée à l'annexion – Sous le grand règne de **Frédéric de Wurtemberg** (1581-1608), tandis qu'affluent les réfugiés huguenots, la ville se mue en une cité princière pénétrée du souffle de la Renaissance : elle s'agrandit avec la construction, au-delà des fortifications médiévales, de la Neuve Ville, et se métamorphose sous la houlette de l'architecte Heinrich Schickhardt *(voir ci-dessous)*. La principauté sera finalement rattachée à la jeune République française le 10 octobre 1793.

Se promener

LE VIEUX MONTBÉLIARD★ plan II

Le vieux Montbéliard cache une quarantaine de **yorbes** (tours d'escaliers en vis) et de nombreuses **tchâfas** (grandes lucarnes munies d'une poulie, typiques de la région). En mariant esprit germanique et influences italiennes, la ville dispose aujourd'hui d'une architecture riche et colorée.

Comptez 1h30. Garez-vous au pied du château. Pour commencer, profitez de votre fraîcheur physique pour grimper au château en empruntant la rue du Château.

Château des ducs de Wurtemberg *(voir « Visiter »)*
Redescendez vers la rue du Château que vous prenez à gauche.

Vous passez le long de l'ancien hôpital (1758) et de ses belles grilles à tombeau. Prenez la rue de Belfort ; au coin, la maison natale de **Francis Lopez**. Le quartier aligne des façades colorées. Tournez à droite à l'angle de celle sang de bœuf. Vous arrivez presque en face d'une **tchâfa** (au n° 22). Elle était utilisée pour engranger les provisions.

Suivez la rue Diemer-Duperret, prenez à droite celle de la Sous-Préfecture, puis à gauche le passage du Pont-du-Moulin. Remontez la rue des Febvres jusqu'à la place Saint-Martin, fléchée à gauche.

Place Saint-Martin

C'est le cœur historique du vieux Montbéliard, où s'ancrent les principales manifestations populaires. La place Saint-Martin rassemble en outre plusieurs monuments essentiels pour la connaissance de la ville.

Musée d'Art et d'Histoire★ *(voir « Visiter »)*

Temple Saint-Martin★ – ☎ 03 81 91 03 69 - visite sur demande auprès du presbytère de l'église luthérienne, 20 r. Viette - 25 nov.-24 déc. : 16h30-19h, w.-end 14h-19h ; reste de l'année : dim. 10h. Construit entre 1601 et 1607 par Schickhardt, c'est le plus ancien édifice de France affecté au culte réformé. L'architecture des façades s'inspire

---

Heinrich Schickhardt, le « Léonard de Vinci souabe »

Urbaniste visionnaire et architecte virtuose, mais aussi ingénieur, technicien, topographe, écrivain, **Heinrich Schickhardt** (1558-1635) a profondément marqué de son empreinte Montbéliard, qu'il s'est attaché à organiser, équiper et décorer. Originaire de Herrenberg en Souabe, ce fils de menuisier travaille dans l'atelier d'architectes des ducs de Wurtemberg quand il est appelé au service de Frédéric Ier, qui le prend sous sa protection. Il l'accompagne en Italie, où les deux hommes peuvent parfaire leur connaissance de la Renaissance. Nommé en 1600, à l'âge de 42 ans, superintendant des Bâtiments de la principauté, l'artiste révèle alors toute sa puissance créative, permettant à Montbéliard de connaître tardivement les « feux de la Renaissance », s'exprimant également à Freudenstadt, à Stuttgart… Promu architecte ducal à Stuttgart en 1608 après le décès de Frédéric, il meurt assassiné en 1635.
Un **Sentier urbain H. Schickhardt et son temps** de 3 km fait connaître son œuvre par le détail *(plaquette disponible à l'office de tourisme).*

principalement de la Renaissance toscane. L'intérieur du temple Saint-Martin serait très austère s'il ne s'égayait des décors polychromes d'origine, récemment retrouvés, du **buffet d'orgues** (milieu du 18ᵉ s.) et de la tribune. Son plafond à caissons et son escalier à vis valent également le coup d'œil.

Hôtel de ville – Il fut édifié de 1776 à 1778. À l'intérieur, l'escalier d'honneur précédé de colonnes en grès rose assez majestueuses est bordé d'une belle rampe en fer forgé. Devant la façade en grès rose, **statue de Cuvier** par David d'Angers (1835).

Hôtel Sponeck – En retrait de la place, à gauche de l'hôtel de ville, cet ancien hôtel particulier (18ᵉ s.) accueille aujourd'hui **L'Allan**, scène nationale de Montbéliard.

Hôtel Forstner – Occupé aujourd'hui par la Banque de France, cet hôtel particulier date sans doute de la fin du 16ᵉ s. Sur sa façade se déploie harmonieusement le registre décoratif de la Renaissance.

Contournez le temple par sa droite et prenez à droite le passage des Fleurs.

Remarquez la façade recouverte de tavaillons à gauche. Le passage débouche face à la fresque de Nano, *Le Génie inventif*.

Prenez à gauche la rue Clemenceau. Au nº 23, empruntez le passage.

Vous découvrez en hauteur l'église Saint-Maimbeuf et, sur la place de la Lizaine, une « yorbe » ou « viorbe », tourelle d'escalier typique de la région.

Longez les maisons pour prendre à gauche un autre passage, menant aux Halles.

Le saviez-vous ?

👁 Avec une statue, une rue et un musée à son nom, le baron **Georges Cuvier** figure honorablement parmi les célébrités de la ville. Né à Montbéliard le 23 août 1769, après de brillantes études, il enseigne dès 1794 au cours d'anatomie du Jardin des plantes, puis en 1799 au Collège de France, enfin au Muséum en 1802. Membre de l'Académie française en 1818, il est considéré comme le créateur de l'anatomie comparée et de la paléontologie.

👁 La ville compte également, parmi ses célébrités, **Francis Lopez**, dont l'opérette *La Belle de Cadix* fut interprétée par Luis Mariano, et **Alexandre-Henri Mouhot** qui découvrit, en 1860, le site d'Angkor.

Halles

Ce bâtiment (16ᵉ et 17ᵉ s.) d'allure germanique se signale par une imposante toiture surmontée d'un clocheton et de longues façades ajourées de grandes fenêtres à doubles meneaux verticaux. Très vaste, il abritait avant 1793 le Conseil souverain, l'« éminage » (entrepôt des grains), le marché, la douane…

Sur la place Denfert-Rochereau, on peut voir la fameuse **pierre à poissons**, dalle du 15ᵉ s. qui servait d'étal les jours de marché. En 1524, Guillaume Farel, premier réformateur de Montbéliard, l'aurait utilisée pour ses prêches.

Gagnez la place F.-Ferrer, puis le faubourg de Besançon jusqu'au temple Saint-Georges.

On entre dans le faubourg, la **Neuve Ville**, dont la construction fut confiée à Schickhardt en 1598 pour faire face à l'arrivée massive de réfugiés huguenots.

Église Saint-Maimbœuf

⌕ 03 81 91 00 77 - *visite sur demande à la cure Saint-Maimbœuf - r. Maimbœuf - tlj sf lun. et dim. (en dehors de la messe) 8h-12h, 14h-18h (hors saison 17h).*

Au-dessus du temple, l'église, bâtie de 1850 à 1875 pour affirmer la reconquête du catholicisme sur le luthérianisme, marque par sa position dominatrice et ses outrances ornementales. L'intérieur de Saint-Maimbœuf est très théâtral : monumentale tribune à colonnes corinthiennes, abondants décors en bois stuqué, retables inspirés du baroque allemand, orgue de bois de 10 m de haut.

Temple Saint-Georges

Ce vénérable temple fut construit de 1674 à 1676 pour renforcer le temple Saint-Martin, devenu insuffisant. Il sert aujourd'hui de centre de conférences.

Revenez vers le château par le faubourg de Besançon. Longez les Halles, prenez en enfilade la rue des Febvres, la rue Cuvier, puis à droite la rue des Alliés.

Visiter

Château des ducs de Wurtemberg plan II

⌕ 03 81 99 22 61 - *tlj sf mar. 10h-12h, 14h-18h - fermé 1ᵉʳ janv., 1ᵉʳ Mai, 1ᵉʳ nov., 25 déc. - 1,50 € (enf. gratuit), gratuit 1ᵉʳ dim. du mois.*

En arrivant sur l'esplanade, remarquez le **logis des Gentilshommes** qui possède un élégant pignon à volutes typique de l'architecture souabe. Œuvre de Heinrich

DÉCOUVRIR LES SITES

Schickhardt, il abrite aujourd'hui le conservatoire de musique.

Bâtie sur un promontoire rocheux au confluent de la Lizaine et de l'Allan, l'ancienne place forte, déjà présente au 10e s., fut constamment transformée au cours des siècles suivants. Du château, construit aux 15e et 16e s., il ne reste que deux tours massives surmontées d'un lanternon, la tour Henriette (1422-1424), la tour Frédéric (1572-1595) ainsi que le corps de logis (18e s.). Tous les autres éléments furent rasés au milieu du 18e s. pour faire place à des bâtiments de style classique. Une belle grille en fer forgé, œuvre de Jean Messagier (1920-1999), ferme le porche conduisant à la tour Henriette.

> **Une ville sous influence**
>
> Du 15e au 18e s., Montbéliard héberge une administration wurtembergeoise, et accueille des artistes et artisans d'outre-Rhin. Bien que continuant à parler le français, les habitants de la principauté privilégient la relation avec les pays alémaniques dans les domaines économique, culturel, religieux…

Musée du Château de Montbéliard – *En cours de réaménagement. En raison de travaux de rénovation, la galerie d'histoire naturelle, les salles d'archéologie, les tours et le circuit historique extérieur ne réouvriront qu'en 2007.* Le musée occupe l'intérieur du château. Ses anciennes cuisines, superbes salles voûtées très bien restaurées, abritent un **circuit historique**. La **galerie d'histoire naturelle Cuvier** et la section archéologique possèdent d'intéressantes collections (beaux spécimens d'animaux naturalisés). D'ambitieuses expositions temporaires occupent les salles du rez-de-chaussée.

Musée d'Art et d'Histoire★ plan II
03 81 99 24 93 - tlj sf mar. 10h-12h, 14h-18h - fermé 1er janv., 1er Mai, 1er nov., 25 déc. - 1,50 €, gratuit 1er dim. du mois.

Élevé en 1772-1773 par l'architecte Ph. de la Guêpière, l'**hôtel Beurnier-Rossel** offre l'aspect typique d'un hôtel particulier de grande ville du 18e s. Il a gardé son caractère que l'on retrouve dans les appartements reconstitués des Beurnier-Rossel. L'atmosphère est recréée par la présence de portraits de famille et de mobilier d'époque ; remarquez les meubles marquetés de l'ébéniste montbéliardais Couleru, le beau poêle en faïence créé par Jacob Frey, l'incontournable bibliothèque des Encyclopédistes… Les deux derniers étages sont consacrés à l'histoire de la ville et de la région. Les collections sont variées : imagerie populaire des frères Deckherr, objets du culte luthérien, riche ensemble de « bonnets à diairi ». Et l'on rêvera devant les jouets anciens, dont une grande maison de poupée, devant les **automates** et boîtes à musique se déclenchant à votre passage.

Le Près-la-Rose plan I 1
Sur une presqu'île de 10 ha entre rivière et canal, ce parc dédié aux sciences et techniques, aménagé à deux pas du centre ancien, est agrémenté de sculptures monumentales : le « Vaisseau », l'étonnante « Fontaine Galilée », etc. *Concerts l'été, possibilités de restauration.*

Pavillon des Sciences – *03 81 97 18 21 ou 03 81 91 46 83 - visite guidée (1h30) juil. - août : 10h-19h, w.-end et j. fériés 14h-19h ; mars-juin et sept.-oct. : 9h-12h, 14h-18h, w.-end et j. fériés 14h-18h ; nov.-fév. : 9h-12h, 14h-17h, w.-end et j. fériés 14h-18h - possibilité de visite libre - fermé 3 premières sem. de sept., 1er Mai et 25 déc. - 4,50 € (enf. 3 €).*

On vient ici s'initier à tous âges à la culture scientifique et technique, grâce à des animations et démonstrations variées et ludiques.

Une passerelle traverse l'Allan et conduit à la rue des Blancheries. Prenez à gauche l'avenue du Président-Wilson, puis à droite la rue de la Chapelle.

Un petit détour par la rue de Belfort est une occasion de découvrir une artère particulièrement bien restaurée.

SOCHAUX plan I

Ce faubourg industriel s'est développé autour des **usines Peugeot**, la société ayant installé en 1908 dans la plaine de Sochaux-Montbéliard son plus important complexe de constructions automobiles. Sochaux, c'est également le jaune et le bleu, les deux couleurs de l'équipe de foot qui font vibrer le **stade Bonnal** et la France depuis les années 1930. Cette prestigieuse équipe, lancée par **Pierre Peugeot**, a marqué l'histoire du ballon rond grâce à un parcours exceptionnel. De grands noms y ont laissé leur empreinte : François Remetter (gardien), André Curtois, Franck Sauzée… Le stade, entièrement rénové de 1998 à 2000, est équipé d'une pelouse chauffée semi-synthétique.

MONTBÉLIARD

Le décollage industriel du pays de Montbéliard – Dès la fin du 18e s., le pays de Montbéliard s'affirme comme pôle économique franc-comtois. La facilité des communications et les nouveaux débouchés offerts par le rattachement à la France, le dynamisme des voisins suisses, badois ou alsaciens, l'ouverture du patronat luthérien aux idées économiques anglo-saxonnes vont faire du pays de Montbéliard une région à vocation nettement industrielle, bientôt incarnée par des sociétés comme Japy (*voir p. 267*) ou Peugeot (*voir p. 266*).

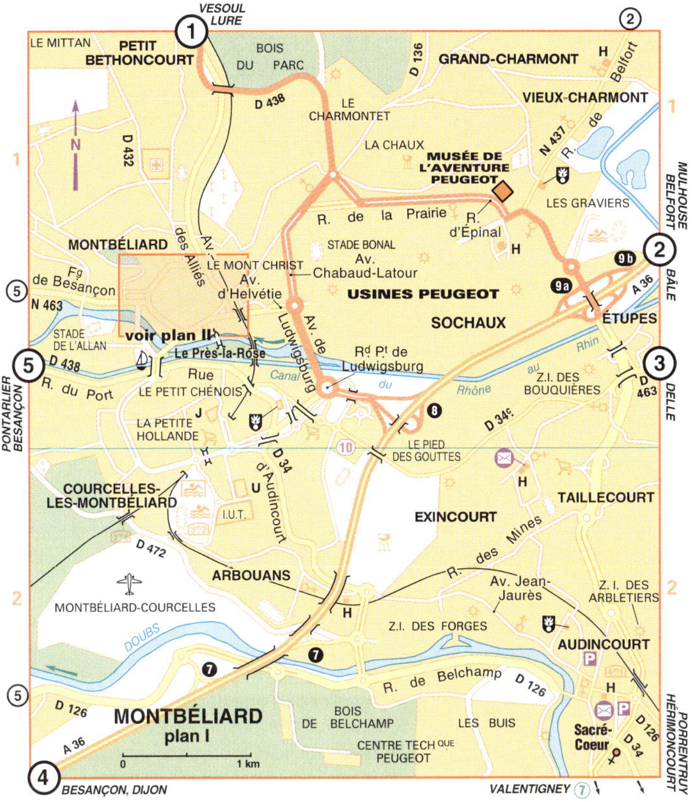

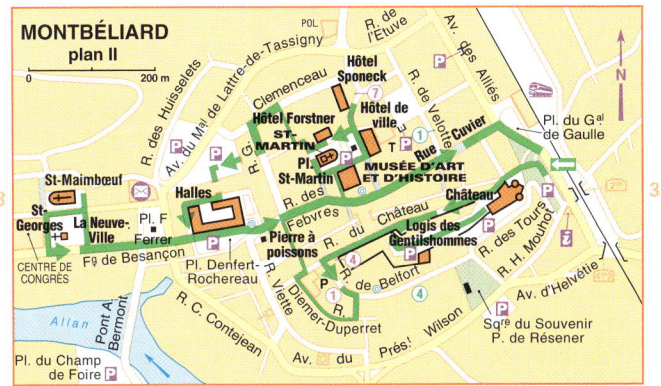

SE LOGER	Hôtel Vieille Grange...⑦	La Porte Étroite...④
Hôtel Bristol...①	SE RESTAURER	Le St-Martin...⑦
Hôtel de la Balance...④	Baltica...①	Le Tire-Bouchon...⑩

DÉCOUVRIR LES SITES

Musée de l'Aventure Peugeot★★ 1

📞 03 81 99 42 03 - www.musee-peugeot.com - ♿ - 10h-18h - fermé 1er janv., 25 déc. - 7 € (-10 ans gratuit).

Qui ne connaît pas le sympathique inspecteur Columbo et sa célèbre 403 cabriolet ? Sa fidélité est aujourd'hui récompensée par le constructeur qui lui a confié un rôle sympathique dans le théâtre optique ; il doit présenter l'entreprise qui s'est illustrée dans la fabrication de produits aussi différents que des outils, des moulins à café, des vélos, des motos et, bien sûr, des voitures. Ces dernières sont d'ailleurs les reines de cet espace aménagé dans une ancienne brasserie. Les plus âgées ouvrent le bal dans une ambiance agréablement rétro, reconstituée à l'aide d'archives sonores : remarquez la Double Phaéton Type 81B de 1906, la Bébé, petite voiture créée en 1911 par Ettore Bugatti, la Phaéton Lion Type V4C3, avec banquette arrière pliante (1913).

À partir de la 201 (1929), tous les modèles de la marque seront identifiés par un numéro à trois chiffres comportant le zéro au milieu. La 201 fut l'arme principale de Peugeot face à la Grande Crise économique. Fin 1935, la 402 inaugure la ligne « Fuseau Sochaux », intégrant les dernières découvertes en matière d'aérodynamique. La 402 limousine équipée d'un gazogène et d'un coffre à charbon de bois (consommation 15 kg/h) témoigne quant à elle de la gravité de la pénurie énergétique en 1941. Après la guerre, Peugeot innove avec la 203 et sa caisse monocoque tôlée. Suivent les modèles plus récents, les voitures de compétition et les prototypes futuristes : les 205 et 405 T16, et la belle et tonique 206, la luxueuse 607…

Le musée fait la part belle aux courses automobiles avec un mur d'images et l'exposition de nombreux bolides qui ont gagné les plus grandes compétitions.

Avant d'arriver devant l'espace boutique, vous découvrirez la célèbre 406 de *Taxi*, exposée à côté de la 206, et de sa fameuse publicité tournée en Inde, qui a reçu de nombreux prix. Notez aussi qu'un simulateur de course est à la disposition de celles et ceux qui se sentent l'âme d'un pilote automobile !

> ### La saga Peugeot
>
> Au 18e s., Jean-Pierre Peugeot est tisserand à Hérimoncourt. En 1810, ses deux fils aînés, Jean-Pierre et Jean-Frédéric, créent une fonderie d'acier au moulin de Sous-Cratet. C'est le point de départ d'une grande société industrielle. Bientôt, des usines surgies à Terre-Blanche, dans la vallée du Gland, à Valentigney, Pont-de-Roide, sortent de l'acier laminé, des lames de scies et de ressorts, des outils, des articles ménagers, etc. ; de celle aménagée au moulin de Beaulieu, divers modèles de vélocipèdes ou de bicyclettes, puis, en 1891, la « Vis-à-Vis », première automobile Peugeot équipée d'un moteur à explosion, devant son nom à la position de ses passagers. Depuis lors, plus de 600 modèles d'automobiles lui ont succédé.

Visite du site PSA Peugeot Citroën 1

📞 03 81 33 27 46 - visite guidée (2h30) réservation conseillée - lun.-vend. 8h30-11h - fermé août, dernière sem. de déc. - gratuit.

Sochaux est le centre de production le plus important d'automobiles Peugeot, précédant les sites de Mulhouse, Poissy et Valenciennes. Le détournement de la rivière Allan s'est traduit par un gain de 12 ha qui autorise désormais une application optimale du principe des « flux tendus ». On fabrique à Sochaux des 307, 406 et des 607.

Circuit de découverte

TRÉSORS DU PAYS DE MONTBÉLIARD

86 km - comptez 4h.

Quittez Montbéliard au sud-est en direction d'Audincourt.

Église du Sacré-Cœur plan I 2

À Audincourt. En cas de fermeture, voir sur la porte de l'église la liste des personnes possédant la clef.

Œuvre de Novarina à laquelle collaborèrent les paroissiens, cette église consacrée en 1951 exprime bien les préoccupations des artistes contemporains de l'immédiat après-guerre. Elle est souvent considérée comme l'un des hauts lieux de l'art sacré du 20e s. Le visiteur est accueilli par une mosaïque aux coloris vifs, due à Bazaine qui souhaitait que la façade « fût avant tout un appel, un appel joyeux et fort comme la rivière en été ». À l'intérieur, la nef est couverte d'une simple voûte de chêne à caissons illuminée par des vitraux de **Fernand Léger**, qui a aussi réalisé la tapisserie derrière le maître-autel. Dans le **baptistère★** inondé de lumière aux tons jaunes et violets des vitraux de Bazaine, la grandeur rayonnante s'allie à la simplicité, avec pour tout ornement une cuve baptismale taillée dans un bloc de pierre de Volvic.

Continuez sur la D 126 en direction de Beaucourt.

Beaucourt

Devenue, depuis la guerre de 1870-1871, la troisième ville du Territoire de Belfort, après avoir fait partie de la principauté de Montbéliard, puis du département du Haut-Rhin, Beaucourt a connu une période de prospérité au 19e s., grâce à l'implantation d'une usine d'horlogerie Japy.

Musée Frédéric-Japy – ℘ 03 84 56 57 52 - ♿ - *juin-sept. : 10h-12h ; reste de l'année : 14h-17h, dim. 14h30-17h30 - fermé lun. et mar., vac. de Noël, 1er Mai, 1er nov. - 2 € (-10 ans gratuit, 11-18 ans 1 €).*

Il est aménagé dans l'ancien atelier d'horlogerie. Cet industriel de génie inventa les premières machines pour la fabrication des montres, alors réalisées entièrement à la main. On peut voir des ébauches de montres, premiers produits fabriqués à Beaucourt, des réveils, des horloges, des pendules de voyage et de cheminée. De nombreux articles de visserie, de lustrerie, des pièces en émail, des machines à écrire dont la production s'échelonna de 1910 à 1973, des moteurs, des pompes témoignent de l'esprit créatif de cette maison.

Au niveau de l'église, prenez la D 57 vers Saint-Dizier-l'Évêque.

Japy

Cultivateur et maréchal-ferrant, Jacques Japy s'adonne aussi à la serrurerie et à la réparation d'outils divers. Dans cette même localité, son fils **Frédéric Japy** crée en 1777 un atelier d'horlogerie qui, durant 180 ans, va se trouver à la pointe du développement industriel de la région. Des usines s'implantent à la Feschotte, à L'Isle-sur-le-Doubs, à Voujeaucourt, à Anzin près de Lille, à Arcueil dans la banlieue parisienne. Au fil des années, leurs activités se diversifient : la fabrication de pièces d'horlogerie conduit à la production de matériel de quincaillerie, d'électromécanique, en passant par la confection de poupées dansantes, de miroirs à alouettes, etc. Japy construit dès 1910 des machines à écrire sous licence étrangère et, en 1955, commercialise sa propre production, devenue la Société belfortaine de mécanographie en 1967, toujours installée à Beaucourt. Aujourd'hui, la SBM ne produit plus de machines à écrire, la production ayant été transférée en Suisse.

Réveil Japy.

Saint-Dizier-l'Évêque

Vous avez des doutes sur votre santé mentale ou sur celle d'un de vos proches ? Cela peut arriver, mais rassurez-vous, rien n'est désespéré ! En effet, ce petit village, pourtant très calme, a longtemps été un lieu de pèlerinage très fréquenté par les aliénés. À l'origine de cette curieuse spécialité, saint Dizier, évêque du 7e s., fut attaqué et tué par des bandits de grand chemin près de Delle. Son sarcophage, placé dans la crypte de l'église, fut à l'origine de nombreux miracles et guérisons ; ce furent d'abord les maux de tête, puis tous les troubles de l'esprit. Il faut dire que le traitement était radical, car il se terminait par un court séjour dans le sarcophage, depuis baptisé « la pierre aux fous ».

Quittez Saint-Dizier au sud par la D 26 jusqu'à Fahy, puis prenez à droite la D 34 jusqu'à Hérimoncourt. Tournez à gauche sur la D 480 qui longe la vallée du Gland jusqu'à Blamont. Gagnez Pierrefontaine, au sud, puis Montécheroux par la D 121.

Musée de la Pince★

À Montécheroux. ℘ 03 81 92 56 77 - *visite guidée (1h) de mi-juin à mi-sept. : merc.-dim. 14h-18h ; de déb. mai à mi-juin et de mi-sept. à fin oct. : jeu., vend., dim. et j. fériés*

DÉCOUVRIR LES SITES

14h-18h - 4 € (enf. gratuit). Orienté depuis le 16ᵉ s. dans le travail du fer, le village de Montécheroux trouva sa fortune en se spécialisant, à partir de 1790, dans la production d'outils d'horlogerie. Il y eut sur place jusqu'à 75 forges. En se répartissant les tâches de forgeron, limeur, polisseuse, trempeur, les « paysans-ouvriers » fabriquaient chez eux les précieux outils nécessaires aux horlogers, puis aux dentistes, électriciens, cordonniers, etc. À l'Exposition universelle de 1889, une des sociétés remporta la médaille de bronze pour son tableau (visible au musée) de présentation de pinces. Jusque dans les années 1950, plusieurs dizaines d'établissements proposèrent un choix de 117 modèles de marteaux, brucelles, étaux, pinces dites « maillées », etc. Le musée, aménagé dans une ancienne polisserie, évoque cet illustre passé. Des pinces, des plus usuelles aux plus insolites sont présentées ainsi qu'une forge reconstituée, en état de marche. Une dernière usine du village conserve, avec difficultés, ce savoir-faire.

Rejoignez la D 437 à Noirefontaine en suivant la D 36^{E2}. Remontez en direction de Montbéliard.

Souvenir terrible

Jules et sa « bande à Bonnot » firent trembler la France au début du 20ᵉ s. par leurs meurtres et braquages. Né à Pont-de-Roide (39), **Jules Bonnot** (1876-1912) perd sa mère à 10 ans. Il se forme à la mécanique, mais est renvoyé à cause de ses prises de positions anarchistes. Il s'entraîne à l'ouverture des coffres-forts, à la fabrique de fausse monnaie et pense le premier à utiliser l'automobile comme une arme. Les crimes et violences de sa bande se multiplient entre 1911 et 1913. En avril 1912, au terme d'un combat acharné avec force policiers et bâtons de dynamite, Bonnot est abattu par la police. Les autres membres de la bande seront arrêtés en 1913.

Pont-de-Roide

Dans un site agréable, Pont-de-Roide, sur les rives du Doubs, doit en partie son activité aux usines de fabrication d'aciers spéciaux Ugine. Son église renferme un bénitier de bronze du 15ᵉ s. ainsi que de beaux vitraux exécutés par la maison J. Benoît, de Nancy. Dans la chapelle voisine Notre-Dame de Chatey se trouve une Pietà du 14ᵉ s. Le bois de Chatey, tout proche, permet de belles promenades en forêt.

Poursuivez sur la D 437 pendant environ 6 km et bifurquez à droite vers Mandeure.

Théâtre romain de Mandeure

L'antique *Epomanduodorum* des Romains conserve les vestiges d'un théâtre (2ᵉ s.) qui témoigne, par ses dimensions et sa capacité (20 000 personnes), de l'importance de cette cité située sur l'axe commercial du Rhin à la Méditerranée.

Rejoignez la D 438 en direction de Monbéliard. Après avoir franchi le Doubs, tournez à gauche en direction de Bavans (N 463). Environ 400 m après le pont, prenez à droite la route étroite, en forte montée, qui traverse une partie de la forêt du Mont-Bart.

Fort du Mont-Bart

☏ 03 81 97 51 71 - *juil.-août : tlj sf lun. 14h-18h ; mai-juin et sept.-oct. : w.-end et j. fériés 14h-18h (dernière entrée 1h av. fermeture) - possibilité de visite guidée (1h30) - 3 € (-12 ans gratuit).*

Alt. 497 m. Cet important ouvrage appartient au type des forts semi-enterrés en maçonnerie, dit **« Séré de Rivières »**, conçu au début de la IIIᵉ République par ce général pour répondre à l'invention du canon rayé et à l'augmentation des portées, de la précision et de la puissance de feu qui en découlait. Construit de 1873 à 1877, il a conservé certains éléments spectaculaires de son architecture, comme la casemate entièrement blindée dite « du commandant Mougin » (première casemate cuirassée de fonte dure, pesant 100 t) et la **rue intérieure couverte**, bordée par les bâtiments du casernement. La mise au point en 1885 de l'obus-torpille, puis celle en 1897 du canon de 75 vont faire perdre beaucoup d'efficacité à ce type de construction et imposer de nouvelles solutions techniques, tels les carapaces en béton et les cuirassements en acier. C'est dans cette étonnante rue intérieure du Mont-Bart qu'a été tourné en 1999 le film *Les Saigneurs* de J.-P. Mocky. De nombreux Comtois des environs ont été sélectionnés comme figurants. Du sommet de la fortification (que l'on atteint en fin de visite), belle **vue** sur Montbéliard, la trouée de Belfort, la vallée du Doubs et sa confluence avec l'Allan, le canal du Rhône au Rhin, etc.

Retournez à Montbéliard par la N 463.

Montbéliard pratique

♿ Voir aussi les encadrés pratiques de Baume-les-Dames, Belfort, château de Belvoir, Lure, Maîche, Ronchamp, Villersexel.

Adresse utile

Office du tourisme du pays de Montbéliard – 1 r. Henri-Mouhot - 25200 Montbéliard - ℘ 03 81 94 45 60 - www.ot-pays-de-montbeliard.fr - de mi-juin à mi-sept. : 9h-12h, 13h30-19h, dim. et j. fériés 10h-12h, 14h-16h ; de mi-sept. à mi-juin : 9h-12h, 13h30-18h ; 28 nov.-24 déc. : dim. 9h-12h, 13h30-18h - fermé j. fériés sf 14 Juil., 15 août.

Visites

Visites guidées – Le pays de Montbéliard, qui porte le label Ville et Pays d'art et d'histoire, propose différentes visites-découvertes (1h30) animées par des guides-conférenciers agréés par le ministère de la Culture. Visites nocturnes théâtralisées juil.-août : mar. soir. Renseignements à l'office de tourisme.

Se loger

Hôtel Vieille Grange – 25310 Blamont - 18 km au S de Montbéliard par la D 35 - ℘ 03 81 35 19 00 - http://blams-bar.com - fermé 20-26 déc., sam. midi, lun. midi et dim. - 10 ch. 44 € - ☐ 5,50 € - rest. 12/40 €. L'hôtel occupe un bâtiment récent situé à la sortie du village. Les chambres y sont sobrement fonctionnelles. Le restaurant quant à lui est aménagé dans une ancienne ferme du 18ᵉ s. : plaisant cadre campagnard avec deux cheminées. Cuisine du terroir simple.

Hôtel Bristol – 2 r. Velotte - ℘ 03 81 94 43 17 - www.hotel-bristol-montbeliard.com - fermé 31 juil.-22 août - 🅿 - 43 ch. 48/70 € - ☐ 6,50 €. Hôtel des années 1930 niché dans le vieux Montbéliard, à quelques pas du château. Un escalier agrémenté d'une belle rampe en fer forgé dessert des chambres au mobilier éclectique, parfois un brin désuet. Celles logées sur l'arrière sont plus calmes. Sympathique bar à vins.

Hôtel de la Balance – 40 r. de Belfort - ℘ 03 81 96 77 41 - www.hotel-la-balance.com - 🅿 - 44 ch. 79/100 € - ☐ 9 € - rest. 14/28 €. Cette maison du 16ᵉ s. hébergea le Q.G. du général De Lattre de Tassigny en 1944. Son intérieur agréablement rénové préserve un bel escalier en bois sculpté et, dans la chaleureuse salle à manger, un joli parquet et des boiseries anciennes. Chambres confortables.

Se restaurer

Le Tire-Bouchon – Le Pied des Gouttes - www.hotelrelaisvert.net - fermé 23 déc.-3 janv. - 15/39 €. Hôtel actuel au cœur d'une Z.A.C. Petites chambres fonctionnelles distribuées autour d'un patio ou, dans une aile récente, hébergement plus spacieux et chaleureux. Plantes vertes et expositions de tableaux égayent la sobre salle à manger.

Baltica – 8 r. de Belfort - ℘ 03 81 91 43 75 - fermé dim., lun. et août - 20/25 €. Partez pour les fjords de la Baltique sans quitter Montbéliard grâce à cette adresse proposant des assiettes comme la Baltica (harengs marinés, pommes de terre) ou la Royal Stockholm (3 saumons, pommes de terre). Côté boutique, spécialités de saumon et anguille fumés ou esturgeon.

La Porte Étroite – 4 r. du Château - ℘ 03 81 91 27 58 - http://monsite.wanadoo.fr/laporte.etroite - fermé août, dim. et lun. - 22/35 €. L'accueil chaleureux, presque maternel, s'adjoint à l'exiguïté de la salle pour faire de ce restaurant italien un vrai refuge. Ne résistez pas, ouvrez la petite boîte sur la table : un mot doux vous y attend. Spécialités de pâtes fraîches, poissons et fruits de mer.

Le St-Martin – 1 r. du Gén.-Leclerc - ℘ 03 81 91 18 37 - fermé 13-20 fév., 1ᵉʳ-23 août, w.-end et j. fériés - 29/55 €. Cette maison ancienne aux murs de pierre est proche de la place Saint-Martin. Le restaurant se compose de trois petites salles intimes et cossues. À table, vous aurez le choix entre une cuisine classique, un menu réalisé selon le marché et un autre axé sur les produits de la mer.

En soirée

La Paix – 12 r. des Febvres - ℘ 03 81 91 03 62 - 7h30-23h. Ce petit café sans prétention est le seul en ville à proposer régulièrement des animations le samedi soir : soirées philo du mois d'octobre au mois d'avril, et concerts de jazz du mois de mai au mois de septembre.

Caveau des Remparts – Pl. de la République - 90100 Delle - ℘ 03 84 36 68 50 - www.delle-animation.com - les concerts ont lieu à 21h. Une fois par mois d'octobre à mai, concert de jazz avec des invités du monde entier.

Que rapporter

Bon à savoir – Dans le monde de la saucisse, la concurrence est rude, et la montbéliarde est défendue depuis les années 1970 par la **Confrérie des compagnons du boitchu** qui a repris le nom d'un impressionnant couteau à viande. Respectant une charte très précise, les compagnons apposent un scellé garantissant la qualité de leurs produits.

Franche-Comté Salaisons – 10 r. du Port - ℘ 03 81 98 28 02. Vous y trouverez de véritables « boitchus » : bon appétit !

DÉCOUVRIR LES SITES

Gourmandise – 10 r. George-Clemenceau - ☎ 03 81 91 09 55 - tlj sf dim. et lun. 9h-12h, 14h-19h - fermé j. fériés. De savoureuses friandises attendent les gourmands dans cette confiserie-chocolaterie. Parmi les spécialités : les Montbéliardes (amandes enrobées de chocolat), les Cailloux du Doubs (amande, nougatine et chocolat), les Palets de la Cité des Princes (praliné, lait semi-liquide), les Vaches (fourrées praliné) ou encore le Pavé de Montbéliard (fourré gianduja noir et au lait) et le Blason (praliné nature pur amande).

Sports & Loisirs

Football Club Sochaux-Montbéliard – Stade Bonal - ☎ 0892 701 225 - www.fcsochaux.fr - tlj sf dim. 9h30-18h30 - 8,50/52 €. Entraînement presque tous les jours, matchs les mercredis ou samedis. Billet en vente 8 jours avant le match dans la billetterie du stade Bonal (accès par l'A 36, sortie Sochaux).

Maison pour tous – Bureau du tourisme - 16 r. du Gén.-Herr - 25150 Pont-de-Roide - ☎ 03 81 99 33 99. La base de location de canoë-kayak s'accompagne d'un gîte d'accueil (20 lits) situé au bord du Doubs.

Événements

Les Lumières de Noël – www.lumieresdenoel.fr. Le mois de décembre consacre le succès des Lumières de Noël qui rétablissent - bretzels, vin chaud et verts sapins à l'appui - la tradition alémanique des marchés de Noël autour du légendaire temple Saint-Martin.

Citée rêvée – Le soir du 31 déc., ttes les années impaires. Rien, pas même le froid, ne pourrait empêcher des milliers de spectateurs de descendre dans la rue fêter la nouvelle année sous le signe de la musique et de la fête.

Rencontres et Racines – À Audincourt, dernier w.-end de juin. Musique (14 groupes intervenants), artisanat, gastronomie du monde.

Jazz à Delle – À Delle, caveau des remparts, 4 j. à la mi-sept. - ☎ 03 84 36 88 96 - www.delle-animation.com. Festival « in » et « off », avec des concerts gratuits. Quelques pointures telles que Kenny Garrett, Freddie Habbard.

Festival de la BD – À Audincourt, 3e w.-end d'oct.

Montbenoît

219 SAUGETS
CARTE GÉNÉRALE C3 – CARTE MICHELIN LOCAL 321 I5 – DOUBS (25)

Montbenoît est la minuscule capitale du val et de la république du Saugeais. Elle est bâtie sur la pente d'un coteau que dominent des falaises rocheuses, au bord du Doubs qui paresse, ici, comme une riante rivière normande. Son ancienne abbaye, qui compte parmi les belles curiosités architecturales de Franche-Comté, attire de nombreux visiteurs.

- **Se repérer** – La république du Saugeais regroupe 11 communes : La Longeville, Les Alliés, Arçon, Bugny, La Chaux-de-Gilley, Gilley, Hauterive, Maisons-du-Bois-Lièvremont, Montflovin, Ville-du-Pont et enfin Montbenoît, sa capitale politique, située à 10 km au nord-est de Pontarlier par la D 437.

- **À ne pas manquer** – Parcourez les vestiges de l'ancienne abbaye de Montbenoît : l'église abbatiale, son chœur aux splendides stalles sculptées du 16e s. et sa niche abbatiale en marbre ainsi que le cloître, lieu de recueillement et d'harmonie ; côté nature, suivez le sinueux défilé d'Entreroche, aux vertigineuses parois calcaires.

- **Organiser son temps** – Consacrez 2h à l'architecture religieuse de Montbenoît, puis une demi-journée à l'exploration de cette minuscule et sympathique république.

- **Avec les enfants** – Emmenez-les voir la grotte du Trésor et racontez-leur quelques contes et légendes francs-comtois.

- **Pour poursuivre la visite** – Voir aussi le cirque de Consolation, le saut du Doubs, Morteau, Mouthier-Haute-Pierre, Pontarlier.

Le saviez-vous ?

Vous êtes bien prévenu ! Vous entrez dans un territoire pas comme les autres. Depuis 1947, cette république du Saugeais, composée de 11 communes, a un hymne, un drapeau, un blason, un timbre… Et une nouvelle présidente, **Georgette Bertin-Pourchet** depuis 2005. La sécurité des frontières est assurée par deux douaniers mobiles, qui ne se déplacent plus aujourd'hui que pour les groupes de touristes. À vos passeports !

Comprendre

L'abbaye : grandeur et décadence – L'abbaye de Montbenoît fut bien fondée par un ermite qui s'appelait **Benoît**, mais attention : il s'agit d'un homonyme du saint fondateur des bénédictins. En 1150, le sire de Joux, dont dépend la région, veut s'attirer la clémence divine, dont il a grand besoin *(voir château de Joux)*. Il offre à **Humbert**, archevêque de Besançon, pour les premiers occupants de Montbenoît, le val épanoui où coule le Doubs, à la sortie de Pontarlier. L'abbaye ne devient pas, comme celle de Saint-Claude, une principauté ecclésiastique ; elle reste sous la suzeraineté féodale des sires de Joux. Chaque fois qu'un nouvel abbé est élu, le seigneur se présente à la porte du monastère, entouré de ses vassaux et de ses hommes d'armes. L'abbé, crosse en main et mitre en tête, l'accueille et lui offre les clefs de la maison sur un plat d'argent. Pour bien marquer son autorité, le sire gouverne la communauté pendant toute la journée. L'abbaye subit la même décadence que Saint-Claude. À partir de 1508, elle tombe en commende : les abbés en touchent les revenus sans être astreints à la direction, ni même à l'état religieux. Les deux plus connus sont le **cardinal de Granvelle** et **Ferry Carondelet**. Ce dernier, entré dans les ordres après son veuvage, devient conseiller de Charles Quint. C'est un fastueux mécène qui fait reconstruire le chœur de l'église et la dote de ses plus belles œuvres d'art. Il comble également de ses dons la cathédrale Saint-Jean à Besançon, dont il est chanoine et où il est enterré. À la Révolution, l'abbaye est décrétée bien national et ses domaines sont vendus. Quant à l'activité monastique, vieille de plusieurs siècles, elle est alors réduite à néant.

Naissance d'une république – Au 12e s., l'archevêque Humbert fait venir du Valais des moines augustins qui élèvent une église et des bâtiments encore en partie debout. Pour aider au défrichement et à la mise en culture du pays, ils font appel à des compatriotes suisses, des **Saugets**, dont le val a pris le nom avec une orthographe légèrement différente, Saugeais. Les habitants sont en revanche toujours des Saugets et des Saugettes. Ces paysans ont gardé, au cours des siècles, leur forte identité. Les villages qui entourent Montbenoît ont encore leur patois particulier, leurs coutumes, leurs types d'habitation.
En 1947, le préfet se fait interpeller par un aubergiste facétieux qui lui demande son laissez-passer pour entrer dans la république du Saugeais. Intrigué et amusé, le préfet nomma son hôte, **M. Pourchet**, président de la nouvelle république. Après son décès en 1968, c'est sa femme, élue à l'applaudimètre, qui a pris sa succession. Celle-ci étant à son tour décédée en 2005, c'est leur fille qui prend la relève en devenant présidente du Saugeais.

Visiter

Ancienne abbaye★

📞 03 81 38 10 32 - visite guidée juil.-août : 10h-11h30, 14h-17h ; reste de l'année : visite libre avec commentaire écrit (sur demande à l'office de tourisme) - 3 €.

Église abbatiale

Marquée par un riche passé historique, l'église a connu plusieurs remaniements et présente aujourd'hui des éléments d'architecture variés. Le clocher-porche, de style néogothique, a été reconstruit lors d'une restauration en 1903. La majeure partie du vaisseau remonte aux origines de l'abbaye au 12e s. La sobriété de la nef contraste avec la lumineuse décoration du chœur (16e s.) qui reprend de nombreux éléments à la Renaissance italienne. La combinaison de voûtes d'arêtes ou d'ogives et la présence de certains éléments de décoration (pilier à colonne baguée, cordons, corbeaux) paraissent empruntés à l'art cistercien.

Nef – Adossé au 1er pilier de droite : le monument de Parnette Mesnier (1522). Poursuivie par un galant, la jolie Parnette grimpa sur l'échafaudage du chœur, alors en construction, et, sur le point d'être rejointe, se précipita dans le vide. Le bon Ferry Carondelet tint à perpétuer le souvenir de la vertueuse Saugette. Dans la chapelle Ferrée, à gauche du chœur, Pietà en pierre sur l'autel et statue de saint Jérôme (16e s.). Dans la chapelle des Trois Rois, à droite du chœur, belles portes sculptées, de l'ancien jubé du 16e s.

Chœur – L'abbé Ferry Carondelet, qui avait parcouru l'Italie comme ambassadeur, voulut retrouver ici un peu de la richesse et du goût de la Renaissance italienne. Il choisit lui-même les décorateurs qui, en deux ans, achevèrent cet

Correction d'Aristote.

ensemble de sculptures et de vitraux, une des réussites de la première Renaissance en Franche-Comté. Sur les voûtes à pendentifs, ornées de fines nervures, rinceaux et arabesques ont conservé l'éclat de leurs couleurs.

Les magnifiques **stalles**★★ ont été exécutées de 1525 à 1527, avec beaucoup d'art et de verve ; malheureusement peu de motifs sont conservés intacts. Quelques scènes, habilement sculptées, contribuent à la richesse de l'ensemble et illustrent des idées empruntées au Moyen Âge (la « Correction d'Aristote » représente la Science corrigée par la Vérité). À droite de l'autel, belle **niche abbatiale**★★ en marbre et, à côté, piscine également en marbre (1526). Au-dessus de la porte de la sacristie, bas-relief représentant le sire de Joux, à cheval, en tenue de combat. Du socle émerge une curieuse tête d'homme qui représente sans doute Ferry Carondelet jetant sur son œuvre un regard satisfait.

Cloître

Cet espace de calme et d'harmonie datant du 15e s. combine les styles avec bonheur et témoigne bien de l'hésitation comtoise en matière d'architecture : l'arc en plein cintre continue d'être employé, tandis que les portes d'angle sont surmontées d'accolades et ornées de tympans sculptés, à la manière du gothique flamboyant. Les colonnettes doubles ont des chapiteaux aux sculptures archaïques : feuillages, poissons, animaux.

Salle capitulaire

Donnant sur le cloître, elle présente des voûtes dont les arêtes ogivales partent du sol ; elle abrite les statuettes de la Vierge tenant Jésus et des Rois mages en bois polychrome du 16e s.

Cuisine

Remarquer une pendule Louis XIV à une seule aiguille, une belle armoire Louis XIII et le vaste manteau de la cheminée.

Aux alentours

Défilé d'Entreroche

2 km au nord, le long de la D 437. Il succède au val épanoui du Saugeais en aval de Montbenoît. La vallée forme une gorge sinueuse. La route est taillée entre de remarquables escarpements calcaires où s'ouvrent deux grottes.

Grotte du Trésor – *8 km au nord de Montbenoît.* La voûte d'entrée est d'une ampleur étonnante. Elle se trouve à 5 minutes de la D 437 et en contre-haut. Le sentier qui y mène, sous bois, est signalé à son embranchement sur la route nationale.

Grotte-chapelle de N.-D. de Remonot – *9 km au nord de Montbenoît.* Lieu de pèlerinage, dont l'eau passe pour guérir les maladies des yeux. Elle s'ouvre au niveau de la route ; une grille en protège l'entrée.

Entre Remonot et Morteau, le Doubs, la voie ferrée et la route se côtoient et serpentent, resserrés entre des versants boisés et abrupts. À la sortie du défilé, la vallée s'élargit, formant le bassin de Morteau.

Montbenoît pratique

Voir aussi les encadrés pratiques du cirque de Consolation, saut du Doubs, Morteau, Mouthier-Haute-Pierre, Pontarlier.

Adresse utile

Office du tourisme du canton de Montbenoît – *8 r. du Val-Saugeais - 25650 Montbenoît -* ☏ *03 81 38 10 32 - www.otcm25.org - juil.-août : 9h-12h30, 14h-18h ; fév., avr., juin et sept. : 9h-12h, 14h-17h ; janv., mars, mai, oct. et déc. : 9h-12h, 14h-17h, sam. 9h-12h ; nov. : tlj sf lun. 9h-12h, 13h30-16h30 - fermé dim., 1er janv., Ascension, 25 déc.*

Se loger

Chambre d'hôte Chez Mimi Roland – *25650 Ville-du-Pont -* ☏ *03 81 38 12 84 - www.maisondhoteslesessarts.com - 6 ch. 75 € - repas 14 €.* Dans un hameau minuscule et isolé, ce superbe chalet dominant la vallée respire la tranquillité. Les 6 chambres, toutes parées de bois et de couleurs pastel, offrent une vue magnifique. À noter, pour la saison d'hiver, le forfait tout compris à la semaine, avec repas, ski et accompagnateur.

Le Crêt l'Agneau – *25650 La Longeville - 5,5 km au N de Montbenoît par la D 131 jusqu'à La Longeville-Auberge -* ☏ *03 81 38 12 51 - www.lecret-lagneau.com - fermé juil. - 7 ch. 88 € - repas 25 € bc.* Dans cette jolie ferme comtoise du 17e s. campée entre sapins et pâturages, l'accueil est amical, les chambres douillettes et la cuisine généreuse. On y déguste des produits maison : jambon, saucisse, lard, pain, confitures, etc. Séjours à thèmes (randonnées pédestres, VTT, raquettes, ski de fond, champignons).

Se restaurer

L'Auberge du Tuyé – *8 r. St-Claude, Le Luisans - 25390 Fournets-Luisans -* ☏ *03 81 43 58 70 - www.aubergedutuye.com - fermé merc. hors. saison - 16/30 € - 12 ch. 42 € - 6 €.* Cette auberge très ancienne, sise à 850 m d'altitude, a su conserver son identité comtoise, chaleureuse et conviviale. On y savoure des recettes régionales comme la croûte aux morilles, mais aussi quelques plats de poissons et de crustacés. Sur 2 étages, 12 chambres, pour la plupart lambrissées du sol au plafond.

Que rapporter

Aux Produits Saugets – *2 Grande-Rue - 25650 Maisons-du-Bois -* ☏ *03 81 38 13 11 - www.saugets.fr.* Fabrication artisanale sur place et vente de saucisse de Morteau et de jambon fumé. Grand choix de produits régionaux de Franche-Comté.

Le Tuyé du Papy Gaby – *2 lieu-dit Cotey - 10 km au NE de Montbenoît par la D 131 - 25650 Gilley -* ☏ *03 81 43 33 03 - 9h-12h, 13h30-18h30, dim. en été 10h30-12h, 13h30-17h - fermé 1er janv. et 25 déc., dim. de nov. à avr.* Dotée d'un impressionnant tuyé (cheminée comtoise), cette maison est réputée pour sa saucisse de Morteau. De nombreux automates représentant les personnalités de la « république du Saugeais » animent la visite (avec dégustation) pendant laquelle on vous explique les diverses étapes de fumage et de salage des produits.

Sports & Loisirs

Le Chemin du Train – *Informations à l'office du tourisme de Gilley et Montbenoît - 25650 Gilley -* ☏ *03 81 38 10 32.* Les cyclistes vont se régaler ! Le tronçon de voie ferrée entre Pontarlier et Gilley a été transformé en sentier pédestre et VTT. La première partie, appelée « voie verte », rejoint le village d'Arçon. Puis 3 circuits prennent des chemins détournés pour découvrir le Doubs, naturel et sauvage.

Monts Jura

CARTE GÉNÉRALE C4 – CARTE MICHELIN LOCAL 328 I/J3 – AIN (01)

Au sud du massif jurassien, au début de la vallée de la Valserine, les villages de Mijoux et de Lélex se sont regroupés pour former, avec le col de la Faucille, la station la plus méridionale du Jura. La plus élevée aussi, car son grand domaine skiable atteint une altitude de 1 680 m, offrant de spectaculaires panoramas et d'impressionnants dénivelés.

Ski de fond dans le massif jurassien.

- **Se repérer** – Quittant Bellegarde-sur-Valserine par le nord, la D 991 suit la Valserine qui déroule paresseusement son cours à l'ombre des monts du Jura et relie les principaux sites de la station. On atteint d'abord Lélex (29 km au nord de Bellegarde-sur-Valserine), puis Mijoux (8 km au nord de Lélex). Une liaison par car est assurée entre Bellegarde-sur-Valserine (desservie par le TGV) et la station.
- **À ne pas manquer** – Le sentier des Balcons du Léman, reliant les principaux crêts de la région (Mont-Rond, Colomby de Gex, crêt de la Neige) qui procurent de magnifiques points de vue sur les Alpes et le lac Léman ; le pittoresque col de la Faucille, avec son panorama sur le pays de Gex.
- **Organiser son temps** – Tout dépend de votre degré de forme : l'ascension du crêt de la Neige nécessite par exemple 3h AR au départ du sommet de la télécabine de la Catheline, celle du Colomby de Gex environ 4h AR…
- **Avec les enfants** – Ils pourront, l'été, profiter des parcours accrobranche du col de la Faucille *(voir encadré pratique)* ; l'hiver venu, le vaste domaine skiable mixte (fond, alpin) de la station leur offrira un terrain de jeux idéal.
- **Pour poursuivre la visite** – Voir aussi Bellegarde-sur-Valserine, le crêt de Chalam, Divonne-les-Bains, Ferney-Voltaire, Saint-Claude, Les Rousses.

Se promener

Lélex
À Lélex, le caractère montagnard de la haute vallée s'affirme. Observez les maisons bardées de tavaillons pour les protéger du côté exposé aux intempéries.

Ascension du crêt de la Neige★★ – *Comptez 3h à pied AR par un sentier non dangereux, mais glissant (chaussures de montagne antidérapantes recommandées).* Alt. 1 720 m. Au départ de Lélex, prenez la télécabine de la Catheline - ℘ 04 50 42 45 77 - 14 juil.-28 août : 9h-13h, 14h15-17h30, dép. en continu ttes les 8mn - 6 € *(tarif été)*. De la station supérieure de la télécabine, à 1 450 m d'altitude, dirigez-vous vers la droite en direction du crêt de la Neige. Après le Grand Crêt, vous découvrirez à l'est les monts du Jura, le lac Léman, Genève et son jet d'eau. Du sommet, le **panorama** est saisissant sur la chaîne des Alpes, depuis les Alpes bernoises jusqu'à la barre des Écrins.

Entre Lélex et Mijoux, le Valmijoux offre ses sites au charme agreste et reposant. La rivière coule paisiblement à travers des prés verdoyants et des pâturages.

Mijoux

Cet agréable village est décoré de fresques murales qui illustrent d'anciens métiers de la région. Il est relié au col de la Faucille et au Mont-Rond par des remontées mécaniques. *Télésiège du Val-Mijoux de mi-juil. à mi-août : 9h30-12h30, 14h-18h ; 20 déc.-31 mars : 9h-12h30, 13h30-17h - télécombi du Mont-Rond au col de la Faucille : 8 juil.-20 août : 9h30-18h (20 déc.-31 mars 17h) - en continu - en été : 6 € AR.*

À Mijoux, prenez à droite la D 936 qui s'élève au-dessus du Valmijoux et en vue de la forêt du Massacre jusqu'au col de la Faucille.

Col de la Faucille★★ – Il franchit à 1 320 m d'altitude la grande échine qui sépare la dépression du Rhône et du lac Léman d'un côté, et la Valserine de l'autre. Ce col est célèbre puisque c'est l'un des principaux passages de la chaîne du Jura. Il est emprunté par la N 5, une des grandes routes de circulation franco-suisse. La descente vers le pays de Gex offre des **panoramas**★ vraiment inoubliables.

Séjourner

Ski alpin

Les deux domaines skiables regroupent 35 pistes (50 km) de descente de tous niveaux, desservies par 28 remontées mécaniques dont 3 télécabines. Ces domaines offrent les meilleurs dénivelés du Jura : 800 m.

Lélex-Crozet (900-1 700 m) – Dans le village, un jardin d'enfants permet aux plus jeunes de s'initier sans risque aux joies de la glisse. Le sommet de la station culmine à 1 680 m (Monthoisey). De très belles pistes vertes et rouges descendent du sommet vers la Catheline, puis Lélex. Le secteur du Crozet est un peu plus difficile (pas de pistes vertes), avec une majorité de pistes bleues et rouges.

Mijoux-La Faucille (1 000-1 550 m) – Un télésiège relie Mijoux au col de la Faucille. Une télécabine et un télésiège conduisent de là au sommet du Mont-Rond (1 534 m), déconseillé aux débutants car la plupart des pistes sont rouges. Très longue descente (pistes bleues et vertes) vers Mijoux.

Ski de fond

La réputation des domaines de ski de fond du massif n'est plus à faire, et ceux de La Vattay et de La Valserine figurent parmi les meilleurs.

La Vattay (1 300-1 500 m) – Sa renommée internationale est largement justifiée, tant par son accueil (restaurant, bar, location de matériel, école de ski nordique…) que par la qualité de ses 80 km de pistes damées en double largeur (patineur et trace) ou ses pistes de compétition.

La Valserine (900-1 080 m) – Moins connu, moins sportif, mais très agréable, ce domaine dévoile les charmes de cette belle vallée encore sauvage. Les 60 km de pistes sont également damées pour le pas du patineur et le pas alternatif.

Sous le soleil d'été

Le cadre verdoyant de la vallée et les reliefs sont également très recherchés l'été grâce aux nombreuses activités qui y sont proposées. La randonnée est certainement la plus prisée. L'accès aux sommets est facilité par les télécabines ; celles de Lélex et de Crozet sont équipées pour accrocher les VTT. Un circuit de luge d'été est également accessible à partir du col de la Faucille.

Variations saisonnières

Les **gentianes bleues**, les **anémones jaunes** et les **crocus blancs** tapissent le sommet au printemps ; les **asters des Alpes** et les **chardons de montagne** forment une parure plus sévère en été et en automne dans le cadre de la Réserve naturelle du Haut-Jura.

Le saviez-vous ?

Anciennement appelée Mijoux-Lélex-La Faucille, cette jolie station fut renommée **Monts Jura** en 1999. Les deux villages dont elle se compose se développent dans une partie de la vallée de la Valserine appelée **Valmijoux**. Avec moins de 500 habitants sur les deux communes, la station reçoit régulièrement le renfort des milliers de vacanciers venus profiter de ses magnifiques paysages.

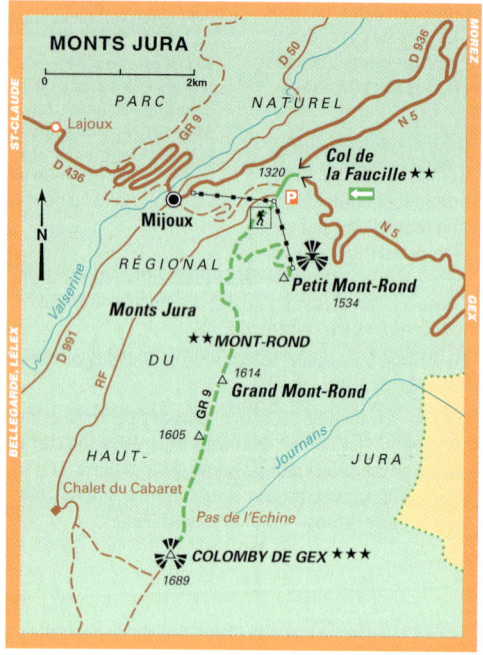

Aux alentours

Mont-Rond★★

On y accède généralement depuis le col de la Faucille, en prenant, à partir de la N 5, la route d'accès à la télécabine du Mont-Rond. *Laissez votre voiture au parc de stationnement et prenez la télécabine - juil.-août et de mi-déc. à mi-avr. : dép. du col de la Faucille (5mn) - adulte 6 € aller, retour offert (enf. 4 € aller, retour offert) - en hiver, on peut également emprunter à Mijoux un télésiège qui conduit à la station inférieure de la télécabine du col de la Faucille.*

👣 Du sommet de la télécabine, suivez le chemin du Mont-Rond. C'est l'un des belvédères les plus fameux du Jura. Il comporte le Petit et le Grand Mont-Rond, le premier étant le plus intéressant.

Belvédère du Petit Mont-Rond

Près de la gare supérieure de la télécabine s'élève un relais de radio et de télévision. De la table d'orientation du Petit Mont-Rond *(de là, on peut poursuivre jusqu'au Colomby de Gex)*, l'impression est saisissante. D'un seul coup se révèle le grandiose panorama qui, au-delà de l'effondrement où s'est formé le lac Léman, embrasse les Alpes sur 250 km de large et 150 km de profondeur, ainsi que toute la chaîne du Jura et de la Dôle (Suisse).

Colomby de Gex★★★

Même accès que pour le Mont-Rond. Prenez la télécabine pour atteindre le belvédère du Petit Mont-Rond et poursuivez à pied, ou passez devant la station inférieure de la télécabine et suivez le chemin balisé (GR 9) qui longe la ligne de crête (durée : 4h AR).

👣 C'est l'un des points culminants (1 689 m) de la plus haute chaîne du Jura, celle qui plonge directement sur l'effondrement de la plaine suisse. Le sommet offre un superbe panorama, très semblable à celui du Mont-Rond : le regard embrasse là aussi la chaîne des Alpes sur un développement de 250 km.

Circuit de découverte

DE LA CURE À GEX

27 km – comptez environ 30mn.

En venant de La Cure, la N 5 laisse à droite la forêt du Massacre au-delà de la dépression du Valmijoux où coule la Valserine, alors que sur la gauche s'élève la Dôle (1 677 m), en territoire helvétique.

MONTS JURA

Col de la Faucille★★
À proximité du col, la route traverse d'abord un certain temps deux murailles de sapins, puis tout d'un coup dévoile, exactement dans l'axe de la route, le géant des Alpes : le mont Blanc. En fin d'après-midi, par beau temps, l'apparition soudaine de cette masse dont la neige étincelante est teintée de rose par le soleil déclinant est un moment inoubliable. Des abords du col, belle **vue**★ sur le fond de la vallée de la Valserine que l'on domine de plus de 300 m.

Descente sur Gex★★
Le col franchi, on traverse des bois de sapins puis, après l'hôtel « La Mainaz », la N 5 s'en dégage et effectue un grand lacet, au-dessus des pâturages et des hôtels du Pailly. Laissez votre voiture dans la partie élargie de ce coude pour jouir du **panorama**★★ splendide. Le lac Léman baigne généralement dans une atmosphère brumeuse ; parfois même, une mer de nuages le recouvre tout entier, mais alors les sommets des Alpes se découpent très nettement.

Plus bas, dans un autre lacet très serré qui contourne une maison, on verra, sur le bord de la route, la fontaine Napoléon, datant de la construction de cette voie magnifique (1805) et rappelant le nom de son initiateur.

Peu après, le pays de Gex apparaît en entier, étalé au pied des pentes. L'impression est tout autre que dans le Jura ; les prés, les bois ont fait place à un vaste jardin, inondé de soleil, auquel les champs donnent l'aspect d'un damier.

Gex (voir Divonne-les-Bains)

Monts Jura pratique

Voir aussi les encadrés pratiques de Bellegarde-sur-Valserine, crêt de Chalam, Divonne-les-Bains, Ferney-Voltaire, Saint-Claude, Les Rousses

Adresse utile

Office du tourisme des Monts Jura – BP 2 - 01410 Lélex-Mijoux - ✆ 04 50 20 91 43 - juil.-août et janv.-mars : 9h-12h, 14h-18h ; reste de l'année : 9h-12h, 14h-17h30, sam. 9h-12h - fermé 1er Mai et 1er Nov.

Se loger

Chambre d'hôte Le Boulu – 01410 Mijoux - 4 km au SO de Mijoux par la D 991 dir. Lélex - ✆ 04 50 41 31 47 - 25 déc.-Pâques et juil.-sept. - 5 ch. 52/58 € - repas 18 €. Ferme familiale du 18e s. Chambres sobres avec vue sur le jardin, les oies et les canards, ou bien la forêt et la Valserine. Le propriétaire cultive la convivialité avec ses hôtes (non-fumeurs) et les régale de ses produits.

La Petite Chaumière – Au col - 01170 Col-de-la-Faucille - ✆ 04 50 41 30 22 - www.petitechaumiere.com - fermé 3-24 avr. et 9 oct.-20 déc. - 54 ch. 58/65 € - 9,50 € - rest. 19/30 €. Grand chalet au pied des pistes. Petites chambres de style montagnard. La nouvelle construction abrite des studios parfaitement adaptés pour un séjour en famille ou entre amis. Restaurant sans prétention.

Hôtel La Mainaz – Rte de Gex - 01170 Col-de-la-Faucille - ✆ 04 50 41 31 10 - www.la-mainaz.com - fermé 25 oct.-10 déc., dim. soir, mar. midi et lun. sf vac. scol. - 22 ch. 85/105 € - 12 € - rest. 27/55 €. Cet imposant chalet de bois domine la descente du col. Panorama splendide, par temps clair, sur la chaîne des Alpes, le mont Blanc et le lac Léman. Chambres lambrissées. Salle à manger avec cheminée de briques rouges.

Se restaurer

De la Haute Montagne – 39310 Lajoux - ✆ 03 84 41 20 47 - www.hotel-de-la-montagne.com - fermé 27 mars-15 avr. et 1er oct.-17 déc. - 13,50/31 € - 20 ch. 48 € - 6,50 €. Façade rafraîchie pour cet hôtel situé au centre d'un bourg de montagne. Chambres sobres, refaites à neuf. Cuisine familiale et recettes du pays.

Couronne – 01170 Col-de-la-Faucille - ✆ 04 50 41 32 65 - www.hotel-de-la-couronne.com - fermé 2 avr.-14 mai et 2 oct.-14 déc. - 23/38 €- 15 ch. 53/60 € - 10 €. Hôtel isolé au sommet du col. La plupart des chambres disposent d'un balcon et offrent une agréable vue sur le Mont-Rond. Spacieuse salle à manger ou terrasse au grand air. Menu unique ; en été, « formule self » à midi.

Sports & Loisirs

Juraventure parcours acrobatiques forestiers – 01170 Col-de-la-Faucille - ✆ 06 84 84 74 94 - www.juraventure.com - 29 avr.-juin et 4 sept.-15 oct. : w.-end et j. fériés ; juil.-3 sept. tlj 10h-19h (dernier départ 17h) - de 15 à 20 €. Parc d'aventures en forêt : ponts suspendus, lianes et tyroliennes vous emmèneront d'arbre en arbre pour un circuit de plus de 2h. Les plus sensibles au vertige se consoleront au minigolf en attendant le retour des casse-cou.

DÉCOUVRIR LES SITES

Morez

6 144 MORÉZIENS
CARTE GÉNÉRALE C4 – CARTE MICHELIN LOCAL 321 G7 – SCHÉMA P. 328
JURA (39)

Au fond d'une cluse composant un site curieux, Morez, métropole de l'industrie horlogère jusqu'en 1860, est depuis deux siècles le pôle majeur de production de lunettes en France, avec plus de la moitié de la production nationale. Désenclavée par d'audacieux viaducs, la ville s'étire sur près de 3 km au fond de la vallée de la Bienne, qui a longtemps été pour elle une source d'énergie capitale.

Quais en bordure de la Bienne.

- **Se repérer** – Morez se trouve sur la route qui conduit au col de la Faucille ou au col de Saint-Cergue. Celle-ci offre une vue plongeante sur l'agglomération, les voies en lacets qui la desservent et les ouvrages d'art effectués pour amener le chemin de fer.

- **À ne pas manquer** – Découvrez l'histoire des lunettes de Morez au Viséum ; faites une escapade dans la vallée de la Bienne et profitez de la vue sur l'entaille de la Bienne depuis le belvédère de la roche au Dade.

- **Organiser son temps** – Comptez une journée pour visiter la ville et ses alentours, sans oublier de faire un détour par une fromagerie pour savourer un morbier, délicieux fromage reconnaissable à sa fine raie de charbon végétal.

- **Avec les enfants** – Faites un tour au Viséum, où les attendent des expériences d'optique très ludiques.

- **Pour poursuivre la visite** – Voir aussi les cascades du Hérisson, la région des Lacs, Saint-Claude, Les Rousses.

Comprendre

- Un certain **Étienne Morel** s'installe en 1565 dans la vallée et crée de petites fabriques. Il a donné son nom à la ville. Attention, le Z de Morez ne se prononce pas : dites plutôt *Moré* !

Profession : lunetier – Cloutiers, horlogers, forgerons, émailleurs ont longtemps prospéré sur les bords de la Bienne, mais la ville a fini par se spécialiser dans la lunetterie. L'usage des lunettes remonte au 13ᵉ s. Une nouvelle étape fut franchie au 18ᵉ s., lorsque le fil de métal remplaça le clou, permettant d'obtenir des bésicles moins fragiles. On doit ce perfectionnement à un artisan, **Pierre-Hyacinthe Caseaux**, installé près de Morez, qui fabriquait alors déjà des clous.

Le premier atelier de lunetterie s'installe aux environs de Morez en 1796. Il fabrique des **bésicles** faites de deux branches de fer forgé soudées à des cercles. Cette fruste fabrication remporte un succès local. Vers 1830, un artisan de Morez va proposer sa marchandise à la foire de Beaucaire. Il noue des relations d'affaire qui font connaître les lunettes jurassiennes dans toute la France. De nouvelles fabriques se créent. Vers

1860, Morez lance le **pince-nez**, entreprend la fabrication des verres d'optique et devient la métropole de la lunetterie : la ville a produit jusqu'à 12 millions de pièces en une année. Actuellement, Morez et sa région comptent 60 entreprises lunetières produisant 55 % du marché français de la lunetterie. Lunettes de vue, lunettes de soleil, lunettes accessoires de mode… Morez est de tous les combats quand il s'agit de faire évoluer ce produit qui peut nous changer la vue et la vie. Témoin de cette vitalité, Morez accueille aujourd'hui environ 700 étudiants venus se former au lycée technologique Victor-Bérard (École nationale d'optique).

Visiter

Viséum – Musée de la Lunette★

Pl. Jean-Jaurès - ☏ 03 84 33 39 30 - ♿ - juil.-août : 10h-13h, 14h-18h ; reste de l'année : 10h-12h, 14h-18h - possibilité de visite guidée pdt vac. scol. : merc.-vend. 10h et 16h - fermé mar., j. fériés, 1ᵉʳ-25 déc. - 5 € (enf. 3 €), gratuit Nuit des musées, Fête de la science.

Le succès des lunettes de soleil dans les années 1960 est lié à la médiatisation des stars comme **Brigitte Bardot** qui se protégeaient à la fois des assauts du soleil et d'une popularité envahissante. Accessoire de la vue, les lunettes sont ainsi devenues un accessoire de mode décliné par les plus grands créateurs français. Un grand bâtiment contemporain accueille cet espace dédié à l'histoire et à l'industrie de la lunette. On y retrouve l'histoire économique de la ville. Des vitrines contiennent une grande variété de lunettes, lorgnettes ou faces-à-main actuels et anciens (en métal, à branches, pince-nez, dont quelques-uns travaillés comme des bijoux). Un document audio sur les entreprises moréziennes, des jeux et expériences sur l'optique sont également proposés.

Aux alentours

Morbier

2 km au nord. Également très portée sur la lunette, cette petite ville qui domine Morez doit sa réputation à un fromage qui porte son nom, mais n'était plus fabriqué sur place. Après l'obtention de l'AOC, une fromagerie a réparé cette incroyable lacune. Le morbier est de retour !

Une pâte molle et goûteuse – Au 19ᵉ s., lorsqu'il restait du lait après la préparation du comté, mais pas assez pour en confectionner un autre, les fermiers de Morbier réservaient le restant de caillé dans une cuve en le recouvrant d'une fine couche de cendre récupérée sur la paroi du chaudron, pour le protéger des insectes. Le lendemain, après la préparation des comtés, le reste de la traite venait recouvrir la première épaisseur. Ainsi naquit ce fromage pas comme les autres.
Le lait (70 à 80 l pour un fromage) est d'abord caillé avec la présure. Après le décaillage, on brasse et on chauffe à 40 °C environ. Recueilli dans un moule circulaire, le fromage est pressé légèrement et égoutté ; on le partage ensuite en deux disques dont on enduit les faces de cendre, ce qui fera apparaître une fine raie de charbon végétal traversant sa pâte molle et goûteuse. Mis sous presse, il va en cave pendant deux mois environ pour l'opération finale de l'affinage. Un concours annuel du meilleur morbier a lieu dans la ville de Morbier en février.

Belvédère de la Garde

À 500 m à l'ouest de Morez, un belvédère aménagé au bord de la route de Saint-Claude (D 69) fait découvrir les viaducs, étagés sur les escarpements encadrant la ville, et offre, vers la droite, une vue d'enfilade de l'agglomération.

Roche au Dade★ – *30mn à pied AR. Suivez la petite route qui s'amorce sur la D 69, un peu à l'ouest du belvédère de la Garde, puis le sentier balisé par des marques rouges, qui passe à proximité de la maison familiale de Lamartine.* Du belvédère, **vue★** sur l'entaille de la Bienne, Morez et ses viaducs, et la Dôle.

Saint-Laurent-en-Grandvaux

12 km au nord par la N 5. Ce bourg est une station d'altitude et le centre commercial du Grandvaux. On nomme ainsi le haut plateau ondulé que dominent d'environ 200 m la crête de la Joux-Devant et la forêt du Mont-Noir, à l'est. Saint-Laurent, détruit par un incendie en 1867, a été reconstruit de façon banale.

Lac de l'Abbaye

18 km à l'ouest. Propriété privée, pêche uniquement pour les clients de l'hôtel de l'Abbaye en « no kill » sur espaces réservés. Situé à 887 m d'altitude, ce lac a une superficie de 97 ha et compose, avec l'église, un très beau décor.

Morez pratique

♿ Voir aussi les encadrés pratiques des cascades du Hérisson, région des Lacs, Saint-Claude, Les Rousses.

Adresse utile

Office du tourisme Arcade - Haut-Jura – Pl. Jean-Jaurès - 39400 Morez - ℘ 03 84 33 08 73 - www.haut-jura.com - 9h-12h, 13h30-18h, sam. 10h-12h - fermé dim. et j. fériés.

Visites

Métiers traditionnels du Haut-Jura – Il est souvent possible, pendant la saison touristique, de visiter divers ateliers d'artisans : taille des diamants et des pierres fines ; fabrication d'horloges comtoises ; lunetterie ; travail de l'émail. *Pour plus de détails, adressez-vous à l'office de tourisme.*

Se loger et se restaurer

🛏🍽 **Hôtel de la Poste** – 165 r. de la République - ℘ 03 84 33 11 03 - www.hotelpostemorez.com - 34 ch. 85 € - ☕ 8 € - rest. 15,50/39,80 €. Bien que sa façade semble un peu vieillotte, cet ancien relais de poste vit une seconde jeunesse grâce à la rénovation de ses chambres et à sa nouvelle décoration intérieure, chaleureuse et élégante. La cuisine et la cave, réputées dans le secteur, offrent une place de choix aux spécialités jurassiennes. Chambres correctes, rénovées pour la plupart.

Que rapporter

Fromagerie de Morbier – *Au carrefour des Marais, col de la Savine, N 5 -* ℘ 03 84 33 59 39 - www.lesfromageriesdujura.free.fr - lun.-jeu. 8h30-12h, 16h30-19h, vend.-sam. 8h30-12h, 15h-19h, dim. 8h30-12h - fermé 25 déc. et 1er janv. - 16 €. Cette maison abrite un charmant petit musée (visite sur rendez-vous) expliquant les différentes étapes de la fabrication du morbier. Celui qui est élaboré ici a reçu une Médaille d'argent en 2000. À découvrir aussi : la tomme du Jura, le mont d'or, le bleu de Gex, la cancoillotte et le saucisson au comté ou au morbier.

Morbier.

La Ferme du Grand Vallier – *N 5 - La Savine - 39150 St-Laurent-en-Grandvaux -* ℘ 03 84 60 82 78 - www.ferme-du-grandvallier.com - 9h-19h. Ici, la charcuterie traditionnelle est fabriquée de façon artisanale. Parmi tant d'autres spécialités maison : la truite fumée à la sciure de genévrier, le saucisson à l'écorce d'épicéa (au morbier ou au comté), le boulet (saucisson au vin jaune) ou le filet mignon de porc fumé. À l'étal du magasin, seuls les produits régionaux ont droit de cité : vin, fromage ou miel.

Sports & Loisirs

Pêche – La Bienne est une rivière à truites (1re catégorie). À la réserve de pêche sise à l'intérieur de Morez succède un parcours « no kill » (pêche sans ardillons, remise à l'eau des captures). Pour le reste, la pêche se soumet à la réglementation régionale. *Se renseigner à l'office de tourisme.*

Morteau

6 375 MORTUACIENS
CARTE GÉNÉRALE C2 – CARTE MICHELIN LOCAL 321 J4 – DOUBS (25)

Cette petite ville s'épanouit dans la vallée du Doubs. Son emplacement fut défriché dès le début du 12e s. par des bénédictins qu'évoquent encore de truculentes légendes. Détruite par le feu en 1865, la ville a su se faire un nom grâce à son artisanat, particulièrement l'horlogerie qui fut longtemps une activité d'appoint pour la population rurale, et à une spécialité gastronomique fort appréciée : la saucisse de Morteau.

- **Se repérer** – Située sur la rive gauche du Doubs, Morteau n'est qu'à 31 km au nord-est de Pontarlier par la D 437, et à 12 km de la frontière suisse (par la D 461 vers l'est).
- **À ne pas manquer** – Le château Pertusier et son très complet musée de l'Horlogerie du Haut-Doubs, hommage à l'inventivité des artisans de la région ; côté Suisse, l'extraordinaire musée international d'Horlogerie de La Chaux-de-Fonds et ses quelque 3 000 pièces illustrant la mesure du temps ; les pittoresques fermes à tuyé du hameau des Cordiers ; une dégustation de la célèbre saucisse de Morteau, accompagnée de pommes de terre et de cancoillotte chaudes.
- **Organiser son temps** – Comptez un à deux jours pour visiter Morteau et parcourir la pittoresque route horlogère franco-suisse.
- **Avec les enfants** – Emmenez-les dans les gorges du Doubs pour une immersion en pleine nature, à moins qu'ils ne préfèrent aller admirer les automates grandeur nature d'Yves Cupillard *(voir encadré pratique)*.
- **Pour poursuivre la visite** – Voir aussi le cirque de Consolation, le saut du Doubs, Maîche, Montbenoît, Pontarlier.

Visiter

Château Pertusier★
À la sortie de la ville en direction de Pontarlier. Cette élégante maison Renaissance a été construite en 1576 par la famille Cuche. Bombardé par les Suédois au 17e s., saisi à la Révolution, endommagé par un incendie en 1938, le « château » a retrouvé son lustre d'antan et accueille, dans son décor ouvragé, un musée de l'Horlogerie et des expositions temporaires.

Musée de l'Horlogerie du Haut-Doubs – ☏ 03 81 67 40 88 - www.horlogerie.com - *mai-sept. : 10h-12h, 14h-18h (dernière entrée 17h30) ; reste de l'année : tlj sf w.-end : 10h-12h, 14h-18h - fermé 1er janv., 25 déc. - 6 € (enf. gratuit).* Aménagé depuis 1984 dans cet écrin de pierre, le musée est un hommage à l'exceptionnel talent des artisans horlogers de la région. Leur ingéniosité s'exprime en premier lieu dans la conception des outils de fabrication qui permettent une précision remarquable. La production des différentes pièces d'une montre était sous-traitée dans les familles qui rivalisaient d'habileté ; les enfants étaient formés très jeunes. La qualité de cette main-d'œuvre rurale est illustrée par la collection de montres et horloges ; remarquez l'exceptionnelle **horloge astronomique★** (1855). Ce savoir-faire n'est pas perdu, et la dernière salle présente la reconversion réussie du val de Morteau.

Aux alentours

Grand'Combe-Châteleu
4 km au sud-ouest par la D 437, puis à gauche la D 47. Le hameau Les Cordiers possède de belles **fermes anciennes★** à tuyé (cheminée de bois où l'on fume la viande).

Fermes-musée du Pays horloger – ☏ 03 81 68 86 90 - *visite guidée (1h30) - de mi-juin à mi-sept. : 10h-12h, 14h-18h ; reste de l'année : visite guidée sur demande préalable auprès du secrétariat du musée - fermé 1er janv., 1er et 8 Mai, 1er et 11 Nov., 25 déc. - 3,50 € (enf. gratuit).*

La ferme-atelier, installée dans une maison du 17e s., comprend l'atelier d'un forgeron et d'un charron tel qu'il existait vers 1920. Dans la grange, une collection d'outils retrace les principales activités de la vie rurale de la région au siècle dernier. La visite conduit également dans une ferme à « tuyé » (ou tué) où sont présentées les pièces d'habitation et les installations agricoles. Des animations estivales rendent vie à ces vieux outils et aux savoir-faire d'autrefois.

DÉCOUVRIR LES SITES

Horloge astronomique du musée de l'Horlogerie du Haut-Doubs.

Circuit de découverte

ROUTE HORLOGÈRE FRANCO-SUISSE

Après la visite du musée de l'Horlogerie du Haut-Doubs et éventuellement de l'atelier d'automates et d'horloges Yves-Cupillard *(voir encadré pratique)*, quittez Morteau par la D 461 en direction de Villers-le-Lac. Pour plus de détails sur les sites du Locle et de La Chaux-de-Fonds, consultez Le Guide Vert Suisse.

Villers-le-Lac★ *(voir p. 200)*

Continuez sur la D 461 jusqu'au Locle, en franchissant la frontière au col des Roches.

Le Locle

Cette petite ville du Jura suisse, tapie au fond d'une vallée et reliée à la Franche-Comté toute proche par le col des Roches, doit sa prospérité à l'horlogerie.

Musée de l'Horlogerie★ – ℘ 032 931 16 80 - www.mhl-monts.ch - mai-oct. : 10h-17h ; reste de l'année : 14h-17h - fermé lun. (sf lun. de Pâques), 1er janv. et 25 déc. - 5 €.

Sur les hauteurs du Locle, le **château des Monts**, élégante demeure classique du 18e s. entourée d'un beau parc, abrite un musée qui complète parfaitement celui de La Chaux-de-Fonds et expose de très belles pièces de différents pays. Au rez-de-chaussée, un appartement témoin du style de l'époque sert de cadre à la présentation d'une belle collection d'horloges et de pendules, chefs-d'œuvre d'orfèvrerie. La salle A.-L. Perrelet illustre l'évolution de la montre depuis la première montre à remontage automatique jusqu'à la plus petite montre électronique. Au 1er étage, la salle M.-Y. Sandoz contient des sujets à automates miniaturisés. Au 2e étage, consacré en partie à la chronologie de la mesure du temps, l'atelier d'un horloger local a été reconstitué. Film et diaporama complètent la visite.

La Chaux-de-Fonds

À première vue, la ville natale de **Le Corbusier** n'a rien de très engageant. Aucun lac ne vient adoucir son rude climat – elle est perchée à près de 1 000 m d'altitude – et ses rues rectilignes manquent de maisons anciennes. Mais parce qu'elle ne ressemble justement à aucune autre ville suisse, elle gagne à être découverte. Berceau de l'industrie horlogère, elle vit aujourd'hui au rythme des industries de pointe (microtechnique, électronique). Son ensemble urbain du 19e s. fourmille d'éléments décoratifs Art nouveau et respire grâce à ses nombreux jardins privés, présents jusque dans le centre-ville.

Musée international d'Horlogerie★★ – ℘ 032 967 68 61 - ♿ - tlj sf lun. 10h-17h - fermé 1er janv., 24, 25 et 31 déc. - 10 €. Fondé en 1902, ce musée expose de façon chronologique l'histoire de la mesure du temps (« L'Homme et le Temps ») depuis l'Antiquité. Il contient plus de 3 000 pièces de valeur, suisses et étrangères, et possède en outre un centre de restauration d'horlogerie ancienne et un centre d'études interdisciplinaires du temps. Par une passerelle surplombant des mécanismes d'horloges de clocher, on accède à la salle principale. Sont exposés les premiers instruments antiques de mesure du temps, des pièces d'époque Renaissance et de marine, un magnifique ensemble de montres émaillées du 17e s., de curieuses horloges astronomiques ou à musique, d'amusants sujets à automates du 19e s., etc. Avant de quitter la salle principale, observez à gauche la salle vitrée où travaillent des réparateurs ou restaurateurs en horlogerie ancienne. On passe ensuite devant le centre d'horlogerie scientifique (pendules astronomiques, horloges atomiques et à quartz), par lequel on peut monter au « beffroi », puis dans une salle surélevée initiant à l'horlogerie moderne.

À l'extérieur se dresse l'ensemble monumental du **Carillon** (1980), structure tubulaire de 15 t en acier et à lamelles colorées conçue par le sculpteur italien Onelio Vignando. Il ponctue chaque quart d'heure de sons musicaux (les ritournelles changent selon les saisons) et, la nuit, de captivants jeux de lumière.

Gorges du Doubs★

Le plus rapide est de rentrer par le même chemin, mais si vous disposez de temps, la route qui traverse les gorges du Doubs vous offrira une très belle alternative.

Pour cela, quittez La Chaux-de-Fonds par le nord (direction Belfort).

La route s'élève au milieu des bois avant de plonger dans les profondes gorges. Curieusement, la frontière n'est pas au niveau du Doubs, mais de l'autre côté, sur les hauteurs.

Poursuivez sur la D 464 en direction de Maîche. À la sortie de Charquemont, prenez à gauche la D 201 qui conduit à Frambouhans. Prenez la D 437 à gauche vers Morteau. À la sortie du Russey, prenez à droite vers Les Allemands et Le Bizot.

Église du Bizot★

Datant du 16e s., elle garde un superbe toit de lave (poids estimé : 460 t) et une porte latérale ornée. Entrez-y *(poussez fort la porte)* pour admirer l'élégance de la nef, une exceptionnelle **chaire★** de bois sculpté polychrome du 18e s. survolée par un ange portant trompette, les lutrins et une inhabituelle statue de la Vierge tenant un calice (15e s., atelier de Strasbourg). Deux fresques ont été découvertes en 1969. Difficiles à observer, elles représentent la Visitation et saint Christophe.

Regagnez la D 437 par la D 239 vers Narbief et prenez-la à droite vers Morteau.

Morteau pratique

Voir aussi les encadrés pratiques du cirque de Consolation, saut du Doubs, Maîche, Montbenoît, Pontarlier.

Adresse utile

Office du tourisme du val de Morteau – *Pl. de la Halle - 25502 Morteau Cedex - 03 81 67 18 53 - www.morteau.org - juil.-août et fév. : 9h-12h, 14h-18h, dim. 10h-12h ; reste de l'année : tlj sf dim. 9h-12h, 14h-17h, sam. 9h-12h - fermé j. fériés (se rens.).*

Se loger

Auberge de la Motte – *2 r. du 8-Mai, La Motte - 25500 Les Combes - 03 81 67 23 35 - www.auberge-de-la-motte.fr - fermé 20 nov.-10 déc. - 7 ch. 42/47 € - 6,50 € - rest. 18/35 €.* Cette ferme du 19e s. profite de la tranquillité d'un hameau situé sur le plateau des Combes. Les chambres, entièrement rénovées, offrent un décor plaisant : murs aux tons pastel et mobilier moderne. Le jeune chef mitonne plats régionaux et traditionnels. Tennis, sauna.

Hôtel Les Montagnards – *7 bis pl. Carnot - 03 81 67 08 86 - 18 ch. 50 €.* Situé en plein centre-ville face au champ de foire, cet hôtel compte 18 chambres confortables, parées de lambris ou de couleurs pastel. On prend un petit-déjeuner copieux (fromage du pays et jambon fumé) dans une salle indépendante, décorée avec des cloches de vaches, d'anciens skis et des outils de ferme.

Se restaurer

Faivre – *Lieu-dit Bas-de-Grand-Combe - 25570 Grand'Combe-Châteleu - 03 81 68 84 63 - fermé août, dim. soir et lun. - 23/60 €.* Grande maison comtoise dans un hameau pittoresque aux belles fermes anciennes. Frais intérieur rustique où l'on déguste, par exemple, le célèbre « jésus » de Morteau.

En soirée

Théâtre municipal – *Pl. Halle - 03 81 67 18 53 - www.morteau.org - tlj sf w.-end 8h-12h, 14h-18h - fermé 1er janv., 14 Juil., 15 août et 25 déc. - 15/30 €.* Particulièrement dynamique, ce théâtre propose une programmation très variée : musique, spectacles, représentations dédiées au jeune public, festival de danse hip-hop (mi-janvier)… Il abrite également un cinéma d'art et d'essai.

DÉCOUVRIR LES SITES

Que rapporter

👁 **Bon à savoir** – La ville possède, entre autres, une spécialité gastronomique bien connue : la saucisse de Morteau, appelée « jésus » par les comtois.

Maison Faivre – 1 La Moilleseule - 25570 Grand'Combe-Châteleu - ☏ 03 81 68 80 03 - tlj sf dim. 8h-12h, 14h30-19h (sam. 17h30). Cette maison, réputée pour ses saloisons depuis 1890, expose dans sa boutique les diplômes, médailles et autres coupes remportés au fil des ans. Parmi les produits les plus récompensés : la véritable saucisse de Morteau fumée lentement à la sciure de résiniers, le brési, le jambon fumé cru sans os et la saucisse de choux.

Klaus – 3 r. Victor-Hugo - ☏ 03 81 67 47 43 - tlj sf w.-end 10h-12h, 14h-16h45. Créée en 1856, cette maison franco-suisse reste une référence de qualité pour sa production de chocolat et de caramels.

Automates et horloges Yves-Cupillard – 14 r. des Moulinots - ☏ 03 81 67 10 01 - www.cupillard.com - tlj sf dim. et lun. 10h-12h, 14h-18h - fermé 1re quinz. de janv., dernière sem. de sept. et 1re sem. d'oct. Cet artisan spécialisé dans la fabrication des traditionnelles horloges comtoises peintes à la main propose la visite de son petit musée (payant) présentant de nombreuses pièces anciennes et neuves ainsi que des automates grandeur nature, tous réalisés dans ses ateliers.

Horloges Comtoises Alonet – 1 r. de la Brasserie - Rte de Pontarlier - ☏ 03 81 43 82 80 - http://www.horloge-comtoise.com - tlj sf dim. 9h-12h, 14h-19h, sam. 9h-12h, 14h-17h - fermé j. fériés. Pour voir de belles et de vraies horloges comtoises, une visite chez Jean-Claude Alonet s'impose. Cet artisan, passionné depuis l'âge de 14 ans, fabrique un large choix d'horloges prêtes à battre la mesure durant plusieurs générations. Son épouse peint les décors. L'atelier assure la livraison et l'installation.

Fonderie de Cloches Obertino – 44 r. de la Louhière - ☏ 03 81 67 04 08 - www.obertino.com - visites pour individuels et groupes : lun.-vend uniquement sur RV. Depuis 200 ans, cette famille fabrique des cloches en bronze selon la même méthode artisanale. En visitant leur fonderie, vous découvrirez comment la masse en fusion se transforme en véritable œuvre d'art, dont le poids varie de 80 g à 45 kg, assurant à l'entreprise une réputation internationale.

Sports & Loisirs

Espace Morteau – 10 chemin Breuille - rte de Pontarlier - ☏ 03 81 67 48 72 - www.espacemorteau.com - 7h-22h. Organisation d'activités sportives en toutes saisons : VTT, escalade, canoë-kayak, randonnée, spéléologie, ski de fond, tennis et « parcours aventure » en forêt. Hébergement et restauration.

Val de Mouthe ★

891 MEUTHIARDS
CARTE GÉNÉRALE C3 – CARTE MICHELIN LOCAL 321 H6 – DOUBS (25)

Entre Chapelle-des-Bois et Mouthe, un microclimat particulièrement sévère permet un enneigement assez régulier, et fait du val un site d'entraînement très recherché par les skieurs de fond. La pratique du combiné nordique est également possible grâce aux impressionnants tremplins de Chaux-Neuve.

- **Se repérer** – Centre névralgique du val, le village de Mouthe se situe à 15 km au sud de Malbuisson, par la D 437. Station du TGV à Frasne, à 22 km au nord.

- **À ne pas manquer** – Modeste et pure, l'émouvante source du Doubs se situe dans une caverne du val ; vivez une expérience unique : la rencontre avec une meute de chiens polaires et ses clans ; découvrez la vie paysanne traditionnelle du Haut-Doubs en visitant la maison Michaud, à la Chapelle-des-Bois, transformée en savoureux écomusée.

- **Organiser son temps** – Ce val hors du temps n'est pas fait pour les gens pressés : il se découvre au rythme de la randonnée et du VTT, l'été, de la raquette et du ski de fond, l'hiver. Renseignez-vous sur les multiples possibilités *(voir encadré pratique)* et prenez un bain de nature, aussi long qu'il vous plaira…

- **Avec les enfants** – Ils seront particulièrement fascinés par la rencontre avec la meute du Parc du chien polaire, à la fois tendre et impitoyable.

- **Pour poursuivre la visite** – Voir aussi le château de Joux, Malbuisson, Métabief-Mont-d'Or, Pontarlier.

Val de MOUTHE

Circuit de découverte

Région sportive par excellence, le val de Mouthe accueille des manifestations d'envergure internationale comme la Transjurassienne à Mouthe, ou encore la Coupe du monde de combiné nordique à Chaux-Neuve.

Mouthe

Mouthe doit son nom à une motte ou butte qui devait être à l'origine surmontée d'un fortin. C'est souvent avec un petit frisson qu'on évoque ce village qui a la réputation d'être le plus froid de France. Cette particularité est pourtant un atout non négligeable dans une région dont l'enneigement est assez irrégulier par ailleurs.

Source du Doubs – Gagnez la source du Doubs en prenant la route qui part du monument aux morts de Mouthe *(parc de stationnement à 100 m de la source)*. Le Doubs prend naissance dans le val de Mouthe, couvert de prairies et de bois de sapins. À l'altitude de 937 m, il sort, limpide, d'une caverne située au pied d'une hauteur abrupte de la forêt du Noirmont.

Un **sentier d'interprétation** permet de découvrir la rivière. Le matin, la source prend des allures féeriques, pour le plus grand plaisir des photographes !

Paysage du val de Mouthe.

Chaux-Neuve

6,5 km au sud-ouest par la D 437. Réputé pour ses vertigineux tremplins, Chaux-Neuve complète les possibilités d'entraînement au combiné nordique. C'est également le paradis des chiens de traîneau.

Prenez à gauche la D 46 en direction de Chapelle-des-Bois.

Parc du chien polaire★ – *Le Cernois Veuillet, à la Chaux-Neuve.* ✆ 03 81 69 20 20 - www.parcduchienpolaire.com - ♿ - visite guidée (1h) juil.-août : 10h-13h, 14h-19h ; mars-juin : tlj sf lun. (sf férié) 10h-12h, 14h-18h ; sept.-oct. et vac. de la Toussaint : tlj sf lun. et sam. 14h-17h ; vac. de Noël et janv. : 10h-13h, 14h-17h (sf 25 déc. et 1er janv. 14h-17h) ; vac. de fév. : 10h-13h, 14h-18h (dernière entrée 1h av. fermeture) - 6,50 € (4-14 ans 4,90 €).

De la naissance des chiots en tanière aux hurlements des différents clans, le Parc du chien polaire propose une fascinante rencontre avec l'une des plus grandes meutes européennes de chiens nordiques. Cette meute, composée d'une quarantaine de malamutes, samoyèdes, huskies et groenlandais, s'est organisée comme si elle vivait en complète liberté, se divisant en plusieurs clans formés par affinités, organisés hiérarchiquement et démarquant chacun son territoire.

Claude et Gilles Malloire, les fondateurs du parc, vous invitent à découvrir, dans leur ferme d'alpage du Haut-Doubs, cette subtile organisation, mais aussi cette vie rude en milieu nordique à travers un film, une exposition et bien sûr, la rencontre avec la meute.

Poursuivez sur la D 46 qui traverse la combe des Cives.

DÉCOUVRIR LES SITES

Chapelle-des-Bois

De simple village montagnard (alt. 1 100 m) entouré de pâturages, Chapelle-des-Bois, blotti au fond d'une vaste combe, au sein du Parc naturel du Haut-Jura, est devenu un haut lieu du ski de fond. Les environs offrent, en été, de nombreuses possibilités de randonnées. Deux doubles médaillés olympiques régionaux de combiné nordique, c'est un luxe. Fabrice Guy à Mouthe et Sylvain Guillaume à Foncine font logiquement la fierté du pays et ont donné leur nom à des pistes assez… athlétiques ! Ce sont en effet des pistes noires, et il faudra vous aussi vous entraîner avant d'essayer de suivre leurs traces.

En continuant sur la D 46, on parvient à la maison Michaud, devenue écomusée.

Écomusée – 03 81 69 27 42 - http://ecomusee.michaud.free.fr *- juil.-août et vac. scol. de Noël : 14h-18h, mar., jeu., vend. 10h-12h30 ; 2ᵉ quinz. d'avr., mai-juin et sept. : jeu. et w-end 14h-18h, vend. 10h-12h30, 14h-18h ; oct. et vac. de la Toussaint : w-end 14h-18h ; janv.-mars : tlj sf w-end 14h-18h, mar., jeu., vend. 10h-12h30 - fermé 1ʳᵉ quinz. d'avr. et de la fin des vac. de la Toussaint aux vac. de Noël - 4,30 € (enf. 2,10 €).*

Cette solide construction est l'une des plus anciennes fermes de la région. Bâtie vers la fin du 17ᵉ s., elle a été entièrement restaurée. Son immense toit et sa pittoresque cheminée – ou tuyé – sont recouverts de tavaillons. La visite permet de comprendre ce qu'était la vie autrefois dans une habitation isolée ; on peut voir notamment comment celle-ci s'organisait autour du tuyé qui, à l'intérieur, constituait une véritable pièce, lieu de réunion de la famille autour du feu, où l'on cuisait le pain, fumait les salaisons, fabriquait le morbier. *Vente de pain et de gâteaux.*

Val de Mouthe pratique

Voir aussi les encadrés pratiques du château de Joux, Malbuisson, Métabief-Mont d'Or, Pontarlier.

Adresse utile

Office du tourisme du Val-de-Mouthe-Chapelle-des-Bois – *3 bis r. de la Varée - 25240 Mouthe -* 03 81 69 22 78 *- www.mouthelerisoux.com - juil.-août : 9h-12h, 13h30-18h, dim. 10h-12h ; vac. scol. de Noël et de fév. : 8h-12h, 14h-18h30, dim. 8h-12h ; reste de l'année : tlj sf lun. et dim. 9h-12h, 14h-17h - fermé j. fériés.*

Se loger et se restaurer

Auberge du Grand Gît – *25240 Chaux-Neuve -* 03 81 69 25 75 *- nicod@aubergedugrandgit.com - fermé avr. et 16 oct.-20 déc. -* - 8 ch. 43/47 € - 7,50 € *- rest. 13,50/22 €.* Vous apprécierez l'ambiance familiale et le calme des chambres lambrissées de ce chalet récent posté près des tremplins de ski de saut. Le patron mitonne une appétissante cuisine régionale qui vous sera servie dans une sympathique salle campagnarde.

Chambre d'hôte de Ghyslaine Marti – *Lieu-dit Le Chaumaz - 25240 Chapelle-des-Bois - 2,7 km au SO par la D 46, puis la rte de Morez et une rte secondaire à droite -* 03 81 69 27 23 *- - 4 ch. 52 € - repas 15 €.* Isolée au milieu des prairies et des bois de sapins, cette bâtisse comtoise de 1680 compte 4 chambres, dont une au rez-de-chaussée accessible aux personnes à mobilité réduite. On appréciera l'heureuse combinaison de calme et de convivialité qui se dégage des lieux. Table d'hôte aux produits du terroir.

Sports & Loisirs

Glisses Nordiques – *2 chemin du Marais-Blanc - 25240 Chapelle-des-Bois -* 03 81 69 10 85 *- 19 déc.-19 mars : secrétariat 17h-18h, dim. 11h-12h.* Cette école de ski située à Chapelle-des-Bois propose différentes formules d'initiation ou de perfectionnement, allant du cours individuel aux stages à temps plein. La structure organise aussi des promenades en raquettes ou une préparation au biathlon et autres épreuves sportives. Permanence ouverte toute l'année.

Sentiers VTT et randonnées pédestres – *R. de la Varée - 25240 Mouthe -* 03 81 69 22 78 *- www.mouthelerisoux.com.* Disponible à l'office du tourisme du val de Mouthe, une carte détaillée recense tous les itinéraires balisés, à suivre en VTT ou à pied. Ces chemins, rassemblés en 3 secteurs (Chapelle-des-Bois, Mouthe-Chaux-Neuve et les Combes-Derniers) vous feront découvrir le Haut-Jura côté nature.

Mouthier-Haute-Pierre ★

343 GUILLOUX
CARTE GÉNÉRALE C3 – CARTE MICHELIN LOCAL 321 H4 – DOUBS (25)

Niché au centre d'un vaste amphithéâtre rocheux, Mouthier est, avec Ornans, le site le plus attachant de la vallée de la Loue. Mouthier-Bas est sur le bord même de la rivière, que franchit un vieux pont. Mouthier-Haut couronne une colline et groupe autour de son église nombre de maisons anciennes. Fin avril, début mai, les cerisiers en fleur donnent à la vallée un merveilleux air de fête accompagné du kirsch du pays.

Site de Mouthier-Haute-Pierre, à l'entrée des gorges de Nouailles.

- **Se repérer** – Mouthier-Haute-Pierre se trouve à 14 km au sud d'Ornans, par la D 67.
- **À ne pas manquer** – La découverte des gorges de la Loue et des splendides points de vue qui surplombent ses méandres, dont le belvédère de Mouthier et surtout l'exceptionnel belvédère du Moine de la Vallée ; la splendide source de la Loue, aux eaux limpides, débouchant d'une vaste grotte, au pied d'une falaise.
- **Organiser son temps** – Comptez une journée pour explorer ce site naturel de toute beauté. Le circuit de découverte des gorges de la Loue vous prendra à lui seul près de 5h.
- **Avec les enfants** – Racontez-leur l'histoire de la Vouivre, figure du bestiaire mythologique franc-comtois, en visitant avec eux son repaire : les sauvages gorges de Nouailles. Ils aimeront aussi, à Lods, le musée de la Vigne et du Vin et sa cachette secrète dans la cave…
- **Pour poursuivre la visite** – Voir aussi Montbenoît, Ornans, Pontarlier, la route des Sapins.

Le saviez-vous ?

◉ Hautepierre est l'ancien nom toponymique auquel est venu se rajouter Mouthier, qui signifie monastère. La cité doit son existence à un monastère de bénédictins mentionné dès 870. À la Révolution, l'église fut détruite et le prieuré vendu à des particuliers.

◉ Les Guilloux montent chaque 25 décembre sur la colline Sainte-Foy et se réunissent autour d'un grand bûcher. Commence alors le rituel des **failles**, longues branches de tilleuls enflammées qu'ils brandissent et font tournoyer, sans doute pour rendre hommage au soleil…

Visiter

Église

Elle fut édifiée au 15e s., agrandie au siècle suivant et comblée de dons par le cardinal de Granvelle qui fit élever le clocher dont la flèche est en pierre de tuf de la région. Remarquez ses boiseries (retable, stalles, confessionnal, chaire) et ses statues en bois (13e et 14e s.).

Aux alentours

Point de vue de la roche de Hautepierre★

5 km, puis 30mn à pied AR. À Mouthier-Haut, suivez la D 244 jusqu'à l'entrée de Hautepierre-le-Châtelet. Laissez votre voiture à hauteur du cimetière. Là, prenez un sentier pierreux un peu raide, qui devient herbeux et plat en suivant en retrait la crête des rochers. À 882 m d'altitude, après la chapelle votive de la Croix de la Roche, le regard s'étend sur le plateau, entaillé nettement par les gorges et la vallée de la Loue ; au loin se dressent les premiers chaînons du Jura et, par temps clair, la silhouette du mont Blanc.

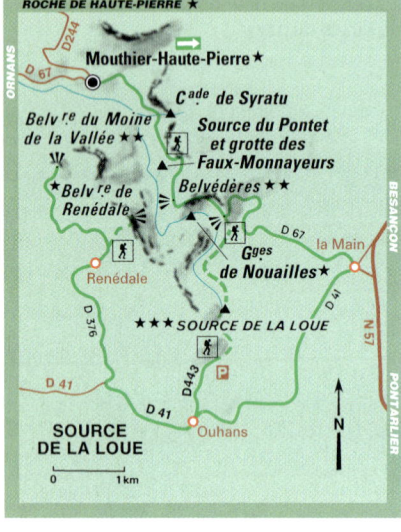

Lods

2 km à l'ouest, par la D 67. Ce village (prononcez *Lô*) est situé au bord de la Loue dont le cours est coupé par des chutes, fort belles en hautes eaux. Sur la rive opposée, bâtiments des anciennes forges de Lods. Ancien village vigneron, Lods conserve des maisons vigneronnes des 16e s. et 17e s., imbriquées les unes dans les autres.

Musée de la Vigne et du Vin – ✆ 03 81 60 90 61 *- juil.-août : tlj sf mar. : 14h30-18h30 ; juin et sept. : w.-end 14h-18h - 2 €.*

Avant la crise du phylloxéra en 1885, la vigne couvrait, dans cette partie de la vallée de la Loue, 130 ha. Aujourd'hui, elle ne se récolte plus qu'à Vuillafans. Dans une ancienne maison vigneronne, autour du tuyé, outils et objets vinicoles retracent ce savoir-faire. La visite continue avec la descente dans la cave, dotée d'une cachette secrète. Saurez-vous la trouver ?

Église Saint-Théodule – Construite au 18e s., cette église surprend par son clocher pointu en tuf et sa richesse. Boiseries et sculptures du maître-autel ont été réalisées par Fauconnet. Jolie chaire sculptée.

Circuit de découverte

LES GORGES DE LA LOUE

40 km – comptez environ 4h30.

Belle introduction en matière que ces quelques mots de Courbet : « Pour peindre un pays, il faut le connaître. Moi, je connais mon pays, je le peins. Les sous-bois, c'est chez nous. Cette rivière, c'est la Loue, allez-y voir et vous verrez mon tableau… »

C'est entre la source de la Loue et Ornans que la vallée présente le plus d'intérêt : en quelque 20 km, la rivière perd 229 m d'altitude. La Loue, au débit régulier, est facile à descendre en canoë depuis Mouthier-Haute-Pierre jusqu'à son confluent avec le Doubs. Son cours capricieux, les quelques rapides qui l'accidentent, ses eaux toujours limpides, le charme et le pittoresque de ses rives rendent le parcours très attrayant. Elle coule au fond de gorges souvent boisées, taillées vigoureusement dans le plateau jurassien. En mai, les coteaux sont blanchis par les cerisiers en fleur ; en été, le meilleur éclairage se présente en fin d'après-midi. La Loue fait également le bonheur des pêcheurs puisqu'elle est notamment classée parmi les plus belles rivières d'Europe pour la pêche à la truite et à l'ombre.

Cascade de Syratu

Quittez Mouthier par la D 67 en direction de Pontarlier.

En remontant la vallée remarquez, à la sortie de Mouthier-Haute-Pierre, la cascade de Syratu tombant d'une haute falaise.

Source du Pontet et grotte des Faux-Monnayeurs

45mn à pied AR à partir de la D 67. On y aurait fabriqué de la fausse monnaie au 17e s., d'où son nom ! Elle s'ouvre à une trentaine de mètres au-dessus : c'est l'ancienne issue de la rivière. La promenade s'effectue en grande partie sous bois, en gravissant quelques pentes raides. On pénètre dans les deux grottes par des échelles de fer. Celle des Faux-Monnayeurs n'est pas à conseiller à ceux qui craignent le vertige. La source du Pontet est une résurgence qui sourd d'une grotte, au fond d'un creux boisé.

Belvédères★★ – On rencontre successivement deux belvédères au bord de la D 67, d'où l'on voit le plus beau des méandres des gorges ; on domine le lit du torrent de 150 m. En contrebas, à 300 m, autre point de vue connu encore sous le nom de **belvédère de Mouthier**. La **vue★★** est remarquable sur Mouthier et la haute vallée de la Loue, à la sortie des gorges de Nouailles. Dans le creux, on aperçoit l'usine hydroélectrique de Mouthier.

Gorges de Nouailles★

Ces gorges étaient le repaire favori de **la Vouivre**, serpent ailé des légendes comtoises qui glisse dans l'air comme une lueur rapide. L'escarboucle qu'elle portait au front fut souvent convoitée par d'audacieux paysans avides de richesse.

Du café La Creuse, on peut faire la promenade (1h30 à pied AR) à la source de la Loue par le sentier des gorges qui s'embranche sur la D 67. Le sentier serpente sous bois, accroché au flanc de la falaise à pic. Ce sentier offre de belles **échappées★** sur les gorges, profondes de plus de 200 m. On descend ainsi jusqu'au fond du cirque où naît la Loue. Une passerelle pour piétons permet d'accéder à la grotte d'où sort la rivière.

Source de la Loue★★★

Accès le plus direct. Rejoignez Ouhans et gagnez la source par la D 443 en forte pente. Laissez votre voiture au parc aménagé devant la buvette du Chalet de la Loue, puis descendez (30mn à pied AR) le chemin tracé au fond du vallon. Aires de pique-nique.
Ce site est l'un des plus beaux du Jura. Brusquement, après un tournant, l'hémicycle impressionnant où se produit la résurgence de la Loue apparaît. La source débouche d'une vaste grotte qui s'ouvre au pied de la falaise, haute d'une centaine de mètres. Quand il pleut, les eaux grossissent rapidement ; elles restent troubles quelque temps, alors qu'en régime normal elles sortent très limpides. La Loue est, en outre, alimentée par des pertes du Drugeon et par l'infiltration des pluies que reçoit le plateau. Son débit ne tombe donc jamais très bas. Aussi est-on assuré de toujours voir jaillir une belle masse liquide.

C'est aussi ce qui explique la présence d'une usine EDF (plus discrète que les câbles qui s'en échappent) et de la Maison de la source qui l'accompagne et en explique le fonctionnement.

> **Un « apéro » gargantuesque**
>
> Un jour de l'été 1901, **André Berthelot**, fils du célèbre chimiste, se trouvant en promenade à la source de la Loue, remarqua que l'eau avait la couleur et l'odeur de l'absinthe. Il la goûta : la Loue était bien transformée en apéritif gratuit. Or, l'avant-veille, à Pontarlier, au cours d'un incendie à l'usine Pernod, un million de litres d'absinthe s'étaient déversés dans le Doubs. La Loue semblait donc être une résurgence du cours d'eau jurassien. La démonstration scientifique en fut faite par le grand savant **Édouard Alfred Martel**. Il repéra, près de Pontarlier, une crevasse dans le lit du Doubs et y déversa un puissant colorant vert. Soixante-quatre heures plus tard, la source de la Loue était du même vert magnifique.

Revenez à Ouhans et prenez à droite la D 41 en direction de Levier, puis de nouveau à droite, la D 376. Au sortir de Rénédale, laissez votre voiture à proximité du portail d'entrée du sentier qui conduit au belvédère.

Belvédère de Rénédale★

15mn à pied AR. Dominant un à-pic de 350 m sur les gorges de Nouailles, ce sentier, d'un parcours agréable, aboutit à une plate-forme d'où l'on a une belle **vue** plongeante sur les gorges et, en face, sur les falaises au flanc desquelles serpente la D 67.

Reprenez la D 376 vers le nord ; après 2,5 km, la route se termine au pied d'un relais de télévision et devant un belvédère aménagé.

Belvédère du Moine de la Vallée★★

Superbe **panorama** sur la vallée de la Loue jusqu'à Vuillafans, au nord-ouest, sur la montagne de la Roche et le village de Mouthier-Haute-Pierre.

Revenez sur vos pas à Ouhans et regagnez Mouthier.

DÉCOUVRIR LES SITES

Mouthier-Haute-Pierre pratique

Voir aussi les encadrés pratiques de Montbenoît, Ornans, Pontarlier, route des Sapins.

Se loger

Gîtes d'étape du Miaboulet – 8 chemin des Carrés - ℘ 03 81 60 98 99 - www.giteloue.com - 3 gîtes 18 €. Ces 3 gîtes de bon confort, d'une capacité de 2 à 10 personnes, vous offrent l'occasion de vous rapprocher au plus près de la Loue et de ses poissons. Si ces derniers semblent fuir votre ligne, vous pourrez vous initier à la vannerie, la spéléologie, l'escalade ou la cueillette des fruits.

Hôtel de France – 1 pl. Pezard - 25930 Lods - ℘ 03 81 60 95 30 - fermé vac. de fév. et 25 déc.-1er janv. - 8 ch. 30/33 € - ⌂ 6 €. Trois bonnes surprises dans ce restaurant de village : la terrasse, la salle toute calme à l'arrière et les plats, simples mais soignés.

Hôtel des Sources de la Loue – 25520 Ouhans - 10 km au S de Mouthier-Haute-Pierre par les D 67 et D 41 - ℘ 03 81 69 90 06 - hotel-des-sources-loue@wanadoo.fr - fermé 20 déc.-31 janv., sam. midi et vend. d'oct. à avr. - 15 ch. 43/54 € - ⌂ 7,50 € - rest. 17/30 €. Un hôtel sans prétention dans une bâtisse régionale. Au bar, vous rencontrerez tous les villageois venant s'y désaltérer. Les chambres lambrissées de bois sont simples. Cuisine régionale.

Hôtel de la Cascade – 2 rte des Gorges-de-Nouailles - ℘ 03 81 60 95 30 - hotellacascade@wanadoo.fr - fermé 3 nov.-2 mars - 🅿 - 17 ch. 50/65 € - ⌂ 8,50 € - rest. 19/45 €. La vallée de la Loue s'étend au pied de cet hôtel. Les chambres sont bien équipées, certaines avec balcon. Au restaurant, vous dégusterez une cuisine régionale.

Se restaurer

Ferme-auberge du Rondeau – 25580 Lavans-Vuillafans - 15 km au N de Mouthier-Haute-Pierre par la D 67 vers Vuillafans, puis la D 27 - ℘ 03 81 59 25 84 - fermé de déb. déc. à mi-janv., mar. et mer. hors saison - réserv. conseillée - 22/31 € - 8 ch. 45/60 € ⌂. Ce chalet franc-comtois érigé au milieu des champs abrite une ferme pratiquant l'agriculture biologique. À table, savourez la cuisine familiale préparée avec les fruits et légumes du jardin, les chèvres et sangliers élevés ici, le pain et les charcuteries maison. Huit chambres douillettes lambrissées du sol au plafond.

Sports & Loisirs

La Truite de Mouthier – 14 bis r. des Corvées - ℘ 03 81 60 91 67. La Loue, une rivière parmi les plus belles de France, compte parmi ses hôtes la fameuse truite fario, mais également d'autres espèces comme l'ombre ou le chabot. Le guide de pêche du Doubs (disponible dans tous les offices de tourisme du département) donne accès à toutes les informations sur la vie de ces poissons.

Refuge la Court'Échelle – Imp. des Jardins - ℘ 03 81 60 99 60 ou 06 80 63 20 37 - bailly-grandvaux-noel@wanadoo.fr. Nombreuses activités sportives : escalade, spéléologie et descente en rappel.

Nans-sous-Sainte-Anne

125 NANAIS
CARTE GÉNÉRALE B3 – CARTE MICHELIN LOCAL 321 G5 – DOUBS (25)

À proximité de la généreuse source du Lison, ce charmant village a longtemps profité de la rivière qui actionnait ses moulins et sa taillanderie particulièrement bien conservée. Ce site est également un point de départ privilégié pour de superbes excursions sur les falaises, dans les bois ou sur les bords de la rivière.

- **Se repérer** – Nans-sous-Sainte-Anne se trouve à 13,5 km à l'est de Salins-les-Bains, par la D 492.
- **À ne pas manquer** – La rivière Lison, sa source verdoyante et surtout son cours en partie souterrain, sur lequel s'ouvrent d'étonnantes fenêtres rocheuses, telles le Creux Billard ou la grotte Sarrazine ; vous pourrez aussi vous laisser tenter par le pont du Diable et la curieuse légende qui lui est attachée.
- **Organiser son temps** – Consacrez une journée à la découverte du village et de son site naturel unique en son genre.
- **Avec les enfants** – La visite de la taillanderie sera l'occasion de leur faire découvrir une activité oubliée, aux outils impressionnants (roue, soufflets).
- **Pour poursuivre la visite** – Voir aussi Alaise, Arbois, Mouthier-Haute-Pierre, Salins-les-Bains, la route des Sapins.

NANS-SOUS-SAINTE-ANNE

Comprendre

Les éclipses du Lison – Les cours d'eau comtois ne manquent généralement pas de caractère, et le Lison ne fait pas exception à la règle en prenant un départ tumultueux. En réalité, ce n'est pas sa source, mais plutôt sa résurgence qui est spectaculaire au cœur d'un site sauvage, riche en curiosités naturelles réputées comme l'impressionnant Creux Billard et la grotte Sarrazine. Le Lison, affluent de la Loue, prend véritablement sa source sur les pentes de la forêt du Scay, et porte alors le nom de Lison-du-Haut. Il se perd un moment, réapparaît, puis disparaît à nouveau dans des entonnoirs. Sa course dans le sous-sol est jalonnée, à la surface, par une curieuse vallée, généralement à sec. Elle s'encaisse de plus en plus, se transforme en gorges, que franchit le **pont du Diable** (voir encadré p. 292), sur la route de Crouzet-Migette à Sainte-Anne (D 229, dont l'église est revêtue de tavaillons aux teintes chaudes). Après les grandes pluies seulement, la vallée est parcourue par un torrent qui se déverse en cascade dans le Creux Billard.

Le saviez-vous ?

◉ C'est pour défendre le Lison, que le propriétaire d'un moulin voulait capter, que **Charles Beauquier**, député, fit voter en 1906 une première loi de défense de l'environnement qui porte son nom.

◉ L'écrivain **Louis Pergaud**, auteur de la célèbre *Guerre des boutons*, a passé de nombreux étés dans la commune.

Visiter

Taillanderie★

☏ 03 81 86 64 18 - www.musees-des-techniques.org - visite guidée (45mn) juil.-août : 10h-19h ; mai-juin et sept. : 10h-12h30, 14h-18h30 ; avr.-oct. : 14h-18h - 4,75 € (enf. 2,50 €). Un peu à l'écart du village *(suivez la signalisation)* se situe une ferme-atelier du 19ᵉ s., où l'on fabriquait jusqu'en 1969 des outils agricoles. Au début du siècle dernier, 20 000 faux et 10 000 outils taillants sortaient chaque année de ces ateliers. Lorsqu'il fonctionnait pleinement, l'atelier comptait 25 ouvriers, dont la plupart vivaient sur place. L'Arcange, affluent du Lison, fournissait l'énergie hydraulique. Au cours de la visite des ateliers sont expliquées les différentes étapes de fabrication d'une faux. On peut voir fonctionner l'impressionnante **roue hydraulique** (1891) de 5 m de diamètre qui actionnait les martinets, et surtout, l'étonnant système de soufflerie en bois.

Randonnées

Source du Lison★★

Suivez le fléchage et garez-vous au parking de la source. 10mn à pied AR. Aires de pique-nique. Le site est moins grandiose qu'à la source de la Loue, mais la végétation, plus abondante, donne au lieu un charme riant. La source jaillit d'une grotte au pied de la falaise. Après une période de pluie, le spectacle est particulièrement beau. Le Lison naissant débite déjà 600 l à la seconde, en basses eaux. C'est, après la Loue, la plus puissante résurgence du Jura. Peu après, il traverse le village de Nans-sous-Sainte-Anne où il absorbe le ruisseau du Verneau. Il va ensuite se jeter dans la Loue.

Source du Lison.

DÉCOUVRIR LES SITES

Le pont du Diable

Sur la route de Crouzet-Migette à Sainte-Anne, le pont du Diable tient son nom d'une curieuse légende. Pour faciliter les communications entre la montagne et le bas-pays, on décida de bâtir un pont. Un maçon audacieux se chargea de la construction. Le but était presque atteint, quand, une nuit, l'ouvrage s'écroula. Le maçon tenace ne perdit pas courage et recommença. Mais le sort s'obstinait et le pont s'écroula de nouveau. Le maçon était sur le point de renoncer quand se présenta devant lui le diable en personne. Le malin s'avoua responsable des effondrements successifs et proposa de tout reconstruire, à une seule condition : que le maçon lui livrât en échange l'âme du premier passant qui emprunterait le fameux pont. Le marché était dur ; le maçon s'y résigna tout de même et la construction fit l'admiration de tous. Mais dans la nuit, l'imprudent fut pris de violents remords et dans son délire appela un prêtre. Le curé, pour aller au plus vite, emprunta le premier le pont. Aussitôt le diable se précipita au-devant de lui pour s'emparer de son âme ; mais, ébloui par l'éclat du ciboire, Satan enjamba le parapet et sauta dans le vide.

Pour pénétrer à l'intérieur de la caverne, passez sous un petit tunnel percé dans le roc qui conduit à une plate-forme appelée la **Chaire à prêcher**. N'empruntez pas le chemin qui longe la paroi : il y a quelques années, une pierre ayant roulé sous le sabot d'un chamois pour tomber sur la tête d'un promeneur, la mairie a préféré interdire l'accès au chemin, et se dégager de toute responsabilité pour les contrevenants.

Revenez sur vos pas et prenez à droite l'amorce du sentier signalé qui monte en lacet, sous bois.

Creux Billard★★

20mn à pied AR. Ce cirque, profond de plus de 50 m, est très impressionnant par sa hauteur et par la lumière étrange qui y règne. Il représente, en quelque sorte, un « regard » sur le cours souterrain du Lison, dont la source « officielle » sort de la grotte voisine. La réapparition au jour de la rivière est, cette fois, définitive. Un accident a confirmé la communication du Creux Billard avec la source du Lison. En 1899, une jeune fille se noyait dans le gouffre. Trois mois après, on aurait retrouvé son corps à l'aval de la source.

Grotte Sarrazine★★

30mn à pied AR. Sentier escarpé mais bien aménagé. Dès l'accès sur le site, passez les deux passerelles au-dessus du Lison à droite. Une ultime passerelle vous permettra de mesurer le débit du Bief du sarrasin. Cette cavité, haute de 90 m, s'ouvre dans une falaise abrupte et boisée par un gigantesque porche naturel dont l'ampleur s'apprécie particulièrement lorsque la résurgence, à sec, permet de s'avancer dans la grotte. En temps de pluie, la résurgence qui s'en échappe, alimentée en partie par une dérivation souterraine du Lison, est d'une abondance remarquable. L'exploration de la grotte est réservée aux spéléologues très expérimentés, en raison notamment de cette variation de volume par temps orageux.

Nans-sous-Sainte-Anne pratique

♿ Voir aussi les encadrés pratiques d'Alaise, Arbois, Mouthier-Haute-Pierre, Salins-les-Bains, la route des Sapins.

Se loger et se restaurer

Hôtel de la Poste – *11 Grande-Rue - 03 81 86 62 57 - fermé 25 déc.-1er janv. et dim. soir et jeu. soir - 8 ch. 38 € - rest. 15/25,50 €.* C'est une maison régionale dans un petit village. Vous serez au calme dans les chambres modestes, mais fonctionnelles. Salle à manger sous la charpente. Restauration familiale simple.

Gîte Lison Accueil – *7 Grande-Rue - 03 81 86 50 79 - http://lison.accueil.free. fr - 12 ch. de 2 à 8 pers. 10/13 €.* L'imposante demeure en pierres, rustique et pittoresque, abrite un hébergement de 49 places, réparties en gîte de séjour (37 places en pension ou demi-pension) et gîte d'étape. Bonne cuisine familiale et accueil chaleureux et décontracté.

Sports & Loisirs

Lison Accueil – *7 Grande-Rue - 03 81 86 50 79 - http://lison.accueil.free.fr.* Outre les activités liées à l'escalade aménagée (via ferrata et via corda), vous pourrez pratiquer ici la spéléologie et le canoë-kayak. Location de matériel.

Nantua ★

3 902 NANTUATIENS OU CATHOLARDS
CARTE GÉNÉRALE B4 – CARTE MICHELIN LOCAL 328 G4 – AIN (01)

Sévère, Nantua ? Sa position au fond d'une imposante cluse couverte de sapinières pourrait le faire penser, mais ce serait oublier son grand lac, qui ouvre une large perspective sur le pays et offre toute une gamme de loisirs aquatiques. Située sur un ancien axe routier très fréquenté, la cité est aujourd'hui contournée par l'A 40 qui, franchissant des tunnels et de vertigineux viaducs, survole la cluse avant de s'élancer vers Genève. Nantua est également une ville gastronomique rendue célèbre par ses fameuses quenelles de brochet à la sauce Nantua.

Cluse et lac de Nantua.

- **Se repérer** – Située à 86 km d'autoroute au nord-est de Lyon (A 42, puis A 404), la ville se laisse découvrir par son côté le plus attrayant en suivant la N 84 qui longe son lac. Station TGV à Bourg-en-Bresse, à 41 km à l'ouest.

- **À ne pas manquer** – L'abbatiale Saint-Michel, sa chapelle Renaissance et son splendide *Saint Sébastien* d'Eugène Delacroix ; l'émouvant musée de la Résistance et de la Déportation de l'Ain et du Haut-Jura ; la visite de la cuivrerie artisanale de Cerdon ; le superbe point de vue sur la cluse de Nantua et son lac, près des Neyrolles ; les paysages naturels du Haut-Bugey, en particulier le belvédère du Cerdon et les gorges de l'Albarine.

- **Organiser son temps** – Prévoyez trois jours pour découvrir la ville et les sites naturels qui l'entourent. Et n'hésitez pas à vous arrêter pour profiter des lacs en toute tranquillité.

- **Avec les enfants** – Le lac de Nantua ou le lac Genin leur offrent de multiples possibilités d'activités nautiques surveillées.

- **Pour poursuivre la visite** – Voir aussi Ambronay, Bellegarde-sur-Valserine, le Bugey.

Comprendre

Nantua doit son origine à une abbaye bénédictine installée en cet endroit dès le 7ᵉ s. Au Moyen Âge, ville franche entourée

---

Le saviez-vous ?

- Le surnom de **Catholards** aurait été donné aux habitants de Nantua par les Suisses protestants à cause des « cathèles », système de cordes et de poulies utilisé comme potence durant les guerres de Religion.

- Parmi les Nantuatiens célèbres, notons le député **Jean-Baptiste Baudin**, dont la statue orne la place d'Armes. Il fut tué sur la barricade du faubourg Saint-Antoine à Paris, le lendemain du coup d'État du 2 décembre 1851, en prononçant le célèbre : « Vous allez voir comment on meurt pour 25 francs » (les salaires des députés étaient alors de 25 F par jour). Autre grande personnalité locale, l'anatomiste **Xavier Bichat** (1771-1802) légua son nom au collège où il fit ses études, ainsi qu'à un grand hôpital parisien.

DÉCOUVRIR LES SITES

de bons remparts, elle entre dans le tourbillon des querelles qui opposent les gens du Bugey, de la Comté, de la Savoie, de Genève, sans compter la France et l'Empire. Entre 1440 et 1449, un prieur de l'abbaye, Amédée VIII de Savoie, devient un des papes du grand schisme d'Occident sous le nom de **Félix V**. En 1601, **Henri IV** annexe la ville au domaine royal. Au temps des diligences, Nantua connaît une grande animation : c'est le relais entre Bourg-en-Bresse et Genève. Puis, au 19e s., quand le chemin de fer finit par avoir raison des beaux attelages, Nantua tombe dans le marasme et l'oubli. Après l'armistice de 1940, la ligne de démarcation passe près de la ville. La population aide alors les clandestins. Dès l'été 1943, se forme le maquis qui a le soutien des habitants ; nombre d'entre eux seront déportés. Aujourd'hui, le développement de l'automobile, le goût du tourisme, le séjour en montagne ont redonné à ce site d'exception comme un second souffle de vie.

> ### Maria-Mâtre ou la gourmandise punie
> Si vous randonnez sur les hauteurs de Nantua, peut-être rencontrerez-vous un rocher en forme de statue avec une sorte de galette sur la tête. Une légende affirme qu'il ne s'agit pas d'une madone, mais d'une femme du pays, l'infortunée Maria-Mâtre. La bonne chère n'est pas un vain mot en pays catholard, et Maria-Mâtre était une fameuse cuisinière qui n'avait pas sa pareille derrière les fourneaux. Gourmande mais inventive, elle réalisa un jour une superbe et croustillante galette aux écrevisses. Elle ne put s'empêcher de la goûter et la trouva si bonne qu'il n'en resta plus au retour de son mari. Affamé et courroucé, ce dernier invoqua la justice divine qui s'abattit sans tarder sur la malheureuse, la transformant en statue de pierre.

Se promener

Lac★
Long de 2,5 km, large de 650 m, le lac s'est formé dans la cluse, derrière un dépôt laissé par un ancien glacier. De nombreuses sources contribuent à l'alimenter, dont la source de Neyrolles. Par le « Bras du lac », ses eaux se jettent dans l'Oignin, affluent de l'Ain. L'esplanade du lac, ombragée de beaux platanes, et l'avenue du Lac offrent de belles vues sur le plan d'eau encadré par les hauteurs du Haut-Bugey dont les falaises du côté nord s'achèvent par un talus d'éboulis boisé. Base nautique assez complète, le lac est pendant la haute saison le théâtre de nombreuses activités sportives et de loisirs : baignades surveillées, pédalos, voile, ski nautique, pêche…

Visiter

Abbatiale Saint-Michel★
Tlj sf dim. matin et cérémonies 8h30-19h - possibilité de visite guidée sur demande préalable à l'office de tourisme. La « sœur aînée de Cluny », également surnommée « église d'influence bourguignonne la plus à l'est », est l'édifice roman le plus important de l'Ain. Dominée par son clocher du 19e s. très ouvragé, elle conserve les vestiges d'une abbaye bénédictine (12e s.) détruite à la Révolution. Son beau portail a été endommagé à la Révolution : on reconnaît à peine le Christ entouré des symboles des quatre évangélistes. C'est à l'intérieur qu'on découvrira ses trésors. À gauche, la chapelle Sainte-Anne (16e s.) a conservé sa voûte Renaissance ornée d'un superbe réseau d'arcatures moulurées. Dans le chœur, l'autel de pierre porte de très beaux anges de marbre sculpté. À sa gauche, vous pourrez admirer le magnifique **Saint Sébastien secouru par les saintes femmes★★** (1836) par Eugène Delacroix ; il fut acheté par l'État et envoyé à Nantua à l'instigation du député de l'Ain, Félix Giraud. Là, retournez-vous vers la nef et levez la tête : surprise, les piliers de la nef s'évasent en anse de panier ! Cette curiosité fut sans doute provoquée par un élargissement imprévu de la voûte. Remarquez aussi l'orgue (1847) ; œuvre du facteur N.-A. L'été, il compte près de 3 000 tuyaux.

Musée d'Histoire de la Résistance et de la Déportation de l'Ain et du Haut-Jura★
Dans la rue qui longe l'église - ✆ *04 74 75 07 50 - www.ain.fr - mai-sept. : tlj sf lun. 10h-13h, 14h-18h - possibilité de visite guidée (30mn-1h) - 4 € (16-25 ans 3 €).*
L'ancienne maison d'arrêt de Nantua, où des résistants furent internés, est le cadre de ce musée du souvenir qui se révèle vivant et très parlant. Habilement mises en valeur par des **scénographies audioguidées★**, commentées en voix off par d'anciens maquisards français et un soldat anglais, les collections (95 % des objets proviennent de dons locaux) sont variées et restituent l'atmosphère des années 1940, l'Occupation, la Résistance, l'organisation des maquis et la déportation. Le montage de films et de chants d'époque *(18mn)*, une collection d'affiches de propagande et deux salles d'exposition temporaire complètent ce parcours.

Aux alentours

Quittez Nantua par la N 84 au sud-est. Vous longerez le lac par sa rive nord, 2,5 km après Les Neyrolles.

Lac de Sylans
8 km à l'est. Ce grand lac (2 km de long et 300 m de large) occupe le fond d'une cluse où l'éboulement des pentes a formé un barrage derrière lequel se sont accumulées les eaux. Elles s'écoulent dans deux directions opposées : une partie rejoint la Valserine, affluent du Rhône ; l'autre partie rejoint le lac de Nantua, qui fait partie du bassin de l'Ain. Enchâssé dans un val profond et étroit, le lac profite peu des rayons du soleil, surtout à la fin des beaux jours. Pendant les hivers rigoureux, il se couvre d'une épaisse couche de glace. Au début du siècle, avant l'apparition de la glace artificielle (1921), celle du lac fut largement exploitée, surtout pour approvisionner Paris.

Après le lac, à Moulin-de-Charix, prenez à gauche la D 95 par laquelle vous gagnerez le lac Genin.

Lac Genin★
16 km au nord-est. De taille plus modeste, ce petit lac est situé dans un joli **site**★ encadré de prairies et de pentes boisées. Ses rives ombragées constituent d'agréables promenades. Il offre diverses possibilités en fonction des saisons : baignades surveillées en été, patinage en hiver.

Circuits de découverte

LE HAUT-BUGEY, UN PAYS DE TRADITIONS 1
Comptez une journée.

Quittez Nantua au nord par la N 84. À Montréal-la-Cluse, suivez la N 84 à gauche. 2 km après Ceignes, prenez à droite une route qui se détache de la N 84 et suivez-la sur 300 m.

Grottes du Cerdon
À Labalme-sur-Cerdon, sur la N 84. 04 74 37 36 79 - www.les-grottes-du-cerdon. com - visite guidée (1h30) juil.-sept. : 10h-18h (dernier dép. 17h) ; de mi-avr. à déb. oct. : lun.-sam. 13h45, 15h45, dim. apr.-midi : dép. ttes les 30mn - 5,90 € (enf. 4,30 €) - parcours pédagogiques - aire de pique-nique. La température intérieure des grottes avoisinant les 6 °C, n'oubliez pas de prévoir un pull.

Situées au-dessous d'anciennes fortifications, ces grottes furent longtemps utilisées comme cave de mûrissage pour le fromage local. Elles sont aujourd'hui aménagées pour la visite, et un petit train folklorique conduit les visiteurs à l'entrée du site.

Le circuit suit de bout en bout l'ancien lit de la rivière souterraine aujourd'hui disparue… et débouche sur un belvédère en plein milieu de falaise. C'est le lac de Nantua (beaucoup plus important autrefois) qui alimentait cette rivière. La galerie présente de belles stalactites (le dais), stalagmites (la statue cambodgienne) et draperies sonores ; elle conduit à une immense salle qui s'ouvre au jour par une arche de 30 m de haut. Une galerie mène à l'ancienne résurgence de la rivière en pleine falaise.

Poursuivez sur la N 84.

Belvédère de Cerdon
En direction de Cerdon, un belvédère a été aménagé sur la droite de la route. Il offre une magnifique **vue**★★ panoramique sur le vignoble de Cerdon et les paysages du Haut-Bugey.

Val d'Enfer
À hauteur du village de Cerdon, la route pénètre au creux d'une courbe du Valromey. Dans le site sauvage du pont de l'Enfer, là où s'étaient regroupées d'importantes forces du maquis et près de Cerdon qui eut cruellement à souffrir des représailles nazies, le **monument aux déportés de l'Ain** a été érigé en mémoire du maquis de l'Ain, représenté par un buste de femme adossé à une muraille. Inauguré en novembre 1949, il s'agit du premier monument dédié aux déportés réalisé en France. Il est l'œuvre de Louis Leygues, lui-même ancien déporté.

Cerdon★
Niché au creux d'une vallée profonde, mais ensoleillée, que l'on découvre soit par le belvédère de Cerdon, soit en arrivant par la D 11, ce village est particulièrement réputé pour ses vins rosés pétillants (le pétillant de Cerdon, qui bénéficie de l'appellation VDQS, doit être fabriqué selon la méthode champenoise ou celle de la Die, et se déguste

DÉCOUVRIR LES SITES

frais). Les rues de Cerdon, très étroites, sont agrémentées de nombreuses fontaines et de ponts de pierre qui enjambent de petits cours d'eau. C'est la reprise de la cuivrerie qui a dynamisé l'ensemble du village, aujourd'hui touristique.

Cuivrerie★ – *Mieux vaut laisser sa voiture dans le bas du village.* ☏ 04 74 39 96 44 - www.cuivreriedecerdon.com - ♿ - visite guidée (1h) juil.-août : 9h30-12h, 14h-18h ; reste de l'année : vac. scol., w.-end et j. fériés 9h30-12h, 14h-17h30 (dernière entrée 30mn av. fermeture le matin et 1h l'apr.-midi) - fermé 1er janv., 25 déc. - 5 € (enf. 3,50 €).

Vous êtes ici dans l'une des rares cuivreries artisanales perpétuant les savoir-faire ancestraux. Établie sur le site d'un ancien moulin, elle a réussi à se maintenir, non sans difficultés, depuis 1854. Le temps semble s'être arrêté dans ces ateliers spécialisés dans le travail de la feuille de cuivre : emboutissage, martelage, étamage, dinanderie, polissage… La visite de la cuivrerie se divise en deux parties. Dans un premier temps, vous découvrirez le Musexpo du cuivre, qui détaille les différentes étapes de fabrication du cuivre, de son extraction à l'obtention de produits semi-finis, et présente une collection de pièces anciennes et de machines, ainsi que la forge. Vous verrez ensuite les ateliers. La plupart des machines sont encore actionnées par d'anciens systèmes de poulies, de courroies et d'une roue à aubes. « Le cuivre dans le bâtiment » et « Le cuivre et la tradition culinaire française » font l'objet d'expositions permanentes. La visite se termine par le magasin d'usine de la cuivrerie.

Rejoignez la N 84 que vous suivez en direction de Pont-d'Ain. Environ 6 km après, prenez à gauche la D 36 vers Ambronay. Il est également possible de rejoindre plus directement Jujurieux par la D 63 qui s'embranche en face de la sortie de Cerdon ; faites attention car la route, très pittoresque, est assez dangereuse.

Cuivrerie de Cerdon.

Jujurieux

Même si la crise industrielle lui a fait perdre de sa superbe, ce village aux 13 châteaux (excusez du peu !) conserve d'importants témoignages de l'extraordinaire développement qu'il a connu grâce au tissage au siècle dernier.

Soieries Bonnet – ☏ 04 74 37 23 14 - ♿ - visite guidée (1h15) de mi-juin à mi-sept : tlj sf mar. 10h-12h, 14h-18h, w.-end et j. fériés 14h30-18h30 -4,50 € (enf. 3,50 €).

C'est en 1835 que **C.-J. Bonnet**, grand fabricant de soie lyonnais, décide d'implanter une importante fabrique dans son pays natal. La manufacture devient rapidement l'une des plus importantes soieries en France. Loin des perturbations sociales, il regroupe les différentes étapes de la fabrication selon des conceptions très paternalistes. Dans l'enceinte de l'usine, un grand pensionnat, encadré par des sœurs, accueillait près de 400 jeunes filles à qui l'on apprenait très tôt les métiers de la soie. En 2001, la production industrielle s'est arrêtée. Aujourd'hui, cet ensemble exceptionnel est au cœur d'un vaste plan de sauvegarde et d'inventaire scientifique, la soierie ayant, au fil du temps, rassemblé quelque 30 000 objets et documents d'archives textiles. La visite des ateliers explique le processus de création d'une étoffe, de l'esquisse au tissu fini.

Rejoignez la D 12, que vous prendrez vers Corlier. À la sortie de ce village, empruntez à droite la D 8 jusqu'à Hauteville-Lompnes.

NANTUA

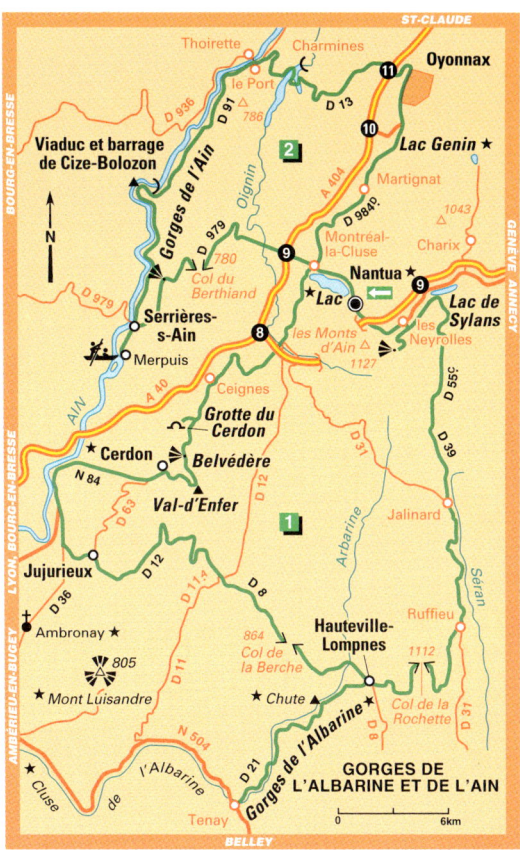

Hauteville-Lompnes

Située sur un plateau élevé (850 à 1 200 m), Hauteville-Lompnes (prononcez *Lone*) est réputée pour l'exceptionnelle pureté de son air. Station de moyenne montagne, elle bénéficie d'un cadre privilégié et d'équipements sportifs complets (VTT, ski de fond, équitation…).

Prenez à droite la pittoresque D 21, qui épouse le contour des gorges de l'Albarine.

Gorges de l'Albarine★

De la route, on peut voir, à l'origine des gorges, la **chute**★ de l'Albarine appelée « cascade de Charabotte », particulièrement majestueuse après de fortes pluies. L'eau tombe de 150 m du haut des falaises en hémicycle qui marquent le rebord du plateau de Hauteville.

Retournez à Hauteville et prenez vers l'est la D 9, par le col de la Rochette (1 112 m), jusqu'à Ruffieu. Prenez vers le nord la D 31, puis la D 31^F sur la droite à la sortie de Jalinard, puis à gauche, la D 39 et à droite la D 55^C. Gagnez Les Neyrolles par Les Granges-du-Poizat et la D 55^D. Aux Neyrolles, prenez à gauche la D 39.

Après quelques lacets, on jouit d'une **vue**★★ admirable sur les escarpements de la cluse de Nantua et son lac ; au coucher du soleil, le spectacle est magnifique.

Retournez au village des Neyrolles, où la D 39 rejoint la N 84 qui, à gauche, ramène à Nantua.

LES GORGES DE L'AIN ET LA PLASTICS VALLÉE 2

Comptez une journée. Quittez Nantua par la N 84 jusqu'à Montréal-La Cluse. Prenez en face la D 979 en direction de Bourg-en-Bresse.

Après le col du Berthiand, un belvédère aménagé dans la descente dévoile une partie de la vallée de l'Ain.

Avant le pont, prenez à droite la D 91^c vers Serrières.

DÉCOUVRIR LES SITES

Des peignes de charme à la « Plastics Vallée »

La fabrication, en hiver, par les montagnards, de très beaux peignes avec le buis des forêts jurassiennes, mais aussi avec le bois de hêtre et de charme, est dans la région une tradition ancienne. À la fin du 18e s. viennent s'ajouter progressivement d'autres matériaux, notamment la corne. En 1869, le **Celluloïd** est découvert aux États-Unis, et cette matière plastique est pour Oyonnax, dès 1878, l'occasion de nouveaux développements de la fabrication non seulement du peigne, mais aussi des objets de parure auxquels viennent s'adjoindre les jouets. Quand, plus tard, la **Galalithe**, la **Bakélite**, l'**acétate de cellulose**, etc. apparaissent sur le marché, Oyonnax les utilise sans tarder et maintient sa prépondérance. À partir de 1924, une matière thermoplastique, le **Rhodoïd**, contribue de manière importante à la prospérité économique de la ville. Après la Seconde Guerre mondiale, l'industrie plastique repart de plus belle. Aujourd'hui, ce sont quelque 662 entreprises qui forment, sur une superficie de 490 km^2, la « Plastics Vallée », nom donné par un journaliste américain en comparaison avec la célèbre Silicon Valley.

Pièce de collection du musée du Peigne et de la Plasturgie d'Oyonnax.

Serrières-sur-Ain
Très beau site autour d'un pont qui enjambe l'Ain d'une seule arche.

Prenez la D 91 vers le sud en direction de Merpuis. Environ 2 km après le pont, tournez à droite vers le site de Merpuis, puis vers le plan d'eau d'Allement (très forte descente).

Promenade sur l'Ain
📞 04 74 37 24 35 - www.ile-chambod.com - mai-sept. : promenade (1h15 ou 3h) du barrage d'Allement - dép. du pont de Serrières 15h et 17h - 8 € (enf. 5 €).
Embarquez sur un bateau à fond plat qui vous fait découvrir quelques secrets de cette vallée, autrefois utilisée pour le flottage du bois et largement modifiée par les ouvrages hydroélectriques.

Revenez à Serrières et continuez sur la D 91 qui suit les gorges de l'Ain en direction de Thoirette.

La route suit le relief et découvre de superbes vues sur la rivière, qui prend parfois des couleurs irréelles.

Viaduc de Cize-Bolozon
Détruit en 1944, cet élégant viaduc a été reconstruit en 1950. Dans un site assez sauvage, il en impose, avec ses 280 m de long et ses quelque 53 m de haut.

Continuez sur la D 91 en direction de Thoirette.

Barrage de Cize-Bolozon
Surmonté d'une grue, ce barrage n'est pas de première jeunesse, car il a été construit entre 1928 et 1931. Il est de type « mobile » et d'une longueur de 156 m.
La vallée s'élargit progressivement, mais garde une majesté mise en valeur par les reliefs qui la bordent.

Continuez sur la D 91. Arrivé au Port, ne traversez pas le pont, mais prenez la D 18 en direction d'Oyonnax.

Après Matafelon-Granges, la route traverse la retenue formée par le barrage de Charmines.

Par la D 13, rejoignez Oyonnax.

Oyonnax
Jadis célèbre pour ses peignes en bois, Oyonnax (prononcez *Oyona*) est aujourd'hui une cité industrielle très réputée pour le travail des matières plastiques. La création en 1986 de la « Plastics Vallée », qui groupe dans un rayon de 50 km une concentration exceptionnelle d'entreprises spécialisées, a fait d'Oyonnax la capitale des matières plastiques. Siège du lycée technique Arbez-Carme (École nationale des matières plastiques) depuis près d'un siècle, la ville est aussi celui du **Pôle européen de plasturgie** (ouvert en automne 1991), destiné à former, au niveau national, des ingénieurs plasturgistes.

Musée du Peigne et de la Plasturgie – *Centre culturel Aragon, 2ᵉ étage - ☏ 04 74 81 96 82 - ♿ - juil.-sept. : tlj sf dim. 14h-18h ; févr.-juin et oct.-déc. : tlj sf dim. et lun. 14h-18h - fermé 1 mois entre chaque exposition, se renseigner - 3,80 € (enf. 2,50 €).*
Les collections de ce musée illustrent parfaitement l'évolution et la variété de la production oyonnaxienne : peignes en buis, corne et Celluloïd, lunettes, boutons, boucles, bijoux, fleurs artificielles, etc. Des machines ayant servi à la fabrication de peignes en corne et en Celluloïd, de nombreux peignes du monde entier complètent l'exposition. De nombreux objets telles les mantilles en Celluloïd et les lunettes en plastique témoignent de l'habileté et du goût artistique des fabricants.

En sortant du parking du musée, prenez à droite en direction de l'A 404, puis de Martignat et de Montréal-la-Cluse (D 984ᴰ). La N 84 à gauche vous ramène vers Nantua.

Nantua pratique

Voir aussi les encadrés pratiques d'Ambronay, Bellegarde-sur-Valserine, le Bugey.

Adresse utile

Office du tourisme du Pays de Nantua – Haut-Bugey - Pl. de la Déportation - 01130 Nantua - ☏ 04 74 75 00 05 - www.nantua-tourisme.com - de déb. juin à fin août : 9h-12h, 14h-18h, sam. 9h-12h, 14h-18h ; oct.-avr. : tlj sf sam. et dim. 10h-12h, 14h-17h30 ; mai et sept. : 10h-12h, 14h-18h, sam. 9h-12h - fermé dim. et j. fériés.

Se loger

Lac Hôtel – 22 av. de Bresse - 01460 Montréal-la-Cluse - ☏ 04 74 76 29 68 - www.lac-hotel.com - fermé 1ᵉʳ-5 nov. et 26 déc.-1ᵉʳ janv. - 🅿 - 28 ch. 34/43 € - ☐ 6 €. Chambres pratiques, tenue rigoureuse et prix « mini » sont les atouts de cet hôtel construit au voisinage d'un nœud routier. Accès Internet à disposition.

L'Embarcadère – Av. du Lac - ☏ 04 74 75 22 88 - www.hotelembarcadere.com - fermé 20 déc.-5 janv. - 🅿 - 49 ch. 54/70 € - ☐ 9 € - rest. 24/71 €. Bel emplacement au bord du lac pour ces deux bâtiments des années 1980 reliés entre eux par une passerelle. L'un héberge des chambres en majorité rénovées ; l'autre abrite le restaurant tourné vers le plan d'eau et la montagne.

Se restaurer

Bon à savoir – Ne manquez pour rien au monde de goûter la fameuse sauce Nantua qui accompagne avec bonheur les quenelles de brochet ; elle doit son goût à un savoureux crustacé, l'écrevisse.

Auberge du Lac Genin – 01130 Charix - 16 km au NE de Nantua par la D 74 jusqu'à Molet, puis la D 95 jusqu'au lac - ☏ 04 74 75 52 50 - auberge@lacgenin.com - fermé 17 oct.-3 déc., dim. soir et lun. - 11,50/19 €. Prenez la peine de monter jusqu'au lac Genin pour dénicher cette auberge de montagne située dans un site boisé sur les berges du plan d'eau. Salle à manger rustique où l'on prépare sous vos yeux des grillades cuites au feu de bois. Belle terrasse. Chambres modestes.

Auberge Les Gentianes – 01130 Lalleyriat - 12 km à l'E de Nantua par les N 84 et D 55ᴮ - ☏ 04 74 75 31 80 - fermé 5-31 janv. et dim. soir - 17 € déj. - 24/49 €. La jolie façade abondamment fleurie de cette auberge vous invite à découvrir sa cuisine sagement personnalisée dans un cadre campagnard : belle cheminée en pierre, poutres apparentes et trophées de chasse. Petite terrasse d'été.

Bernard Charpy – 1 r. Croix-Chalon - 01460 Brion - 5 km au NO de Nantua par les N 84 et D 979 - ☏ 04 74 76 24 15 - fermé 18-24 mai, 7-30 août, 26 déc.-3 janv., dim. et lun. - 19 € déj. - 24/45 €. Charmante construction de style chalet postée aux portes de Nantua dont on ne présente plus les quenelles de brochet et la célébrissime sauce. Bernard Charpy propose là une attrayante cuisine traditionnelle enrichie d'un choix de poissons évoluant au gré des arrivages. Le plus : ses prix sages…

Toque Blanche – 11 pl. de l'Église-Saint-Léger - 01100 Oyonnax - ☏ 04 74 73 42 63 – 19 bc/60 €. Salle de restaurant au décor soigné. Confluences géographiques obligent, la table marie la Bresse, le Jura et le Lyonnais.

Que rapporter

La Grand'Cave – R. du 12-Juillet-1944 - 01450 Cerdon - ☏ 04 74 39 95 42 - www.chez.com/closdescondamines. La méthode ancestrale, pratiquée dans le vignoble de Cerdon, se caractérise par son processus de fermentation incomplète, conférant au vin un faible degré d'alcool et la naissance d'une mousse fine après la mise en bouteille. Visite commentée et vente directe des différents produits du terroir.

Gaec Michel et Girardi Stéphane – R. de la Gumarde - 01450 Cerdon - ☏ 04 74 39 95 90 - 8h-20h - fermé 25 déc.-1ᵉʳ janv. Dégustation et vente de Cerdon (méthode ancestrale et méthode traditionnelle). Visite commentée et gratuite de la cave.

Événement

Festival du Haut-Bugey – Juil.-août, à Nantua et Villeurbanne. Art contemporain, littérature et concerts.

DÉCOUVRIR LES SITES

Nozeroy

422 NOZERÉENS
CARTE GÉNÉRALE C3 – CARTE MICHELIN LOCAL 321 G6 – JURA (39)

Fief de la puissante famille de Chalon, porte du séduisant val de Mièges, le vieux bourg est bâti dans un site impressionnant, au sommet d'une colline isolée qui domine un vaste plateau couvert de pâturages. Cette ancienne place forte si redoutée, car elle contrôlait les routes d'accès vers la Suisse et l'exploitation du sel, a été démantelée, mais a gardé son cachet ancien et conservé quelques vestiges de ses remparts.

- **Se repérer** – Que l'on vienne de Champagnole (16 km au sud-ouest) ou de Pontarlier (40 km au nord-est), il faut suivre la D 471 jusqu'à Charbonny. La D 119 conduit à Mièges où vous ne pouvez plus vous perdre : vous êtes entré au cœur du fief des Chalon. Station du TGV à Frasne, à 16 km au nord-ouest.

- **À ne pas manquer** – Les ruines du château médiéval des Chalon ; le centre du village, la place des Annonciades, à l'ombre de son marronnier, et les maisons anciennes de la Grande-Rue ; l'église et son devant d'autel en broderies en paille tressée.

- **Organiser son temps** – Consacrez 1h à la découverte du village. Si vous êtes de passage le quatrième dimanche de juillet, ne manquez pas la fête médiévale « À l'assaut des remparts » et son grand banquet où se retrouvent plus de mille convives !

- **Pour poursuivre la visite** – Voir aussi Champagnole, la route des Sapins.

SE LOGER	SE RESTAURER
Hôtel des Remparts....①	Le Relais Médiéval......①

Comprendre

Nozeroy, anciennement *Nuceria*, doit vraisemblablement son nom au noisetier, la butte sur laquelle fut érigée sa forteresse étant jadis appelée le « mont des Noisetiers ».

Un château des Chalon – Le château autour duquel s'est blotti Nozeroy avait été construit par **Jean l'Antique** (1190-1267). Grand stratège et fin diplomate, il a usé en virtuose des armes, de l'argent, des alliances et est ainsi arrivé à posséder plus de 500 fiefs. Cette famille, qui a eu plusieurs branches – Chalon-Vienne, Chalon-Auxerre, Chalon-Arlay – a joué un rôle capital en Comté. Son histoire est très agitée : ses membres se disputent la dignité comtale, luttent contre les féodaux rivaux, font l'union de la noblesse comtoise contre les empiétements des princes étrangers. Après les succès de Jean l'Antique, ses nombreux enfants, les Chalon-Arlay, héritent de la seigneurie de Nozeroy et enrichissent leur patrimoine. En 1386, **Jean de Chalon-Arlay III** acquiert par son mariage le titre de prince d'Orange.

NOZEROY

Au 15ᵉ s., le château est rasé et remplacé par un véritable palais que décorent les artistes de la cour de Bourgogne. Un siècle plus tard, le dernier des Chalon, **Philibert**, généralissime des armées espagnoles et vice-roi de Naples, y organise des fêtes grandioses.

Nozeroy et la Hollande – À la mort de Philibert, en 1530, les biens des Chalon passent à la maison des **Orange-Nassau**, qui est leur alliée. Le château est animé d'illustres visiteurs : sainte Colette, qui fonda un couvent de clarisses à Poligny, le futur Louis XI, Charles le Téméraire s'y sont arrêtés. En 1684, un créancier de Guillaume de Nassau, stathouder de Hollande, puis roi d'Angleterre, se fait attribuer les domaines comtois du prince. Ils sont aujourd'hui morcelés. Le château fut complètement ruiné pendant la Révolution.

Se promener

Porte de l'Horloge
Reste de l'ancienne enceinte fortifiée, elle est percée dans une haute tour carrée à mâchicoulis.

Grande-Rue
On y voit plusieurs maisons anciennes.

Place des Annonciades
Un magnifique marronnier l'ombrage. Prenez la promenade, bordée d'arbres (buste de Pasteur), qui contourne les ruines du château, offrant de belles vues sur les environs.

Église
𝒫 03 84 51 19 14 - de déb. avr. à fin sept. : 9h-18h30 ; de déb. oct. à fin mars : 9h30-17h - possibilité de visite guidée sur demande auprès des Amis du vieux pays de Nozeroy ou à la mairie pdt vac. scol. : le merc. 15h, dép. de la tour de l'Horloge.

Porte de l'Horloge.

Elle date, dans sa majeure partie, du 15ᵉ s. On peut y voir des stalles (15ᵉ s.) et une chaire de bois sculpté. Remarquez, dans la chapelle de droite, un devant d'autel fait de broderies en paille tressée (17ᵉ s.), œuvre patiente des religieuses annonciades de Nozeroy. Adossée à un pilier du bas-côté droit, Vierge à l'Enfant du 15ᵉ s., en pierre polychrome.

Promenade des Fossés de Trébief
Elle borde les anciens remparts dans leur partie la plus intéressante.

Aux alentours

Mièges
1 km au nord. À proximité de la forêt de la Joux *(voir ce nom),* ce petit village, situé dans le val qui porte son nom, est né d'un prieuré fondé au 16ᵉ s. par des moines de l'abbaye de Saint-Claude.

Église – Elle date des 15ᵉ-16ᵉ s. et présente un clocher-porche de 1707 et un portail Renaissance dont la voussure extérieure est sculptée de pampres. À l'intérieur de l'édifice, remarquez les stalles du chœur du 17ᵉ s. À droite du chœur, l'ancienne chapelle seigneuriale des comtes de Chalon, de style gothique flamboyant, offre une voûte à cinq clefs pendantes, ornée d'un globe portant la croix symbolisant le monde racheté, surmonté d'un Christ au centre et des symboles des Évangélistes.

À 200 m de l'église, le petit **ermitage** consacré à Notre-Dame est un but de pèlerinage, qui a lieu chaque année le lundi de Pentecôte et le 8 septembre, fête de N.-D. de Mièges ou le dimanche le plus proche.

Source de l'Ain★ *(voir Champagnole)*

DÉCOUVRIR LES SITES

Nozeroy pratique

Voir aussi les encadrés pratiques de Champagnole, route des Sapins.

Adresse utile

Office du tourisme du pays de Haute-Joux - Mont-Noir – 15 pl. des Annonciades - 39250 Nozeroy - ✆ 03 84 51 19 15 - www.hautejouxmontnoir-jura.com - juil.-août, 4 fév.-4 mars et 23-31 déc. : 9h-12h, 14h-18h (sam. 17h), dim. 10h-12h30 ; avr. : tlj sf dim. 9h-12h, 14h-18h (sam. 17h) ; reste de l'année : tlj sf dim. 9h-12h, 14h-18h, sam. 9h-12h - fermé j. fériés sf 14 Juil. et 15 août.

Se loger

Hôtel des Remparts – 3 r. de l'Agriculture - ✆ 03 84 51 13 44 - www.hotel-nozeroy.com - 12 ch. 40 € - 5 €. Situé dans une ruelle de la cité médiévale, ce petit hôtel en cours de rénovation compte 12 chambres simples mais fort convenables. Celles de la partie la plus ancienne, avec leurs poutres et leurs pierres apparentes, ont beaucoup de charme. La pièce commune sert de salon TV et de salle des petits-déjeuners.

Se restaurer

Le Relais Médiéval – 33 Grande-Rue - ✆ 03 84 51 16 81 - http://lerelaismedieval.ifrance.com - fermé 1er-15 janv. et lun. sf vac. scol. - 13 € déj. - 16/32 €. Une solide armure monte la garde dans le hall d'entrée de ce restaurant de la vieille ville. Agencée dans l'esprit des banquets d'autrefois, la salle accueille les amateurs de produits du terroir et de fondues. On organise régulièrement des soirées en costumes d'époque avec recettes médiévales, conteurs et jongleurs.

Sports & Loisirs

Auberge Loisirs Le Sillet – 2 km au NO de Nozeroy, dir. Pontarlier - 39250 Longcochon - ✆ 03 84 51 16 16 - www.aubergeetfermeauberge.com. Outre un hébergement et une restauration fort convenables dans un cadre chaleureux, cette structure propose un bel éventail d'activités. On pourra profiter du paysage lors d'une promenade en roulotte, d'une randonnée équestre ou en VTT. Ski de fond, raquettes et traîneaux en saison.

Événement

Fête médiévale – 4e dim. de juil. - ✆ 03 84 51 19 90. Nozeroy organise une fête médiévale qui trouve dans ses murs une réelle authenticité.

Ornans ★

4 037 ORNANAIS
CARTE GÉNÉRALE C2 – CARTE MICHELIN LOCAL 321 G4 – DOUBS (25)

Surnommée « la petite Venise comtoise », Ornans est la capitale de la vallée de la Loue, dont elle constitue l'attrait majeur. Elle doit son succès à l'une des plus belles rivières de Franche-Comté qui a fasciné les peintres, particulièrement Courbet. Sa double rangée de vieilles maisons sur pilotis, ses ponts et ses superbes reflets font la renommée de cette petite ville.

- **Se repérer** – Il est très facile de venir de Besançon (26 km vers le sud, par la D 67), mais il serait dommage d'éviter la vallée de la Loue. Rejoignez la vallée par Quingey (22 km au sud de Besançon, par la N 83), puis suivez la D 101.

- **À ne pas manquer** – Les collections du musée Gustave-Courbet, installé dans la maison natale du peintre, témoignent du lien profond qui unissait l'artiste à sa région. Ne manquez pas non plus le Grand Pont et sa vue sur les pittoresques maisons à pilotis du bord de la Loue, ni l'immense salle souterraine du gouffre de Poudrey, baignée par un ruisseau souterrain.

- **Organiser son temps** – Comptez 2 jours pour découvrir entièrement la ville et ses environs.

- **Avec les enfants** – Ils seront émerveillés par le spectacle « Musique et lumière » du gouffre de Poudrey, à 70 m sous terre, qui met en valeur la variété de ses concrétions minérales. Emmenez-les aussi au Dino-Zoo. Ils apprécieront ce saut ludique de plus de 5 milliards d'années en arrière, et aimeront tout particulièrement le cinéma 4D sensitif et les animations préhistoriques !

- **Pour poursuivre la visite** – Voir aussi Alaise, Arc-et-Senans, Besançon, la forêt de Chaux, le musée des Maisons comtoises, Mouthier-Haute-Pierre, Nans-sous-Sainte-Anne, la route des Sapins.

La ville d'Ornans et son imprévisible rivière, la Loue.

Comprendre

Une commune dynamique

Le « magistrat » – Ornans, dont il n'est fait mention qu'au début du Moyen Âge, reçoit dès 1244 une charte du souverain de la Comté. Elle est administrée par un conseil municipal, qu'on appelle le « magistrat », présidé par le maire qu'assistent quatre échevins (les adjoints actuels) et 12 jurés (les conseillers). Ces personnages sont élus, chaque année, par les chefs de famille âgés de plus de 25 ans. Le magistrat désigne, parmi les contribuables les plus imposés, 12 notables qui surveillent la gestion communale. Toutes ces fonctions sont bénévoles. La ville possède le **droit d'asile** et en exige le respect, même du Parlement. Celui-ci ayant fait saisir un réfugié pour l'emprisonner à Dole, le magistrat porte l'affaire devant Charles Quint et obtient la restitution du prisonnier. La chicane est en honneur à Ornans, comme dans toute la Comté : 1 500 habitants mettent sur les dents huit avocats, huit avoués, sept huissiers, six notaires.

La milice – Les hommes sont armés et forment la milice. Ils entretiennent les défenses du château, y assurent le guet et en constituent la garnison en cas d'attaque. Ils n'apprécient guère le séjour dans ces tours féodales, si fortement ventées qu'on les a surnommées « engoule-vent », ou, de façon plus réaliste, « froidcul ». Un concours annuel a lieu : le vainqueur est exempté d'impôts pour l'année ; s'il triomphe trois fois de suite, cette faveur lui est acquise jusqu'à la fin de ses jours.

Les processions – C'étaient les grandes fêtes locales. En tête, le curé et ses 20 chapelains chantaient à pleine voix ; puis se pressaient les corps de métier, en costumes traditionnels, bannières au vent : confréries de Saint-Vernier (vignerons), Saint-Fiacre (jardiniers), Saint-Crépin (cordonniers), Saint-Éloi (serruriers), Saint-Étienne (tailleurs), Saint-Antoine (bouchers), Saint-Michel (marchands), Saint-Yves (gens de loi).

Se promener

Grand Pont

C'est le site le plus célèbre d'Ornans. Comme la passerelle, il offre une **vue★** très pittoresque sur les vieilles maisons de la cité reflétées par la Loue.

En vous dirigeant vers l'église, admirez au n° 7 la cour restaurée de l'**hôtel Bauquier-Doney** (16ᵉ s.), avec sa tour octogonale ; au n° 26, la façade et la grille de l'**hôtel Sanderet de Valonne** (17ᵉ s.). Ne manquez pas non plus l'**hôtel de Grospain** (15ᵉ s.), qui servit longtemps d'hôtel de ville.

Le saviez-vous ?

👁 La Loue est un atout important pour la ville, car elle lui donne son charme si particulier. Mais toute médaille a son revers, et la rivière envahit périodiquement Ornans lors de ses accès de colère. La plus forte **crue** remonte à 1953, mais celle de 1998 fut particulièrement sévère.

👁 La ville a vu naître le chancelier **Perrenot de Granvelle**, **Pierre Vernier** inventeur du « vernier » (instrument de mesure), mais aussi et surtout le célèbre peintre **Gustave Courbet** (1819-1877).

Gustave Courbet

Le grand peintre, maître de l'**école réaliste**, est né à Ornans en 1819, de parents vignerons. On le destine au notariat, mais il abandonne le droit pour le chevalet. Ses œuvres soulèvent des tempêtes d'éloges et de critiques. Très attaché à Ornans, il puise au pays natal la plupart de ses sujets. Ses paysages reflètent la nature sauvage et attachante de la Franche-Comté : *Le Château d'Ornans*, *La Source de la Loue*. C'est parmi sa famille et ses amis qu'il prend ses modèles : *L'Après-Dînée* (sic) *à Ornans*, *Un enterrement à Ornans*. En fin psychologue, il excelle dans les portraits, surtout de femmes : *L'Exilée polonaise*. Aussi révolutionnaire en politique qu'en peinture, il prend part à la Commune en 1871. Rendu responsable du déboulonnement de la colonne Vendôme, il est condamné à six mois de prison, 500 francs d'amende et, en 1873, au remboursement des 323 000 francs qu'a coûté la remise en place de la colonne abattue. Ruiné, écœuré par les horreurs dont il a été témoin, ne pouvant plus exposer – le Salon lui retourne ses toiles sans examen –, il s'exile en Suisse. En 1877, il meurt près de Vevey, à la Tour-de-Peilz, ruiné par la haine de ses contemporains. Son corps a été ramené au cimetière d'Ornans.

La fameuse haute vallée de la Loue, qui a tant séduit le peintre, a plutôt bien conservé sa beauté sauvage. La **D 67**, qui débute à la source de la Loue jusqu'à Cléron, propose un **circuit en 7 étapes**, où sont exposées des reproductions de tableaux. Elle offre ainsi une superbe occasion de découvrir la sensibilité et le génie de cet artiste hors norme.

Église
🕾 03 81 62 12 86 - *visite guidée sur demande préalable auprès de M. le curé - 2 r. du Champliman - mar., jeu., dim. 15h-18h.*
Reconstruite au 16e s., elle a conservé de l'édifice roman qui la précédait le bas du clocher (12e s.). Le dôme et le lanternon datent du 17e s. Ornans doit son église au chancelier et au cardinal de Granvelle. Elle abrite, sous une voûte élégante, un beau mobilier, dont un superbe **buste du Christ**★ attribué au Bernin. Au chevet de l'église se trouve la tombe de l'abbé Bonnet, officiant de l'enterrement peint par Courbet.

Au-delà de l'église, prenez la rue du Champliman et longez la rivière.

Miroir de la Loue
C'est le nom donné au plan d'eau tel qu'on le voit du pont situé en aval de la ville. L'église, la ville et les falaises se reflètent à la surface de la Loue.

Visiter

Musée Gustave-Courbet
🕾 03 81 62 23 30 - www.musee-courbet.com - *juil.-août : 10h-12h30, 13h30-18h ; reste de l'année : 10h-12h, 14h-18h - fermé mar. (nov.-mars), j. fériés - 3 €.*
Le musée est installé dans la maison natale de l'artiste, bel immeuble du 18e s., ancien hôtel Hébert. Il présente environ 80 œuvres (paysages jurassiens, dessins et sculptures) du maître, de ses élèves et amis ainsi que de nombreux souvenirs sur la vie artistique au 19e s., à Paris et en Franche-Comté. On admire *L'Autoportrait à Sainte-Pélagie*, *Le Château de Chillon* et *La Papeterie d'Ornans sur le ruisseau de Bonneille*. Des effets personnels et des souvenirs complètent la visite. Les salles du sous-sol sont réservées aux expositions temporaires.

Musée du Costume et des Traditions comtoises
♿ - *juil.-août : 10h-12h, 14h-18h ; mai-juin et sept.-oct. : tlj sf mar. 14h-18h - 3 € (enf. 2 €).*
Installé dans l'ancienne chapelle de la Visitation, il présente les costumes d'époque de différentes régions de la Franche-Comté. Vous verrez notamment une belle collection de « coiffes à diairi » de la région de Montbéliard ainsi que des dentelles de Luxeuil-les-Bains. Un audioguide détaille les costumes portés par une centaine de mannequins et les différentes scènes de la vie paysanne ou bourgeoise représentées.

Maison nationale de l'eau et de la pêche
36 r. Saint-Laurent - 🕾 *03 81 57 14 49 - visite guidée sur demande avr.-sept. : 10h-12h, 14h-18h ; oct. : tlj sf w.-end et j. fériés 9h-12h, 14h-17h30 (vend. 16h30) - fermé nov.-mars - 3,80 € - la maison est aussi un centre national de formation sur l'entretien des rivières et pour les guides de pêche, qui sont nombreux en Franche-Comté et enseignent toutes les techniques - liste sur demande.* Les pêcheurs reconnaîtront la veine énamourée de ceux qui fabriquent leur mouche en observant l'éclosion des éphémères. On découvre aussi l'évolution des cannes, des moulinets ou d'autres techniques passées et présentes. Au sous-sol, quelques trophées de pêche sont mis en situation, dont un silure à gueule grande ouverte, et pleine de dents…

Aux alentours

Point de vue du Château★
2,5 km au nord par une petite route en forte montée. Du promontoire qui porte l'ancienne forteresse, on a une belle **vue** sur Ornans et la vallée de la Loue.

Vuillafans
7 km au sud-est par la D 67. De vieilles demeures bourgeoises et seigneuriales y subsistent. Un pont charmant du 16e s. enjambe la Loue.

Grotte de Plaisir Fontaine
8,5 km au nord. Quittez Ornans à l'ouest par la D 67. La route suit la vallée de la Loue, puis remonte celle de la Brême connue sous le nom de **ravin du Puits Noir**. Ses sites ombragés dans un joli paysage inspirèrent à Courbet de nombreux tableaux, parmi les plus beaux qu'il ait peints. Dans un virage, à 5,5 km d'Ornans, prenez à droite la D 280 qui remonte le ravin ; là prenez à gauche vers la grotte. Au-delà du parking, poursuivez à pied jusqu'à l'établissement de pisciculture ; juste avant se présente à gauche le sentier *(15mn à pied)* qui s'élève vers la grotte. De celle-ci naît une résurgence dont les eaux vont se joindre au ruisseau de la Brême, affluent de la Loue.

Malbrans
6,5 km au nord-ouest. Quittez Ornans par la D 67, puis prenez à gauche la D 260. À droite de la route, au lieu-dit les Combes de Punay, se trouve une ancienne **tuilerie**. Construite en 1839 et équipée d'une machine à vapeur en 1846, elle a fonctionné comme tuilerie jusqu'en 1928, puis a été transformée en scierie ; celle-ci a fermé ses portes en 1965. Les anciens bâtiments de la tuilerie ont été conservés, et on distingue les espaces destinés au façonnage et au séchage, à la cuisson et au stockage des tuiles.

Trépot
12,5 km au nord. Quittez Ornans à l'ouest par la D 67. À 8,5 km, prenez à droite la D 112.
Fromagerie – ✆ 03 81 86 71 06 - ♿ *- visite guidée (45mn) juil.-août : 10h30-12h, 14h-18h, dim. et j. fériés 14h-18h ; juin : dim. et j. fériés 14h-18h - 3,50 €*. Elle fut fondée en 1818. Huit ou neuf cultivateurs y apportaient le lait servant à la fabrication quotidienne de quatre comtés. Une baisse de la production et de la qualité laitières a entraîné la fermeture de la fromagerie en 1977. Le matériel et les outils – chaudrons en cuivre rouge, presses, tranche-caillé, barattes – sont restés en place. Audiovisuel.

Dino-Zoo
12,5 km au nord-est. Quittez Ornans à l'est par la D 67. Prenez à gauche la D 492 vers Saules. Suivez encore la D 492 sur 3 km après ce village, puis prenez à gauche la D2^E.
✆ 03 81 59 27 05 - www.dino-zoo.com - *juil.-août : 10h-19h ; mai-juin : 10h-18h ; avr. et sept. : 11h-18h ; oct. : 11h-17h30 ; mars : tlj sf lun. et vend. 11h-17h ; vac. de fév. et de printemps : 11h-17h ; vac. de la Toussaint : 11h-16h30 - fermé de la fin vac. de la Toussaint au déb. vac. de fév. (zone B) - 8,50 € (enf. 6,50 €).*

👥 Quoi de plus naturel qu'un Jurassic Parc en Franche-Comté, terre natale de **Georges Cuvier** *(voir p. 74)*, promoteur de l'anatomie comparée et de la paléonto-

Animal préhistorique du Dino-Zoo.

logie ? De nombreux restes fossilisés de dinosaures ont été signalés près d'Arbois, de Lons-le-Saunier ou à Poligny. Ce parc de 12 ha en présente des reproductions grandeur nature et retrace chronologiquement – le long d'un **parcours jurassique** dans la verdure – l'évolution de ces étranges sauriens jusqu'à l'apparition de l'homme. Ici, au détour des vallons, surgissent une libellule de 70 cm d'envergure, un mille-pattes de 1,80 m, le **dimétrodon** (4,50 m) dont la voilure dorsale faisait peut-être fonction de régulateur thermique ; le **platéosaure**, herbivore du trias, qui est le plus ancien dinosaure connu en Europe à ce jour, gros reptile plat doté d'un cou allongé, de dents plates et pointues ; le **tyrannosaure**, patibulaire carnivore de 15 m de long, 6 m de haut, pesant 5 tonnes ! Les interminables **diplodocus** (27 m, herbivore) et **apatosaurus** (21 m, végétarien)… Et bien d'autres surprenantes créatures, dont l'environnement végétal consistait pour l'essentiel en fougères et conifères. Plus proche de nous, un terrible **homosaure**, l'homme de **Neandertal** et celui de **Cro-Magnon**, apparaissent dans des scènes de chasse, repas, sépulture, technique de peinture… Le cinéma 4D sensitif « évolution », le manège « Dinos-Galopant » et les animations préhistoriques (production de feu, tir au propulseur, peinture rupestre) viennent compléter ce voyage pas comme les autres au fond des âges.

Gouffre de Poudrey
14 km au nord-est. Quittez Ornans à l'est par la D 67, puis prenez à gauche la D 492 vers Saules. Suivez cette route et traversez la N 57. Prenez ensuite à gauche au premier carrefour. 03 81 59 22 57 - www.gouffredepoudrey.com - visite guidée (45mn) juil.-août : 9h30-19h ; mai-juin : 9h30-12h, 13h30-18h ; sept. : tlj sf merc. (sf 1er merc. du mois) 9h30-12h, 13h30-18h ; avr. : tlj sf merc. (sf pdt vac. de printemps) 11h, 14h, 15h, 16h ; mars et oct. : mar., jeu. et w.-end 14h, 15h, 16h ; vac. de fév. et de la Toussaint : tlj (sf en cas d'enneigement local) 14h, 15h, 16h (dernier dép. 30mn av. fermeture) - 6,50 € (5-12 ans 5 €).

Ce **gouffre** (150 marches) dans lequel le professeur Fournier pénétra le 5 février 1899, avant d'y revenir avec le célèbre spéléologue **Édouard Alfred Martel**, ouvre dans le plateau jurassien une immense salle souterraine d'effondrement dont le périmètre se développe sur 600 m et dont le **plafond★**, très régulier, mesure quelque 200 m de portée. Des concrétions d'une grande régularité s'observent au fond de la salle : stalactites et stalagmites mises en valeur par un spectacle « Musique et lumière ». La variété des formes est étonnante et souvent évocatrice : méduse, orgues, sapins, tour de Pise, etc. Le ruisseau souterrain qui parcourt ce gouffre alimente une résurgence distante de 15 km qui, sous le nom de source de la Brème, est un affluent de la Loue.

Circuit de découverte

D'ORNANS À QUINGEY
65 km – comptez environ 5h.

Exception faite des derniers kilomètres sur la N 83, on suit une série de petites routes amusantes qui, tour à tour, longent la Loue et s'en éloignent pour retrouver la rivière à Quingey. Mais c'est entre Cléron et le confluent de la Loue et du Lison que le parcours est le plus pittoresque.

Quittez Ornans à l'ouest par la D 67. Après 2,5 km, prenez à gauche la D 101.

Chapelle de N.-D.-du-Chêne
Cette chapelle, qu'on aperçoit de la D 101, fut élevée pour célébrer la découverte, dans le fût d'un chêne, d'une statue de la Vierge. C'est en 1803 qu'une jeune fille du pays en eut la révélation. Une fois ouvert, l'arbre livra une Notre-Dame en terre cuite cachée à une époque antérieure, et sur laquelle l'écorce s'était refermée. Cette statuette, conservée dans la chapelle, est l'objet de pèlerinages : le lundi de Pentecôte, le dimanche de la Fête-Dieu, le 15 août, le mercredi après le 15 août et le premier dimanche de septembre. Sur l'emplacement du chêne, on a dressé une Vierge en bronze.

Miroir de Scey
Accès signalé de la route. On appelle de ce nom un passage de la Loue dont le cours dessine une belle courbe, où se mirent la végétation des rives et les ruines d'un château féodal, le Châtel-Saint-Denis.

Après Scey-Maisières, bifurquez à gauche dans la D 9 en direction de Cléron.

Cléron
Du pont qui franchit la Loue, on aperçoit, vers l'aval, un **château★** des 14e et 16e s. Superbement restauré, un rien coquet malgré son aspect militaire, il se plaît à mirer ses hautes tours dans les eaux de la Loue et constitue, avec son parc, un tableau

ORNANS

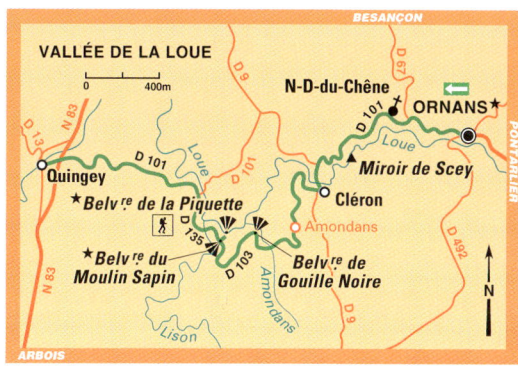

ravissant. Vers l'amont, la vallée offre une **vue** très pittoresque. ✆ 03 81 62 19 03 - juil.-août : visite extérieure tlj sf lun. 14h30-18h, exposition d'armures à la ferme : merc. et w.-end 14h30-18h - 3 €.

Franchissez la Loue à Cléron et poursuivez vers le sud sur la D 103, vers Amondans, puis Lizine, où vous emprunterez la D 135 à droite.

Entre Lizine et le confluent de la Loue et du Lison, trois belvédères sont aménagés *(parkings)* au bord des escarpements dominant la vallée étroite et déserte.

Belvédère de Gouille Noire
Vue plongeante sur le ruisseau d'Amondans, petit affluent de la Loue, qui coule entre deux éperons rocheux.

Belvédère de la Piquette★
15mn à pied AR à partir de la D 135. Suivez un large chemin sur 100 m, puis prenez un sentier à droite ; au bord de l'escarpement, tournez à droite.
Vue sur un méandre encaissé de la Loue autour d'un éperon boisé.

Belvédère du Moulin Sapin★
Aménagé au bord de la D 135. Il offre une belle **vue** sur la tranquille vallée du Lison. Le pont franchit le Lison tout près de sa jonction avec la Loue. Le **site★** du confluent est empreint d'une grande paisible. Le Lison naît près de Nans-sous-Sainte-Anne *(voir ce nom)* ; sa source est célèbre. La route fait apprécier, ensuite, le site des anciennes forges de Châtillon. En amont du barrage, joli coup d'œil sur les petites îles boisées.

Continuez sur la D 135 jusqu'au carrefour avec la D 101 que vous prendrez à gauche vers Courcelles et Quingey.

Quingey
Il est difficile, en flânant dans la petite ville de Quingey, d'imaginer le riche passé de la cité qui aurait vu naître Guy de Bourgogne, plus connu sous le nom de **Calixte II**. Ce pape est à l'origine du concordat de Worms et du premier concile œcuménique de Latran (1123). Une promenade, plantée de platanes, borde la rive gauche de la Loue. De là, on a – surtout le matin – une jolie vue du bourg qui, de la rive opposée, se reflète dans la rivière.

Ornans pratique

Voir aussi les encadrés pratiques d'Alaise, Arc-et-Senans, Besançon, forêt de Chaux, musée des Maisons comtoises, Mouthier-Haute-Pierre, Nans-sous-Sainte-Anne, route des Sapins.

Adresse utile
Office du tourisme d'Ornans - Vallée de la Loue et du Lison – 7 r. Pierre-Vernier - 25290 Ornans - ✆ 03 81 62 21 50 - juil.-août : tlj sf dim. 9h-19h ; avr.-oct. : 9h30-12h, 14h-18h ; nov.-mars : tlj sf w.-end 9h30-12h, 15h-17h30 - fermé dim. sf juil.-août.

Se loger
⊖⊖ **Hôtel de France** – R. Pierre-Vernier - ✆ 03 81 62 24 44 - www.hoteldefrance-ornans.com - fermé 8-21 nov. et 20 déc.-11 janv. - P - 25 ch. 80/85 € - ⊥ 8 € - rest. 34/43 €. Face au pont qui enjambe la Loue et adossée à une colline, cette ancienne maison de pays a une certaine allure. Préférez une de ses chambres côté jardin, elles sont plus calmes. Salle à manger rustico-bourgeoise avec poutres, cheminée et boiseries.

⊖⊖ **Le Jardin de Gustave** – 28 r. Édouard-Bastide - ✆ 03 81 62 21 47 - www.louelison.com - ⊿ - 3 ch. 78 € ⊥ - repas

25 €. Un accueil des plus sympathique vous attend dans cette maison. Les chambres baptisées Champêtre et Gustavienne ouvrent leurs fenêtres sur le jardin et la Loue. Celle nommée Jungle surprend par son joli décor exotique. Petit-déjeuner personnalisé et cuisine au goût du jour.

Se restaurer

⊜ **L'Auberge paysanne** – *18 r. du Stade - 25580 Vernierfontaine - 18 km à l'O d'Ornans par les D 492 rte de Saules, puis D 392 et D 27^E -* ✆ *03 81 60 05 21 - auberge-paysanne@wanadoo.fr - Pâques-Toussaint : ouv. vend.-mar. ; hiver : ouv. vend. soir-dim. soir sf déc.-janv. - réserv. conseillée - 11,50/23 € - 4 ch. 34/38 € -* ⊡ *6 €.* Sympathique auberge disposant d'une plaisante salle à manger campagnarde - poutres apparentes, cheminée et nombreux outils paysans - et d'une agréable terrasse d'été dressée dans la cour intérieure. Également, quatre chambres confortables dont deux avec mezzanine.

⊜ **Auberge Puits du Poudrey** – *2 ham. du Gouffre de Poudrey - 25580 Étalans -* ✆ *03 81 59 20 43 - fermé lun. soir, mar. soir et sam. midi -* 🚭 *- formule déj. et dîner 10,50 € - 14,50/16,90 €.* Situé juste à côté du gouffre de Poudrey, cet établissement se limite à une cuisine classique, mais variée. Entre les salades, les viandes, les poissons et les pizzas, il y en a pour tous les goûts. Jolie salle à manger au plafond et aux murs lambrissés. Possibilité de manger en terrasse aux beaux jours.

⊜⊜ **Le Courbet** – *34 r. Pierre-Vernier -* ✆ *03 81 62 10 15 - restaurantlecourbet@wanadoo.fr - fermé 16 fév.-11 mars, dim. soir de nov. à mars, lun. soir sf juil.-août et mar. - 17/37 €.* Ce restaurant situé à proximité de la maison de Gustave Courbet porte son nom, et de nombreuses reproductions de ses œuvres ornent les murs des deux salles à manger. Belle terrasse d'été au bord de la Loue et délicieuse cuisine au goût du jour composée au gré du marché.

Se restaurer

⊜⊜ **Ferme-auberge La Faye** – *25620 Foucherans - 4 km à l'E de Foucherans, accès par r. de Bonnevaux -* ✆ *03 81 59 27 34 - www.fermeauberge-lafaye.com - ouv. vend. soir, dim. midi et sam. sur RV ; juil.-août : tlj - 16/18,50 €.* Tranquillité assurée dans cette ferme datant du début du 19e s., mais toujours en activité. On prend place dans la salle en rondins, très pittoresque, pour savourer les viandes de l'exploitation et différents légumes du potager, variant en fonction des saisons. Fondue, raclette et autres spécialités sur commande.

Que rapporter

Le Hameau du Fromage – *7 lieu-dit « zone artisanale » - 25330 Cléron -* ✆ *03 81 62 41 51 - www.hameaudufromage.com - 9h-19h dernière visite 18h - fermé 25 déc. et 1er janv.* En ajoutant à la fromagerie d'origine une boutique et un restaurant et en faisant visiter les salles de fabrication, les fils Perrin ont créé un superbe ensemble, chaleureux et authentique, à la gloire du fromage. La carte propose des petits plats du terroir, avec ou sans fromages, mais toujours bien garnis.

Sports & Loisirs

Syratu Tourisme et Loisirs – *Rte de Montgesoye -* ✆ *03 81 57 10 82 - www.syratu.com - avr.-oct. : 9h30-18h - fermé nov.-mars.* Cette base de loisirs propose de nombreuses activités : canoë-kayak, canyoning, rafting, via ferrata, escalade, VTT, « parcours aventure »… Également sur place, un café-restaurant doté d'une terrasse dressée au bord de la rivière.

Sport Nautique Bisontin (SNB) – *Base nautique - 25840 Vuillafans -* ✆ *03 81 80 89 46.* Aviron, canoë-kayak.

Passavant-la-Rochère

803 PASSAVANTAIS
CARTE GÉNÉRALE B1 – CARTE MICHELIN LOCAL 314 G5 – HAUTE-SAÔNE (70)

À l'extrême nord de la Haute-Saône, Passavant est bordé de vastes forêts qui s'étendent vers le nord. Mais le site est surtout connu pour sa très ancienne verrerie qui perpétue depuis des siècles le savoir-faire des maîtres verriers.

- **Se repérer** – Passavant se trouve à 42 km au nord-ouest de Luxeuil-les-Bains, par la N 57 vers le nord, la D 64 vers Magnoncourt, puis la D 417 vers l'est et enfin la D 7 vers le nord à Demangevelle. Idéalement situé près d'un cours d'eau et d'un important massif forestier (forêt de Selles et Passavant, forêt domaniale de Darney), le bourg est également très proche du canal de l'Est.

- **À ne pas manquer** – Le fabuleux travail de précision et d'art des maîtres verriers, à la verrerie et cristallerie de La Rochère ; les thermes gallo-romains de Jonvelle et les vestiges de son élégant pavage de mosaïque.

- **Organiser son temps** – Comptez 2h à 3h pour visiter les ateliers et assister au travail des maîtres verriers, parcourir l'exposition-vente et la galerie d'art contemporain et vous promener dans le jardin japonais.

- **Avec les enfants** – Faites-leur découvrir les méthodes traditionnelles de fabrication du verre : la magie du verre en fusion suscitera leur émerveillement, et pourquoi pas, des vocations.

- **Pour poursuivre la visite** – Voir aussi Chauvirey-le-Châtel, Faverney, Fougerolles, Luxeuil-les-Bains.

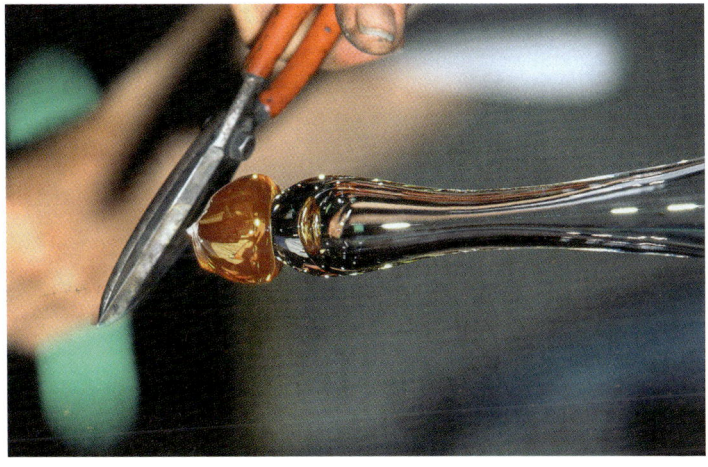

La production de la verrerie et cristallerie de la Rochère allie traditions et créativité.

Visiter

Verrerie et cristallerie de La Rochère★

☏ 03 84 78 61 13 - www.larochere.com - ♿ - visite de l'atelier : 2 avr.-20 juil. et 20 août-29 sept. : tlj sf dim. et j. fériés 10h-12h, 14h30-17h30 ; oct. : tlj sf dim. 14h30-17h30 - exposition-vente : 31 mars-30 sept. : 10h-12h, 14h30-18h, dim. et j. fériés 14h30-18h ; oct. : 14h30-18h ; 24 nov.-31 déc. : tlj sf 25-26 déc. 14h-17h30 - gratuit.

Au 15e s., le travail du verre se développe dans ce coin de Franche-Comté, car tous les matériaux nécessaires à sa fabrication sont présents, notamment la silice comme corps vitrifiant, la potasse provenant des cendres de fougères comme fondant, et le bois comme combustible. C'est donc presque naturellement qu'est fondée, en 1475, la plus ancienne verrerie d'art française encore en activité.

Celle-ci, gérée par la même famille depuis 1858, a su diversifier sa production et faire de la fabrication des dalles et tuiles de verre sa spécialité, tout en produisant des articles en verre pressé mécanique pour la restauration et des objets divers en cristallin créés selon les méthodes artisanales traditionnelles.

DÉCOUVRIR LES SITES

Au cours de la visite, vous aurez accès aux **ateliers des maîtres verriers** où vous pourrez observer les différentes phases de travail du verre « fait main » et « soufflé bouche ». L'exposition « De sable et de souffle, le travail du verre » retrace l'histoire et les techniques du verre et vous explique, à travers une vidéo, le travail actuel des verriers de La Rochère. Derrière les ateliers, le **caveau Saint-Valbert**, magnifique salle voûtée d'arêtes, bâtie en pierres de grès de la forêt voisine au 17e s., contient une belle collection de meubles anciens et de tapisseries d'Aubusson. Ne manquez pas non plus la **galerie d'art contemporain** et sa collection de lampes gravées La Rochère, et tout près, l'agréable **jardin japonais** où vous pourrez vous détendre. Avant de partir, vous voudrez sans doute découvrir, dans un bâtiment du 17e s., une exposition-vente proposant toutes sortes d'objets d'inspiration classique ou contemporaine : verres, carafes, vases, lampes, etc.

> **Le saviez-vous ?**
>
> Le mot **place** désigne l'espace autour du four où travaille une équipe de verriers. La fabrication d'un verre à jambe nécessite la collaboration de sept personnes, tant la tâche est délicate :
> – le **cueilleur marbreur**
> – le **mouleur**
> – le **cueilleur de jambe**
> – le **cueilleur de pied**
> – le **poseur de jambe**
> – le **poseur de pied**
> – le **porteur à l'arche**.
> Seul le poseur de jambe ou **chef de place** maîtrise tous les outils et chaque étape de la fabrication.

Aux alentours

Jonvelle

12 km au sud-ouest. Au départ de Passavant, rejoignez la D 417 et suivez-la à droite sur 7 km. Ce vieux bourg rural abrite une église ancienne plusieurs fois remaniée. Le chœur, de la fin du 13e s., est orné d'une chatoyante verrière, réalisée en 1868 par un élève de Viollet-le-Duc, et d'un élégant maître-autel du 17e s. en bois doré. Remarquez un curieux passage creusé dans l'épaisseur du mur entre le chœur et le collatéral nord, ancienne chapelle seigneuriale : il permettait aux occupants de cette dernière de suivre les offices.

À 1 300 m à l'ouest du bourg, par la route passant devant le cimetière, on peut visiter les **thermes**, mis au jour depuis 1968, d'une villa gallo-romaine du 2e s. ; remarquez les soubassements de brique des piscines et l'élégante mosaïque qui pave encore l'une d'elles. ℘ 03 84 92 54 37 - *juil.-août : tlj sf mar. 14h-18h ; avr.-juin et sept.-oct. : dim. et j. fériés 14h-18h - 2,50 €.* Un **musée** de machines agricoles anciennes a été aménagé dans un hangar voisin.

Passavant-la-Rochère pratique

Voir aussi les encadrés pratiques de Chauvirey-le-Châtel, Faverney, Fougerolles, Luxeuil-les-Bains.

Se restaurer

⌂ **Au Pont Tournant** – *7 r. de la Tuilerie - 70210 Selles - ℘ 03 84 92 44 81 - fermé 21 oct.-7 nov. et merc. - 12,50/15 €.* Bien que doté d'une façade à l'aspect peu engageant, ce restaurant (également café de campagne) bénéficie d'une solide réputation grâce à sa carte ne comptant que des préparations maison. Une belle terrasse, au bord du canal, aux airs de guinguette en été. Une bonne adresse à découvrir, à des prix raisonnables.

Que rapporter

Magasin d'exposition et de vente - Les Magiciens du verre – *70210 Passavant-la-Rochère - ℘ 03 84 78 61 13 - www.larochere.com - avr.-1er oct. : 10h-12h, 14h30-18h ; 2-31 oct. : 14h30-18h ; 25 nov.-déc. : 14h-17h30 - fermé 25 et 26 déc.* Dans un vaste bâtiment du 17e s. aux charpentes et poutres originales, un magasin d'exposition et de vente propose des pièces réalisées à la verrerie attenante.

Pesmes

1 057 PESMOIS
CARTE GÉNÉRALE B2 – CARTE MICHELIN LOCAL 314 B9 – HAUTE-SAÔNE (70)

Petite cité comtoise de caractère, Pesmes figure également au palmarès des plus beaux villages de France. Cette jolie localité surveille le cours de l'Ognon du haut de ses remparts et porte encore l'empreinte du passé. Né au Moyen Âge autour du château, le village fut souvent l'objet de convoitises. Avant de devenir français sous Louis XIV, il fut franc, germain, bourguignon et espagnol. Quelques vestiges de fortifications enserrent le labyrinthe de ses ruelles étroites et fleuries, bordées de façades à niches, statuettes et fenêtres à meneaux.

Les remparts de Pesmes, juchés au-dessus de l'Ognon.

- **Se repérer** – À la frontière du Jura et de la Haute-Saône, Pesmes se situe à 19 km au sud de Gray et à 22 km au nord de Dole, par la D 475.
- **Se garer** – Pour découvrir Pesmes, garez-vous dans la rue principale (rue Vanoise), à la hauteur de l'hôtel de France.
- **À ne pas manquer** – L'église Saint-Hilaire et ses chapelles richement décorées, portant le nom de notables de la ville ; les différents châteaux, témoignages de la splendeur passée du bourg ; le centre-ville et ses maisons anciennes, avec tourelles d'escalier et bancs d'échoppe.
- **Organiser son temps** – Consacrez 2h à la découverte de la ville. Et si vous êtes à Pesmes fin juillet, n'oubliez pas de faire un détour par la fête champêtre de l'Ognon ; sur l'île de la Sauvageonne, cette fête mêle jeux, repas traditionnel et détente.
- **Pour poursuivre la visite** – Voir aussi le château d'Acey, Besançon, la forêt de Chaux, Dole, Gray, Gy, le château de Moncley.

Se promener

Montez par la rue du Donjon, en remarquant les tourelles d'escalier et bancs d'échoppe qui signalent des maisons anciennes.

Prenez à gauche en longeant le Trésor public.

Châteaux

Le premier château que vous rencontrerez est celui de Pesmes. Construit au

Le saviez-vous ?

- Aucune certitude sur l'origine du nom, mais la ville semble avoir tranché en prenant un palme (paume) de main comme emblème ; d'autres y voient une évolution de *Pessimi*, les pires, alors que les voisins de Malans seraient les *Mali*, les mauvais.
- Une reine à Pesmes ! Quelle belle histoire d'amour que celle d'**Ursula Salima Machamba** (1874-1964), reine de Mohéli aux Comores, qui accepta de renoncer à son trône pour suivre le gendarme Camille Paule à Pesmes.

10e s. sur les flancs d'une falaise dominant l'Ognon, il accueillit au cours des siècles de grandes personnalités comme Henri IV et Louis XIV. Détruit à plusieurs reprises durant les guerres au Moyen Âge, le château fut maintes fois remanié. Il ne reste guère aujourd'hui que la salle des gardes des 14e s. et 15e s., dotée d'un dallage en pierre de Sampans du 17e s., et les écuries (18e s.). Le Grand Pavillon, partie principale de l'édifice, fut malheureusement détruit durant la Révolution.

Continuez votre chemin par la charmante rue des Châteaux : à gauche, l'**hôtel Mairot** (portail du 16e s.), l'**hôtel de Grignet** (tour gothique) et l'**hôtel Mouchet de Châteaurouillaud** (15e-16e s.) laissent deviner ce que fut jadis la richesse du bourg.

Prenez, au bout de la rue à droite, la rue de Granvelle et remarquez, à l'angle de la place de l'église, la bâtisse malheureusement en mauvais état qui fut construite par Antoine de Granvelle *(voir Besançon)*.

Église Saint-Hilaire

03 84 31 23 37 - possibilité de visite guidée - ouverte tlj. Du 12e s., elle a conservé le portail roman, quelques éléments du clocher, la chapelle du Sacré-Cœur et les murs du chœur, éclairé par deux grandes baies flamboyantes. Les chapelles portent souvent le nom de notables pesmois, comme par exemple la **chapelle d'Andelot★**, édifiée vers 1560 par Pierre d'Andelot, abbé de Bellevaux. Marbres noirs et rouges et pierre rouge de Sampans lui confèrent beaucoup de majesté. Le retable est orné de niches renfermant trois statues en marbre de Poligny, et surmonté d'une belle Vierge au manteau. La chaire à prêcher (16e s.), elle aussi en marbre et pierre de Sampans, est une réplique des chaires de Dole et d'Auxonne. Dans la **Grande Chapelle** (ou chapelle de la Vierge), on remarque une Vierge à l'Enfant du 15e s. en albâtre et une sainte Catherine du 16e s. en pierre tendre, toutes deux de l'école bourguignonne.

Dans le chœur, triptyque peint sur bois de 1560, dû à Jacques Prévost, artiste pesmois élève de Raphaël.

Descendez par la rue Sainte-Catherine pour apprécier le charme de l'alignement des maisonnettes, jusqu'à la **porte Loigerot** (16e s.), l'une des deux seules restantes sur les six portes connues de Pesmes.

Remontez par la rue de Granvelle, puis la rue des Châteaux à gauche. Traversez la terrasse du château pour apprécier la vue et descendez par les escaliers de la Roche. Vous arrivez rue des Tanneurs que vous prenez à gauche, et de nouveau à gauche, la rue Vanoise.

Pesmes pratique

Voir aussi les encadrés pratiques de Besançon, forêt de Chaux, Dole, Gray, Gy, château de Moncley.

Adresse utile

Office du tourisme de Pesmes et sa région – 19 r. Jacques-Prévost - La Tourelle - 70140 Pesmes - 06 87 73 13 05 - mai-sept. : tlj sf lun. 9h-12h, 13h30-17h30 ; reste de l'année : tlj sf sam. 13h30-17h30 - fermé dim., j. fériés.

Se loger

Camping La Colombière – Rte de Dole - au S de Pesmes par la D 475 - 03 84 31 20 15 - colombierepesmes@aol.com - avr.-sept. - 70 empl. 8,30 €. Même si les bruits de circulation peuvent troubler la tranquillité des lieux, ce camping situé au pied de la ville donnera entière satisfaction. Entièrement restructuré, il compte 2 blocs sanitaires aménagés de façon moderne. Une salle de jeux jouxte l'accueil. Location de mobile-homes. Ensemble fort convenable.

Chambre d'hôte La Maison Royale – 16 av. Jacques-Prévost - 03 84 31 23 23 - fermé 30 sept.-1er avr. - 6 ch. 70 €. Cette somptueuse maison forte du 15e s. admirablement restaurée porte bien son nom. Les propriétaires très chaleureux l'ont décorée d'objets rapportés du monde entier. Chambres personnalisées avec vue. Vastes espaces de détente, bibliothèque, billard, orgue et petit jardin fleuri…

Se restaurer

France – 3 r. du Gén.-Poncet - 03 84 31 20 05 - hoteldefrance70@aol.com - fermé 22 oct.-4 nov. et dim. soir hors sais. - 15/35 € - 10 ch. 38/45 € - 10 €. Vieille auberge familiale postée sur une rive de l'Ognon. Cuisine simple et copieuse servie dans une salle de restaurant décorée de multiples bibelots et tournée vers la rivière. Les chambres, modestes, mais très bien tenues, sont installées dans une annexe distante de 200 m.

Poligny

4 511 POLINOIS
CARTE GÉNÉRALE B3 – CARTE MICHELIN LOCAL 321 E5 – JURA (39)

Pour le plus grand plaisir des gastronomes avertis, Poligny associe avec bonheur la production de vins réputés à celle du comté, dont la ville est devenue la capitale. La richesse de ses terres, au cœur du vignoble jurassien, lui vaut depuis des siècles une réelle prospérité, comme en témoigne encore son important patrimoine.

Vue de Poligny depuis le belvédère de la croix du Dan.

- **Se repérer** – Poligny est située à l'entrée d'une « reculée », la Culée de Vaux, dominée par la croix du Dan.
- **À ne pas manquer** – La collégiale Saint-Hippolyte et sa remarquable collection de statues du 15e s., de l'école bourguignonne ; une agréable promenade au belvédère de la croix du Dan.
- **Organiser son temps** – Prévoyez une demi-journée pour découvrir la ville et ses alentours.
- **Avec les enfants** – Une visite à la maison du comté pour découvrir, toucher, sentir, goûter ce merveilleux produit du terroir.
- **Pour poursuivre la visite** – Voir aussi Arbois, le château d'Arlay, Baume-les-Messieurs, Champagnole, Château-Chalon, Salins-les-Bains.

Comprendre

La forteresse de Grimont appartenait aux souverains de la Comté. C'est là qu'ils conservaient leurs archives et incarcéraient les vassaux rebelles. Les **prisons** de Grimont ne chômèrent pas au temps des quatre grands ducs. Sous leur règne, nul n'était au-dessus des lois, pas même les grands seigneurs. Les **chats fourrés**, magistrats de la Chambre du conseil du Parlement de Dole, infligeaient sans sourciller vingt ans de geôle, quand ce n'était pas la peine de mort, au noble sire qui prenait les armes sans l'autorisation du duc.

Ainsi, en 1455, Philippe le Bon réclama une contribution de deux écus par ménage vivant sur chaque terre seigneuriale. Cette prétention fit scandale chez les féodaux. **Jean de Grandson**, seigneur de Pesmes, fut particulièrement ulcéré et le fit bien voir. Il fut alors saisi

Le saviez-vous ?

- Les vignerons de Poligny avaient bâti leurs demeures à l'abri d'une enceinte fortifiée et sous la protection supplémentaire du château dont les ruines couronnent aujourd'hui la hauteur de **Grimont**.
- Poligny vit naître le rusé **Jacques Coitier**, médecin de Louis XI. Tombé en disgrâce et craignant pour sa vie, Coitier avait habilement réussi à persuader son royal client qu'il mourrait trois jours après son médecin…

et emprisonné au château de Grimont. Le Parlement le condamna à mort, et il fut étouffé entre deux matelas… En 1635, Richelieu ordonna d'envahir la Comté. La ville de Poligny fut prise et incendiée trois ans plus tard.

Visiter

Collégiale Saint-Hippolyte★
9h-12h, 15h-17h - possibilité de visite guidée juil.-août le merc. À l'extérieur, sous le porche, le portail, dont le trumeau supporte une Vierge en pierre polychrome du 15e s., est surmonté d'un bas-relief figurant l'écartèlement de saint Hippolyte. Au portail de droite, une Pietà du 15e s. est placée sur une console blasonnée. À l'intérieur, remarquable calvaire en bois, sur poutre de gloire, dominant l'entrée du chœur, et belle collection de **statues★** de l'école bourguignonne du 15e s.

Couvent des Clarisses
Fondé en 1415 par sainte Colette, il s'ouvre par une grande porte en bois. Dans la **chapelle**, reconstruite après la Révolution, une châsse contient les reliques de la sainte.

Église de Mouthier-Vieillard
📞 03 84 37 24 21 - fermé pour travaux - se renseigner à l'office de tourisme. Église romane (11e s.), dont subsistent le chœur, une partie du transept et le clocher surmonté d'une flèche en pierre du 13e s. À l'intérieur, retable en albâtre de 1534, calvaire en bois polychrome du 14e s. et statues des 13e et 15e s., dont un Saint Antoine.

Hôtel-Dieu
📞 03 84 37 24 21 - visite guidée (1h) sur demande à l'office de tourisme juil.-août : mar.-merc., jeu.-vend. 15h - 2 € (-12 ans gratuit).
Cet édifice du 17e s. a conservé son cloître, sa pharmacie (faïences comtoises). Son réfectoire voûté n'est pas visible.

Maison du comté
Av. de la Résistance - 📞 03 84 37 78 40 - ww.lesroutesducomte.com - 📞 03 84 37 78 40 - ♿ - juil.-août : 10h-11h30, 14h-18h ; vac. scol. : 14h-17h ; hors vac. scol. : tlj sf w.-end et lun. 14h-17h (déb. du film ttes les 25mn) - fermé lun., 1er janv., 1er Mai, 25 déc. - 4 € (6-16 ans 2,50 €).
👥 Lors de la visite de cette maison, qui abrite également le Comité interprofessionnel du comté, on vous expliquera les différentes opérations de fabrication du comté, de l'apport du lait à l'affinage, et le lien entre la qualité du foin, aux parfums notamment différents, et celle du fromage. Maquette animée, dégustation, exposition, le musée livre tous les secrets de ce fromage.

> ### Le comté en apéritif
> Coupé en lamelles ou en cubes, ce fromage se marie particulièrement bien avec des vins blancs secs, le vin jaune, le vin de paille ou le champagne. Vous pourrez, sans efforts de préparation, l'accompagner d'amandes, de noix ou de noisettes. Vous pourrez aussi le servir en brochettes, intercalé entre de petits cubes de pommes et de jambon, ou encore entre des morceaux de poires et des olives vertes. Et si vous préférez le servir chaud, composez des brochettes de comté enroulé de lamelles de jambon cru, et passez-les au four 3mn…

Aux alentours

Croix du Dan
3 km. Quittez Poligny au sud par la D 68. La route s'élève à flanc de falaise dominant à droite l'église de Mouthier.

Tournez à gauche, à angle aigu, dans la D 256, route étroite en montée, puis 900 m plus loin encore à gauche. Laissez votre voiture sur le terre-plein.

🚶 Alt. 511 m. Un **belvédère** aménagé au pied de la croix *(15mn à pied AR)* permet de découvrir l'originalité du site de Poligny à l'entrée de la reculée : la vieille ville est blottie contre la falaise tandis que la ville neuve s'étend dans la plaine.

Oussières
12 km au nord-ouest par la N 5, puis à Aumont la D 9 à gauche et enfin la D 218 à droite.
Ce village de plaine, d'allure presque bressane, est connu pour les admirables chênes tricentenaires qui s'élèvent dans les prairies à proximité de fermes isolées.

POLIGNY

Poligny pratique

Voir aussi les encadrés pratiques d'Arbois, château d'Arlay, Baume-les-Messieurs, Champagnole, Château-Chalon, Salins-les-Bains.

Adresse utile

Office du tourisme de Poligny – 20 pl. des Déportés - 39800 Poligny - ☎ 03 84 37 24 21 - juil.-août : 9h-12h, 14h-18h30, sam. 9h-12h, 14h-18h, dim. et j. fériés 9h-12h ; reste de l'année : tlj sf dim. 9h-12h, 14h-18h, sam. 9h-12h, 14h-17h30 - fermé 1er janv., 1er et 8 Mai, 25 déc.

Visites

Les routes du Comté – Le savoureux et célèbre comté reste un lien très fort dans le massif jurassien, qu'il a profondément marqué. La zone AOC est le théâtre de nombreuses initiatives qui complètent la découverte touristique de la région : accueil à la ferme, visites de fruitières et de caves d'affinage, rencontres avec des gens du pays passionnés. Toute cette offre est détaillée dans le guide annuel (gratuit) des « Routes du comté ». *Renseignements à la Maison du comté de Poligny -* ☎ *03 84 37 23 51 - www.lesroutesducomte.com.*

Se loger

Revermont – 39230 Passenans - 11 km au SO de Poligny par les N 83 et D 57 - ☎ 03 84 44 61 02 - www.domaine-du-revermont.fr - fermé 22 déc.-1er mars - 🅿 - 28 ch. 78/95 € - ⊇ 10,50 € - rest. 20/46 €. Construction des années 1970 construite à flanc de colline, entre vignes et pâturages. Grandes chambres ouvrant sur le parc. Salle à manger modulable avec poutres, pierres apparentes, cheminée et chatoyant décor aux tons abricot et orange. Cuisine comtoise.

La Ferme du Château – R. de la Poste - 39800 Bersaillin - 9 km à l'O de Poligny par la N 83, puis la D 22 - ☎ 03 84 25 91 31 - fermé janv. - 9 ch. 65/82 € ⊇. Cette ferme du 18e s. remarquablement restaurée a conservé nombre de ses aménagements d'origine dont la salle des colonnes, dotée de magnifiques voûtes et piliers, qui accueille en été expositions de peinture et concerts. Les chambres, sobres mais élégantes, ouvrent leurs fenêtres sur la campagne.

Se restaurer

Le Chalet – 7 rte de Genève - ☎ 03 84 37 13 28 - restaurant.lechalet-monsite. wanadoo.fr - fermé merc. soir, jeu. soir et dim. - 11,50 € déj. - 17,20/38,50 €. Escalope polinoise, coq au vin jaune ou encore Tourmonier (gratin de pommes de terre avec saucisse de Montbéliard et fromage de Tourmont) : les spécialités locales sont à l'honneur dans ce restaurant simple et sympathique. Vous les dégusterez avec les meilleurs vins du Jura, en bouteille, en pichet ou au verre.

La Maison du Haut – Les Bordes - 39230 Saint-Lothain - 6 km au SO de Poligny par la D 259 , puis une rte secondaire - ☎ 03 84 37 35 19 ou 03 84 37 31 08 - www.maison duhaut.com - réserv. obligatoire - 13/20 € - 5 ch. 20/25 € - ⊇ 4,50 €. Au calme, en pleine campagne, goûtez au bonheur simple d'une vraie cuisine locale et familiale dans cette jolie fermette du 18e s. disposant aussi de chambres simples mais néanmoins agréables pour l'étape. Dortoir réservé aux randonneurs. Écurie et enclos pour les chevaux.

Que rapporter

Caveau des Jacobins – 1 r. Hyacinthe-Friand - ☎ 03 84 37 14 58 - www. caveaudesjacobins.com - 9h30-12h, 14h-18h30, dim. 10h-12h - fermé 25 déc. et 1er janv. Les murs de l'église des Jacobins, datant de 1248, veillent désormais sur les foudres de chêne où mûrissent les côtes-du-jura des vignerons du Caveau. Un cadre exceptionnel pour des crus typiques de la région et vinifiés dans les règles de l'art par la dizaine de producteurs regroupés dans cette coopérative.

Fruitière de Plasne – 5 km au SO de Poligny par la D 68 - 39800 Plasne - ☎ 03 84 37 14 03 - 10h-12h, 18h-19h - fermé mar. Le comté bien sûr, mais aussi la tomme du Jura et le morbier, autres fleurons de la gastronomie locale, sont affinés dans cette coopérative fromagère. Une visite de l'atelier de fabrication du comté et des caves d'affinage, clôturée par une dégustation, est proposée en saison aux individuels.

Sports & Loisirs

Association Pichevel – M. Giroud - 18 r. des Étangs - 39230 Champrougier - ☎ 03 84 85 59 00 - www.pichevel.fr. Promenade en attelage (de 1h à plusieurs jours). L'association a créé dans la Bresse du Jura et le Revermont un circuit pour les attelages sportifs de 150 km de sentiers avec gîtes acceptant les chevaux.

DÉCOUVRIR LES SITES

Pontarlier

18 360 PONTISSALIENS
CARTE GÉNÉRALE C3 – CARTE MICHELIN LOCAL 321 I5 – DOUBS (25)

Important carrefour entre la Franche-Comté et la Suisse, défendu par le célèbre fort de Joux, Pontarlier est idéalement placé au pied de la montagne jurassienne et au bord du Doubs : une situation stratégique qui explique sa prospérité, due en partie aux échanges transfrontaliers. La ville constitue un agréable point de départ pour toutes sortes d'excursions en été, et pour les sports de glisse en hiver.

Table d'orientation du Grand Taureau, à 11 km de Pontarlier.

- **Se repérer** – À 31 km au sud-ouest de Morteau, par la D 437, la ville occupe un point de passage important, au carrefour de Besançon, Champagnole et Neuchâtel en Suisse. Desserte TGV.
- **À ne pas manquer** – Le splendide panorama du Grand Taureau, donnant sur le Jura et les Alpes bernoises ; l'impressionnant retable de l'église de Goux-les-Usiers ; le frais défilé d'Entreportes et ses « Dames ». Et n'oubliez pas de faire un détour par l'une des distilleries artisanales locales pour découvrir le processus de fabrication de l'absinthe, l'une des productions les plus renommées de la ville.
- **Organiser son temps** – Une journée entière est nécessaire pour apprécier la ville et les sites naturels qui l'entourent.
- **Avec les enfants** – Emmenez-les pique-niquer dans le cadre verdoyant du défilé d'Entreportes et racontez-leur la légende des Dames d'Entreportes.
- **Pour poursuivre la visite** – Voir aussi le saut du Doubs, le château de Joux, Malbuisson, Montbenoît, Morteau, Mouthier-Haute-Pierre, Ornans, la route des Sapins.

Comprendre

Du Moyen Âge au 17e s. – Dès le 11e s., l'histoire de Pontarlier est étroitement liée à celle des maisons de Salins et de Joux ainsi qu'à celle des abbayes de Montbenoît et de Mont-Sainte-Marie, au gré des conflits qui opposent leurs différents suzerains. Au milieu du 13e s., Pontarlier et 18 villages des environs forment une petite communauté admi-

Le saviez-vous ?

- Capitale mondiale de l'**absinthe**, Pontarlier produisait plus de 10 millions de bouteilles par an au début du 20e s. Interdit en France de 1915 à 2000, ce breuvage a été réhabilité, et des boissons à base d'absinthe sont à nouveau produites localement.
- Élu député de Pontarlier en 1842, **Auguste Demesmay** se démena jusqu'en 1848 pour obtenir la réduction de la taxe sur le sel, ce qui lui valut le surnom de « **député du sel** ». C'est parce qu'il n'avait pas renié ses origines montagnardes qu'il n'oublia pas cet ingrédient essentiel à l'élevage et au fromage.

nistrative et ecclésiastique : le **baroichage**. Ce groupe de « paroissiens » est en fait une petite république d'hommes libres, que la charte de l'époque qualifie de « barons-bourgeois ». Cette fructueuse indépendance de cinq siècles ne résistera pas à la politique centralisatrice de Louis XIV. Jusqu'au 17e s., la ville de Pontarlier bénéficie des échanges internationaux transitant par le col de Jougne et de quatre foires annuelles.

Les années terribles : 1639 et 1736 – Lors de la guerre de Dix Ans, la Franche-Comté subit les assauts des troupes mercenaires à la solde de la France. Pontarlier capitule le 26 janvier 1639 après un siège de quatre jours mené par les troupes suédoises de Bernard de Saxe-Weimar. La ville est pillée, incendiée, plus de 400 personnes y trouvent la mort. Avec le rattachement de la Franche-Comté à la France en 1678 sous Louis XIV, Pontarlier voit son destin associé à celui du pays. Au 18e s., de nombreux incendies liés à l'importance du bois dans la construction endommagent la ville. Le plus dramatique, celui du 31 août 1736, en détruit la moitié. Il est à l'origine de la reconstruction de Pontarlier sur les plans de l'ingénieur **Querret**. Cet incendie et celui de 1761 entraînent une modification des voies urbaines et de la structure de la ville.

Liaison dangereuse de Mirabeau – En 1776, le marquis de Monnier passe la belle saison en son château de Nans. Il a épousé, à 75 ans, un tendron de 20 ans, **Sophie de Ruffey**, qui, maigrement dotée, a préféré ce mariage de raison au couvent. Mirabeau, emprisonné au château de Joux, mais qui jouit d'une grande liberté, est devenu l'ami du ménage… et arrive ce qui devait arriver. L'intrigue découverte, ils doivent fuir. Sophie quitte Pontarlier de façon romanesque : à la tombée de la nuit, vêtue en homme, elle se sauve dans le parc, escalade une échelle placée d'avance contre le mur, saute sur le cheval qui l'attend et, à bride abattue, rejoint Mirabeau à la frontière suisse. Le tribunal de Pontarlier, qui ne badine pas avec l'amour, condamne par contumace

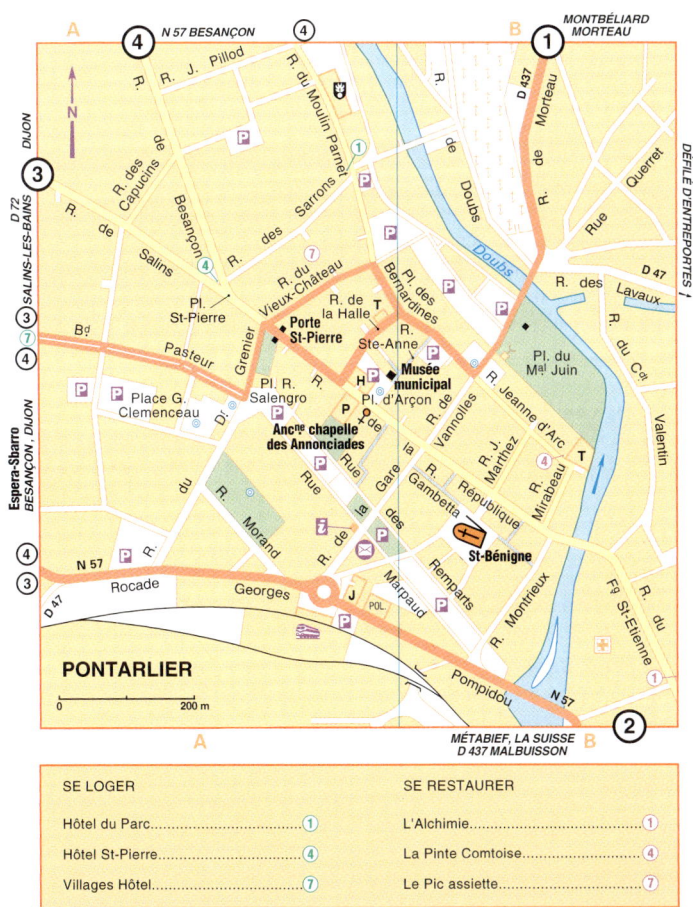

SE LOGER		SE RESTAURER	
Hôtel du Parc	①	L'Alchimie	①
Hôtel St-Pierre	④	La Pinte Comtoise	④
Villages Hôtel	⑦	Le Pic assiette	⑦

La « fée verte »

L'une des innombrables légendes comtoises ? « Non, mais une boisson » que sa disparition a rendue mythique : l'**absinthe**. Vantée par Pline l'Ancien qui soulignait déjà ses qualités médicinales, l'absinthe apparaît en version alcoolisée dans le Val-de-Travers (Suisse) sous la Révolution. En 1805, **Henri Louis Pernod**, venant de Suisse, installe la première distillerie d'absinthe à Pontarlier. Après un franc succès dans les armées napoléoniennes, elle conquiert les hautes sphères en s'attachant les intellectuels et les artistes. La crise de la vigne rend alors le prix du vin élevé, favorisant l'achat de la « fée verte ».

Pontarlier devient la capitale mondiale de l'absinthe. Mais le déclin de ce breuvage est aussi fulgurant que son ascension ; après une impressionnante campagne de critiques, il est interdit en France le 7 janvier 1915. Motif : l'absinthe rend fou ! Le sujet fait l'objet d'interminables débats plus ou moins scientifiques (souvenez-vous de la conversation de café dans *César*, de Marcel Pagnol) sur la toxicité de la plante elle-même. Des rites et tout un mode de vie disparaissent avec elle, heureusement perpétués par de nombreux musées. Très vite, des distilleries tentent de trouver des produits très proches, mais à 45° (l'absinthe titrait entre 65 et 72°) : dès 1921 la distillerie Guy fabrique le « Pontarlier anis à l'ancienne ». En 1990, « La Rincette » de Blackmint est produite en Suisse.

En 2000, l'absinthe est réhabilitée en France, à condition que sa « teneur en thuyone, substance toxique et épileptisante, n'excède pas 35 milligrammes par litre ». En décembre 2001, les premières bouteilles, qui titrent à 45°, de « boisson spiritueuse à base d'absinthe », sortent à nouveau de la distillerie Guy… Ironie du sort : lors des **Absinthiades** en 2003, récompensant les apéritifs et spiritueux à base d'absinthe, c'est la production de Pontarlier qui a remporté le premier prix.

le séducteur à la peine capitale et l'épouse infidèle à la détention perpétuelle dans un couvent. Arrêtés à Amsterdam, les fugitifs sont ramenés en France. Mirabeau conserve sa tête. Sophie, délaissée par son amant, reste volontairement au couvent de Gien, où elle a été reléguée après sa fugue.

Ultime sacrifice – En 1871, juste avant que l'empereur Napoléon III ne soit pris par les Prussiens, les troupes du **général Billot** se sacrifient lors d'un ultime combat dans le défilé de Pontarlier, pour couvrir la retraite vers la Suisse de l'armée du général Bourbaki.

Visiter

Ancienne chapelle des Annonciades A

C'est le seul vestige du couvent des Annonciades établi en 1612. Son magnifique **portail**★ date du début du 18ᵉ s. Désaffectée, la chapelle a été transformée en salle d'expositions.

Porte Saint-Pierre A

Élevé en 1771 sur les plans du chevalier d'Arçon, cet arc de triomphe est couronné, dans sa partie supérieure, d'un clocheton ajouté au 19ᵉ s. Le monument célèbre la reconstruction de la ville. Son pendant, la porte Saint-Martin à Paris, commémore la conquête française de la Franche-Comté en 1678.

Église Saint-Bénigne B

Tlj sf dim. 9h-20h - possibilité de visite guidée sur demande préalable à la cure auprès du père Sarron.

Reconstruite au 17ᵉ s., puis restaurée, elle a conservé un portail latéral flamboyant du 15ᵉ s. C'est un curieux édifice : une façade postiche, construite après l'incendie de 1736 pour s'harmoniser à la nouvelle place, se détache du flanc droit. Le **clocher-porche** imite celui des églises de la « montagne », qui devaient se protéger de la neige.

À l'intérieur, il faut remarquer deux tableaux : l'un à gauche du chœur représentant le Christ entouré d'anges ; l'autre, à droite, rappelle le miracle de la « Lactation de saint Bernard » à Châtillon-sur-Seine (*voir* Le Guide Vert Bourgogne). Notez aussi la chaire (1754), habilement sculptée par les frères Guyon de Pontarlier, ainsi qu'un Christ gisant du 17e s. et une statue (18e s.) de la Vierge noire d'Einsiedeln dont le culte était très répandu dans le Haut-Doubs. Le buffet d'orgues, également des frères Guyon, date de 1758. Remarquez enfin le flamboiement de lumière et de couleurs dans les **vitraux** (1975) de G. Manessier qui illuminent l'église ; ils ont pour thème la symphonie pascale.

Musée municipal A
☏ 03 81 38 82 14 - ♿ - tlj sf mar. 10h-12h, 14h-18h, w.-end et j. fériés 14h-18h - fermé 1er janv., 1er Mai, 1er nov., 25 déc. - 3,40 € (-12 ans : gratuit).

Installé dans une ancienne demeure bourgeoise (plafonds à la française peints, vitraux Modern Style), il présente l'histoire de la ville depuis ses origines jusqu'à nos jours. Les thèmes de l'absinthe, la peinture comtoise (autoportrait de Courbet) et la faïence y sont largement évoqués. Au sous-sol, le musée présente le patrimoine archéologique de la ville. Le premier étage accueille des expositions temporaires.

Aux alentours

Grand Taureau★★
11 km à l'est. Quittez Pontarlier au sud par la N 57 et prenez la route qui s'embranche à gauche, à 1 200 m du centre de Pontarlier. Elle s'élève sur les pentes de la montagne du Larmont, aménagée pour le tourisme d'hiver. Votre première halte sera le fort du Larmont-Supérieur, en ruine.

De ce point, la **vue**★ est étendue sur Pontarlier et vers l'ouest sur les plateaux jurassiens. Pour avoir un panorama complet, il faut aller jusqu'au Grand Taureau, point culminant (1 323 m) de la montagne du Larmont, situé à moins de 1 km de la frontière franco-suisse.

La route se termine près d'un petit chalet avant lequel vous pourrez laisser votre voiture. Grimpez sur le talus qui forme bordure, à droite, et faites quelques pas sur la crête qui domine la vallée de la Morte, prolongement du val de Travers.

Panorama★★ – Très ample, il se développe sur les chaînes parallèles du Jura jusqu'au dernier alignement montagneux qui, du Chasseral au mont Tendre, se dresse en Suisse. Par temps clair apparaissent, au-delà, les sommets neigeux des Alpes bernoises.

Les Dames d'Entreportes
Les silhouettes qui se dressent avec tant de grâce au-dessus de la vallée ne peuvent laisser indifférent. Leur légende non plus… Le seigneur de Joux, alors puissant et redouté, contrôlait la célèbre cluse qui conduit en Suisse. Enrichi par les taxes qu'il prélevait sur les voyageurs, il comptait aussi beaucoup sur le mariage de ses trois filles pour étendre encore son influence. Il organisa un grand tournoi et promit ses filles aux valeureux gagnants. Puissants, mais rustres et laids, les vainqueurs se marièrent sans tarder. Mais quelle ne fut pas leur déconvenue et leur fureur quand, en relevant leurs voiles, ils découvrirent des servantes du château. En effet, éprises de beaux troubadours, les belles s'étaient enfuies vers la Suisse. Les seigneurs trompés les rattrapèrent et s'apprêtaient à les occire quand Dieu, écoutant la prière des malheureuses, les recouvrit d'un manteau de pierre.

Défilé d'Entreportes
4 km à l'est par la D 47.

👥 C'est une cluse verdoyante, aux pentes couvertes de sapins, taillée dans un contrefort de la montagne du Larmont. À son extrémité orientale, superbes rochers, sculptés et troués par l'érosion : ce sont les « Dames d'Entreportes ». Dans ce cadre reposant, de fraîches prairies permettent de pique-niquer.

Faites demi-tour à l'extrémité de la cluse, devant le restaurant.

Sombacour
12 km au nord-ouest par la D 72, puis la D 6, à droite, qui gravit la côte du Fol.
Visible de loin, le **Mont calvaire** (1891-1895) aligne 14 stations du chemin de croix sur les hauteurs du village. Il est presque contemporain de la basilique de Montmartre ; cela se voit.

Goux-les-Usiers
2 km au nord-est de Sombacour, par la D 48.
L'**église** de ce village renferme des boiseries intéressantes (18e s.) dues au sculpteur Augustin Fauconnet. Remarquez le lutrin, la chaire et les détails du **retable monumental**★★ en bois doré : agneau de l'Apocalypse la tête posée doucement sur le livre aux sept sceaux, scène des pèlerins d'Emmaüs sur la porte du tabernacle. *9h-18h - possibilité de visite guidée en juil.-août : vend.*

DÉCOUVRIR LES SITES

Levier
22 km à l'ouest, par la D 72.

Musée-relais du Cheval de trait comtois et de la Forêt – ☎ 03 81 89 58 74 - avr.-sept. et vac. scol. (ttes zones) : tlj sf lun. et mar. 10h-12h30, 14h-18h ; reste de l'année et hors vac. scol. : tlj sf w.-end 9h-12h, 14h-18h (dernière entrée 1h av. fermeture) - fermé 1er janv., 25 déc. - 4 € (8-15 ans 2 €). Le musée présente, au moyen de témoignages, de photos, d'ambiances sonores et de matériel, les différents métiers associés à ce cheval de trait résistant et docile, et permet d'en découvrir les caractéristiques. Promenades en calèches, visites d'élevage de chevaux comtois et de la forêt sont également organisées sur réservation.

Évillers
7 km au nord-ouest de Sombacour par la D 6, puis la D 41 à droite.
Restauré en 2004, le **retable★** de l'église a retrouvé la finesse de tons de ses créateurs les frères Marca *(voir Gy)*. Remarquez aussi le **baptistère** en stuc polychrome (1750), à gauche en entrant. ☎ 03 81 89 51 80 - visite sur demande à la mairie tlj le matin sf lun.

Septfontaines
7 km au nord-ouest de Sombacour par la D 6, puis la D 41 à gauche.
Piège que ce nom issu du préfixe gaulois « sep », privatif, qui signifie qu'il n'y a justement pas de fontaine ici, dans un pays de sources ! L'**église** abrite des boiseries, une chaire et un retable intéressants (18e s.) ainsi que les reliques de sainte Victoire, transférées depuis les catacombes de Rome en 1836.

Bannans
13 km à l'ouest par la D 72, puis la D 471 à gauche, après Chaffois et enfin la D 248^E à gauche. L'**église** abrite trois retables aux couleurs et décors floraux flamboyants dus à **Augustin Fauconnet** (1701-1770). Surnommé le maître du val d'Usiers, il sillonna la région pour réaliser à des prix dérisoires l'ornementation des églises. Il serait aussi l'auteur du mobilier de Goux-les-Usiers, Septfontaines, Lods et Sombacour. Le retable de droite est consacré à la Vierge à l'Enfant, celui de gauche au rosaire, que la Vierge, entourée de 15 scènes de sa vie en médaillons, offre à saint Dominique et sainte Catherine. Remarquez aussi les lutrins, les fonts baptismaux et la belle **chaire** sculptée. ☎ 03 81 89 76 67 - visite guidée sur demande auprès de Mme Henriette Troutet - 5 r. Augustin-Fauconnet.

Pontarlier pratique

♿ Voir aussi les encadrés pratiques du saut du Doubs, château de Joux, Malbuisson, Montbenoît, Morteau, Mouthier-Haute-Pierre, Ornans, route des Sapins.

Adresse utile
Office du tourisme de Pontarlier – 14 bis r. de la Gare - 25300 Pontarlier - ☎ 03 81 46 48 33 - www.pontarlier.org - juil.-août : 9h-17h, dim. et j. fériés 10h-12h ; 2e quinz. de juin et vac. scol. de Noël et de fév. : 9h-18h ; reste de l'année : tlj sf dim. 9h-12h30, 13h30-18h - fermé 1er janv., 1er Mai, 25 déc.

Se loger
🛏 **Hôtel St-Pierre** – 3 pl. St-Pierre - ☎ 03 81 46 50 80 - www.hotel-st-pierre-pontarlier.com - fermé lun. sf j. fériés - 12 ch. 43/62 € - 🍴 6 € - rest. 13,90/22 €. Installé en plein centre face à la porte Saint-Pierre, l'hôtel a été remis à neuf. Les chambres, décorées sobrement et avec goût, sont de tailles et prix variés. Elles donnent pour la plupart sur la rue, mais avec double vitrage.

🛏 **Hôtel du Parc** – 1 r. du Moulin-Parnet - ☎ 03 81 46 85 92 - hotelduparc.pont@wanadoo.fr - fermé 1er-14 janv. et dim. soir de nov. à mars - 18 ch. 45/75 € - 🍴 6,50 €.

Cet hôtel proche du centre-ville vous dépannera si vous passez à Pontarlier : accueil familial, prix raisonnables, chambres sans luxe mais bien tenues et parfois rénovées ; préférez celles situées sur l'arrière pour une nuit calme.

🛏🍴 **Villages Hôtel** – 68 r. Salins - ☎ 03 81 46 71 78 - village-hotel@wanadoo.fr - 🅿 - 53 ch. 50 € - 🍴 7,50 € - rest. 17/40 €. Étape pratique avant d'atteindre le paradis du ski de fond, cet hôtel refait de pied en cap propose des chambres pimpantes, meublées dans un esprit « montagne ». Découvrez au restaurant les « röestis » et la « pontaliflette », spécialités suisse et jurassienne.

Se restaurer
🍴 **La Pinte Comtoise** – 4 r. Jeanne-d'Arc - ☎ 03 81 39 07 35 - fermé 1 sem. en fév., 2 sem. en août, mar. et merc. soir - réserv. conseillée - 10,50 € déj. - 12,50/23,50 €. Nombre de gourmets connaissent cette petite adresse à l'enseigne rouge et or située en léger retrait du centre-ville. Le décor, aux tons pastel, est assez simple. La cuisine fait la part belle aux produits de la région.

Le Pic assiette – 11 r. St-Paul - ℘ 03 81 39 06 42 - denis-menestrier@wanadoo.fr - fermé août, dim. et lun. - 14/44 €. Une identité bien particulière pour ce restaurant dont les propriétaires ont longtemps vécu dans le Pacifique, ce dont témoignent la décoration (une salle aux couleurs des îles) et les menus. On y déguste aussi des plats régionaux, dont une fondue heureusement agrémentée de champignons en saison.

L'Alchimie – 1 av. de l'Armée-de-l'Est - ℘ 03 81 46 65 89 - www.lalchimie.fr - fermé 19-25 avril, 1er-15 juil. et merc. - 20 € déj. - 35/49 €. Cette accueillante maison située sur une grande avenue passante face à l'usine Nestlé propose une cuisine inventive qui associe avec un talent certain produits régionaux, épices et saveurs exotiques. Le cadre, quant à lui, joue la carte de la sobriété mais est rehaussé de quelques touches asiatiques.

Faire une pause

Pfaadt – 23 pl. St-Pierre - ℘ 03 81 39 01 83 - tlj sf lun. 7h30-12h30, 14h15-19h, dim. et j. fériés 7h30-12h30 - fermé 2 sem. en sept. Les desserts Pfaadt régalent les Pontissaliens depuis 1953. La mousse aux trois chocolats, les ganaches à l'absinthe en forme de buste de la « fée verte », les 9 sortes de macarons, les pains spéciaux ou encore les tartes salées sont très appréciés. L'agréable salon de thé invite à s'attarder dans cette chaleureuse maison.

Que rapporter

Les Fils d'Émile Pernot – 44 r. de Besançon - ℘ 03 81 39 04 28 - distillerie-emile-pernot@wanadoo.fr - tlj sf w.-end 8h30-12h, 14h-18h - fermé j. fériés. Dans cette distillerie fondée en 1890, vous apprendrez tout sur la fabrication des liqueurs et des eaux-de-vie. Parmi les spécialités : le Vieux Pontarlier (apéritif anisé), le Sapin (liqueur digestive à base de bourgeons de sapin), la Pontiane et l'absinthe appelée Émile, élaborée selon des méthodes ancestrales.

Distillerie Pierre-Guy – 49 r. des Lavaux - ℘ 03 81 39 04 70 - www.pontarlier-anis. com - tlj sf dim. et lun. 8h-12h, 14h-18h, sam. 8h-12h ; visite : 9h-11h, 14h-17h - fermé 1 sem. en janv. et 1 sem. en oct. C'est l'une des deux dernières distilleries artisanales de Pontarlier. Venez y découvrir la fabrication des apéritifs (à base d'anis ou de gentiane), des liqueurs, des eaux-de-vie et de l'absinthe – à nouveau autorisée depuis 2001, mais revue et corrigée – en suivant leur trajet, des alambics aux foudres centenaires.

Fromagerie de Doubs – 1 r. de la Fruitière - 25300 Doubs - ℘ 03 81 39 05 21 - 8h30-12h, 15h-19h, dim. et j. fériés 9h-17h. Gourmandise et curiosité seront satisfaites à parts égales dans cet établissement où vous pourrez non seulement déguster et acheter des fromages régionaux (comté, mont d'or, morbier…), mais aussi découvrir leur mode de fabrication et d'affinage.

Fromagerie de Frasne – 2 r. de Bellevue - 25560 Frasne - ℘ 03 81 49 82 26 - 8h30-12h, 17h-19h30, dim. et j. fériés 9h-12h, 18h-19h30 - fermé 1er janv., Pâques et 25 déc. Cette fromagerie, qui ouvrit ses portes en 1920, a remporté en 2004 une Médaille d'or pour la fabrication du comté. Elle propose aussi un savoureux mont d'or, des yaourts, du lait, des produits du terroir et des vins régionaux. Accueil d'une extrême gentillesse. Visite le matin, sur rendez-vous.

Sports & Loisirs

Planet Loisirs – 1 r. Hélène-Boucher, ZAC des Grands-Planchants - ℘ 03 81 38 85 20 - www.planet-loisirs.com - mar.-jeu. 17h-1h, merc. 14h-1h, vend. 17h-3h, sam. 10h-3h, dim. 10h-1h - fermé 24-25 déc. et lun. sf vac. scol. Ce complexe de loisirs accueille une piste de kart indoor de 450 m pour s'adonner à la conduite sportive. Bar, restaurant mettant à l'honneur les produits régionaux, bowling de 8 pistes, salle de jeux, billards…

Événement

Absinthiades – Déb. oct. - ℘ 03 81 38 82 12. Expositions, animation, salon de collectionneurs en l'honneur de l'absinthe.

DÉCOUVRIR LES SITES

Ray-sur-Saône

192 RAYLOIS
CARTE GÉNÉRALE B1/2 – CARTE MICHELIN LOCAL 314 C7 – HAUTE-SAÔNE (70)

Les nombreux plaisanciers qui suivent le cours de la Saône marquent toujours un arrêt devant l'imposante masse du château, qui se détache en surplomb du fleuve, veillant sur la vallée tandis que le village reste groupé autour de son église. Mais imaginent-ils, sous cette carapace tant de fois réparée, les terribles assauts que lui valut sa position stratégique au-dessus de la Saône et aux portes de la Bourgogne ?

L'immense château de Ray-sur-Saône veille sur la vallée.

- **Se repérer** – Ray-sur-Saône se situe à 29 km au nord-est de Gray par la D 70, puis la D 261 à hauteur de Membrey.
- **À ne pas manquer** – Le château et son parc, sentinelle immuable veillant sur le fleuve, le village en contrebas, et les Vosges au loin ; l'église Saint-Pancras et sa belle Mise au tombeau du 16e s.
- **Organiser son temps** – Consacrez 3h à la visite du village. Si vous disposez de plus de temps, pourquoi ne pas vous laisser tenter par le tourisme fluvial sur la Saône *(voir encadré pratique)* ?
- **Avec les enfants** – Faites-leur découvrir la région en roulotte, au rythme du pas d'un cheval comtois *(voir encadré pratique)* ou organisez une partie de pêche avec eux, sur les bords de la Saône.
- **Pour poursuivre la visite** – Voir aussi Champlitte, Chauvirey-le-Châtel, Faverney, le château de Filain, Fondremand, Gray, Gy, Vesoul.

Visiter

Ce village au bord de la Saône doit son nom à la baronnie de Ray, dont les origines remonteraient à un parent du roi **Gondebaud de Bourgogne** (6e s.).

Château

📞 03 84 78 42 44 - de Pâques à sept. : dim. à 15h - 6 €.
Le terre-plein situé en contrebas de ce château dominant la vallée de la Saône offre une **vue** très lointaine vers les Vosges, le plateau de Langres et les monts du Jura. Cet emplacement fut, de tout temps, occupé par une place forte. Il suffit d'arriver de Vellexon ou de Charentenay pour en comprendre la situation stratégique. Détruit durant les combats de la guerre de Trente Ans, le château de Ray-sur-Saône fut reconstruit aux 17e et 18e s. par la **duchesse de Holstein**, avec une cour d'honneur offrant un bel exemple de symétrie architecturale ; mais sur la vallée, il a conservé son allure médiévale, avec sa belle **tour** romane du 13e s. Au milieu de la forteresse, face au fleuve, s'élevait jadis un imposant donjon construit au-dessus d'un **puits** très profond qui existe encore aujourd'hui.

Venant du village, on accède au château soit par une petite grille située au début du mur d'enceinte, soit plus haut par la gauche d'une large avenue tracée dans un **parc** remarquablement entretenu. Légèrement en contrebas, on aperçoit l'ancienne **poterne** (restaurée au 18e s.) et les vestiges des fortifications.

Église Saint-Pancras

Elle abrite une belle Mise au tombeau de l'école troyenne (début 16e s.) et, à gauche du chœur (13e s.), un Christ aux liens en pierre polychrome (16e s.). Le bas-relief en pierre de l'autel est d'influence champenoise et représente l'Annonciation, la Nativité et l'Adoration des Mages. Remarquez le bénitier roman *(à gauche en entrant)*, les pierres tombales et les boiseries Louis XIV.

Ray-sur-Saône pratique

Voir aussi les encadrés pratiques de Champlitte, Chauvirey-le-Châtel, Faverney, château de Filain, Fondremand, Gray, Gy, Vesoul.

Adresse utile

Office du tourisme du pays Dampierrois et Fresnois – *2 bis r. Jean-Mourey - 70180 Dampierre-sur-Salon - 03 84 67 16 94 - juil.-août : tlj sf dim. 10h-12h, 14h-18h ; reste de l'année : tlj sf dim. et lun. 10h-12h, 14h-18h.*

Se loger

Hôtel la Tour – *5 r. Alfred-Dormier - 70180 Dampierre-sur-Salon - 03 84 67 00 65 - www.bestwestern.fr - 24 ch. dont 2 suites 58/74 € - rest. 14/45 €.* Passée la surprise de voir cette grande tour en verre aux airs de petit gratte-ciel, on appréciera la grande salle de restaurant panoramique et sa terrasse, offrant une vue unique sur les environs. Cuisine traditionnelle à tendance gastronomique. Hôtel moderne comptant 24 chambres tout confort et galerie marchande.

Se restaurer

Chez Yvette – *Au bourg , à proximité des pontons (halte fluviale) - 03 84 78 41 07 - 12 €.* On a tout simplement adoré ce petit-café restaurant de la rue principale du village. On y savoure une assiette régionale, un filet de sandre ou même une fondue de bison accompagnée de légumes frais du jardin. Service à la bonne franquette dans la petite salle ornée des œuvres d'un peintre local. Jolie petite terrasse.

Sports & Loisirs

Les Roulottes du Tacot – *Chemin du Tacot - 70180 Dampierre-sur-Salon - 03 84 67 07 83 ou 06 83 59 08 68.* Véritable petite maison sur roues, cette roulotte est équipée d'un réfrigérateur, d'un évier avec réserve d'eau, du gaz et de l'électricité. Après une initiation à l'attelage et aux quelques principes de base, on part pour 2 jours ou une semaine sur les petites routes, en compagnie d'un sympathique cheval comtois.

Saône Plaisance – *Port de Savoyeux - 70130 Seveux - 03 84 67 00 88 - www.saone-plaisance.com.* Location d'une vingtaine de bateaux d'une capacité d'accueil variant de 5 à 12 personnes. Possibilité de louer à la semaine ou au week-end.

DÉCOUVRIR LES SITES

Ronchamp

2 965 RONCHAMPOIS
CARTE GÉNÉRALE C1 – CARTE MICHELIN LOCAL 314 H6 – HAUTE-SAÔNE (70)

Depuis les années 1950, le nom de Ronchamp évoque surtout la chapelle Notre-Dame-du-Haut, réalisation du célèbre architecte Le Corbusier. Mais cette ancienne ville minière a longtemps vécu grâce à ses houillères, qui cessèrent leur activité en 1958. Un musée ainsi qu'un Centre international d'archives minières rappellent l'importance de cette activité dans la région.

Chapelle Notre-Dame-du-Haut.

- **Se repérer** – À 12 km à l'est de Lure et 19 km à l'ouest de Belfort, par la N 19, la ville s'allonge dans la vallée du Rahin.
- **À ne pas manquer** – L'architecture et l'intérieur déroutants, dus à Le Corbusier, de Notre-Dame-du-Haut, chef-d'œuvre de l'architecture religieuse moderne ; le musée de la Mine, décrivant le travail, les joies et les peines des mineurs ; la Maison de la négritude et des droits de l'homme de Champagney, dédiée à la connaissance de l'Afrique et à la dénonciation du racisme à travers les siècles.
- **Organiser son temps** – Comptez une journée pour vous recueillir à Notre-Dame-du-Haut et visiter les lieux de mémoire qui entourent la ville.
- **Avec les enfants** – Enseignez-leur la tolérance et le respect de l'autre à l'occasion de la visite de la Maison de la négritude et des droits de l'homme de Champagney, ville pionnière de la condamnation de l'esclavage.
- **Pour poursuivre la visite** – Voir aussi le massif du Ballon d'Alsace, Belfort, Lure, le plateau des Mille Étangs.

Visiter

Notre-Dame-du-Haut★★

Accès par une route en forte montée à 1,5 km au nord de la ville.
☎ 03 84 20 65 13 - www.chapellederonchamp.com - avr.-sept. : 9h30-18h30 ; oct. et mars : 10h-17h ; nov.-fév. : 10h-16h.

Après la construction de Notre-Dame-du-Haut sur une colline haute de 472 m, vouée au culte de la Vierge depuis le Moyen Âge, **Le Corbusier** dit : « J'ai voulu créer un lieu de silence, de prière, de paix, de joie intérieure »… La chapelle, reconstruite pour la troisième fois en 1955, domine le gros bourg industriel de Ronchamp dont le nom est désormais associé à cette œuvre essentielle de l'architecture religieuse moderne. Entièrement construite en béton, elle impressionne par la pureté plastique de ses formes curvilignes, accentuée par le contraste entre le béton brut de la coque du toit et les murs blanchis à la chaux qui la soutiennent. Le Corbusier rompt ici avec le mouvement rationaliste et la rigidité de ses plans, au point que l'on a parlé de sculpture architecturale. À l'intérieur, on est immédiatement frappé par l'effet spatial suggéré par la légèreté de l'enveloppe de béton et la douceur d'une lumière traitée en clair-obscur. Ainsi, malgré des dimensions réduites, l'édifice semble spacieux tout en favorisant le recueillement. Les trois petites chapelles, correspondant aux trois tours extérieures, participent à ce jeu de lumière adoucie filtrant à travers les nombreux jours des parois inclinées. Cette adaptation au site est amplifiée par un sol épousant la déclivité même de la colline en direction de l'autel, réalisé en pierre blanche de Bourgogne.

Musée de la Mine

☏ 03 84 20 70 50 - de déb. juin à fin août : tlj sf mar. de 10h à 12h, 14h-18h ; de déb. fév. à fin mai et de déb. sept. à fin nov. : tlj sf mar. 14h-18h - possibilité de visite guidée (1h) - fermé 1er et 8 Mai, et 14 Juil. - 3,05 € (enf. 1,52 €).

Il retrace deux siècles d'activité minière. La première salle est réservée à l'exploitation de la houille : outillage complet, lampes de mine, collections de fossiles, évocation de drames souterrains. La seconde salle est consacrée à la vie des mineurs : fêtes, activités sportives et musicales mais aussi maladies (silicose du mineur) ; une place importante est réservée à la main-d'œuvre polonaise. Pour les spécialistes, documentation sur les mines de Ronchamp et les grands pays miniers du monde.

👁 Trois circuits pédestres d'1h à 1h30 vous font découvrir l'histoire du **bassin minier de Ronchamp**, notamment l'Étançon et les cités ouvrières. *Dépliant et renseignements disponibles auprès de l'office de tourisme.*

Aux alentours

Champagney

4,5 km à l'est par la D 4. L'église de Champagney, de style baroque comtois, abrite une belle **Adoration des Mages** (début 16e s.) dans la nef gauche.

Maison de la négritude et des droits de l'homme – ☏ 03 84 23 25 45 - www.maisondelanegritude.org - ♿ - avr.-oct. : 10h-12h, 14h-18h, mar. et dim. 14h-18h ; nov.-mars : tlj sf dim. 13h30-17h30 - fermé lun., 1er janv., 1er et 8 Mai, 14 Juil., 1er et 11 Nov., 25 déc. - 3 € (enf. gratuit).

L'ancien président sénégalais **Léopold Senghor** (1906-2001) accorda son patronage à ce mémorial. Celui-ci rappelle que Champagney fut l'une des premières villes à condamner l'esclavage dans ses cahiers de doléances du 19 mars 1789 et à en demander l'abolition à Louis XVI. Autour de la reconstitution de la cave d'un navire négrier sont présentés l'histoire de l'esclavage, son abolition et les problèmes de racisme à notre époque. Les thèmes de la négritude, de l'esclavage moderne et des droits de l'homme sont également abordés dans ce musée dont la volonté est aussi de promouvoir la connaissance du monde noir.

Bassin et canal de Champagney

Étrange histoire que celle de cette retenue d'eau de 106 ha, bordée par une digue de 785 m de long sur 41 m de haut, au sud-est de Champagney ! En 1870, la France perd l'Alsace et la Lorraine. Les péniches ne peuvent alors plus rallier Nancy par Strasbourg, mais doivent descendre vers Dole pour remonter la Saône au-delà de Port-sur-Saône (70), puis le canal de l'Est, soit presque le double de distance… La décision est donc prise d'ouvrir un canal de 83 km qui relie Montbéliard à la Saône en traversant le Pays de Lure. C'est pour cette raison qu'est creusé le bassin de Champagney en 1882 : il devra alimenter le bief de partage des eaux. En 1905, il est achevé. Commencent les travaux de creusement du canal. Après maintes mésaventures de fuites et manques de crédit, 27 km à l'est sont plus ou moins ouverts à la navigation en 1943 seulement. Mais la France a retrouvé ses territoires, les voies navigables ne sont plus rentables et le projet… abandonné. Aujourd'hui, le bassin alimente le bief Rhin-Rhône et accueille les baigneurs ou bateaux à voile. Le chemin de halage, entre Montbéliard et Frahier, s'est converti en piste cyclable.

Canal de Champagney.

DÉCOUVRIR LES SITES

Ronchamp pratique

Voir aussi les encadrés pratiques du massif du Ballon d'Alsace, Belfort, Lure, plateau des Mille Étangs.

Adresse utile

Office du tourisme de Rahin et Chérimont – 14 pl. du 14-Juillet - 70250 Ronchamp - ☎ 03 84 63 50 82 - mai-sept. : 9h-12h30, 14h-18h, sam. 9h-12h ; reste de l'année : tlj sf lun. 9h-12h, 13h-17h, sam. 9h-12h - fermé dim. et j. fériés.

Se loger

Rhien Carrer – 14 r. d'Orière - 70250 Le Rhien - ☎ 03 84 20 62 32 - www.ronchamp.com - 🅿 - 20 ch. 45 € - ☐ 7 € - rest. 11,50/40 €. Hostellerie familiale d'un hameau proche de la chapelle N.-D.-du-Haut. La carte du restaurant honore la région à travers quelques spécialités bien choisies.

Le Pré Serroux – 4 av. Gén.-Brosset - 70290 Champagney - ☎ 03 84 23 13 24 - www.lepreserroux.com - fermé 22 déc.-15 janv., lun. midi, sam. midi et dim. - 🅿 - 25 ch. 65/80 € - ☐ 15 € - rest. 20/40 €. L'hôtel, qui a subi une réfection totale, voisine avec la Maison de la négritude. Les chambres de bon confort, le jardin, le fitness et la piscine invitent à la détente. Terrasse d'été. Carte traditionnelle.

Se restaurer

Restaurant Marchal – 26 r. des Mineurs - ☎ 03 84 20 64 86 - fermé 20 juin-1er juil., 20 déc.-14 janv., lun. et merc. soir du 1er Mai au 1er nov., lun., mar. et merc. du 1er nov. au 30 avr. - 11 € déj. - 15/25 €. Dans cette région poissonneuse, la maison Marchal attire les connaisseurs pour ses fameuses fritures de carpe. Cuisine copieuse, mais légère, à déguster dans une atmosphère bon enfant.

Hostellerie des Sources – 4 r. Grand-Bois - 70200 Froideterre - 14 km à l'O de Ronchamp par les N 19 et D 72 - ☎ 03 84 30 34 72 - fermé 5-24 janv., dim. soir, lun. et mar. sf j. fériés - réserv. obligatoire - 24/75 €. Dans cette ancienne ferme en pierre transformée en restaurant, le patron œnologue vous fera partager sa passion. La cuisine de son fils est bien tournée et ne vous décevra pas.

Les Rousses ★

2 927 HABITANTS DONT 2 840 ROUSSELANDS
CARTE GÉNÉRALE C4 – CARTE MICHELIN LOCAL 321 G8 – JURA (39)

À deux pas de la Suisse, sur un plateau du Haut-Jura, la station des Rousses est réputée pour ses vastes domaines skiables. La qualité des animations et une réelle convivialité assurent son succès auprès d'une clientèle souvent familiale. Et quand le massif perd son blanc manteau, marcheurs et vététistes découvrent des paysages sauvages, des panoramas somptueux, tandis que le lac des Rousses devient un pôle d'attraction pour les adeptes des sports nautiques.

- **Se repérer** – Bien que sinueuse, la N 5 est l'accès principal pour rejoindre la station, que l'on vienne de Morez (8,5 km au nord) ou du col de la Faucille (18 km au sud). La station regroupe quatre villages : Les Rousses, Prémanon, Lamoura et Bois-d'Amont.

- **À ne pas manquer** – Le fort des Rousses, haut lieu du patrimoine militaire français, désormais consacré aux loisirs sportifs et… à l'affinage du comté ; le musée de la Boissellerie, dédié à l'activité qui fit la renommée du village de Bois-d'Amont ; les forêts du Massacre et du Risoux, dont les chemins de randonnées deviennent en saison de superbes pistes de ski de fond.

- **Organiser son temps** – Une à deux journées vous seront nécessaires pour faire un tour rapide de tous les centres d'intérêt. Mais le charme de la station et de ses paysages ne se dévoileront qu'à ceux qui prendront le temps de les explorer, à pied ou à ski.

- **Avec les enfants** – Été comme hiver, vous pourrez emmener vos enfants au lac des Rousses : il est pourvu d'une base nautique, avec pédalos, voiles et plage et se transforme, en saison, en terrain d'initiation idéal aux joies du ski de fond. Visitez avec eux le centre polaire Paul-Émile-Victor de Prémanon, consacré aux populations et à la faune du Grand Nord.

- **Pour poursuivre la visite** – Voir aussi Divonne-les-Bains, Monts Jura, Morez.

Séjourner

Ski alpin

Pas moins de 4 domaines skiables, dont un en Suisse, offrent plus de 40 km de pistes de tous niveaux : 16 vertes, 7 bleues, 16 rouges, 4 noires. Elles sont desservies par 40 remontées mécaniques. Divers forfaits regroupent plusieurs domaines ou la totalité du massif. Des navettes gratuites ski-bus relient Lamoura, La Serra, Les Jouvencelles, le Noirmont…

Les Jouvencelles – Alt. maxi : 1 420 m. Domaine privilégié des débutants et des familles. Nombreuses pistes pour enfants, très longues pistes vertes et 2 pistes rouges. À mi-piste, un bar-restaurant, le Beauregard, constitue une halte très agréable pour les marathoniens du ski. Amateurs de surf, vous pourrez pratiquer votre sport aux Jouvencelles (ou éventuellement au Noirmont), qui sont équipées d'un télésiège. Mais attention, vous ne serez pas seul sur la piste !

La Serra – Alt. maxi : 1 495 m. Le niveau monte car, malgré une très belle piste verte, le domaine s'adresse davantage aux habitués qui fréquentent les pistes bleues ou rouges.

Le Noirmont – Alt. maxi : 1 560 m. Débutants, s'abstenir ! Même la longue piste verte requiert un minimum d'assurance, ne serait-ce que pour utiliser sereinement le télésiège. Quant aux pistes rouges et noires, elles font la joie des surfeurs et autres équilibristes qui dévalent les pentes parfois verglacées.

La Dôle – Alt. maxi : 1 680 m. Sommet du massif, la Dôle s'élève en Suisse. Les bons skieurs y sont les bienvenus, car ils trouveront abondance de pistes bleues, rouges ou noires ; les quelques pistes vertes sont très, très courtes ! La Dôle est couronnée par une station de radars reconnaissable à ses **radômes**, curieuses sphères blanches. Cette station contrôle le trafic aérien pour l'aéroport de Genève. Souvent fréquenté par des chamois, le sommet est également un point de rendez-vous pour les randonneurs entraînés ; quand les conditions météorologiques sont favorables, le panorama sur le lac Léman et sur les Alpes est inoubliable.

Domaine skiable des Rousses.

Ski de fond

Avec ses quelque 250 km de pistes, la station et ses environs constitue l'un des paradis français des skieurs de fond. Le lac des Rousses, les forêts du Massacre et du Risoux, ainsi que le domaine skiable suisse, tout proche, sont des terrains de jeux sans égal. Les pistes sont balisées pour permettre la pratique du pas alternatif ou du pas de patineur. Tous les niveaux sont également prévus grâce à plus de 35 pistes de difficultés variées (de vertes à noires). Depuis 1979, la célèbre **Transjurassienne** s'élance de Lamoura pour une course de 76 km.

Raquettes

Sport accessible à tous, la randonnée en raquettes requiert, comme la marche à pied, un minimum d'entraînement physique. Avant de vous lancer audacieusement dans

DÉCOUVRIR LES SITES

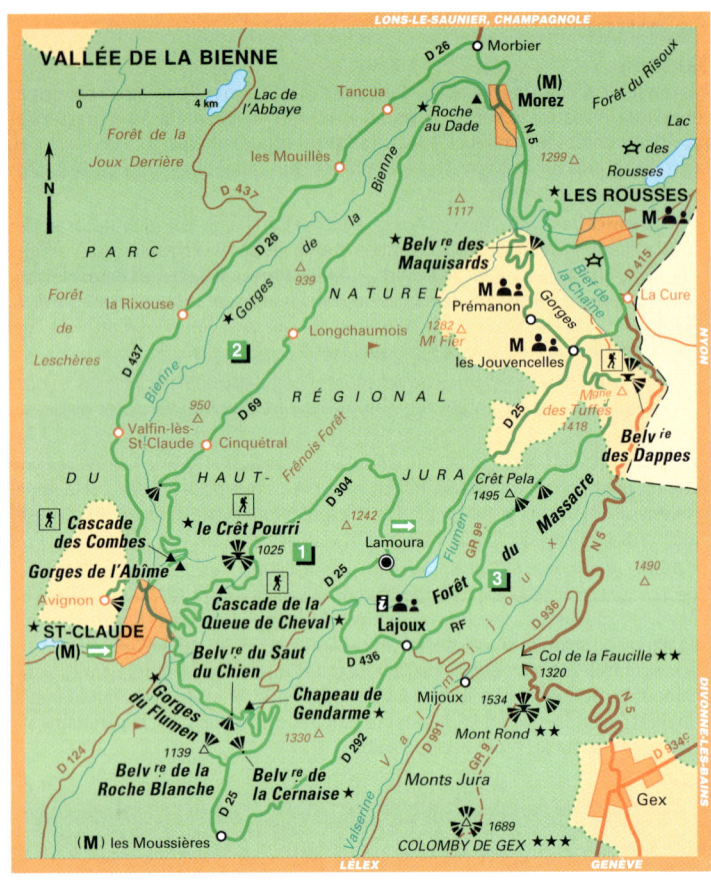

de longues excursions, vous pouvez vous initier ou vous entraîner sur les quelques pistes balisées aux sorties de la station. Si le sens de l'orientation n'est pas votre point fort, ou si la faune et la flore locales vous sont inconnues, vous suivrez avec intérêt les randonnées organisées et encadrées par un accompagnateur de l'École du ski français (ESF).

Se promener

Les Rousses

👁 C'est à une expression cynégétique, **aller aux rousses**, que le village devrait son nom : les chasseurs désignaient sous ce nom le gibier de couleur rousse (faisans, renards, etc.), très abondant dans la région.

Les anciennes maisons de bois des Rousses ont aujourd'hui disparu au profit de lotissements et d'établissements hôteliers. Au cœur d'un territoire longtemps disputé, le village ne s'est développé que très tardivement autour de son église du 18e s. Celle-ci présente une particularité géographique amusante : les eaux de pluie qui tombent sur la pente nord de la toiture s'écoulent vers la mer du Nord par l'Orbe et le Rhin ; celles que reçoit la pente sud vont à la Méditerranée par la Bienne et le Rhône. De la terrasse de l'église, **vue** sur le lac des Rousses et sur la chaîne du Risoux.

Lac des Rousses – *2 km au nord.* 👥 Il s'étend sur près de 100 ha et s'anime chaque été dès les premières chaleurs. Ses plages et ses activités nautiques en font un lieu très apprécié des estivants.

Prémanon

Au sud-ouest. Dominé à l'ouest par le **mont Fier** (1 282 m), ce village et les hameaux avoisinants, bâtis à plus de 1 000 m, s'étagent par paliers depuis les bords de la Bienne, aux confins de Morez, jusqu'à la petite vallée des Dappes qui constitue la frontière, au pied de la Dôle, en Suisse. Le village accueille également le Centre national de ski nordique, formant tous les moniteurs de cette discipline.

LES ROUSSES

Forêt du Risoux
Au nord-est. Dominant le lac des Rousses et la vallée de l'Orbe, cette magnifique forêt, d'une cinquantaine de kilomètres de long pour 4 à 5 km de large, a un tiers de sa superficie en France et le reste en Suisse. On peut faire, sous ses futaies, un grand nombre de promenades : fort du Risoux, crêt des Sauges, etc. En saison, les skieurs de fond y trouveront un terrain de jeux plein de charme, à la fois balisé et sauvage.

Visiter

Fort des Rousses
Construit au 19e s., c'est l'un des plus vastes de France. Peu impressionnant à première vue, il cache un incroyable réseau de galeries souterraines qui pouvaient contenir jusqu'à 3 000 hommes. Les abords du fort sont désormais accessibles aux promeneurs.

Fort des Rousses Aventure – 03 84 60 02 55 - www.lesrousses.com - *sur réservation par Les Rousses Espace Loisirs - 6 parcours-aventure en pleine nature avec 70 ateliers pour tous les âges et tous les niveaux.*

Après les commandos, c'est aux vacanciers de tester leur équilibre et leur courage sur les différents parcours proposés. Classés par niveaux de difficultés (enfants, rouge, noir), ils combinent une grande variété d'obstacles et d'équipements : passerelle suspendue, pont de singe, via ferrata, tyroliennes… Sensations garanties et encadrement assuré par des moniteurs diplômés d'État.

Caves Juraflore – 03 84 60 02 55 - *sur réservation par Les Rousses Espace Loisirs - visite guidée (1h30) des caves d'affinage, présentation des techniques d'hier et d'aujourd'hui de fabrication du fromage - projection d'un film et dégustation de comté - vêtements chauds à prévoir.*

Aujourd'hui démilitarisé, le fort abrite d'immenses **caves d'affinage** du comté ; la plus longue mesure 214 m ! Avec la projection d'un film, les techniques de fabrication de ce fromage n'auront plus de secret pour vous. Dégustation en fin de visite.

Centre polaire Paul-Émile-Victor
À Prémanon - 08 77 51 25 45 - www.centrepev.com *- 10h-12h, 14h-18h - fermé mar., 15 nov.-15 déc. et 1er janv. - 5 € (enf. 2,50 €).* **Paul-Émile Victor** (1907-1995), qui passa son enfance dans le Jura, est à l'origine de ce musée. Cette originale construction invite dès l'entrée à découvrir la vie des populations inuites et lapones (objets traditionnels) ainsi que la faune du Grand Nord : le magnifique ours blanc naturalisé de 3,10 m de haut en est une saisissante illustration.

> En août 1936, le **commandant Charcot** dépose Paul-Émile Victor avec 20 inuits pour un hiver dans le Groenland. Charcot s'étonne : « Vous n'avez pas de TSF. » « Non, commandant. » « Pourquoi ? » « J'ai décidé de vivre comme un esquimau. Je ne veux pas de lien avec l'extérieur. » « Quel drôle d'homme vous faites ! Et si vous avez besoin d'aide ? » « TSF ou non, personne ne pourra venir avant l'été prochain. Alors… »

Musée de la Boissellerie
À Bois-d'Amont - 03 84 60 98 79 - www.museedelaboissellerie.com *- - de mi-juil. à fin août : 10h-12h, 14h-18h ; de mi-juin à mi-sept. et vac. scol. : 14h30-18h ; reste de l'année : merc.-dim. 14h30-18h (dernière entrée 1h av. fermeture) - possibilité de visite guidée (1h) - fermé de fin vac. de la Toussaint au déb. vac. de Noël - 5 € (enf. 2,60 €).* Le village a longtemps été spécialisé dans le travail du bois, en particulier de l'épicéa. Cette activité traditionnelle est présentée dans une ancienne scierie restaurée et transformée en musée. Les différents métiers du bois, en particulier celui de boisselier (fabrication de boîtes), sont évoqués par des démonstrations et des documents audiovisuels, et les techniques de fabrication sont présentées, avec notamment la maquette animée par des roues à aubes et le châssis, grandeur nature, actionné par une turbine hydraulique.

Musée du Lapidaire
À la mairie de Lamoura - 03 84 41 22 17 *- - visite guidée (45mn) juil.-août et 20 déc.-10 avr. : tlj sf sam. 14h30-18h ; juin et sept. : dim. 14h30-18h (dernière entrée 30mn av. fermeture) - 3,50 € (enf. 2 €).*
À quelques lieues de la vallée de la Joux et des ateliers horlogers suisses, l'art de la taille des pierres précieuses a longtemps apporté un complément de revenu aux habitants isolés dans la montagne jurassienne. Quelques collections de pierres et d'outils, une petite démonstration et une vidéo illustrent ce savoir-faire aujourd'hui en voie de disparition dans la région.

Circuit de découverte

FORÊT DU MASSACRE [3]

34 km – comptez 45mn – schéma p. 328.
Quittez Lamoura au nord-est par la D 25.

Aujourd'hui très prisée pour le ski de fond, cette forêt, anciennement appelée « forêt de la Frasse », doit son nom actuel aux troupes du duc de Savoie qui, assiégeant Genève en 1535, refoulèrent et massacrèrent en ces lieux un détachement de mercenaires envoyés en renfort par François Ier.

Il s'agit de l'une des forêts les plus élevées du Jura français. Elle culmine au **crêt Pela**, à 1 495 m d'altitude : **vue** sur le Valmijoux, le Mont-Rond et les Alpes. Les boisements sont principalement constitués de peuplements d'épicéas. La forêt cache un spécimen rare : l'**épicéa muté**. Elle conserve aussi de nombreuses espèces des époques glaciaires telles que la chouette chevêchette ou la chouette de Tengmalm pour l'avifaune, l'orchis vanillé, le camerisier bleu ou la myrtille pour la flore. Des visites du massif sont organisées en saison.

La pittoresque **route de la combe du Lac** passe parmi de beaux épicéas.

Aux Jouvencelles, tournez à droite en direction du parking de téléski, puis 100 m plus loin prenez le chemin communal des Tuffes. Après avoir dépassé les dernières habitations, tournez à gauche dans une route qui s'embranche sur la route forestière ; laissez votre voiture 750 m après.

Belvédère des Dappes

Alt. 1 310 m. *15mn à pied AR.* **Vue** *(table d'orientation)* sur les agglomérations des Rousses et de La Cure, le lac des Rousses, le Noirmont, la Dôle et, par temps clair, les Alpes suisses (les Diablerets).

Poursuivez par la route forestière tracée au cœur de la forêt du Massacre. D'un point situé à l'est du crêt Pela s'offre une échappée sur le mont Blanc par la trouée du col de la Faucille.

Regagnez Lamoura par Lajoux, la D 292 à droite, puis la D 25 à gauche.

Les Rousses pratique

Voir aussi les encadrés pratiques de Divonne-les-Bains, Monts Jura, Morez.

Adresses utiles

Office du tourisme des Rousses - Haut-Jura – 795 r. Pasteur - 39220 Les Rousses - ℘ 03 84 60 02 55 - www.lesrousses.com - 16 juil.-19 août : 9h-19h ; 11 juin-15 juil., 20 août-16 sept., de déb. janv. au 4 fév. et 5 mars-22 avr. : 9h-12h, 14h-18h ; 24-31 déc. et 5 fév.-4 mars : 9h-18h ; 23 avr.-10 juin et 17 sept. -23 déc. : tlj sf dim. 9h-12h, 14h-18h - fermé 1er et 8 Mai, 1er et 11 Nov.

Météo, enneigement de la station – ℘ 03 84 60 02 55 - se renseigner à l'office de tourisme pour météo et ouverture pistes.

Transports

Frontière – La proximité de la Suisse nécessite la connaissance des conditions de passage de la frontière *(voir p. 18)*.

Se loger

Bon à savoir – S'étalant sur 4 villages, la station des Rousses a su garder une certaine intimité. Le choix d'hébergement s'y révèle assez diversifié, du gîte d'étape au chalet en passant par l'hôtel ou la location en camping. Toutefois, pour être sûr de trouver une place, il est prudent de s'adresser à la centrale de réservation, surtout en hiver.

Hôtel La Redoute – 357 rte Blanche - ℘ 03 84 60 00 40 - www.hotellaredoute.com - fermé 5 nov. -15 déc. - 🅿 - 25 ch. 68/72 € - ☐ 6,50 € - rest. 16/32 €. Un hôtel familial sobre, à l'entrée de la station. Les chambres sont simples, mais rénovées et bien tenues. Grande salle à manger rustique. Bon choix de menus à prix raisonnables, dont un pour les enfants.

Hôtel de France – 323 r. Pasteur - ℘ 03 84 60 01 45 - hoteldefrance-lesrousses@wanadoo.fr - fermé 18 avr.-8 Mai, 18 nov.-18 déc., dim. soir, lun. midi hors saison sf j. fériés - 28 ch. 84/110 € - ☐ 11,50 €. Cette imposante bâtisse de style régional abrite une salle à manger néorustique où l'on sert une appétissante cuisine classique accompagnée d'un bon choix de vins jurassiens. Décor des années 1980 dans les chambres ; certaines possèdent une miniterrasse.

Se restaurer

⊜⊜ **L'Atelier** – *1867 r. de Franche-Comté - 39220 Bois-d'Amont - 8 km au N des Rousses par les D 29ᴱ et D 415 - ℘ 03 84 60 94 15 - http://www.restaurant-latelier.fr - fermé vac. de printemps, vac. de Toussaint, dim. soir, lun. et mar. - 15 € déj. - 25/35 €.* Cet atelier, s'il évoque les Beaux-Arts dans son joli décor d'esprit contemporain, se consacre avant tout à la gastronomie. Vous y dégusterez les poissons du lac et une cuisine classique dont la carte varie au gré des saisons. Le mercredi, soirée à thème.

⊜⊜⊜ **Arbez Franco-Suisse** – *39220 Les Rousses - 2,5 km au S des Rousses par la N 5 - ℘ 03 84 60 02 20 - hotel. arbez@netgdi.com - fermé nov., lun. et mar. hors saison - 26/33 €.* La tête en Suisse et les pieds en France ! C'est peut-être ce qui vous arrivera si vous dormez dans l'une des chambres de cet hôtel à cheval sur la frontière. Deux restaurations possibles : classique dans la salle à manger au cadre boisé ou régionale à la brasserie.

Que rapporter

Fromagerie des Rousses – *137 r. Pasteur - ℘ 03 84 60 02 62 - tlj sf dim. apr.- midi 9h-12h15, 15h-19h15 ; j. fériés 9h30- 12h.* Cette adresse incontournable fabrique de délicieux fromages (comté, tomme du Jura, morbier) ainsi que du beurre, de la crème fraîche et du fromage blanc. Galerie de visite pour observer la fabrication et la salle d'affinage. Vente également de salaisons, champignons, confiseries, miel du Jura, vins et alcools de la région. Possibilité de se restaurer à la fromagerie.

Boissellerie du Hérisson – *101 r. Pasteur - ℘ 03 84 60 30 84 - 9h-12h, 14h- 19h ; hors saison : tlj sf lun. 9h30-12h, 14h- 19h - fermé 25 déc., 1ᵉʳ janv. et dim. mat. hors saison.* Difficile de faire un choix dans cette boutique qui propose une multitude d'objets en bois réalisés par des artisans jurassiens : jouets comme autrefois, jeux de société, coffrets à peindre, tire-bouchon, salière, moulin à poivre, casse-noix, etc.

Sports & Loisirs

Centre équestre Tinguely – *Rte du Mont-Saint-Jean - ℘ 06 85 57 07 17 ou 03 84 60 04 09 - www.centre-equestre-tinguely.com - tlj sf dim. hors sais - 7 à 30 €.* Cours de tous niveaux, promenades, randonnées en calèche et en traîneau, dans la station ou itinérantes.

Bowling – *146 r. de la Croix-de-la-Teppe - 39220 Prémanon - ℘ 03 84 60 73 04 - 14h-2h - fermé lun. et mar. hors saison - 6 € la partie.* Pour changer du ski : 12 pistes internationales de bowling, billard, salle de jeux, bar et pizzeria. Juste à côté, goûtez aux joies d'une autre glisse dans une grande patinoire couverte.

Centre sportif des Rousses – *128 r. des Écoles - ℘ 03 84 60 52 89 - sport-centre@wanadoo.fr - lun.-jeu. 9h-21h, vend. 9h-12h, w.-end 9h-12h - fermé j. fériés.* Sur près de 2 000 m², ce centre offre toutes les possibilités de détente et de remise en forme. Forfaits à la semaine.

Excursion en train – Un petit train relie tous les jours La Cure à Nyon, sur les bords du lac Léman. *Renseignements : Gare de Morez - achat des billets exclusivement en Suisse.*

Événement

Transjurassienne – *2ᵉ dim. de fév.* Course de ski de fond entre la combe du lac de Lamoura et Mouthe (76 km).

DÉCOUVRIR LES SITES

Saint-Claude ★

12 303 SANCLAUDIENS
CARTE GÉNÉRALE B4 – CARTE MICHELIN LOCAL 321 F8 – JURA (39)

Saint-Claude est avant tout un site magnifique au confluent de la Bienne et du Tacon, dans la montagne jurassienne. Cette situation est à l'origine d'une très célèbre abbaye dont la prospérité eut raison de l'esprit de pauvreté monastique et entraîna la décadence avant la Révolution. De cette période faste, la ville n'a gardé que la cathédrale. Elle conserve un réel dynamisme dans l'artisanat, dont celui de la pipe, et le tourisme, en intégrant le Parc naturel régional du Haut-Jura.

Atelier de fabrication artisanale de pipes.

- **Se repérer** – Perché sur une étroite terrasse dominant les torrents de la Bienne et du Tacon, Saint-Claude se situe à 138 km au nord-est de Lyon, par l'autoroute jusqu'à Oyonnax, puis la D 31 et la D 404. On y accède également à partir de Lons-le-Saunier (59 km au sud-est, par la D 52 vers le sud jusqu'à Orgelet, puis la D 470 et la D 436) ou de Genève, par le col de la Faucille.

- **À ne pas manquer** – La place Louis XI et la vue sur les vieux remparts ; la rue de la Poyat, ancienne voie de pèlerinage donnant sur la vallée du Tacon ; la cathédrale Saint-Pierre, avec son magnifique retable italien et ses superbes stalles en bois sculptées ; la pittoresque exposition de pipes, diamants et pierres fines, qui ont fait la renommée de la ville.

- **Organiser son temps** – Prévoyez une journée pour visiter la ville et ses sites naturels, un peu plus si vous aimez marcher : Saint-Claude vous offre plus de 150 sentiers balisés. Vous pourrez aussi consacrer quelques jours à l'exploration du Parc naturel du Haut-Jura.

- **Avec les enfants** – Faites une escapade avec eux dans le Parc naturel du Haut-Jura, en passant d'abord par la Maison du parc, à Lajoux : gorges mystérieuses, telles celles de l'Abîme ou du Flumen, avec leur curieux Chapeau de Gendarme, forêts profondes, cascades bondissantes et crêts majestueux vous attendent !

- **Pour poursuivre la visite** – Voir aussi le crêt de Chalam, Monts Jura, Morez, Les Rousses, le lac de Vouglans.

Comprendre

GRANDEUR ET DÉCADENCE

Les pionniers du Jura – Vers 430, un jeune homme, le futur **saint Romain**, voulant mener la vie d'anachorète, quitte Izernore, sa ville natale (à 45 km au sud-ouest de Saint-Claude), pénètre dans l'épaisse forêt du Haut-Jura et choisit comme abri un grand sapin qui se dresse auprès d'une source. Là s'élèvera plus tard la cathédrale de Saint-Claude. Il se nourrit de baies sauvages jusqu'à ce que le sol, qu'il défriche, four-

SAINT-CLAUDE

Le saviez-vous ?

👁 Archevêque de Besançon au 7ᵉ s., **saint Claude** a donné son nom à la ville à partir du 12ᵉ s. Celle-ci s'appelait jusqu'alors **Condat** (« confluent »).

👁 En attirant les plus grands amateurs de pipes, Saint-Claude a logiquement vu se développer la prestigieuse **Confrérie des maîtres pipiers**. De nombreuses personnalités furent intronisées dans cette confrérie, parmi lesquelles Edgar Faure, Jacques Faizant, Michel Drucker, Francis Perrin, Gérard d'Aboville…

nisse quelque appoint. Son frère **Lupicin** le rejoint. Il ne fait qu'un repas végétarien tous les deux jours, ne boit jamais : quand la soif le torture, il plonge ses mains dans l'eau froide qui, passant par les pores, rafraîchit son corps desséché. Vêtu de peaux de bêtes, il ignore le lit, dort assis dans une stalle de l'oratoire ou, quand il est malade, s'allonge dans une écorce de sapin roulée. Des disciples se présentent, chaque jour plus nombreux, attirés par la sainteté et les miracles des deux ermites. Quand, cinquante ans plus tard, saint Lupicin meurt, un monastère qu'on appelle **Condadisco**, a surgi autour de l'arbre de saint Romain. De nombreux prieurés et quantité de « granges » (installations rudimentaires ne comprenant que deux ou trois moines) ont été créés dans le Haut-Jura et jusqu'en Suisse. Quinze cents religieux vivent sur ces domaines, qu'ils défrichent obstinément. Dans le buis des forêts, ils façonnent des objets de piété pour les pèlerins : statuettes, crucifix, chapelets, etc. C'est l'origine des articles en bois tourné qui seront plus tard la richesse de la région.

Les saints moines – Au 6ᵉ s. **saint Oyend**, au 7ᵉ s. **saint Claude**, grand seigneur, archevêque de Besançon, qui résigne sa charge pour se faire moine et gouverne l'abbaye pendant cinquante-cinq ans, ajoutent encore à l'illustration de la pieuse maison. Le bourg s'appelle alors Saint-Oyend-de-Joux. À partir du 12ᵉ s., le monastère et la ville qui en dépend prennent le nom de **Saint-Claude**, en référence au corps resté intact de l'abbé mort 600 ans plus tôt. Sur les routes de Bourgogne se hâtent les pèlerins vers les reliques des saints moines. En 1482, Louis XI s'y rend, en exécution d'un vœu.

Relâchement – Aux 13ᵉ et 14ᵉ s., la discipline religieuse se relâche ; l'abbaye, dont la fortune, sous l'effet des dons qui accompagnent les pèlerinages, s'accroît sans cesse, est devenue trop riche. Dès lors, nombreux seront ceux qui se feront religieux par ambition cupide. Pour que ces bénéfices soient plus élevés, les moines diminuent leur nombre : à la maison mère de Saint-Claude, de 500 ils tombent à 36 et même à 20.

Les moines gentilshommes – La noblesse comtoise tourne vers les richesses de l'abbaye des regards d'envie. Elle se fait attribuer les places vacantes et, dès qu'elle a la majorité au chapitre, édicte que nul ne pourra entrer à Saint-Claude s'il n'est noble de père et de mère, depuis quatre générations. Ce haut recrutement a de graves conséquences. Chaque moine, s'il vit encore dans l'intérieur du monastère, a du moins sa maison particulière, au train de vie somptueux. Des moines prennent jusqu'à neuf mois de vacances par an. La gourmandise s'installe. On va dîner en ville, on chasse en costume laïque, perruque en tête, épée au côté. Les proches, les amis des deux sexes sont reçus librement… Ne parvenant pas à réformer l'abbaye, le Saint-Siège décide, en désespoir de cause, de créer pour la ville (1737) un siège d'évêque, dont les moines deviennent les chanoines. Par ce biais, ils se trouvent ainsi libérés de l'observance bénédictine devenue pour eux insupportable.

D'enragés plaideurs

Du 15ᵉ au 18ᵉ s., l'abbaye entame ou soutient un nombre de procès incalculable avec la ville. Voici quelques échantillons des litiges : quelle cloche doit sonner le plus fort, celle du monastère ou celle de l'église paroissiale ? Après quarante ans de procédure, c'est **Charles Quint** qui résout, personnellement, ce grave conflit. L'abbé refuse, un jour, à l'occasion d'une fête, de faire aux jeunes gens de la ville le cadeau traditionnel d'une mesure de noix : le Parlement pâlit sur la question pendant trente ans…

La Révolution en marche – Les seigneurs chanoines, découronnés du prestige moral de leurs saints prédécesseurs, n'apparaissent plus, aux yeux des 14 000 habitants de leur terre, que comme une poignée de privilégiés sans vergogne. Vers 1770, six villages du Haut-Jura entament un procès contre le chapitre afin d'obtenir leur affranchissement. Ce procès a un immense retentissement car **Voltaire**, alors à Ferney, vient au secours des serfs jurassiens par des pamphlets corrosifs. Après cinq années de procédure, ce sont les chanoines têtus qui triomphent. Leur droit reconnu, l'évêque propose de faire le geste spontané et généreux qui supprimera le servage. Nouveau refus. Il s'adresse au roi, mais Louis XVI n'ose trancher dans le vif. La Révolution va régler la question : la principauté religieuse de Saint-Claude est abolie, ses serfs libérés, ses biens confisqués et vendus. Il ne subsiste plus, de la glorieuse maison, que la cathédrale et quelques vestiges des bâtiments.

LA CAPITALE DE LA PIPE

Les Romains fumaient du chanvre dans des pipes en terre cuite ou en fer. En France, on n'a pas usé de la pipe avant 1560, date à laquelle **Nicot**, notre ambassadeur au Portugal, l'a introduite à la Cour, en même temps que le tabac. L'instrument se compose d'un long tuyau terminé par un petit réchaud d'argent. Le

> **◉ Points de vue**
>
> Depuis la **grotte Sainte-Anne 2**, jolie vue sur la ville que l'on surplombe de 200 m. Agréable point de vue également depuis la terrasse de la **place du 9-Avril-1944**. Enfin, du milieu du **viaduc**, on appréciera mieux l'exiguïté des espaces plans qui a obligé les immeubles à « pousser » en hauteur.

succès est d'abord mince, mais à la fin du 18e s. la vogue s'affirme et les artisans de Saint-Claude, habiles tourneurs sur bois, s'intéressent au problème. À des fourneaux en porcelaine importés d'Allemagne, ils ajustent des tuyaux en bois ou en corne, fabriqués sur place, puis s'attaquent à la pipe en bois. Le buis, le merisier, le noyer, le poirier leur donnent bien des déboires : ils brûlent avec le tabac qui prend un goût affreusement âcre.

En 1854, un Corse propose à un pipier, **Daniel David**, habitant le village de Chaumont, près de Saint-Claude, de lui fournir de la racine de bruyère, bien supérieure au buis pour la fabrication des pipes. David essaie ce nouveau bois et vient s'installer à Saint-Claude. Le succès est triomphal. La racine de bruyère vient de Corse ou des pays du littoral méditerranéen. La souche est extraite – certaines pèsent 50 kg – et débitée sur place en petits morceaux appelés « ébauchons ». Expédiés à Saint-Claude, ils y sont séchés, découpés et calibrés à la scie. Après une vingtaine d'opérations, l'objet poli, verni, s'offre à la convoitise des fumeurs.

Jusqu'en 1885, la ville a détenu le monopole mondial de cette fabrication. Mais les guerres de 1914 et 1939 ont favorisé le développement de fabriques concurrentes à l'étranger. Cependant, cette industrie reste essentiellement sanclaudienne et fait la renommée de la ville, même si la fabrication de pipes n'emploie plus qu'un petit nombre de personnes. La ville est également connue pour son industrie lapidaire qui se développa surtout dans les années 1880.

Se promener

Site★★

Gagnez la **place Louis-XI 2** d'où la **vue★**, au-dessus des vieux remparts, est très belle. Du bas de la pittoresque rue de la Poyat, on a une vue sur la vallée du Tacon. En pente très raide, la rue de la Poyat unissait le quartier haut (de l'abbaye) au quartier populaire et artisanal du faubourg et était l'un des deux accès dans la cité, quand les ponts modernes n'existaient pas. C'est arrivant par là qu'il faut imaginer les cortèges des pèlerins qui montaient vers la châsse de saint Claude.

> ### Saint Claude
>
> Jusqu'en 1794, le **tombeau de saint Claude** attira des foules de pèlerins. Empereurs, rois, grands seigneurs sont venus le vénérer. **Anne de Bretagne**, jusqu'alors stérile, prénomma Claude (future femme de François Ier) la fille qu'elle eut de Louis XII, après son pèlerinage jurassien. Du corps du saint brûlé pendant la Révolution, il reste quelques reliques aujourd'hui conservées dans la châsse placée dans la chapelle à droite du chœur.

Cathédrale Saint-Pierre★ 2

Possibilité de visite guidée sur demande à l'office de tourisme, juil.-août : 9h15-12h, 13h15-17h.

Nulle part ailleurs, vous ne trouverez semblable cathédrale ! Elle fut transformée pour être intégrée à l'enceinte de la ville, d'où son architecture militaire. Seul vestige de l'abbaye, au centre de laquelle il se trouvait, cet édifice de style gothique, élevé aux 14e et 15e s., étonne par sa façade classique (ajoutée au 18e s.) qui contraste étrangement avec son **abside fortifiée**, protégée par neuf échauguettes surmontées de flèches. La tour du 15e s. a été surhaussée au 18e s.

Intérieur – Il comporte un vaste vaisseau rectangulaire sobre et lumineux porté par 14 piliers octogonaux massifs. À gauche de l'entrée, le **retable italien**★★, restauré, fut offert en 1533 par Pierre de la Baume, dernier évêque résidant à Genève, reconnaissant à saint Pierre d'avoir échappé aux troubles politiques et religieux.

Dans le collatéral droit, la chapelle de Saint-Claude abrite la **châsse** contenant des reliques du saint. Le chœur est orné de **vitraux**★, rénovés en 1999, et de magnifiques **stalles**★★ en bois sculpté commencées avant 1449 et achevées en 1465 par le Genevois Jehan de Vitry. Elles présentent sur les dorsaux les apôtres et les prophètes en alternance, puis d'anciens abbés du monastère ; sur les grandes et petites jouées, des scènes de l'histoire de l'abbaye, dont saint Romain et saint Lupicin qui en furent les fondateurs ; sur les parcloses et les miséricordes, les restaurateurs de la fin du 19ᵉ s. ont repris des scènes de la vie quotidienne. Malheureusement, la partie sud de cet ensemble fut détruite par un incendie dans la nuit du 26 septembre 1983. Après un long travail de recherche, les stalles incendiées ont été reconstruites sous la direction de la Conservation régionale des Monuments historiques.

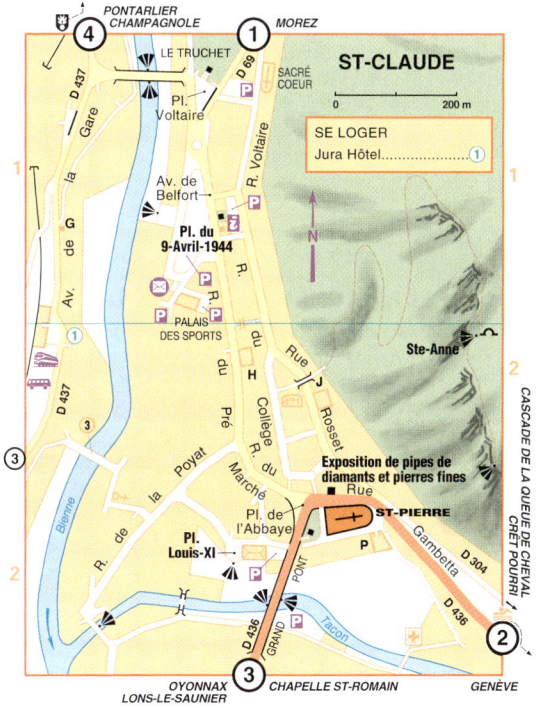

Exposition de pipes, diamants et pierres fines 2

1 pl. J.-Faizant - ℘ 03 84 45 17 00 - www.musee-pipe-diamant.com - ♿ - mai-sept. : 9h30-12h, 14h-18h30 ; reste de l'année : tlj sf dim. et j. fériés 14h-18h - possibilité de visite guidée (1h30) - fermé de déb. nov. au 20 déc. - 4,80 € (enf. 3,80 €).

Vous y découvrirez une collection de pipes des 18ᵉ et 19ᵉ s. d'une grande variété, certaines artistiquement décorées, et très diverses par leur matériau (écume, terre cuite, cuivre, émail, bruyère, corne…), par leurs dimensions, par leur origine (pipes du monde entier). Remarquez la collection des pipes marquées des noms des personnalités intronisées dans la célèbre Confrérie des maîtres pipiers de Saint-Claude. Notez aussi une machine à sculpter, sur le principe du pantographe.

L'exposition, animée par quelques automates, fait également connaître les diamantaires, les pierres fines, naturelles et synthétiques, brutes et taillées, l'outillage du diamantaire et du lapidaire et la progression du travail de la taille. On remarquera les copies de quelques couronnes et pièces d'apparat faisant partie de joyaux et de trésors célèbres. Une vidéo relate l'histoire de cette activité dans le Haut-Jura et présente les différentes techniques de taille.

Aux alentours

Saint-Lupicin
11 km à l'ouest par la D 436. Après le pont sur le Lizon, prenez à droite la D 470. À Lavans, empruntez à droite la D 118.

En 445, saint Lupicin, abbé de Saint-Claude, fonda dans ce village un prieuré. L'église, mis à part la voûte du 17e s., est l'un des édifices romans les mieux conservés de la région. Sous l'autel de gauche se trouve la châsse contenant les ossements de saint Lupicin, et sous l'autel de droite, un bas-relief dû au peintre fauviste Maurice Denis.

Chapelle Saint-Romain
23 km à l'ouest par la D 436. Après le pont sur le Lizon, prenez à droite la D 470. À hauteur de Pratz, tournez à gauche dans la D 300. Laissez votre voiture à l'entrée du hameau, et suivez tout droit (30mn à pied AR) le chemin en descente. De Pâques à la Toussaint.

De style roman bourguignon, la chapelle est située dans un site charmant. La **vue**★ plonge, 270 m plus bas, sur la Bienne, sortie des ses gorges, qui décrit de paresseux méandres entre des versants boisés. Le lundi de la Pentecôte, la chapelle est un but de pèlerinage très populaire dans la région.

Église de Lavancia-Épercy★
23 km au sud-ouest par la D 436. Elle est l'une des deux seules églises tout en bois de France. Chef-d'œuvre de l'exposition internationale sur le bois de 1951 à Lyon, elle fut remontée en 70 jours à l'emplacement prévu pour une église dans le plan de reconstruction de 1946 : Lavancia, de même que ses voisines Épercy et Dortan, avait été incendiée par les occupants allemands en 1944. Elle compte une grande variété d'essences, dont on peut admirer l'agencement tant à l'extérieur qu'à l'**intérieur**★ (remarquez les symboles surmontant le porche), dans un camaïeu de rouge, d'ocre et de brun.

Découvrir

LE PARC NATUREL RÉGIONAL DU HAUT-JURA

Grâce à une importante extension en 1998, le Parc naturel régional du Haut-Jura, dont le siège est à Lajoux, couvre une superficie de 145 000 ha englobant 96 communes dont Saint-Claude et Morez. Son objectif est de promouvoir un développement de qualité (agriculture, tourisme) tout en valorisant le patrimoine naturel et culturel ; l'artisanat, particulièrement riche (pipes, jouets, travail du bois…), y retrouve toute sa place. Cette zone de moyenne montagne, dont le point culminant est proche du crêt de la Neige (Ain), est propice en hiver à la pratique du ski (alpin et fond) et, en été, aux randonnées pédestres et VTT.

De gorges en crêts  *(voir schéma p. 328)*
Quittez Saint-Claude par l'est et rejoignez la D 304.

Cascade de la Queue de Cheval★
5 km, puis 1h à pied AR.

Laissez votre voiture sur le parking à la sortie du village de Chaumont, et prenez à droite le sentier. Celui-ci conduit au pied de la cascade, qui descend en deux bonds une hauteur de 50 m environ. Petit conseil : faites cette balade après une forte pluie, ou le matin pour y prendre de belles photos.

Continuez sur la D 304. Après un pont, laissez votre voiture au hameau de la Main-Morte et prenez le sentier signalé en rouge vers le crêt Pourri.

Crêt Pourri★
Alt. 1 025 m. *30mn à pied AR.* De la table d'orientation, beau **panorama**★.

Suivez la D 304 jusqu'à Lamoura que vous traversez en direction de Lajoux, par la D 436 à gauche.

Lajoux
Cœur du Parc naturel, Lajoux accueille la Maison du Parc du Haut-Jura et quelques artisans (layetier, potier) qui perpétuent les savoir-faire ancestraux de la région.

Maison du Parc du Haut-Jura – 03 84 34 12 30 - www.parc-haut-jura.fr - *vac. scol. : tlj sf lun. 10h-12h, 14h-19h, w.-end 10h-19h ; hors vac. scol. : tlj sf w.-end et lun. 9h-12h, 14h-18h.* Au rez-de-chaussée, une vidéo invite les visiteurs à reconnaître différents bruits : glace qui craque, cloches, etc. Le premier étage est consacré aux expositions portant sur la nature, l'écologie, les frontaliers. Vidéos, ambiances sonores, bornes interactives… permettent de mieux comprendre la géographie du Jura et la vie d'autrefois. Vous pourrez également voir un **grenier fort** : ces solides constructions, à l'écart des fermes à cause des incendies, abritaient jadis les denrées rares et les objets ayant quelque valeur.

Par la D 292, gagnez Les Molunes, puis Les Moussières. Remontez vers Saint-Claude par la D 25. Prenez la première route à gauche vers le belvédère.

Belvédère de la Roche Blanche

Alt. 1 139 m. Parking. **Vue** étendue sur la vallée du Flumen, Saint-Claude et Septmoncel.

700 m plus loin, un autre belvédère est aménagé au bord de la route.

Belvédère de la Cernaise★

De ce promontoire, établi au-dessus du vide, on a une **vue** plongeante sur la vallée du Flumen, Saint-Claude et le plateau de Septmoncel.

Suivez la D 25 jusqu'au-lieu dit L'Évalide et tournez à gauche dans la D 436 vers Saint-Claude.

DÉCOUVRIR LES SITES

Gorges du Flumen★

Le torrent de Flumen, affluent du Tacon, a taillé des gorges sauvages au fond desquelles il bondit en cascades successives dont la plus belle se voit, de la route, entre le tunnel et le Chapeau de Gendarme. Certaines années, au mois d'août, on peut cueillir dans le fond de la vallée d'odorants cyclamens. Entre Saint-Claude et Septmoncel, la D 436 suit, en corniche, ces **gorges**★ célèbres et ouvre sur elles des perspectives impressionnantes. Elle traverse, en tunnel, un éperon rocheux, puis offre une vue, en avant, sur la principale cascade du Flumen.

Belvédère du Saut du Chien

Parking. Belle **vue** sur les gorges.

Le Chapeau de Gendarme, copieusement arrosé par une belle cascade.

Chapeau de Gendarme★

Parking. Vous découvrirez, située dans les « lacets de Septmoncel » (route en corniche suivant les gorges du Flumen), cette curiosité géologique qu'est le Chapeau de Gendarme : il s'agit d'un ensemble de strates épaisses, horizontales à l'origine, qui sous une lente pression ont été soulevées à l'ère tertiaire et se sont tordues sans se rompre.

Revenez à Saint-Claude par la D 436.

Vallée de la Bienne 2 *(voir schéma p. 328)*

82 km. Quittez Saint-Claude vers le nord, par la D 69 en direction de Morez. Au premier grand tournant, prenez à gauche un sentier vers la cascade des Combes.

Cascade des Combes et gorges de l'Abîme

Deux boucles sont possibles, 1h à 1h30 à pied AR ; dépliant à l'office de tourisme. Certains passages sont difficiles par temps humide. Lamartine, et on le comprend, aurait particulièrement apprécié cette belle promenade ombragée. Par temps de pluie, la cascade s'épanouit en éventail en sortant des gorges étroites et spectaculaires de l'Abîme qui tombent de 6 m après un défilé très encaissé. Notez que l'Abîme est un torrent tumultueux : échelles, passerelles et passages en surplomb devront être empruntés si vous voulez vraiment en découvrir les gorges.

En remontant vers Cinquétral, un belvédère aménagé dans un virage dévoile une superbe **vue**★★ sur le site de Saint-Claude que l'on domine alors de près de 400 m. Plus loin, la route ne procure que de rares échappées sur les gorges dont on n'aperçoit pas le fond.

Vers Morez, la route dessert le belvédère de la Garde et offre de jolies **vues** sur le site et ses étonnants viaducs.

Morez *(voir ce nom)*

Quittez Morez par la N 5 en direction des Rousses et rejoignez la D 25 à droite en direction de La Cure. Dans un virage très serré, un spectaculaire belvédère est aménagé.

Belvédère des Maquisards★

Il domine les gorges en aval du fort des Rousses, sur l'autre rive à droite.

La D 25 au sud-ouest de La Cure, puis à gauche la D 29, chemin de promenade très sinueux, sous bois, offrent quelques échappées sur le fond des **gorges** de la Haute-Bienne et de son affluent, le bief de la Chaille.

Regagnez Morez par la N 5 et la station des Rousses. À Morez, continuez sur la N 5 jusqu'à Morbier et prenez la D 26 en direction de Tancua, Les Mouillés, La Rixouse.

La route suit les **gorges★** de la Bienne.

À La Rixouse, prenez la D 437 à gauche vers Saint-Claude.

Après Valfin-lès-Saint-Claude, on découvre une très belle perspective à gauche dans l'axe des gorges.

Peu avant de pénétrer dans Saint-Claude, prenez à droite la petite route d'Avignon (D 303), en lacet et en forte montée, qui offre à 1,5 km un beau point de vue sur Saint-Claude.

Forêt du Massacre 3 *(voir Les Rousses)*

Saint-Claude pratique

Voir aussi les encadrés pratiques du crêt de Chalam, Monts Jura, Morez, Les Rousses, lac de Vouglans.

Adresses utiles

Office du tourisme de Saint-Claude – Av. de Belfort - 39200 Saint-Claude - 03 84 45 34 24 - www.haut-jura.fr - juil.-août : 9h-19h, dim. 10h-13h ; reste de l'année : tlj sf dim. 9h-12h, 14h-18h - fermé j. fériés sf 14 Juil. et 15 août.

Maison du Parc du Haut-Jura –39310 Lajoux - 03 84 34 12 30 - www.parc-haut-jura.fr - vac. scol. : tlj sf lun. 10h-12h, 14h-19h, w.-end 10h-19h ; hors vac. scol. : tlj sf w.-end et lun. 9h-12h, 14h-18h.

Se loger et se restaurer

Jura Hôtel – 40 av. de la Gare - 03 84 45 24 04 - www.jurahotel.com - 35 ch. 40/54 € - 6,50 € - rest. 12,50/24 €. Cet hôtel se trouve face à la gare et surplombe la rivière. Préférez les grandes chambres récentes ménageant une vue sur les montagnes et parfois dotées d'une miniterrasse. Les baies vitrées du restaurant offrent un large panorama sur la ville et la Bienne.

Faire une pause

Bernard Puget – 33 r. du Pré - 03 84 45 00 05 - tlj sf lun. 8h-19h30, dim. 8h-18h30 ; tlj en juil.-août - fermé 15 j. en juin. Dans cette boutique cossue, les chardons bleus fourrés de crème à la noisette côtoient le Délice de Saint-Claude et les bonbons de chocolat voisinent avec un grand choix de petits fours. Offrez-vous le temps et le plaisir de goûter à l'une (ou bien plus…) de ces douceurs dans le salon de thé adjacent.

Que rapporter

Marché – *Pl. du 9-Avril - jeu. mat.* Ce marché, situé sur la place principale de Saint-Claude, réunit d'intéressants produits et les commerces traditionnels (boucher, poissonnier, primeurs) y côtoient de petits exploitants régionaux. Les poulets de la rôtisserie bressane ont du succès, de même que l'étal du fromager garni de spécialités typiquement locales.

Roger-Vincent – *2 chemin Combe-du-Marais -* 03 84 45 27 72 - lun.-sam. 10h-12h, 15h-18h - fermé 1re sem. de juin, 1er-15 sept. et j. fériés. Sacré meilleur ouvrier de France en 1994, Roger Vincent sculpte les pipes de façon artisanale. Ce grand passionné vous expliquera comment il transforme un ébauchon de bruyère en véritable œuvre d'art. Visite de l'atelier et exposition de ses créations.

Jean-Masson – *24 rte de la Faucille, l'Essard - 39200 Villard-St-Sauveur -* 03 84 45 24 09 - 8h-20h. Cet artisan sculpte des pipes à l'effigie d'hommes célèbres, mais propose aussi des modèles plus classiques. Petit cours sur l'art du culottage et discours très étudié sur la façon de se désintoxiquer de la cigarette et bien fumer sa pipe.

Société coopérative fromagère du Haut-Jura – *39310 Les Moussières -* 03 84 41 60 96 - 8h-12h, 14h30-19h30 - fermé 31 déc. et 1er janv. Cette coopérative fromagère s'est dotée d'une galerie vitrée permettant d'assister à la fabrication de plusieurs fromages : comté, morbier, bleu du Haut-Jura, raclette, mousseron jurassien et tomme affinée au marc local. La fruitière abrite également une boutique et une salle de projection vidéo.

DÉCOUVRIR LES SITES

Sports & Loisirs

Sentiers de découverte – La Bienne, les sources de l'Héria, le lac de Lamoura, les berges et les pertes de la Valserine… De nombreux sites ont été aménagés pour présenter les milieux naturels caractéristiques de la région. *Demander la brochure* Sites et sentiers de découverte *éditée par le parc (en vente à la Maison du parc : 2 €).*

Routes touristiques – La richesse naturelle du Haut-Jura s'accompagne de spécialités et de savoir-faire maintenus par une tradition encore très vivante. En plus des adresses citées dans ce guide, vous trouverez de nombreux artisans (tavaillonneurs, tourneurs sur bois, pipiers, etc.) et producteurs (producteurs fermiers, fromageries ouverts à la visite) sur la Route des savoir-faire du Haut-Jura et la Route des fromages du Haut-Jura ainsi que sur le réseau « Espace et Temps de la Neige »*(voir les documents édités par le parc, disponibles à la Maison du parc du Haut-Jura).*

Événement

Fête des Soufflaculs – *Fin mars* - 03 84 45 21 14 ou 03 84 45 34 24 *(office de tourisme).* Le mercredi des Cendres est un jour mouvementé pour les Sanclaudiennes. En effet, reprenant une ancienne tradition quelque peu parodiée, les hommes de la ville, vêtus de blanc et munis de soufflets, parcourent les rues en actionnant leur soufflet devant les dames. Curieusement, ce sont les moines qui en sont à l'origine. Lors d'une cérémonie religieuse, ils traversaient la ville avec des soufflets pour en chasser le démon ; un moine facétieux en profita pour souffler sous la jupe d'une femme connue pour ses mœurs légères ! Cette initiative amusa tellement les habitants qu'elle est devenue une fête traditionnelle.

Église de Saint-Hymetière ★

CARTE GÉNÉRALE B4 – CARTE MICHELIN LOCAL 321 D8 – JURA (39)

Sur les bords du Revermont, la Petite Montagne et plus particulièrement le bourg de Saint-Hymetière s'enorgueillissent de posséder un véritable joyau d'art roman. Un peu à l'écart du village, l'harmonieuse silhouette de cette église miraculeusement intacte veille imperturbablement, depuis le 11e s., sur la campagne jurassienne.

Se repérer – Que l'on vienne de Lons-le-Saunier au nord (prendre la D 52 vers le sud et Orgelet) ou de Saint-Claude à l'est (prendre la D 436 vers l'est, la D 470 vers le nord, et la D 299 vers l'est et le barrage de Vouglans ; rejoindre ensuite Arinthod par la D 60 et la D 3), c'est par la D 109 que l'on accède à ce petit village qui a la particularité de ne pas s'être développé autour de son église.

À ne pas manquer – L'originale église de Saint-Hymetière et son architecture romane, rescapée miraculeuse de l'histoire tourmentée de la région ; l'écomusée vivant du moulin de Pont-des-Vents, qui perpétue le savoir-faire de production de farine artisanale.

Avec les enfants – Au moulin de Pont-des-Vents, vous vous délecterez avec eux des délicieux sablés et tartes produits sur place selon les procédés d'autrefois.

Pour poursuivre la visite – Voir aussi Gigny, le lac de Vouglans.

Visiter

C'est un moine de l'abbaye de Condat, à Saint-Claude, qui a donné son nom à l'église et au village.

Église

03 84 48 01 61 *- été : 7h-19h - visite sur demande en hiver l'apr.-midi auprès de Mme Denise Niel - 2 Le Petit Four.*
Véritable miraculée, l'église de Saint-Hymetière est l'une des rares églises romanes de la région parvenues intactes jusqu'à nous, tant les conflits y ont été dévastateurs. Comment rester insensible à son harmonieux clocher octogonal, à son porche dallé de pierres tombales anciennes, à ses flancs épaulés de contreforts massifs, percés d'étroites fenêtres archaïques et ornés de hautes bandes lombardes ?
À l'intérieur, le chœur en cul-de-four et le bas-côté droit évoquent l'édifice primitif, alors que la voûte principale et le bas-côté gauche font apparaître les reprises de maçonnerie effectuées au 17e s.

Église de SAINT-HYMETIÈRE

Église de Saint-Hymetière.

Aux alentours

Arinthod
4 km au nord par la D 109.
Le village est situé dans une plaine fertile entre deux chaînons parallèles du Revermont. La place principale s'orne d'une fontaine de 1750 ; elle est bordée de maisons à arcades épaulées par de robustes contreforts.

Église – Elle s'ouvre par un grand clocher-porche desservi par un seuil surélevé ; à la retombée de ses arcs d'ogive, on peut reconnaître les symboles des quatre évangélistes. La nef est intéressante par son long berceau brisé dans lequel des fenêtres ont été ouvertes au 17e s. Remarquez la chaire (17e s.) et le grand crucifix suspendu à la première travée du chœur, œuvre de Rosset (18e s.).

Montfleur
16 km au sud-ouest.
Écomusée vivant du moulin de Pont-des-Vents – ☎ 03 84 44 33 51 - *visite guidée juil.-août : 15h ; reste de l'année : merc., vend. et w.-end 15h, visite libre et boutique 16h-19h - fermé du 25 déc. à fin fév., 1re sem. de juil. et sept. - 3,50 € (-12 ans gratuit).*
Ce moulin à turbines du 19e s., alimenté par les eaux du Suran, reste en activité malgré le départ du dernier meunier en 1975. Des démonstrations et une production de farine de blé et de maïs (gaudes) perpétuent des savoir-faire aujourd'hui méconnus : avec la farine produite sont fabriqués sur place des pains, de savoureux sablés et des tartes. À l'étage, des expositions et un film expliquent le rôle du moulin, l'histoire du pain, les céréales et la restauration du site.

Église de Saint-Hymetière pratique

Voir aussi les encadrés pratiques de Gigny, lac de Vouglans.

Se restaurer
Le Clocher – *R. de la Cotette -39320 Saint-Julien -* ☎ *03 84 85 44 79 - réserv. conseillée - 12 € déj. - 19,50/21,50 € - 5 ch. 55/60 € - 5,50 €.* Cette maison de maître date de 1860. Bâtie au pied du village, elle abrite un petit hôtel de 5 chambres élégantes et spacieuses. Le hall d'accueil dessert à la fois la cuisine, le bar et le restaurant, garni de mobilier chiné. Recettes traditionnelles et spécialités maison (poisson, gambas et magret au jus de mangue).

Que rapporter
Coopérative-fromagerie fruitière de la Rivière – *1,8 km au N par la D 117, la rte de Lons-le-Saunier et par une rte secondaire à gauche - 39320 Saint-Julien -* ☎ *03 84 85 42 61 - 14 mars-5 nov. : tlj sf lun. 9h-12h, sam. 14h-18h30.* Comté, fromage blanc, beurre, crème, etc. fabriqués sur place, sont en vente à la boutique.

DÉCOUVRIR LES SITES

Salins-les-Bains

3 333 SALINOIS
CARTE GÉNÉRALE B3 – CARTE MICHELIN LOCAL 321 F5 – JURA (39)

Dominée par les forts Belin et Saint-André, la ville, bâtie tout en longueur, suit l'étroite vallée de la Furieuse. Comme Dole, l'ancienne capitale de la comté de Bourgogne, Salins a conservé des fragments de remparts et de vieilles tours. C'est aujourd'hui une agréable petite ville thermale.

Anciens bâtiments des salines, au bord de la Furieuse.

- **Se repérer** – Cet ancien centre d'exploitation du sel se situe à 45 km au sud-ouest de Besançon, par la N 83 et la D 472. Station de TGV à Mouchard.
- **À ne pas manquer** – Les salines, où vous découvrirez l'histoire de l'« or blanc » et des sauniers ; le pittoresque centre-ville, le temple et la porte monumentale attribuée à Claude-Nicolas Ledoux, architecte de la Saline royale d'Arc-et-Senans ; le site du mont Poupet et, si le temps s'y prête, le spectacle des deltaplanes ou des parapentes.
- **Organiser son temps** – Prévoyez une journée pour découvrir la ville et ses environs. Vous pouvez aussi envisager un séjour de remise en forme aux thermes, toujours actifs *(voir encadré pratique)*.
- **Avec les enfants** – Emmenez-les explorer le banc de sel qui a fait la renommée de la ville et faites-leur déguster le Salinois ou le Téméraire, deux délicieuses spécialités de Salins.
- **Pour poursuivre la visite** – Voir aussi Alaise, Arbois, Arc-et-Senans, Besançon, la forêt de Chaux, Dole, Nans-sous-Sainte-Anne, Poligny, la route des Sapins.

Comprendre

L'or blanc – Le sel était jadis une denrée très rare et très coûteuse, et une saline était alors une véritable mine d'or. Quiconque dérobait du sel était pendu haut et court.
Au début du 13ᵉ s., **Jean l'Antique**, le plus illustre des Chalon *(voir Nozeroy)*, met la main sur les puits de Salins, et la vente du précieux produit remplit généreusement ses coffres.
Jean l'Antique se sert de ses écus comme les Anglais de la « cavalerie de Saint-Georges ». Il achète des fiefs, attire des vassaux, se ménage des intelligences

Le saviez-vous ?

- Au 17ᵉ s., Salins-les-Bains était la seconde agglomération de la **Comté**. Elle comptait alors 5 700 habitants, contre 11 500 pour Besançon.
- Celle qui fut jadis la plus grande **faïencerie** du Jura ferma ses portes en 1995. Elle était à l'époque le premier employeur de la ville. Deux potiers artisanaux le long de la Furieuse, entre Salins et Mouchard, et quelques magasins de vente gardent la trace de cette activité qui vécut son apogée au 19ᵉ s.

SALINS-LES-BAINS

chez les évêques, les moines, les soldats, les bourgeois. Son étonnante réussite s'en trouve facilitée. En reconnaissance, il accorde à la ville du sel, dès 1249, une charte communale.

L'année de la « grande mort » – En 1349, la peste noire dévaste Salins durant six mois, comme toute la Comté. Les autorités de la ville luttent courageusement contre le fléau. Lorsqu'un cas de peste se déclare, le malade est aussitôt transporté dans une des baraques de bois qui ont été construites, isolées dans la campagne. Les médecins, les chirurgiens-barbiers, les prêtres, les fossoyeurs qui s'occupent des pestiférés hors des murs ne peuvent plus rentrer en ville. Les porteurs de civière ont une clochette suspendue au cou afin que leur passage soit signalé et que chacun les évite. En dépit de ces efforts, les trois quarts de la population succombent. La renaissance de la ville est lente. En 1374 est fondé un comptoir communal de prêts sur gages, appelé le mont-de-Salins. C'est l'ancêtre le plus reculé du mont-de-piété moderne.

Une ancienne métropole du bois – Pour chauffer les chaudières où l'on fait évaporer l'eau saline, il faut d'énormes quantités de bois que fournissent les forêts avoisinantes. Peu à peu, on y prélève aussi des bois de sciage ou d'industrie. Ce nouveau commerce vient s'ajouter à celui du sel et prend un très grand développement : il entre en ville, dans l'année, jusqu'à 60 000 charrettes chargées. La Furieuse, rivière impétueuse, anime 12 grandes scieries.

Le thermalisme – Avec ses sources d'eau salée naturelles, la ville est connue depuis plusieurs siècles pour ses eaux à la salinité importante. La création de l'établissement thermal remonte à 1854. Il a notamment participé à l'essor du thermalisme au Second Empire. En 1926, la ville adopte le nom de Salins-les-Bains. Ville thermale, elle ne parviendra pas à sauver les salines de la fermeture en 1962, après plus de 1 200 ans d'exploitation.

Les voituriers de la Marine

C'était à Salins que s'achetaient les plus beaux mâts de vaisseaux. Les voituriers chantaient avec un tranquille orgueil :
« Quand nous sommes en chemin,
Pour venir à Salins,
Nous prenons en pitié
Les pauvres labouriers.
Des routes, la Marine
Tient le beau mitan
Et du roi la berline
Ne leur fait pas, d'un cran,
Lâcher l'avant ! »

Se promener

Garez-vous près de l'office de tourisme.

Salines★ 3

☎ 03 84 73 10 92 - www.salins-les-bains.com - visite guidée (1h) juil.-août : 10h-12h, 14h-17h30 (ttes les h) ; vac. de printemps à fin juin et de déb. sept. à mi-sept. : 10h, 11h30, 14h30, 15h30, 16h30 ; de mi-sept. à fin oct. : 10h30, 14h30, 16h ; de mars aux vac. de printemps : 10h30 et 15h ; de déb. nov. à fin fév. : w.-end, j. fériés et vac. scol. : 10h30, 15h – fermé 1er janv., 25 déc. - 4,50 € (enf. 2,50 €) - prévoir un vêtement chaud : 12 °C.

Les imposants bâtiments et les hautes cheminées des Salines se dressent toujours sur les bords de la Furieuse. L'exploitation du sel a cessé depuis longtemps, mais la source salée est toujours utilisée par les thermes.

Une longue histoire – Les salines étaient déjà exploitées au temps des Romains (les salaisons de Séquanie étaient célèbres). Des mains des Chalon, elles passèrent à la Couronne espagnole, puis à la Couronne de France et enfin, en 1843, à l'industrie privée. Au Moyen Âge, plus de 800 sauniers, voituriers, bûcherons, tonneliers et maréchaux travaillaient pour les salines.

À la fin du 18e s., le célèbre architecte **Claude-Nicolas Ledoux** construisit une nouvelle saline en bordure de la forêt de Chaux. La saumure de Salins était ainsi transportée vers la Saline royale d'Arc-et-Senans *(voir ce nom)* par un saumoduc long de 21 km.

Visite – Longues de 200 m et surplombées d'imposantes voûtes médiévales, les galeries souterraines (13e s.) sont intéressantes à parcourir. Le banc de sel est à 250 m de profondeur ; on l'atteint par des forages tubés de 30 cm de diamètre. Par l'intermédiaire d'un long madrier, une roue hydraulique met en mouvement la pompe qui aspire l'eau, saturée à raison de 33 kg de sel pour 100 l. Cette machinerie est deux fois centenaire. Pour recueillir le sel, l'évaporation se faisait dans de vastes « poêles » de 45 000 l (l'une d'elles est encore visible) chauffées au charbon. Le dur travail des sauniers est expliqué dans la salle des poêles.

Traversez le parking à gauche vers l'hôtel-Dieu.

DÉCOUVRIR LES SITES

Hôtel-Dieu 3

Place des Salines - ☎ 03 84 73 01 34 - www.salins-les-bains.com - visite guidée (30mn) sur demande à l'office de tourisme juil.-août : 9h-12h30, 13h30-18h (dim. 17h30) ; de déb. janv. à Pâques : tlj sf dim. 9h-12h, 13h30-17h30 ; de Pâques à fin juin : 9h-12h, 13h30-17h30 ; sept. : 9h-12h, 13h30-17h30 ; oct.-déc. : tlj sf dim. 9h-12h, 13h30 -17h30 - fermé 1er janv., 25 déc. - 4,40 € (-12 ans gratuit). Il date du 17e s. Dans l'apothicairerie, boiseries et belle collection de pots en faïence de Moustiers.

Prenez à gauche la rue du Dr-Germain, puis à droite la rue, très passante, de la République. Dépassez la belle fontaine des Cygnes (1834).

Rue de la République 2-3

Attention : la rue, une départementale, est très passante.

Au n° 79, la **maison des Carmélites** (13e s.), à colombage, est l'une des seules à avoir échappé au grand incendie du 27 juillet 1825. Le sinistre prit rue Charles-Magnin et se propagea par les toits. Trois-cent-trente maisons, dont une partie de la grande saline, furent détruites, et 2 682 personnes se trouvèrent à la rue. La maison des Carmélites abrita un couvent aux 17e et 18e s.

Au n° 105, l'**hôtel Moreau** a gardé sa façade de pierre grise du 18e s.

Continuez jusqu'à la **tour Oudin** (13e-15e s.) qui protégeait la porte haute de la ville.

Revenez en arrière pour prendre à droite l'escalier de Saint-Anatoile. Si vous craignez ses marches inégales, retournez jusqu'à la fontaine des Cygnes et montez par la rue d'Orgemont et la rue des Clarisses.

Le charmant **escalier Saint-Anatoile** enfile ses marches de guingois en serpentant entre les murs de pierre. On aperçoit au loin le fort Belin (19e s., privé).

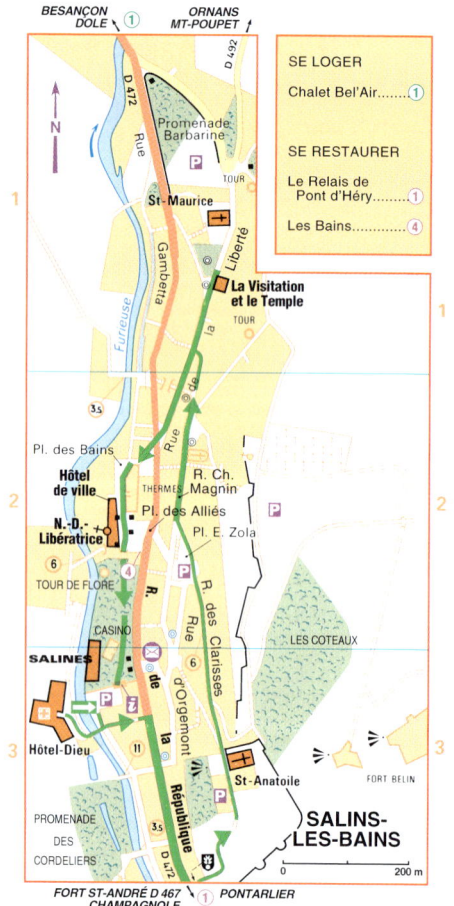

Église Saint-Anatoile 3

Poussez fort la porte. C'est la plus intéressante de Salins, et l'un des meilleurs exemples du gothique bourguignon cistercien du 13e s. en Franche-Comté. On y remarquera le goût des architectes de cette région pour les arcs en plein cintre.

La façade a une belle porte romane encadrée de deux chapelles en saillie, de style gothique flamboyant. À l'intérieur, au-dessus des arcades gothiques qui séparent la nef des bas-côtés, courent de jolies arcatures en plein cintre. Remarquez la chaire (17e s.) à droite, stalles à médaillons et boiseries (16e s.) ainsi que le buffet d'orgues en bois sculpté (1737).

Descendez par la rue des Clarisses, joliment pavée et donnant vue sur les jardins secrets et les toits.

Traversez la place Émile-Zola (remarquez, à droite, l'ancienne maison des Jésuites, du 18e s.) et continuez par la rue Charles-Magnin. Prenez à droite la rue de la Liberté.

La Visitation et le Temple 1

L'ancien couvent des Visitandines, érigé en 1710, fut converti en HLM vers 1960. Après être passé sous ses arcades, montez la rue du Temple pour prendre du recul et voir son beau **portail★** de marbre et d'albâtre (17e s.). Le **Temple** (15e s.) est alors juste derrière vous. Il rappelle que la commanderie des Templiers avait été installée à Salins vers 1140.

Revenez sur vos pas par la rue de la Liberté.

La **porte monumentale★** du n° 13 est attribuée à Claude-Nicolas Ledoux et rappelle son architecture des salines *(voir Arc-et-Senans)*.

Hôtel de ville 2

Dans l'hôtel de ville (18e s.) est enclavée la **chapelle Notre-Dame-Libératrice** 2 (1639), surmontée d'un dôme. Elle abrite de beaux tableaux du 18e s. et une Vierge de plomb, fondue à Bruxelles en 1665, autrefois placée à l'extérieur.

👁 Non loin de l'hôtel de ville, au centre de la place des Alliés, se dresse la statue du **général Cler**, tué à Magenta en 1859.

Regagnez le parking en longeant la tour de Flore, vestige de l'ancienne enceinte de Salins et le Puits d'amont (13e-15e s.), actuel casino. Vous pouvez reprendre votre voiture pour gagner l'église.

Église Saint-Maurice 1

À l'intérieur, au fond de la chapelle de droite, statue équestre, en bois, de saint Maurice en costume du Moyen Âge. Pietà en albâtre (16e s.) dans le bas-côté droit.

Aux alentours

Fort Saint-André

4 km, à l'ouest. Quittez Salins au sud par la D 472, tournez à droite dans la D 94, puis à droite dans la D 271 et encore une fois à droite.

Construit en 1674, sur les plans de Vauban, ce fort est un bel exemple d'architecture militaire du 17e s. À droite au pied des remparts, un belvédère offre une belle **vue★** sur Salins.

Mont Poupet★

10 km. Quittez Salins par la D 492 au nord. Après 5,5 km, prenez à gauche la D 273. Au bout d'1 km, une route forestière se présente à gauche, qui arrive au pied de la croix du mont Poupet (parc de stationnement).

🥾 Du **belvédère** (alt. 803 m), on découvre *(15mn à pied AR)* une belle **vue★** (table d'orientation et croix) : au premier plan le bassin de Salins dans sa cluse aux arêtes boisées, en arrière un paysage de pré-bois, à droite l'abrupt portant le fort Saint-André ; au loin, le regard porte d'une part sur le mont Blanc, les hautes chaînes et les plateaux du Jura, d'autre part sur la plaine de Bresse avec, au fond, les monts de la côte bourguignonne et du Beaujolais.

Dès que le temps s'y prête, parapentes et deltaplanes s'envolent du mont Poupet. S'ajoutant à la beauté du site, ce spectacle fournit un but de promenade apprécié des gens de la région.

Poursuivez la route en montée, qui, à hauteur d'un relais de télévision, offre une **vue** très dégagée à l'ouest sur la forêt de Chaux.

Salins-les-Bains pratique

🛈 Voir aussi les encadrés pratiques d'Arbois, Arc-et-Senans, Besançon, forêt de Chaux, Dole, Nans-sous-Sainte-Anne, Poligny, route des Sapins.

Adresse utile

Office du tourisme de Salins-les-Bains – *Place des Salines - 39110 Salins-les-Bains - ✆ 03 84 73 01 34 - www.salins-les-bains.com - juil.-août : 9h-12h30, 13h30-18h, dim. 9h30-12h30, 13h30-17h30 ; de Pâques à fin juin et sept. : 9h-12h, 13h30-17h30 ; reste de l'année : tlj sf dim. 9h-12h, 13h30-17h30 - fermé 1er janv., 25 déc.*

Se loger

Chalet Bel'Air – *39330 Mouchard - ✆ 03 84 37 80 34 - tourisme@waldalmour.com - fermé 27 juin-4 juil., 22 nov.-13 déc., dim. soir et merc. sf vac. scol. - 🅿 - 9 ch. 48/91 € - ⊇ 8,50 €.* L'accueil attentionné et le confort font de cet établissement situé au cœur de la Franche-Comté une étape agréable. Les chambres confortables bénéficient d'un environnement calme. À la Rôtisserie, restaurant situé dans un bâtiment proche de l'hôtel, les viandes sont rôties sous vos yeux dans l'imposante cheminée ; terrasse en surplomb de la route.

Se restaurer

Les Bains – *Pl. des Alliés - ✆ 03 84 73 07 54 - hotel.bains@wanadoo.fr - fermé 1er-16 janv., mar. midi, dim. soir et lun.* La « morillette » et la « comtine » sont deux des inventions gourmandes sorties de l'imagination de Maurice Marchand, le chef de ce restaurant qui mitonne bien d'autres tours savoureux dans sa marmite. Cuisine classique servie dans la salle à manger de style rustique et plats régionaux proposés à la brasserie.

Le Relais de Pont d'Héry – *Rte de Champagnole - 39110 Chaux-Champagny - 5 km au S de Salins-les-Bains par la D 467 - ✆ 03 84 73 06 54 - www.relaispondhery.com - fermé 18 oct.-4 nov., 15 fév.-3 mars, mar. de sept. à mai et lun. - 18/70 €.* Derrière la façade anodine de cette petite maison, on découvre deux salles à manger fort agréables où est servie une appétissante cuisine traditionnelle : filets de cailles panés à la noisette, lotte rôtie aux herbes, noix de Saint-Jacques en millefeuille aux citrons confits, soufflé au foie gras, gratin d'écrevisses, etc.

En soirée

Casino de l'Abbaye – *6 r. de la République - ✆ 03 84 73 05 02.* Poker, machines à sous, restaurant et discothèque.

Que rapporter

Fumé du Jura – *Hameau de Moutaine - 8 km au S de Salins-les-Bains par la D 467 - 39110 Pont-d'Héry - ✆ 03 84 73 02 49 - fumedujura@wanadoo.fr - tlj sf lun. 8h-19h.* Jambons à l'os, saucisses sèches, palette, brési, langue, saucissons au vin jaune, terrines : ces délicieuses charcuteries sont exclusivement fabriquées avec de la viande et des abats de porcs francs-comtois. Certaines sont fumées artisanalement, toujours au bois de genévrier. De quoi faire succomber plus d'un gourmet.

Sports & Loisirs

Les Thermes – *Pl. des Alliés - ✆ 03 84 73 04 63 - www.thermes-salins.com -14h30-18h30, dim. 10h-11h45, 14h30-17h30 ; j. fériés sur RV - fermé janv., 1 sem. en fév., 1er Mai - 9 €.* Riches en sel et en oligo-éléments, les eaux thermales sont recommandées pour des cures spécialisées (rhumatologie, gynécologie, troubles du développement de l'enfant). L'établissement, complètement rénové, propose également des séjours de remise en forme (fatigue, stress, minceur) ou de relaxation (sauna, hammam).

École de vol libre du Poupet – *9 r. du Poupet - 39110 St-Thiébaud - ✆ 03 84 73 04 56 - www.poupetvollibre.com.* Baptêmes de l'air en biplace, stages d'initiation et de perfectionnement de mars à sept. Quatre orientations au décollage pour survoler les vallées au départ du mont Poupet.

Route des **Sapins** ★★

CARTE GÉNÉRALE B3 – CARTE MICHELIN LOCAL 321 F/G6 – DOUBS (25), JURA (39)

La route des Sapins constitue, sur une quarantaine de kilomètres entre Champagnole et Levier, une admirable voie de traversée des forêts de la Fresse, de Chapois, de la Joux et de Levier. Notre itinéraire, qui s'en écarte par endroits, suit la section la plus intéressante et la mieux aménagée.

Route des Sapins, bordée de superbes forêts.

- **Se repérer** – La route des Sapins peut être empruntée au départ de Champagnole *(voir ce nom)* ou de Levier (23 km à l'est de Salins-les-Bains par la D 472, puis la D 72).

- **À ne pas manquer** – L'une des plus belles sapinières de France : l'impressionnante forêt de la Joux et sa maison forestière du Chevreuil, qui accueille un arboretum ; le bosquet des sapins de la Glacière, véritable cathédrale vivante : le vénérable sapin Président de la Joux, âgé de plus de deux siècles ; le belvédère de Garde-Bois, avec sa jolie vue sur la vallée d'Angillon ; le passage taillé de Chalamont, ancienne voie celtique et romaine.

- **Organiser son temps** – Un seul mot d'ordre : prenez votre temps ! Si une demi-journée suffit pour parcourir la route, il serait dommage de ne pas s'arrêter pour se promener parmi les sapins centenaires…

- **Avec les enfants** – Pourquoi ne pas pique-niquer au pied du sapin Président ?

- **Pour poursuivre la visite** – Voir aussi Alaise, Champagnole, Mouthier-Haute-Pierre, Nans-sous-Sainte-Anne, Nozeroy, Pontarlier.

Circuit de découverte

DE CHAMPAGNOLE À LEVIER

55 km – environ 3h – voir schéma p. 349.

Champagnole *(voir ce nom)*

Quittez Champagnole, au nord-est, par la D 471. Au carrefour à l'entrée d'Équevillon, laissez la D 471 sur la droite et continuez tout droit sur la route des Sapins.

La route s'élève dans la **forêt de la Fresse**, offrant une échappée vers la gauche, sur Champagnole.

Tournez à droite dans la D 21 et, laissant sur la gauche la route des Sapins, continuez jusqu'à la bifurcation avec la D 288 que vous prenez à gauche.

Le saviez-vous ?

- Les forêts de la Joux et de Levier constituent une immense sapinière. Le nom de *joux*, très courant dans la région, désigne un bois de sapins.
- Le service des graines et plants de l'Office national des forêts, plus connu sous son ancien nom **Sécherie de Joux**, se trouve dans la forêt de la Joux. Il s'agit d'une sorte d'usine de sélection des semences. La forêt de la Joux est donc à l'origine des graines utilisées pour l'amélioration du peuplement forestier français.

DÉCOUVRIR LES SITES

La route suit, à la mi-pente, la combe où l'Angillon a creusé son lit, bordé à l'est par la forêt de la Joux aux magnifiques futaies, et à l'ouest par la forêt de la Fresse, une belle sapinière de 1 153 ha.

Avant d'atteindre le village des Nans, tournez à gauche dans la route forestière dite du Larderet aux Nans, d'où l'on a un joli coup d'œil sur les Nans et la combe de l'Angillon.

Au carrefour des Baumes, rejoignez la route des Sapins, qui parcourt la partie nord de la forêt de la Fresse, traverse le village de Chapois, puis pénètre dans la forêt de la Joux, en s'élevant à flanc de coteau.

Forêt de la Joux★★

C'est l'une des plus belles sapinières de France. Le massif forestier, d'une superficie de 2 652 ha, est séparé de la forêt de la Fresse par le torrent de l'Angillon au sud, tandis qu'au nord il est adossé à la forêt de Levier. Plantée en majeure partie de résineux, la forêt conserve cependant des feuillus épars. Quelques sapins atteignent des dimensions exceptionnelles : certains mesurent près de 50 m de hauteur et 1,20 m de diamètre à 1,30 m du sol. Il faut aller sous les tropiques ou en Californie pour trouver des arbres plus importants. Depuis le 17e s., les sapins de cette forêt ont d'ailleurs été utilisés pour la fabrication des mâts de bateaux.

👁 La forêt est divisée par l'administration en cinq secteurs appelés « séries ». Les plus beaux arbres se trouvent dans le secteur de la Glacière et aux Sources.

Quittez à nouveau la route pour prendre, à droite, le chemin du belvédère de Garde-Bois, situé à côté d'une chapelle.

Belvédère de Garde-Bois – Jolie **vue** sur la vallée encaissée de l'Angillon et, plus loin, sur la forêt de la Fresse.

Poursuivez le long du chemin d'arrivée ; ce chemin se rabat vers l'est et rejoint la route des Sapins qui présente, à partir du carrefour du Rond-du-Sauget, un très joli parcours.

Sapins de la Glacière – *30mn à pied AR. Suivez le sentier qui s'amorce sur la route des Sapins, à droite lorsqu'on vient de Champagnole.*
Le secteur de la Glacière est ainsi nommé parce que c'est le plus froid de la forêt et, par conséquent, celui où la neige et la glace restent le plus longtemps. Au centre du canton de la Glacière, autour d'une excavation profonde, se trouvent des sapins splendides, aux fûts impeccablement droits. Le visiteur sera saisi par une impression comparable à celle que l'on éprouve auprès des piliers d'une grande cathédrale. Le silence et la pénombre contribuent à créer une atmosphère de recueillement.

Épicéas d'Élite – *Prenez la route de la Marine. Vous pourrez aussi les atteindre par un sentier balisé au départ de la D 473 : entrée signalée à 1 km environ au sud du passage à niveau de la station de Boujailles (30mn à pied AR).* Ces arbres sont les plus beaux de la forêt d'épicéas d'Esserval-Tartre.

Maison forestière du Chevreuil – Située dans une clairière, elle constitue la principale attraction touristique de la forêt ; les passionnés de sylviculture pourront visiter l'**arboretum**, plantation d'essai d'arbres étrangers à la contrée.

La route des Sapins se divise en deux branches. Suivez celle de droite, signalée « Route des Sapins par les crêtes ».

Belvédère des Chérards – Échappée sur les plateaux boisés.

Sapin Président de la Joux★ – Hommage doit être rendu au grand dignitaire de la forêt, distingué pour son âge vénérable, ses imposantes proportions et son port altier. Il s'agit du plus célèbre des sapins du canton des Chérards. Désigné « Président » en 1964, il est âgé de plus de deux siècles, a 3,85 m de circonférence à 1,30 m du sol et 45 m de hauteur, et pourrait fournir 600 planches correspondant à 22 m^3 de bois d'œuvre !

Le sapin, une création du diable

Les histoires de loups-garous, de sorcières, de lutins et de dames blanches ont fait naître de nombreux contes et légendes qui alimentèrent longtemps les veillées comtoises. Voici donc comment serait apparu le premier sapin en Franche-Comté…

Le diable, lassé par tous ses diablotins turbulents et farceurs qui l'empêchaient d'œuvrer correctement à la cuisson des damnés, décida un jour d'expédier tout ce petit monde sur la terre. Et voilà comment les **ioutons** et les **fouletots** vinrent peupler les monts du Jura. Mais bientôt, aveuglés par le grand soleil, écrasés de chaleur en été et meurtris par la longue froidure de l'hiver, ils voulurent retourner dans l'empire des ténèbres. Le diable, peu désireux d'avoir à les supporter de nouveau, préféra créer un arbre sous lequel ils pourraient se mettre à l'abri : le sapin.

Route des SAPINS

La route poursuit son parcours en forêt à flanc de colline, découvrant une belle échappée, à gauche, sur la dépression de Chalamont.

Forêt de Levier

Ancienne possession de la maison de Chalon *(voir Nozeroy)*, confisquée en 1562 par Philippe II, roi d'Espagne, la forêt devint propriété du roi de France après la conquête de la Franche-Comté par Louis XIV en 1674. À cette époque, les produits de la forêt servaient à la construction navale et à l'approvisionnement des salines de Salins. Les usagers venaient également y chercher leur bois de chauffage. Aussi certaines zones étaient-elles entièrement plantées de feuillus. Aujourd'hui, le massif, situé à une altitude comprise entre 670 et 900 m et d'une superficie de 2 725 ha, est presque exclusivement en résineux (sapins 60 % et épicéas 12 %).

Route forestière de Scay – Légèrement accidentée, elle offre de belles perspectives et sert d'axe à la zone de silence de Scay, comprise dans la forêt domaniale de Levier.

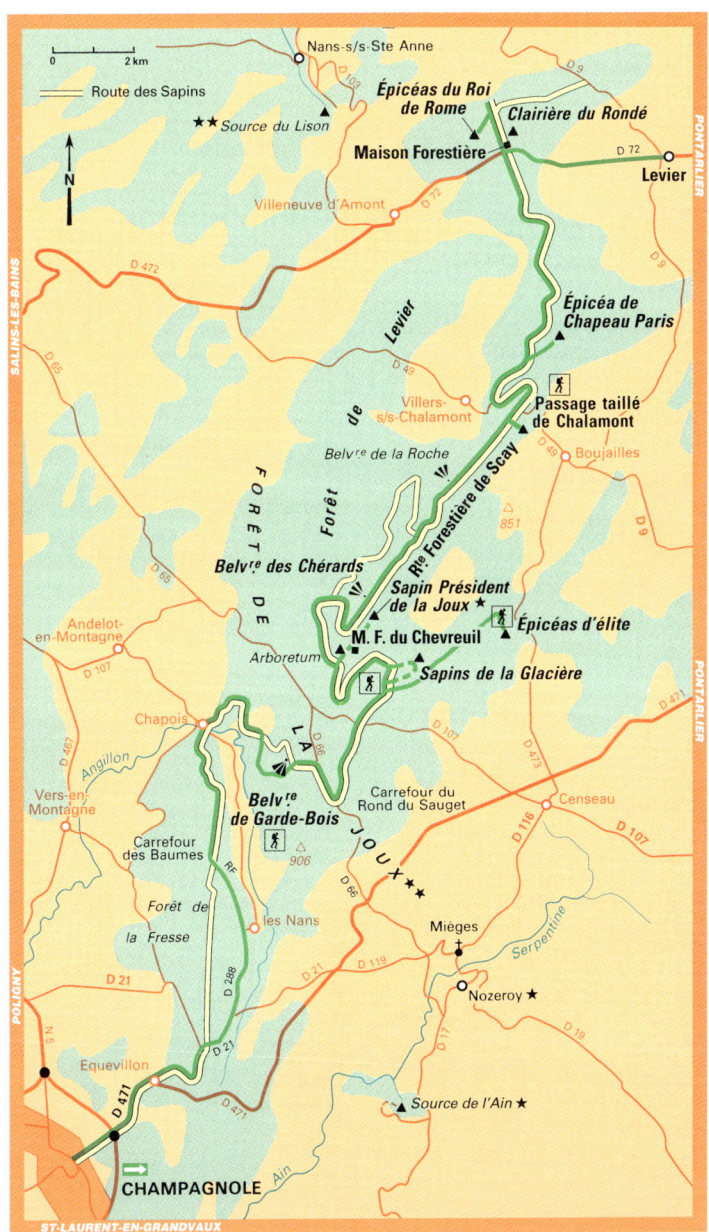

DÉCOUVRIR LES SITES

Du **belvédère de la Roche,** vue sur le massif de Levier et la clairière dans laquelle a été implanté le village de Villers-sous-Chalamont.

Passage taillé de Chalamont – Peu avant d'atteindre la D 49, un chemin à droite *(30mn à pied AR)* permet de suivre une voie celtique, puis romaine. Observez la taille en gradins de la chaussée dans les passages pentus ou glissants, ainsi que les ornières de guidage des roues des chars. Au sortir de la forêt, à hauteur des vestiges de la tour médiévale de Chalamont, la voie fut taillée en tranchée, tout comme le fut plus tard la route moderne voisine reliant Boujailles à Villers-sous-Chalamont.

Épicéa de Chapeau Paris – Cet arbre, qui est pour la forêt de Levier le pendant du sapin Président de celle de la Joux, mesure 45 m de haut avec une circonférence de 4 m et un volume de 20 m^3 environ.

Suivez la route forestière de Ravonnet, puis à droite la route du Pont-de-la-Marine.

Clairière du Rondé – Dans cette clairière ont été aménagés un enclos à cerfs sikas et une maison forestière *(exposition en été)*.

Épicéas du Roi de Rome – Ces arbres ont plus de 180 ans et dépassent parfois 50 m de haut.

Faites demi-tour pour prendre à gauche la D 72 et gagnez Levier (voir Pontarlier).

Route des Sapins pratique

Voir aussi les encadrés pratiques de Champagnole, Mouthier-Haute-Pierre, Nans-sous-Sainte-Anne, Nozeroy, Pontarlier.

Adresse utile

Office du tourisme de Champagnole – *28 r. Baronne-Delort -* 03 84 52 43 67 *- www.tourisme-champagnole.com - 9h-12h, 14h-19h, sam. 9h-12h (juil.-août 14h-17h, vac. scol. 14h-16h), dim. (juil.-août) 10h-12h30 - fermé 1er janv., lun. de Pâques, 1er Mai, 8 Mai, Ascension, 1er et 11 Nov., 25 déc.*

Visite

Bon à savoir – Pour profiter au mieux de tous les aménagements de la forêt, procurez-vous le guide *Promenons-nous sur la route des Sapins*, édité par l'ONF. Des visites guidées et autres animations possibles (histoire du massif, gestion forestière) sur réservation - *renseignements ONF agence du Jura -* 03 84 24 42 89.

Se loger

Hôtel Le Commerce – *25270 Levier - à l'E de Levier -* 03 81 49 50 56 *- www.hotel-guyot.com -* *- 20 ch., demi-pension 40 € -* *3,50 € - rest. 10,50/14,50 €.* Créé en 1931, cet hôtel-restaurant fait figure d'institution dans la région. Et même si la carte a quelque peu réduit cette année, on perpétue toujours, en cuisine, la tradition des bonnes vieilles recettes maison aux morilles. En plus des 20 chambres, sur 2 étages, on note la présence de 5 gîtes de plain-pied.

Chambre d'hôte Bourgeois-Bousson – *15 Grande-Rue - 39110 Andelot-en-Montagne - 2,5 km au NO de Chapois par la D 250 -* 03 84 51 43 77 *- fermé nov.-Pâques -* *- 6 ch. 43/45 € -* *- repas 11/13 €.* Voilà une étape bien tranquille, à quelques kilomètres des forêts. Vous serez accueillis par ces deux sœurs dans le cadre un peu désuet, mais charmant de leur ancien hôtel-restaurant familial. Chambres sans prétention, mais confortables. Cuisine traditionnelle.

Se restaurer

L'Auberge La Comtoise – *3 r. du Plane - 25270 Levier - sortie O vers Salins-les-Bains et r. à droite -* 03 81 89 57 86 *- fermé 2 sem. déb. août, jeu. soir et lun. -* *- 10,50 € déj. - 14,50/32 €.* En retrait de la route principale, cette maison d'habitation partiellement transformée en auberge abrite une salle et une véranda. La carte traditionnelle fait la part belle aux spécialités comtoises très prisées par le voisinage : jésus de Morteau accompagné de gratin, röstis ou tartiflette au morbier.

Maison forestière du Chevreuil – *39300 Supt - 3,5 km au N de Chapois par la D 251, prendre la D 107 dir. Censeau et la rte des Sapins, et suivre fléchage -* 03 84 51 40 85 *- fermé 16 sept.-15 juin - réserv. conseillée - 15 €.* Faites une halte dans cette maison originale nichée au cœur d'une ravissante clairière entourée de résineux où l'on mitonne une cuisine familiale toute simple. Il est prudent de téléphoner en cas de mauvais temps en raison des risques de fermeture. Jeux pour enfants.

Vesoul

17 168 VÉSULIENS
CARTE GÉNÉRALE C1 – CARTE MICHELIN LOCAL 314 E7 – HAUTE-SAÔNE (70)

Chantée avec humour par Brel, peinte par Gérôme, la capitale de la Haute-Saône semble un peu timide. À l'ombre de la fameuse colline de la Motte et de sa petite chapelle Notre-Dame, construite pour remercier la Vierge d'avoir protégé la ville du choléra en 1854, elle cache pourtant, isolée par sa zone industrielle, une vieille ville intéressante et animée, tandis que son lac de 95 ha devient une base de loisirs très fréquentée dès les beaux jours.

Place du Palais-de-Justice.

- **Se repérer** – Située à 43 km au nord de Besançon, par la N 57, et à 59 km à l'ouest de Belfort par la N 19, Vesoul est un point d'entrée idéal pour rejoindre les grandes destinations comtoises.

- **À ne pas manquer** – Le vieux Vesoul, ses hôtels particuliers (15e, 16e et surtout 18e s.), ses maisons anciennes et ses « traiges », traversant cours et jardins ; la colline de la Motte et son panorama sur le plateau de Langres et les monts du Jura ; l'église Saint-Georges et son splendide marbre de Canova, représentant Vénus et Cupidon.

- **Organiser son temps** – Comptez une journée pour visiter la ville et consacrez un jour ou deux de plus à la découverte des environs et de la moyenne vallée de la Saône.

- **Avec les enfants** – Le lac de Vesoul-Vaivre, avec sa base de loisirs nautiques et sa réserve ornithologique, procurera d'agréables moments de détente aux petits comme aux grands. Vous pourrez aussi partir en famille à la découverte de la paisible campagne à bord d'un vélo-rail de Vesoul à Gray.

- **Pour poursuivre la visite** – Voir aussi Belfort, Besançon, Faverney, le château de Filain, Fondremand, Lure, Luxeuil-les-Bains, Ray-sur-Saône, Villersexel.

Comprendre

Naissance d'une capitale – Les hommes s'installent d'abord, à l'époque préhistorique, sur la colline de la Motte, qui domine la ville au nord. À cet établissement succède un camp romain destiné à surveiller la route de Luxeuil à Besançon. La première mention connue de Vesoul est **Castro Vesulio**, à la fin du 9e s.
À la fin du 10e s., un château est construit sur la plate-forme de la Motte. Au 13e s., un petit bourg s'implante à l'abri de ses murailles. Situé sur une ancienne voie romaine, le bourg devient un important marché où se négocient bétail, produits agricoles et vins de la Motte. En 1333, Vesoul devient la capitale du **bailliage d'Amont**, jusqu'à la Révolution, ce qui lui confère une vocation administrative qu'elle a conservée jusqu'à ce jour. Un peu plus tard, la population descend dans la plaine et Vesoul devient un

DÉCOUVRIR LES SITES

centre commercial, religieux et militaire actif. Assailli à plusieurs reprises, le château est rasé en 1595. Vesoul, comme toute la Franche-Comté, est rattachée à la France en 1678. Dans la seconde moitié du 19e s., la construction des voies ferrées en fait un important nœud de communications et favorise au sud du Durgeon l'essor d'un quartier industriel.

Se promener

LE VIEUX VESOUL★

Comptez 2h. Garez-vous au parking de la rue des Tanneurs, ouvert sur la place Edwige-Feuillère.

Commerçante, la **rue d'Alsace-Lorraine** compte quelques belles maisons : au n° 22, celle du 18e s. attend un ravalement, tandis que le beau grès jaune et bleu de celles du 16e s. (arcades de vieilles échoppes), à la hauteur de la place de l'église, a été mis à nu.

Église Saint-Georges

Fermée pour travaux, réouverture probable pour Noël 2008.

C'est un bel édifice classique du milieu du 18e s. La nef et les bas-côtés sont de même hauteur, réminiscence de l'architecture gothique rhénane. Remarquez la splendide sculpture en marbre de l'Italien Canova, **Vénus et Cupidon★** (18e s.), et la chapelle du Saint-Sépulcre, qui abrite une Mise au tombeau (16e s.). À gauche du chœur, l'imposante Assomption baroque vient du couvent de Dames de Battant, à Besançon. Belles orgues du 18e s.

Sur la place, notez au n° 2 l'**hôtel Baressols** (13e-16e s.), avec ses fenêtres à meneaux. La fontaine contemporaine (1985) d'Aline Bienfait est intitulée *La Rencontre*.

Faites une incursion à gauche dans la rue Salengro.

Rue Roger-Salengro

Au n° 11 se trouve l'**hôtel Thomassin** (15e s.), aux portes, fenêtres et gouttières ornées d'élégantes torsades. Continuez un peu à monter la rue pour surprendre à droite une cour intérieure fleurie et sa tour du 15e s., puis revenez sur vos pas.

La rue des Ursulines monte vers le musée Georges-Garret.

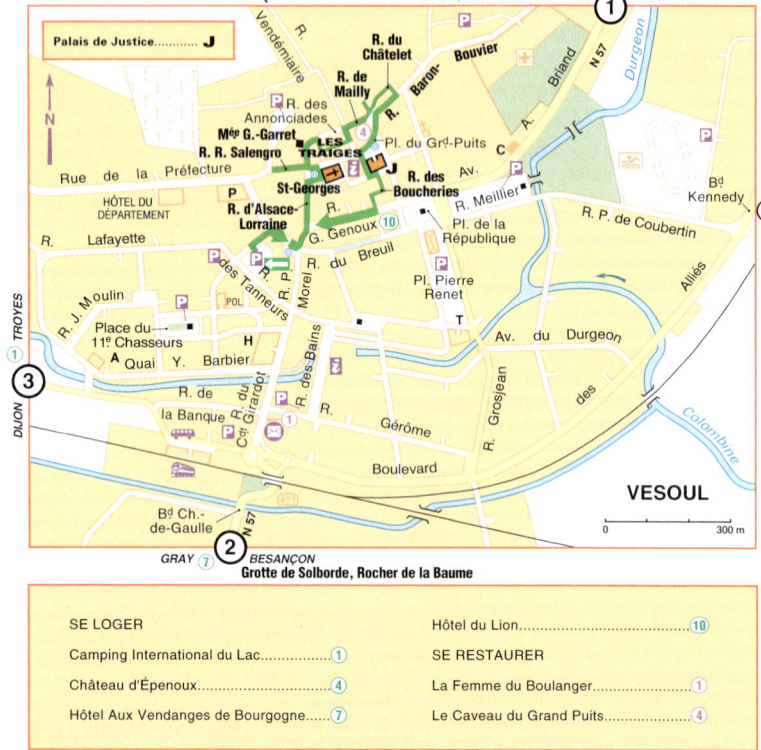

SE LOGER		Hôtel du Lion	⑩
Camping International du Lac	①	SE RESTAURER	
Château d'Épenoux	④	La Femme du Boulanger	①
Hôtel Aux Vendanges de Bourgogne	⑦	Le Caveau du Grand Puits	④

Musée Georges-Garret

1 r. des Ursulines - ✆ 03 84 76 51 54 - www.musees-franchecomte.com - tlj sf mar. 14h-18h - fermé 1er janv., 1er Mai, 14 Juil., 1er et 25 nov., 25 déc. - gratuit.

Installé dans l'ancien couvent des Ursulines (fin 17ᵉ s.), le musée se compose de deux niveaux. Le premier présente des expositions temporaires et une section archéologique comportant une admirable collection de **stèles funéraires** gallo-romaines. Le second est réservé à la peinture et à la sculpture ; important ensemble d'œuvres de l'artiste vésulien **Gérôme** (1824-1904). Beau Christ aux liens (15ᵉ s.) à l'entrée.

Prenez à droite la rue des Annonciades dans laquelle donne à droite un « traige ».

> ### Le saviez-vous ?
> Vesoul est la patrie de l'astronome **Beauchamps** (1752-1801), qui accompagna Bonaparte en Égypte, et du peintre-sculpteur **Gérôme** (1824-1904). Citons aussi la comédienne **Edwige Feuillère**, l'écrivain **André Blanchard** et le champion de moto **Stéphane Peterhansel** (multiple vainqueur du Paris-Dakar).

Traiges★

On trouve à Vesoul quelques possibles traces d'influence espagnole dans les « traiges », peut-être issus des *trajes* (« chemin » en castillan). Ils lèvent ici un coin de voile sur la vie douillette du vieux Vesoul. On traverse des cours et jardinets imbriqués entre des maisonnettes des 16ᵉ et 17ᵉ s.

Vous débouchez rue Paul-Petitclerc que vous prenez à droite. Remarquez les grilles de fer forgé ou *rejas* de la rue Vendémiaire.

Prenez à droite.

Rue de Mailly

L'**hôtel de Magnoncourt★** (1530) a gardé sa belle tour d'escalier. Plus bas, deux autres hôtels sont de la même époque, le second étant protégé par une belle porte de bois. Avant de continuer par la rue du Châtelet, entrez dans la cour de la pizzeria à gauche pour admirer la dernière façade de tavaillons (mauvais état).

Rues du Châtelet et Baron-Bouvier

Elle mène à l'emplacement de l'ancienne porte haute et longe, au nº 5, une grande maison Renaissance (tourelle d'escalier).

Au fond de l'impasse, prenez à droite.

La rue du Baron-Bouvier que vous prenez à droite est bordée de bancs d'échoppes, qui signalent que la rue fut commerçante. Remarquez, au nº 2, l'élégant **hôtel de Montgenet** (1549) et en face, la **maison Cariage** à colombage (15ᵉ s.).

Prenez à gauche.

Quartier des hôtels du 18ᵉ s.

Le 18ᵉ s. a été prolifique à Vesoul, particulièrement dans ce quartier où l'on repère de nombreuses constructions aux lignes harmonieuses et symétriques : sur la place du Grand-Puits, l'**hôtel Lyautey de Colombe★**, avec ses grilles ouvragées et l'**hôtel Raillard de Grandvelle** (16ᵉ-18ᵉ s.), et sur la place du Palais, le **palais de justice** (1771), mais aussi la **maison Barberousse** (16ᵉ s.) avec son toit pentu et son arcade en anse de panier.

Longez le palais par sa droite et prenez, presque dans l'enfilade, la rue des Boucheries.

Elle compte, au nº 14, un bel **hôtel** qui fut construit en 1525 par Simon Renard, ambassadeur de Charles Quint. Remarquez le plafond du porche, le pavage circulaire, la tour, les gargouilles et la porte gothique.

Revenez vers le parking par la rue Georges-Genoux.

Randonnée

Colline de la Motte

30mn à pied AR. La colline de la Motte (alt. 378 m) est une butte témoin dominant la plaine du Durgeon d'environ 160 m. Une montée en lacet conduit à un terre-plein sur lequel s'ouvre une petite chapelle avec de nombreux ex-voto.

On gagne ensuite une terrasse où a été érigée une statue de la Vierge : beau **panorama★** à l'ouest sur le plateau de Langres, au sud sur les monts du Jura et parfois les sommets des Alpes. Une table d'orientation en bronze reproduit la forme de la vallée.

DÉCOUVRIR LES SITES

Aux alentours

Grotte de Solborde et rocher de la Baume
5 km au sud. Quittez Vesoul par la N 57. Après La Providence, prenez à droite.

Ces grottes, voisines, valent surtout par le site très agréable où elles se trouvent et par les promenades qu'il est possible d'entreprendre dans les bois environnants. À la **grotte de Solborde**, dans un cadre frais et verdoyant, une chapelle dédiée à Notre-Dame-de-Solborde présente une charpente de bois apparente. Tout près de là, le **rocher de la Baume** offre une vue sur le site de Solborde. Le long du chemin, vous trouverez également le **rocher des 12 apôtres**, un bel ensemble de roches calcaires. La promenade à travers bois se poursuit jusqu'au point où l'on découvre une jolie **vue★** sur le bassin de Vesoul, avec la cité au pied de la colline de la Motte et, sur la droite, le fond de la reculée au débouché de laquelle s'est étendue Vesoul.

Lac de Vesoul-Vaivre.

Lac de Vesoul-Vaivre

Situé à deux pas de Vesoul *(3 km à l'ouest du centre-ville par la D 13)*, ce lac artificiel a été aménagé en base de loisirs, avec piscine olympique, et offre des moments de détente privilégiés pour les amateurs de baignade ou de voile. Sentier, aire de jeux pour les enfants et réserve ornithologique avec différentes espèces d'oiseaux migrateurs ont également été aménagés sur le site.

Pusy-et-Épenoux
5 km au nord par la D 10, puis la D 118^A à gauche. Le village a heureusement restauré son petit **château** (mairie). Ce bâtiment est l'un des rares à avoir été achevé en 1789, pour la famille Bureaux de Pusy. On reconnaît dans ses lignes classiques et épurées des tendances du style Louis XVI.

L'**église★** est l'une des plus charmantes de la région. Elle abrite trois retables. Celui du chœur, de grande qualité, réalisé à la fin du 17e s., est dédié à saint Martin. Les colonnes torses sont abondamment décorées : c'est, en réaction au dépouillement des temples protestants, une vision du Paradis. Les deux retables latéraux sont un peu plus sobres, et l'ensemble est associé à un mobilier liturgique contemporain épuré. Remarquez aussi les boiseries, *La Vierge à l'Enfant* et la scène de l'Ensevelissement du Christ, comme surpris dans un ovale de bois (18e s.). ☎ 03 84 75 02 73 - visite sur demande auprès de M. Opec.

> **De Pusy à New York**
>
> **Jean-Xavier Bureaux de Pusy** (1750-1806) était ingénieur militaire de formation, député de la noblesse de Vesoul aux États généraux en 1789, et rapporteur en 1790 du projet de division de la France en départements. Il fut président de l'Assemblée constituante à trois reprises. Ami de Lafayette, il fonda en 1799 avec **Pierre-Samuel Dupont de Nemours** la Compagnie américaine puis, à la demande du Congrès américain, conçut la défense du port de New York.

Baignes

12 km au sud-ouest par la D 13, puis la D 106 à gauche. Une forte tradition sidérurgique a longtemps animé cette commune qui conserve de magnifiques **bâtiments de forges★** du 18e s. Leur architecture révèle de nombreux points communs – chaînages, utilisation de l'arc de cercle – avec la Saline royale d'Arc-et-Senans, mais on ne peut l'attribuer avec certitude à Ledoux. Le site, abandonné depuis 1963, attend sa renaissance.

Circuit de découverte

LA MOYENNE VALLÉE DE LA SAÔNE

Quittez Vesoul à l'ouest par la D 13. Après 6,5 km, prenez la D 104, à gauche.

Chariez

Blotti au fond d'une vallée, ce village présente une ancienne et ravissante architecture rurale, dont des maisons de vignerons (il n'y a plus de vignes aujourd'hui) remontant jusqu'au 15e s. Au centre de la localité, rare **croix** à double face. Dans l'église (1783), Vierge de Pitié bourguignonne (16e s.), Sainte Claire (17e s.) en bois sculpté et une belle toile de Gérôme : *La Vierge et l'Enfant*.

Du haut des falaises calcaires, belle **vue** sur le village et la vallée.

Reprenez la D 13 à droite. Dans Vaivre, prenez la D 58 à gauche et suivez-la jusqu'à Scye. Prenez alors la direction de Port-sur-Saône par la D 155. Passez la Saône à gauche et, aussitôt après, prenez à gauche la D 56.

Ferrières-lès-Scey

À l'arrière de la fontaine dessinée par Louis Moreau en 1829, on aperçoit le vieux château *(privé)*. La fontaine en arc de cercle est dédiée à saint Martin dont la statuette, contemporaine, trône au centre.

Traversez le village en direction de Scey-et-Saint-Albin. Dans ce dernier bourg, tournez à gauche dans la D 23. Dépassez Saint-Albin, prenez à gauche la D 8, puis à Ovanches à droite la D 8^E.

Canal-tunnel de Saint-Albin

Plusieurs grandes réalisations de ce type furent entreprises sous la Restauration. Les entrées de ce tunnel long de 800 m sont aménagées en terrasses, dans un style architectural urbain.

Revenez vers la D 8 et traversez-la. Rejoignez la D 8^E et tournez à droite.

Rupt-sur-Saône

Château – ✆ 03 84 92 70 41 - *2e quinz. de juil. : 10h-12h, 14h-18h ; de déb. avr. à mi-juil. et août-oct. : lun., w.-end et j. fériés : 10h-12h, 14h-18h - gratuit.*

De la D 8^E, on aperçoit la **tour** haute de 33 m de l'ancien château (fin 12e s.). Son chemin de ronde, auquel on accède par un escalier raide et étroit construit dans l'épaisseur du mur, offre une belle **vue** sur la vallée. Dans le **parc**, remarquez le petit château (début 16e s.), la ferme à l'italienne prévue pour pouvoir vivre en autarcie (début 19e s.) et le rendez-vous de chasse néogothique.

Prenez la D 23 vers le sud, puis à droite la D 224.

Vy-lès-Rupt

L'église abrite un remarquable **mobilier** néoclassique (début 19e s.).

Traversez le village, puis prenez à droite vers Confracourt.

Fontaine de Confracourt★

Conçue en 1834 par Lebeuffe, celle près de l'église a servi de prototype à une série de fontaines de carrefour. Remarquez le sens du détail dans le travail du bois. De l'exploitation lucrative de 996 ha de bois, la commune a hérité deux autres fontaines monumentales (l'une est transformée en hangar) et la plus grande église néogothique de Haute-Saône.

Faites demi-tour et prenez à droite vers Grandecourt.

Grandecourt

Église Sainte-Marie-Madeleine – Cette église romane (12e s.) de campagne est d'une simplicité émouvante. La nef unique, couverte d'une charpente apparente (18e s.), aboutit au chœur qui conserve son bel autel-tombeau de pierre du 12e s. ; les fresques (13e s.) représentent un saint, un évêque et, au centre, le Jugement dernier. Le christ de bois date du 14e s. Sous le chœur, crypte du 11e s.

DÉCOUVRIR LES SITES

Prenez à gauche à la sortie du village, vers Theuley. À Theuley, prenez à droite, puis à gauche vers Lavoncourt. L'église est sur la D 27, à la sortie du village vers Renaucourt.

Église de Lavoncourt
Reconstruite en 1670 avec un clocher coiffé à l'impériale, elle abrite en son chœur un beau **retable** en bois polychromé et doré, et de remarquables **boiseries**★ dues aux ateliers de Besançon (18ᵉ s.), représentant des « trophées d'Église » (croix, tiares, etc.). Remarquez sur le tabernacle la Cène, encadrée par les noces de Cana à gauche et une représentation de la Pâque juive à droite (les personnages mangent debout, la ceinture aux reins et le bâton à la main).

Revenez vers le centre du village pour prendre à gauche la D 70, puis à droite la D 27.

Ray-sur-Saône *(voir ce nom)*
Reprenez la D 27 vers Vellexon, puis la D 13 à droite.

Beaujeu
Son **église** à jolie toiture de tuiles vernissées a été presque entièrement reconstruite à la fin du 19ᵉ s. dans le style néogothique. À l'intérieur, la lumière pénètre dans le chœur à travers une baie flamboyante ornée d'un beau vitrail de la fin du 15ᵉ s., le plus ancien de Franche-Comté illustrant l'Annonciation. Quant à la **mairie-lavoir**, elle fut construite en 1830 sur le modèle d'une petite villa italienne Renaissance. Comme beaucoup de fontaines de Haute-Saône, elle est l'œuvre de Louis Moreau. On aperçoit, à l'arrière, le donjon, seul vestige de la forteresse du 12ᵉ s.

> **Louis Moreau (1790-1864)**
>
> Formé à Paris, cet architecte est beaucoup intervenu en Haute-Saône entre 1827 et 1830. À cette époque, les villages qui se passaient jusque-là d'une mairie en construisent une, qui partage souvent son bâtiment avec d'autres fonctions. Moreau est l'auteur des mairies-lavoirs de Beaujeu, Bucey-lès-Gy et Dampierre-sur-Salon, mais aussi des fontaines de Ferrières-sur-Scey et Montbozon.

Continuez par la D 2.

Église de Rigny
Les frères Marca sont les auteurs du **retable** en stuc (vers 1730) du chœur. On reconnaît au centre la lapidation de saint Étienne, surmontée par une Trinité (le Père, la colombe et la Croix) blanche et or environnée d'angelots. Le beau maître-autel est en pierres multicolores. Sur la porte du tabernacle, le pélican – se perçant le cœur pour nourrir ses petits – symbolise le Christ.

Continuez sur la D 2.

Gray *(voir ce nom)*
Revenez à Vesoul par la D 474.

Vesoul pratique

Voir aussi les encadrés pratiques de Belfort, Besançon, Faverney, château de Filain, Fondremand, Lure, Luxeuil-les-Bains, Ray-sur-Saône, Villersexel.

Adresse utile
Office du tourisme du pays de Vesoul – 2 r. Gevrey - 70000 Vesoul - ☎ 03 84 97 10 85 - juil.-août : 9h-12h, 14h-19h ; mai-juin et sept.-oct. : 9h-12h, 14h-19h, sam. 9h-12h ; reste de l'année : tlj sf sam. 9h-12h, 14h-18h - fermé dim. et j. fériés.

Se loger
Hôtel Aux Vendanges de Bourgogne – 56 bd Charles-de-Gaulle - ☎ 03 84 75 81 21 - www.hotel-auxvendangesdebourgogne.com - 18 ch. 45/60 € - ⌑ 7,50 €. Cet hôtel, à proximité de la vieille ville, opte pour un confort moderne et douillet. Une salle lumineuse et plaisante accueille les petits-déjeuners. Salon TV avec cheminée et chambres refaites à neuf.

Hôtel du Lion – 4 pl. de la République - ☎ 03 84 76 54 44 - hoteldulion@wanadoo.fr - fermé 6-20 août et 26 déc.-7 janv. - 18 ch. 45/50 € - ⌑ 6 €. Chambres sobres près des rues commerçantes de la ville. L'été, petits-déjeuners en terrasse.

Camping International du Lac – 70000 Vaivre-et-Montoille, 2,5 km à l'O de Vesoul - ☎ 03 84 76 22 86 - camping.dulac@cc-vesoul.fr - mars-oct. - 160 empl. 13 €. Situé au sein d'une vaste zone de loisirs et au bord d'un lac de 90 ha. Piscine et plage. Tennis, ping-pong, tir à l'arc, basket, voile, pêche à la carpe de nuit. Sentier pédestre et parcours VTT.

Château d'Épenoux – 5 r. Ruffier-d'Épenoux - 70000 Pusy-et-Épenoux -

03 84 75 19 60 - www.chateau-epenoux.com - 🅿 - 4 ch. 80/90 € 🍽. Petit château du 18ᵉ s. à l'abri de son parc planté d'arbres centenaires. Meubles et lustres anciens personnalisent les chambres spacieuses. Les dîners ont pour cadre une élégante salle à manger tout de jaune décorée. Cuisine bourgeoise.

Se restaurer

La Femme du Boulanger – 1 r. du Cdt-Girardot - ℘ 03 84 76 38 11 - fermé lun. soir et dim. - 🚭 - réserv. conseillée - 9/15 €. Avec sa devanture rétro, ses boiseries et son comptoir-vitrine, cette boulangerie-salon de thé a conservé bien des souvenirs de la coutellerie autrefois en activité dans ces murs. Désormais, on y sert des salades copieuses, des tartines, un plat du jour et le dessert maison. Jolie terrasse en bordure de rivière.

Le Caveau du Grand Puits – R. Mailly - ℘ 03 84 76 66 12 - fermé 15 août-1ᵉʳ sept., 24 déc.-3 janv., merc. midi, sam. midi, dim. et j. fériés - 17/36 €. Dans la vieille ville, descendez les quelques marches de ce restaurant familial et gagnez sa cave voûtée. Sous les pierres apparentes, c'est une cuisine traditionnelle que vous propose le patron. Terrasse côté cour. Les gens d'ici fréquentent la maison avec assiduité.

Faire une pause

Azouz Mickaël – ℘ 03 84 75 05 93 - www.azouz.com - tlj sf lun. 8h30-19h, dim. 9h-12h30. Mickaël Azouz a été élu champion du monde de chocolaterie et pâtisserie en 1989. Ses spécialités comme les Élégantes de Vesoul, le Franc-Comtois ou les chocolats déclinés en 25 parfums insolites (tabac, poivre vert, réglisse, thé noir, etc.) sont à déguster dans le salon de thé qui fait aussi office de galerie d'art.

Sports & Loisirs

Vélos-rails de Vesoul-Gray – Sur la D 13, à 500 m de la sortie de Vaivre - 70000 Vaivre-et-Montoille - ℘ 03 81 58 03 09 ou 06 67 50 07 23 - www.velorailvesoul.com - 15 avr.-5 nov.- 17 €. En famille ou entre amis, partez à la découverte de la paisible campagne à bord d'un vélo-rail. Chaque engin peut accueillir deux pédaleurs et deux adultes ou trois enfants à l'arrière. Vous pourrez même emmener votre pique-nique, histoire de faire une pause au milieu du parcours de 9 km AR.

Locaboat plaisance – Barrage Saint-Albin - 70360 Scey-sur-Saône-et-Saint-Albin - ℘03 84 68 88 80 - www.locaboat.com. Location de bateaux.

Événements

Chaque année, la ville connaît une animation particulière au moment de la **foire de la Sainte-Catherine** (25 nov.) et du **carnaval** (1ʳᵉ quinz. de mars).

Festival des cinémas d'Asie – ℘ 03 84 76 55 82 - www.cinemas-asie.com. Chaque année, une semaine en février, une soixantaine de films sont proposés sur un thème donné.

Villersexel

**1 444 VILLERSEXELLOIS
CARTE GÉNÉRALE C2 – CARTE MICHELIN LOCAL 314 G7 – HAUTE-SAÔNE (70)**

Connu pour son imposant château, Villersexel s'inscrit entre plateau et vallée, au confluent des rivières de l'Ognon et du Scey. Le village est au cœur d'un pays dynamique qui offre une large gamme de loisirs touristiques en profitant de sa position sur la vallée de l'Ognon.

- **Se repérer** – Villersexel se situe à 40 km à l'ouest de Montbéliard, par Héricourt au nord, puis la D 9 vers l'est, et à 26 km au sud-est de Vesoul par la D 9.

- **À ne pas manquer** – Le château de Villersexel, dont certaines pièces ont été conçues par Eiffel, ses tapisseries des Gobelins et son extraordinaire bibliothèque ; le château médiéval d'Oricourt, du 12ᵉ s., avec sa haute et basse cour, son donjon et son colombier ; le centre-ville de Rougemont et ses constructions en pierre blonde.

- **Organiser son temps** – Prévoyez une bonne journée pour découvrir le village et ses environs.

- **Avec les enfants** – Visitez avec eux le musée de Paléontologie de Rougemont et sa collection de fossiles (mammouths, lions et ours des cavernes) découverts sur les lieux. La région propose également des activités de plein air et nautisme (voir encadré pratique).

- **Pour poursuivre la visite** – Voir aussi Baume-les-Dames, le château de Filain, Lure, Montbéliard, Vesoul.

Visiter

Château de Villersexel

📞 03 84 20 51 53 - www.villersexel.com - visite guidée sur demande préalable 2 j. av. de mi-avr. à mi-oct. : tlj sf lun. 15h30 - 7 € (-10 ans gratuit).

Achevé en 1890 sur les ruines du précédent édifice, lui-même détruit pendant la fameuse bataille de Villersexel en 1871, le château des Grammont fut construit à l'aide de techniques contemporaines (ossatures métalliques de la salle à manger par **Gustave Eiffel**), mais dans un style Louis XIII (façade sud par **Garnier**). L'intérieur renferme des meubles du 19ᵉ s. et divers objets anciens. Remarquez les tapisseries des Gobelins (18ᵉ s.) et le beau plafond à caissons du Grand Salon. Le château renferme également une exceptionnelle bibliothèque riche de plus de 20 000 ouvrages. Quant aux écuries, elles furent dessinées par **Claude-Nicolas Ledoux** (voir Arc-et-Senans).

Le saviez-vous ?

👁 Selon certains, Villersexel serait une déformation de Villers-sur-Scey, car le bourg domine la rivière Scey. D'autres affirment que Sexel pourrait venir de *saxum* (rocher).

👁 Le 9 janvier 1871, à Villersexel, le **général Bourbaki** remporte sa dernière victoire sur les Prussiens avec son armée épuisée. Il sera défait peu de temps après et tentera de se suicider.

Aux alentours

Marast

3 km à l'ouest. Ce village a conservé les vestiges d'un **prieuré roman** fondé en 1120 par des moines augustins venus des Vosges. L'église, l'un des rares édifices religieux romans subsistant en Haute-Saône, fut achevée en 1150. Les bas-côtés ont disparu, mais on peut toujours admirer la charpente en bois (16ᵉ s.) de la nef. Le clocher carré fut coiffé d'un bulbe en 1718. L'abside possède de belles pierres tombales.

Oricourt

9 km au nord-ouest par la D 486, puis à gauche la D 123.

Château médiéval★ – 📞 03 84 78 74 35 - www.oricourt.com - de déb. mars à mi-nov. : tlj sf mar. 10h-12h, 14h-19h - possibilité de visite guidée sur demande (1h30) ; reste de l'année : sur demande préalable auprès de M. J.-P. Cornevaux - fermé de mi-nov. à fin fév. (sf réservation) - 3,50 € (enf. 1,50 €). Rare, mais authentique témoin de la construction militaire au 12ᵉ s., le château d'Oricourt dresse toujours fièrement ses hautes murailles fatiguées qui ont résisté aux guerres et au temps. Forteresse à double enceinte, la basse et la haute cour y sont bien visibles, tout comme le puits de 22 m de profondeur et la grande salle à manger. Le château présente d'importants vestiges de son enceinte fortifiée, précédée de fossés dont il est possible de faire le tour. La tour carrée de flanquement, haute de 25 m (12ᵉ s.), le corps de logis seigneurial (15ᵉ et 16ᵉ s.), les caves, la boulangerie et le pigeonnier illustrent l'ancienne importance d'Oricourt, dont le chancelier de Bourgogne **Nicolas Rolin**, peint par Van Eyck, fut propriétaire.

Château d'Oricourt.

Val de Bonnal

11 km au sud-ouest. Aménagés dans d'anciennes sablières, les plans d'eau sont réservés à la baignade et aux pêcheurs.

Rougemont

12 km au sud-ouest par la D 486. Jadis entouré d'épais remparts et d'un château fort qui se dressait au sommet de la citadelle, cet ancien bourg castral est aujourd'hui dominé par l'ancien **couvent des Cordeliers** (15ᵉ s.). Dans la ville basse, vous remarquerez un ensemble de bâtiments (mairie, fontaine, halle et lavoir) en pierre blonde construits entre 1830 et 1850. Et au croisement des D 486 et D 113, vous noterez l'**hôtel de Choiseul** (18ᵉ s.) et la porte de Moulin, dernier vestige des fortifications qui protégeaient la ville haute au 15ᵉ s.

VILLERSEXEL

Musée de Paléontologie – *Carrefour des Halles - 03 81 86 98 84/99 52 - - visite sur demande préalable (1h) - juil.-août. : tlj sf w.-end 14h-17h ; reste de l'année : sur RV - fermé 14 Juil., 15 août - 2 € (-12 ans gratuit).*

Aux alentours de Rougemont, près de **Romain**, les archéologues ont retrouvé une véritable mine d'ossements. À la préhistoire, des rhinocéros laineux, des mammouths, des lions des cavernes et des ours seraient tombés dans le piège naturel d'un aven effondré. Le musée de Paléontologie commente ces découvertes et vous présente une vaste collection d'ammonites et d'ossements préhistoriques ainsi que les plus grands **septaria★** qu'on ait trouvés en France : il s'agit de pierres qui se sont constituées au fond des mers autour de corps fossilisés, puis dissous. Ceux-ci, sciés et polis pour laisser apparaître l'empreinte cristallisée du fossile, mesurent jusqu'à 40 cm de diamètre.

Montbozon
20 km au sud-ouest par la D 486, la D 9 à droite, puis la D 49 à gauche, à hauteur d'Estrels. Après s'être régalé d'une spécialité locale de biscuits, on remarquera dans le village de belles maisons des 16e, 17e et 18e s. et une **fontaine** semi-circulaire de Louis Moreau *(voir Vesoul)*, adossée au mur de soutènement du parc du château (18e s.). L'**église** du couvent des Dominicains abrite un beau maître-autel du 18e s.

Fontenois-lès-Montbozon
3 km au nord-ouest de Montbozon, par la D 26. Se distinguant des séries de la région, le **lavoir circulaire** du village, couvert de zinc et couronné d'une pomme de pin, est unique. Il a été conçu par Well en 1828.

Villersexel pratique

Voir aussi les encadrés pratiques de Baume-les-Dames, château de Filain, Lure, Montbéliard, Vesoul.

Adresse utile
Office du tourisme du pays de Villersexel - *33 r. des Cités - 70110 Villersexel - 03 84 20 59 59 - www.cc.-pays-villersexel.fr - ouvert tte l'année sf dim. - fermé 1er janv., lun. de Pâques, 1er et 11 Nov., 25 déc.*

Se loger
Hôtel La Terrasse – *Rte de Lure - 03 84 20 52 11 - laterrassevillersexel@wanadoo.fr - fermé 8 déc.-2 janv., vend. soir et dim. soir hors saison - 13 ch. 40/50 € - 6,50 € - rest. 15/30 €.* Une auberge familiale de campagne avec son jardin fleuri, un peu à l'écart du village. Les chambres sont fonctionnelles. Repas en terrasse l'été. Bon choix de menus dont un pour les enfants.

Camping Le Chapeau Chinois – *1 km au N de Villersexel par la D 486 - 03 84 63 40 60 - avr.-sept. - réserv. conseillée - 80 empl. 14 €.* Voici un petit camping tout simple, en bordure d'une rivière, avec emplacements ombragés, gîtes d'étape et bungalows. Baignade, pêche, canoë et kayak, terrains de jeux et base de loisirs à 200 m.

Camping Le Val de Bonnal – *25680 Bonnal - 8 km au SO de Villersexel par les D 9 et D 49 - 03 81 86 90 87 - val-de-bonnal@wanadoo.fr - 5 mai-4 sept. - réserv. obligatoire - 320 empl. 36 € - restauration.* Implanté entre une rivière, un lac et des bois, ce camping sans prétention bénéficie d'une agréable situation. Vous pourrez y pêcher, pratiquer le ski nautique, la planche à voile, le canoë-kayak et même vous y baigner… à moins que vous ne préfériez la piscine.

Se restaurer
La Forge de Bonnal – *Val de Bonnal - 25680 Bonnal - 8 km au SO de Villersexel par les D 9 et D 49 - 03 84 92 34 14 - fermé 30 sept.-1er avr. et lun. - 17/25 €.* À l'entrée du domaine du Val de Bonnal, qui compte 150 ha de verdure consacrés à la détente et aux loisirs, ce restaurant, installé dans une ancienne forge au décor campagnard, est très sympathique. Cuisine simple, bon rapport qualité/prix et excellent accueil dans un cadre remarquable.

Sports & Loisirs
Plein air nautisme – *Centre PAN - 47 r. des Forges - 03 84 20 52 26 - pan.sarl@hotmail.fr - avr.-fin sept. : 9h-18h.* Sur les bases de Villersexel et Montbozon : descente de rivière en canoë-kayak, initiation et perfectionnement par moniteurs diplômés, location de matériel. Acro'cimes sur la base de Thiénans.

DÉCOUVRIR LES SITES

Lac de **Vouglans** ★

CARTE GÉNÉRALE B4 – CARTE MICHELIN LOCAL 321 D8 – JURA (39)

Un village englouti ! Ce terrible scénario a fait couler presque autant d'encre que d'eau ! Les années et les rancœurs ont passé, et les eaux claires d'un des plus grands lacs artificiels de France font aujourd'hui la joie des vacanciers et des sportifs. Le lac de Vouglans a été aménagé pour favoriser les loisirs dans les zones de Bellecin sur la rive droite, et de Mercantine sur la rive gauche. S'étendant sur 35 km, c'est le plus long des lacs de la région, car il emprunte une ancienne partie des gorges de l'Ain.

- **Se repérer** – Porte d'entrée du site, Pont-de-Poitte se situe à 17 km au sud-est de Lons-le-Saunier, par la N 78.
- **À ne pas manquer** – Un site somptueux où vous pourrez pratiquer toutes sortes d'activités : ski nautique, voile, canoë, baignade, pêche… à condition de respecter les délimitations et le découpage du lac.
- **Organiser son temps** – Passez une journée, ou plus, au bord du lac pour vous reposer et pratiquer quelques activités.
- **Avec les enfants** – Le lac dispose de plusieurs plages surveillées où ils pourront s'ébattre en toute sécurité *(voir encadré pratique)*.
- **Pour poursuivre la visite** – Voir aussi Gigny, les cascades du Hérisson, la région des Lacs, Lons-le-Saunier, l'église de Saint-Hymetière.

Retenue du lac de Vouglans.

Comprendre

Une belle et puissante rivière – Contrairement à sa voisine de naissance – il n'y a que 15 km entre sa source et celle du Doubs –, l'Ain ne musarde pas en chemin et se fraye de force un chemin dans le difficile relief jurassien. La traversée du massif est donc une épreuve acrobatique de haut niveau que la rivière franchit avec brio : ses eaux tombent en cascade, bouillonnent sur des rapides ou se faufilent parmi les éboulis de rochers. Mais l'homme a remarqué l'intérêt d'une telle force, et la rivière est désormais jalonnée d'usines hydroélectriques et de retenues qui domptent et canalisent son cours impétueux.

Gorges de l'Ain – Après la cluse de la Pyle, la rivière pénétrait dans des gorges. Enserrant maintenant les bassins plus ou moins épanouis créés par un escalier de barrages, ces gorges se prolongent jusqu'à sa sortie du Jura. Le confluent avec la Bienne partage la vallée en deux tronçons qui correspondent aux reliefs des régions traversées. Dans le premier, c'est le plateau que l'Ain a entaillé. Dans le second, c'est la montagne bugésienne. À Neuville-sur-Ain, le Revermont, rebord du massif jurassien, est franchi : la rivière développe désormais dans la plaine son cours sinueux et coule parallèlement au Rhône avant de lui apporter son tribut.

Lac de VOUGLANS

Circuits de découverte

LE TOUR DU LAC★
Les gorges de l'Ain sont noyées sur 35 km par la retenue du barrage de Vouglans. Nous recommandons de les parcourir en fin d'après-midi. Aucune route ne suit le lac sur sa totalité, mais le parcours proposé ci-dessous s'en rapproche souvent et offre de superbes points de vue.

Pont-de-Poitte
Du pont, vue sur le lit de l'Ain. Aux basses eaux, les « marmites de géants » sont très apparentes. En hautes eaux, tout le seuil rocheux disparaît sous l'écume.

Quittez Pont-de-Poitte par la D 49 vers le sud, en restant sur la rive ouest de l'Ain. Après 6 km, prenez à gauche la D 60, puis tournez encore à gauche en direction de Saint-Christophe.

> **Le saviez-vous ?**
>
> 👁 En 1968, quelque 150 habitants durent quitter la partie de la vallée noyée lors de la mise en eau du barrage. La **grotte de Varoz**, l'un des repaires du légendaire **Lacuzon**, fut également engloutie. Le hameau de Vouglans a évité le pire. Il termine, avec celui de Menouille, l'immense retenue de 1 600 ha. Parmi l'abondante littérature qui évoque la naissance du barrage, *Le Village englouti* et *Le Barrage de la peur*, d'**André Besson**, témoignent des bouleversements qu'il a engendrés.
>
> 👁 En 1944, la vallée de l'Ain fut le théâtre d'opérations militaires. Le 11 juillet, 3 000 Allemands tentant de passer la rivière à Neuville furent retenus par 200 hommes des groupes de l'Armée secrète de Neuville-sur-Ain et Poncin.

Saint-Christophe
Petit village adossé à une haute falaise que dominent les pans de mur d'un château et l'**église Saint-Christophe**. Étape de pèlerinage, édifiée au 12e et au 15e s., elle possède d'intéressantes œuvres d'art et statues en bois : saint Christophe (15e s.) d'inspiration germanique ; dans l'unique chapelle latérale, Christ en albâtre, fragment d'un naïf retable en bois (16e s.) et Vierge à l'Enfant de l'école bourguignonne du 15e s. ✆ 03 84 35 75 23 - *de mi-juin à mi-sept. : 9h-12h, 15h-18h ; en demi-saison : possibilité de visite auprès de M. Marcel Buffet -* ✆ *03 84 25 42 58 - fermé de mi-nov. à mi-mars.*

Descendez au bourg de La Tour-du-Meix et prenez à gauche la D 470.

Pont de la Pyle
Cet ouvrage en béton, exceptionnel par ses dimensions (351 m de long et 9 m de large) et son élégance, fut construit en 1968 à l'occasion de la mise en eau de l'immense retenue de Vouglans. Les eaux du lac masquent en partie ses trois piles d'une hauteur de 74 m. Le pont de la Pyle est aussi un excellent belvédère : en amont, la **vue** se dégage sur le bras d'eau qui a noyé l'ancienne cluse de la Pyle.

À 200 m après le pont de la Pyle, prenez à droite la D 301.

Aussitôt, belle **vue★** d'enfilade sur la retenue ; cette route sinueuse procure, entre les chênes et les sapins qui la bordent, plusieurs **échappées★** sur le lac.

Maisod
Dans Maisod, à l'entrée du château, un sentier balisé *(1h à pied AR)* et agréablement ombragé mène au bord de la falaise, puis la longe en dominant le lac.

Poursuivez le long de la D 301. Une route se détache, à droite, 1,5 km après Maisod. Elle aboutit au bord du lac.

Plage de Mercantine
Garez-vous sur un des grands parkings, puis longez le lac par la gauche sur une cinquantaine de mètres. Baignade surveillée en juillet-août. Chiens interdits. Bien à l'écart de la route, la plage de sable, bordant une petite clairière, donne vue sur le port de plaisance à droite. Pelouse ombragée et boucle de promenade en sous-bois.

Rejoignez la D 470 que vous empruntez à droite, en direction de Moirans.

Belvédère du Regardoir★
15mn à pied AR. De la plate-forme aménagée *(longue-vue)*, **vue** superbe et dominante sur une section en croissant du lac de retenue, dans un cadre de verdure.

Moirans-en-Montagne
Blottie dans une combe boisée, ce centre d'artisanat et de fabrication de jouets possède une église du 16e s., en partie remaniée au 19e s., qui abrite une Pietà en bois du 17e s.

Musée du Jouet★ – *5 r. Murgin -* ✆ *03 84 42 38 64 - www.musee-du-jouet.com - ♿ juil.-août : 10h-18h30 ; sept.-juin : 10h-12h30, 14h-18h, w.-end 14h-18h - fermé lun. de mi-sept. à mi-avr. (sf lun. av. Noël et lun. de Pâques), j. fériés le matin - 5 € (enf. 2,50 €), gratuit Nuit des musées.* Résolument moderne, ce musée étonne par son architec-

DÉCOUVRIR LES SITES

ture colorée. Les enfants découvriront ici que les jouets sont une affaire de grande personne. Plusieurs films vidéo retracent l'évolution des modes de fabrication, de conception et de commercialisation. Plus de 5 000 jouets d'ici et d'ailleurs, d'aujourd'hui et d'hier, sont groupés par thèmes dans des vitrines, pour la plupart visibles, même par les plus petits. Les enfants qui ne supporteraient pas de voir les jouets ainsi enfermés pourront s'en donner à cœur joie dans un espace jeu à droite de l'entrée.

Reprenez la D 470 vers le sud.

Villards-d'Héria
Sur la gauche, une petite route en forte pente conduit aux fouilles.

Site archéologique – *Visite guidée (50mn) juil.-août : 10h30, 14h, 15h30 et 17h - 3 € (enf. 1,50 €).* Ce site gallo-romain est un ancien lieu de culte composé de deux temples et d'importantes installations balnéaires. Il fut sans doute un lieu de pèlerinage pour les Séquanes qui habitaient la région au 1er s.

Montez au-dessus de Villards-d'Héria pour y découvrir le lac d'Antre, enchâssé dans son écrin d'épicéas au pied d'une immense falaise. Ce cadre sauvage et mystérieux inspira nombre de légendes dont celle d'un village englouti : la fameuse **cité d'Antre**.

Belvédère du barrage de Vouglans
2 km à partir de la D 299. Plate-forme et abri. Belle vue sur le barrage et l'usine d'EDF.
À Menouille, tournez à droite dans la D 60, qui passe à hauteur de la crête du barrage.

Barrage de Vouglans
Ce barrage sur l'Ain fut mis en service en 1968. Il s'agit d'un ouvrage de type « voûte mince » (6 m d'épaisseur à la crête pour un développement de 420 m), de 103 m de

Lac de VOUGLANS

hauteur. Il forme la troisième retenue de France (après celles de Serre-Ponçon et de Sainte-Croix), soit un lac long de 35 km, représentant 600 millions de m^3 d'eau.

Continuez sur la D 60 vers le nord.

Au-delà de Cernon, peu avant l'intersection avec la D 3, on domine l'un des plus beaux méandres de la vallée engloutie : **vue**★★ sur une presqu'île boisée s'avançant jusqu'au milieu du lac dans un décor sauvage *(parking à droite de la route).*

Un peu plus loin sur la droite, la forêt de Vaucluse porte le nom de la chartreuse qui fut engloutie lors de la mise en eau de la retenue. En remontant vers Orgelet, on passe à proximité de la **base nautique de Bellecin** où l'on peut, à la belle saison, se délasser par une séance de bronzage ou de natation sur la plage aménagée.

À l'embranchement avec la D 3, tournez sur la gauche vers Orgelet.

La route s'élève et l'horizon s'étire jusqu'aux belles crêtes boisées du Haut-Jura.

Orgelet

Ville natale de **Cadet Roussel** qui y naquit en 1743, cette petite ville possède une **église** qui vous surprendra par la hauteur de sa voûte gothique et par l'ampleur de ses tribunes. Celles-ci surmontent la travée ouest portant l'orgue et les premiers bas-côtés de part et d'autre de la nef.

Rejoignez Pont-de-Poitte par la D 470, puis la D 49.

LES GORGES DE L'AIN ET LA PLASTICS VALLÉE

Circuit au départ de Nantua (voir Nantua).

Lac de Vouglans pratique

♿ Voir aussi les encadrés pratiques de Gigny, cascades du Hérisson, région des Lacs, Lons-le-Saunier, église de Saint-Hymetière.

Adresse utile

Office du tourisme du Jura Sud – *2 pl. Robert-Monnier - 39260 Moirans-en-Montagne - ✆ 03 84 42 31 57 - www.jurasud.net - juil.-août : 9h-12h, 14h-18h, dim. 9h-12h ; 15-17 déc. : 9h-12h, 14h-18h, dim. 9h-12h, 14h-18h ; reste de l'année : tlj sf w.-end 9h-12h, 14h-18h - fermé 1er janv., 1er Mai, 25 déc.*

Se loger

⊜ **Chambre d'hôte La Baratte** – *39270 Présilly - 5 km au N d'Orgelet par la D 52, puis la D 175 - ✆ 03 84 35 55 18 - www.labaratte.fr - ⚐ - 4 ch., demi-pension 45/54 € ⚏ - repas 18 €.* Ferme rénovée abritant des chambres confortables. Spécialités comtoises. Huiles de noix et de noisette faites maison.

⊜ **Camping Trelachaume** – *2 km au S de Maisod par la D 301 - ✆ 03 84 42 03 26 - info@camping-trelachaume.com - 30 avr.-10 sept. - réserv. conseillée - 180 empl. 20 €.* Ce camping vaut surtout pour la vue sur le lac de Vouglans, les montagnes et les forêts environnantes. Voile, volley, randonnée, pataugeoire pour les enfants.

⊜ **Camping Surchauffant** – *Au pont de la Pyle - 39270 La Tour-du-Meix - ✆ 03 84 25 41 08 - surchauffant@chalain.com - mai-12 sept. - réserv. conseillée - 180 empl. 24 €.* Amateurs de pêche, de baignade ou de ski nautique pourront pratiquer leur sport favori sur le lac de Vouglans.

Se restaurer

⊜ **Ferme-auberge La Bergerie** – *À Crenans - 3 km au N de Moirans-en-Montagne par la D 296 - ✆ 03 84 42 00 50 - www.bergerie.fr.com - fermé nov. - 12/29 € - 5 ch . 37/47 €.* Mignonne ferme-auberge dans son village perché. Dégustez cabris, lapins, agneaux biologiques et fromages, le tout arrosé de bons vins du Jura. Chambres coquettes.

⊜ **Le Regardoir** – *Au Belvédère de Moirans-en-Montagne - ✆ 03 84 42 01 15 - www.leregardoir.com - fermé de mi-déc. à mi-mars - réserv. conseillée - 18/28 €.* Repas traditionnel ou pizza… À 168 m au-dessus du lac, vous ne vous lasserez pas d'admirer l'eau turquoise lovée au creux des collines verdoyantes.

Sports & Loisirs

Baignade – Surveillée en juil. et août sur les plages de Pont de la Pyle, Bellecin et la Mercantine.

Base nautique – *39270 Orgelet - ✆ 03 84 25 41 37 - fermé nov.-mars.* Planche à voile, aviron, kayak bien sûr, mais aussi canyoning, spéléo, escalade, VTT, tir à l'arc, accrobranche ou swin golf.

Croisière sur le lac – *Bateaux Croisières - pont de la Pyle - Surchauffant - 39270 La Tour-du-Meix - ✆ 03 84 25 46 78 - www.bateaux-croisieres.com - mai-sept. : sur réserv. - 9,90 € (enf. 5,90 €).*

Devenez un as de la pagaie – *39130 Pont-de-Poitte.* Sorties en canoë-kayak proposées par **Canoë-Vasion** (✆ 06 22 24 30 34) ou **Canoë-Kayak Pontois** (✆ 03 84 48 34 33) au départ de Pont-de-Poitte.

Montbéliard : villes, curiosités et régions touristiques.
Courbet, Gustave : noms historiques et termes faisant l'objet d'une explication.
Les sites isolés (châteaux, abbayes, grottes…) sont répertoriés à leur propre nom.

Nous indiquons par son numéro, entre parenthèses, le département auquel appartient chaque ville ou site. Pour rappel :

- **01** : Ain
- **25** : Doubs
- **39** : Jura
- **70** : Haute-Saône
- **90** : Territoire de Belfort

A

Abbans, Jouffroy d'. 122
Abbaye, lac (39) 279
ABC d'architecture 79
Abîme, gorges (39) 338
Absinthe 318
Acey, abbaye (39) 102
Achats 52
Adler, Jules 86
Agence de développement touristique
   de Haute-Saône Destination 70 24
Agriculture 90
Aigle, pic (39) 232
Ain, maquis 161
Ain, perte et source (39) 174
Alaise (25) 103
Albarine, cluse (01) 164
Albarine, gorges (01) 297
Aldebert, Guillaume 89
Allymes, château (01) 164
Amance (70) 202
Ambérieu-en-Bugey (01) 163
Ambléon, lac (01) 166
Ambronay (01) 104
Anjoutey (90) 136
Arbois (39) 106
Arborias, lac (01) 166
Arc-et-Senans, Saline royale (25) 113
Architecture rurale 85
Arinthod (39) 341
Arlay, château (39) 117
Armaille, lac (01) 166
Artisanat 91
Auberges de jeunesse 34
Audincourt (25) 266
Aurochs, ferme (39) 226
Autrey-lès-Gray (70) 219
Aviation 50
Aymé, Marcel 88,193

B

Babre, fente (25) 124
Baignes (70) 355
Ballon d'Alsace (88) 120
Ballon d'Alsace,
   massif (70, 90, 68, 88) 119
Bannans (25) 320
Barnard, saint 104
Barterand, lac (01) 143
Bartholdi, Frédéric Auguste 87,133

Baudin, Jean-Baptiste 74,293
Baume, belvédère des roches (39) 129
Baume, cirque (39) 128
Baume, grottes (39) 128
Baume, rocher (70) 354
Baume-les-Dames (25) 122
Baume-les-Messieurs (39) 126
Beaucourt (90) 267
Beaujeu (70) 356
Belfort (90) 130
   Camp retranché 133
   Cathédrale Saint-Christophe 131
   Courtines 135
   Donation Maurice-Jardot - Cabinet
      d'un amateur 133
   Hôtel de ville 132
   Lion 133
   Monument des Trois Sièges 132
   Musée d'Art et d'Histoire 135
   Place de la Grande-Fontaine 132
   Porte de Brisach 132
   Promenade des enceintes 135
   Quartiers de la rive droite 132
   Terrasse du fort 135
   Tour 46 133
   Tour bastionnée 27 135
   Vieille ville 131
Belfort, trouée (90) 130
Belin, Édouard 89
Bellecin, base nautique (39) 363
Bellegarde-sur-Valserine (01) 139
Belley (01) 142
Belvoir, château (25) 145
Bénédegand, belvédère (39) 172
Benoît à la Guillaume, Gérard 89
Bernard, Tristan 88,148
Berthelot, André 289
Berthier, André 103
Bertin-Pourchet, Georgette 270
Besançon (25) 147
   Ancien couvent des Carmes 150
   Bibliothèque municipale 154
   Cathédrale Saint-Jean 151
   Chapelle Notre-Dame-du-Refuge . . 153
   Chapelle Saint-Étienne 156
   Chemins de ronde 155
   Citadelle 155
   Collégiale Sainte-Madeleine 153
   Couvent des Grandes Carmes 150
   Espace Vauban 155

INDEX

Fontaine des Dames 152
Grande-Rue............................. 149
Hôpital Saint-Jacques 152
Hôtel Bonvalot 152
Hôtel de Champagney 153
Maison espagnole....................... 152
Musée comtois.......................... 156
Musée des Beaux-Arts
    et d'Archéologie 153
Musée de la Résistance
    et de la Déportation................ 155
Musée du Temps 154
Muséum de Besançon 156
Palais de justice 150
Palais Granvelle 150
Place de la Révolution................. 149
Porte Rivotte.......................... 152
Poteaux des Fusillés................... 156
Préfecture 152
Quartier Battant 153
Rue Mégevand........................... 152
Statue de Victor Hugo.................. 153
Terrier de Santans, hôtel.............. 150
Tour de la Pelote 153
Vestiges romains....................... 151
Ville basse............................ 149
Besson, André.......................... 182
Bichat, François-Xavier 74,293
Bienne, vallée (39).................... 338
Billard, creux (25).................... 292
Billaude, belvédère (39) 173
Billaude, cascade (39) 172
Billot, général........................ 318
Bizot, église (25)..................... 283
Bleue, source (25) 124
Bois-d'Amont (39) 329
Boissia (39)........................... 230
Bonlieu (39)..................... 225,230
Bonnal, val (25) 358
Bonnevaux, ferme
    de la Pastorale (25) 251
Bonnot, Jules 268
Botans (90)............................ 137
Bougey, château (70) 180
Boult (70)............................. 260
Bourbaki, général 358
Bourg-de-Sirod (39) 174
Boussières (25)........................ 158
Brégille, fort (25)....................157
Les Bréseux (25)....................... 247
Brillat-Savarin, Jean-Anthelme 73,142
Brun, Gustave 86
Bucey-lès-Gy (70) 222
Budget 30
Le Bugey (01) 160
Bureaux de Pusy, Jean-Xavier 354

C

Cadet Roussel................... 89,363
Canoë-kayak............................ 47
Canyoning 48
Cartes Michelin 26
Cascades, maison (39) 224

Cendrée, belvédères (25) 246
Centre polaire
    Paul-Émile-Victor (39) 329
Cerdon (01) 295
Cerdon, belvédère (01) 295
Cerdon, grottes (01) 295
Cerf, roches (90).....................120
Cernaise, belvédère (39) 337
Cernay-l'Église (25)................ 245
Cerveyrieu, cascade (01)............ 162
Chaillexon, lac (25) 200
Chailluz, forêt (25)................ 158
Chaînes hôtelières................... 34
Chalain, lac (39) 168,232
Chalam, crêt (01) 170
Chalamont, passage taillé (25) 350
Chamblay (39) 116
Chambly, lac (39)................... 224
Champagne-en-Valromey (01) 162
Champagney (70) 325
Champagney, bassin (70) 325
Champagney, canal (70) 325
Champagnole (39) 172,347
Champlitte (70) 175
Champlitte-la-Ville (70)..............176
Chaon (25) 251
Chapeau de Gendarme (39)............ 338
Chapeau Paris, épicéa (25) 350
Chapelle-des-Bois (25) 286
Charcot, commandant................. 329
Chariez (70) 355
Château-Chalon (39) 177
Château-Lambert (70)..................121
Château Garnier, saut (39) 225
Châtelaine, belvédère (39)............110
Chatelot, barrage (25 et Suisse) 200
Chaudanne, fort (25) 157
Chauvirey-le-Châtel (70)..............179
Chaux, forêt (39) 181
La Chaux-de-Fonds (Suisse)......... 282
Chaux-lès-Chatillon, église (25) 247
Chaux-Neuve (25) 285
Chérards, belvédère (39)............ 348
Chevènement, Jean-Pierre..............131
Chevreaux, château (39)...............213
Chevreuil, maison forestière (39) ... 348
Chien polaire, parc (25) 285
Chissey-sur-Loue (39)..................116
Cize-Bolozon, barrage (01).......... 298
Cize-Bolozon, viaduc (01)........... 298
Clairvaux-les-Lacs (39) 231
Clavel, Bernard...................89,177
Cléron (25)......................... 306
Clerval (25)..........................124
Climat 22
Colomb, Georges........... 88,103,240
Colomby de Gex (01) 276
Combes, cascade (39) 338
Comité départemental du tourisme
    de l'Ain.............................24
Comité départemental du tourisme
    du Doubs 24
Comité départemental du tourisme
    du Jura..............................24

Comité régional du tourisme
    de Franche-Comté 24
Comté, fromage 91,97
Conflans-sur-Lanterne (70) 202
Confracourt, fontaine (70) 355
Conliège (39) 237
Consolation, cirque (25) 184
Coppet, château (Suisse) 189
Le Corbusier 74,282,324
Courbet, Gustave........... 86,303,304
Cournot, Augustin...................218
Courtefontaine (39) 182
Crêt de la Neige (01)................274
Crêt Pourri (39)..................... 336
Croix, col (70, 88).................. 121
Croix Rochette (39)................ 237
Cuisance, grande source (39) 109
Cuisance, petite source (39)..........110
Cusancin, vallée (25)............... 123
Cuvier, Georges 74,263,305

D

Dade, roche (39) 279
Dame Blanche, belvédère (39) 231
Dame blanche, fort (25) 158
Dan, croix (39) 314
Dappes, belvédère (39)............. 330
David, Daniel...................... 334
Delacroix, Alphonse 103
Les Délices (Suisse)................ 204
Denfert-Rochereau, colonel..........131
Desnes, plage (39)................. 237
Dessoubre, vallée (25)............. 185
Deux-Lacs, belvédère (25) 251
Devosge, François 218
Diable, pont (25) 292
Dino-Zoo (25) 305
Dinosaures...........................61
Divonne-les-Bains (01) 188
Dix Ans, guerre.....................317
La Dôle (Suisse) 327
Dole (39)...........................191
    Ancien couvent des Carmélites 194
    Cave d'Enfer 195
    Collège de l'Arc 195
    Collégiale Notre-Dame 194
    Église Saint-Jean-l'Évangéliste 197
    Hôtel-Dieu 197
    Hôtel Champagney 195
    Maison natale de Pasteur........... 195
    Musée des Beaux-Arts.............. 195
    Place aux Fleurs 194
    Place Nationale 193
    Pont Raynaud-III 195
    Rue Mont-Roland 194
    Rue Pasteur....................... 195
    Vieux Dole 193
Doubs, gorges (25 et Suisse) 283
Doubs, saut (25).................... 198
Doubs, source (25) 285
Doucier (39)....................... 224
Drugeon, vallée (25)............... 251

E

Échelles de la Mort (25)............ 245
L'Écluse, défilé (01) 140
L'Écluse, fort (01) 140
Écomusée du Carton (39) 109
Économie..........................90
Écromagny (70) 258
Émaillerie 93
Enfants 52
Enfer, val (01) 295
Entreportes, défilé (25)..............319
Entreroche, défilé (25) 272
Envers, creux (01) 189
L'Ermitage, plateau (39) 109
Espéranto..........................219
L'Étoile (39).........................111
Étrepigney (39)..................... 183
Étueffont, forge-musée (90) 136
Étuz (70) 260
Eurovéloroute des fleuves 40
Éventail, cascade (39)............... 224
Évillers (25) 320

F

Faucille, col (01) 141,189,275,277
Faucogney-et-la-Mer (70).......... 257
Fauconnet, Augustin 87,320
Faune.............................67
Faux-Monnayeurs, grotte (25)..... 288
Faverney (70) 201
Fenestrez, observatoire (01) 215
Ferney-Voltaire (01) 203
Ferrières-lès-Scey (70) 355
Fer à Cheval, belvédère
    du cirque (39) 110
Filain, château (70) 205
Filière bois..........................91
Fleurey-lès-Faverney ((70) 202
Flore..............................68
Flumen, gorges (39) 338
Fondremand (70)................... 207
Fontenois-lès-Montbozon (70)...... 359
Fontenu (39) 232
Forêt..............................65
Forge, saut (39) 225
Forges, étang (90) 136
Formalités 25
Fougerolles (70).................... 209
Les Fourgs (25)..................... 255
Fourier, Charles 74,148
Fouvent-le-Haut (70)................176
Frasne, tourbières (25)............. 252
Frasne-le-Château (70) 222
La Fresse, forêt (39)................ 347
Fresse (70) 240
Froidevaux (25) 247

G

Gantner, musée (90)................137
La Garde, belvédère (39)........... 279
Garde-Bois, belvédère (39) 348
Gastronomie........................97
Genève (Suisse) 204

Genin, lac (01)	295
Génissiat, barrage (01)	211
Gérôme, Jean-Léon	86,353
Gex (01)	189
Gigny (39)	212
Gigot (25)	185
Girard, saut (39)	225
Giromagny (90)	119
La Glacière, sapins (39)	348
Glacière, grotte (25)	125
Glandieu, cascade (01)	166
Gouille Noire, belvédère (25)	307
Goumois (25 et Suisse)	246
Goumois, corniche (25)	246
Gour Bleu, vasque (39)	225
Goux-les-Usiers (25)	319
Grand'Combe-Châteleu (25)	281
Grandecourt (70)	355
Grande Traversée du Jura	40,46
Grandfontaine-Fournets (25)	185
Grand Colombier (01)	214
Grand Saut, cascade (39)	225
Grand Taureau (25)	319
Granvelle, famille	148
Gray (70)	217
Gray-la-Ville (70)	219
Grévy, Jules	75
Grottes	61
Guêpier, sentier (39)	182
Gy (70)	221

H

Handicapés	25
Hautepierre, roche (25)	288
Hauteville-Lompnes (01)	297
Haxo, général	133
Hébergement	32
Hérisson, cascades (39)	223
Histoire	69
Hôpitaux, cluse (01)	164
Horlogerie	91
Hugo, Victor	88,148

I

Ilay (39)	225,231
Ilay, lac (39)	231
Industrie	94
Institut et musée Voltaire (Suisse)	204
L'Isle-sur-le-Doubs (25)	124
Itinéraires	10
Izieu (01)	166

J

Japy, Frédéric	267
Jonvelle (70)	310
Jouffroy d'Abbans, Claude-François de	74
Les Jouvencelles (39)	327
La Joux, forêt (25, 39)	348
La Joux, sapin Président (39)	348
Joux, château (25)	226
Joux, cluse (25)	228
Jujurieux (01)	296

Jurassique, système	60
Jussey (70)	180

L

Labalme-sur-Cerdon (01)	295
Lacs, région (39)	229
Lacuzon	230
Lacuzon, grotte (39)	225
Ladoye, belvédère du cirque (39)	111
Lajoux (39)	336
Lamoura (39)	329
Langouette, gorges (39)	173
Lavancia-Epercy, église (01)	336
Lavoncourt, église (70)	356
Lavours, réserve naturelle du marais (01)	162
Lèbe, col (01)	163
Ledoux, Claude-Nicolas	73,114,115,343
Lélex-Crozet (01)	275
Lélex (01)	274
Lemme, vallée (39)	173
Leugney, église (25)	125
Levier, forêt (25)	349
Levier (25)	320
Le Conifer, train touristique	255
Le Locle (Suisse)	282
Lieux de séjour	8
Lison, source (25)	291
Littérature	87
Lochieu (01)	163
Lods (25)	288
Lons-le-Saunier (39)	234
Église des Cordeliers	236
Église Saint-Désiré	235
Hôtel-Dieu	237
Musée d'Archéologie du Jura	237
Musée des Beaux-Arts	237
Musée Rouget-de-Lisle - Donation A. Lançon	237
Place de la Comédie	236
Place de la Liberté	235
Puits-Salé	235
Rue du Commerce	235
Théâtre	236
Loray (25)	186
Loue, gorges (25)	288
Loue, source (25)	289
Louverture, Toussaint	73,227
Lucotte, fort (25)	251
Luisandre, mont (01)	164
Lumière, frères	89,148
Lunetterie	92
Lure (70)	240
Luxeuil-les-Bains (70)	241

M

Maclu, lacs (39)	231
Maîche (25)	244
Maire, Henri	107
Maisod (39)	361
Maisons comtoises, musée (25)	248
Maison du tourisme de Belfort et du Territoire de Belfort	24

Malbrans (25)	305
Malbuisson (25)	250
Malet, général	193
Malvaux, maison forestière (90)	120
Mandeure, théâtre romain (25)	268
Manifestations	55
Maquisards, belvédère (39)	339
Maquis de l'Ain et du Haut-Jura, monument (01)	170
Marast (70)	358
Marca, frères	87
Marmier, Xavier	88
Marnay (70)	260
Martel, Édouard Alfred	289
Marulaz, Jacob François	206
Massacre, forêt (39)	330
Mélisey (70)	258
Mercantine, plage (39)	361
Mesnay (39)	109
Messagier, Jean	86
Métabief-Mont d'Or (25)	253
Météo France	23
Mièges (39)	301
Mijoux-La Faucille (01)	275
Mijoux (01)	275
Mille Étangs, plateau (70)	257
Mirabeau	227,317
Moidons, grottes (39)	109
Moine de la Vallée, belvédère (25)	289
Moirans-en-Montagne (39)	361
Molain (39)	109
Mollans (70)	241
Moncley, château (25)	259
Mont-Bart, fort (25)	268
Mont-lès-Étrelles, église (70)	223
Mont-Rond (01)	276
Montaigu (39)	237
Montalembert, Charles	245
Montbéliard (25)	261
Château des ducs de Wurtemberg	262,263
Église Saint-Maimbœuf	263
Halles	263
Hôtel de ville	263
Hôtel Forstner	263
Hôtel Sponeck	263
Musée d'Art et d'Histoire	264
Neuve Ville	263
Pierre à poissons	263
Place Saint-Martin	262
Le Près-la-Rose	264
Sochaux	264
Temple Saint-Georges	263
Temple Saint-Martin	262
Vieux Montbéliard	262
Montbenoît (25)	270
Montbozon (70)	359
Montécheroux (25)	267
Montfaucon (25)	157
Montfleur (39)	341
Montgolfière	50
Monts-de-Vaux, belvédère (39)	111
Monts Jura (01)	274
Mont d'Or (25)	255
Morbier (39)	279
Morbier, fromage	279
Moreau, Louis	356
Morez (39)	278,338
Morond (25)	255
Morteau (25)	281
La Motte, colline (70)	353
La Motte, lac	231
Mouhot, Alexandre-Henri	75
Moulin, saut (39)	225
Moulin Sapin, belvédère (25)	307
Mouthe (25)	285
Mouthe, val (25)	284
Mouthier-Haute-Pierre (25)	287
Muenier, Jules Alexis	86
Musée de la Boissellerie (39)	329
Musée de la Pince (25)	267
Musée de la Poterie Joseph-Martin (39)	183
Musée du Lapidaire (39)	329
Musique	89

N

Nans-sous-Sainte-Anne (25)	290
Nantua (01)	293
Narlay, lac (39)	232
Nature	60
Nimègue, traité	148,193
Nodier, Charles	87,148
Le Noirmont (39)	327
Nonotte, Donat	86
Notre-Dame-des-Buis, chapelle (25)	157
Notre-Dame-du-Chêne, chapelle (25)	306
Notre-Dame de Remonot, grotte-chapelle (25)	273
Nouailles, gorges (25)	289
Nozeroy (39)	300
Nyon (Suisse)	190

O

Oehmichen, Étienne	75
Ognon, saut (70)	120
Orchamps-Vennes (25)	186
Orgelet (39)	363
Oricourt (70)	358
Ornans (25)	302
Osselle, grottes (25)	182
Oussières (39)	314
Oyonnax (01)	298

P

Parc naturel régional des Ballons des Vosges	119
Parc naturel régional du Haut-Jura (39)	336
Passavant-la-Rochère (70)	309
Pasteur, Louis	75,107,193,195
Pastorale, ferme (25)	251
Pêche	39
Peinture	86
Pergaud, Louis	88,291

Perraud, Jean-Joseph...87
Perrenot de Granvelle, famille...71
Pesmes (70)...311
Petit Mont-Rond (01)...141
Peugeot...266
Pierre-Châtel, défilé (01)...143
Pierres, pont (01)...140
Pin, château (39)...111
Piperie...93
La Piquette, belvédère (25)...307
Plaisir Fontaine, grotte (25)...305
Planches, grotte (39)...110
Planches, reculée (39)...109
Plasne (39)...111
Plastics Vallée (01)...298
Pointelin, Auguste...86
Poligny (39)...313
Pont-de-Poitte (39)...361
Pont-de-Roide (25)...268
Pontarlier (25)...316
Pontet, source (25)...288
Port-Lesney (39)...116
Portes, calvaire (01)...165
Port Titi (25)...251
Poudrey, gouffre (25)...306
Poupet, mont (39)...345
Prangins, château (Suisse)...190
Prémanon (39)...328
Prêtre, roche (25)...185
Prévost, Jacques...86
Proudhon, Pierre Joseph...74
Pupillin (39)...109
Pusy-et-Épenoux (70)...354
La Pyle, pont (39)...361

Q
Quatre Lacs, belvédère (39)...232
Queue de Cheval, cascade (39)...336
Quingey (25)...307

R
Randonnée cycliste...40
Randonnée équestre...42
Randonnée pédestre...42
Raquettes...46
Ray-sur-Saône (70)...322, 356
Regardoir, belvédère (39)...361
Remise en forme...49
Remoray, réserve naturelle du lac (25)...251
Remoray-Boujeons, lac (25)...251
Renédale, belvédère (25)...289
Restauration...34
Retord, plateau (01)...161
Revigny, creux (39)...238
Rhône jurassien...211
Richemont, col (01)...161
Rigny, église (70)...356
Risoux, forêt (25, 39, Suisse)...329
La Roche, belvédère (25)...350
Roche Blanche, belvédère (39)...337
Roi de Rome, épicéas (25)...350
Roland, mont (39)...197

Ronchamp (70)...324
Rondé, clairière (25)...350
Roseraie du Châtelet (90)...136
Rougemont (25)...358
Rouget de Lisle...89, 234
Les Rousses (39)...326, 328
Rousses, fort (39)...329
Rousses, lac (39)...328
Routes historiques...43
Routes touristiques...43
Rummel, cascade (90)...120
Rupt-sur-Saône (70)...355

S
Saine, vallée (39)...173
Saint-Albin, canal-tunnel (70)...355
Saint-Amour (39)...213
Saint-André, fort (39)...345
Saint-Broing, église (70)...219
Saint-Christophe (39)...361
Saint-Claude (39)...332
Saint-Dizier-l'Évêque (90)...267
Saint-Hippolyte (25)...246
Saint-Hymetière, église (39)...340
Saint-Laurent-en-Grandvaux (39)...279
Saint-Loup, château (70)...219
Saint-Lupicin (39)...336
Saint-Martin, belvédère (70)...258
Saint-Point, lac (25)...250
Saint-Point-Lac (25)...251
Saint-Rambert-en-Bugey (01)...164
Saint-Romain, chapelle (39)...336
Saint-Sorlin-en-Bugey (01)...165
Saint-Valbert, ermitage (70)...210
Sainte-Marie-en-Chanois (70)...258
Salbert, fort (90)...136
Salins, Hugues de...148
Salins-les-Bains (39)...342
Sancey-le-Long (25)...146
Sapins, route (39)...347
Sarrazine, grotte (25)...292
Saugeais, république (25)...271
Saut du Chien, belvédère (39)...338
Scay, route forestière (25, 39)...349
Scey, miroir (25)...306
Schickhardt, Heinrich...262
Sculpture...87
Septfontaines (25)...320
Séquanie...69
La Serra (39)...327
Serrières-sur-Ain (01)...298
Servance (70)...120
Servance, ballon (88)...120
Seyssel (01)...215
Seyssel, barrage (01)...216
Sites remarquables du goût...36
Ski...45
Ski de fond...45
Ski de piste...46
Ski joering...47
Snowkite...47
Sochaux (25)...264
Solborde, grotte (70)...354

Sombacour (25) 319
Sous-Balme, défilé (01) 141
Sports aquatiques....................47
Sports d'hiver.......................45
Stations vertes de vacances..........52
Stendhal........................... 148
Suisse 18
Syam, forges (39)...................173
Syam, villa palladienne (39).........173
Sylans, lac (01) 295
Syratu, cascade (25) 288

T

Tableau des distances 28
Télémark............................47
Thermalisme........................49
Thiéfaine, Hubert-Félix 89
Thouret, sainte Jeanne-Antide...... 146
Tourillon, table d'orientation (39) ... 109
Tourisme............................96
Tourisme aérien......................50
Tourisme fluvial.....................50
Tourisme technique et industriel......50
Trains touristiques...................51
Transjurassienne 46,96
Transports 26
Travail de la pierre...................94
Travail du bois......................93
Trente Ans, guerre..................131
Trépot (25)........................ 305
Trésor, grotte (25) 273
Truite, saut (90) 120

U

ULM 50

V

Vaire-le-Grand, château (25)........ 158
Val, lac (39) 224
Le Valromey (01) 162
Valserine (01) 139
Val d'Amour (25, 39)................115
La Vattay (01) 275
Vaud, canton (Suisse)............... 189
Vaux, culée (39) 110

Vaux-sur-Poligny (39)................111
Vernois, lac (39) 232
Vesoul (70)........................ 351
  Église Saint-Georges 352
  Hôtel Baressols 352
  Hôtel de Montgenet................... 353
  Hôtel Lyautey de Colombe 353
  Hôtel Raillard de Grandvelle........... 353
  Hôtel Thomassin 352
  Maison Barberousse.................. 353
  Maison Cariage 353
  Musée Georges-Garret 353
  Palais de justice..................... 353
  Rue Baron-Bouvier................... 353
  Rue d'Alsace-Lorraine 352
  Rue de Mailly 353
  Rue du Châtelet..................... 353
  Rue Salengro 352
  Les traiges 353
  Vieux Vesoul........................ 352
Vesoul-Vaivre, lac (70) 354
Victor, Paul-Émile 75
La Vieille-Loye (39) 182
Vieu (01) 162
Villages de neige.....................52
Villards-d'Héria (39) 362
Villers-le-Lac (25)............. 200,282
Villersexel (70) 357
Vins 98
Vitreux (39) 102
Vitrey-sur-Mance (70) 180
Voltaire 203
Vol libre 50
Voray-sur-l'Ognon (70) 260
Vouglans, barrage (39) 362
Vouglans, lac (39) 360
La Vouivre 289
Vuillafans (25)..................... 305
Vy-lès-Rupt (70).................... 355

W

Watteville, Jean 127
Week-ends.........................15
Wurtemberg, Frédéric de 262

CARTES ET PLANS

CARTES THÉMATIQUES

Le Jura suisse 19
Relief et régions 63
Le Jura forestier 66
Le vignoble 99
Parc naturel régional
    du Haut-Jura 337

PLANS DE VILLES

Arbois 108
Belfort 132
Besançon
    Vieille ville 150
    Agglomération 156
Dole
    Vieux Dole 196
    Agglomération 196
Gray 218
Lons-le-Saunier 236
Luxeuil-les-Bains 242
Montbéliard
    Vieux Montbéliard 265
    Agglomération 265
Nozeroy 300
Pontarlier 317
Saint-Claude 335
Salins-les-Bains 344
Vesoul 352

PLAN DE MONUMENT

Camp retranché de Belfort 134

CARTES DES CIRCUITS

Depuis Arbois : la reculée des
    Planches 110
Depuis Baume-les-Dames :
    la vallée du Cusancin 124
Depuis Baume-les-Messieurs :
    le cirque de Baume 128
Depuis Bellegarde-sur-Valserine :
    le Haut-Bugey 162
Depuis Belley : le Bas-Bugey 165
Depuis Champagnole :
    la haute vallée de l'Ain 174
Forêt de Chaux 181
Vallée du Dessoubre 184
Cirque de Consolation 186
Grand Colombier 215
Cascades du Hérisson 225
Région des Lacs 231
Monts Jura 276
Depuis Mouthier-Haute-Pierre :
    la source de la Loue 288
Depuis Nantua : les gorges
    de l'Albarine et de l'Ain 297
Depuis Ornans :
    la vallée de la Loue 307
Depuis Saint-Claude :
    la vallée de la Bienne 328
Route des Sapins 349
Lacs de barrage de l'Ain 362

Changement de numérotation routière !

Sur de nombreux tronçons, les routes nationales passent sous la direction des départements. Leur numérotation est en cours de modification.
La mise en place sur le terrain a commencé en 2006 mais devrait se poursuivre sur plusieurs années. De plus, certaines routes n'ont pas encore définivement trouvé leur statut au moment où nous bouclons la rédaction de ce guide. Nous n'avons donc pas pu reporter systématiquement les changements de numéros sur l'ensemble de nos cartes et de nos textes.
👁 Dans la majorité des cas, on retrouve le n° de la nationale dans les derniers chiffres du n° de la départementale qui la remplace. Exemples : la N 16 devient D 1016 et la N 51 devient D 951.

NOTES

NOTES

NOTES

APPORTEZ VOTRE PIERRE À L'ÉDIFICE DE LA SAUVEGARDE DU PATRIMOINE
NE L'EMPORTEZ PAS DANS VOS BAGAGES

Un cœur transpercé d'une flèche et deux prénoms se jurant l'amour éternel, le tout gravé dans la pierre d'un monument historique ; emballages de pellicules, mégots de cigarettes ou bouteilles vides abandonnés sur un site archéologique. Comment confondre notre patrimoine culturel avec un carnet mondain ou une poubelle ? Pour la plupart d'entre nous, ces agissements sont de toute évidence condamnables, mais d'autres comportements, en apparence inoffensifs, peuvent également avoir un impact négatif.

Au cours de nos visites, gardons à l'esprit que chaque élément du patrimoine culturel d'un pays est singulier, vulnérable et irremplaçable. Or, les phénomènes naturels et humains sont à l'origine de sa détérioration, lente ou immédiate. Si la dégradation est un processus inéluctable, un comportement adéquat peut toutefois le retarder. Chacun de nous peut ainsi contribuer à la sauvegarde de ce patrimoine pour notre génération et les suivantes.

Ne considérez jamais une action de façon isolée, mais envisagez sa répétition mille fois par jour

- Chaque micro-secousse, même la plus inoffensive, chaque toucher devient nuisible quand il est multiplié par 1 000, 10 000, 100 000 personnes.
- Acceptez de bon gré les interdictions (ne pas toucher, ne pas photographier, ne pas courir) ou restrictions (fermeture de certains lieux, circuits obligatoires, présentation d'œuvres d'art par roulement, gestion de l'affluence des visiteurs, éclairage réduit, etc). Ces dispositions sont établies uniquement pour limiter l'impact négatif de la foule sur un bien ancien et donc beaucoup plus fragile qu'il ne paraît.
- Évitez de grimper sur les statues, les monuments, les vieux murs qui ont survécu aux siècles : ils sont anciens et fragiles et pourraient s'altérer sous l'effet du poids et des frottements.
- Aimeriez-vous emporter en souvenir une tesselle de la mosaïque que vous avez tant admirée ? Combien de visiteurs avec ce même désir faudra-t-il pour que toute la mosaïque disparaisse à jamais ?

Faites preuve d'attention et de respect

- Dans un lieu étroit et rempli de visiteurs tel qu'une tombe ou une chapelle décorées de fresques, faites attention à votre sac à dos : vous risquez de heurter la paroi et de l'abîmer.
- Les pierres sur lesquelles vous marchez ont parfois plus de 1 000 ans. Chaussez-vous de façon appropriée et laissez pour d'autres occasions les talons aiguilles ou les semelles cloutées.

N'enfreignez pas les lois internationales

- L'atmosphère de certains lieux invite à la contemplation et/ou à la méditation. Évitez donc toute pollution acoustique (cris, radio, téléphone mobile, klaxon, etc.).
- En vous appropriant une partie, si infime soit-elle, du patrimoine (un fragment de marbre, un petit vase en terre cuite, une monnaie, etc.), vous ouvrez la voie au vol systématique et au trafic illicite d'œuvres d'art.
- N'achetez pas d'objets de provenance inconnue et ne tentez pas de les sortir du pays ; dans la majorité des nations, vous risquez de vous exposer à de graves condamnations.

Message élaboré en partenariat avec l'ICCROM (Centre international d'études pour la conservation et la restauration des biens culturels) et l'UNESCO.

Pour plus d'informations, voir les sites :
http://www.unesco.org
http://www.iccrom.org
http://www.international.icomos.org

NOTES

NOTES

Manufacture française des pneumatiques Michelin
Société en commandite par actions au capital de 304 000 000 EUR
Place des Carmes-Déchaux - 63000 Clermont-Ferrand (France)
R.C.S. Clermont-Fd B 855 200 507

Toute reproduction, même partielle et quel qu'en soit le support,
est interdite sans autorisation préalable de l'éditeur.

© Michelin, Propriétaires-éditeurs.
Compogravure : Maury, Malesherbes
Impression et brochage : IME, Baume-les-Dames
Imprimé en France : février 2008
Dépot légal : mars 2007

QUESTIONNAIRE
LE GUIDE VERT

VOTRE AVIS NOUS INTÉRESSE…
TOUTES VOS REMARQUES NOUS AIDERONT À ENRICHIR NOS GUIDES.

Merci de renvoyer ce questionnaire à l'adresse suivante :
MICHELIN
Questionnaire Le Guide Vert
46, avenue de Breteuil
75324 PARIS CEDEX 07

En remerciement,
les 100 premières réponses recevront en cadeau
la carte Local Michelin de leur choix !

VOTRE GUIDE VERT

Titre acheté : ....
Date d'achat : ....
Lieu d'achat *(point de vente et ville)* : ....

VOS HABITUDES D'ACHAT DE GUIDES

1) Aviez-vous déjà acheté un Guide Vert Michelin ?
        O oui   O non

2) Achetez-vous régulièrement des Guides Verts Michelin ?
        O tous les ans   O tous les 2 ans
        O tous les 3 ans   O plus

3) Si oui, quel type de Guides Verts ?
– des Guides Verts sur les régions françaises : lesquelles ? ....

– des Guides Verts sur les pays étrangers : lesquels ? ....

– Guides Verts Thématiques : lesquels ? ....

4) Quelles autres collections de guides touristiques achetez-vous ?

5) Quelles autres sources d'information touristique utilisez-vous ?
O Internet : quels sites ? ....

O Presse : quels titres ? ....

O Brochures des offices de tourisme

Les informations recueillies font l'objet d'un traitement informatique destiné à actualiser notre base de données clients et permettre l'élaboration de statistiques.
Ces données personnelles sont réservées à un usage strictement interne au groupe Michelin et ne feront l'objet d'aucune exploitation commerciale ni de transmission ou cession à quiconque pour des fins commerciales ou de prospection. Elles ne seront pas conservées au-delà du temps nécessaire pour traiter ce questionnaire et au maximum 6 mois, mais seulement utilisées pour y répondre.
Conformément à la loi « Informatique et libertés » du 6 janvier 1978, applicable sur le territoire français, vous bénéficiez d'un droit d'accès, de modification, de rectification ou suppression des données vous concernant. Si vous souhaitez exercer ce droit, veuillez vous adresser à MICHELIN, Guide Vert, 46 avenue de Breteuil, 75324 Paris Cedex 07

VOTRE APPRÉCIATION DU GUIDE

1) Notez votre guide sur 20 : ....

2) Quelles parties avez-vous utilisées ? ....
....

3) Qu'avez-vous aimé dans ce guide ? ....
....

4) Qu'est-ce que vous n'avez pas aimé ? ....
....

5) Avez-vous apprécié ?

	Pas du tout	Peu	Beaucoup	Énormément	Sans réponse
a. La présentation du guide (maquette intérieure, couleurs, photos…)	O	O	O	O	O
b. Les conseils du guide (sites et itinéraires)	O	O	O	O	O
c. L'intérêt des explications sur les sites	O	O	O	O	O
d. Les adresses d'hôtels, de restaurants	O	O	O	O	O
e. Les plans, les cartes	O	O	O	O	O
f. Le détail des informations pratiques (transport, horaires, prix…)	O	O	O	O	O
g. La couverture	O	O	O	O	O

Vos commentaires ....
....

6) Rachèterez-vous un Guide Vert lors de votre prochain voyage ?

                O oui   O non

VOUS ÊTES

O Homme   O Femme   Âge : ....

Profession :

- O Agriculteur, Exploitant
- O Artisan, commerçant, chef d'entreprise
- O Cadre ou profession libérale
- O Employé
- O Enseignant
- O Étudiant
- O Ouvrier
- O Retraité
- O Sans activité professionnelle

Nom ....
Prénom ....
Adresse ....
....
....

Acceptez-vous d'être contacté dans le cadre d'études sur nos ouvrages ?

                O oui   O non

Quelle carte Local Michelin souhaitez-vous recevoir ?
Indiquez le département : ....

Offre proposée aux 100 premières personnes ayant renvoyé un questionnaire complet.
Une seule carte offerte par foyer, dans la limite des stocks disponibles.